집단 부모놀이치료

부모에게 자녀와 놀이하는 방법을 가르치는 충실한 안내서

Louise Guerney · Virginia Ryan 공저

권윤정 · 유민화 · 이윤수 · 임진영 · 차효정 공역

학지사

Group Filial Therapy:
The Complete Guide to Teaching Parents to Play
Therapeutically with their Children
by Louise Guerney and Virginia Ryan

First published in the UK in 2013 as Group Filial Therapy
by Jessica Kingsley Publishers Ltd.
73 Collier Street, London, N1 9BE, UK
www.jkp.com

Printed in Great Britain.

역자 서문

아동상담자가 부모와의 협력을 통해 부모의 성장을 촉진하는 일은 아이들의 건강한 발달의 바탕이 되는 일이다. 아동에게 가장 중요한 환경은 부모이기에 그렇다. 아동상담을 해 오면서 때로는 부모의 따뜻한 말 몇 마디나 태도 변화가 놀이치료자가 수개월 노력한 결과만큼의 위력이 있다는 것을 실감한다. 현장에서 아동상담을 해 본 사람이라면 부모에게 놀이치료 기술을 가르치는 것이 부모자녀관계의 상호작용을 극적으로 개선한다는 점에 공감할 것이다. 만약 부모가 자녀를 위해서 변화할 의지가 있고 정서적 자원이 충분하다면 부모에게 직접적인 개입을 하는 것이 아동의 장기적인 변화를 이끄는 데 효과적이다.

이처럼 아동상담에 부모를 개입시키고 이들에게 놀이치료를 가르치는 일이 중요하지만, 상담에 부모를 개입시키는 일은 여전히 상담자들에게 어렵고 조심스러운 과제이다. 임상경험이 꽤 많은 놀이치료자라고 할지라도 당장 어디서부터 어떻게 시작해야 할지 세부적인 내용을 잘 몰라서 자신감이 부족할 수 있다. 부모에게 놀이치료를 잘 설명하고 가르칠 수 있는 책이 있으면 좋겠다고 생각하던 차에 역자 중 한 명이 노스 텍사스 대학교에서 열린 놀이치료 워크숍에 참여했을 때 이 책을 발견하게 되었다.

이 책의 저자 중 한 명인 루이스 거니 박사는 부모놀이치료를 만들어 내고 체계화한 놀이치료 분야의 대가이다. 또한 버지니아 라이언 박사는 놀이치료를 오랫동안 실시해 온 현장 전문가이다. 대가와 현장 전문가인 이들이 이 책에서 들려주는 부모놀이치료의 이론과 방법은 부모놀이치료 전체를 아우를 정도로 방대하면서도 체계적이다. 원서의 영문 제목을 직역하면 '집단 부모놀이치료: 부모에게 자녀와 놀이하는 방법을 가르치는 완전한 안내서(Group Filial Therapy: The Complete Guide to Teaching Parents to Play Therapeutically with their Children)'이다. '완전한 안내서'라는 제목에 걸맞게 이 책은 상담자들이 부모놀이치료를 실시할 때 알아야 할 사항들을 매뉴얼과 같이 제시하고 있다. 두 저자는 집단 부모놀이치료의 이론과 방법을 독자들이 무엇 하나 놓칠세라 차근차근 반복하여 설명하고 있다. 이 책을 따라가다 보면 먼저 저자들의 대가다운 역량에 감탄하게 된다. 또한 상세한 설명을 통해 후학이 잘 따라와 주었으면 하는 저자들의 배려를 느끼며 반복 학습을 하게 된다. 그만큼 이 책은 부모놀이치료의 이론과 실제를 충실히 담고 있는 책으로, 놀이를 심리치료의 매체로 활용할 수 있는 아동상담자, 부모상담 및 부모자녀관계를 다루는 아동상담전문가, 가족상담자들에게 유용한 안내서가 될 것이다.

놀이치료 분야에서 활발하게 일하고 있는 놀이치료자 다섯 명이 모여 이 책을 번역하였다. 번역 작업은 전문성 있게 번역을 하면서도 원서의 의도를 벗어나지 않아야 하기에 쉽지 않았으나, 부모놀이치료를 잘 담아내고 있는 책을 소개하겠다는 역자들의 열망으로 결국 번역서를 완성하게 되었다. 부모로서 성장하기 위해 고군분투하는 모습은 상담자의 성장과정과 다르지 않다. 좋은 부모가 되고자 하는 분들에게 놀이치료의 핵심 원리를 전달함으로써 우리의 아이들이 건강하게 성장할 수 있도록 돕는 일은 상담자로서 무엇보다 의미 있는 일이다.

마지막으로, 이 책이 세상에 나올 수 있도록 도움을 주신 학지사 김진환 사장님과 교정 작업을 해 주신 박나리 님께 감사의 말씀을 전한다.

2017년 9월

역자 일동

서문

부모놀이치료는 아동기 문제 상담에 있어서 매우 중요한 진보이다. 부모놀이치료는 이 책이 출판된 때부터 거의 50년 동안 실행되고 연구되어 온 가족을 위한 긍정적이면서도 유용한 접근이다. 이 치료 모델의 중요한 모습은 치료의 시작부터 부모가 그들의 자녀 상담의 동반자로 여겨진다는 점이다. 아동의 문제에 대해서 부모가 원인제공자로 간주되는 것 대신, 부모놀이치료의 과제는 부모가 부모역할을 수행하는 데 있어서 보다 효과적이 되도록 부모에게 힘을 부여한다. 아동을 다루고 이해하는 데 있어서의 부족함을 해결하기 위한 욕구는 버나드 거니(Bernard Guerney) 박사가 부모놀이치료를 개발하도록 했다. 증상의 부산물로서 아동 문제와 부모의 관계를 바라보는 것은 부모를 교육하는 것으로서 문제를 재구조화하는 것만큼 생산적이지 않았다(Guerney B., 1964).

부모놀이치료는 부모놀이치료자로부터 직접적인 지도감독을 받으면서 치료적인 방법으로 부모가 놀이하는 것을 배울 수 있는 심리교육적인 틀로, 부모들은 가정에서 치료적 놀이기술과 다른 양육기술을 보다 일반적으로 적용할 수 있다. 부모놀이치료의 강점은 근거기반방법을 사용하여 아동에게는 치료를, 부모에게는 양육기술 모두를 전달할 수 있다.

부모놀이치료는 부모를 안내하고 그들에게 실용적인 기술을 전달하기 위해 개발되었으며, 동시에 전체 가족 안에서 부모–자녀 애착관계를 촉진하고 심화하는 역할을 한다. 부모놀이치료는 가족 안에서 일어나는 보다 심각한 문제를 예방하는 데 적용될 수 있는 반면, 우리는 임상적인 수준에 이미 도달해 있거나 보다 지속적인 문제를 가지고 있는 아동과 부모 사이의 문제에 대한 집단 부모놀이치료(Group Filial Therapy: GFT)에 집중한다. 부모놀이치료는 양육 프로그램이라기보다는 생활사건에 의해 외상을 입은 아동을 포함하여 다양한 범위의 임상적인 문제들에 도움을 제공하고, 좀 더 심각한 어려움을 가진 아동으로 구성되는 위탁 가정과 입양 가정, 그리고 지속되는 행동문제가 명백한 가족에게 도움을 제공한다. 임상적 실제의 이러한 영역 모두는 전문가들에게 중요한 관심사이며 부모놀이치료는 이러한 어려운 문제를 보이는 가족과 효과적으로 작업하는 방법을 그들에게 제공한다.

현재 부모놀이치료는 북미에서 아동과 가족의 정서적 문제에 대해 잘 정립된 접근이며, 세계적으로도 점차 알려지고 있다. 하나의 접근으로서 부모놀이치료의 효과성을 지지할 만한 이론 및 연구 근거는 견고하다(예: Bratton et al., 2005; VanFleet, Ryan, & Smith, 2005). 부모놀이치료는 점차 속도를 더하여 보급되고 있는데 이것이 현재 정신건강 영역에서 강조하는 전문가의 도움에 의존하기보다 가족이 자녀와의 문제에 대해서 그들 스스로 풀도록 힘을 부여하는 점에 잘 맞기 때문이다. 부모놀이치료는 연구에서 그것 자체로도 가족의 응집력과 애착관계를 증가시키고 아동의 문제를 줄이는 데 있어서 힘을 보여 준다는 점에서 발전하고 있다.

이 책은 아동과 그들의 가족이 집단 부모놀이치료를 수행하는 루이스 거니(Louise Guerney) 박사의 방대한 경험에 기반을 두고 있다. 부모놀이치료의 공동개발자로서 루이스 거니는 부모놀이치료에 있어 정신건강 전문가들을 오랫동안 훈련한 뒤에 버지니아 라이언(Virginia Ryan) 박사와 함께 이 책을 집필했다. 루이스 거니와 버지니아 라이언은 비지시적이고 아동중심적인 놀이치료(CCPT)에 대한 폭넓은 집필을 해 왔으며 루이스 거니는 부모놀이치료에 대한 글을 써 왔다. 그러나 루이스 거니는 현재까지는 집단 부모놀이치료에 대해서 자세하게 글을 쓴 바가 없었다. 이 책은 집단 부모놀이치료에 대한 이 간극을 메우기 위해 저술되었다. 이 책은 그녀의 훈련을 직접적으로 받은 적이 없는 전문가들을 위해 거니의 방법을 정제하고 구조화한 것이다. 이 책은 부모-자녀 놀이치료 집단을 어떻게 이끌어야 하는지, 거니의 20주 모델을 사용할 때 어떻게 임상적 실제를 개선할 수 있는지에 대해 매우 다양한 수준에서 풍부한 안내를 제공하고 있다. 이후의 장에서 집단 과정, 개별 가족과의 작업, 부모놀이치료와 놀이치료의 실제와 이론에 대한 통찰을 주고 있다.

이 책은 부모놀이치료 방법에 대한 배경으로 시작하여, 집단의 구성에 대한 일반적인 고려사항, 프로그램의 길이, 접수면접 및 평가, 그리고 효과적인 부모-자녀 놀이치료 집단의 리더가 되기 위해 필요로 하는 기본적인 기술 등을 포함하는 집단 부모놀이치료 프로그램의 구성으로 이어진다. 다른 장에서는 프로그램에서 부모에게 가르쳐야 하는 아동중심놀이치료 기법의 기반이 되는 근거가 기술되며, 리더를 위해 20회기 주간 모임의 과정을 다룬다. 각 집단에서 발생하는 문제에 대해서 임상에서 비롯된 방대한 사례가 수록되어 20주 집단 부모놀이치료 프로그램의 각 단계를 생생하게 그리고 있다. 또한 마지막 장에서는 리더가 특정 집단과 환경이 요구하는 것에 대해 생각해 볼 수 있도록 20주 모델의 임상적 적용 실제에 대한 예를 다루고 있다. 이 책의 부록은 실제에 활용될 수 있다. 부록에서는 루이스 거니가 개발한 부모 훈련 매뉴얼 및 집단 부모놀이치료 리더와 개발자를 위한 다른 실제적인 안내 사항을 제공한다.

차례

제1장

부모놀이치료와 집단 부모놀이치료 개관

이 책은 집단 부모놀이치료(Group Filial Therapy: GFT)를 깊이 있게 다루고 있다. 집단 부모놀이치료의 많은 부분이 개별 가족들과의 부모놀이치료, 일대일 부모-자녀 쌍과의 부모놀이치료와 상당히 관련되어 있다. 이 장에서는 집단 부모놀이치료를 부모놀이치료(Filial Therapy: FT)의 맥락 안에서 좀 더 일반적으로 다룬다. 또한 이 장의 초반에는 부모놀이치료의 역사, 이론적 연구 기초, 목표, 목적, 근거를 포함하여 개괄적인 소개를 한다. 그다음으로 집단 부모놀이치료의 집단 개입으로서 부모놀이치료의 강점에 대해서 강조하고 20주 집단 부모놀이치료 프로그램의 구조를 소개한다. 여기서 제시하는 두 명의 리더 모델을 포함한 일반적인 고려사항, 프로그램을 시작할 때 리더에게 발생하는 일반적인 문제들, 집단 리더의 전문적인 기술과 요구에 대해서 다룬다.

부모놀이치료의 정의는 다음과 같다.

> 부모놀이치료는 부모나 다른 중요한 성인이 아동에게 치료를 제공하도록 하는 잘 정립된 방법이다.[1] 일반적으로 아동은 2세 6개월에서 12세까지를 말하는데, 연령 범위의 상한과 하한에 따라 놀이회기 형식은 수정될 수 있다. 성인들은 훈련된 전문가

1) 이 책에서의 '부모'라는 용어는 일반적으로 생물학적 지위와 관계없이 가족 내에서의 주양육자를 뜻한다.

들에 의해서 아동중심 놀이치료[2]에 대한 훈련 및 슈퍼비전을 받는다. 또한 성인들은 놀이회기로부터 나온 관계의 발달원리를 일상생활에서 사용할 수 있도록 훈련받는다. 부모놀이치료는 정서적이고, 행동적이고, 인지적인 치료의 통합적 접근이다. 이 방법은 어리거나 나이가 더 많은 형제자매를 포함하여 가족이나 가족의 대리인을 적극적으로 참여시키기 때문에 부모놀이치료를 가족치료의 일부로 간주할 수도 있다. 부모놀이치료는 집단 형식, 개별적 가족 형식, 개별적 부모-자녀 형식으로 시행될 수 있으며, 치료적이거나 예방적인 목적 둘 다를 위해서 사용될 수 있다.

부모놀이치료의 역사

아동과 가족을 위한 잘 정립된 치료방법으로서 부모놀이치료는 21세기에 들어 그 발달 속도를 더해 가고 있다. 먼저, 부모놀이치료가 어떻게 시작되었는가를 기술한다.

부모놀이치료라는 아이디어

버나드 거니가 미국에서 1960년대 초반 부모놀이치료를 만들었을 때, 거니는 그 당시 널리 시행되고 있었던 정신건강 전문가들이 제공하는 아동, 가족을 위한 많은 상담 실제를 비효과적이라고 보았다. 그럼에도 불구하고 이러한 상담 실제는 오랫동안 이론적으로 임상에서 사용되어 온 것들이었다. 아동의 정서행동 및 정서 문제는 종종 부모의 행동 및 정서 문제가 반영된 것이거나 그에 대한 반응으로 보여 왔는데, 부모의 행동 및 정서 문제는 아동의 문제와 비슷하거나 지속적이거나 명시적이거나 미해결 상태이며 무의식적이다. 이러한 경우 치료자의 과업은 부모와 자녀의 적응적이지 않은 상호작용 방식을 기저로 하는 부모의 심리내적인 문제를 해결하는 것이다. 이렇게 되면 아동은 결국 혜택을 얻을 수 있다. 일반적인 양육 조언 중 일부는 치료자에 의해서 부모에게 제공될 수도 있을 것이다(예: “당신의 자녀를 일관적으로 대하세요.”).

거니는 부모와 자녀 사이의 문제적 상호작용의 병인론에 대한 다른 설명방식을 갖고 있었다. 그는 많은 사례를 통해 단순히 부모의 병리가 아동의 문제를 야기한다기보다는 부모가 자녀와 상호작용하는 방식에 대한 지식이 없거나 기술이 부족한 것이 부

---

2) 이 책에서 ‘아동중심 놀이치료(CCPT)’라는 용어는 ‘비지시적 놀이치료’라는 좀 더 포괄적인 용어 대신 사용된다.

모-자녀관계의 어려움을 일으킨다고 여겼다. 부모는 자신의 자녀가 사랑받는다고 느끼고 존중받는다고 느낄 수 있도록 하는 방법을 배울 필요가 있다. 그렇게 된다면 아동은 스스로 자신의 부모를 기쁘게 하기 위해 노력하기 때문에 혜택을 얻을 수 있고, 이것은 자녀가 적절한 사회화를 하는 데 바탕이 된다. 아동의 비행 행동과 정서적 부적응은, 물론 거기에는 일부 유기적이거나 신경학적인 복잡성이 존재할 수 있으나, 기본적으로 부모와 자녀의 사이의 동시적 상호작용(synchrony)이 부족한 것에 기인한다. 그러므로 거니는 부모, 특히 어머니를 도와주는 방법을 찾기를 원했다. 또한 거니는 부모가 아동이 요구하는 필수적인 통제를 여전히 유지하면서도 긍정적이며 지지적으로 의사소통하는 법을 배우기를 원했다.

거니가 아동중심 놀이치료를 행했기 때문에 그는 놀이치료 회기를 그러한 방향으로 진행했다. 아동중심 놀이치료 회기는 최적화된 양육 환경의 하나가 아닌가? (예: '최적화되었다'는 것은 부모가 실생활의 양육에서의 요구로부터 벗어나 온전히 자녀의 욕구에 맞출 수 있는 아동중심 놀이치료 상황임을 뜻한다.) 아마도 그들의 자녀와 부모들이 상담회기를 진행하는 것을 배울 수 있다면, 그들은 좀 더 긍정적인 방법으로 자녀와 관계 맺는 것을 배울 수 있을 것이다. 두 명의 놀이치료자, 버룩(Baruch, 1949)과 무스타카스(Moustakas, 1951)의 선행연구에서 놀이회기에 대한 부모의 일부 보고를 다루고 있는데, 둘 다 부모-자녀 놀이치료가 이점이 있다고 하였다. 그러나 그러한 부모들은 더 이상 문제를 보이지 않는 아동과 함께 놀이회기를 진행하는 것을 훈련받았었다. 이전의 다른 연구에서는 로저스의 딸에 대해서 간단히 보고되고 있는데, 아버지 로저스의 지시 아래 그녀는 자신의 자녀인 딸과 함께 놀이하였다(Fuchs, 1957). 프로이트 훨씬 이전에는 아버지를 통해 그의 아들과 놀이치료를 수행하도록 하였으나 그 자체로 놀이치료가 시행된 것으로 보기는 어렵다(Guerney, 1964). 부모가 그들의 자녀와 치료적으로 상담하는 일부 사례가 보고되고 있기는 하나 부모놀이치료가 시작되기 전에는 일반적인 상담 실제의 형태가 아니었다.

부모놀이치료는 일차적인 변화의 주체로 가족 구성원을 체계적으로 적용하는 최초 모델 중의 하나이다. 부모놀이치료의 본질과 핵심 특징은, 부모가 아동을 위한 변화의 주체가 되는 것이다. 거니(Guerney, 1964)는 그 당시로서는 급진적인 접근인 이러한 주장을 내놓았다. 그는 부모 스스로가 자녀의 치료자가 될 때 아동이 변화하기 쉽고 그 변화가 지속된다고 판단하였다. 부모가 치료자 역할을 맡으면서 부모는 긍정적인 기술을 습득할 수 있을 뿐 아니라 자녀에게 부모에 대한 새로운 인식을 만들 수 있다. 놀이회기를 수행하기 위하여 요구되는 행동 및 사고의 변화는 일상에서 부모-자녀관계에 일반화될 수 있다. 동시에, 아동은 어떤 유효한 치료로부터 경험할 수 있는 것처럼, 아동중심 놀이치료 회기에서 발생하는 긍정적 이득을 경험할 수 있다. 거니는 부모놀이치료에 관해 이러한 말을 하였다. "부모가 규정된 역할을 성공적으로 수행하는 것은 치료자가 같은 것을 여러 번 하는 것보다 영향력 있다."(Guerney B., 1964, p. 307)

가족 구성원과 함께 작업하기

부모가 그들의 자녀에 대한 치료적 능력을 발휘할 수 있다는 생각에 덧붙여서, 버나드 거니는 임상 실제에 활용되었던 다른 방식에 대해서도 설명하였다. 이것은 내담자를 상담할 때 다른 개별 가족 구성원을 만나는 것이었다. 한 명의 가족 구성원이 치료를 필요로 했을 때에도 가족 구성원은 치료에 참여해야 했다. 내담자와 함께 가족 구성원을 만나는 것은 가족치료 개척자들에 의해서 소개되고 시작되었다(예: Ackerman, 1966). 그러나 일반적으로 다른 가족 구성원들을 함께 만난다는 생각은 내담자가 어린 아동일 때에는 확장되지 못했고, 대개는 부모, 다른 친척, 청소년에게 한정되었다.

가족 구성원이 다른 가족 구성원을 치료한다는 거니의 생각은 새로운 지평을 열었다. 그는 가족 구성원을 정신건강서비스를 수행하는 동시에 자신과 가족의 적응을 향상시키는 데 있어서 자원으로 보았다. 거니는 부모가 자녀와 치료적으로 놀이하는 방법을 가르치기를 개념화하기 전에 자녀의 치료에서 부모가 좀 더 인식되고 존중받아야 한다고 믿었다. 자녀의 치료에 있어서 부모를 우회하는 기존의 방법은 그에게는 부적절해 보였다. 1960년대에는 주로 내담 아동의 어머니들이 자녀의 클리닉에 방문하였다. 그러므로 거니는 어머니에게 집중하였다. 그러나 부모놀이치료가 발달됨에 따라 거니는 부모놀이치료에 아버지, 가정에서 살고 있는 다른 친척을 포함하는 것, 변화를 위하여 전체로서 가족과 그들의 자녀를 참여시키는 것이 보다 적절하다고 느꼈다.

서비스 전달에 있어서의 변화

개인치료자들이 개인 내담자를 만나는 상담 실제는 미국의 정신건강 전문영역에 있는 리더들에게 도전받아 왔다. 예를 들어, 니콜라스 홉스(Nicholas Hobbs)는 정신건강 체계가 "……50분 상담에 기반을 두고…… 빌려 온 시간에 의존하고 있다."(1963, p. 3)고 믿었다. 이러한 리더들은 심리학이 가장 고도로 훈련된 전문가들에 의해서 이루어지는 영역으로 놔둘 것이 아니라, 자기성장을 위해 심리학적 지식을 활용할 수 있도록 대중들에게 허락되는 교육 프로그램이나 예방활동을 통해 공유되어야 한다고 권고했다. 또한 준전문가들이나 다른 비전문가들이 또래지지 집단과 다른 포럼(Hobbs, 1962) 등을 통해서 심리학적인 과제를 수행해야 한다고 주장했다. 거니의 생각은 당시 서비스 모델의 변화를 요구하는 시대의 목소리에 매우 잘 맞았다. 전문가들이 다양한 요구를 가지고 있는 지역사회와 기관에 맞출 수 없다는 사실은 자명했다. 아동과 놀이치료를 수행하도록 부모와 타인들을 훈련하고 슈퍼비전하는 것은 고도로 훈련된 정신건강 전문가의 영향력을 의미 있게 증가시키는 잠재력을 갖게 하고, 부모에게 상담을 가르치는 것을 통해 상담을 기다리는 대기자들의 명단을 줄일 수 있으며, 담당 건수에 대한 과중한 부담을 줄이는 것을 가능하게 한다(Guerney B., 1964).

'부모의' 치료라는 용어

부모놀이치료라는 용어는 여러 의미로 사용되어 왔다. '부모놀이치료(Filial Therapy)'라는 용어는 원래 누군가에 의해 여러 종류의 다른 치료를 나타내는 말로 사용되다가 지금은 현재의 의미로 사용되고 있다. '부모의(filial)'라는 단어는 명백하게 부모-자녀의 관계를 나타내는 말로 사용된다. 그러나 이 단어는 일반적으로 사용되는 말이 아니어서 부모놀이치료를 떠올리는 것을 어렵게 하기도 한다(역자 주-영어에서 'filial'이라는 단어는 격식을 갖춘 말에서 쓰이는 용어로 부모-자식관계에서의 의무, 감정, 관계 등을 의미하는 단어로 사용된다. 형용사 형태로 '효심이 지극한'이라는 말로 쓰이기도 한다). 그래서 버나드 거니는 이름을 아동 부모 관계 향상 가족치료(Child Parent Relationship Enhancement Family Therapy; 예: Guerney L. & Guerney B., 1989, 1994)로 바꾸고자 시도했다. 이 단어 '부모 가족치료(Filial Family Therapy)'는 한번에 다수의 자녀와 함께 부모가 참여하므로 여전히 종종 사용된다.

교육적 모델

이전에 언급한 것처럼 버나드 거니는 아동에 대한 이해와 일상의 양육 문제들을 더 잘 다루도록 하기 위해서 부모를 교육하는 것을 중요한 과업으로 생각하였다. 이를 위해서 그는 놀이치료자들에게 상담기술을 가르치는 방법으로 부모가 자녀의 치료에 직접적이고 의미 있게 관여하도록 했다. 거니는 부모놀이치료 방법을 다른 요소로도 소개했는데, 부모놀이치료의 기술을 훈련하는 방식이었다. 부모놀이치료는 이러한 교육적 모델을 보여 주는 최초의 프로그램이었다.

부모놀이치료와 이후 다른 교육적 모델들은 정신건강 전문가들이 좋은 정신건강 원리에 대한 지식, 그리고 그것을 표현하는 구체적인 행동을 발전시킬 상담기술을 내담자에게 교육하는 입장을 취하고 있다. 이 모델에서 정신건강 전문가들은 기본적으로 구체적인 영역에서 기능을 증가시키는 인생에서의 긍정적 기술을 배우고자 하는 내담자에게 교육자가 된다. 현재 가능한 가장 최적의 교육과 훈련 방법을 활용하여 정신건강 교육자는 비슷한 문제를 가진 의뢰인들이 다른 교육자들에게 의해서 반복될 수 있는 프로그램을 설계했다. 분노 조절, 자아존중감 강화, 자기주장 훈련 등 교육적 모델의 원리를 가능한 활용하여 여러 종류의 프로그램을 보여 준다.

부모놀이치료의 실제

거니는 자신이 소장으로 있었던 러트거스 대학교(Rutgers University)의 상담클리닉에서 부모놀이치료의 개념을 실용적인 형태로 구현해 볼 수 있는 기회를 얻었다. 그는 방법론을 만들어 나가기 위해서 지역사회 정신과 의사인 제이 피들러(Jay Fiddler)를 포함하여, 임상심리사인 마이클 안드로니코(Michael Andronico), 릴리안 스토버(Lillian Stover), 그의 아내이자 이 책의 1저자인 루이스 거니와 팀을 구성하였다. 부모놀이치료는 새로운 정신건강운동(Mental Health Movement)의 목적에 맞았기 때문에 미국 정신건강연구소는 그것에 관심을 가졌고, 수년간 부모놀이치료에 관한 연구를 지원했다. 이러한 지원이 이 팀으로 하여금 새로운 치료에 대한 과정과 결과를 살펴보는 방대한 연구를 수행하게 하였다.

부모놀이치료는 대부분 심리학자들인 일부 전문가에 의해서 학교와 같은 다른 세팅에서 연구되고 집단으로 수행되었음에도 불구하고, 정신건강 분야에서 서서히 받아들여졌다(Guerney B. & Flumen, 1970; Kraft, 1973; Levine, 1977; Stollack, 1968). 부모놀이치료가 보다 큰 가족 서비스 분야에서 심각하게 다뤄지기 시작하고, 놀이치료가 다시 주목받기 시작한 것은 1980년대부터였다. 이전에는 여러 요소들이 부모놀이치료가 커지는 것을 막았다. 예를 들어, 그 당시에는 놀이치료 자체에 대한 관심이 적었다. 또한 부모가 충분한 지식을 갖춘 심리학자들인 전문가들에게 치료 과정을 훈련받고 지도받는다 할지라도, 그들의 자녀를 대상으로 하는 치료에 있어 치료의 주체가 부모가 되는 것에 대한 윤리 문제 등이 부모놀이치료의 확산을 막았다.

부모놀이치료의 발전

부모놀이치료의 공동개발자로 인식되는 루이스 거니가 부모놀이치료를 수용한 것은 중요하다. 거니는 부모놀이치료의 방법론을 '적절한 부모 집단구성' 등과 같이 정교화시켜 나갔으며 부모놀이치료 단기 모델을 만들었고, 부모와 전문가를 위한 훈련 기술, 부모놀이치료의 결과에 대한 연구를 수행했다. 이러한 노력은 펜실베이니아 주립대학의 대학원생들에게 심리학 프로그램에 대학원생 수를 증가시키도록 했으며 기관과 사설 센터들에서 부모놀이치료가 훨씬 널리 확산되도록 하였다.

부모놀이치료는 시간이 지나면서 정신건강 분야에서 더 친숙한 치료방법이 되었으며 좀 더 수용되기 시작했다. 미국에서 놀이치료에 대한 관심이 다시 시작되고, 자기주장 훈련과 부모역할 훈련(Gordon, 1970)을 포함하여 몇 개의 영역에서 기술 훈련이 개발되었으며, 정신건강 영역에서 준전문가가 활용되면서(Carkhuff, 1969) 가족치료에 대한 관심이 함께 높아졌다. 이러한 각각의 변화는 부모놀이치료가 수용되며 실제에 대한 필요를 높이는 데 기여하였다. 거니 부부에게 훈련받은 심리학자들(예: Nordling, VanFleet)은 부모놀이치료에서의 슈퍼비전과 훈련을 전문가를 위한 구조화된 프로그램으로 확장해 왔다. 더불어, 집단 부모놀이치료의 10회기 모델을 사용하여 그것의 효과를 밝히는 많은 임상적 증거들은, 이 책의 마지막 장에서 개괄적으로 제시한, 랜드레스(Landreth) 박사와 그의 초창기 제자이자 동료인 브래튼(Bratton) 박사(예: Bratton et al., 2006; Landreth & Bratton, 2006), 그리고 그들의 박사과정 학생들에 의해서 대부분 만들어졌다.

부모놀이치료에서 출판된 원래의 논문들이 집단 형식으로 기술되어 있다고 할지라도, 시작부터 집단과는 맞지 않는 요구를 가진 개별 가족들은 개별적인 부모놀이치료 작업이 요구된다. 독신가족과 한부모들을 대상으로 부모놀이치료가 실제적으로 활용되며 발달해 왔다(예: VanFleet, 2013). 그러므로 이러한 다른 가족 무리에 부모놀이치료의 효과를 적용하는 연구는 초창기부터 이루어졌다. 그러나 이때에도 집단형식이 가장 많이 연구되었다. 이 책은 집단 부모놀이치료에 집중하고 있으나, 부모놀이치료의 다른 형태 역시 수용되고 그 역시 임상적으로 성공한 것으로 나타나고 있다. 그러므로 현재 미국에서는 집단 부모놀이치료와 부모놀이치료가 병원, 학교, 가족 센터를 포함한 여러 환경에서 다양한 인종적 배경을 가진 가족에게 폭넓게 적용되고 있다. 집단놀이치료와 놀이치료는 영국에서도 그 기반을 다져 가고 있으며, 아일랜드, 덴마크, 호주, 홍콩, 대만, 한국에서도 점차 알려지고 있다(Guerney L., 2000; Ryan과의 개인적 대화).

부모놀이치료의 이론적 기반

부모놀이치료: 응집된 이론적 접근

부모놀이치료는 정서적·행동적·인지적 이론에 기반을 둔 방법을 결합하여 총체적인 접근을 한다는 점에서 독특하다. 부모놀이치료 방법은 가족치료의 한 형태일 뿐 아니라 특히 양육, 아동발달, 놀이에 있어서 심리학적인 관점에 의해서 지지받는다. 부모놀이치료는 하나의 개입 안에서 몇 가지 이론적 기반에서 추출된, 치료적 변화의 다양한 방법을 결합시켜 강력함과 효과성을 지니고 있다.

정서적 요소

부모놀이치료는 개별적인 존재로서의 아동의 정서적 변화, 그리고 부모와 아동의 관계에서의 서로 간의 정서적 변화를 다룬다. 로저스 학파의 인간중심치료의 원리는 부모놀이치료가 발달하기 시작한 초기부터 인정되었다. 시간이 지나면서, 부모-자녀 애착관계 안에서의 변화를 지지하는 부모놀이치료의 중요성은 좀 더 충분히 평가되었다.

인간중심치료

부모놀이치료에 결합된 중요한 이론적 모델은 아동중심놀이치료의 근간이 되는 인간중심치료이다. 이 치료방법은 본래 성인 내담자들과의 상담에서 왔으나(Rogers, 1951), 아동에게 적용되었고(예: Axline, 1947; Dorfman, 1976), 현재는 놀이치료와 부모놀이치료 둘 다에 적용되는 긴 역사를 지니고 있다.

인간중심 상담은 개별 인간이 자신의 능력과 환경 안에서 충분히 잘 기능할 것을 추구한다는 자기실현 원리에 기반하고 있다. 또 다른 원리는 인간은 독특하며 그 자체로서 가치 있고, 자신 스스로의 발달적인 인생 궤적을 소유한다는 것이다. 두 가지 가정 모두 부모놀이치료에서 주요한 것이며, 그 원리와 더불어, 삶의 환경이나 개인 내적인 문제가 기능을 방해할 때, 전문가에 의한 조력은 개인을 긍정적으로 기능하도록 회복시키며 더 나은 성장을 하도록 한다는 것이다. 이러한 인간중심 원리는 발달병리학에서 아동과 청소년의 정서적인 어려움을 다루는 현재의 접근에 반향을 주고 있으며 이러한 관점은 정서적인 문제를 아동의 좀 더 일반적인, 그러나 독특한 발달 궤적으로 보는 것이다(Wenar & Kerig, 2006; Wilson & Ryan, 2005). 이러한 이론적인 기반은 임상가들과 연구자들이 발달에 있어서 개인적인 변화를 좀 더 면밀히 살펴보고 평가하도록 한다.

내담자들에게 있어서 자신이 선택한 긍정적인 변화를 불러오게 하기 위해서는, 전문가들은 심리적인 변화를 가져오는 잘 구성되고 잘 연구된 조건을 만들어야만 하는 것으로 보인다. 이러한 핵심적인 조건들은 수용, 무조건적인 긍정적 관심, 진정성이다. 수용은 공감적 반응을 통해서 기본적으로 표현된다. 이러한 조건은 내담자의 변화를 가져오기 위해서 필요한 것으로 평가되는데, 수용(공감)은 이 세 가지 중에서 가장 중요해 보인다. 이 책에서 종종 언급되는, 또 다른 로저스의 핵심 조건인 공감은, 집단의 리더가 상대에게 보여 주어야 할 태도이며 부모들에게는 모델이 된다. 그리고 공감은 부모가 그들의 자녀와의 놀이회기에서 적극적으로 가르쳐야 하며 일상생활에서 확장되어야 할 기법이다.

부모놀이치료의 중요한 특징은 부모에게 아동중심 놀이치료를 가르치는 것이다. 한 가지 중요한 기법은 부모로 하여금 아동과 함께 비지시적으로 놀이하도록 하는 것이다. 이 특성은, 그것 자체로 아동과 그들의 부모에게 촉진적 효과를 가져오는 목표가 되며, 아동이 부모에게 협력적 행동을 하도록 하며, 자녀의 부정적 행동을 줄인다(Parpal & Maccoby, 1985 참고).

애착이론

부모가 실시하는 놀이회기는 부모놀이치료를 활용할 때 가족 내의 관계에 있어서 강력한 변화를 가져오는 주요한 자원이 되는 듯하다. 애착이론과 연구가 부모-자녀 관계 패턴과 치료에 40년 이상 적용되어 오면서, 부모놀이치료는 부모놀이치료 방법의 핵심으로 애착 패턴을 변화시키는 것으로 인식되었다. 현재 영국에서 부모놀이치료는 아동과 부모를 위한 효과적인 애착 치료로 받아들여지고 있으며, 특히 위탁, 입양, 재혼 가정을 위해 활용되고 있다(Ryan, 2007a, 2007b).

애착이론과 연구에서는 매우 불안정한 아동과 그들의 부모가 매우 불안정한 애착 전략을 가지고 있다는 것을 보여 주었고, 이들의 애착 패턴을 연령에 적합하도록 적응적인 형태의 상호작용으로 변화시키기 위해서는 좀 더 집중적인 치료적 도움이 요구된다(Ryan & Wilson, 2000; Wilson & Ryan, 2005). 부모놀이치료자들은 이러한 변화의 과정에 있어서 부모를 '안전기지'로 간주한다. 매우 직접적이고 전문적인 슈퍼비전 방법으로, 부모놀이치료는 부모놀이치료자들의 지도와 함께 부모가 자녀의 정서적 표현에 좀 더 잘 대응하고 자녀 근본적인 정서적 문제들을 수용하도록 돕는다. 또한 부모놀이치료는 자녀의 좀 더 안전한 애착 전략의 발달을 지원하기 위해 부모로서의 권위와 양육 경험을 좀 더 효과적으로 사용할 수 있도록 부모의 역량을 증가시킨다(Ryan & Bratton, 2008). 아동은 스스로 좀 더 가치 있다고 느끼고 만족하면서 그들의 부모와 좀 더 안정적인 애착 패턴을 만들어 나가며, 그다음으로는 그들의 친척이나 또래와 덜 분리된 상호작용을 할 수 있다.

인지적 요소

인지치료의 원리(Beck & Emery, 1985)는 부모놀이치료의 방법에서 역시 중요하다. 놀이치료 기법을 적용하고 배우는 것, 그런 후 기법을 일상생활에 일반화하는 것은 우리가 이 책을 통해서 살펴보고 있는 부모의 적극적인 인지적 개입과 관련된다. 인지치료와 유사하게, 부모놀이치료는 치료적 변화에서 부모(아동은 물론이거니와)가 적극적인 협력자임을 강조한다. 부모가 기본적인 수준의 능력을 획득하게 되면, 부모는 좀 더 독립적이 되며, 가정에서 놀이회기를 수행하고 ('숙제'에 대한 부모놀이치료의 독특한 접근) 자기점검을 좀 더 배운다.

인지치료에서의 내재된 교육적 모델은 또한 프로그램을 통틀어서 다른 방식으로 중요성을 지닌다. 프로그램 자체는 구조화되어 있고, 하나의 계획된 단계에서 부모가 그들의 기술을 증가시키는 다음 단계로 옮겨 간다. 아동중심 놀이치료의 설명과 논리, 그리고 치료적 변화 주체의 태도와 행위는 참여자들에게 기록된 형식이나 구두 형식으로 전달된다. 부모들의 적응적인 반응에 대한 학습을 강조하는 것과 더불어, 학습된 부정적 의사소통을 피하고자 하는 논리는 가정에서 문제를 해결하는 효과적인 방법이다. 부모놀이치료에서는 놀이회기와 일상생활에서 아동이 연령에 적합하게 문제를 해결하는 능력이 강조된다. 부모에게 아동중심 놀이치료의 원리를 가르치는 것을 통해서 부모가 자녀와 관계할 때 이러한 원리를 마음에 새기도록 하는 것은 예상되는 긍정적인 결과를 지속적으로 강조한다. 덧붙여, 부모놀이치료는 놀이회기에서의 공유되고 직접적인 경험, 일상생활로부터의 사례를 사용하면서, 부모로서 참여자의 인지적인 역량을 향상시키는 것에 기초하고 있다.

행동적 요소

부모놀이치료에 영향을 끼친 다른 중요한 이론은 행동 이론과 그 실제이다(Lazarus, 1971; Wolpe, 1969). 부모놀이치료는 처음에는 부모-자녀관계의 긍정적인 측면에 집중하고, 놀이를 수단으로 이러한 관계를 향상시키며, 아동과 그들 부모의 부정적인 관계를 줄이고 덜 압도되도록 하는 것을 가정한다. 기법 훈련은 부모 훈련의 기본적인 방법이다. 부모 훈련은 강화, 모델링, 그리고 부모가 정서적 지향을 둔 놀이를 실제로 어떻게 수행해야 하는지에 대한 행동적인 연습이다. 부모놀이치료 프로그램 전체에서 부모들은 서로의 놀이회기를 관찰하면서 배우게 되는 관찰을 통한 학습이 강조된다. 더불어, 부모놀이치료 방법은 바람직한 행동을 형성하고 그러한 행동에 근접할 때 보상하는 원리에 의존하는데, 부모가 아동중심 놀이치료나 부모 양육기술을 배울 때 또는 아동과 부모가 가정에서 상호작용할 때의 행동을 채택할 때도 그렇다.

가족치료

가족치료와 그 원리는 부모놀이치료의 중요한 원리가 된다. 부모놀이치료는 체계의 한 부분이 변화되기 시작하면 전체로서의 체계가 변화된다는 원리를 포함한 가족치료의 체계 원리를 받아들인다. 부모놀이치료는 가족 안에서 부모-자녀 쌍에 초점을 두고 있으며 각 부모는 매주 그들의 자녀에게 놀이나 특별한 활동을 제공한다. 부모놀이치료자들은 가족에서 중요한 양육자들과 강한 치료적 동맹을 맺는 것을 목표로 하며 양육문제와 관련하여 부모의 정서적 욕구를 치료적으로 지지함으로써 그들의 자녀와 부모 역할을 조화롭고 유능하게 수행하도록 돕는다.

가족치료와 부모놀이치료는 가족이 감정이 실린 메시지를 나눔에 있어서 보다 효과적으로 의사소통하도록 가족을 언어적, 비언어적으로 성장하도록 돕는 데 그 목적이 있다. 아동은 그들의 내적인 반응을 좀 더 잘 인식하고 정교화한다. 그런 다음 부모는 놀이회기 동안 일상생활에서 그들 자녀의 욕구, 바람, 감정을 공감적으로 반영하고 반응한다. 그러므로 부모놀이치료는 가족치료 맥락 안에서 아동치료를 하는 포괄적이고 통합적인 치료 접근으로 볼 수 있다. 왜냐하면 부모놀이치료가 아동과 그들의 부모에게 치료적 자원에 충분히 접근할 수 있도록 방법과 구조를 제공하기 때문이다. 이상적으로는 모든 가족 구성원이 부모놀이치료에 참여한다. 그럼에도 불구하고, 한 명의 자녀와 한 명의 부모만이 참여할 때, 부모놀이치료는 한 부모와 아동의 관계 변화가 있을 때에도 효과는 전체 가족에게 느껴지기에 가족 차원의 개입이 된다

(Guerney L. & Guerney B., 1987).

놀이에 대한 이론적 가정과 아동발달 원리

애착이론과 함께 다른 아동발달 원리 역시 부모놀이치료 실제에 있어서 중요한 위치를 차지하고 있다. 우리는 그 원리들은 이 책을 통해서 자주 언급하고 있는데, 특히 본문에서는 부모가 배우게 되는 기법에 대해서 부모에게 제공하는 논리적 설명을 포함하고 있으며(제4장), 부모가 일상생활에 자신의 기법을 일반화할 수 있도록 돕는 방법을 논의한다(제14장). 놀이에서 추정되는 기능이 아동중심 놀이치료에서는 중요하기 때문에, 부모놀이치료에서의 놀이에 대한 주요 원리를 여기에 개괄한다.

부모놀이치료는 놀이가 가족을 이완시키고, 웃게 만들고, 함께 있는 것을 즐기도록 하며 서로 간의 관계를 깊이 있게 만든다고 가정한다. 더불어, 아동중심 놀이치료 기법에 기반하고 있는 특별한 놀이회기는 치료적인 힘을 가지는 것으로 가정한다. 부모가 제공하는 치료적 환경에서 자녀들은 자발적인 놀이를 활용하여 정서적인 문제를 드러내고 해결하는데, 놀이는 활기를 주고 삶을 향상시키며, 아동이 새로운 방식으로 문제해결을 하도록 만들고 그들의 내적인 그리고 외적인 경험을 숙달하도록 한다(Ryan, 2009; Wilson & Ryan, 2005).

정서 조절과 애착 문제를 경험한 아동에 대한 연구는 치료가 놀이에 기반해야 하고 관계를 향상시켜야 함을 주장한다(O'Sullivan & Ryan, 2009; Ryan, 2004). 외상을 입은 아동과 성인에 대한 신경학적 연구에서는 치료가 인지적인 수준에서뿐 아니라 경험적인 수준에서 이루어져야 할 필요가 있음을 보여 준다(Gil, 1991). 아동중심 놀이치료는 이러한 기준에 맞고, 신체적, 지각적, 정서적 수준에서의 아동 표현을 아우른다. 예를 들어, 아동중심 놀이치료에서 아동은 불완전하게 처리된 외상적 기억을 처리하도록 도움을 받는다(Ryan & Needham, 2001; Wilson & Ryan, 2005 참고).

부모놀이치료의 이론적 배경에 대한 간단한 소개를 한 후에, 다음 절에서는 그것의 연구 기반을 살펴본다.

부모놀이치료 연구

초기 연구

1960년대 초부터 부모놀이치료의 창시자인 버나드 거니와 루이스 거니 박사는 부모놀이치료라는 이 특이한 접근이 전문가들과 내담자들에게 단단한 기반을 가지고 있다는 점을 보여 주는 방법 연구에 상당히 헌신하였다. 이전에 언급된 것처럼 심리교육적 접근에 대해서 거의 알려진 바가 없지만 알려져 있다고 해도, 그때는 1960년대 초기였다. 게다가 부모가 자신의 자녀와 치료적으로 놀이하는 것을 활용하는 심리교육적 접근은 실행가능한 방법으로 전문가들이나 일반 사람들에게 분명하지 않았다.

부모놀이치료의 잠재적인 가치를 지원하기 위해 먼저 부모가 성공적 놀이회기를 수행할 수 있는지 여부를 측정할 수 있는 도구를 개발하는 것이 필요하다(Guerney B., Stover, & DeMeritt, 1968). 부모(이 연구에서는 어머니만)가 일정 정도의 효과를 보일 수 있도록 아동중심 놀이치료를 수행할 수 있게 훈련될 수 있다는 증거는 어머니를 훈련 조건이나 무훈련 조건에 할당하는 것에 의해서 수집될 수 있다(Stover & Guerney B., 1967). 이 연구 결과, 두 집단에서 부모의 행동은 실제 놀이회기에서 공감, 주의, 허용 수준에서의 차이를 보였다.

이 연구에서는 훈련된 어머니들이 실제 놀이회기에서 훈련되지 않은 어머니들보다 아동중심 놀이치료 기법을 좀 더 의미 있게 사용한다는 점을 보여 주었다(Stover & Guerney B., 1967). 훈련되지 않은 어머니들은 그들의 자녀에게 관습적인 방식으로 반응하였다. 게다가 훈련된 어머니들의 자녀는 훈련되지 않은 어머니들의 자녀에 비해서 놀이회기에 있어서 좀 더 긍정적인 행동을 나타냈다. 이러한 사실은 훈련이 효과적이었으며 치료적 역할을 수행함에 있어서 부모를 활용하는 것이 생산적일 수 있다는 사실을 보여 준다. 더욱이 훈련되지 않은 어머니와 훈련된 어머니들 사이의 비교는 아동과 어머니들이 함께 시간을 나누는 것이 바람직한 변화를 가져오는 데 있어서 충분하지 않고 훈련이 필요하다는 점을 알려 준다. 부모가 놀이치료 기술을 배울 수 있는 것으로 결정되면 부모가 그들의 자녀와 실제적으로 부모놀이치료를 적용할 수 있도록 훈련하거나 다른 전문가들에게 이 방법을 가르치는 것이 가능해진다.

이 연구 측정은 개선되었고(Stover, Guerney B., & O'Connell, 1971), 이로써 5년 이상 미국 국립정신건강연구소에 의해 후원을 받아 집단 부모놀이치료에 대한 후속연구가 이루어졌다. 이러한 연구에서 어머니와 아동들은 전형적인 외래 임상 집단을 대표하였다. 아동, 부모, 부모-자녀관계 적용 및 측정 결과에 대한 완전한 데이터는 미국 국립정신건강연구소 최종보고서(1826401)에 나타나 있다(Guerney B. & Stover, 1971). 미국 국립정신건강연구소에서 지원을 받아 수행된 연구에서, 51명의 어머니와 아동들은 어머니가 수행하는 아동중심 놀이치료 회기 동안 일방경을 통해서 관찰되었다. 부모와 아동의 행동 둘 다가 15초마다 평정되었다(Guerney B. & Stover, 1971). 매주 이루어지는 회기는 9~51회에 이른다. 치료 후 평정은 사전 평정이 이루어진 후 평균 38회기 이후에 이루어졌다.

평정은 치료 기간이 지남에 따라 부모와 자녀의 행동에서의 긍정적 변화가 기록된다. 어머니들은 부모-자녀 문제 체크리스트(Filial Problem List: FPL; Leventhal & Stollack, 1965)를 포함하여 자녀의 행동에 대한 세 가지 다른 형태의 체크리스트(서로 관련성이 없는)를 작성한다. 이러한 평정은 모든 측정도구에 있어서 사전 점수와 사후 점수의 유의한 차이를 보여 준다. 이 연구에서 모든 아동은 부모들이 평정한 문제행동이 눈에 띄게 감소하는 결과를 보여 주었다. 부모들 또한 그들 자녀의 부모-자녀관계에서의 어려움이 감소한 것을 경험하였다. 연구에서 사용된 이 방법은 연구자들이 치료과정을 도표화하는 것을 가능하게 하였으며 이에 대해서는 뒷부분에서 논의할 것이다.

옥스먼(Oxman, 1971)은 약 1년 후에 51명의 집단 부모놀이치료 아동과 77명의 비임상집단 아동을 사회인구학적 배경에 맞게 신중히 짝을 지어 비교하는 실험 설계 연구를 수행하였다. 77명의 아동은 어떠한 행동적 또는 정서적 문제를 경험한 적이 없었다. 옥스먼에 따르면 집단 부모놀이치료에 참여한 아동들이 유의미한 긍정적 변화를 나타냈으며, 반면 비임상집단 아동들은 연초부터 연말까지 유의한 차이를 보이지 않았다. 그러므로 집단을 구분하는 유일하게 중요한 요소로서 집단 부모놀이치료는 임상집단 아동의 변화에 기여하였다고 추론한다. 이러한 결과는 시간만이 집단 부모놀이치료에서 변화를 이끈 것이 아니며, 아동의 변화가 위약 효과나 치료자의 노력에 대한 감사 반응으로 인한 변화가 아니라는 점을 나타낸다.

치료가 종결된 후 같은 51명의 3~5세 아동에 대한 추후연구가 루이스 거니(1975)에 의해서 수행되었다. 여기서는 단지 한 아동만이 보다 심화된 전문적인 심리적 도움을 필요로 하였다. 어떤 다른 아동도 역기능을 보이지 않았으며, 어머니들의 보고에 따르면, 그들은 집단 부모놀이치료 프로그램으로부터 얻을 것이 많았다고 했다. 고무적이게도 아동들은 기능적으로 변화하였을 뿐 아니라 기대 이상의 결과를 보이기도 했다.

집단 부모놀이치료에 대한 확장된 연구[3]

미국의 다른 지역에서도 많은 학자가 집단 부모놀이치료의 효과에 대한 연구를 시작하였다. 이들의 선두주자는 개리 랜드레스(Garry Landreth)였다. 그는 주요 대학원생들과 함께 텍사스 대학에서 다양한 가족을 대상으로 집단 부모놀이치료의 10회기로 적용하는 활발한 연구를 수행했다. 랜드레스와 학생들은 집단 부모놀이치료가 얼마나 광범위하게 효과적으로 사용될 수 있는지에 대해 결정하는 데 초점을 두었다. 그들은 한부모(Bratton & Landreth, 1995), 수감된 어머니(Harris & Landreth, 1997), 수감된 아버지(Landreth & Lobaugh, 1998), 이혼한 부모(Bratton, 1998), 양육권이 있는 조부모(Bratton, Ray, & Motif, 1998), 성학대 아동의 부모(Costas & Landreth, 1999) 등 다양한 부모를 대상으로 했다. 집단 부모놀이치료에 대한 부가적인 연구는 위탁부모를 대상으로 한 진스버그(Ginsberg, 1989)의 연구, 위탁 양육 시설에서 10대 어머니를 연구한 셀라야(Celaya, 2002)의 연구, 아동학대로 법원에 의뢰된 부모를 연구한 워커(Walker, 2008)의 연구 등 다른 사람들에 의해서도 수행되었다.

부모와 자녀를 모두 참여시키는 부모놀이치료는 둘 다에게 치료 효과가 있다. 일차적인 대상과 관계없이 집단 부모놀이치료 연구에서 아동과 부모는 대부분의 변수에 있어서 의미 있고 긍정적인 변화를 보여 주었다. 많은 사례에서 연구자들은 부모를 대상으로 하고 있다. 이후에 논의될 다른 나라에서 이주한 것과 같은 문화적 장벽은 몇몇 부모 집단을 불리한 입장에 놓이게 한다. 그러므로 부모-자녀관계와 양육에 초점을 두는 것은 특히나 적절할 수 있다. 아동이 특별한 문제를 가지고 있는 다른 경우에는 아동 스스로가 일차적인 대상이 된다. 일부 그러한 연구들은 만성적인 질병을 앓고 있는 아동(Glazer-Waldman et al., 1992; Tew et al., 2002; VanFleet, 1992), 학습장애 아동(Kale & Landreth, 1999), 임상적인 정서 문제를 가지고 있는 아동(Sensue, 1981; Sywulak, 1979)을 대상으로 하고 있다.

3) 뒷부분에서는 독자들에게 수년 동안의 집단 부모놀이치료 연구의 동향을 제공하기 위해 기술되었다. 지면의 제약 때문에 이 논의에서 문헌에서 이따금씩 보고되는 질적 연구나 사례연구는 제외하였다. 여기서는 양적 연구만을 포함하였다.

대표적인 문화적 집단에 대한 연구

다른 나라에서 미국이나 캐나다로 이주한 다른 문화적 배경을 가진 가족을 대상으로 집단 부모놀이치료의 효과를 살펴보기 위한 연구가 수행되어 왔다. 여기에는 히스패닉/라틴계 부모(Ceballos, 2008), 중국계 부모(Chau & Landreth, 1997; Johnson, 2006),[4] 캐나다에 이민 온 중국계 가족(Yuen, Landreth, & Baggerly, 2002), 아프리카계 미국인 부모(Sheely-Moore & Bratton, 2010), 분리된 보호구역에 거주하는 미국 원주민 부모(Glover & Landreth, 2000) 등이 포함된다. 연구에 따르면 긍정적인 변화가 모든 집단에 있어서 나타났다.

학생에 대한 치료적 변화 주체로서 교사 연구

집단 부모놀이치료는 교육 장면에 있어서도 확대되어 왔는데, 교사들은 그들이 가르치는 아동들의 인생에서 매우 중요한 성인이기 때문이다. 학교에서의 집단 부모놀이치료에 대한 고무적인 연구가 있는데, 거니와 플루멘(Guerney B. & Flumen, 1970)에 의해 초등학교의 위축된 아동을 대상으로 놀이회기를 실시한 연구를 필두로 하고 있다. 보다 최근에는, 모리슨 베넷과 브래튼(Bennett & Bratton, 2011)이 임상적으로 유의미한 행동 문제를 보이는 학령 전 아동을 대상으로 예비연구를 진행하였다. 랜드레스와 브래튼의 10회기 '부모 자녀놀이치료'를 활용한 '아동교사관계치료(Child Teacher Relationship Therapy: CTRT)'를 실시하였고, 적극적 통제집단에는 '의식적인 훈육'을 하도록 하여 비교하였다. 아동교사 관계 치료집단에서 유의미하게 긍정적인 결과가 나타났다. 랜드레스와 브래튼(2006)의 논문은 그들의 연구를 논의하였으며, 관심 있는 독자들을 위해 교육 장면에서 몇몇 다른 집단 부모놀이치료 연구를 언급하였다.

미국 이외의 나라에서 수행된 연구

연구는 미국 이외의 나라에서 수행되기도 했는데, 예를 들면 한국(Jang, 2000), 독일(Grskovic & Goetze, 2008), 이스라엘(Kidron & Landreth, 2010) 등이 있다. 실험집단

4) 뉴욕 차이나타운의 중국인 가족들은 4년 이상 기관과 부모들로부터 긍정적 피드백을 받으며 훈련받아 왔다. 실증적 분석 결과는 아직 완료되지는 않았다.

과 통제집단이 있었던 한 연구에서, 한국인 부모는 한국의 남서울 대학교에서 훈련을 받았다. 32명의 부모와 33명의 아동이 네 집단, 두 개의 훈련집단과 두 개의 통제집단을 구성하였다. 포터 부모 수용 척도(The Porter Parental Acceptance Scale; Porter, 1954), 부모 양육 스트레스 척도(Parenting Stress Index; Abidin, 1997), 부모-자녀 문제 체크리스트(FPL; Horner, 1974), 부모놀이 행동척도, 아동-성인 상호작용에서의 공감 척도(Measurement of Empathy in Child-Adult Interactions: MEACI; Stover et al., 1971)가 사용되었다. 프로그램은 랜드레스 부모-자녀 관계치료(Child-Parent Relationship Therapy: CPRT)의 10회기가 8회기로 축소되어 사용되었다(Landreth & Bratton, 2006; Landreth, 2012). 결과는 처치집단의 부모-자녀관계가 강화된 것으로 나타났다. 놀이회기 행동척도(MEACI)를 사용하여 측정하였을 때 부모 수용도의 변화와 자녀의 자기 주도 허용 정도에 있어서 유의미한 차이가 나타났다. 또한 비행동적인 척도에서도 실험집단에 있어서 긍정적인 변화를 나타내었는데, 예를 들면 부모-자녀 문제 체크리스트 결과 실험집단에 있어서 아동의 행동 문제가 유의미하게 줄어들었다. 이 프로그램에서 부모-자녀관계의 개념이나 절차는 한국에서 거주하는 부모 집단에 잘 적용되었다. 한국 부모들 사이에서 부모-자녀관계를 개선하고자 하는 목표에 도달하는 데 있어서 문화적 차이는 문제가 되지 않았다.

그르스코빅과 괴츠(Grskovic & Goetze)의 독일 연구는 2주간의 건강 프로그램에 참여한 33명의 어머니를 대상으로 두 집단으로 나누어 진행하였다. 통제집단의 어머니들은 2주 동안 표준적인 어머니 상담 프로그램을 제공받았다. 두 번째 집단은 같은 2주 동안 적어도 5회기의 아동과의 놀이회기, 피드백 회기, 집단 토의를 포함한 18시간의 부모놀이치료 프로그램을 제공받았다. 프로그램 처치 후 결과는 부모놀이치료 모델을 독일 어머니들에게 적용하였을 때, 짧게 진행되었음에도 불구하고, 양육행동에 있어서 유의미하게 긍정적인 효과를 보였으며, 부모놀이치료에 참여한 아동의 경우에도 긍정적 효과가 비슷하게 나타났다는 것을 보여 준다. 이러한 결과는 놀이회기에서 가장 유의미하였고 관찰 가능하였다. 이 연구의 긍정적인 결과는 프로그램이 다른 나라에 있어서도 잘 적용될 수 있다는 사실을 다시 한 번 보여 주며, 단기로 적용된다고 하여도 긍정적 효과를 가져올 수 있다는 것을 보여 준다.

키드론(Kidron)은 14명의 부모로 이루어진 치료집단과 13명의 부모로 이루어전 통제집단을 대상으로 이스라엘에서 연구를 수행했다. 처치집단은 5주로 이루어진 부모-자녀 관계 치료(CPRT)를 하기 위해 일주일에 2회기의 상담을 받았다(Bratton et al., 2006; Landreth & Bratton, 2006). 비행동적인 측정이 처치 동안 이루어졌는데 통제

집단은 사전 검사와 사후 검사를 받았고, 처치집단을 대상으로는 놀이회기 행동척도(MEACI)의 행동적 측정이 사전 검사와 사후 검사로 이루어졌다. 처치의 말미에는 놀이회기 행동척도(MEACI) 결과, 훈련집단의 부모들이 비행동적인 부모 측정 검사에서 진전을 보였다. 통제집단은 사전 검사와 사후 검사에서 유의미한 결과를 보이지 않았다. 1년 후 처치집단 구성원들은 그들이 가정에서 자녀와 특별한 놀이회기를 수행하고 있다고 보고했고 일상에서 가장 유용했던 기법은 제한 설정 기법이라고 했다(모든 문화권의 부모들이 제한 설정 기술에 진심으로 고마움을 표했다). 그 프로그램을 좀 더 단기로 다시 실시하였을 때, 통제집단과 그들의 본국에서 훈련된 집단의 사용 모두 주목할 만했다. 그러므로 다른 나라에서 수행된 연구들이 수정되어 적용된다면 강력한 효과를 보여 줄 수 있으며, 훈련된 부모와 자녀에게 있어서 긍정적 효과를 가져온다.

통제집단이 있었던 연구결과

처치집단으로부터 유의미한 차이를 보여 주는 통제집단의 활용은 단지 시간의 흐름에 따른 변화, 또는 부모와 함께한 시간에 따른 것이 아니며 부모놀이치료 훈련이 측정된 변화에 책임이 있다는 점을 보여 준다. 이러한 통제집단 연구의 결과는 부모놀이치료를 위한 증거의 기초에 힘을 더한다. 매우 유의미한 메타 분석은 브래튼과 동료들(Bratton et al., 2006)에 의해서 이루어졌다. 이 연구는 요건에 충족되는 93개의 통제/처치 놀이치료와 부모놀이치료에 대한 논문을 분석하여 이루어졌다. 결과를 통해 일반적으로 놀이치료가 아동의 정서 및 행동 문제를 다루는 데 있어서 상당히 효과적인 접근이라는 점이 드러났다(효과 크기= .80). 부모가 놀이치료를 실시한 경우, 효과 크기는 좀 더 커져서 1.15에 달했다. 밴플릿과 동료들(VanFleet et al., 2005)은 부모놀이치료의 연구결과를 비판적인 관점에서 검토하였는데, 역시 긍정적인 결과를 보고하였다.

수년간 보고된 집단 부모놀이치료의 결과 중에서 특별히 언급할 만한 것은 프로그램의 사전 사후에 측정결과를 제시한 것과 더불어 처치집단과 적극적 통제/비교집단을 대응시켜 비교한 몇몇 연구들이다. 이러한 방법은 치료의 효과성을 보여 주는 가장 중요한 방법들 중 하나이기 때문이다. 이러한 연구 중의 첫 번째는 월(Wall, 1979)의 연구로, 세 가지 개입을 비교하였다. 첫 번째는 어머니가 자녀와 실시한 아동중심 놀이치료(월이 '안내된 놀이치료'로 이름 붙임), 두 번째는 대학원생에 의해서 시행된 아동중심 놀이치료, 세 번째는 훈련되지 않은 엄마들에 의한 자유놀이 상황이었다. 다른 두 집단과 비교하였을 때 유의미한 긍정적 변화가 부모놀이치료 집단에서만 부모와 아동에게 모두 나타났다.

다른 연구는 클라크(Clark, 1996)에 의해 수행된 적극적인 통제집단과 무처치집단을 활용한 연구이다. 클라크는 세 집단을 구성했는데, 자신의 방식대로 놀이하는 어머니 집단, 부모놀이치료를 훈련받은 어머니 집단, 무처치 통제집단이었다. 부모놀이치료 집단의 아동은 아이버그 아동행동검사(Eyburg Child Behavior Inventory: ECBI; Eyburg & Pincus, 1999)에서 행동 문제가 유의미하게 감소하였다. 다른 두 집단에서는 문제행동의 감소가 나타나지 않았다. 처치 후 몇 달 후, 클라크는 부모놀이치료 집단의 아동만이 유의미한 이득을 얻었음을 발견하였다.

적극적 통제집단을 포함한 두 개의 다른 연구는 모리슨 베넷과 브래튼의 연구, 스미스의 연구이다. 모리슨 베넷과 브래튼(Bennett & Bratton, 2011)은 랜드레스와 브래튼의 10회기 집단 부모놀이치료 모델을 교사에게 적용한 '아동교사 관계치료(CPRT)'를 처치집단에 시행하고, 통제집단에는 교사가 의식적인 훈육을 실시하도록 하였다. 스미스(Smith, 2000)의 연구에서는 가정 폭력으로 쉼터에 거주하는 가족을 대상으로 부모놀이치료를 실시하였다. 스미스는 이전의 부모-자녀관계 연구와 자신의 5주 집중 부모-자녀관계 연구결과를 비교하였다. 두 가지 처치 모두에서 사전 및 사후 검사의 결과 행동척도(MEACI)와 다른 양육 및 행동척도(CBCL)에서 유의미한 차이가 나타났다. 스미스는 이러한 결과에 대해 이전에 가정 폭력을 경험한 다른 집단을 대상으로 집중적인 처치를 제공한 연구의 결과와 비교하였다(Kot, 1995; Tyndall-Lind, 1999). 첫 번째 연구(Kot, 1995)는 집중적인 부모놀이치료와 집중적인 개별 놀이치료를 비교하였다. 두 번째 연구(Tyndall-Lind, 1999)에서는 집중적인 부모놀이치료 집단과 형제 집단치료를 비교하였다. 각각 두 집단 간에는 유의미한 차이가 나타나지 않았다. 스미스는 이 연구들과 자신의 쉼터 집단 연구를 비교하였는데, 다른 처치를 사용한 연구자들에 의해 얻어진 결과보다 부모놀이치료를 활용한 쉼터 집단에서 자기개념 검사(Joseph Preschool and Primary Self-concept Screening Test)의 점수가 유의미하게 높게 나타났다. 다른 측정에 있어서는 차이가 나타나지 않았다.

부모놀이치료 과정에 대한 연구

치료 접근의 연구와 발달에 있어서, 부모놀이치료를 포함하여 상담 과정에 대한 연구는 결과에 대한 연구만큼 일반적이지 않다. 결과에 대한 연구가 먼저 이루어지고, 수가 증가하게 되면, 치료의 발달과 타당성에 대한 연구가 이루어진다. 그러나 상담

과정 연구는 치료방법에 있어서 각각의 요소가 어떻게 기여하는지 이해하는 데 매우 중요하다. 그러나 이러한 연구의 빈도가 낮았던 두 가지 명확한 이유가 있다. 첫 번째, 처치가 효과적인 것으로 나타날 때까지는 그것의 과정을 이해해서 얻을 수 있는 점이 많지 않다. 두 번째, 과정 연구는 대개 사전 및 사후 점수와 가능하다면 추후 결과를 통해서만이 적절히 조사될 수 있는 결과 연구에 비해서 시간 자원이 좀 더 필요하다.

그럼에도 불구하고, 여기에 요약하기에 유용한 부모놀이치료에서 수행된 몇 가지 과정 연구가 있다. 이러한 연구는 결과와 과정 둘 다에 대한 연구이기 때문에 선택되어 왔으며, 특히 가치가 있다. 제일 처음 행해진 연구는 이전에도 언급했듯이 거니와 스토버(Guerney B. & Stover, 1971)에 의해 이루어진 연구이며 부모놀이치료의 효과뿐 아니라 긍정적 결과를 가져온 과정의 많은 부분에 대한 것이다. 이 연구에 포함된 51명의 어머니들의 놀이회기 행동은 정기적으로 관찰되었고 집단놀이치료 과정을 통해서 추적되었다. 그리고 연구자들은 어머니들이 놀이치료 기술을 향상시킨 것을 보여 주었다. 600건의 놀이회기에서 49,000번의 관찰점을 분석하여, 어머니들은 놀이회기 동안 아동에 대한 수용, 공감, 자기 주도 허용을 적용하는 능력을 유의미하게 발달시킨다는 것을 보여 주었다.

이러한 관찰은 놀이회기 초기에서 후기까지 아동의 행동에 있어서의 변화를 보여 주었다. 정서, 공격성, 의존, 리더십, 어머니와의 접촉, 역할놀이 등을 평정하였을 때 치료회기 동안 아동에게 있어서 통계적으로 유의미한 변화가 나타났다. 리더십과 어머니와의 접촉이 증가하였고, 공격성과 의존은 감소하였다. 신체적 애정표현은 사회적으로 이타적인 상호작용이 좀 더 증가한 만큼 감소하였다. 역할놀이에 대한 아동의 활용은 후기 회기에서는 감소하였으며, 현실 놀이는 증가하였다. 현실 놀이가 증가하였을 때, 아동은 역할놀이를 통해서 표현하는 갈등이 줄어든 것처럼 보였고, 그들의 판단은 증가한 것으로 보였다. 이러한 결과는 일상생활에서의 아동 행동 평정 결과와 어머니 태도에 의해서 측정되었고 강화되었다. 이러한 결과는 성공적인 부모놀이치료의 궁극적인 결과에 도달하는 데 있어서 아동과 부모에게 일어나는 변화의 과정을 수정하는 데 도움이 된다.

결과와 더불어, 부모놀이치료 과정에 대한 다른 조사는 시울랙(Sywulak, 1979)에 의해서 수행되었다. 시울랙은 부모-자녀 문제 체크리스트(FPL)를 포함하여, 그들 자신의 태도를 측정하고, 아동 문제에 대한 인식을 알아보고 검사를 실시하였으며, 대기자 통제집단을 사용하였다. 32명의 부모 중 반 정도(19명)가 대기자 명단에 배정되었고, 나머지는 처치집단에 배정되었다(대기자 명단의 가족에게는 나중에 집단 부모놀이치료를 실시하였다). 처치 및 통제 집단에 대한 부모 척도의 결과를 비교하여 볼 때, 시울랙은 두 달 후 집단 부모놀이치료의 부모에게 변화가 분명하고 이러한 변화는 네 달째에 유의미한 단계에 이르렀음을 보여 주었다. 대기자 명단에 있던 통제집단에서는 그러한 변화가 나타나지 않았다. 부모놀이치료에 참여한 아동의 변화는 네 달 사이에 두드러지게 나타났다. 연구는 부모 변수들에서의 변화의 과정이 이 연구에서 알려진 것보다 좀 더 일찍 시작되었으며, 부모의 변화는 아동 행동의 중요한 변화에 선행한다고 결론지었다.

센수(Sensue, 1981)는 집단 부모놀이치료를 끝낸 3~5년 후 시울랙의 연구에 참여한 가족을 조사하였다. 센수는 부모를 대상으로 디모인 아동적응척도(Des Moines Child Adjustment Scale; Moore, 1964)를 실시하여 아동의 적응을 확인한 결과, 연령의 규준과 비교하여 높은 적응 점수를 나타냈으며, 처치가 끝난 때보다 나은 적응을 보이고 있음을 발견하였다(그러므로 보고된 행동에 있어서 그들의 향상은 단지 성숙에 의한 것이 아니다). 센수는 실험에 참여하였던 부모의 반 이상이 주로 자녀의 주장으로 자녀와 '특별한 놀이시간'을 지속한다는 점을 알아내었다. 센수는 나이, 사회경제적 수준, 성별이 대응되도록 하여 유사통제집단을 만들었다. 이 유사통제집단의 아동은 어떤 문제도 나타내지 않았던 아동들이었다. 센수는 유사 통제집단을 집단 부모놀이치료 처치 아동 집단과 비교하였다. 센수는 처치 후 아동이 비임상 아동의 비교집단과 다르지 않으며, 집단 부모놀이치료가 연령에 적절한 수준의 행동을 습득하도록 하는 데 도움이 된다는 점을 제시하였다.

어들리(Eardley, 1978)는 독특한 과정 연구를 수행했다. 부모-자녀 변화 과정을 조사하는 것과 더불어, 집단 부모놀이치료 리더의 행동에 초점을 맞추었다. 대기자 통제집단(나중에 처치집단이 되는)과 두 개의 처치집단을 활용하여, 어들리는 부모놀이치료를 한 처치집단에는 부모에게 단지 부모놀이치료의 교육적인 측면만을 가르쳤다(Eardley가 사용한 교육은 체계적이고 정확하였다). 다른 처치집단은 집단 부모놀이치료를 받았고, 교육집단에서 이루어지는 부모-자녀 가족역동과 공감에 관련된 토의를 피하도록 노력하였다. 부모와 자녀 참여자들에게 있어서 긍정적인 변화는 교육처치 집단에서 지지되지 않았으며, 표준적인 집단 부모놀이치료 집단에게서 나타났다. 어들리(1978)는 리더가 훈련이나 집단의 과정에서의 공감이나 역동에 기여하지 않으면 집단 부모놀이치료의 전형적인 이득은 얻기 어렵다고 결론지었다.

결론

40년 이상 계속되어 온 다양한 장면에서의 개인과 집단 부모놀이치료에 대한 연구 범위는 이 방법이 부모와 아동에게 있어서 바람직한 변화를 가져오는 효과적인 도구임을 보여 준다. 부모놀이치료는 타당하고, 신뢰할 만하고, 가장 눈에 띄게 강력하다. 다양한 프로그램 길이를 활용한 전통적인 5세 프로그램부터 매우 집중적으로 실시되는 프로그램까지 연구들에 참여한 집단은 다양하게 보고되고 있다. 이러한 점은 임상가와 부모놀이치료 제공자들에게 프로그램이 생산적이라는 점에 대해 확신을 주며, 견고한 연구기초가 없이도 다른 가능한 처치보다 좀 더 효과적일 수 있다는 사실을 보여 준다.

측정의 일관성에 대한 특별한 의견

집단 부모놀이치료 영역에서 수행된 연구의 눈에 띄는 특별한 특징은 초기 집단놀이치료 연구들에서 적용되었던 측정도구를 꽤 일관적으로 사용하고 있다는 점이며(Guerney B. & Stover, 1971), 이는 미국 노스텍사스 대학을 통해 랜드레스와 동료들에 의해 수행된 연구도 그러했다(www.cpt.unt.edu/research 참고). 결과의 반복적 검증은 다양한 연구에서 같은 척도들이 사용될 때 보다 의미가 있다. 또한 이것은 실험집단 간의 결과를 비교하게 만들어 준다. 불행히도 이러한 세련된 측정은 임상적 연구를 포함하여 사회과학 연구에 있어서 많이 보이진 않는다. 많은 연구자는 그들 자신의 목적에 맞게 측정도구를 수정하여 사용하는 것을 선호하기 때문에 처치를 교차 비교하거나 다른 연구의 결과를 한 연구에서 다른 연구로 의미 있게 일반화하는 것은 어렵다. 집단 놀이치료는 같은 방식으로 같은 변수를 측정하는 것을 반복함으로써 결과에 대한 일반적인 일관성을 높이기 때문에 더 힘을 갖는다.

부모놀이치료의 근거, 목표, 목적 개관

부모놀이치료는 근거, 목표, 목적이 있는 잘 구조화된 치료방법이다. 여기에 이를 기술한다.

부모놀이치료의 주요한 근거

부모놀이치료의 중요한 기초는 부모가 그들의 자녀에게 있어서 가장 중요한 인물이 된다는 것이며 아동기를 통틀어 일상적 장면에서 아동의 삶에 거의 언제나 존재한다는 것이다. 대조적으로 많은 전문가는 아동과 제한된 시간에만 만나고, 제한된 목적으로 만난다(Guerney B., 1964). 부모와 자녀 사이에서 관계의 깊이와 연속성, 아동의 심리 및 정서 발달에 주는 상당한 중요성에 있어서 부모에 의한 치료가 전문가들에 의해 행해지는 치료보다 강력할 수 있다. 부모놀이치료는 가족 문제를 다루는 좀 더 직접적이고 빠른 방법일 수 있다. 부모는 부모놀이치료에서 아동에게 스스로의 골치 아픈 문제를 이해하고 다룰 수 있도록 자주 참여시키기 때문에, 아동이 정서적 문제를 해결해 나가는 과정에서 부모의 존재는 치료과정을 촉진하는 경향이 있다. 아동은 치료자들로부터 그들의 부모로까지 일반화하는 부가적인 단계를 취할 필요가 없다.

부모놀이치료의 세 가지 목표

부모놀이치료에서의 기본적인 변화의 주체로서 부모의 역할은 가족에게 있어서 치료적 변화의 열쇠이다. 즉, 아동을 위해서, 각 부모자녀관계를 위해서, 그리고 전체로서의 가족을 위해서 그렇다. 그러므로 부모놀이치료의 첫 번째 목표는 부모들이 그들의 자녀와 아동중심 놀이치료 방법을 활용해서 놀이하는 방법을 부모놀이치료자들의 직접적인 감독하에서 배우는 것이다. 두 번째 목표는 부모들에게 간접적인 슈퍼비전을 제공하면서 가정에서 놀이회기를 실시할 수 있도록 가르치는 것이다.

부모놀이치료의 주요 목적

부모놀이치료의 주요 목적은 다음과 같다.

- 부모-자녀 애착관계를 증진하고 향상시키기 위해서 부모가 직접 작업하도록 안내한다.
- 부모가 자녀를 위한 정서적 안정감의 원천이 될 수 있도록 아동의 부모에 대한 정서 반응을 바꾼다.
- 인지적인 수준에서 아동이 부모에 대한 인식을 바꾸도록 한다. 부모가 도움을 주

고, 그 자체로 긍정적 요인을 갖고 있는 치료자 역할에 함께하게 하면서, 부모놀이치료는 아동이 그들의 부모를 좀 더 긍정적으로 지각하게 하고, 부모에 대한 그들의 잘못된 지각을 수정한다(Guerney B., 1964).

- 부모가 그들의 자녀와 있을 때 '좋은 부모'라는 역할의 모델이 되도록 한다. 그러한 부모들은 따뜻하고 양육적이나 동시에 필요한 통제를 수행한다[즉, '권위 있는 부모'(Baumrind, 1971; Baumrind & Black, 1967), '효과적인 부모'(Coopersmith, 1967); '안정애착 부모'(O'Sullivan & Ryan, 2009; Ryan & Wilson, 1995; Wilson & Ryan, 2005)]. 놀이회기에서 아동중심 놀이치료 기법을 사용할 때 부모는 처음 이 역할을 모델링하고, 그런 다음 이 기법을 일상생활에 일반화하며, 필요하다면 수정하기도 한다.

집단 부모놀이치료

어떤 형태에서의 부모놀이치료는 그것 자체로 중요한 이점을 지니지만 우리가 이 책에서 쓰기로 선택한 집단 부모놀이치료는 크게 두 가지 이점을 가지고 있다. 첫 번째, 그것은 부모놀이치료가 처음 전수될 때의 원래 형태이고, 다른 어떤 형태보다 더 많이 연구되어 왔다. 두 번째, 집단 부모놀이치료를 전달함에 있어서 오랜 시간에 걸쳐 부모놀이치료에 대한 수많은 출판물에도 불구하고 부모놀이치료의 공동개발자인 루이스 거니의 전문지식은 지금까지 충분히 구체화되지는 않았다.

집단 부모놀이치료 형태는 다수의 가족을 대상으로 각 가족의 모든 구성원을 포함하는 것을 목표로 하고, 상담자는 각 부모에게 슈퍼비전을 제공하면서 아동중심 놀이치료 회기를 전수한다. 우리가 여기에 기술하는 개입의 길이는 약 20주이며, 참여하는 아동의 수와 가족이 경험하는 어려움의 정도에 따라 달라진다. 집단 부모놀이치료는 좀 더 단기적으로 운영될 수 있는데, 여기서는 기본적인 형태를 이 책의 마지막 장에서 설명하고자 한다.

집단 부모놀이치료는 양육 프로그램 그 이상의 것이다. 양육 프로그램이 하는 것처럼 기본적으로 교육 기능을 취하는 것 대신, 심리교육적 틀 안에서 치료 프로그램을 전달한다. 문제를 겪고 있는 가족들에게는 특히 좀 더 지속적이고 그들의 일상생활에 영향을 주는 스트레스를 임상적인 수준에서 다루는 것이 유용하다. 이러한 치료적 목적과 더불어, 집단 부모놀이치료는 가족 내에서 발생되는 좀 더 심각한 문제를 예방할 수 있으며, 특히 좀 더 취약하고 위기에 있는 가족들에게 활용될 수 있다. 마지막 장에서 제시된 집단 부모놀이치료 모델의 많은 적용안이 이러한 접근을 반영한다.

거니 부부에 의해 개발된 집단놀이치료 모델은 이 책에서 보여 주고 있는 것처럼 잘 구조화된 접근이다. 모델의 심리교육적 틀은 기법 중심적이다. 그러므로 그것은 부모에게 강력한 정서적 지원을 제공함에도 불구하고, 부모를 위한 집단치료의 형태를 취하는 것을 목표로 하는 것이 아닌데, 이러한 사실은 이 책에서 종종 논의되었다. 집단 부모놀이치료는 다른 집단 프로그램에 비해서 부모로부터 정서적인 위협을 덜 주는데, 특히 부모가 상담기술을 발달시키는 데 있어서 긴밀한 지도감독을 부모에게 제공하지 않은 몇몇의 집단 프로그램은 부모를 비난한다고 느끼게끔 할 수 있다.

집단 상황에서 부모놀이치료의 이점

집단 형태의 부모놀이치료는 몇 가지 눈에 띄는 이점이 있다. 이전에 기술된 긍정적인 목표와 목적은 집단에 있어서 대개 기꺼이 달성 가능한 것들이다. 집단 형태에서, 가족은 공통적인 목적과 목표를 이루는 데 서로 도울 수 있다. 집단은 다음의 것들을 제공할 수 있다.

- 지지적인 분위기: 집단에 속한 부모들은 가족생활 내에 내재된 기쁨과 어려움을 서로 이해하고 수용하는 감정을 전달할 수 있다. 지지적인 집단 경험의 이점과 가치는 잘 설정된다(예: Solomon, Pistrang, & Barker, 2001). 우리는 이러한 입장을 채택하고, 이 책의 독자들이 같은 방식으로 해 보기를 기대하며, 집단이 부모놀이치료의 형태를 가장 만족시키고 있는데, 이는 개별적인 가족에게 부모놀이치료 프로그램을 제공하는 전문가들이 충분히 제공할 수 없는 다른 사람의 문제에 대해서 또래 지지와 통찰을 가장 쉽게 제공하기 때문이다.
- 공통의 치료 및 교육 목표: 집단에서 타인들과 자녀에 대해서 그리고 새롭게 치료적 역할을 배우는 방법에 대해서 배우는 부모들은 부모가 함께함으로써 새로운 정보와 기술을 상호적으로 습득하게 되는 개별적인 부모놀이치료를 통해 이득을 얻는다. 그러나 집단 부모놀이치료를 일차적으로 교육 집단이라고 보지 않는 것이 중요하다. 사실, 이 책을 통해서 자주 언급된 내용이지만, 리더는 교육 목적에 너무 집중을 한 채로 프로그램의 치료적 목표에 대한 통찰을 잃을 수 있다.
- 실용적인 이유: 집단 부모놀이치료는 중요한 치료적인 목적과 더불어 양육과 관계 향상이라는 목적을 가지기 때문에, 개별적인 가족상담이 획득할 수 있는 이상으

로 가장 필요한 정신건강 서비스를 제공하는 수단이 될 수 있다. 이렇듯 모두에게 해당되면서 포괄적인 목표는 명백한 효과성과 집단을 통해서 비용이 절감되기 때문에 임상가들과 재정지원을 해 주는 사람들 모두가 마음에 새기고 있어야 할 사항이다.

- **더 많은 연구에 의한 지지:** 부모놀이치료에 대한 이론적인 배경은, 특히 심리교육적 접근일 때, 집단 형태로 부모놀이치료가 수행되곤 할 때 향상된다. 한부모와 부부 모두를 대상으로 한 부모놀이치료에 대해서 보다 지지적인 증거가 있고, 집단 형태는 좀 더 자주 연구되며 매우 효과적이었다.

집단 부모놀이치료 프로그램의 전체적인 구조

우리는 지금 집단놀이치료 프로그램 그 자체로 돌아가고자 한다. 프로그램은 가정에서 부모가 자녀와 놀이회기를 갖도록 하는 목표를 가지며 이러한 놀이회기 동안 부모가 습득한 치료적 기법과 양육방식이 일상에 적용되도록 하는 것이다. 그러므로 프로그램의 첫 부분은 부모가 아동중심 놀이치료 회기를 효과적으로 진행하도록 하는 훈련 구조로 되어 있다. 처음에 부모는 집단 리더가 이러한 놀이 기법을 프로그램에 참여하는 각각의 아동과 함께 차례로 시연하며, 집단에서 놀이 시연에 사용되었던 원리와 기술에 대해 리더의 설명을 듣는다.[5] 부모 입장에서 인지적인 이해가 이 단계에서의 기본적인 목표이다. 리더는 공감적으로 부모의 초기 염려, 아동중심 놀이치료 기술이 아동의 행동을 향상시키는 데 있어서 타당한지에 대한 의문, 이러한 기술을 적용할 수 있을지에 대한 부모의 초기 걱정 등에 대해서 반응한다. 아동중심 놀이치료 기법이 부모에게 습득되면서, 정서적이고 행동적인 요소들이 초기의 인지적 원리 형태에 뒤따르게 된다.

훈련 동안 부모는 집단 리더의 지도하에서 성인-아동 놀이 상호작용과 역할놀이에 있어서 적절한 아동중심 반응을 집단의 동료와 함께 모의 회기에서 시연해 볼 것을 요청받는다. 그런 다음 부모는 자녀와 함께 스스로 좀 더 짧은 놀이회기를 갖도록 요청받고, 이는 리더에게 직접적인 지도를 받으며 이 과정을 다른 집단 구성원이 관찰한

5) '시연(demo)'이라는 용어는 '시연(demonstration)'이라는 단어를 대신해 부모놀이치료 동안 부모에게 무언가를 보여 주는 것을 뜻하고, 이 책에서는 이러한 용례로 사용된다.

다. 이러한 기술이 기초적인 단계에서 숙달되면, 다음 단계는 가정에서 놀이회기를 진행하도록 하는 단계이다. 실시간이나 녹화된 (혹은 둘이 결합된) 가정회기에 대한 지도감독이 가정회기에 대한 좀 더 일반적인 논의와 함께 이루어진다. 마지막으로 프로그램이 끝나기 전에 이러한 기술을 일상생활에 일반화하는 데 대한 조언과 논의가 이루어진다. 프로그램이 끝난 후에 프로그램에 더해서 부모를 지지하는 모임이 진행될 수 있다.

〈표 1-1〉는 20주 집단 부모놀이치료 프로그램을 실시하는 일반적인 일정을 제시한다. 이러한 20주 모델은 참여자들의 수나 가족의 요구에 따라서 쉽게 다양화될 수 있다. 질적인 저하 없이 참여대상 수가 달라지는 것과 관련하여 집단 부모놀이치료 프로그램의 모든 단계를 다루기 위한 방법이 이 책의 여러 곳에 기술되어 있다.

리더가 시연하게 되는 일정, 집단 모임 동안 부모에 의해 이루어지는 놀이회기 연습, 모임 중 이루어지는 가정회기에 대한 심도 깊은 슈퍼비전은 프로그램에 참여하는 아동 수에 의해, 그리고 좀 더 작게는 부모 수에 의해 영향을 받는다. 1명의 아동이 있는 양쪽 부모 모두가 참여한 가족은 놀이회기 연습의 수를 최소한으로 요구받으며, 반면 여러 아동으로 구성되어 있는 한부모로 구성된 집단은 좀 더 긴 시간을 할애할 수 있다. 그러나 시연, 실습, 가정회기의 지도를 위해서 필요한 모임의 수를 결정하는 것은 크게는 집단 내에서의 아동의 수이다. 예를 들어, 시연을 하는 아동의 수는 전체 아동 수의 반 정도가 필요한데, 만약 10명의 아동이 참여한다면 그중에 5명의 아동을 대상으로 시연을 실시한다(부모는 가정회기에서 매우 어린 아동과 좀 더 연령이 높은 청소년들을 포함하기를 원하나, 그들은 대개 집단 모임 동안 회기 실습에는 참여하지 않는다. 다른 규모의 가족을 데리고 시연을 어떻게 구성할 것인가 하는 문제는 이 책의 뒤에서 좀 더 자세히 기술된다). 거의 항상 적응은 집단 길이의 지나친 확장 없이 아동과 그들 부모의 욕구에 맞게 시연의 수가 이루어짐으로써 달성된다.

표 1-1 8~10명의 참여아동과 최대 10명의 부모를 대상으로 한 20회기 집단 부모놀이치료 프로그램

1회기

- 프로그램과 서로에 대한 소개
- 집단 부모놀이치료의 목적과 목표에 대한 요약
- 아동이 참여하지 않은 상태에서 아동중심 놀이치료 시연(demo)(직접 보여 주거나 비디오)
- 기본적인 아동중심 놀이 기법에 대한 개관

2~5회기 • 리더가 진행하는 각 참여아동과의 놀이 시연 • 활용된 기법에 대한 논의와 부모 피드백 • 부모와의 기법 훈련 • 가상 놀이회기 훈련
6~10회기 • 부모가 진행하는 놀이회기 실습에 대한 직접적인 슈퍼비전 • 집단 리더에 의한 피드백과 토의 • 추가적인 기법 훈련
11~12회기 • 가정 놀이회기 계획 • 각 부모의 첫 번째 가정회기 절차
13~15회기 • 부모가 진행하는 놀이회기의 지속적 실습(선택적으로 실시) • 선택된 가족을 대상으로 가정 놀이회기에 대한 심화 지도 • 가정 놀이회기에 대한 집단 보고 • 놀이 주제 토론
16~19회기 • 부모가 진행하는 놀이회기의 지속적 실습(선택적으로 실시) • 선택된 가족을 대상으로 가정회기 및 놀이 주제에 대한 심화 지도 • 가정 놀이회기에 대한 집단 보고 • 일상에 기법을 일반화하기
20회기 • 참여대상의 프로그램 평가 및 종결
선택적 추후 회기(follow-up) • 가정 놀이회기와 특별한 놀이시간을 지속하는 부모를 대상으로 문제점 토의

집단 부모놀이치료를 시작할 때의 임상적 문제들: 리더

20주 집단 부모놀이치료 프로그램의 형태와 과정에 대한 내용을 전달함에 있어서 리더의 역할은 리더가 '공감적으로 반응하는 것' '무조건적으로 수용하는 것' 그리고 부모와 함께 '새로운 기술의 학습'을 사용하는 방법을 포함하여 이후의 장에서 좀 더 자세히 기술된다. 우선, 우리는 집단 부모놀이치료 프로그램을 전달하는 리더의 욕구,

역할, 태도를 고려한다.

두 명의 리더 모델

이 책은 두 명의 리더 모델에 기초하고 있다. 이 모델은 집단 부모놀이치료 프로그램에 있어서 가장 선호되는 모델이며 가장 널리 사용되고 있다. 두 명의 리더 모델의 이점은 다음과 같다. 첫 번째, 그들은 좀 더 많은 수의 부모와 아동에게 서비스를 제공할 수 있다. 두 번째, 그들은 서로 간의 기여를 향상시킬 수 있다. 집단 부모놀이치료 프로그램을 실시하기 전에, 두 리더는 강력하고도 전문적인 파트너십을 형성해야 하며 내담자와 상호작용하는 방법, 상담 방식, 양립 가능성에 관한 문제를 해결해야 할 필요가 있다. 긴밀한 협력을 방해할 수 있는 개인적 스타일에서의 갈등을 해결하는 일이 부모가 참여하는 치료 프로그램에서는 필수적이다.

경험이 없는 리더들에게 함께 집단을 이끄는 것은 필수적이다. 집단 형식의 부모놀이치료는 우리의 의견으로는 개인 부모놀이치료보다 우위의 경험이며, 이것은 보다 복잡한 개입이다. 그러므로 집단 부모놀이치료는 리더의 상담기술과 에너지에 대한 요구가 많다. 리더는 여러 부모의 놀이회기 실습의 과정을 관찰함과 동시에, 부모에게 치료적 기술을 발달시키는 것을 가르쳐야 하고, 피드백과 토의 시간에 부모들의 정서적 요구에 반응해야 한다. 예를 들어, 공감적 지지와 교육에 대한 기본적인 두 가지 과업, 그리고 그 세부요소들에 대한 균형을 잡는 것은, 두 명의 리더에 의해서 더 잘 수행될 수 있으며, 그래야 두 가지 요소 중 어떤 것도 상대적으로 누락되지 않는다.

두 번째 리더의 노력과 상호적인 지지에 대한 부분은 매우 중요하고, 숙련된 리더라 할지라도 관련된 모든 사람에게 집단 부모놀이치료의 경험을 향상시킬 수 있다. 집단을 구성하고 효과적으로 운영되도록 하는 것은 상당히 힘든 과업이며, 특히 새롭게 집단 부모놀이치료 리더와 실습을 할 때 그렇다. 리더 자신은 다양한 문제에 대해서 서로 지지를 해야 하며, 이것은 집단 역동과 관련된 문제로 뒤에 좀 더 자세하게 다루어진다. 이러한 문제는 집단의 주요한 심리교육적 과제이다. 그러나 새로운 리더가 집단을 성공적으로 운영하면 그들은 일반적으로 가족이 그들의 도움으로 얻어 낸 변화에 기분이 좋아지고, 종종 다음 집단이 언제 개최되고 얼마나 더 향상될 수 있는지를 재빨리 계획하기 시작한다.

한 명의 리더만 있을 때

이전에 언급한 것처럼, 두 명의 리더 모델은 언제나 선호된다. 그러나 한 명의 숙련된 리더만이 가능하다면 충분한 길이의 집단 부모놀이치료 프로그램을 수행하는 것도 가능하다. 신중하게 계획하고 시간을 안배한다면 한 명의 리더만 있어도 20주 프로그램의 모든 단계를 충분히 이끌 수 있다. 저자들이 강력하게 추천하듯이 한 명의 리더가 집단을 이끌고, 집단은 네 명에서 여섯 명으로 이루어지며, 전체 아동이 여섯 명(가정회기에 부가적으로 두 명의 아동이 포함될 수 있음)이 넘지 않을 때 한 명의 리더만으로 집단이 가능하다. 시간이 특히나 잘 계획되어야 하고, 가정회기 이전에 모든 부모와 아동이 리더로부터 충분한 조언을 받고 실습 경험을 할 수 있어야 한다. 좀 더 작은 한 명의 리더 집단일 때 프로그램의 길이는 그에 따라서 좀 더 줄어들 수 있다.

집단 부모놀이치료의 리더에게 요구되는 특성

우리가 이 책에서 강조하는 것은, 집단 부모놀이치료가 가족을 위해 구조화되고 복잡한 프로그램이라는 것이다. 집단 형태는 개별 가족에게 서비스를 전달하는 것보다 요구적일 수 있다. 그러므로 리더는 집단 부모놀이치료를 수행할 때 그들 스스로의 전문적인 요구에 대해서 신중하게 생각해 볼 필요가 있다. 리더의 개인적인 자질, 전문적인 경험, 슈퍼비전 요구에 대해서 추천되는 바는 다음에 기술되어 있다.

집단 부모놀이치료 리더에게 요구되는 개인적 특성

문제를 안고 있는 아동과 그들의 가족을 상담하는 임상가는 부모에게 상담자의 성실성, 상담 접근의 효과성, 그리고 상담자들이 좋은 판단을 하고 있다는 확신을 줄 필요가 있다. 집단 부모놀이치료는 북미를 제외한 곳에서는 아동과 가족을 위한 치료로 상대적으로 익숙한 치료가 아니기 때문에, 긍정적이고 생산적인 집단 참여 경험은 개별 가족을 위한 상담에 비해서 좀 더 힘들 수 있으며 집단 부모놀이치료 리더는 그들 스스로를 빠른 시간 동안 믿을 만한 임상가로서의 입장을 취할 수 있어야 한다. 다른 치료적 작업과 유사하게 집단 부모놀이치료 리더는 종종 그들이 작업을 하는 집단을 위해서 안면타당도를 가지므로 그들의 자격 요건을 갖추는 일에서 문제가 적다. 즉, 집단의 리더가 나이가 많고 경험 있는 전문가로서 집단 구성원과 유사한 배경과 인종을 가지고 있을 때, 그들의 신뢰는 더 쉽게 확립될 수 있다.

참여자들의 일상생활에 대해서 좀 덜 익숙한 임상가들은 집단의 리더로서 그들의 위치를 설정하는 것이 좀 더 어려울 수 있다. 그러나 이러한 리더가 그들 스스로를 집단에서 좀 더 충분히 증명하고자 한다면, 그들의 신뢰를 성공적으로 '얻어 내는' 성취감을 좀 더 경험할 수 있을 것이다. 루이스 거니의 경험에 의하면, 그러한 리더는 집단 구성원에 대한 진실하고 정확한 공감을 활용하고 있다고 자각할 때 그들의 신뢰를 얻는 데 도움받을 수 있는데, 이것은 내담자의 삶의 역경과 리더 자신의 경험 사이의 현실적 간극을 효과적으로 채울 수 있다. 이것은 애도 상담을 하는 상담자들이 그들 스스로가 같은 종류의 상실을 반드시 경험하지 않고도 상실에 대한 일반적인 감정 이상을 그려 냄으로써 슬퍼하는 내담자에게 참여하고 공감하는 것과 유사하다. 공감은 치료적 만남 안에서 두 사람을 힘 있게 함께하도록 하며, 집단 안에서 그것은 리더와 부모들 사이의 연결을 촉진하고, 이는 부모들 상호 간에도 일어난다.

집단 부모놀이치료 리더에게 요구되는 전문적 경험

집단 부모놀이치료 프로그램의 성격 때문에, 리더들에게는 특정한 종류의 훈련과 경험이 요구된다.

첫 번째, 아동중심 놀이치료에서 높은 수준의 훈련과 전문성은 리더에게 필수적이다. 리더는 집단 구성원들에게 그들의 자녀 각각과 놀이회기를 어떻게 수행해야 하는지 실시간으로 자신 있게 시연해 보일 필요가 있다. 게다가, 부모놀이치료하에서 부모들은 자녀의 비전문적인 치료자들이며 아동중심 놀이치료에서 일어나는 일반적이거나 때로는 비일반적인 문제, 아동치료 실제에 있어서 좀 더 일반적으로 발생하는 문제를 해결하기 위해서 리더로부터 지지와 구체적인 도움을 필요로 한다.

두 번째, 잠재적인 정서적 문제를 보이는 가족과 상담 작업을 하는 데 있어서 충분한 경험과 가족 역동에 대한 자각이 필수적이다. 가족 역동을 바꾸고 가족과 아동이 서로 좀 더 적응적으로 상호작용하는 패턴으로 변화시키는 것은 집단놀이치료의 목표 중 하나이기 때문이다.

세 번째, 집단 부모놀이치료는 구조화되고 복잡한 개입이기 때문에, 부모놀이치료에서의 직접적인 훈련이 집중적으로 이루어져야 하며, 이러한 접근을 배우고 실습하기 위해 참여가 요구된다(부록 1에 제시된 부모놀이치료에서의 훈련 기회와 자격증 프로그램 참고). 우리는 이러한 특별한 훈련이 끝난 후에, 집단 부모놀이치료 프로그램의 실시에 착수하기 전 전문가들이 2명의 부모를 포함하는 개별 가족과 함께하는 부모놀이치료에 대한 경험을 얻는다고 제안한다. 이것은 가족 집단이 종종 보다 도전적일 수 있다는 것이며, 한부모 가족을 대상으로 리더가 집단 부모놀이치료 과정을 이끄는 것을 용이하게 할 수 있다.

양육이나 분노 조절 프로그램과 같은 심리교육적 집단 프로그램을 이끌 때 경험할 수 있듯이, 젊은 사람들보다 수행불안이 종종 더 높은 성인학습자를 가르치는 경험은 집단 부모놀이치료의 리더에게 도움이 된다. 2명의 리더 집단에서, 리더의 훈련과 경험은 서로를 채울 수 있고 완성시킬 수 있다. 1명의 리더가 리더십에 필요한 모든 요소를 많이 경험할 때, 그 리더가 좀 덜 경험한 리더의 역량을 도제식으로 향상시킬 수 있다. 그러나 이러한 준비는 두 리더가 아동중심 놀이치료에서 잘 훈련된 곳에서만 집단 부모놀이치료의 리더를 훈련시키는 작업을 잘할 수 있게 하고, 부모놀이치료에 직접적이고 참여적인 훈련을 가능하게 한다.

집단 부모놀이치료 리더를 위한 슈퍼비전과 자기 돌봄

치료자들을 위한 임상적 슈퍼비전 요구는 나라마다 다르고, 한 전문가 집단에서 다른 집단까지 다르다. 집단 부모놀이치료에서 좋은 실습이란 일반적인 놀이치료 실제에서 필요로 하는 슈퍼비전에 대한 요구와 유사하며, 리더는 그들이 존중하고 가치 있게 생각하는 자격을 갖추고 상담과 판단을 하는 슈퍼바이저를 만난다(Drewes & Mullen, 2008; Wilson & Ryan, 2005 참고). 집단 부모놀이치료는 복잡한 개입이기 때문에 좀 더 경험 있는 집단 부모놀이치료자의 특별한 슈퍼비전이 리더들에게 필수적이다. 이것은 리더가 좀 더 도전적인 집단을 이끌 수 있도록 하고, 놀이회기의 문제를 효과적으로 다룰 수 있게 한다. 성인과 집단과정의 훈련에 경험이 적은 한 명의 리더나 공동작업을 하는 리더에게 있어서 이러한 리더들은 훈련된 집단 부모놀이치료 슈퍼바이저로부터 좀 더 집중적이고, 특별히 임상적인 슈퍼비전을 필요로 한다.

숙련된 집단 부모놀이치료 공동리더는 집단이 그들에게 새롭고 기대하지 않았던 도전을 제시하기 전까지는 대개 높은 수준의 특별한 슈퍼비전을 필요로 하지 않는다. 그들은 계획하에 서로에 대한 공동의 슈퍼바이저 역할을 할 수 있으며, 또한 숙련된 집단 부모놀이치료 슈퍼바이저에게 정기적인 슈퍼비전을 받을 수 있다. 우리는 각각의 집단 부모놀이치료 모임이 끝나고 나서 공동 슈퍼비전을 하기를 추천한다. 공동 리더는 각 모임에 대한 비디오를 함께 보면서 그들이 어떻게 반응하는지 서로 피드백을 주며, 또한 다른 모임을 계획하고 다음 시간의 업무를 나눌 수 있다. 한 명의 리더는 스스로의 슈퍼비전에 의존하고 있으며, 이것은 각 모임에 대한 비디오 촬영을 포함하여 비디오를 보고 리더가 얼마나 효과적이었는지를 평가하는 것으로 이루어져 있으며, 다음 모임에서 집단이 필요로 하는 욕구를 전달할 수 있도록 상담을 맞춘다.

모든 리더에게 우리는 그들의 숙련된 집단 부모놀이치료 감독자들이 집단과정에 대한 비디오와 일부 부모의 놀이회기에 대한 비디오를 집단 부모놀이치료 훈련을 받는 리더와 함께 보고 토의할 것을 추천한다. 새롭게 집단 부모놀이치료를 수행하려는 전문가들에게, 우리는 그들의 숙련된 집단 부모놀이치료 감독자들과 적어도 세 번에 한 번씩은 정기적이고 계획된 시간을 가질 것을 추천하며 필요한 경우에는 좀 더 자주 슈퍼비전 시간을 갖도록 추천한다. 집단 부모놀이치료 임상가는 슈퍼비전에 있어서 문제를 인식하고 가져오는 충분한 경험을 갖고 있어, 작은 집단에서 집단 부모놀이치료를 홀로 진행할 수 있을 만큼 충분한 경험이 있는데, 이 정도 수준의 슈퍼비전이 매우 요구된다. 웹캠이나 다른 인터넷 시설을 통해 멀리 떨어져 있는 곳에도 실시간으로 슈퍼비전이 가능하도록 한다. 이러한 선택은 집단 부모놀이치료 전문가의 슈퍼비전이 면대면으로 어려운 상황에 있는 리더(예: 집단 부모놀이치료를 제공하기 시작하는 나라들, 여행을 할 수 있는 자금이나 시간이 부족한 전문가들)에게도 가능하게 한다.

특별한 슈퍼비전과 더불어, 다른 형태의 슈퍼비전으로 집단 또래 슈퍼비전을 들 수 있다. 이것은 집단 부모놀이치료 리더에게 유용한 역할을 할 수도 있다. 그러나 또래 집단 그 자체는 집단 부모놀이치료나 부모놀이치료에 대해서 집단 부모놀이치료 리더가 시험해 볼 수 있는 대상이 될 수 있다. 마지막으로, 집단 부모놀이치료가 진행되는 동안, 좀 더 집중적이고 개인적인 반응과 경험이 활성화되는 것이 그들의 임상 작업을 방해한다고 느낄 수 있다. 리더는 이러한 환경하에서 개인치료에 착수하는 것을 선택하며, 때로는 그들의 슈퍼바이저, 공동리더, 또는 또래집단의 슈퍼비전 후 논의를 해서 그들 스스로 이러한 행동 과정을 선택할 수 있다.

집단 부모놀이치료를 시작할 때의 임상적 문제들: 가족

현재의 임상 실제에서 아동과 가족은 촘촘히 짜인 조직 체계이며 아동의 정서 문제와 치료방법이 그들 부모의 관점이나 동기에 전적으로 의존한다. 이전에 언급하였듯이, 부모놀이치료는 가족의 관계를 강화하는 이상적인 방법이며 아동의 다양한 문제를 조사하고 실제적으로 해결해 왔다.

일반적 호소 문제

부모가 집단 부모놀이치료 프로그램에 참여하도록 동기화되는 세 가지 일반적인 이유가 있다.

첫째, 아동이 이미 높은 불안, 보다 심각한 애착 문제, 품행이나 주의력 문제와 같은 좀 더 심각한 정신건강 문제, 그리고 학교나 가족 생활에 영향을 미칠 수 있는 다른 정신건강에 있어서의 어려움을 겪고 있는 경우에 부모가 도움을 구하고자 하고, 호소문제가 집단 부모놀이치료에 맞아 의뢰된 경우이다. 이러한 집단의 아동과 가족은 그들의 스트레스 수준 때문에 우선적으로 참여한다. 집단 부모놀이치료 프로그램은 이러한 집단에 적절한데 그들의 아동 치료가 양육과 관계 형성 기술과 함께 제공되기 때문이다. 선행연구에서 이러한 집단을 대상으로 한 집단 부모놀이치료 접근이 지지된다는 경험적 증거가 있다.

둘째, 예방은 참여자와 의뢰자들이 집단 부모놀이치료에 접근하는 동기가 될 수 있다. 좀 더 심각한 정서 문제를 가진 위기에 처한 가족, 예를 들어 정신적, 인지적, 심리적으로 장애를 가진 가족 구성원(아동이나 부모)을 가지거나, 분리가 있었거나 재결합하거나, 인생에 있어서 어려움을 겪은 사람들(예: 위탁 양육, 입양, 전쟁 지역에 거주하는 것, 이민 또는 투옥)을 가진 가족은 집단 부모놀이치료 프로그램에 있어서 성공적인 결과를 거두었다. 이 책의 마지막 장에서 다루는 20주 집단 부모놀이치료 프로그램의 적용은 특정 집단의 요구에 따라서 맞추어진 프로그램의 일부 사례를 다루고 있다.

셋째, 기초적인 예방이 목적이 될 수도 있다. 양육 역량을 향상시키고자 하는 부모들은, 아동의 정서적 발달을 향상시키기 위한 목적으로 부모놀이치료에 참여하며, 현재 그리고 미래에 발생하는 문제를 예방한다. 그러나 대부분의 국가들에서는 자금의 제한이 있어서, 임상 집단이 예방 집단에 비해 우선권을 지니기 때문에 일차적이고 이차적인 예방 목표에는 종종 자금이 충분히 제공되지 않는다.

집단 부모놀이치료 구성과 가족 모집

부모놀이치료는 아동의 정서적 삶을 긍정적으로 변화시키기 위해 부모와 아동을 돕는 데 성공적인 것으로 보고된다. 그러나 프로그램에 참여하지 않은 부모들은 변할 수 없다. 그러므로 리더의 첫 번째 과업은 집단 부모놀이치료 프로그램을 구성하고 참여할 가족을 모집하는 것이다. 부록 4는 리더에게 가족을 위한 리플릿에 들어가는 일반적인 정보를 설계하는 예시를 보여 준다. 부록 2는 집단 부모놀이치료 프로그램이 기관 내에서 제공될 때 구체적인 시작 단계를 보여 준다. 이 부록은 집단 부모놀이치료가 익숙한 치료방법이 아닌 기관에 특히 해당된다. 만약 새로운 부모놀이치료 집단 프로그램이 착수되면, 리더는 부모, 전문가, 관리자와 정보를 공유할 충분한 시간이 필요한데, 집단프로그램을 위한 충분한 공간이 있는지를 확인하고 지속적으로 다음 집단 부모놀이치료의 새로운 참여자를 모집하기 위해 정기적인 시간을 확보하기 위함이다.

집단을 시작할 때에 리더가 프로그램에서 생각하는 부모의 수보다 좀 더 많은 부모의 수로 시작하는 것이 중요하다. 이것은 참여하기로 했던 일부 가족이 참여할 수 없는 사정이 생기거나 참여하고자 하는 동기가 없어지기 때문이다. 우리의 경험에 따르면 이러한 가족은 대개 프로그램의 초기 단계에서 스스로 밝히며, 대기자 명단에 있는 가족을 매우 쉽게 대치할 수 있다. 그러나 종종 내담자의 수가 대기자 명단으로도 충분하지 않거나, 프로그램이 새롭게 제안되기도 한다. 이러한 사례에서, 리더는 집단의 인원을 채우려 할지 모르나, 한 사람 또는 두 사람의 결석자가 생길 수 있다. 이런 전략은 효과적이지만 모든 사람이 출석해야만 인원수가 모두 채워진다는 위험이 있다. 프로그램이 질적인 저하 없이 수행되도록 하기 위해서 리더는 프로그램의 모든 면에 숙련되고 능숙할 필요가 있다. 또한 마지막 장에 제시되어 있는 집단 부모놀이치료의 적용 사례 중 일부는 이러한 환경에서 고려할 만하다.

집단 부모놀이치료 프로그램을 계획할 때 발생하는 문제

리더는 개별 가족과 집단 부모놀이치료의 접수면접 모임 전에 프로그램을 운영하기 위한 실제적인 계획을 세울 필요가 있다. 집단 부모놀이치료에 맞는 이러한 접수면접 모임과 부모 및 아동의 일반적인 특성은 다음 장에 기술되어 있다. 여기서 우리는 리더와 기관이 집단 부모놀이치료 프로그램을 계획할 때의 일반적인 문제에 대해서 좀 더 살펴보고자 한다.

집단구성

리더에게는 집단 자체로 서로를 보완해 줄 수 있는 가족을 선택하는 것이 중요하다. 우리의 경험에 의하면 다른 사회경제적 지위와 가족 배경, 교육수준을 가지거나, 인종적 배경이 다른 부모들을 한 집단으로 구성하는 것도 적절하다. 실제로 집단의 리더가 집단구성과 관계없이 참여자들에게 있어서 평등주의적인 분위기를 조성하는 것이 중요하다. 사실, 이러한 태도는 모든 참여자가 처음 아동중심 놀이치료 회기를 어떻게 수행해야 하는지를 배울 필요가 있기 때문에 집단 부모놀이치료에서 보다 용이하다.

리더가 그들의 집단 구성원을 구성할 때의 또 다른 기준은 참여자들이 다른 구성원에 대한 과도한 스트레스 없이 집단에 참여할 수 있다는 것이다. 지지적인 목적을 갖춘 어떤 집단에서든 리더는 다른 집단 구성원을 매우 위협하는 극단적인 시각을 가진 부모를 포함하지 않도록 해야만 한다(예: 외국인 혐오 등). 집단의 지지적인 목적은 한 명의 매우 극단적인 구성원에 의해서 쉽게 왜곡될 수 있다. 집단 구성원들의 방어적인 반응은 언어적 공격의 대상이 될 때 쉽게 일어날 수 있으며, 위협을 당한 집단 구성원에 대해서 다른 구성원의 돌봐 주는 반응도 쉽게 활성화될 수 있다.

리더는 집단 구성원에 대한 다른 특징에 대해서도 고려할 필요가 있다. 제한된 시간 동안 자녀에게 집중해야 하는 기준을 맞추고 있음에도 불구하고, 지속적으로 좀 더 심각한 정서, 주의력, 중독 문제를 가진 부모는 집단 상황이 최선이 아닐 수 있다. 정신적인 역량이 평균 이하를 밑도는 부모들에게는 놀이기술을 배우기 위해서 대개는 평균 이상의 시간이 필요하기 때문에 집단 상황이 최선이 아닐 수 있는 것이다. 놀이회기에서 자녀의 정서적 반응에 충분히 집중하지 못하는 부모들은 그들이 처해 있는 상황에서 모든 것에 대해서 지속적으로 쟁취해야만 한다고 느끼는 부모들은 집단 프로그램에 따라가는 것이 어려울 수 있다. 왜냐하면 모든 참여자가 아동중심 놀이치료 기법을 비슷한 속도로 배워야 하기 때문이다. 그러나 집단 부모놀이치료에 맞지 않는 가족들은 집단 학습이 개입의 특징이 아닌 개별 부모놀이치료에는 종종 적절하다.

집단 부모놀이치료 집단에서 아동의 연령과 문제를 다양하게 하는 것의 이점

우리의 경험상 다양한 정서 문제를 지닌 아동 그리고 다양한 이유로 의뢰된 가족과의 집단 작업은 원활하게 이루어질 수 있다. 다양한 문제나 연령의 범위는 집단 모임에서 다루어야 하는 문제의 다양성을 증가시키기 위해, 그리고 다른 집단 구성원들에게 자신의 고유한 문제를 너무 많이 확인하는 것을 막기 위해 집단 속에서 도움을 준다. 예를 들어, 집단에는 입양 가족, 높은 수준의 불안을 지닌 아동이 속한 가족, 장애를 가진 아동이 속해 있는 가족, 품행 문제가 발생되는 가족 등이 포함된다.

같은 의뢰 원인으로 오는 아동이 속한 집단이 성공적으로 운영될 수 있다. 예컨대, 자선 기관이나 학교는 종종 집단 부모놀이치료 프로그램에 적절하게 특수한 의뢰를 하곤 한다. 일부를 제시하자면, 집단은 위탁된 아동, 입양된 아동, 사별을 경험한 아동, 만성적인 질환을 가진 아동을 키우고 있는 것과 같이 한 가지 특성을 공유하는 부모들로 구성될 수 있다. 이런 종류의 의뢰는 정확히 같은 문제행동은 아닐지라도 한 가지 원인으로 의뢰되는 아동들이기에 실현 가능하다. 그러므로 부모들이 그러한 문제에 관련된 똑같은 종류의 양육문제만을 다루는 것은 아니다. 그러나 이러한 가족들은 쉽게 함께 참여할 수 있게 하는 공통된 발달력이 있으며, 각각의 아동이 공유하는 공통점은 물론 아동의 개인적 차이도 함께 들어가 작업할 수 있다.

그러므로 우리는 덜 숙련된 리더인 경우에 심각한 품행 문제가 있는 여러 가족을 한 집단에 배치하지 않고, 다양한 문제를 보이는 아동을 키우는 부모로 분산시켜 집단을 구성할 것을 추천한다. 종종 심각한 품행 문제를 보이는 아동이 속해 있는 가족은 특히 철회되거나 신체화 증상을 가지고 있는 아동의 가족과 배치하는 것이 잘 맞는 것 같아 보인다.

나이가 같은 아동(예: 초등학교에서 같은 학년)을 키우는 가족으로 집단을 구성하는 것 또한 성공적일 수 있다. 다른 집단은 동일한 인종으로 구성을 하거나, 비슷한 역경을 경험한 집단으로 구성한다(예: 재난을 겪은 사람들을 대상으로 집단 부모놀이치료). 우리의 경험상 이렇게 집단을 구성하는 것이 보다 심각하고 병리적인 문제를 가진 아동이 포함된 가족으로 집단을 구성하는 것보다 일반적인 경험을 가족에게 중요한 외재화할 수 있게 한다. 품행장애가 있거나, 매우 우울하거나, 극도로 위축된 아동은 공통적인 행동 문제를 가지는데 적어도 이론적으로는 그들의 모습이 어려운 가족관계 패턴과 관련되어 있다. 집단에서 함께 문제를 확인하고 부모에 의해서 이러한 패턴이 강화되는 것은 합리적인 과정이라고 할 수 있으나 이러한 사람들이 포함된 집단은 리더가 다루기 어려워진다. 게다가, 그러한 공통점은 집단 구성원에 의한 다른 관점이나 대안적인 행동이 거의 나타나지 않는다.

결국 집단 부모놀이치료는 가족 개입이기 때문에, 리더는 가능한 대로 집단에서 양쪽 부모가 모두 있는 가족이라면 부모 모두를 참여시켜야 하고, 되도록 걸음마기 아동부터 청소년까지 가족 내의 모든 자녀를 포함시켜야 한다. 그러나 리더의 노력에도 불구하고 우리는 현실적으로 가족 내의 한 성인만, 그리고 아동의 일부만이 참여한다는 사실을 인식해 오고 있다. 이러한 상황에 대한 제안과 위험부담 사항은 이 책의 다른 부분에서 제안한다.

집단 참여자 수 결정

앞서 언급했듯이 집단을 위해 선정된 가족의 수는 각 가족의 아동 수, 프로그램의 길이에 의해 결정된다. 이러한 사항은 뒤에서 좀 더 논의된다. 여기에 제시된 프로그램은 20주이나, 좀 더 짧은 형태나 긴 형태로 쉽게 적용 가능하다. 그러나 집단 리더는 각 아동을 데리고 시연을 하기에는 언제나 시간적 제약이 따르며, 집단 모임 동안 부모는 각 아동을 데리고 놀이회기를 실습하는 시간을 확보할 수 있다.

적절한 아동 수

20회기 프로그램에서 두 명의 숙련된 리더가 진행할 때, 2시간 진행, 30분 휴식의 프로그램 구성이 가정회기가 시작되기 전 집단 부모놀이치료의 초기 훈련 단계에서 10명 아동의 시연과 놀이회기 실제를 보여 줄 수 있는 편안한 일정이다. 프로그램은 전형적으로 2.5세에서 11세 아동을 대상으로 하며 12, 13세 아동도 포함시키기에 적절하나 회기에 사용되는 도구를 좀 더 적절하게 맞출 필요가 있다(Ryan & Wilson, 2005 참고). 10명의 아동이 충실히 참여할 때, 2~5회의 모임에서 리더는 아동 한 명당 15~20분 정도를 시연에 할애한다. 시연과 기술 학습을 위해 논의하는 시간은 각각의 모임에서 이루어진다. 시연을 하는 모임, 연습회기, 가정회기에 대한 깊은 슈퍼비전을 통틀어 10명의 아동은 리더가 충분히 해낼 수 있는 적절한 아동의 수이다. 추가적으로 3명 정도의 예비 아동이 포함될 수 있다. 예비 아동에는 걸음마기 아동과 청소년들이 포함될 수 있는데 좀 더 짧은 놀이회기를 갖거나 가정에서의 특별한 놀이시간을 갖거나 할 수 있으며, 시연, 연습회기, 가정회기에 대한 슈퍼비전을 많이 필요로 하지 않는 아동을 말한다.

집단 부모놀이치료는 대가족에게도 매우 잘 적용될 수 있는데, 리더와 부모는 이런 경우 프로그램의 초기 단계에 있어서 일부 아동만이 초점이 된다는 것에 동의해야 한다. 가정회기로의 이행이 이루어질 때 좀 더 많은 아동이 포함될 수 있다. 대안적으로 가족 내의 몇몇 아동에게 긴급한 개입이 필요한 경우, 또는 형제자매와의 관계가 강도 높고 곤란한 경우 이 단계를 하지 못하게 하며, 개별 부모놀이치료가 집단 프로그램보다 적절할 수 있다.

두 명의 리더가 있는 집단에서 적정 부모 수

두 명의 리더에게는 최대 10명의 부모를 추천한다. 10명의 부모가 참여한다고 할 때, 부모들은 한 자녀를 둔 한부모와 다른 가족구성이 섞여 있는 형태가 이상적이다.

리더는 한 자녀 이상이 있는 양쪽 부모가 다 있는 가족, 여러 명의 아동이 있는 한 부모는 한 자녀가 있는 한 부모에 비해서 집단에서 시간을 좀 더 할애해야 한다. 부모의 수는 가정회기가 시작되기 전 각 부모가 6~10회 모임 동안 직접적으로 슈퍼비전을 받는 놀이회기가 얼마나 필요한가에 따라 결정된다. 가능한 집단구성은 10명의 아동에 두 부부 쌍과 세 명의 한 부모들이다. 기본적으로 가정회기에서는 세 명의 예비 아동이 포함될 수 있다.

집단 모집에 고려하는 부모나 아동의 수가 제안했던 수 이상일 때, 그들은 집단의 구성에 변화를 줄 수 있다. 접수면접에서 집단이 감당할 수 없는 부모쌍이 신청을 했다면, 각 두 자녀 이상을 둔 다섯 쌍의 부모일 경우, 이 수를 운영하기 위해서 집단 부모놀이치료를 위한 자원을 확장하려고 노력해야 하는데, 우리는 이러한 부부쌍 중 일부를 다른 집단으로 배치해서 두 부부쌍과 한 부모들로 구성할 수 있다. 참여자의 수가 정확해지도록 한 부모들의 배우자가 첫 번째 집단에는 추가될 수 있다.

집단 부모놀이치료에서의 최소 구성원 수

마지막으로 집단에 대해서 말하자면, 세 명의 부모 중 부부가 있을 때, 프로그램 전체에 참여하는 구성원은 두 가족이라기보다는 한 가족으로 끝날 수 있다. 빈번하게, 가족 중 한 부모가 참여하지 않을 때(예: 날씨 때문에, 약속이 겹쳐서), 다른 부모는 참여할 가능성이 낮아진다. 물론 남은 한 명의 사람은 매우 특별대우를 받는다는 느낌을 가질 수 있으나, 집단의 역동을 얻지 못한다. 참여한 부부쌍이 참여하지 못하는 것이 계속될 때, 한 부모는 좀 더 자주 모임에 혼자 오게 되고, 한 부모는 특별하다는 느낌을 받지 못하고 버려졌다는 느낌을 받는다. 그러므로 매우 적은 수의 집단인 경우에는 처음부터 개별 부모놀이치료가 보다 유용한 접근일 수 있다.

여기에 언급하였던 출석 문제 때문에, 실제에서 집단 부모놀이치료자들이 6명 이하의 부모들을 대상으로 집단을 운영하는 것은 현명하지 못하다(그러나 위탁 부모에게서는 이러한 규칙이 예외일 수 있음을 기술한 제16장 참고). 집단 부모놀이치료에 적절한 여섯 명으로 시작하는 것은 한 명 또는 두 명의 부모가 중도탈락하고, 모임에서 빠지는 것을 고려할 때 그래도 여전히 이후의 부모 발달을 위해 필요한 특성을 가진 채 집단의 기능을 유지한다. 개별 부모놀이치료를 수행하는 선택이 이러한 최소한에 미치지 못하는 수일지라도 가족에게 적용될 수 있다. 또한 문제를 가진 부모는 집단이 가능하도록 큰 집단이 모집될 수 있을 때까지 긴급하지 않기에 가능하다. 그러나 후자는 우리의 선택에 있어서 바람직한 집단 운용 방법이 아니다.

집단 부모놀이치료 프로그램의 길이

프로그램의 기대되는 회기 수는 가족이 모집되기 전 프로그램의 착수 과정에서 정해진다. 리더는 집단을 위한 공간과 자원을 확보하고, 프로그램의 길이에 대해 부모에게 접수면접 시 공지를 해서 모든 사람이 계획을 세울 수 있도록 하고 책임감을 가질 수 있도록 한다. 이미 언급했듯이 이 책은 20주 프로그램을 다루고 있다. 좀 더 짧은 집단 부모놀이치료 프로그램이 존재하나, 마지막 장에서 보여 주듯이 20회기 프로그램은 어떤 조건하에서는 10회기로 축소될 수 있고, 다양한 집단과 목적이 있는 조건하에서는 우리가 제시한 20주 프로그램을 고수하는 것이 가장 좋은 안이 될 수 있다. 우리는 20주 프로그램이 프로그램의 평균적인 크기의 집단에서, 과도한 시간적 압박 없이 모든 요소를 다룰 수 있을 만큼의 적절한 시간이라고 생각한다.

그러나 계획된 모임의 수에는 융통성이 있다. 여기에 제시된 것처럼 프로그램은 15~24주로 운영될 수 있으며, 그중 20주는 가장 빈번하게 운영되는 회기이다. 리더는 제안된 모임의 수를 조정할 수 있으며 줄이거나 늘릴 수 있다. 운영에 필요한 주(weeks)의 수도 시연의 수, 놀이회기 실제, 가정회기 수가 얼마나 필요한가에 달려 있다. 이러한 조건에 따라서 부모와 아동이 프로그램에 참여하는 실제적인 수가 결정되며, 추후 모임의 수(보통은 1~4회)도 결정된다.

프로그램의 길이는 다음에 논의될 사항처럼 가족 문제의 심각성에 따라서 변화될 수도 있다.

현 문제의 심각성과 프로그램 회기 수

프로그램의 길이에 영향을 주는 다른 요소는 모집된 아동과 가족의 특성이다. 평균적인 집단 크기의 20주 집단 부모놀이치료 프로그램은 일반적인 임상 문제를 충분한 깊이로 다룰 수 있는 적절한 프로그램이다. 또한 만약 실행 가능하다면 우리는 20주 프로그램을 이차적인 예방 수준에 가족을 도달하도록 하는 데 추천하고 있다. 가족 내의 부모-자녀관계에 대해서 단지 간접적인 슈퍼비전을 제공하는 프로그램이나 단기 프로그램들은 이미 확립된 정서적 문제를 해결하는 데 있어서, 임상적으로 심각한 문제를 안고 있는 전체 가족 집단에게 새로운 관계 패턴을 개발시키는 데 덜 효과적이다.

일차적 예방과 필요한 경우 이차적 예방을 위해서, 리더는 다른 좀 더 짧은 집단 부모놀이치료 모델을 고려할 수도 있는데, 이것의 일부는 이 책의 마지막 부분에 제시되어 있다. 그러나 임상적 수준에서 확고하게 자리 잡은 문제를 가진 가족과 20회기 집단을 운영할 때, 즉 미래의 문제를 위한 높은 위험 부담을 안고 있는 집단을 포함할 때,

전체 20회기 프로그램에 참여하는 구성원 중에서 임상적 수준에 해당하는 사례를 충분하게 포함하지는 않는다. 이렇게 심각한 문제가 덜한 가족은 치료에 대한 동기는 높고 스트레스는 적은데, 다루어야 할 더 심각한 임상 문제가 적어 다른 집단 구성원들에게 긍정적인 영향을 준다. 예를 들면, 새롭게 입양을 한 가족은 입양 아동이 현재는 심각한 정서 및 행동 문제를 보이지 않는다 할지라도 높은 변화 가능성이 있다. 집단 부모놀이치료는 대개 새롭게 입양한 가족이 자녀의 정서적인 양육과 관련하여 적극적으로 참여할 것을 요청한다. 이것은 그들의 양육기술을 높이고, 새롭게 형성되는 애착관계를 향상시킨다(Ryan, 2007b; Ryan & Bratton, 2008; VanFleet, 2013). 이러한 입양 가족이 집단의 교류에 있어서 보다 긍정적인 기여를 할 것으로 기대되는데, 리더는 입양 가족의 이점이 임상적 수준의 가족이 갖는 더 큰 문제에 압도되지 않도록 주의하여야 한다.

부모의 동기와 프로그램 길이

마지막으로 중요한 것은 프로그램의 길이를 정하는 일이다. 리더는 그들의 집단을 위해 선택되어야 하는 가족의 동기 수준을 판단한다. 우리의 경험상 부모들은 표면적인 문제가 해결되면 끝났다고 느끼며, 주의가 필요한 뿌리 깊은 문제에 대해서 지속적으로 다루지 않으려 하고, 내재된 문제에 노력을 기울이지 않는다. 20주 집단에서는 좀 더 짧은 프로그램 집단과는 달리 이러한 부모들에게 자녀와의 관계에서 지속적인 변화를 가져올 수 있는 구조를 좀 더 제공할 수 있다. 그러나 리더는 집단 부모놀이치료 모임에 참여하고 가정에서 놀이회기를 수행하기에 충분한 참여자들을 모집해야 한다. 우리의 경험상 때로는 동기가 낮은 부모들에게는 개별 부모놀이치료가 적절하다. 또는 첫 번째 개입으로 놀이치료를 시작하고, 그다음에 좀 더 짧은 집단 부모놀이치료를 진행하는 것이 보다 적절할 수 있다. 처음에 아동 놀이치료의 긍정적인 결과를 보고 나면 부모들은 부모놀이치료를 학습하는 데 있어서 동기가 높아지기도 한다. 무엇보다도, 동기나 20주 프로그램에 참여할 역량이 부족하다고 여겨지는 경우에는 보다 제한적인 목표를 가진 단기 프로그램이 가장 현실적이다.

20주 프로그램을 위해 가장 적절한 인원

다음 장에서는 20회기 집단 부모놀이치료 프로그램을 참여하기에 적절한 가족과 아동의 유형에 대한 구체적인 부분에 대해서 논의한다. 여기에 제시된 몇 가지 사례는 20주 집단 부모놀이치료 프로그램에서 이득을 얻는 가족과 아동의 유형들이다.

- 심각하고 이미 확고하게 자리 잡은 문제를 가지고 있는 가족
- 일찍 품행 문제를 나타낸 아동
- 보통 정도의 관계적 어려움을 가진 부모와 자녀
- 심각한 불안 문제를 가진 아동
- 자폐 스펙트럼 장애를 보이는 아동
- 보통 정도의 정서 문제를 외현화하는 인지 문제를 가진 아동
- 미래의 문제 때문에 높은 위기에 처할 수 있는 가족(예: 인종이 다른 아동을 입양한 가족)
- 위탁 가정 아동
- 늦게 입양된 아동
- 현재 위기 상황에 있지는 않지만, 학대당한 아동

이러한 가족들에게, 새로운 기법을 배우는 부모의 정서 및 인지 능력은 놀이회기 동안에 그들의 정서적인 태도를 변화시키고, 이렇게 배운 기법을 자신의 일상에 일반화하는 데 단기 프로그램에서 가능한 것보다는 좀 더 시간이 요구될 수 있다. 이러한 가족의 자녀는 치료적 이득을 얻는 데 있어서 좀 더 시간이 필요하다.

집단 부모놀이치료의 단기 버전은 이 책의 마지막 장에 기술되어 있으며, 다음의 특성을 보이는 가족을 포함하여 다른 가족들에게 보다 적합할 수 있다.

- 기초적인 개입 목표가 있는 가족(예: 일찍 입양된 아동이 있는 가정)
- 재혼 가정
- 만성질환이나 불치병이 있는 아동이 있는 가족(예: 소아 당뇨)
- 양육 역량과 기술을 높이기를 원하는 부모가 있는 가정
- 제한된 사회경제적 자원이나 장기 프로그램에 참여하기 힘든 일정을 가진 가족
- 동기가 낮은 가족

주간 모임 계획하기

여기서는 집단의 리더가 집단 부모놀이치료 일정을 계획하고, 프로그램을 운영하기 위한 준비를 함에 있어서 일반적인 고려사항을 살펴본다.

행정적 지원

집단의 리더에게는 실행계획과 관련하여 실제적인 도움을 얻을 수 있도록 행정적 지원을 받는 것이 상당히 좋다(예: 베이비시터, 부모에게 상담 전 알림 보내기, 일반적인 질문에 대답하기 등). 또한 참여자들과 접촉 동안 행정 지원 인력의 긍정적이고 지지적인 태도는 중요하다. 리더에게 맡겨지기 전까지 임상적인 개입이 필요할 수도 있는 부모들로부터의 질문과 의견에 대해서 대답해 줄 수 있는 직원을 잠시 동안 갖는 것은 중요하다. 이러한 임상적인 문제들은 부모가 프로그램에 대해서 의심을 갖는 것을 포함해서, 결석한 이유를 말해 주는 것, 가족의 어려움을 나누는 것, 가정 놀이회기의 내용에 대해서 토의하는 것을 포함한다. 전문가들이 리더가 되어 집단 부모놀이치료를 혼자서 시행해야만 한다면, 이전에 했던 것에 비해서 좀 더 작은 집단으로 시작하는 것이 추천되며, 숙련된 행정적 지원이 훨씬 더 중요해진다.

휴가와 학교 방학

우리는 중요한 명절이나 휴일 동안에는 집단 모임을 갖지 않기를 추천하는데 이것은 가족과 집단 리더 모두에게 가족을 위한 시간이기 때문에 그렇다. 리더가 좀 더 융통성이 있을 때에는, 집단을 대상으로 명절이나 휴일 동안 집단 모임 개최 여부를 선택하도록 할 수 있다. 어떤 치료 프로그램을 따른다고 하여도, 명절이나 휴가 기간이 프로그램의 일정과 겹치게 되면 쉬는 것이 가장 유용하며, 리더는 그들의 집단 회기 계획에서 이런 휴일을 제외한다. 리더는 얼마나 학습에 지장을 주는지에 따라서, 집단의 출석 동기 유지에 얼마나 해로운지에 따라서, 휴가가 얼마나 불안을 야기시킬지에 따라서 참여자들을 위한 휴일을 계획할 수 있다.

집단 부모놀이치료에 있어서, 일주일 동안의 자연스러운 휴일은 가정회기가 정해질 때인데, 일반화가 이루어지기 전까지는 공식적으로 그렇게 정해진다. 만약 휴일이 필요하다면, 훈련 기간 동안에 일주일의 휴일을 가질 수도 있으며, 모임 중에는 놀이회기 실습이 이루어지면 잠시 동안 중단될 수도 있다. 우리는 참여자들의 첫 번째 놀이회기 실습의 직전, 첫 번째 가정회기가 끝난 직후에 일주일의 휴일을 갖는 것을 추천하지 않는다.

아동 돌봄 제공

집단 부모놀이치료 모임 동안에 아동을 잘 돌보는 것은 중요하다. 모임에서 각 아동의 직접적인 참여는 어떤 모임의 일부분일 뿐이며, 참여한 아동을 돌보는 일은 회기의 남은 시간을 위해서도 필요하다. 좋은 돌봄이라는 것은 부모가 그들이 모임을 하고 있는 동안 자녀가 잘 지내고 있으리라는 확신을 주기 위해서 중요하기도 하다. 부모가 어딘가에서 아이들이 잘 돌봐지고 있다고 믿으면, 모임에서 이루어지는 동안의 학습에 좀 더 쉽게 집중할 수 있다. 이러한 학습과 양육의 원리는 부모의 양육 체계(예: 자녀가 우는 소리를 들었을 때)가 어떻게 활성화되는지 학습을 위해서 필요한 탐색/관심공유체계 활성화가 어떻게 방해받는지를 보여 주는 애착원리에 의해서 잘 포착될 수 있다(Heard & Lake, 1997).

아동이 자신의 돌봄을 즐길 수 있는 것으로 여기는 것 또한 동등하게 중요하다. 아동이 바라는 무언가가 양육이라면, 부모가 모임을 가지는 동안 그들의 차례가 되었을 때 보다 보육실로 돌아가기 쉬울 것인데, 이것은 집단 부모놀이치료의 성공에 있어서 필수적이다. 다시 말하면, 애착 이론과 연구에서 보여 주는 것은 집단 부모놀이치료에서 만들어지는 분리와 재결합이 아동의 양육 추구와 방어 체계를 활성화할 수 있다는 것이다. 그러므로 리더는 아동을 돌보는 방식이 아동에게 즐거워야 하며 편안해야 한다는 점을 확신하는 것이 중요하다. 마지막 회기에 논의되는 20주 집단 부모놀이치료 모델을 적용한, 칠러리와 리안(Chillery & Ryan)의 모델은 집단 부모놀이치료와 비공식적인 아동 집단 프로그램을 동시에 진행함으로써 두 프로그램을 어떻게 결합하는 것인지 보여 주었으며, 이를 통해서 아동의 사회적 기술이 증진되고, 동시에 아이들을 돌볼 수 있도록 한다는 점을 보여 주었다. 아동이 스스로 아동 집단에 소속되고자 할 때 부모는 주간 모임에 참석하도록 동기화된다.

공간

집단 부모놀이치료를 위한 '이상적인' 공간은 휴식시간을 위한 부엌, 아동 돌봄을 위한 방, 리더와 부모가 함께 훈련과 토의를 하기 위한 회의실, 부모와 그들의 자녀가 놀이회기를 시연하고 실습하기 위한 분리된 방으로 구성된다. 이러한 분리된 방은 모두 부모에게 맞는 일방경과 관찰실로 연결되어 있거나, 비디오 링크가 집단 회의실로 연결되어 있는 것이 이상적이다. 현재 무선 기술의 발달은 리더가 모든 부모 집단을 수용할 수 있는 적절한 관찰이 좀 더 가능하도록 했다.

그러나 숙련된 리더는 이상적인 조건에서 벗어난 상황에서도 성공적으로 집단을 운영해 왔고 가능한 범위 내에서 적응할 수 있도록 독창성과 자원을 활용한다는 점을 마음에 새기고 있을 필요가 있다. 마지막 수단으로, 공간과 자금이 매우 제한되어 있고, 부모의 수가 충분히 적다면 리더는 시연과 실습 놀이회기를 부모가 관찰하고 있는 방에서 하는 것을 고려할 수 있다. 그러나 이렇게 설정하는 것에는 명확한 단점이 있다. 첫 번째, 방에 청중이 있는 것은 부모와 아동, 특히 연령이 높은 아동을 지나치게 위축되게 만들 수 있다. 두 번째, 놀이회기 동안에 관찰하는 부모를 완전히 조용하게 하기란 어려울 수 있다.

이렇듯 '같은 방'에서 부모에 의한 관찰이 이루어지는 것은, 필요한 경우 다음의 지침을 따른다.

- 방이 충분히 커서 놀이하는 곳에서 부모가 3m 이상 떨어져 충분히 분리되어야 한다.
- 방 자체를 분리하기 위해 파티션, 책장, 의자 등을 관찰하는 부모와 놀이 구역 사이에 두어야 한다.
- 부모가 있는 부분의 불빛이 소등될 수 있어야 한다. 아동과 집단의 리더/부모가 놀이하는 방의 부분이 그 방에서 유일하게 불이 들어오는 곳이어야 한다.

이러한 일시적인 도움이 있다고 할지라도, 리더는 여전히 부가적인 과제가 있는데, 부모들을 특별히 조용히 시켜야만 하고, 어떠한 의견을 말하거나 큰 동작을 함으로써 아동이 놀이하는 동안 아동의 주의를 분산시켜서는 안 된다.

모임시간 및 휴식시간

하루 중 언제 집단을 실시할 것인가를 결정할 때 여러 가지 사항을 고려한다. 이러한 고려사항은 다음과 같다. 예를 들어, 집단 참여자들이 가장 시간적 여유가 있을 때(예: 일하는 부모들은 종종 일과 중에는 참여하기 어려울 수 있다), 아동이 놀이회기를 잘 수용하고 너무 피곤해서 참여할 수 없어서는 안 될 때, 리더가 참여할 수 있을 때, 시설을 이용할 수 있는 때여야 한다. 저녁 시간대에 집단을 실시하기로 했다면, 아동과 부모는 좀 더 피곤할 것이고 그러므로 평소 때보다 새로운 상황에 덜 빠르게 적응할 수 있다는 것을 기억하는 것이 중요하다. 그러므로 모임 중에 계획된 휴식은 매우 중요하다. 그러나 저녁에 열리면 종종 부부 모두가 참여할 수 있다는 이점도 있다.

하루의 어느 때에 실시되는지와 상관없이, 모든 모임에 있어서 우리는 리더에게 매주 같은 요일에 2시간 30분 정도 모임을 계획할 것을 추천하는데, 이 중의 30분 정도는 중간에 할당된 간식과 음료를 마시기 위한 휴식시간이다. 이러한 휴식은 몇 가지 이유에서 중요하다. 휴식시간은 집단 구성원들이 비공식적으로 이야기를 나누게 장려함으로써, 집단의 응집력과 집단 구성원들 간의 개인적인 지지관계 형성을 돕는다. 휴식은 또한 구성원들이 쉴 수 있는 시간이 되며 새로운 정보나 기법을 받아들이는 과정에서 쉴 수 있는 시간이 된다. 휴식을 통한 완급은 부모가 놀이회기를 진행하는 것을 배울 때에나 처음 놀이회기를 실습해 보는 때에 특히 중요하다. 이것은 놀이회기나 일상에서 부모가 그들의 자녀와 함께할 때 주의 깊게 노력해야 하는 중요한 양육환경 구성의 한 부분이다.

다음 장에서는 개별 부모놀이치료, 집단 부모놀이치료 또는 다른 가족을 위한 개입을 포함하여 상담에서의 접수면접 과정과 대상 선정의 과정을 보다 자세히 살펴본다.

제2장

집단 부모놀이치료의 참여자 선정과 접수면접 과정[1]

집단 부모놀이치료에서 참여자 선정 과정

집단 부모놀이치료에 적절한 참여자를 선정하고 접수면접을 진행하는 일은 집단 부모놀이치료 프로그램을 시작할 때 리더에게 중요한 과제이다. 이 장은 집단 부모놀이치료에 적절한 가족의 유형과 문제를 일반적인 용어로 논의하기 시작한다. 그런 다음 부모놀이치료에 구체적으로 선택될 수 있는 접수면접 정보의 종류를 살펴본 후, 집단 부모놀이치료에 가족을 참여시키도록 하기 위한 사전 논의의 중요성에 대해서 탐색한다.

선정 과정에서의 일반적인 문제

집단 부모놀이치료에 적절한 아동의 일반적인 특성

집단 부모놀이치료에 참여하는 아동 대부분은 부모와 놀이회기에 참여하는 것에

1) 여기서는 미국에서보다 좁은 의미로 사용되는 영국식 '표현평가(assessment)'보다는 접수면접(intake)이라는 뜻의 미국식 용어를 사용하였다.

대한 동기가 매우 높다(집단 부모놀이치료를 결정할 때를 고려해야 할 아동의 일반적인 특성에 대한 요약이 있는 〈표 2-1〉 참고). 집단 부모놀이치료에 참여시키는 데 있어서 아동의 동기 부족은 거의 문제가 되지 않는다. 2.5세에서 12세의 아동들이 참여한다면, 놀이회기 형태에 있어서 연령의 양극단의 아동에게는 조금의 수정이 필요하다. 예를 들어, 좀 더 나이 든 아동들에게, 놀이회기를 위한 재료는 몇 가지의 구조화된 게임이나 보다 복잡한 활동을 짝짓는 것이 적절하다. 그리고 아주 어린 아동들에게는, 보통 30분 정도의 놀이회기 길이가 짧아질 수 있으며, 더불어 놀잇감 선택을 수정할 필요가 있다. 부모가 자신의 집에서 선택된 아동과 놀이회기를 할 때, 2.5세에서 12세에 속하는 아동보다 어리거나 나이가 많은 형제자매를 모든 회기에 참여시키고자 한다면, 놀이회기도 다소 수정이 필요하다. 부모는 자녀가 영아기, 걸음마기에 속하는 아동인 경우 가장 기본적인 놀이 상호작용을 좀 더 짧은 놀이회기 동안 할 수 있으며, 자녀가 십대인 경우 함께 좀 더 특별한 시간을 가지며 보다 발전된 요구사항에 대해 반응한다. 이러한 변형은 이 책의 뒤에서 좀 더 자세히 논의한다.

표 2-1 집단 부모놀이치료의 결정에서 고려해야 할 아동의 일반적인 특성

1. 동기 요인: 아동이 놀이를 할 수 있는가? (가장 일반적으로 2.5~12세의 아동이 놀이회기에 참여하고 싶어 한다면 좀 더 나이가 많거나 좀 더 적은 아동을 놀이에 참여시킬 때에는 수정이 필요하다—예: 재료, 회기 길이, '특별한 시간')
2. 아동이 다른 전문적인 투입(예: 건강이나 정신건강개입)이 필요한 수준인지 그리고 보육시설에서 정기적인 놀이회기가 허용되어 있는가?
3. 애착 유형: 아동은 그들의 부모님과 놀이할 때 충분히 비방어적인가? 아동은 그들의 부모님을 향해 공격적인 수준이 매우 높은가? 아동은 매우 심각한 애착장애를 갖고 있는가?
4. 선천적 특성: 아동은 특별한 놀이회기 참여를 감소시킬 만한 어려움을 갖고 있는가?(예: 심각한 학습장애, 정신증, 심각한 자폐증)
고려해야 할 다른 문제: 형제자매가 중요한 정서적 스트레스를 가지고 있어 부모놀이치료에 참여하지 않기로 결정했을 때 그러한 가족은 집단 부모놀이치료가 적절한가? 집단 부모놀이치료에 적절한지는 가족놀이관찰을 한 후까지 보류해야 하는가?

부모놀이치료는 좀 더 심각한 정신건강 문제와 관계의 어려움이 있는 아동에게 효과적인 것으로 알려져 있다. 제1장에서 기술한 바와 같이, 다양한 범위의 문제를 가진 아동을 상담하는 데 있어서 언어적인 방법보다는 놀이를 사용한 방법이 보다 긴 역사를 가진다. 놀이회기는 특히 언어적인 방법을 통해서 스스로를 표현할 수 없는 아동들

에게 적합하다(예: 다양한 정서적 문제를 가진 아동). 자폐를 포함하여 청각, 인지적, 언어적, 그 외 다른 장애가 있는 아동에게도 역시 도움이 될 수 있다. 집단 리더는 이러한 특별한 대상과 상담 작업을 하는 데 필요한 경험과 기술을 가지고 있다.

특별한 요구를 가진 아동의 부모는 이미 자신의 자녀와 의사소통하는 수단을 발달시켜 왔으며 그들의 비언어적인 반응을 어떻게 해석해야 하는지 상세하게 알고 있다. 부모자녀관계의 이러한 특징은 부모가 그들의 자녀를 위한 치료적 개입을 자연스럽게 선택하도록 한다. 그러나 일부 사례에 있어서, 좀 더 심각한 장애를 가진 아동은 가장 기본적인 수준에서조차도 부모와 놀이를 못할 수 있고, 집단부모놀이치료에 포함된 놀이회기에 대한 참여를 불가능하게 할 수 있다. 부모놀이치료 이전에 있었던 스태그니티(Stagnitti, 1998)의 '런 투 플레이(learn to play)' 프로그램은 놀이에 반응할 기본적인 역량이 있는 아동에게는 도움이 될 수 있다. 복잡한 정서적 요구를 필요로 하는 일부 아동에게는, 놀이실 상황에서 그들의 부모에게 심한 공격성을 표현할 수 있다. 다시 말하지만 이것은 초기에 아동과 놀이회기를 수행하는 부모의 능력을 제한한다. 이와 관련된 문제가 다음에서 논의된다.

집단 부모놀이치료에 적절한 부모의 일반적인 특성

이미 언급했듯이, 집단 부모놀이치료를 위하여 부모를 선정하는 것에 있어서 동기요인을 고려하는 것은 중요하다(〈표 2-2〉 참고). 부모들은 집단 프로그램에서의 참여와 그들의 부모로서의 어려움과 강점을 다른 부모들과 공유하는 것에 동의할 필요가 있다. 따라서 타당한 이유(예: 교대 근무)로 규칙적인 것에 근거한 집단 모임에 참여할 수 없는 부모님들, 또는 다른 사람들과 그들의 생각을 공유하는 데에 극도로 주저하는 부모님들, 또는 더 극심하게 비사교적인 행동을 보이는 부모님들은 집단 부모놀이치료에 맞지 않을 수도 있다. 그러나 그들은 개별 부모놀이치료에 대상자가 될 수 있을 것이다.

일반적으로 부모들은 그들의 아동과 좀 더 효율적으로 관계를 맺고자 하는 종합적인 욕구를 가질 필요가 있다. 매우 빈번하게, 서로에 대한 분노의 수준을 가진 부모와 아동은 초기 놀이회기에서 함께 참여할 수 없을지도 모른다. 부모들은 그들의 아동에게 긍정적인 관심을 유지할 수 없을지도 모르는데, 심지어 짧은 회기에도 그러하다. 아동의 자발적인 분노 반응은 부모에게 너무 어려워서 관리하기 힘들다. 이러한 극단적인 사례에는 집단 부모놀이치료의 수정으로 마지막 장에 제안된 컬리지 파크 프로

표 2-2 집단 부모놀이치료 결정에서 고려해야 할 부모의 일반적인 특성

1. 동기 요인: 부모들은 아동을 돕는 데 있어서 적극적인가? 아동과 상호작용하는 데 있어서 좀 더 효과적인 방법을 추구하고자 하는 열정이 있는가? 양친이 모두 있는 가정에서 부모 중 한 명이 목적과 실시에 강하게 반대하는가? 다른 전문가들이 이 부모가 부모놀이치료에 인지적 또는 정서적으로 참여하는 것을 적극적으로 방해하고 있지는 않는가?
2. 실제 요인: 부모는 개입에 참여할 수 있는가? 다른 일과 관련된 사항(예: 교대 근무)이 참여를 방해하지는 않는가?
3. 애착 유형: 부모는 아동이 리더와 다른 부모들과 함께 그들의 생각과 감정을 공유하는 것에 있어서 충분히 개방적인가? 부모들이 서로에 대해 적대적인 태도를 갖고 있지는 않는가?
4. 선천적 특성: 부모가 부모놀이치료의 기술을 배우기 어렵거나 특별한 놀이시간에 집중하는 것을 방해할 만한 정신건강, 중독, 학습 등의 어려움을 가지고 있지는 않는가?
5. 아동 보호 요인: 진행 중인가? 심각한가?
고려해야 할 다른 문제: • 확대가족 구성원은 개입에 포함될 필요가 있는가? 첫 접수면접 모임에서? 다음 두 평가 단계에서? (가족 구성원의 민족성과 가족 역동은 이 결정에 영향을 미칠지도 모른다는 데 주목하라.) • 부모님이 다른 형제자매가 참여하는 것을 원하지 않을 때 치료자는 가족놀이관찰(FLO)을 할 수 있을 때까지 임상적 판단을 유보한다. 만약 두 부모 중 한 부모가 부모놀이치료에 참여하는 것을 원하지 않는다면, 가족놀이관찰회기 때까지 이 가족이 집단 부모놀이치료의 참여자로서 적합한지에 대한 판단이 유보될 수 있다.

그램(the College Park program)이 좀 더 적절할 수 있다. 이 프로그램에서, 놀이치료자들은 집중적인 부모상담과 함께 초기에 놀이치료를 제공한다. 집단 부모놀이치료는 개입의 두 번째 단계로서 적합한 가족에게 제공된다.

앞에 제시한 몇 가지와 관련되어 있는 가족들은 이미 정신건강 개입이 진행 중이거나 참여 부모 프로그램에 참여하고 있어서 부모놀이치료의 원리에 배치된다. 그러한 사례에서, 치료자들은 이 가족들이 집단 부모놀이치료에 실제적으로, 정서적으로, 인지적으로 기여할 수 있는지 결정해야 한다. 부모 중 정신적이나 인지적 어려움을 가지고 있으나 프로그램에 참여하며 여전히 자녀에게 놀이회기 동안 반응할 수 있는 부모는 집단 부모놀이치료에 적합하며, 부모 중 중독이나 알코올 문제를 가지고 있지만 현재는 관리 가능하고 그것이 부모의 역량을 방해하지 않는 경우에도 집단에 참여 가능하다. 그러나 보통 수준에서 심각한 수준까지 치료하지 않은 정신건강 어려움을 가지고 있거나, 최근 중요한 약물 또는 알코올 의존을 보이는 부모들은 부모놀이치료에서 배우고 집중하는 데 방해를 받기 때문에 부모놀이치료의 적절한 대상자가 아니다.

이런 경우 가족은 매우 심각한 아동 보호 문제를 가지거나 이러한 문제가 진행중일 수 있다. 시시때때로 서로 매우 적대적인 관계의 두 부모 가족은 집단 부모놀이치료에 부적절할 수 있으며, 한 부모가 부모놀이치료에 적극적이나 한 부모는 강력하게 반대하는 경우에도 부적절하다. 이러한 경우 모두, 초기 접수면접 단계에 있어서 기관이나 치료자들에 의해서 선별하는 것이 중요한데, 이러한 내용은 이 장의 다음 부분에서 논의되고 있다.

포괄적 치료를 위한 목적

이상적으로 집단 부모놀이치료는 가족을 참여시킬 때 부모와 모든 자녀가 속한 전체 가족을 포함한다. 놀이회기에 모든 형제자매를 포함하는 데는 몇 가지 이유가 있다. 형제자매를 포함하면 가족의 개별적인 부모-자녀관계를 향상시킬 수 있고, 한 명의 아동에게만 관심이 집중되어 부가적으로 형제자매 경쟁이 발생하는 것을 막을 수 있다. 형제자매를 포함시키는 다른 이유는 의뢰된 아동에게서 나타나는 증상을 줄이면 다른 형제자매들에게 나타날 수 있는 병리적인 반응을 줄일 수 있기 때문이다. 좀 더 심화된 근거는 부모들은 종종 더 나은 관계를 맺고 있다고 생각되는 스트레스가 좀 덜한 다른 아동과 새로운 놀이회기 기술을 좀 더 쉽게 연습할 수 있다. 마지막으로, 부모는 흔히 접수면접에서 그들의 시간과 에너지를 의뢰된 아동에게 적절하지 않게 배분해서 가족 내 다른 아동들과의 관계를 손상시킨다는 것을 깨닫는다. 이러한 부모들은 종종 이러한 불균형을 조정하는 기회를 환영한다.

모든 가족 구성원이 참여할 수 없을 때

참여하지 않는 부모

일부 두 부모 가족에서 부모가 개인이나 가족 관련 일 때문에 집단 부모놀이치료에 온전히 참여하기 어려울 수 있다. 경험적으로 리더에게는 부모와의 접수면접 시 이러한 딜레마에 대해서 창의적인 문제해결 방법을 탐색하는 것이 매우 가치 있다. 때때로 리더가 즉각적으로 출석에 대한 어려움을 수용하는 것보다 이러한 문제들에 함께 이야기를 나누어 약속을 변경하는 것이 가능하다. 예를 들면, 우리는 고용주들이 직업에 있어서 긍정적으로 작용할 수 있는 기술을 배운다는 근거로 부모를 집단 부모놀이치료에 참석하도록 해 달라는 리더의 편지가 설득력 있다는 것을 알게 되었다. 버지니아 라이언은 공감, 구조화, 제한 설정 등의 기술이 고용인들의 관리 기술과 다른 고용인들과의 협력적인 작업 관계를 향상시킴으로써 고용주에게 유익하다고 고용주들을 설득하였다.

부모가 집단 부모놀이치료에 전부 참여하지 못하더라도 일부 프로그램에 참여하는 것은 가능하다. 이렇더라도 리더는 부모가 파트너와 함께 가능한 한 많은 모임에 참여하도록 설득한다. 바쁜 부모는 전적으로 참여하는 파트너만큼은 아니더라도 집단 모임 동안 직접적 슈퍼비전하에서 그들의 자녀에게 놀이회기를 수행하기에 충분할 만큼 참석할 수 있을지도 모르며 그리고 여전히 가정회기를 할 수 있는 기회를 찾을 수 있기 때문이다. 선택할 수 있는 다른 방법은 각각의 부모를 분리된 집단에 각기 다른 시간에 할당하는 것이다. 이렇게 하면 부모는 프로그램이 진행되는 동안 그들의 참여하지 않은 자녀를 위한 돌봄을 제공할 수 있다.

그러나 때로는 제한적으로라도 부모 중 한 명이 집단 부모놀이치료에 참여하는 것이 불가능하다. 이러한 사례에서 참여하지 않는 부모가 집단 부모놀이치료의 목적을 이해하고, 참여하는 부모와 자녀의 참여, 프로그램의 가치를 지지하는 것은 중요하다. 우리의 경험상 한 부모는 집단 부모놀이치료에 참여하고자 시도하는데 다른 힘 있는 가족 대상이 적극적으로 반대하는 경우 가족 내 긴장을 높이고, 집단 과정에 전적으로 참여하는 데 실패하며, 집단 부모놀이치료에서 좀 더 쉽게 떨어져 나간다. 그러므로 우리는 이러한 환경에서 집단 부모놀이치료보다는 다른 개입을 제안한다.

프로그램을 수행하는 것과 더불어, 프로그램에 참여하는 부모들은 개인적으로 참여하지 않는 부모에게 프로그램에 대한 자신의 의견이나 아동의 반응을 포함한 정보를 전달하는 중요한 역할을 맡고 있다. 리더는 프로그램을 효과적으로 운영하기 위해서 참여자와 그들의 아동에 대한 참여하지 않는 부모의 영향력에 주의를 기울일 필요가 있다. 리더는 가능하다면 프로그램에 참여하지 않는 부모들의 전화번호나 이메일 주소를 정리하고 참여하지 않은 부모들에게 프로그램에 대한 서면 정보를 제공함으로써 적극적인 역할을 할 수 있다. 참여하지 않는 부모에 대한 리더의 긴밀한 관심은 중요한데, 왜냐하면 부모가 프로그램에 참여하는 것은 지지적인 가정 분위기를 만들어 집단 부모놀이치료가 가족놀이치료로 효과적으로 기능하도록 한다. 이러한 지지는 실용적이면서도 정서적으로 도움이 될 수 있는데, 부모로 하여금 회의, 학습 기술, 가정 놀이회기 등에 참여하도록 하고, 프로그램 동안에 아동과의 관계를 변화시킨다.

다른 부모가 집단에 참여하는 동안 부가적으로 실재적인 지원이 주어져야 하는데, 가령 다른 부모가 집단에 참여하고 있는 동안 아동을 돌보고 있는 것이며 다른 부모가 가정에서 놀이회기를 각 아동과 실시하고 있을 때 함께 있어 주는 것 등이다. 배우자의 적극적인 지원이 어려울 때, 리더는 참여하는 부모를 위하여 가족의 좀 더 확장된 지지 네트워크를 마련해 줄 다른 성인을 고려해야 할지도 모른다. 다시 말하자면, 이런 도움을 줄 사람은 그들 스스로가 프로그램에 참여하지 않는다고 할지라도 실재적이고 정서적인 도움을 제공해 줄 수 있어야 한다.

부모놀이치료 동안에 아동치료와 유사하게, 프로그램에 참여하지 않는 부모를 포함하여 가족관계와 일상생활을 변화시키기 위하여 아동은 지지적이고 정서적으로 활용 가능한 부모를 필요로 한다. 서로를 성공적으로 지지해 줄 부부의 역량에 대한 의구심이 있을 때, 또는 지지를 받아들일 수 있는 한 부모의 역량에 의구심이 들 때, 객관적인 척도로서 애착 유형 인터뷰(Attachment Style Interview; Bifulco, 2003)는 성인들의 현재 정서적인 지원과 애착 유형을 살펴볼 수 있고 평가할 수 있게 하며, 활용에 대해 훈련을 받은 전문가들에 의해 초기단계 운영에 도움을 줄 수 있다.

참여하지 않는 형제자매

어떤 가족에서는 때때로 형제자매들 중 특히 나이 든 형제자매의 경우 프로그램에 참여하지 않기도 한다. 가족 모두가 참여하는 것이 의미 있는 것임을 리더가 알려 준 후라도 부모는 한 명 또는 그 이상의 자녀가 놀이회기에 참여할 필요가 없다고 결정한다. 이러한 경우에, 우리는 리더가 부모의 지도를 따르되, 그러한 결정은 그들의 임상적 판단과 너무 심각하게 타협하여서는 안 되며 상담이 필요하다고 생각하는 아동을 개입에서 빠뜨려서는 안 된다. 또한 집단 모임 동안 이러한 아동의 실습 회기에 투여하는 시간의 양을 줄여서도 안 된다. 리더의 적절한 제안에 의해서 부모는 참여하지 않는 형제자매 아동과의 특별한 활동 시간이나 놀이회기를 시작하거나 다시 고려하기를 원할 수도 있는데 이것이 프로그램에 처음부터 참여하도록 하는 것보다 효과적이다.

그러나 리더는 프로그램 진행 동안에 이러한 참여하지 않는 형제자매들을 조심스럽게 살펴볼 필요가 있다. 때때로 부모와 형제자매의 초기 주저함은 놀이회기가 시작되면 사라지며(예: 놀이실습회기가 시작된 후에 모임 동안, 또는 가정회기가 시작되고 나서), 부모는 전체적으로 놀이회기의 가치에 대해서 더 자신감이 생긴다. 다른 경우에, 부모는 프로그램에 참여하는 아동의 행동이나 정서 반응이 가족에게 스트레스가 좀 덜 되고 나서 참여하지 않는 아동의 행동이 악화되었다고 보고하기 시작한다. 두 가지 경우 모두 리더는 보다 전적인 참여를 유도해야 하는 강한 상황에 놓인다.

또한 리더는 특정 가족 구성원이 프로그램으로부터 도움을 얻지 못할 것이라고 생각하는 가족의 최초 결정이 가족을 위해서 타당하다는 가능성도 열어 둘 필요가 있다. 우리의 경험에 의하면 프로그램에 참여하지 않는 형제자매도 부모와 참여하는 형제자매와 긴밀한 애착관계를 유지할 수 있는 동시에 자신의 정서적 안녕을 유지할 수 있다.

확대 가족과 가까운 친구의 역할

집단 부모놀이치료는 가족 개입으로 만들어졌기 때문에, 우리는 가족 구성원들, 예를 들어 확대가족이나 가족 구성원의 친구들이 프로그램에 직접적으로 참여하는 것을 제한하라고 리더에게 주의를 준다. 그러나 리더가 가족 역동이나 가족의 민족적 가치를 존중하여 특정 상황에서 집단 부모놀이치료 프로그램에 확대가족 구성원을 포함하도록 고려하는 것은 중요하다. 이러한 문제는 접수면접 때부터 탐색되어야 한다. 예를 들어, 접수면접 과정 전이나 접수면접 진행 중에, 리더에게 있어서 확대가족 구성원(예: 할머니, 확대가족의 수장)은 핵가족 구성원들이 프로그램에 참여할지를 결정하는 열쇠가 된다는 점이 명확해진다. 리더는 이러한 가족 구성원들이 참여 동의를 할 수 있도록 프로그램에 대한 충분한 정보를 제공하여 그들의 욕구를 충족시키는 것이 중요하다.

다른 가족의 경우에는 부모보다 다른 성인(예: 할머니, 할아버지, 고모)은 의뢰된 아동과 그들의 형제자매와 일차적인 애착관계를 형성하고 있다. 이러한 경우에 리더는 이러한 중요한 성인을 접수면접에서 포함시킬 수 있으며, 집단 부모놀이치료에 참여자로서 포함시킬지의 여부를 고려할 수 있다. 예를 들어, 중국계 미국인 부모(Johnson, 2006)에게 있어서, 할머니는 손자녀를 돌보는 중요한 양육자로서의 역할을 한다. 이 경우 할머니가 가족에게 제공되는 집단 부모놀이치료에 전적으로 참여하였다. 충분한 가족 지원이 전체 가족에게 이용 가능하다고 주어진다면, 아동기 동안 좀 더 어린 형제자매들에게 주요한 부모의 책임을 맡는 성인 형제자매는 프로그램에 포함시켜도 좋을 것이다.

재혼 가정이나 이혼 가정에서 아동에게 의미 있는 부모가 둘 이상인 경우라면, 모든 중요한 부모 대상을 집단 부모놀이치료에 참여하도록 고려하는 것이 가능하다. 이러한 경우에, 리더는 모든 구성원과 이것을 상의할 필요가 있으며, 떨어져 있는 부모와 계부모가 집단 상황에 적응할 수 있는 정도의 관계인지 임상적으로 판단한다. 개별 부모놀이치료에서 분리된 훈련과 각 부모에 대한 슈퍼비전은 좀 더 적절할 수 있다. 성공적이라고 알려진, 루이스 거니의 또 다른 선택사항은, 동시에 진행되는 서로 다른 집단에 헤어진 부모들을 분리하여 배치하는 것이다.

집단 부모놀이치료에서 접수면접 과정

집단 부모놀이치료의 접수면접 과정에서의 세 가지 단계는 초기 접수면접 모임, 가족놀이관찰(FPO), 마지막 접수면접 모임이다.

접수면접 과정을 실시하기 위한 단계

이 부분에서는 각 단계의 좀 더 자세한 논의를 하기 전에 접수면접 과정에서의 세 가지 단계를 요약한다.

1단계

여기서 기술하는 접수면접 과정의 첫 번째 단계는 집단 부모놀이치료의 리더가 초기 접수면접 팀의 일부가 아니라는 기관의 관점에서 기술된다. 이러한 입장은 부모놀이치료자가 아닌 사람에 의한 초기 접수면접 과정이 매우 중요한 예비 단계이며 집단 부모놀이치료에 참여할 가족들을 모집하고 선택하는 과정에서 리더가 간과되어서는 안 된다는 것을 보여 주기 위해서 채택된다.

기관들은 종종 접수면접/평가 둘 다에 전문적인 팀을 보유하고 있으며 대개는 집단 부모놀이치료가 의뢰된 가족에게 적합한지 여부에 대한 임상적 결정을 내리는 데 있어서의 첫 번째 단계에서 접수면접 프로토콜과 면접 형식을 가지고 있다. 그러므로 부록 2에 논의된 대로, 기관에 집단 부모놀이치료에 대한 소개를, 집단 부모놀이치료 리더가 미리 제공하는 것이 중요하며, 가족들에게 가족놀이치료에 대한 정보를 제공할 때 자신 있게 할 수 있을 만큼 집단 부모놀이치료에 대한 정보가 충분히 제공되어야 한다. 부록 3에 제시된 기관 전문가들에게 제공된 자료는 기관 및 집단의 요구사항에 맞도록 수정될 수 있다. 이 부록은 접수면접자를 위해서 다음과 같은 간단한 사항을 포함하고 있는데, 부모놀이치료의 역사, 연구 배경, 집단 부모놀이치료에 의해서 해결될 수 있는 문제 유형과 목표, 집단에 참여시키는 일반적인 기준, 프로그램을 제공할 때의 실제적인 구체적 사항, 그리고 그것의 구조와 내용이다.

2단계

초기 접수면접을 통해서 아동이나 가족 기반의 중재가 추천될 때, 접수면접 과정에서의 두 번째 단계는 숙련된 집단 부모놀이치료 리더와 시작된다. 이 단계에서, 리더는 가족 놀이회기를 관찰하고 부모를 만나 관찰에 대해 논의한다.

3단계

세 번째 단계에서, 리더는 부모에게 집단 부모놀이치료를 추천하며 부모가 집단 부모놀이치료를 이해하고 프로그램에 책임 있게 참여하도록 돕는다.

접수면접 과정의 두 번째와 세 번째 단계에 대해서는 이 장의 다음 부분에서 보다 자세히 다룬다. 집단 부모놀이치료 리더가 접수면접 과정의 세 단계에서 걸쳐 관여된 전문가라면, 리더는 대개 이 부분에서 보다 초기 모임에서 집단 부모놀이치료에 관해 더 많은 정보를 제공한다.

우리는 접수면접을 위한 각 단계에 각각의 모임을 가질 것을 강력하게 추천한다. 각 단계에는 그 단계를 만족시키는 고유한 요구와 업무가 있다. 시간적 제약 때문에 한 번의 모임에서 두 단계를 포함해야 한다면, 두 배의 안건을 완수하기 위해 추가적인 시간이 필요하다. 해결해야 할 안건이 두 배가 된다는 것은 가족에게 적절하지 않으며 충분한 정보가 공유되어야 하고, 안건이 두 배가 되면 가족은 가족 안에서 그들의 역

표 2-3 집단 부모놀이치료의 접수면접 단계

1단계: 면접과 집단 부모놀이치료 사전 측정 a. 가족과 의뢰된 아동의 발달력에 대한 정보를 얻기 위한 초기 면접에서 그들이 겪고 있는 어려움, 이전에 받았던 심리측정 검사에 대한 결과를 기술하도록 하고, 평가 목적을 위해 필요한 부모놀이치료 사전 측정, 가족을 위한 초기 추천사항(집단 부모놀이치료 리더가 초기 면접을 하지 않는 경우, 접수면접 전문가를 위해 사전에 필요한 집단 부모놀이치료에 대한 준비 정보)(예: PSI, PPAS, FPL)을 포함하여 어떠한 집단 부모놀이치료에 필요한 사항을 수행한다. b. 가족을 위한 집단 부모놀이치료가 행해질 때, 면접자들은 집단 부모놀이치료 리더에 의해 수행되는 가족놀이관찰(FPO)을 위한 준비를 제공한다. 만약 1단계가 집단 부모놀이치료 리더에 의해서 수행되지 않는다면, 2단계 전에 리더가 부모에게 전화를 거는 것을 추천한다.
2단계: 가족놀이관찰. 초기 접수면접 정보는 가능한 집단 부모놀이치료의 추천사항을 말해 주는데, 다음 단계는 집단 부모놀이치료 리더에 의한 가족 놀이회기에 대한 관찰이며, 부모와 즉시 모임을 한 후에 관찰 내용에 대해 논의하고 집단 부모놀이치료의 내용과 관련짓는다.
3단계: 리더에 의한 집단 부모놀이치료를 추천하는 부모와의 모임은 아동과 가족 관계에 있어서 집단 부모놀이치료가 전형적으로 이끄는 행동적이고 긍정적인 변화가 강조된다.

* 부모-자녀 문제 체크리스트(Filial Problem List: FPL), 포터 부모 수용 척도(Porter Parental Acceptance Scale: PPAS), 부모 양육 스트레스 척도(Parental Stress Index: PSI)

할과 리더의 역할에 대해서 이해하는 데 부담을 느낀다. 이것은 가족의 과업이 될 수도 있으며 집단 부모놀이치료 리더는 초기 집단 모임 동안에 좀 더 어려움을 느낀다. 세 가지의 모든 과정이 〈표 2-3〉에 요약되어 있다.

1단계: 초기 모임, 1회 모임

접수면접 과정의 초기 단계는 집단 부모놀이치료에서 중요한 단계이다. 접수면접에는 몇 가지 목적이 있다. 주요 목적 중 하나는 의뢰된 가족에게 정보를 수집하고 각 가족들의 요구사항에 맞춤 서비스를 제공하는 것이다. 또 다른 목적은 가족에게 어떠한 서비스가 가능하며 또한 그러한 서비스가 얼마나 적절한지에 대한 정보를 얻는 것이다. 세 번째 중요한 기능은 가족이 숙련되고 지지적인 전문가들에게 자신의 정서적 욕구를 표현하는 수단을 제공함으로써, 전문가가 이들을 이해하고 가족의 정서적 고통에 도움이 되도록 반응하게 하기 위해서이다. 이러한 접수면접 과정의 정서적 요소는 리더가 다른 전문가에게 초기 접수면접을 실시하려고 준비할 때 보다 강조되어야만 한다. 모든 리더는 전체 접수면접 과정에서 이 같은 사실을 유념하여야 한다. 가족의 정서에 대한 민감성은 집단 부모놀이치료 프로그램의 첫 부분을 진행하는 동안에 집단응집성과 기법 학습을 발달시키는 데 함의를 가지며 이 부분은 다음 장에 논의되어 있다.

접수면접 과정에 의뢰된 가족을 위한 첫 번째 단계에서 우리는 기관에 따라서 고유한 접수면접 절차가 있다고 가정한다. 이 초기 만남은 대개 가족이나 의뢰된 아동의 발달력과 그들의 어려움에 대한 묘사와 이해, 어떠한 심리측정 검사가 시행되었었는지, 이 가족을 위한 기초적인 추천사항을 포함한다. 자료 수집을 위한 허가를 구하는 양식을 포함하여 기관 정보, 가족을 위한 절차, 비밀보장, 자료 보관 및 의무 보고 사항 등이 여기에 포함된다. 이 부분에서는 집단 부모놀이치료의 구체적인 측정 평가의 유형에 초점을 맞추며 기관의 전문가가 가족에게 집단 부모놀이치료를 소개하는 방법에 초점을 둔다.

프로그램 평가를 시작하기

집단 부모놀이치료 사전 측정은, 개입 이후에 평가 목적으로 사용되는데, 초기 접수면접 단계 동안 시작된다. 가족과 면대면으로 만나기 전에 부모에게 질문지나 체크리스트를 실시하도록 하거나 또는 대안적으로 실시하는 것이 일반적이다.

특히 연구 목적을 위한 유용한 측정을 위해 성인-아동 상호작용 공감척도(MEACI)

는 집단 부모놀이치료를 위하여 러트거스 대학(Guerney A. & Stover, 1971)에서 개발하였고, 이 척도를 활용하기 위해서는 특별한 훈련이 필요하다. 성인-아동 상호작용 공감척도는 놀이회기에서 부모가 자녀와 어떻게 상호작용하는지에 대한 부모의 행동에 근거한다. 관찰 결과가 신뢰할 만한 결과가 되기 위해서는 두 명의 평정자 간 일치도가 필요하므로 이 척도를 시행하기 위해서 최소 두 명의 관찰자가 필요하다. 이러한 측정은 노스텍사스 대학교(개정된 프로토콜을 보기 위해서는 Bratton et al., 2006 참고)에서 수정해 왔다. 대개 성인-아동 상호작용 공감척도와 같은 행동적인 측정은 자기보고 측정보다 우선적이다. 그러나 대행 기관에 의해 만약 행동 측정이 사전 혹은 사후 개입에 사용된다면 행동 평가자와 행동 척도 사용의 훈련이 시간 소모가 클 수 있다. 우리는 대행기관에서 연구가 행해질 때를 제외하고 리더가 관찰 척도를 우선적으로 활용하고 자기보고 측정을 대안으로 택하는 것을 추천한다.

부모 양육 스트레스 지표(Parental Stress Index: PSI; Abidin, 1997)와 포터 부모 수용 척도(Porter Parental Acceptance Scale: PPAS; Porter, 1954)는 신뢰도와 타당도를 확고히 해왔고, 놀이회기 행동척도(MEACI) 같은 간단한 실제 행동 측정도구는 사전 및 사후 검사에 의미 있게 사용되고 있다. 부모 양육 스트레스 지표는 부모에게 가족과 관련된 개인적인 스트레스가 무엇인지를 알려 주고, 각 스트레스 요인의 순위를 매기도록 한다. 이러한 척도는 개입의 사전 및 사후 상황에 있어서 부모의 스트레스를 식별할 수 있도록 하는 경험적 근거를 제공한다. 포터 부모 수용 척도는 부모에게 자녀와의 관계에서 부모가 어떻게 반응하는지를 묻는다. 반응은 부모의 공감 정도에 따라서 구분되어 나타나는데, 이러한 공감 반응은 집단 부모놀이치료에서 부모가 개발된 중요한 기술이다.

집단 부모놀이치료에서는 보통의 평가도구뿐만 아니라 흔히 사용하는 것 중의 하나 대신, 아동 행동 체크리스트를 사용하는데, 이는 부모들이 좀 더 특별한 부모-자녀 문제 체크리스트(Filial Problem List: FPL; Horner, 1974)를 완성하는 데 대단히 유용하다. 부모-자녀 문제 체크리스트는 아동 연령과 그 특성에 대한 기준은 제공하지 않는다. 그러나 이 체크리스트는 상대적으로 짧은 시간에 꽤 쉽게 부모에 의해 완성되는 이점을 갖고 있고, 문제의 단계적 차이점을 갖고 있다. 이 체크리스트는 내면화된 문제와 외현화된 문제 유형 둘 다 중 부모에게 특별히 어려운 문제가 무엇인지 사소한 문제와 그들에게 매우 어려운 문제가 무엇인지를 구분할 수 있게 해 준다. 부모-자녀 문제 체크리스트(FPL)를 사용하는 이점 중의 하나는 외부 도움 없이 쉽게 치료자에 의해 채점이 된다는 점이다. 따라서 편리하고 비용에 있어서도 효율적이다. 부모-자녀 문제 체크리스트의 통계적 연구(Horner, 1974)는 좀 더 심각한 문제점을 가진 가족들과 작은 문제를 구별할 수 있다는 점을 보여 준다. 그리고 부모-자녀 문제 체크리스트는 집단 부모놀이치료 개입을 통해서 일어나는 변화를 보여 주며 사전 및 사후 운영의 차이를 보여 줄 수 있다. 평가자는 계획을 세워야 하며 접수면접 시에 부모에게 그들이 이 척도로 개입 후의 결과를 수집해야 한다는 점에 대해 언급한다. 또한 이러한 경우에 대해서는 제15장에 논의되어 있다.

가족놀이관찰을 위해서 가족을 준비시키기

초기 접수면접 모임이 끝나갈 즈음 전문가들은 가족들에게 그들을 대상으로 한 개입으로서 집단 부모놀이치료를 고려해 보라고 제안할 수도 있다. 그러고 나서 접수면접 과정에서의 그다음 단계는 집단 부모놀이치료 리더가 수행하는 가족놀이관찰이다(때로는 가족과 집단 부모놀이치료 리더의 동의하에 다른 기관의 전문가가 가족놀이 관찰을 지켜볼 수 있다. 이러한 경우에도 이들이 가족놀이관찰을 실시하지는 않는다). 따라서 초기 접수면접 모임을 행한 대행 전문가는 그들의 첫 모임 끝이 오기 전에 이것들을 부모에게 설명하기 위해 가족놀이관찰회기와 관찰 후의 추후 논의의 목적과 구조를 요약할 필요가 있다. 접수면접 과정의 그다음 부분이 실시되기 전에 집단 부모놀이치료 리더와의 접촉이 이루어질 것이라고 가족에게 설명할 필요가 있다. 부록 5의 내용은 리더가 부모에게 쓰는 편지 샘플이다. 우리는 또한 그들이 참석하기 전에 부모님이 가질 질문에 답하기 위해 가족놀이관찰회기 전 리더 중의 한 명이 프로그램을 소개하는 전화를 할 것을 추천한다(초기 평정을 했던 집단 부모놀이치료의 리더에게 있어, 이것은 벌써 초기 모임에서 다루어져 왔다).

이 전화와 다음 두 번의 모임은 심지어 두 명의 리더가 있다 할지라도, 우리는 두 명의 리더보다 오히려 한 명의 리더가 한 가족에 대한 책임을 맡을 것을 추천한다. 자원의 효율적인 사용과 관련해서도 한 명의 전문가가 만나는 것이 친숙하지 않은 상황에 대한 가족의 불안을 좀 더 쉽게 다루는 데 있어서 도움을 준다. 처음 시작에서부터 두 명의 리더 집단 모두 가족과 친밀감을 형성하기 위하여 두 명의 리더 각각이 가족의 반 정도를 만나 접수면접을 실행하는 것이 도움이 된다.

가족놀이관찰 전 부모와의 대화

초기 접수면접 모임에서, 접수면접 전문가는 관찰과 그것의 목적에 대한 예비 정보를 가족들에게 제공한다. 집단 부모놀이치료의 집단 리더는 집단 부모놀이치료를 위해 일할 가능성이 큰 가족들에 관한 정보가 전문가에 의해 제공된다. 이후 리더는 이 가족들에게 가족놀이관찰회기를 계획한다. 가족놀이관찰회기 전에 그들의 전화 대화에서 집단 부모놀이치료 리더는 가족들이 다음 논의된 모든 정보가 있었음을 확인해야 하고, 그들이 가질 어떤 걱정에 대해서도 공감을 보여 준다.

가족놀이관찰회기의 목적은 시험을 보는 것처럼 구조화된 활동에서 관계를 맺을 때, 혹은 치료자로부터 다음 지침에서 아동이 그들의 부모님과 얼마나 서로 상호작용하는지 보려고 하는 것이다. 전문가는 전체 가족들이 가족놀이관찰회기에 참여하는데, 약 30분 지속되고, 개방형이며, 놀이와 상호작용의 시간이 자유롭게 진행된다고 가족들에게 말해 줘야 한다. 부모에게 회기 동안 만약 아동이 전체 30분 동안 방에 남아 있기를 거절하면 그들을 남게 해서는 안 된다는 점을 말한다. 그러나 이보다 먼저 부모는 아동이 방에서 머물 것을 먼저 설득할 필요가 있다.

가족놀이관찰회기 이후에, 치료자들은 가족들이 약 30분 동안 참여한 어른들과 놀이 할 것을 논의한다. 그동안, 그들의 아동은 근처에서 돌봄받는다. 논의의 목적은 부모가 걱정하는 문제로 의뢰된 이들 가족이 보통의 가족의 삶과 비슷한지 다른지 보기 위해서이고, 놀이시간에 대해 함께 이야기하기 위해서이다. 리더는 모든 가까운 가족 구성원이 준비되도록 하는 것에 역점을 둬야 하는데, 집에 사는 조부모님을 포함하여 다른 친척이 참여하도록 한다. 만약 모든 가족 구성원이 참여할 수 있거나 참여할 것이 아니라도 관찰은 여전히 수행될 수 있다. 그리고 치료자들은 그들이 구성원 중 참여하지 못한 가족이 만약 왔었다면 했었을 놀이의 종류나 일어난 상호작용을 논의한다.

가족은 가족놀이관찰회기에서 그들은 원하는 어떤 것을 함께(한 쌍 혹은 분리해서) 할 수 있다는 안내를 받는다. 그들은 그들의 글을 잘 쓰는 것이나 노래를 잘 부르는 것과 같은 재능과 기술을 보여 주는 것을 기대하지 않는다. 관찰자는 모든 사람이 서로 얼마나 상호작용하는지 또는 상호작용하지 않는지 보고 싶어 한다. 모든 가족 구성원이 자신들이 관찰받고 있고 사례가 있다면 비디오가 만들어진다는 것을 알게 되는 것이 중요하다(초기 접수면접 모임 때 허락을 구해야 한다). 일부 가족이 망설인다면 왜 모든 사람이 참석해야 하는지 왜 비디오를 찍어야 하는지 리더가 말해 주어야 한다. 상대적으로 자연스러운 방식으로 가족들과 상호작용하는 것을 보는 것이 집단 부모놀이치료의 적합성을 확인하기 위해 매우 유용한 정보를 제공한다. 그것은 리더들의 치료과정 동안 유용하다.

때때로 부모들은 "우리 가족은 함께인 적이 없어요." 혹은 "우리 가족은 전혀 놀이를 하지 않아요."라고 말한다. 따라서 상황이 자연스럽지 않을 것임을 주장한다. 치료자들은 "괜찮습니다. 여기서 놀이를 해 본다면 그 이유가 무엇이었는지 알아볼 수 있을 겁니다."라고 말할 수 있다. 리더는 주저하는 부모들에게 아동이 상호작용하는 것을 보는 일이 흥미롭다고 강조할 수 있으며, 아동은 자신들이 관찰되고 있다는 사실을 매우 빠르게 잊어버리는 경향이 있고 아동이 대인관계 상황을 어떻게 다루는지에 대해 많이 드러낼 것이라고 말할 수도 있다.

부모들은 가족놀이관찰회기 동안 따라야 할 규칙, 즉 관찰 창으로 물건 던지지 않기, 건물에서 방 이외 다른 곳에 가지 않기, 카메라와 전화기로 놀지 않기 등을 알아야 한다. 아동은 놀이하는 동안 자신들이 할 수 있는 것과 하지 말아야 할 것에 대해서 알고 싶어 할 것이다. 우리는 기관 지침하에서 의뢰되는 조건을 제외하면 가족놀이관찰회기로부터 얻은 가족들에 관한 모든 정보는 비밀을 유지한다고 반복해서 안심시킬 것을 추천한다.

전문가는 가족놀이관찰회기를 그들의 아동에게 간단한 방법으로 부모가 설명하도록 도울 필요가 있다. 아동은 가족놀이관찰회기에서 무슨 일이 일어나고 있는지 알기를 원할 것이다. 부모들은 아동에게 전체 가족은 함께할 것이고 자유롭게 놀이를 할 것이라고 설명해야 한다. 아동은 방에서 모든 놀잇감을 가지고 놀 수 있을 것이고, 몇 개의 규칙 속에서 그들이 하고자 하는 대로 행동할 것이다. 그들은 어떤 방식으로 행할 필요가 없다. 부모는 다음을 덧붙여야 한다.

> 누구도 우리와 함께 있지 않을 것이나, 그들은 관찰 창을 통하거나 가능한 경우에 비디오를 통해서 우리를 볼 수 있을 거야. 그들은 가족으로서 우리가 어떠한 것을 하는지 보고 싶어 해. 우리가 어떤 것을 하든 괜찮아. 그들은 우리를 평가하거나 더 나은 어떤 것을 제시하지 않을 거야. 그들은 놀잇감을 가지고 재밌게 놀기를 원한단다.

2단계: 가족놀이관찰, 2회 모임

가족놀이관찰회기는 집단 부모놀이치료가 가족에게 적절한지 아닌지 결정하기 위해 가족관계와 개인 역동에 관한 직접적인 정보를 리더에게 제공한다. 또한 가족놀이관찰 회기는 집단 부모놀이치료 프로그램에서 참여할 수 있도록 부모와 라포를 형성하는 데 도움을 준다. 가족놀이관찰회기에서는 부모가 집에서 아동의 문제로서 보고했던 행동을 여러 번 드러낸다(예: 부모의 반복된 질문에 반응하는 것을 거부하는 아동). 부모는 리더가 이 행동을 목격했을 때 타당하다고 느낀다. 그러나 아동이 집에서 한다고 보고되었던 그 행동을 반복하지 않더라도, 이 상황에서 아동이 왜 다르게 행동하는지에 대해 리더와 부모가 생각해 보게 함으로써 생산적인 논의가 일어난다. 리더와 부모는 아동의 행동이 이때에 왜 달랐는지 이해하도록 노력해야 한다. 이 절의 끝에 있는 확장된 예시는 가족놀이관찰회기와 뒤따르는 논의를 분명히 보여 준다.

실제적인 수준에서, 리더는 어린 아동, 고학년 아동, 성인을 포함해서 가족을 수용할 수 있는 공간을 보장할 필요가 있다. 이상적인 방은 일방 스크린과 비디오 시설이 설치된 공간이다. 비디오는 추후 부모와 논의할 때 사용되며 리너 자신의 수행을 돌아볼 때에 유용할 것이다. 일방 스크린이나 거울 시설은 리더가 가족놀이관찰회기에서 참여하지 않을 때를 보장한다. 이 시설이 유용하지 않은 곳에서 리더는 관찰기록을 하는 동안 방의 한 구석에서 가족과 떨어져 있을 수 있다. 만약 리더가 그들 자신이 가족놀이관찰을 위해 치료실에서 놀이를 한다면 제한 설정을 해야 하는 상황이 나타날 수 있을 개연성이 높은 물품보다는(예: 컴퓨터, 검사도구 등) 가족이 함께 놀이할 수 있는 활동이나 놀잇감이 제공될 필요가 있다.

가족이 가족놀이관찰 방으로 들어갈 때

리더가 가족에게 관찰을 위한 방을 소개할 때, 짧은 설명이 제시되어야 한다(예: "나는 당신의 가족이 어떻게 함께 놀이하는지 보려고 합니다"). 그리고 리더는 한 가지에서 두 가지 작은 규칙을 언급해야 한다(예: "거울을 불편해하지 마세요"). 또한 그들은 가족들에게 그들을 관찰할 때 지도자들의 역할에 대해서 상기시켜야 한다(예: "나는 여기에서 당신을 볼 것입니다").

가족놀이관찰에서 리더의 역할

리더가 관찰하는 동안 중요한 초점은 가족 역동과 각 가족 구성원 개인 역동에 관한 가설을 형성하는 것이다. 이 가설은 잠정적이고 언제든 바뀔 수 있다. 가족놀이관찰 시간 동안 발전되어 오고, 임상적으로 적절한 아이디어들은 다음 관찰 논의시간 동안에 리더에 의해 부모와 공유된다.

가족치료 관점에서 리더는 가족 구성원 중에서 양육 유형, 양육 동맹, 가족 구조, 미해결된 가족 역동 문제, 애착 유형에 관한 가설을 형성하는 것을 바랄지도 모른다(Stollack, Barley, & Kalogiros, 2000). 가족치료 관점에서 고려할 일반적인 영역은 각 아동의 애착 유형, 정서적 · 사회적 · 신체적 · 인지적 · 언어적 발달, 놀이 발달, 신경학적 또는 특이한 신호의 증거를 포함한다(Rye & Jaeger, 2007). 가족 놀이 행동 기저의 역동에 관한 좀 더 구체적인 생각들을 고려하는 것이 유용하다(Harvey, 2000).

어떤 리더는 그들 자신의 체크리스트를 좀 더 발전시키는 것을 통해서 관찰을 조직화할 것을 바랄지도 모른다. 그리고 우리는 부록 6에 가족관찰회기 동안 부모와 자녀의 상호작용을 평가하는 임상가들이 사용할 것으로 권하였던 일반적인 범주로 이루어져 있는 체크리스트를 제안한다. 체크리스트는 아동의 특정한 행동과 관심 행동(예: 틱, 매너리즘)으로서 리더에게 유용할 수 있다. 그러나 체크리스트는 가족놀이관찰회기에 대한 논의 시간 동안 리더가 부모와 함께 직접 사용하는 것은 적절하지 않다. 공적이며 제한된 형태의 체크리스트는 부모로부터의 자연스러운 반응이나 협동적인 논의 과정을 방해할 수 있다.

가족놀이관찰 후 리더의 피드백

부모는 자녀가 근처에서 돌봄받는 동안, 가족놀이관찰회기를 논의하기 위해 리더에게 되돌아간다. 리더는 대략 30분 동안 논의할 것을 목표로 해야 한다. 이 논의는 정보를 얻을 수 있는 풍부한 원천이 되며, 부모와 리더 간의 라포 형성을 돕는다(확장된 예시는 Rye & Jaeger, 2007 참고). 리더는 그들의 피드백에 집단 부모놀이치료프로그램의 원리를 포함함으로써 미래에 대한 분위기를 설정한다.

논의를 시작할 때의 초점은 놀이 활동 중에 관찰되는 모습이 보통 때의 가족의 모습과는 어떠한 유사점과 차이점이 있는지, 또한 의뢰된 행동이 어떠한지를 살펴보는 것이다. 예를 들어, 아동은 가족놀이관찰회기에서 공격적으로 행동하고, 가정에서는 그렇지 않은지, 또는 그 반대인지를 본다. 리더는 가족놀이관찰이 자연스러운 상황은 아니지만 그럼에도 불구하고 항상 흥미로운 것이 있음을 아는 것이 중요하다. 그러고 나서 리더는 "어땠습니까?" "아동이 그것을 만들었을 때 무엇을 생각했습니까?"와 같은 개방형 질문과 함께 부모들의 반응을 끌어내도록 노력해야 한다. 이 30분 동안 논의하는 동안 리더는 언어화된 감정과 언어화되지 않은 감정뿐만 아니라 논의의 사실적인 내용에 대한 반응을 손쉽게 강조하는 것이 중요하다. 가족놀이관찰 동안 만들어진 비디오 기록은 상호작용과 주요한 사항을 논의하는 데 효율적으로 사용된다. 집단 부모놀이치료 정신에 입각한 비디오 내용은 기본적으로 아동과 부모 사이의 조율된 긍정적 상호작용을 보여 주는 데 사용된다. 좀 더 어려운 상호작용의 한두 가지 예들은 잘 사용될 수 있으나 우리는 리더가 부모와 긍정적인 예시들이 항상 긍정적인 것의 균형을 유지하길 강력히 권고한다.

리더는 집단 부모놀이치료 프로그램의 목표에 근접한 가족놀이관찰 동안 부모들이 그들의 아동 행동과 관련시키도록 항상 노력해야 한다. 만약 자녀가 부모놀이치료 원리와 양립될 수 있는 부모의 행동이 일어난다면, 이것은 부모에게 언급될 것이다. 부모들은 이 행동이 긍정적으로 여겨지고, 지속되며, 부모놀이치료의 학습을 촉진할 때 감명을 받곤 한다. 그것은 심지어 말을 꽤 잘 안 하는 부모에게 의미 있는 대화가 될 수 있다.

리더는 집단 부모놀이치료 프로그램에 참여함으로써 얻을 수 있는 점과 가족관찰 회기에서 보인 아동의 행동을 모두 연관지어야만 한다. 예를 들면, 만약 가족놀이관찰에서 아동이 부모를 떠나는 것을 두려워한다면, 얼마나 자녀가 부모놀이치료 회기에서 앞으로 덜 공포스러워할 수 있는지를 리더가 부모에게 설명할 수 있다. 그러한 예시는 부모에게 집단 부모놀이치료 프로그램에 참여하게끔 동기화시킬 수 있다. 리더들의 이러한 방법은 집단 부모놀이치료의 주된 특징인 놀이 상호작용을 마친 후에 즉각적으로 아동 행동에 대해 보다 많은 의미를 만들어 내고 접근하도록 한다. 부모-리더 상호작용의 유형은 가족놀이관찰 이후의 논의에서 시작하고 프로그램 동안 계속되며 이 책의 후속 장이 증명할 것이다. 리더는 그들이 집단 부모놀이치료 프로그램에 부모에 의해 얻을 수 있는 것이나 배울 수 있는 것을 집단 가족놀이치료 회기에서 관찰한 것을 관련시킨다. 다음에 논의된 대로 프로그램에서 부모들이 프로그램 참여를 동기화시킨다.

집단 부모놀이치료의 이점과 가족의 관심사를 연결하기

가족놀이관찰회기 이후의 논의에서 리더들의 일차적인 임무 중의 하나는 그러한 프로그램이 가족에게 적합해 보였을 때 가족들이 집단 부모놀이치료 프로그램을 참여하는 것을 고양시키는 것이다. 예를 들면, 리더는 참여하는 것의 이점 중 하나가 집단 부모놀이치료를 통해 참여 아동이 좀 더 자신 있어지는 것이라고 강조할 수 있다. 리더는 개입의 결과가 보장되지 않을 수 있으므로 프로그램의 모든 잠재적 이점이 부모에게 항상 확실성보다 어떤 일이 있을 가능성으로 표현되어야 한다고 주목한다. 그러나 우리의 경험상, 부모가 가족놀이관찰 동안 관찰된 아동의 행동 간의 관계를 매우 구체적으로 보게 될 때, 그들이 집단부모놀이치료에서 배우는 것과 연관지으며, 그것의 이점을 좀 더 잘 알 수 있다. 우리는 이러한 접근을 취할 때 집단 부모놀이치료를 거절한 부모들의 비율이 매우 낮다는 점을 발견해 왔다. 집단 부모놀이치료의 이점과 가족놀이관찰에서 관찰한 행동과 연결 짓는 또 다른 예시는 부모에게 리더가 한 말이다.

> 우리는 제이가 일방경에 놀잇감을 던지고 있어 그만두라고 말해야 했을 때 그가 매우 공격적이었음을 함께 보았어요. 마치 제이는 공격 없이 좌절을 다루는 것이 매우 어려워 보이는 것 같았지요. 우리는 아동이 특별히 통제된 환경에서 놀이를 통해서 화난 감정을 표현하는 것이 수용하기 어려운 반응을 줄인다는 점을 알고 있습니다. 만약 당신이 집단 부모놀이치료 프로그램을 참여한다면 당신은 제이와 놀이를 하기 위해서 다른 부모들이 어떻게 이 특별한 놀이회기를 하는지 배울 수 있습니다. 대체로 그렇게 된다면, 그때의 제이의 행동은 더 이상 문제로 여겨지지 않는 지점으로 줄어들게 될 것입니다.

또 다른 아동에 대해서 리더는 다음과 같이 말할 수도 있다.

> 우리는 당신이 놀이할 때 에밀리가 지시 없이는 어떤 것도 할 수 없어 한다는 것을 보았습니다. 당신이 뒤로 물러나서 아이 스스로 하게 했음에도 불구하고, 에밀리는 자신이 무엇을 할지 말해 주기를 원하는 모습을 드러내는 것을 보았지요. 당신은 아이의 일상을 통해서 본 모습이 극도로 당신에게 의존적이고 스스로 무언가 해 보는 것을 두려워한다고 말해 주었습니다. 우리가 당신에게 가르칠 놀이회기의 종류는 에밀리가 자신의 고유한 감정에 접촉할 수 있도록 돕는 것이에요. 가족들은 좀 더 스스로 하고자 하는 것을 하도록 선택할 수 있고, 적절한 것에서 지도력을 가질 수 있을 것입니다. 이것은 에밀리에게도 마찬가지일 것이고요.

리더가 그 모임이 끝나기 전에 하는 두 가지 임무는, 우선 그들이 접수면접 정보를 검토하고, 필요한 정보(예: 학교 및 의료 개입)를 수집하고, 그리고 추천을 결정한다고 부모에게 정보를 알려 주는 것이다. 리더는 세 번째 모임에서 집단 부모놀이치료에 대한 마지막 추천을 하거나, 드물게는 특정한 가족의 욕구에 좀 더 적절한 대안을 논의한다. 마지막 모임에서 리더는 집단 부모놀이치료 프로그램에 대해서 더 설명하고, 그들이 가족의 생활에 대해서 바라는 것들을 부모가 말하도록 할 수 있다.

논의가 끝나기 전 리더의 마지막 임무는 부모들이 긍정적인 태도로 아동과 가족놀이관찰 과정을 하는 것이다. 리더는 아동과 다시 합류하는 활동을 하기 전에 부모가 가족놀이관찰에 대해서 긍정적이고 간단한 진술을 준비하도록 시간을 줄 필요가 있다. 예를 들면, 10세 조니는 가족이 함께 놀이하는 것이 어떤지에 대해서 엄마에게 물어볼 수 있고, 나중에 부모가 대화 나눈 것을 치료자와 함께 이야기해 볼 수 있다. 어머니가 대답하기를, "나는 우리 가족 모두가 놀이하는 모습을 지켜보는 것이 즐거웠고, 우리가 다트를 쏘면서 정말 재밌었다고 생각해요. 그리고 치료자도 그렇게 생각했고요." 이러한 예시가 제시될 때, 리더는 부모가 그들의 자녀가 하고 있는 것에 반응하도록, 그리고 되도록 평가하는 언급은 피하도록 도와야만 한다.

가족놀이관찰과 추후 논의에 대한 사례 예시

가족 구성원

어머니(에이미), 아버지(존), 10세 아들(해리), 4세 딸(수전)

배경 정보

아버지 존에게는 이번이 두 번째 결혼이다. 해리가 그의 첫 번째 부인의 유일한 자녀이다. 그의 첫 번째 부인이 해리가 3세 때 떠난 후에, 존은 혼자 해리의 양육권을 가졌고 그의 두 번째 파트너 에이미를 만나기 전까지 1년 동안 아이를 혼자 키워 왔다. 수전은 그들이 2년 동안 함께한 뒤에 태어났다.

현재 문제

부모들은 해리가 초기에는 '모범적인' 아이였으며, 다정하고 외향적이었다고 한다. 지난해 동안 그는 기분 변화가 심했고 짜증을 냈다고 하는데 그의 여동생 수전에게 점점 공격적이었고, 그의 부모님이 요청한 것에 협조적이지 않았다고 한다. 해리의 학업 수행도 어려움도 겪고 있지만, 그는 잘못된 것에 관해 그들에게 말하지 않았다. 그는 그의 방에 머무르고, 방과 후 대부분 컴퓨터 게임을 한다. 그리고 숙제를 하느라 자신과 고투를 심하게 벌이고, 가족들과 밥을 먹고 밤에 잔다. 반면, 수전은 매우 다루기 쉽고, 그들에게 다정하다고 한다.

가족놀이관찰

리더: (가족에게 시설을 보여 주면서) 여러분은 가족이 좀 더 잘 지내고 싶다고 했습니다. 그리고 그것을 할 수 있는 방법을 배우기 위해서 이곳에 왔습니다.

저는 가족이 약 30분 동안 함께 노는 동안에 거울로 보고 비디오로 녹화하려고 합니다. 부모님께서 X와 있는 동안에 촬영을 하고 후에 비디오를 보면서 그것에 관해 이야기할 것입니다. (리더는 가족에게 관찰 부스와 카메라, 방을 보여 준다.)

가족은 여기에서 하고 싶은 것을 선택해서 대부분의 것을 할 수 있습니다. 이 방에는 거울에 어떤 것을 던지지 않는다와 같은 몇 가지 규칙이 있습니다. 그 외의 대부분을 할 수 있습니다. 저는 시간이 다 되면 문을 노크할 것입니다. (리더는 관찰 부스를 치운다.)

어머니 에이미와 아빠 존은 방으로 들어갔을 때, 자녀와 함께 노는 이번 기회를 흥미로워하는 것 같았다. 수전은 즉시 테이블을 살펴 그림을 그리기 시작했다. 그녀의 어머니는 그녀를 따른다.

어머니: 수전, 그래, 좋은 출발이야. (어머니는 펠트펜을 차지했고, 수전의 종이를 보았다.) 난 뭘 그릴까? 여기에 갈매기를 그려야 할까? (수전과 어머니는 테이블에 앉아 그림을 옆에 함께 그렸다.)

해리는 방을 살펴본 후에 이곳저곳으로 움직여 다녔으나 어떤 것도 만지거나 가지고 놀이하지 않았다. 그의 아버지는 문 근처에 서 있었는데, 해리에게 가서 놀이를 함께하자고 말한다.

해리: 아니, 그것은 지루해. 나는 애들 놀잇감은 좋아하지 않아. (그는 놀잇감 사이를 배회한다.)

아버지: 알아, 저 자동차를 사용해서 경사로를 지어 보고 후에 경기를 할 수 있어.

해리: 아빠는 해, 나는 원치 않아.

어머니: 해리, 네 아빠가 너와 함께 놀기를 원해. 봐 봐, 수전은 나와 당장 할 것을 발견했어.

그의 아버지는 그러고 나서 경사로를 짓기 시작했고, 해리에게 그가 하고 있는 것에 관해 그가 하고 있다고 말하고 있었다. 해리는 빈백(beanbag) 의자에 앉아서 지루해하면서 방바닥에서 주운 긴 줄을 만지작거렸다.

아버지: 경사로가 끝이네. 해리, 자동차를 선택해 봐.

해리: (짜증스러운 음성으로) 나는 하기 싫다고 말했어요.

그의 아버지는 두 개의 자동차를 잡았고, 해리를 보면서 스스로 여러 번 경기를 해 갔다. 조용하게 그의 자동차를 포기했다. 수전과 그녀의 어머니는 테이블에 합류했다.

아버지: 여기로 오는 게 어떻겠니, 해리?

해리는 테이블 옆에서 움직이고 모든 의자의 뒤에서 걷고 있었다. 그리고 수전과 그의 어머니가 그린 그림을 바라보기 시작했다.

해리: 저게 뭐지?
수전: 막대가 있는 해변에 있는 개야.
해리: 우스운 그림이다. 개보다 소처럼 보인다.
어머니: 해리야, 수전은 겨우 네 살이야. 네가 더 잘했을 거라고 생각하지만, 너도 그랬어.
해리: 나는 더 잘할 거예요. (그는 펜을 집더니 종이에 그리기 시작했다.)

수전은 테이블에 펜을 떨어뜨려서 그것을 찾으러 갔다. 그녀는 그것을 찾을 수 없다고 말했고, 아버지는 테이블 아래쪽을 보았다.

아버지: 해리, 펜은 네 발 밑에 있어. 너는 수전의 것을 숨겼어. 여기에 주렴.
해리: 나는 안 그랬어요. 나는 항상 혼나기만 하네요.
어머니: 넌 수전을 많이 놀리잖아, 해리.

가족은 계속 그들의 그림을 함께 그리고 있었고, 수전은 그녀의 그림이 이번에는 개처럼 보인다고 그녀의 어머니에게 재차 확인했다.

어머니: 수전, 매우 잘했어. 너는 더 큰 사람도 그릴 수 있지.
해리: 내가 훨씬 더 잘해.

수전은 해리의 종이 쪽으로 와서 낙서를 했다.

해리: 야, 그거 잘라 버리시지! (수전은 혼자 웃었다.)

어머니: 글쎄. 네가 그녀를 놀렸잖아. 해리야.

아버지: 해리, 수전이 어리다는 것을 알잖니. 동생이 한 것에 대해서 어른스럽게 굴어라.

해리는 뚱한 표정으로 그림을 계속 그렸다.

아버지: 내가 그린 만화를 봐 봐. 부푼 코를 가진 사람을 전에 본 적 있니? 귀도 그려 주자. 뭘 더 그렸으면 좋겠니, 수전?

해리: 웃기다 웃겨!

가족들은 가족놀이관찰회기가 끝날 때까지 그림을 그려 나갔다.

(리더는 관찰하는 동안 가족 역동과 각 가족 구성원의 개인 역동에 관한 잠정적인 가설을 형성하고 있었고, 몇 가지는 다음에서 논의되는 동안 부모와 다뤄질 것이다.)

부모와의 논의

리더: 우리는 함께 방금 했던 놀이시간에 관해 이야기할 것입니다. 우리는 이 놀이시간이 당신의 일상생활과 얼마나 같고 또한 무엇이 다른지 보려고 합니다. 어땠습니까?

아버지: 글쎄요. 틀림없이 일상생활과 달랐습니다! 우리는 시작을 모두 함께하지요(역자 주–가족놀이관찰회기에서는 모두 함께 놀이를 시작하지는 않았다)!

리더: 네, 좋습니다. 모두에게 그건 좋을 수 있습니다.

어머니: 네, 그런데 저는 이런 생각을 해 봤어요. 해리와 놀이회기를 분리하는 것이 얼마나 도움이 될지요. 그의 문제 대부분이 우리와 있기를 원하지 않는 것 아닐까요?

리더: 당신은 이것이 당신 가족을 위한 올바른 접근인지 아닌지를 의심하고 있군요.

아버지: 네, 우리는 해리가 우리와 모든 것을 함께해 보도록 노력하고 있어요.

리더: 그래서 가족 각각과 일대일로 관심을 주는 활동은 중요하지 않다고 생각하시는군요.

아버지: 상담 선생님도 그가 시작부터 저와 놀기를 원하지 않는다는 것을 봤을 거예요. 그는 우리가 함께였을 때만 관여하기 시작했어요.

리더: 아버님은 시작부터 그와 놀기 위해 갖은 노력을 했지만, 아이는 당신의 노력을 거절했군요.

아버지: 예, 항상 이런 일이 일어납니다.

리더: 이것이 아버님의 기분을 상하게 만드는군요. 그러나 강력한 놀이 프로그램(Powerful Play Program, 부모놀이 치료의 한 프로그램명)에서 이것은 놀이가 아닙니다. 내가 오늘 본 바로는 당신 부부는 아동에게 반응해 주기 위해서 많은 노력을 하고 있습니다. 이 프로그램에서 부모님은 아동과 각각 일대일 시간을 특별히 갖게 될 것입니다. 나는 에이미 당신이 수전, 존과 많은 시간을 보내는데 당신이 해리와 좀 더 노력할지 당신의 가족이 해낼지 궁금합니다.

어머니: 글쎄, 그것은 자연스러운 일이에요. 왜냐하면 해리는 수전과 나에게 관심 갖는 것을 원하지 않기 때문입니다.

리더: 당신은 해리가 당신과 수전에게 매우 관심이 없다고 느끼네요. 1분 동안 여기 비디오를 보도록 해요. 어머님께서 아이를 보고 있지 않은 동안 자녀는 어머님의 의자를 보고 있었어요. 해리가 이렇게 행동한 것이 매우 흥미로웠다고 생각했습니다. 그가 어디에 관심이 있었는지를 보세요(해리가 수전과 에이미의 그림을 골똘히 보고 있는 비디오 클립이 보인다).

어머니: 그는 수전의 그림을 오랫동안 보았습니다. 그렇지 않나요?

아버지: 네, 그랬습니다.

어머니: 그러나 그는 수전에게 못되게 굴었어요.

리더: 그래서 당신은 그가 관심 있게 보고 있는 것에 대해서 알고는 있지만 그렇게 엄격하셨군요.

아버지: 그 아이들은 항상 싸워요. 우리가 멈추라고 말할 때, 해리는 방으로 들어가 버립니다.

리더: 당신은 해리를 위해 그가 할 수 있는 것과 할 수 없는 것에 관해 몇 가지 규칙을 설정해 왔습니다. 그러나 그것들은 그를 매우 불행하게 만든 것 같습니다. 이 프로그램에서는 부모와 자녀 사이의 관계를 해치지 않고, 부모의 권위를 존중하며 아동을 돕는 방법을 배울 수 있습니다.

어머니: 우리는 우리가 해리를 올바르게 교육하기 위해 갖은 방법을 써서 노력해 왔습니다.

리더: 당신은 해리를 정말 아끼고 있으며 그에게 좋은 부모님이 되길 원합니다. 이 프로그램은 많은 부모와 아동들을 서로 가깝게 느끼게 도와 왔습니다. 프로그램에서 아동은 놀고자 하는 것을 선택할 수 있고, 그들이 느끼는 것에 관해 이해하기 쉽게 노력하면서 그들 자신의 문제를 해결해 갑니다. 이것은 아동에게 그들의 부모를 좀 더 믿고 그들의 시간을 가치 있게 여기게 합니다.

아버지: 저는 정말로 그렇게 되기를 희망합니다. 해리는 모든 것을 정말로 잘해요. 선생님도 그가 지금 얼마나 그림을 잘 그리는지 보질 않았습니까?

리더: 네, 아버지는 아들을 자랑스러워하네요. 당신은 그가 그렸던 것에 매우 흥미로워했습니다. 그리고 에이미에게도 그랬습니다. 다함께 그 부분을 비디오로 봅시다. 이것은 부모들이 프로그램 동안 노력해야 할 부분입니다. 당신은 이 기술을 이미 시작했습니다(부모와 리더는 비디오 클립의 내용에 관해 논의한다).

리더: 우리는 수전에 관해서는 아직 이야기하지 않았습니다.

어머니: 나는 우리와 해리에 관해 이것이 도움이 된다고 생각하지만 수전에게는 전혀 그렇지 않을 것 같습니다.

리더: 프로그램은 해리를 포함한 가족 모두에게 유용할 수 있습니다. 그러나 수전에게는 그렇지 않을 것 같군요. 우리는 존에게 1분 내로 그의 의견을 물어보지요. 그러나 첫 번째로 우리가 생각할 것은 우리 프로그램이 가족 내에 있는 모든 아동을 위해서 고안되었는지를 생각해 보는 것입니다. 아동들은 자신의 부모에게 문제가 있다고는 생각하지 않아요. 만약 부모가 한 아동에게 너무 많은 관심을 준다고 생각하면, 형제들과 자매들이 잘 지내기란 어렵습니다. 이 프로그램에서 부모의 관심은 그들의 아동 모두에게 상당히 퍼져 있는데, 가능한 한 각각의 아동이 특별하고, 그들의 부모와 각각 규칙적인 놀이시간을 가져야 하기 때문입니다.

아버지: 여보, 이건 당신과 해리에게 효과가 있을 것 같아요. 수전과 좀 더 시간을 보내는 것을 꺼려 하지 않습니다. 당신이 주위에 있을 때 우리를 주의 깊게 본다는 생각은 안 들었어요.

리더: 에이미, 수전에 대해서는 우리가 좀 더 긍정적으로 생각해 보죠. 내가 보기에 당신은 프로그램의 일부를 아주 기대하고 있는 것 같아요.

아버지: 네, 저는 정말로 아이들과 노는 것을 좋아합니다. 제가 해리에 대해서 뭔가 놓치는 부분이 있는 것 같아요. 그리고 수전과도 더 놀고 싶어요.

리더: 매우 긍정적인 태도군요.

어머니: 나도 좀 더 생각해 볼게요, 존.

리더: 어머니는 그것에 관해 좀 더 생각해 보려고 하는군요, 에이미. 우리와 끝내기 전에 당신이 했던 가족놀이관찰을 해 본 결과, 나는 프로그램이 가족에게 가장 적합하다는 것을 말해 주고 싶네요. 그러나 우리는 최종 결정하기 전에 해리의 학교에 연락을 취하고 모든 정보를 볼 필요가 있네요. 시간은 그렇게 길게 걸리지 않을 것이고 우리는 다음 주에 다른 모임 날짜를 정할 것입니다. 그래서 우리는 앞으로 어떻게 할지 최종 결정을 할 수 있어요. 우리는 당신이 프로그램에 대해 갖고 있을 질문이나 걱정거리에 대해 좀 더 이야기할 수 있습니다. 만약 해리가 관찰과 관련하여 어머니의 반응에 관해 묻는다면 당신이 말할 것에 관해 이야기해 봅시다. 어머니가 긍정적으로 반응하기를 원하는 것 중에 그가 했던 행동 중 어떤 것이 생각나나요? 그리고 수전에 관해서는요?

어머니: 글쎄, 해리는 그림을 잘 그렸어요. 우리는 그것을 이야기해 볼 것이고 수전이 그리기를 좋아하는 것에 대해서도 말할 수 있을 거예요.

아버지: 우리는 우리가 가족으로서 다 같이 함께 즐기는 것에 대해서 말할 수도 있습니다.

리더: 모두 유용한 제안입니다. 지금 함께 해 봅시다.

사례에 대한 의견

이 예시는 가족에게 도움이 되는 논의 방법을 활용하여 리더가 가족놀이관찰 및 자신의 고유한 역할을 소개하는 방법을 보여 줌과 동시에 부모가 논의를 이끌도록 하고 리더가 부모의 감정을 따라가는 방법에 대해서 보여 주고 있다. 각 가족 구성원의 다양한 정보와 그들의 상호작용이 서로 집단 부모놀이치료에서 얻어졌는데, 리더에 의해 긍정적인 방식으로 선정된 실제 사례가 되는 비디오 예시가 보강되었다(이 가족에 대한 구체적인 예시는 제10장 참고).

3단계: 최종 접수면접, 3회 모임

부모가 자기 자신의 욕구를 알아차리고 좀 더 긴 시간 동안 추천사항에 대해 듣기 위해서 같은 리더가 부모와 또 다른 약속을 잡아 만나도록 한다. 이 모임 동안, 만약 집단 부모놀이치료가 추천된다면, 리더는 부모들을 집단 부모놀이치료 프로그램에 대해 이해시키도록 돕고 약속한다. 우리의 경험에 의하면, 가능하면 2~3단계를 다루는 모임은 다른 날 약속을 잡아야 한다. 2~3단계가 한 번의 모임에서 실시되면 부모가 리더와 논의하는 시간이 아동이 견딜 수 있는 것보다 길어진다. 따라서 모임 시간이 좀 더 길어지는 것은 아동과 부모들에게 증가된 스트레스를 유발할 수 있으며, 아동의 정서적 욕구에 대한 책임감을 가질 수 있도록 부모를 돕는 집단 부모놀이치료의 목표와 상반된다. 장시간의 모임은 그들의 아동을 기다리는 것에 대한 잠재적인 관심사를 만들어 부모의 집중력 또한 떨어뜨린다.

최종 모임 동안 리더는 가족놀이관찰회기에서 본 것과 다른 접수면접과 평가 정보에 근거한 그들의 추천에 대해 확고히 진술하면서 부모에게 집단 부모놀이치료를 추천한다. 이 추천을 전달할 때 의뢰된 문제점을 강조하는 것보다 아동과 그들의 아동이 필요로 하는 것에 관하여 진술하는 것이 보다 유용하다. 또한 가족들에게 희망적이고 유용한 추천을 하기 위해 리더의 말을 통해서 하는 것이 좋다. 집단 부모놀이치료를 추천할 때는 이러한 추천이 프로그램을 가족에게 제공할 수 있는 것에 대해서 말하는 방식으로 이루어지는 것이 최선이다. 예를 들면, 학교에 대한 불안을 갖고 있는 아동이 있다면, 리더는 아동이 놀이회기 동안 학교에서의 경험에 대해 놀이할 수 있다는 점과 그 결과 학교에 더 잘 적응할 것이라는 점을 말할 수 있다. 리더는 집단 부모놀이치료에서 그들 자신의 치료적 역할을 할 수 있는지에 대한 의구심과 집단 부모놀이치료가 가족의 어려움을 얼마나 도울 수 있는지에 관한 걱정에 공감할 필요가 있다. 집단놀이치료에 대한 사실적인 정보 전달이 중요하다고 할지라도, 우리는 리더에게 가장 중요한 것은 이들이 부모를 공감하고 존중하는 태도로 집단 부모놀이치료 추천에 대해 부모가 그들의 감정 반응을 환기시키고 다루도록 한다는 점을 상기시킬 필요가 있다.

이 단계에서, 리더는 부모에게 집단 부모놀이치료가 심리교육적 개입이라는 것을 설명해야 하는데, 부모들은 배우는 과정 동안 정서적 지지를 받을 뿐만 아니라 그들의 아동과 치료적으로 상호작용하는 새로운 방법을 교육받을 것이다. 부모들은 모두 다른 집단 구성원과 경험을 공유하는 것과 집단 부모놀이치료의 원리에 대하여 배운다. 이 프로그램은 약 5개월로 설계되어 있고, 집단 구성원의 바람에 따라 몇 번의 추수회기를 갖도록 되어 있다.[2] 리더는 많은 집단은 집단 부모놀이치료 프로그램이 만족스러워 20주 이상의 프로그램을 함께 계속 원해 왔음을 발견해 왔다고 덧붙일 수 있다.

3단계의 삽화 예시가 다음 장에 리더가 집단 부모놀이치료를 설명한다.

2) 프로그램의 길이에 관해 결정하는 것은 다음 장에 상세하게 논의되어 있다.

삽화 예시: 부모에게 집단 부모놀이치료를 설명하기[3]

세 번째 접수면접 모임에서 10세 아동, 제이의 부모는 그들의 걱정과 좌절을 묘사했는데, 그는 그들에게 순종하지 않거나 그들의 말을 경청하지도 않았다. 제이는 매우 반항적이었고, 그들과 다른 아동에게 공격적이었으며, 물건을 훔쳤다.

리더: 그 문제는 집단 부모놀이치료가 도움이 될 수 있습니다. 많은 아동이 그러한 문제점이 있고, 그들은 우리의 프로그램에서 도움을 받아 왔습니다. 이 아동은 특별한 놀이회기에서 도움을 받을 수 있습니다. 놀이회기는 그들에게 아버지가 묘사하고 있는 행동 뒤에 있을지 모를 것을 놀이로 나타낼 수 있는 기회를 줍니다. 그것은 아동이 사람을 때리거나 훔치는 것을 멈추라고 아동에게 말하는 것과는 다릅니다. 놀이회기에서 당신은 나쁜 품행의 기저를 이루고 있는, 아동이 경험하고 있는 감정을 다루게 될 것입니다. 놀이회기는 전문가에 의해 오랫동안 사용되어 왔고, 더 나은 행동을 얻기 위해 아동에게 좋은 도구가 될 것입니다.

아버지: 우리는 그의 행동이 변화된다는 점이 흥미롭습니다.

리더: 이 놀이회기는 널리 사용되어 왔습니다. 집단 부모놀이치료에서 주요 차이점은 전문적인 치료자 대신, 우리가 이 특별 놀이회기를 행하게끔 부모를 훈련시킵니다. (부모는 놀랍고, 의심스러워하고, 걱정스러워 보인다.)

리더: 아버지는 정말 놀란 것 같으시네요.

아버지: (의심 많은 어조로) 제이의 놀이가 그의 문제를 해결한다고요?

어머니: 그러나 우리는 제이가 노는 것을 이미 봐 왔습니다.

리더: 놀이가 도움이 되는지 알기는 어렵습니다. 당신은 놀이를 이미 하고 있으나, 그것은 그다지 도움이 되는 것 같지는 않습니다.

부모님: 그렇군요.

리더: 보통의 놀이는 이득이 되지 않을 수도 있으나 놀이회기는 일상생활과 달라서 다른 영향을 줍니다. 놀이회기는 가정을 탐구하고 그것을 표현하는 자유를 아동에게 많이 주지만, 동시에 경계가 있을 것입니다. 아이들은 자신을 모든 방법으로 표현할 수 있지만, 행동은 제한되어 있고 당신이 이 제한을 설정하는 것을 배울 것이며 그들이 효율적이라는 확신이 있을 것입니다. 아버지의 통제가 제이

3) 이 대화는 출판사의 허락하에 루이스 거니의 부모놀이치료 비디오테이프를 참조하여 수정하였다.

를 도와줄 거예요. 이 경계가 그에게 매우 도움을 줄 것임에 이르기 전에, 행동의 종류가 어렵다는 것을 알기 전에 그의 감정을 표현하고 탐구해야 합니다. 부모들은 그들의 아동에게 놀이회기 동안 좀 더 자유를 줍니다. 그들은 현실에서만큼 많은 직업을 가지고 있지 않습니다. 당신은 어떤 새로운 행동도 제이에게 가르치지 않을 것입니다. 당신은 그에게 매우 수용적인 분위기에서 그의 감정을 표현하고 탐구하는 시간을 주도록 노력할 것입니다. (부모들은 계속 의심스럽게 바라볼 것이다.)

리더: 당신은 확신하지 않는군요. 아마도 질문이 있거나 그것에 대해 조금 더 설명을 듣기를 원하는 것 같아요.

부모: 네, 좀 더 설명해 주세요.

리더: 부모님은 제이를 판단하지 말고 그를 내버려 두세요. 제이가 놀이회기 시간에 무엇을 느껴야만 하는 것은 아닙니다. 당신이 좋아하는 않는 행동 기저에 그들이 문제를 만들어 내는 감정을 놀이화할 수 있어요. 당신의 기술이 전문적인 치료자가 하는 것과 같은 방법대로 놀이회기에서 실시할 수 있도록 기술을 발달시킬 것입니다. 모든 집단 구성원이 그들의 아동과 놀이할 것이고, 당신도 함께 배울 것입니다.

어머니: 나는 내가 모르는 다른 부모 앞에서 하고 싶지 않습니다.

리더: 그게 두려울 수도 있어요. (어머니도 끄덕이면서) 우리 리더들은 집단의 모든 부모를 지지할 것이고, 비난하지 않을 것입니다. 우리는 부모가 집단에 있을 때, 그들은 서로서로 경험을 공유하는 것을 통해 이익을 얻는다는 것을 알게 됩니다. 그리고 아동의 행동에 관해 더 넓은 조망을 줄 것입니다. 그들 각자의 아동과 함께 놀이를 관찰하는 것은 부모가 배운 원리와 과정의 이해를 깊이 있게 만듭니다. 부모들은 그들의 아동과 관련하여 새로운 방법을 배울 것이고, 치료적 영향을 줄 것입니다. 연구는 어떻게 부모가 새로운 기술을 정확하게 적용하는지에 대해서 어떠한 심리적 변화가 나타나는지에 대해서 보여 주었습니다. 그리고 결론은 부모의 개입이 전문가의 개입보다 가족이 변화하는 데 있어 보다 우세하다는 점을 보여 주고 있습니다. 당신이 집단에서 놀이회기를 배운 후에, 그들을 집에 데려가고, 그들에 관해 집단에서 이야기하고, 아마 집단에서 더 잘할 것입니다. 프로그램이 끝나갈 쯤에 집단은 일상생활에 그들의 놀이회기 기술과 다른 기술을 적용하는 것에 도움을 받을 수 있습니다. 프로그램은 당신의 가족을 위해 긍정적인 효과를 유지시켜 줄 효율적인 방법입니다.

아버지: 상당히 공을 들였습니다. 그런데 이것이 한계인 것 같아요.

리더: 당신은 당신이 생각할 수 있는 모든 것을 해 왔고, 모두 좌절했습니다.

어머니: 글쎄요. 당신이 그것이 제이를 도울 수 있다고 확신한다면…….

리더: 나는 그것을 보장할 수 없습니다. 그러나 확실히 어머니 가족과 비슷한 문제가 있는 다른 가족들을 위해 일해 왔습니다. 나는 제이가 얼마나 어머니에게 중요한지 알 수 있었습니다. 어머니는 그가 순탄하게 지낼 수 있도록 많은 것을 원합니다.

아버지: 네, 우리는 그를 사랑하고, 그에게 최선이기를 원합니다. 그러나 그를 좋아하는 것이 어렵습니다. 그가 어렸을 때가 훨씬 나았습니다.

리더: 당신은 당신이 과거에 그와 보냈던 좋은 시간을 생각하고 있습니다. 그리고 다시 좋기를 원합니다. 그것이 우리 프로그램의 목표 중의 하나인데, 가족들이 함께 좋은 시간을 갖게 도와줍니다.

아버지: 우리는 노력해 보려고 합니다.

어머니: 네, 그렇지만 좋은 아이디어가 없네요.

사례에 대한 의견

이 예시는 리더가 제이의 부모에게 유발된 주요한 문제와 불안을 리더가 어떻게 수용하고 강조하는지를 보여 줌과 동시에 집단 부모놀이치료가 이러한 우려는 어떻게 해결하는지에 대한 설명을 제공해 준다. 리더는 부모에게 이 모임에서 프로그램에 대한 설명을 너무 과도하게 하지 않아야 한다. 이미 언급한 대로, 리더는 부모 자신, 자녀에 대한 부분, 프로그램 그 자체에 대한 의심을 듣는 것이 중요하다. 부모의 생각과 감정에 대한 수용은 부모의 프로그램 참석 여부를 결정하게 한다. 부모의 감정에 대해서 강조하는 것은 부모가 집단 모임에 참여하도록 하는 데 긍정적인 효과를 주며, 이것에 대해서는 뒤에서 논의된다. 이 사례가 보여 주는 것처럼 리더는 부모에게 집단 부모놀이치료에 참여한다는 확고한 약속을 얻는 것이 중요하며, 접수면접의 마지막을 긍정적인 언급으로 끝내는 것이 좋다. 이것은 부모를 집단에 참여하도록 하는 데 격려가 된다. 부모가 집단 부모놀이치료에서 가치를 발견하고, 20주의 정기적인 모임에 나와, 이미 프로그램에 규정된 대로 자녀와 놀이회기를 갖도록 요청받아야만 한다. 유인물 형태로 된 부모놀이치료에 대한 간략한 요약자료(부록 11 참고)가 이 모임의 끝에 배부되면 유용하다.

집단 부모놀이치료를 위해 필요한 동의 절차 (비디오 집단 모임, 시연, 놀이회기)

리더가 집단 부모놀이치료 프로그램과 슈퍼비전을 목적으로 그들 자신의 사용에 대한 집단 모임 기록을 녹화한다고 생각했을 때 가족을 위한 동의 양식을 마지막 접수면접 모임 끝에 부모에게 동의받을 필요가 있다(동의서 양식은 부록 9 참고). 녹화에 대한 허가는 모임을 위해서 이루어지는데, 구체적으로 아동과 함께 참여하는 리더와의 시연, 아동과 부모가 함께하는 모임 동안 놀이회기 실제 부분에 대한 동의이다. 리더는 모임의 말미에 전문적인 목적과 비디오의 사용에 관해 부모에게 말로 설명한다. 부모가 할 수도 있는 어떠한 질문에도 대답할 수 있다(예: 부모-"내 아이가 거부하면 어떻게 하나요?" 리더-"기록이 언어적인 것이든 비언어적인 것이든, 당신의 자녀나 당신은 놀이회기를 기록하지 않는 것이 낫다고 할 수 있습니다. 우리는 항상 이러한 선택을 존중합니다").

부모가 집단 부모놀이치료를 자녀에게 설명하기

리더는 부모들에게 마지막 접수면접 모임 때에, 가족이 프로그램을 참여할 것이라는 동의 받은 후에 그들의 아동에게 부모가 집단 부모놀이치료에 대한 짧은 설명을 하는 것이 중요하다고 언급해야 한다. 리더는 대개 부모가 그들의 가족을 도와줄 특별한 놀이방법을 배우고 있음을 아동에게 말하는 것이 충분함을 지적할 수 있다. 부모는 또한 첫 번째 모임에서 제공되었던 집단 부모놀이치료에 참여하기 위한 아동의 좀 더 자세한 준비사항에 대해 리더에게 들을 필요가 있다. 부모는 만약 그들의 아동이 프로그램에 관해 질문을 요청하면 요청에 응해야 한다는 점을 상기해야 하는데, 그들은 이 질문에 첫 번째 모임 후에 답할 수 있을 것이다.

집단 부모놀이치료에 참여하는 가족의 목표 세우기

각 가족에 대한 접수면접이 실시되고 나면, 리더는 그들 자신의 언어로 가족을 위한 전문적인 목표를 형성할 필요가 있다. 이 목표는 수집된 접수면접 정보와 리더가 이해하는 임상적 쟁점에 근거한다. 우리는 이 전문적인 목표가 집단 부모놀이치료라는 접근에 가족의 욕구를 일치하도록 설정할 것을 추천한다. 예를 들면, 어떤 가족에게 있어서의 목표는 어머니가 과도한 통제에 저항하는 자녀의 욕구를 이해하는 것일 수 있으며, 어머니는 리더에게 관찰 가능한 방식으로 이러한 통제를 줄이는 것이다. 다른 전문적인 목표는 가족 의사소통을 늘리는 것이 될 수 있는데, 특히 아버지와 그의 딸 사이에 긍정적이거나 부정적인 주제 모두에 관한 언어적 의사소통이 될 것이다. 리더는 이러한 규칙을 상기시킴으로써 유용하게 만들 수 있다. 프로그램의 목표는 초반에 특히 유용하게 활용되고 후반이 되면서 정제된다. 초기에 목표를 세우는 일은 가족이 프로그램을 끝낼 때에도 가족의 진전을 살펴보게 할 수 있다는 점에서 도움이 된다.

참여자에게 공지하기

가족이 그들 자신의 성격과 집단구성 기준에 근거하여 모집이 되었다면, 이전 장에서 논의되었던 것처럼, 리더는 가족에게 장소를 확인하고, 그들에게 집단에 대한 실제적인 정보를 준다. 이것은 장소, 일시, 연락처, 첫 번째 모임의 안건을 포함한다. 부모들의 참석을 확인하는 편지의 예시가 부록 7에 제시되어 있다.

이와 더불어 리더는 집단 부모놀이치료 프로그램을 운영하도록 준비한다. 다음 장에서는 리더가 집단 부모놀이치료에서의 성공적인 집단을 어떻게 발달시켜 가는지에 대한 안내를 제공한다.

제3장

성공적인 집단 부모놀이치료를 위한 지침

이 장은 경험이 부족한 리더가 집단을 이끌 때 집단 부모놀이치료에서 발생할 수 있는 문제를 다룬다. 또한 프로그램을 성공적으로 운영하고 있는 집단 부모놀이치료 리더에게는 그들이 고려할 사항들을 개관한다. 이 장의 첫 번째 부분은 일반적인 리더십 기술과 집단 부모놀이치료의 적용에 대한 부분을 다루고 있다. 두 번째 부분은 집단 부모놀이치료 프로그램 동안 리더들에게 제시된 두 가지 특별한 도전에 초점을 맞춘다. 이 장에서는 연습 사례와 도전 문제의 가능한 해결책이 제시된다.

집단 부모놀이치료에서 요구되는 일반적인 리더십 기술[1]

어떤 집단의 구조는 집단의 성공에 기여하기 때문에, 리더는 어려움을 최소화하거나 피하기 위해 미리 계획을 세울 필요가 있다. 제1장에서는 아동을 돌보는 것, 장소 문제 등 집단 부모놀이치료 프로그램을 시작할 때, 리더를 위한 실제적 문제를 다뤘

---

1) 이 절은 출판사의 동의를 얻어 루이스 거니의 집단놀이치료『임상가와 집단리더를 위한 양육 매뉴얼: 기술훈련 프로그램(Clinician's and group leader's manual for parenting: A skills training program)』(2013)을 수정하였다.

다. 여기에서 말하는 모임은 리더가 얼마나 잘 해내느냐에 따라 좌우된다.

학습을 위한 적절한 분위기 조성

숙련된 집단 부모놀이치료 리더는 부모들이 습득한 집단 부모놀이치료 기술과 그것들을 그들의 행동으로 결합시키는 것은 관계와 신뢰성에 크게 의존한다고 생각한다. 이 이유 때문에, 우리가 나중에 자세히 탐구할 것처럼, 배움을 격려하는 편안한 집단 분위기를 만들고 유지하는 것은 필수적이다. 이 긍정적인 학습 분위기를 만들게 하는 대단히 중요한 요소는 부모의 태도, 행동과 감정을 언어적으로 수용하는 리더의 능력이다. 비언어적 행동—좋은 눈 맞춤, 머리 끄덕임, 전체 몸의 위치—도 의사소통 수용에 있어서 또한 필수적이다. 부모가 가질 수 있는 어려움을 인정하고 공감 반응을 사용함으로써, 리더는 부모가 그들의 눈으로 세상을 보도록 알려 준다. 예를 들면, 약속시간의 놀이회기에 그들의 집에서 놀잇감을 모아 오지 않은 부모에게 리더가 질책보다는 그들 스스로 어려움을 인식하도록 돕는다면 좀 더 효율적인데, 그런 다음 부모는 보다 현실적인 기한에 맞추어서 그들 스스로의 문제를 해결할 수 있도록 노력할 것이다. 리더가 부모들의 관점과 어려움을 수용한다면 부모의 마음은 열릴 것이다. 리더가 공감 반응을 통해 부모를 이해한다는 의사소통은 부모가 기꺼이 경청하도록 격려한다. 그리고 공감과 개방성을 보여 주는 리더의 모습은 놀이회기에서 부모가 그들의 아동과의 관계를 확립시키도록 도울 것이다.

이 수용 방식은 시작 시점부터 수립되어야 하고, 리더는 부모의 질문과 이해를 다루는 동안 프로그램을 통틀어 개방된 의사소통과 친밀한 분위기를 유지해야 한다. 특히 리더는 부모가 놀이회기에서 그들의 기술을 사용하는 시도를 할 때—프로그램이 만들어진 원리를 부모가 수용하고 난 뒤라고 할지라도—부모의 우려를 인식하는 것이 중요하다. 리더는 특히 그것이 첫 번째로 실습하는 기술일 때, 부모의 서툴고 어색함에 공감하고, 이것에 관한 그들의 감정을 적절한 시기에 표현하도록 격려할 필요가 있다.

부모를 향한 공감과 수용은 또한 부모의 태도에 긍정적으로 영향을 줄 뿐만 아니라, 그들의 아동과 그들의 학습동기에도 그렇다. 부모는 그들의 감정이 리더들과 다른 집단원에 의해 받아들여질 때 자신감과 자존감을 자주 보고한다. 이것은 특히 감정이 그들이 기꺼이 받아들이는 것이 아닐 때 그렇다. 자기반성과 자기탐구는 항상 비위협적인 분위기에서 가장 향상된다.

실제적인 리더십 기술

이 부분에서는 집단 부모놀이치료 리더가 집단 부모놀이치료 프로그램을 성공적으로 운영하기 위한 주요한 실제적 기법을 소개한다.

사전에 계획하기

집단 모임을 하기 전에 교사들의 수업계획처럼 리더가 구조화된 실행 활동 계획을 가지고 있다는 점이 중요하다. 이 책에 제시된 20주 프로그램 안에 있는 각 주의 일반적인 모임 계획이나 안건은 리더를 위해서 부록 13(1~20회 모임)에 제공되고 있다. 이러한 안건을 활용할 때, 리더 스스로는 각 집단이 알아야 할 내용을 결정할 필요가 있으며, 어떤 것을 가장 강조할 것인가, 어떻게 하면 가장 효과적으로 운영할 수 있을 것인가를 결정한다. 이 외에도 리더는 역할놀이 훈련의 사용과 집단 부모놀이치료 개념의 사용을 위해 프로그램에서 일반화를 포함하여 다수의 사례를 준비할 필요가 있다. 이 사례들은 부모와의 연습에 혹은 부모 질문에 대한 대답을 분명히 보여 주는 데에 사용된다. 우리는 그들의 상황에 적용하기 위해 리더들을 위해 사용될 이 책을 통해 사례를 제안한다.

보조 맞추기

보조 맞추기는 참여자들이 너무 빠르게 혼란스러워하지 않으면서도 프로그램의 목적을 달성하는 데 방해가 되지 않는 범위에서 리더가 부모의 관심사를 충분히 유지하기 위한 수단이다. 리더는 충분히 다양한 사례를 제시하고 두 명의 리더가 다른 훈련 방법을 사용하여야 하면서도 부모의 학습은 각 집단의 속도에 맞출 필요가 있다. 예를 들어, 우리는 부록 13에 있는 각 집단 부모놀이치료 모임을 위한 우리의 안건은 마음속에 있는 욕구에 맞게 주어진다. 예를 들면, 우리는 부모가 놀이회기 기술을 배우기 시작할 때, 처음 배운 기술을 수용하기 위하여 짧은 시간 동안 부모와 아동 역할의 역할놀이를 요청받는다.

교수자료 정리하기

일반적으로 우리는 리더가 매번 새로운 개념을 설명하고 나서는 사례를 제시할 것을 추천한다. 우리가 제안하는 각각 새로운 개념의 예는 리더가 개념을 설명하고 나서 즉시 제공된다. 사실 우리의 경험에 의하면 부모에게 주어지는 이런 내용도 그것과 연관된 짧은 사례와 함께 제시되면 가장 효과적이다. 모든 아이디어를 다룰 때까지 사례를 제시하는 것을 미루는 것보다는 주의를 유도하는 것이 훨씬 낫고 교수의 통합된 일부분으로 사례를 제시하는 것이 학습자들에게 편익을 제공한다. 요점은 여러 개가 한 번에 제시되는 것보다 한 번에 하나씩 더해져야 한다는 것이다. 또한 리더는 중요한 관념을 요약해야 하거나 자주 '강조해야' 한다. 결국, 중요한 포인트는 프로그램의 다른 곳에서 맥락의 변화에 따라 리더에 의해 소개될 필요가 있다.

보충자료 사용하기

우리는 리더들이 비디오와 같은 보충자료들을 사용할 때 그들에게 필요한 모든 도구가 사용 가능한지 확인하도록 하고, 그들이 그것을 효율적으로 작동하는 법을 알아야만 한다는 점을 상기시킨다. 이것은 리더가 기술적 장비와 싸우는 동안 부모들의 주의가 분산되는 것을 막기 위해서이다. 만약 리더가 사전에 장비를 설치한다면 과정을 용이하게 하기 위해서이고 재료를 소개 후에 즉시 바꾸기 위해서이다. 만약 기술적인 문제가 발생한다면, 부모님이 불편감을 느끼도록 하는 것을 피하기 위해 그것을 평상시대로, 재미있는 방식으로 다루도록 노력하는 것이 최선이고, 그러고 나서 모임을 하도록 한다.

집중을 유지하며 반응하기

리더는 모임의 내용, 작업방법 등을 결정한 후, 집단에서 동의한 계획이 잘 유지되도록 하는 일이 중요하다. 그러나 리더는 또한 명심할 필요가 있는데, 그들은 유연성이 있어야 하며 그들 스스로를 드러내는 데 있어서 기회를 잘 활용해야 하고, 집단에 의해서 제시된 정보로부터 좋은 예시들을 사용하여 요점을 제시할 수 있어야 한다. 동시에 리더는 자유롭게 토론하는 가운데 주제가 길게 논점에서 벗어나지 않도록 해야 하며, 부모가 양육에 대한 생각을 교환하거나 집단 부모놀이치료 프로그램의 초기 단계에서 일어나는 참여자들의 문제를 공유하는 데 있도록 한다. 토론은 다루어야 하는 문제들과 직접적으로 관련될 필요가 있기 때문이다. 리더는 쉬는 시간이 관련 없는 문제에 관해 말할 수 있는 아주 좋은 시간임을 전략적으로 부모에게 상기시킨다.

초기 모임은 모임 그 자체로 문제를 해결하지는 않지만, 기술 훈련, 연습, 토론에 목적을 두고 있다. 관련 없는 문제를 꺼내는 어떠한 부모를 위해서 최소한의 만족 수준을 제공한 후에 리더는 끊임없이 과제에 초점을 맞출 필요가 있다. 부모와 리더는 때때로 프로그램의 후반이 되어서야 부모가 일상생활에서 자신의 기술을 일반화시킬 준비가 된다는 점을 알 필요가 있을지도 모른다.

이후 모임에서 관심을 끌어내기

각각의 모임 동안 리더는 대개 이후에 다루어야 할 기법과 문제에 대해서 힌트를 제공함으로써 이후 강좌를 구조화하기 위한 기회를 갖는데, 이러한 것을 너무 강조할 경우 부모를 산만하게 할 수 있다. 리더는 부모에게 다음과 같이 말할 수 있다. "이후 모임에서 우리는 당신의 아이에게 당신 스스로를 어떻게 최선을 다해 표현할 수 있는지에 대해서 이야기 나눌 것입니다. 지금부터 아동의 감정에 초점을 두도록 합시다."

리더는 다가올 수업의 기본적인 요점을 소개할 수 있다. 예를 들면, 프로그램 후반부의 모임 동안, 리더는 놀이회기 기술을 일상생활에 적용하는 것을 소개할 때, 공감 반응을 하면서 시작할 수 있다. 한부모인 재닛은 다음과 같이 말한다.

재닛: 제가 음식을 준비하는 시간인 2분을 그냥 다 써 버리는 대신에 저녁을 먹고 난 다음에 수지와 숙제할 일을 구조화하는 시간으로 활용하였습니다. 이것은 수지로부터 협조를 이끌어 내는 데 성공적이었어요.

리더: 훌륭하군요. 구조화하는 것이 아주 효과가 있었네요. 우리는 먼저 당신 자녀의 감정을 이해하는 것을 살펴보도록 하겠습니다. 이것을 수지에게 어떻게 작업할지 한번 보시죠.

여기서 리더는 재닛이 집단이 곧 배우게 될 구조화 기술을 일반화하여 일상생활에 적용하고 있다는 점을 인식하고 있다. 이는 성공적이지만 약간 이르다는 점은 부모에게 말하는 것이 유용한데, 이 주제가 이후에 다뤄질 사례이기 때문이다. 물론 리더는 이 예시를 의미 있는 모임으로 만들기 위해 기억할 필요가 있다.

주제에서 벗어난 질문 다루기

때때로 부모가 수행 불안이 높을 때 실습을 해 보라는 요청을 받게 되면 문제를 제기하거나 질문을 할 수 있다. 이러한 경우에 리더는 모임에서 실습 부분이 끝나기를 기다렸다가 이러한 실습 내용과 관련 되는 부분이 나올 때 한두 질문씩 답할 수 있다. 기술에 대한 근거에 대해서 간단하게 대답하는 것만으로도 충분하다. 그러나 부모의 정서적인 메시지에 대한 리더들의 공감이 종종 합리적인 설명보다 더 나을 수 있다.

예를 들어, 리더는 프로그램에서 초기 모임 동안 아동의 감정을 이해하는 것을 보여 주기 위한 기술을 소개하고 있었다. 그리고 리더는 서로서로 역할놀이에서 이 기술을 연습하기 시작할 것을 부탁하였다.

젬마: 헬렌, 나는 나와 내 딸을 위해 어떻게 작업해야 할지 확신이 없습니다. 그녀는 어느 날 밤 한 선생님, 다음날 밤 또 다른 선생님과 같이 그녀의 선생님에 관하여 불평을 끊임없이 했어요. 저는 그것에 관해 좀 더 다뤄야 할 것 같아요.

리더: 당신은 딸의 감정에 의해 약간 압도된 감정을 느끼고, 그녀가 불행하다는 것을 걱정하고 있군요. 나는 이것을 우리가 프로그램에서 그 요점에 이를 때 논의를 위해 내 예시 목록에 써 놓을게요.

젬마의 사례와 같은 언급이 있을 수 있다는 점을 리더가 인정하는 것이 중요한데, 왜냐하면 이러한 의견이 부모로 하여금 다가올 단계로 이행되고 일반화할 수 있도록 동기화하기 때문이다. 전체적으로 리더는 프로그램에서 추가적인 현재 집단 목표와 미래 관심사, 그리고 나중까지 연기되는 것이 나을 주제 중 무엇이 좋은지 판단 내리는 것을 연습해야 한다.

놀이기술 훈련에서 성공을 극대화하기

놀이회기에서 기술을 적용하고 학습할 때 성공을 위한 부모의 기회를 최적화하기 위해 리더는 첫 번째로 놀이회기의 중요성과 유용성에 대해 설득한다. 이것은 합리적 근거를 제시하고, 이상적으로 집단에서 경험을 나눈 내용에서 나온 예시를 주는 방법으로 행해진다(예: 리더들에 의한 시연자료 예시). 리더는 또한 부모에게 구조화된 질문에 의해 성공적인 기회를 만들고, 부모가 좀 더 그것들에 정확하고 효율적으로 답할 수 있도록 연습시킨다.

리더는 자주 '다양한 선택'을 부모에게 줄 필요가 있다. 왜냐하면 이러한 반응은 기술을 구체화하고, 사례를 제시하기 때문이다. 그러므로 부모들에게 개방형 질문이 주어졌을 때보다 좀 더 정확한 선택을 할 수 있게 한다. 만약 부모들이 정확한 대답을 매우 빠르게 제공하지 않는다면, 리더가 그렇게 해야 한다. 부모가 정확한 대답을 하지 않는 것은 학습을 지연시키고 올바르게 반응하는 것이 어려울 때 집단에서 어색한 분위기를 만든다. 예를 들면, 리더는 부모가 놀이회기를 수행하도록 가르칠 때 다음과 같은 유형의 선택을 할 수 있다.

1. 만약 당신의 자녀가 밖에 있는 여동생을 확인하기 위해서 나가도 되는지를 묻는다면 뭐라고 말하시겠습니까?
   a. 너는 왜 벡을 확인해야 한다고 생각하니?
   b. 네가 그렇게 하고 싶어도 나가는 건 안 된다고 말했었지.
   c. 여기서의 규칙은 놀이실에 머물러 있는 거야.
2. 만약 당신의 아동이 "나는 이 놀잇감을 좋아하지 않아."라고 말한다면 당신은 어떤 반응을 보이겠습니까?
   a. 그건 특별한 놀이세트란다.
   b. 그럼 뭘 하고 싶니?
   c. 넌 좀 다른 놀잇감을 가지고 놀기를 바랐구나.

만약 학습기술과 관련된 몇 가지 뚜렷한 단계가 있다면, 우리는 각각의 단계를 따로따로 소개하기를 제안한다. 리더는 쉬운 질문에서 어려운 문제의 순서로 단계적으로 시작해야만 한다. 예를 들면, '이해하고 있다는 것을 보여 주기' 기술을 가르칠 때 다음과 같이 진행할 수 있다.

1단계: 아동이 어떻게 느끼고 있는 것 같습니까? 그리고 만약 필요하다면,
2단계: 어떤 반응이 더 나을것 같나요?
a) "넌 슬프구나." b) "화가 났니?" (리더는 언제나 선택권을 준다.)
3단계: 부모가 상황에 대한 반응으로 진술하기(예: "넌 소풍을 갈 수가 없어서 슬프구나"). 이 단계는 좀 더 어렵습니다. 부모가 좀 더 바람직한 반응과 덜 바람직한 반응을 구분하고 감정을 찾아내도록 하기 위해서는 연습이 많이 필요합니다.

요점 정리의 유용성

리더는 이론적 이유를 재진술하는 것을 포함하여 부모를 가르치는 동안에는 새로운 예나 자료를 제시하는 것 없이 명확하고, 간결하며 긍정적인 요약 진술을 해야만 한다. 왜냐하면 요약 진술은 다음 사용에 대한 학습된 기술을 통합시키는 데 도움을 주기 때문이다. 또한 부모가 이 기술이 유용하고 중요하다는 점을 더욱더 잘 이해하도록 해 준다.

리더: 놀이회기가 매우 단순하게 나타날 때 당신의 아동에 대한 개방적인 진술은 놀이회기에 대한 아동의 기대를 반영하는 특정 단어들을 포함합니다. "○○야, 여기는 특별한 놀이실이야. 너는 이곳에서 거의 대부분의 것을 할 수 있어. 만약에 할 수 없는 것이 있다면 내가 알려 줄게." (이러한 진술은 다음과 같은 선택 진술을 포함할 수도 있다. "네가 좋아하는 것이 있다면 어떤 것이든 말하렴.")
'거의 대부분'이라는 말은 아동에게 그들이 매우 자유롭다는 점을 알 수 있게 해 주지만, 그들이 바라는 것만큼 완전히 자유롭지 않습니다. 이러한 말은 부모가 필요한 제한을 설정하도록 합니다. 아동에게 제한을 말하는 것은 아동들이 규칙을 어기고 '너무 나간 것'이 무엇인지 시험할 필요가 없게 해 줍니다. 우리는 놀이치료자들이 익숙하게 경험해 온 불안한 아동을 상담하거나 제한 설정을 할 때 아동이 "이건 괜찮나요?"라고 묻는 그런 상황은 피할 수 있게 합니다. 중요한 이 단어는 아동에게 좀 더 명확한 구조를 제공해 주어서 지속적으로 아동에게 충분한 정보를 제공해 주며, 허용될 수 있는 것에 대한 기대를 가지도록 합니다.
두 번씩 다음의 말을 해 봅시다. "여기서 너는 네가 원하는 거의 대부분의 것을 할 수 있다." (리더는 웃는다.) 이런 것이 유치원 수업 같다는 것을 알지만, 크게 말해 보는 것은 무언가를 배우는 데 도움이 됩니다. 놀이회기를 소개할 때 사람들에 의해 종종 벌어지는 실수는 '거의 대부분'이라는 단어를 빼먹는 거예요. 만약에 잊었다면, 어떤 아동들은 그들이 하고자 했던 것에 제한이 설정될 수도 있기 때문에 제한 설정 시 매우 스트레스를 받습니다.

유머를 효과적으로 사용하기

집단 모임 동안 이 사례를 제시할 때, 특별히 초기 기술 훈련 동안 리더가 부모들을 위해 충분히 소화할 수 있는 정도의 내용을 가르치는 것이 중요하다. 물론 신입인 리더는 새로운 집단 부모놀이치료를 이끄는 과업에 집중해야 하기 때문에 편안해지는 것이 어려울 것이나 유머를 사용함으로써 자신만의 전달방식을 찾을 수 있을 것이다. 우리의 경험에서, 리더는 몇 번 집단을 운영한 후에는 보다 적절하게 집단에 집중할 수 있고 각 집단의 개인에게도 집중할 수 있다. 리더들이 보다 유능하다고 느낄 경우에, 리더는 유머를 보다 적재적소에 효과적으로 사용할 수 있다.

놀이기술 훈련에서 성공을 극대화하기

대화 자료를 제시하는 것과 더불어, 집단 리더는 그들의 아동과 직접 놀이하기에 앞서 놀이회기에 사용된 부모들의 기술 훈련을 돕는다. 다음에 제시되는 내용은 기술 훈련이 가장 집중적으로 이루어질 때 집단 부모놀이치료의 초기 단계 동안 리더가 고려해야 할 일반적인 요점이다.

기술 훈련 목표

리더들이 설정하는 훈련의 초기 목표는 다음과 같다.

- 특정 기술에 대한 부모들의 사용을 확신시킨다.
- 부모들이 기술을 사용하는 법을 이해하도록 하고 훈련에서 그것을 실습하도록 하며, 후에 프로그램의 실습 요소를 슈퍼비전을 받으면서 진행한다.
- 부모들이 기술과 관련하여 현실적인 기대를 갖게끔 한다.

이후에 프로그램에서의 추가적인 목표는 부모가 가정 놀이회기에서 배운 기술을 확실하게 적용하는 것이며, 궁극적으로는 이러한 기술을 일상생활에 일반화하는 것이다.

초점화하기

이전에 언급한 것처럼 집단 부모놀이치료에서 '초점화하기'는 리더가 프로그램의 초기 단계에서 기술 훈련에 관해 일차적으로 집중할 필요가 있다는 것을 의미한다. 리더는 부모가 기술을 학습하여 그들의 자녀와 치료적으로 놀이하는 데 적용하도록 돕는 것을 가장 최우선에 둔다. 이 기술을 부모에게 숙달시킴으로써 부모와 아동의 행동은 이 시간에 다른 어떤 방법을 사용하는 것보다 더 많이 변화한다. 이러한 기술 훈련에서 다른 기술 훈련으로 집단의 초점이 옮겨 가는 우를 범하는 것은 부모에게 프로그램의 목적을 잘못 이해시키고 상황을 어렵게 만든다. 가능하다면, 리더는 이것을 수행한다. 그러므로 리더는 그들의 기술 훈련 목표를 마음에 두고, 필요하다면 부모에게 프로그램의 목표가 그들의 관심의 우선순위에 있다는 점을 상기시킨다. 왜냐하면 기술을 숙달하는 것이 부모가 변화를 위한 자신의 바람을 충족시키도록 하기 때문이다.

기법의 유용성 '설득하기'

부모에게 가르친 기술의 유용성을 부모에게 설득시키기 위해, 리더는 그것의 유용성을 아주 생생하며 견고하고 합리적인 예시를 동반하여 전달한다. 집단 부모놀이치료 기술에 대한 모든 설명은 다음 제4장에 제시된다. 리더는 놀이회기에서 얼마나, 언제 기술이 적용되는지 보여 줘야 하는데, 이 내용도 다음 장에서 자세히 논의될 것이다. 리더가 보여 주는 대화와 시연은 짧고 간결해야 부모가 프로그램에서 '이탈'되는 것을 막을 수 있다. 우리는 한 가지 기술이 15분 이상으로 넘어가는 것을 추천하지 않는다.

구조화

이 소개 후에, 부모는 어떤 방법이든 적절하다고 느껴지는 방법으로 기술을 연습해야만 한다. 이것은 다음 장들에서 다루어지는 예시 상황에 대한 역할놀이와 개방적 반응을 포함한다. 리더는 다른 시간에 다른 방식으로 연습하는 집단에서 설명을 해야만 하는데, 기술을 활용하는 방법을 학습하는 데 있어서 가장 효과적으로 보이는 방식으로 한다.

부모의 기술 학습을 강화하기

학습이론은 몇 가지 방식으로 부모놀이치료에 영향을 주어 왔고, 우리는 이전 장에서 간략히 논의했으며 제시했다. 한 가지 주요한 방법은 놀이회기를 수행하기 위해 필요한 기술을 부모가 어떻게 배우도록 도와 왔는가이다. 진실되고 존중되는 방식으로 활용되는 정적 강화는 리더들에게 있어서 기술 훈련에 사용되는 중요한 반응이다. 우리는 현재 차례로 이 학습이론의 각 측면에 대해서 논의한다. 이 논의는 치료의 행동/강화 형태를 연습하는 전문가들에게 매우 친숙하다. 그러나 그것은 인간중심상담을 하는 임상가에게는 다소 낯선 것일 수도 있으므로 여기에 정리해 둔다.

행동형성

'행동형성'은 리더가 언어적으로 그리고 비언어적으로, 예를 들어 "잘했어." "훌륭해." "대단해." 등의 언급을 함으로써 부모가 어느 정도의 노력을 했든 간에 부모가 긍정적인 방향으로 나아갈 수 있도록 부모를 긍정적으로 강화하는 것과 관련되어 있다. 부모가 능동적으로 이해하고 있음을 보여 주는, 새로운 지식을 실제에 적용하려는 상호작용은 긍정적으로 기록된다. 강화는 필요한 행동을 촉진하기 위해 신중하게 사용되는데, 행동이 지속적으로 일어나게 할 가능성은 리더가 부적절한 반응을 교정하기보다 정확하게 이루어진 행동을 인정해 줄 때 가장 크다.

리더는 집단 부모놀이치료의 시작부터 희망했던 결과가 나타나게 될 때 그 행동을 칭찬하는 것이 종종 필요한데, 왜냐하면 올바른 방향의 가장 작은 단계가 마지막 바람직한 행동의 습득에 기여하기 때문이다. 기술 학습에서 각각의 작은 단계를 강화하는 것은 부모들이 궁극적으로 그들의 놀이회기에 필요로 하는 '행동형성'의 수단이다. 다음 장에 논의된 대로, 부모들은 좀처럼 기술을 항상 배우려 하지 않는데, 각 부모님이 배우는 데 가장 쉬운 기술에 있어서 차이가 있다. 부모들은 모든 조각을 최종적으로 통합할 때까지 오랜 시간에 걸쳐 천천히 차례차례 기술을 습득한다.

행동형성의 예

존은 첫 번째 놀이회기 동안 불편해할 수도 있다는 두려움 때문에 자신의 아이 마틴에 대한 부모의 '이해를 보여 주는' 감정 단어를 말하지 않았다. 두 번째 놀이회기에서야 존은 자녀가 경주하는 차를 못 그린 것에 관한 실망감을 말함으로써 마틴의 감정에 대한 이해를 표현하고자 했다. 그러나 마틴은 "나는 괜찮아. 나는 집을 그릴 거야."라고 대답했다. 존은 반응하지 않았고, 놀이회기의 나머지 시간 동안 마틴의 감정을 더 이상 반영하지 않았다.

리더는 놀이회기를 슈퍼비전하면서 마틴은 실망한 것보다 그림에 실패한 것에 관해 더 아무렇지 않아 한다는 점을 찾아냈다. 그 후 리더가 그의 실습회기에 관해 존에게 슈퍼비전과 피드백을 제공했을 때, 실습회기는 집단에 의해 관찰되는데, 존은 마틴의 감정을 잘못 이해했었다는 점을 언급했다. 리더에게는 무엇보다 존의 감정에 공감하는 것이 중요했다. 그가 어렵게 생각하는 것을 시도해 보았고, 반응이 조금 빗나가 있었음을 알게 되었다. 비록 존의 감정 반영이 정확하지 않았을지라도 리더가 감정을 반영해 주는 존의 첫 번째 시도를 강화해 주는 것이 중요하였다. 이 사례는 마틴의 감정을 인정하고 강화하도록 인식하고 공감하는 법을 배우는 존의 단계에서 리더에 의한 좋은 행동형성 사례이다. 필요하다면, 좀 더 도움을 주기 위해서 좀 더 정확한 이해를 알려 줄 수 있다. 그러나 반영을 통해서 존은 자신의 감정을 좀 더 정확하게 이름붙이기 시작할 것이다. 이것은 행동형성의 본질인데, 진전될 주요 단계를 강조하면서도 그것을 강화하고, 반응의 덜 중요한 요소들은 무시하는 것이다.

차별강화

리더는 부모의 행동을 차별적으로 강화할 수 있다. 예를 들면, 캐시는 딸 제인의 첫 번째 놀이회기 동안, 제인이 놀이방에서 내부 전화를 사용하려고 시도했을 때 적절하게 제한을 설정했다. 그러나 제인이 이 제한을 무시했을 때, 캐시는 제한 설정에 있어서 필수적 요소인 가능한 결과에 대한 경고를 주는 것을 따르지 않았다.

이 상황에서 리더는 놀이회기 후에 즉시 부모의 긍정적인 행동을 선택적으로 강화해야 한다. 즉, 제한을 진술한 것에 대해서는 캐시를 칭찬한다. 리더는 제한을 재진술하고, 그 순간에 뒤따를 수 있는 결과에 대해서 경고하지 않은 부분에 대해서는 무시해야만 한다. 그러면 그러한 행동은 강화되지 않는다. 이것은 부모가 잘 하고 있는 것을 강화하기 위해서 긍정적 요소에 집중하는 상황에서 바람직하지 않은 행동을 좀 더 무시하거나 덜 무시하는 상황에서 중요하다. 바람직하지 않은 행동에 초점을 두면서, 긍정적인 행동을 인식한 이후라 할지라도 부모는 이 기술을 다시 사용할 때에 후회를 한다거나 주저함이 따르게 된다.

그러나 캐시에 대한 피드백 이후에 제한 설정의 문제가 집단의 다른 부모에 의해서 제기되면, 리더가 이러한 문제를 해결하기 위해서 집단 학습의 결과로서 가능한 후속 결과를 경고하는 것이 중요하다. 이러한 전략은 캐시의 실수가 집단에게 초점이 되지 않도록 하는 것을 돕고, 전체 집단을 위해서 필요한 관점이 무엇인지를 제공한다. 리더는 제한 설정이 모두에게 어려우며, 놀이회기에 있어서 기억해야 할 것이 많다는 점을 언급하고, 모임이 끝나기 전에 제한 설정을 간단하게라도 연습한다.

기술 훈련 중 사례 활용

이전에 주장한 것처럼 사례는 학습한 특정 기술을 정의하는 것에 있어서 결정적인 보조 기능을 한다. 리더가 기술에 대한 합리적 이유와 그것이 사용될 때를 설명하는 것뿐 아니라 기술 사용의 적절한 사례를 많이 주는 것이 중요하다. 사례는 놀이회기에 있어서 집단원의 지속되는 우려와 관련이 있을 때 가장 효과적이다. 사례를 사용할 때, 리더는 가능한 곳에 부족한 기술 사용에 대한 가설적인 사례를 주고 가설적인 좋은 사례를 따라야 한다. 왜냐하면 사람들은 대조를 통해 종종 더 빠르게 배우고 마지막 것을 기억하는 경향이 있기 때문이다. 그러나 부족한 사례를 제시할 때는 리더가 스스로 만들어 낸 사례를 제시한다. 부모들은 자신들의 놀이회기 중 하나로부터 사례가 채택되거나, 초기의 집단 부모놀이치료 프로그램에서의 사례가 부모의 사례에 근거하고 있다고 생각될 경우 위축되거나 당황할 수 있다.

예를 들면, 놀이회기 동안 아동의 안내를 따르도록 부모를 가르칠 때, 리더는 이 기술이 어떻게 구성되어 있는지 설명할 필요가 있고, 아동의 안내를 따르도록 덜 효과적이거나 좀 더 효과적인 방법에 대한 사례를 줄 필요가 있다. 리더는 놀이회기 동안 인형집으로 이동하기 전에 펜을 정리하는 아동의 가설적 사례를 줄 수 있다. 아동의 부모는 자녀가 그리던 그림을 끝마치고 원했다 할지라도, 인형집으로 향하는 딸을 잘 따라주었다. 리더는 이러한 대조적인 시나리오를 제시하면서 어떠한 부모가 아동의 지시를 따른 것인지 생각해 보고 마지막에 정답을 말할 수 있다.

반응이 끝나면, 리더는 다른 부모의 다른 사례로 옮겨 간다. 연습 사례를 사용할 때, 사례당 집단의 한 가지 정확한 반응이면 충분하다. 만약 리더가 훨씬 더 나은 반응을 한 명 또는 두 명의 집단 구성에 의해 빠르게 받을 거라고 느낀다면, 리더는 세 번까지 계속할 수 있을 것이다. 가장 좋은 규칙은 완벽하게 다루어졌는지와 상관없이 세 명의 부모가 하나의 사례를 충분히 다룬 후에 멈추는 것이다. 다음 실습으로 넘어가기 전에 부모의 반응을 최선의 형태로 재형성할 수 있으며 재형성에 대한 이유를 제공한다. 마지막으로, 리더는 부모에게 현실적이며 과장되지 않은 기술의 요소와 그 사용 실제에 대해 요약된 진술을 제시할 필요가 있다.

각각의 사례에 대한 완전한 참여를 짜내기 위해 노력하는 것은 속도를 늦추고 지루함을 일으킨다. 마찬가지로 비슷한 예에 대해서 같은 반응이 반복된다. 다른 구성원들이 다른 연습에 대해서 참여하도록 하기 위해서 모든 집단 구성원에게 리더는 다음과 같이 말하는 전략을 사용할 수 있다. "자, 저쪽 가운데 부분에 계신 여러 분 중 누군가에게 물어보는 것으로 시작할까 합니다." 또는 "지금부터는 다른 쪽부터 시작해 볼까 합니다."(경험에 의하면 만약 리더가 '저쪽 가운데 부분에 계신' '다른 쪽부터' 등의 용어를 쓰면 때로는 그곳에 있는 부모들이 전혀 반응하지 않는 경향이 생기기도 한다.) 리더는 일부 사람들이 논의를 독점하지 않도록 하고 부모를 당황시키지 않도록 한다. 또한 내켜 하지 않는 부모에 의해서 집단의 주의가 흐트러지거나 시간이 낭비되지 않도록 한다.

기술 훈련 도구로서 역할놀이 활용

역할놀이는 다른 사람의 참조 틀을 취하는 기술로, 어떤 특정한 상황에 있는 척하는 것이다. 훈련 도구로서 역할놀이를 사용하는 것은 강의나 올바른 논의에 걸친 어떤 이점을 갖고 있는데, 왜냐하면 그것은 교수방법에 있어서 변화를 제공하기에 그러하다. 그리고 다양한 방법을 사용하는 것은 관심을 지속시키는 데 도움이 된다. 역할놀이는 실제 생활과 가깝기 때문에 인지적으로, 그리고 경험적으로 처리된다. 이러한 이유 때문에 역할놀이는 집단 부모놀이치료 기술 훈련에 자주 사용된다.

역할놀이는 통제된 조건하에 실습하도록 함으로써 부모가 기술을 습득하고 의미화하는 데 이상적인 방법이다. 우리는 부모들이 역할놀이에 요청받기 전에 리더가 처음으로 역할놀이에 참여하길 제안한다. 이 리더들에 의한 모델링은 부모에게 기술이 적절하게 사용되는 것을 보게 한다. 리더는 또한 부모가 역할놀이에서 아동의 역할을 맡을 때 알아야 하는데, 그것이 평상시 부모 역할보다 어렵다는 것을 인식해야만 한다. 그러므로 처음에 리더는 부모가 이 '아동' 역할에 적응하도록 도울 필요가 있고, 이후 더 많이 지속되는 역할놀이에 참여할 것이라 기대해서는 안 된다.

집단 부모놀이치료에서 논의 이끌기

집단 부모놀이치료를 성공적으로 운영하는 다른 한 가지 중요한 측면은 부모가 집단 논의를 통해서 배우게 하는 것이다. 집단 논의는 그들 자신과 집단의 걱정과 우려, 또 그에 맞는 특정 기술과 개념에 대해 논의할 수 있는 자유로운 분위기를 만들어 낸다. 집단 부모놀이치료의 시작에 있어서 참여자들은 자녀에 대한 스트레스나 부정적인 감정, 그것이 자신들의 삶에 미치는 영향에 대한 이야기를 나누는 것이 일반적이다. 그러나 우리는 집단 모임이 참여자들의 현재 또는 과거의 논의를 포함하도록 설계되지 않는다고 이미 언급해 왔다. 대신 집단 부모놀이치료는 지금-여기 훈련 동안이나 놀이회기의 슈퍼비전 시간에 일어나는 감정적 문제를 해결하도록 의도되었다.

집단 논의는 전체로서 리더들과 집단 사이에 관계를 형성하는 데 유용하고, 집단 구성원들 간의 친밀감을 발달시킨다. 놀이회기를 행하기 위한 기술을 완전히 익히는 것이라는 집단 부모놀이치료의 일차적인 과제에도 불구하고, 프로그램은 부모에게 논의할 수 있는 많은 기회를 제공한다. 예를 들면, 프로그램의 첫 번째 모임에서는 배워야 할 기술이 없다. 이 회기는 프로그램의 논의와 집단의 발달에 초점을 둔 정보 중심 회기이다. 이 첫 번째 모임은 집단의 공동체감을 형성하는 중요한 기능을 한다. 논의는 일반적으로 비디오, 시연의 사용, 놀이회기의 연습, 부모들이 모임 중간에 적절한 질문을 제기하는 것으로 구성된다. 집단 부모놀이치료의 신념과 행동의 일부는 부모에게 낯설기 때문에 많은 부분이 그들에게 설명되어야 한다. 부모의 생각에 대한 피드백과 감정 반응은 제공될 필요가 있다. 논의 중에 리더보다 더 적극적으로 집단 구성원들이 집단이 잘 운영되도록 한다. 그러나 궁극적으로 부모를 이해하고 위로를 제공하는 책임은 리더에게 있다.

논의를 촉진하는 방법

리더의 목표

논의를 이끌어 가는 데 있어서 리더의 목표는 다음과 같다.

- 논의 중 상황에 가장 중요한 요소를 분리하고 그것들을 초점화해야 한다.
- 최대의 집단 참여와 개입을 북돋워야 한다.
- 논의를 통해 집단 구성원에 의해 확립해 온 합의를 확인해야 한다.

이 목표를 성취하기 위한 다양한 방법이 있고, 이러한 사항을 다음 장에서 살펴본다.

구조화하기와 틀 세우기

리더가 집단의 보조를 맞추는 것은 기대를 촉진하고 문제를 철저히 다루기 위해 중요하다. 동시에, 다른 집단 구성원으로부터 모임 동안 경험과 감정도 공감할 수 있게 반응을 받을 필요가 있다. 공감을 보여 준 이후, 리더는 관련된 감정이나 관점을 요약해야 한다. 그런 다음 리더가 승인할 수 있는 합의로 집단을 이끌 수 있을 때 새롭고 관련된 분야에 대한 주제로 옮겨 간다. 다음 예시는 집단 부모놀이치료에서의 기술을 보여 준다.

사례 예시

다른 부모들에 의해 관찰되듯이, 부모들이 배운 기술을 일상생활에 일반화하기 시작할 때, 짐이 모임이 끝나갈 무렵 놀이회기 실습의 하나가 끝난 후 리더로부터 피드백을 받고 있다. 집단 응집력은 다음의 언급에서 더욱 분명해진다. 즉, 집단은 비난보다는 도움이 되는 의견에 의해 보다 잘 구축된다는 것이다. 예시는 짐의 좌절에도 리더가 공감적으로 반응하는 것을 보여 주면서, 리더가 어떻게 피드백을 하는지 알려 준다. 리더는 먼저 공감하고 나서 그에게 바라는 점을 요청한다. 리더는 논의에 다른 부모들을 초대한다(짐은 일상생활 중 집에서의 성공적이지 않은 상호작용을 관련시키고 있다).

짐: 제가 DJ의 감정에 반응했을 때 놀이회기가 잘 진행되었으나, 집에서 시도했을 때 처음에는 잘 되지 않았습니다. 전혀 효과가 없었습니다. 아이는 자신이 핸드폰 새 케이스를 얻을 수 없는 것에 관해 불평하고 있었고, 저는 "너는 새로 산지 얼마 안 됐잖아."라고 말했지요. 그러자 아이는 "나도 알아. 그러나 맞지가 않았다고. 그래서 나는 새 것이 필요해."라고 하더라고요. 저는 "나는 매주 새 케이스를 살 형편이 안 돼."라고 말했습니다. 그러자 DJ는 "그것은 많이 비싸지 않아요. 그리고 내 친구들은 여러 개 갖고 있다고요."라고 말했어요. 그제야 저는 아이의 감정에 대해 이해하는 것을 보여 주기 위해 노력하면서 말을 했습니다. "네가 마음에 딱 드는 것을 사고 싶은데 그걸 가질 수가 없어서 좌절스럽구나." 아이는 "저런"이라고 말하더라고요. 대화를 막 끝내고 나니 비로소 아이와의 대화가 성공적이었음을 알 수 있었지요.

리더: 당신은 이해하는 것을 보여 주기 위해 노력했네요. 큰 결심을 하면서요.

짐: 네. 제가 이해한다는 것을 보여 주려고 노력하지 않았다면 저는 또다시 예전처럼 했을 거예요. 자질구레한 것들에 돈을 쓰는 것이 얼마나 잘못된 것인지 일장 연설을 하면서 말이죠.

리더: 당신은 자녀를 잘 혼내지 않는다고 했지만. 그렇다고 해서 딸의 부탁을 흔쾌히 들어주는 것처럼 보이지도 않아요.

짐: 아니에요. 때때로 아이는 내가 이해하고 있다는 점을 보여 줄 때 "네, 그래요." 하면서 잘 반응합니다. 어떤 때는 새로운 것에 대한 말을 하고, 어떤 때는 저에게 재미있는 표정을 짓기도 합니다.

리더: 당신이 뭔가 더 잘하려고 노력한다면, 그건 어렵기만 하고 효과가 없어요.

메리(또 다른 부모): 네, 우리 아이들은 우리가 아이들을 위해서 얼마나 노력하고 있는지 고마워하지 않는 것 같아요.

알(세 번째 부모): 당신이 그녀가 정말 얼마나 원했는지를 먼저 말하는 것이 그녀에게 얼마나 중요한지를 알게끔 한다는 사실에 대해서 진짜 그런 건지 궁금합니다. 만약에 그렇게 공감적으로 반응했다면 그녀가 좀 더 쉽게 당신의 입장을 이해할 수 있을까요?

리더: 좋은 생각이 있으신가요? 우리는 어떤 생각을 하고 있죠, 짐, 그럼 당신은 좀 더 다르게 행동했을 것 같은가요?

짐: 그래요. 좋은 제안이에요. 아마도 좀 더 노력했을 것 같습니다.

리더: 네. 때로는 우리가 먼저 아이의 입장에 대해서 이해하는 것이 도움이 됩니다. 어떻게 되는지 한번 살펴보도록 하죠. 어떤 말을 할지 한번 연습해 보겠어요, 짐?

짐: 조금 말문이 막히네요. 아마도 누군가가 다른 사람이 조금 도와주셔야 할 것 같아요.

리더: 짐, 이것은 대부분의 부모에게 어려울 수 있어요. 아마도 다른 부모님들은 그들 자신만의 사례가 있을 것이고, 그것은 이후에 언급할 수 있을 것 같습니다. 우리가 그것에 관해 듣기 전에, 함께 집단으로서 DJ에게 보여 줄 어떤 반응을 만들어 보기 위해 노력해요. 그리고 이 핸드폰 케이스에 관해 그녀의 감정을 인정해 보도록 해요. 그것은 우리에 대한 공감을 요구하는데, 왜냐하면 우리 중 누구도 이것이 정말 중요하다고 생각하지 않기 때문이에요. 우리는 그녀의 입장에서 생각해 볼 필요가 있습니다.

(집단은 다양한 가능성을 제시하는데, 리더는 그것이 유용하다고 생각될 때 강화할 수 있으며, 짐이 온전히 참여하도록 하고 그의 의견을 빛나게 해 줄 필요가 있다.)

사례에 대한 의견

이 사례는 어떻게 리더가 공유된 집단 경험에 관한 목표를 만들어 내는지를 보여 준다. 논의 중에 다양한 다른 경험이 다른 부모들에게 주어지면, 리더는 성공적이지 않은 경험보다는 성공적인 경험 요소를 중심으로 요약할 필요가 있다. 리더는 질문을 던지고 질문을 통해 자극할 필요가 있는데, 논의가 궤도를 벗어나지 않는 한, 부모가 정교화해야 할 다양한 가능성과 사례가 제시된다.

성공적인 반응에서 가장 중요한 요소를 분리한 후에(예: 아동의 감정, 부모의 감정, 맥락), 리더는 짐에게로 돌아가 그에게 실패했다고 느껴지는 특정 경험에 대해 질문할 수 있다. 아마도 짐은 아이를 공감하는 것 대신에 자신이 의미 있다고 생각하며 DJ가 배웠으면 하는 것들에 대해서 말할 것이다. 짐에 의해 이것이 제시되면, 리더는 이러한 문제에 대해서 좀 더 노력해야 한다는 의견을 말할 것이고, 시간이 허락된다면 일반화에 필요한 추가적인 기술을 소개할 것이다.

리더는 부모가 문제가 되는 사례에 대해서 자발적인 논의를 시작한 후에 긍정적인 의견으로 부모를 돕는 것이 중요하다. 짐의 사례에서, 리더는 모임 동안 DJ와 한 놀이회기로부터 그의 상호작용에 관해 긍정적인 피드백으로 도와줄 필요가 있을 것이다. 또한 리더는 그의 놀이회기 동안 짐을 위해 일을 잘했다고 생각한 것을 제안하기 위해 다른 집단원에게 기회를 줌으로써 이러한 긍정적 피드백을 좀 더 한다. 그런 다음 리더는 성공적인 경험을 못했던 짐과 다른 이들에게 가정에서 좀 더 노력해 볼 것에 대한 이해를 보여 줄 수 있으며, 이를 통해 부모가 가지고 있는 추가적인 생각들을 고려할 수 있다.

합의 확립하기

일반적으로 리더는 논의사항과 강조점, 의미 있는 사항으로부터 요점을 뽑아냄으로써 이러한 방식으로 한 가지 요점에서 다른 요점을 만들어 나가려고 노력해야 한다. 그러고 나서 부모들이 과정, 기술, 관련된 상호작용의 구조에 대한 일반적인 생각을 할 수 있도록 리더는 요약할 필요가 있다. 리더는 언제나 완전하게 합의가 이루어지지 않더라도 성공적인 논의를 언급해야 한다. 때때로 다양한 관점이 표현되고 채택된다. 그러나 참여자들의 합의가 형성되면, 리더는 "대부분이 동의하는 것 같군요."와 같이 명료하게 표현해 주는 것이 좋다. 리더는 새로운 관점으로 옮겨 가서, "……할 때는 이해를 보여 주는 것이 가장 최선이라는 것에 우리 모두 동의합니다."와 같이 말함으로써 합의의 한계를 시험한다.

구성원 사이에서 조급하게 합의가 이루어지는 경우 보통 어떤 참여자의 부분에 관해 저항이 뒤따른다. 만약 모든 사람이 동의하는 것처럼 보이지만, 리더는 심지어 약간 꺼리는 것을 의심하고, 새로운 양상이나 가능성으로 그들에게 제시할지도 모른다. 이것은 합의의 견고함을 시험할 것이다. 예를 들면, 리더는 "자녀를 이해하고 있다는 것을 보여 준 메리의 경험이 우리가 동의했던 것보다 훨씬 더 많은 경우에 효과적이라는 것을 보여 주네요."라고 말할 수 있다. 만약 집단이 단순히 리더들의 진술에 동의한다면, 합의는 아마도 확고할 것이다. 그러나 만약 다루어질 논의를 따른다면, 합의는 진정으로 이루어진 것이 아닐 수도 있다.

진정으로 수용 가능한 합의를 인정하는 기준은 다음과 같다.

- 일반적으로 단일하고 단순하고 특정한 설명이 아니어야 한다.
- 합의는 한 개 이상의 조건에 의해 완화된다.
- 대부분의 사람이 참여하거나 동의를 표현한다.
- 구성원들이 합의한 내용이 젊은이, 나이 든 사람, 남자, 여자와 같이 하위 집단의 관점을 대표하지 않으며, 거의 모든 구성원이 동의한다.

리더는 비현실적인 합의에 도전해야만 한다. 예를 들면, 만약 놀이회기 실습 동안 부모에게 다트 총을 쏘는 것을 아동에게 허락하는 것이 안전한지에 관해 논의한 후, 그렇게 하는 것이 안전하다고 결론을 지을 수 있다. 이때 리더는 새로운 정보를 소개할 것이다. 예를 들면, "다트로 그들의 얼굴을 쏠 때 상처받는 부모와 아동에 대해 들어봤다." 등이다. 만약 부모들이 그들의 비현실적인 개념을 굳건히 한다면, 리더는 부모들의 감정을 다루기 위해 준비해야 한다. 리더는 그들을 지지하는 것 없이 심지어 그들이 실행 가능하지 않을 때에도 그들의 감정을 받아들여야 한다(예: 그들의 아동이 얼굴로부터 다트 총을 발사하는 것을 관리할 수 있어야 하는 부모들의 감정). 리더는 감정의 수용이 그러한 감정에서 생겨날지 모르는 행동을 지지하는 데에 동등하지 않다는 것을 기억해야 한다. 오히려 수용은 가치 있는 자기변화를 향한 첫 번째 단계이다.

어떤 논의에서든, 리더는 집단에서 결속력을 이끌어 내야 하는 상황을 제외하고는, 그들 자신의 사적 경험을 연관시키는 것을 피한다. 리더의 최고의 기여는 집단원의 참여를 활용하는 것이고, 그들 자신의 사례와 연관 지어 주는 것이다. 게다가 만약 리더가 그들 자신의 경험을 말해 준다면, 그것은 집단의 제시된 목적과 맞지 않는 사례를 교환하는 데 몰두되기를 원하는 어떤 집단 구성원의 행동을 강화하거나 모델링하게 한다. 훈련 프로그램의 목적 수행은 편안한 담소로 악화시키는 것을 허락함으로써 심하게 방해받을 수 있다.

대체로, 리더는 논의를 요약하고 결론지을 때 논의된 긍정적인 양상에 초점화하도록 노력해야 한다. 긍정적인 것에 초점을 두는 것은 집단 구성원이 모임에서 줄여 나가야만 하는 것들을 개선시킨다. 그리고 다음 모임을 위해 부모를 준비시키는 것에 관해 주의를 집중하도록 한다.

말 없는 구성원 끌어들이기

만약 어떤 부모들이 특히 말하는 것을 꺼리는 것처럼 보인다면, 리더는 그들이 정말로 할 말이 없는지, 혹은 다른 몇 가지 이유 때문에 참여하는 것이 두려운지 발견하도록 노력해야 한다. 리더는 그들에게 직접 질문함으로써 그렇게 할 수 있지만, 그들이 답하기 쉬운 방식으로 질문을 구조화해야 한다. 예를 들면, 리더는 "샘, 나는 당신이 짐처럼 같은 연령의 아동이 있는 것을 알아요. 경험을 해 봤나요?"라고 말할 수 있다. 만약 샘이 오직 한두 단어로 반응한다면 리더는 그가 정말로 말하길 원하지 않거나 혹은 말할 것이 더 이상 없음을 추정할 수 있다.

그럼에도 불구하고, 리더는 다음에 그러한 구조화된 질문을 통해 꺼리는 집단원을 관련시키도록 지속적으로 노력해야 하는데, 리더는 그들과 그들의 생각에 관해 보호하고 그들의 침묵을 시험하는 데 지속적으로 노력해야 한다. 그러나 리더는 비참여자를 참여자로 넣는 것이 필요하지 않다는 것 또한 기억해야 한다. 리더의 목표는 모든 집단 구성원이 모두 같은 정도의 표현된 참여를 하도록 설득하는 것이 아니다. 왜냐하면 어떤 사람들은 그냥 말하기를 좋아하지 않는 사람일 수 있고, 또는 그들은 생각과 그들에게 예외적인 관심사의 한두 가지 주제에 관련된 것을 나눌 경험을 갖고 있을지 모르기 때문이다. 리더는 개별적인 집단 구성원에 대해서 언어적 참여 정도로 그들의 참여도를 측정해서는 안 된다. 대신, 리더는 전체 프로그램 기간에 걸친 부모들의 참여를 고려해야 하고, 주간 대 주간, 사람 대 사람, 주제 대 주제로부터 큰 변화의 정도를 기대해야 한다. 모든 사람을 참여시키기 위해서 집단의 속도를 늦추지 않는 것이 중요하며, 리더가 개별적으로 혹은 구조화된 시도로 참여를 시켰는데도 참여하기를 원하지 않는 집단 구성원이라면 더욱 명백하다. 이러한 부모들은 수동적인 흡수를 통해서 가장 잘 배운다. 루이스 거니에 의해 수행되어 왔던 양육기술의 훈련은 가장 표현적인 집단 구성원들이 그러한 것처럼 상대적으로 가장 조용한 집단 구성원들에게도 긍정적 효과를 가져올 수 있다.

집단의 개방성 조성하기

논의는 부모들이 소중히 여기는 연습에 관해 프로그램 개념과 개방성에 도전을 장려하는 열린 과정이어야 한다. 이 연습이 프로그램 원리와 양립되지 않을지라도 부모들은 집단 장면에서 그들을 공유하기 위해 안전감을 느낄 수 있어야 한다. 집단원 및 다른 부모로부터의 공감 반응은 리더의 의견에 대한 수용을 보여 준다. 다른 관점이 집단 부모놀이치료에서 용납되지 않는다면, 그들 자신의 태도와 연습을 평가하는 데 부모들을 지지하기 위해 그들의 표현을 수용하는 것이 중요하다. 예를 들면, 어떤 부모들은 '빠르지만 너저분한' 통제 기술을 보고하는데, 그들 일상의 다른 측면에 대한 놀이회기에서 제한 설정의 적용에 대한 그들의 불완전한 이해에 근거하여 질문할 수 있다. 무엇보다도, 그러한 사례를 공유하는 데 있어서 부모들이 비난받는다고 느끼거나 스스로 어리석다고 느끼게 해서는 안 된다. 리더는 동의하지 않을지라도, 부모들이 인정받고 수용받음을 느끼는 자아개방을 돕도록 해야 한다. 리더는 다음과 같이 논평할지도 모른다. "당신은 당신의 아동이 그의 행동 결과를 수용하는 데 도울 수 있도록 매우 많이 원한다. 그래서 당신은 친구로부터 들은 처벌을 테스트하기로 결정했다." 대체로 리더의 목표는 프로그램 원리와 충돌하는 부모들의 생각에 동의해서는 안 된다. 그러나 그들의 동기와 감정을 공감적으로 인정하는 것은 예외이다.

비수용적인 양육 행동에 대한 부모의 입장을 긍정적으로 다루기

개방적인 논의과정에서 리더가 넘기기를 바라지 않는 바람직하지 않은 성격을 실생활에서 드러낼지도 모른다. 그러고 나서 리더는 제안할 필요가 있는데, 상황을 다루는 또 다른 방법이 선호될 것이다. 다른 부모들보다 오히려 리더가 중요한데, 수용될 만한 행동을 제안한다. 이것은 그들의 집단 내에서 부모들이 발전시킬 지지적인 관계를 약화시키지 않기 위해 행해진다. 제안한 뒤에, 리더는 가장 최소한의 지적하는 방식으로 부모의 행동의 부정적인 요소를 지적해야 한다.

부모와 그들의 아동의 꽤 부정적인 행동에 대해 리더가 피해야 할 두 가지 주요 반응이 있는데, 왜냐하면 그들은 관련된 집단과 부모에게 모두 해로울지도 모르기 때문이다. (이것은 아동 보호 권위에 대한 이 행동을 보고하는 것을 정당하게 만들기 위해 이 행동이 지나치지 않는 과정을 추정한다.) 리더는 부모에게 극단적인 정서적 반응, 즉 전전긍긍하거나, 격노하거나, 분노행동 등을 피해야 한다. 집에서 그들의 훈육 전략을 언급하는 어떤 부모들은 리더의 반응을 시험하기 위해 그러한 행동을 드러낸다. 만약 리더가 강하게 반응한다면, '시험하는 자'는 리더들을 좀 더 못살게 굴려고 노력할지도 모르고, 완전하고도 철저하고 힘겹게 집단을 이끌어 나가야 할 수 있다. 둘째, 리더는 항상 집단 구성원들과 힘겨루기하는 것을 피해야 한다. 리더는 정면으로 충돌하는 것을 피해 의견을 피력하는 방법을 찾을 필요가 있다. 예를 들면, 다음과 같다.

부모: 저는 집에서 네 아이들의 감정을 다룰 만한 시간이 없어요. 나는 단지 반응을 보이고 그들을 탁 소리 나게 때리기도 하죠. 그게 다예요. 아이들은 계속하지 않아야만 뭔가를 더 얻지요.

리더: 당신은 효과적인 방법을 찾아냈군요. 당신은 그것에 만족하고 있어요. 여기 어떤 원리와 관련 있는 우리가 배워야 할 기술이 있어요. 자, 봅시다. 우리가 집에서 기술을 적용할 때, 우리는 이 원리와 일치될 방식을 제안할 수 있습니다.

전반적으로 만약 리더가 직접적인 방식에서 그들이 틀렸다고 부모들을 납득시키기 위해 노력한다면, 이 접근은 보통 실패를 초래할 것이고 힘을 시험하는 집단에서 분위기를 자아낼 수 있다. 특히 부모놀이치료 집단 초기 모임에서, 놀이회기 동안 학습 기술에 대한 비평을 교묘하게 넣는 것은 리더가 힘겨루기를 피하게 하고, 프로그램 그 자체의 방법과 목표를 강화시킨다.

논쟁적인 부모를 다루기

우리는 리더에게 집단 구성원과의 논쟁에 관련되지 않을 것을 권고한다. 의견의 갈등을 해결하는 것은 리더나 집단의 과제가 아니라는 점을 기억하는 것이 중요하다. 그보다는 다른 의견들을 수용하거나 참여자들이 기술을 숙달할 수 있도록 돕는다. 만약 집단원이 리더가 받아들일 수 없는 요점을 주장한다면, 그들은 다음과 같은 말을 해야 한다. "우리가 배운 새로운 방법으로 계속 노력해 보자. 우리는 당신이 그들이 당신을 위해 일하는 것을 볼 것임을 확신한다……." 리더가 집단 구성원을 폄하하지 않는 것이 중요하다. 긴장을 자아내는 어떤 것, 통제, 문제 또는 분노는 리더의 목표 성취를 방해할 수 있다. 힘겨루기와 분개는 학습에 해로운데, 수용적인 분위기에서 가장 촉진된다. 무엇보다도, 리더는 부모놀이치료에서 부모들은 그들의 아동을 치료시키기 위한 길이라는 것을 기억할 필요가 있다. 따라서 의지가 있고, 만족해 하고, 동기화된 부모들은 이번 치료과정을 발전시키기 위해 대단히 중요하다.

집단 구성원들 사이에서의 모욕적 언어나 행동 다루기

만약 집단 구성원이 다른 집단 구성원을 깎아내린다면, 프로그램에 적절한 반응인지 아닌지, 리더는 다음과 같이 말할 수 있다. "마릴린은 제인이 한 제안에 동의하지 않는군요. 당신은 그것에 관해 어떻게 느끼나요, 제인?"이라고 말해야 한다. 비판을 받은 부모는 듣기 위한 특정한 기회를 제공받아야 한다. 리더는 자아개방이나 부모를 위해 '처벌'을 초래하는 독특한 의견을 원하지 않는다. 리더는 격려받아야 할 과정의 일부인 부모가 집단에 하는 기여를 항상 기억해야 한다. 그들은 부모 접근에 대한 비판적인 평가를 촉진하는 구체적인 행동과 문제를 조사하며, 부모가 그들의 양육 가치를 획득하도록 돕는다. 긍정적인 학습 분위기를 만들기 위해, 비판이 제기되면 즉시 해결될 필요가 있다. 그러나 리더는 부모처럼 비판적인 어조로 말해서는 안 된다.

전체를 아우르면서 집단 역동 살피기

때때로 한 부모는 그들의 반응을 가르치는 요점 혹은 상세히 상호작용하면서 논의하길 원한다. 리더는 최소한 치료를 10분 갖는 것, 한 부모만 유도된 회기를 갖고자 하는 유혹에 대항해야 한다. 대신, 리더는 그들이 돌아가서 이번 교육 요점이나 후에 반복된 어려움을 검토하는 것을 말할 수 있다. 만약 부모가 학습 욕구보다 개인적인 반응을 리더에게 분명히 원한다면, 이런 반응은 해결되기 위해 몇 분 이상 요구되며, 리더들 중 한 사람이 부모들의 개인 문제에 관해서는 중간 휴식시간 중 논의할 수 있다고 말할 수 있다. 만약 부모가 집단을 앞으로 나아가게 못할 수 있는 방법으로 그들의 개인 문제를 논의하도록 노력하는 것을 고집한다면, 리더는 "당신과 나는 후에 말할 시간이 있을 것이다."라고 분명하게 할 필요가 있다.

부모가 그들의 개인 문제를 위해 더 많은 시간을 요구할 때 리더가 반응할지도 모를 두 가지 추가적인 중요한 방법들이 있다. 첫째, 어려움이 있을 때 집단에서 개인을 추출하는 것보다 오히려 리더는 전체 집단의 학습 욕구에 그들의 반응을 직접 지도할 수 있다. 예를 들면, 리더는 "존, 당신은 좀 더 개방적으로 말해야 해요."라기보다 오히려 "놀이회기가 시작될 때 아동을 위해 개방형 진술을 검토해요."라고 말하는 것이 바람직하다. 둘째, 리더는 집단에서 개인들을 위해 제한을 설정하는 데 효율적이어야 하는데, 반면 동시에 개별적인 집단 구성원의 방어적인 반응을 활성화시키는 논평은 피해야 한다.

리더는 다음의 말처럼 효율적이지 않을 수 있다.

루이스, 우리는 벌써 그것을 다루었어요. 그걸 지금 해야 한다고 느끼지는 않아요. 우리는 다룰 필요가 있는 다른 것들이 있거든요.

대신, 다음과 같이 말하는 것이 전략적인 접근이다.

우리는 여기에서 다루어야 할 것이 많이 있는데, 그것은 만약 우리의 새로운 관점으로 이동한다면 최선일 겁니다. 만약 누군가 우리가 어떤 것을 논의하기를 바란다면, 쉬는 시간이나 또는 모임 끝나는 시간에 우리에게 말해 주세요.

우리의 경험에서, 개인을 위한 제한 설정의 형태는 집단 과정의 시작에 있어서 중요하다. 이후 모임에서 참여자들은 그들 자신과 집단에게 도움이 되는 반응을 인식한다.

일반적으로, 리더는 모임 동안 부모의 욕구가 어디에 있는지, 모임 동안 이러한 욕구가 어떻게 다루어져야 하는지에 지속적으로 기민해야 한다. 공동 리더는 각각 다른 사람의 반응에 기민하여, 리더의 반응이 어떠한 개인이나 집단에게 왜곡되어서는 안 된다는 점을 확실시해야 한다. 즉, 리더들은 역시 그들의 반응이 전체 집단에게 너무 초점을 둔 것은 아닌지 개인의 욕구를 충분히 다루고 있는지 조사한다. 제1장에서 논의한 대로, 임상적 슈퍼비전은 리더가 이러한 형태의 불균형에 대항하도록 유용하게 활용될 수 있다.

집단에서 리더가 고려할 부가적인 문제

우리의 경험상, 몇몇 집단에서 발생하는 다음의 문제에 효율적으로 반응하는 것은, 특히 새로운 리더에게 좀 더 어렵다.

부모가 다른 집단 구성원에 대한 불편감을 표현할 때

접수면접 과정에서는 부모가 집단 구성원에게 질문할 때 매우 강한 부정적인 태도와 편견을 드러내는 일이 별로 없다. 때때로 부모는 초기 모임 동안 다른 집단 구성원을 향해 강한 적대감을 드러낼지도 모른다. 리더는 이것을 다루기 위해 전략적 준비를 갖춰야 한다. 예를 들면, 만약 부모가 다른 참여자의 몇 가지 특징을 싫어하는데 강한 편견을 드러내 보이면서 중간에 쉬는 시간 동안 집단 리더에게 털어놓는다면, 참여자가 이것을 다루기 어렵다고 보는 것을 진술하면서 우리는 리더가 공감적으로 반응하려고 노력하기를 제안한다. 리더는 이런 부모와 정규 모임 외에 일대일 만남을 갖는 것이 중요한데, 명명된 참여자의 방어를 야기하지 않으면서도 이러한 부모의 태도를 다루기 위한 방법을 논의하기 위해서이다. 이 추가 모임은 만약 이러한 태도가 다른 집단 구성원에 의해 감지된다면 특히 중요할 것인데, 이 부모의 부정적인 태도가 전체 집단의 편의에 영향을 미칠 수 있다.

다른 문제는 직접적인 방법보다 오히려 은밀하게 집단에 발생한다. 또한 이러한 점이 집단 과정을 방해하지 않기 위해 리더에 의해 인식될 필요가 있다. 예를 들면, 집단에서 한 어머니는 집단에 참여한 유일한 남자인 한부모 아버지가 딸의 어린이집 보육을 어떻게 관리하고 있는지에 대해 신뢰하지 않을 수 있다. 은밀하게 차별을 받는 이 과정에서 집단의 리더들은 이러한 문제를 직접적으로 언급하여 해결할 필요는 없다. 대신, 그들의 이러한 언급되지 않은 태도를 보상하기 위하여 한 부모 아버지는 적절하다고 생각되는 수준 이상의 긍정적 관심이 주어진다. 그러나 이러한 상황은 간접적 전략으로 다루어지기 어려울 수도 있다. 은밀하게 비판적인 의견이 만들어지기를 바라는 부모들에게는 계획되고 개별적인 의견이 요구될 수도 있다.

결석

결석은 그것에 대한 이유, 그것이 발생하는 집단에서의 요점, 그리고 그것이 계속되는 시간의 길이에 따라 다른 방법으로 다뤄진다. 일반적인 규칙으로서, 만약 부모가 집단 초기에 두 번 이상의 모임을 놓친다면 활동적이고 통합적인 집단원이 되는 것이 어렵다. 만약 부모들이 처음 두 번의 모임을 놓친다면, 이러한 부모들이 세 번째 모임에 합류하기 전에 개별적으로 다른 이들을 '따라잡을' 시간을 갖게 하는 것이 리더에게 필수적이다. 리더는 그들에게 직접 전화나 이메일로 그들의 참석의 중요성을 설명하고 시간 약속(이것은 리더와 부모들에게 가능한 주어진 시간)에 대한 연락을 취해야 한다. 만약 이 '따라잡을' 시간이 세 번째 모임 전에 일어나지 않는다면, 우리는 부모들에게 기존의 집단에 합류할 수 없는 이유를 담은 편지를 보낼 수 있음을 제안한다(예: 다른 부모들이 배운 것을 놓치고 있을 때, 리더들은 부모들을 이해시키기 어려움). 부모들은 만약에 다른 집단이 진행되거나 다른 선택안이 있다면 대안적인 날짜를 제공받거나, 또 다른 집단에 합류하는 데 필요한 정보를 얻을 수 있다. 제안된 선택은 의뢰된 문제, 그리고 가족과 다른 전문가의 관여에 따라 약간 달라질 것이다.

만약 부모들이 집단 과정에서 다음 모임을 갑자기 놓친다면, 리더는 이 부모들이 다가오는 집단 과정을 따라잡을 수 있는지에 관해 중요한 판단을 해야 하고, 집단에 다시 합류하기 전에 리더와 일대일 작업에 참여할 수 있다. 리더의 판단은 부모가 그 집단에 참여하는 데 충분히 집중하는지에 영향받을 수 있고, 특히 심각한 생활사건(예: 먼 곳에 살고 있는 한부모 가정 어머니에게 발작이 있었고 간호가 필요한 상황)은 참여 계획을 방해한다. 만약 그러한 사건이 계획되지 않은 결석의 이유라면, 리더는 이 부모들과 직접 추가적인 결석에 대한 결과를 논의해야 한다.

개별 참여자의 기술 발달을 돕기 위한 추가적인 지원

부모 대다수를 위해 프로그램의 속도를 조절하는 것이 필요하다면, 부가적으로 리더와의 일대일 만남은 정서적이거나 기술 향상을 위한 지원이 될 수 있다.

소수의 부모가 필요로 하는 이 부가적인 만남에 대한 리더의 목표는 부모의 긴장을 이완시키고, 수행에 있어서의 불안을 줄이며, 개방적인 학습태도를 취하도록 하고, 필요한 곳에 정서적 지원을 하는 것이며, 기술향상을 위한 지원이 필요하다면 다른 집단 구성원과 비등한 능력 수준을 충분히 얻도록 하는 것이다. 이러한 부모들이 자녀와 놀이하는 회기는 집단 부모놀이치료의 훈련 시기의 끝 부분으로 일정을 잡는다. 부모 실습에 대한 일정이 잡히면 그들은 다른 부모를 관찰하면서 배워 나가기도 하는데 이러한 부분은 더 나중의 장에서 좀 더 깊이 있게 논의된다.

예를 들면, 하비는 일 때문에 그를 제한 설정의 기술을 학습하는 것에 집중하는 두 번의 모임에 참여하지 못했다. 그 기술은 그가 다루기 힘든 7세 아들과 놀이회기를 했을 때 확실히 필요한 기술이었다. 하비가 다른 부모에 의해 관찰되는 놀이회기의 첫 번째 실습을 갖기 위해 모임 전에 리더들 중의 한 명이 역할놀이를 포함하여 제한 설정에 관한 기술 훈련을 30분 하비에게 주기로 결정했다. 이 추가적인 조언은 집단을 함께 움직이는 데 이중 목적이 있었고, 하비를 프로그램에 온전히 참여하도록 했다.

'학습 속도가 더딘' 부모 다루기

부모들이 부모놀이치료 기술을 느리게 이해할 때, 리더는 부모가 기술을 좀 더 완전하게 학습하도록 하기 위해 준비될 필요가 있다. 이것은 대개 다음의 사항을 포함한다.

- 부모가 적절한 선택을 하는 것으로부터 나온 대안적인 반응 제시
- 부가적인 역할놀이
- 기술 습득에 도움이 되는 몇 가지 다른 수단(예: 차트, 추가적인 비디오, 도표)

리더는 부모가 리더가 면밀히 살피는 행동이나 촉구 없이는 반응하기 어렵다는 것을 알 때, 즉시 이러한 부모에게 정확한 답을 제공해야 한다. 정확한 반응을 역할놀이를 통해서 연습하거나 정확한 반응을 할 수 있도록 기술해 주는 교수방법이 유용할 수 있다. 주저함과 '틀린' 반응은 부모가 조언과 반응 형성을 좀 더 필요로 한다고 리더에게 분명히 말해야 한다. 만약 리더가 추가적인 구조를 제공하지 않고 다른 사람이 대답한 다음에 바로 힌트를 줌으로써 정확한 반응을 끌어낸다면, 학습과정은 부모들과 리더에게 보통 느리고, 분열되고, 비보상적이다. 그것은 부모들의 마음을 오래 가게 하지 못한다.

정서적으로 어려움을 겪고 있는 부모에게 반응하기

과거 학대를 심각하게 경험한 부모들, 견고하게 정서적인 차단을 하는 부모들은 집단 부모놀이치료 프로그램이 시작되기 전에 접수면접 과정을 거치는 동안 대개 식별된다. 리더는 이 부모들에게 집단 부모놀이치료의 대안을 추천할 수도 있고, 개인적인 부모놀이치료나 집단 부모놀이치료가 시작하기 전에 심리치료를 받도록 추천할 수도 있다. 그러나 때때로 이 부모들의 정서적인 고통이 접수면접 때에 눈에 잘 띄지 않는 경우도 있다. 집단 부모놀이치료 동안 치료적 기술을 연습하는 것은 외상적 기억을 불러일으킬 수 있고, 이는 놀이회기 수행을 방해할 수 있다. 리더는 특정한 정서적 문제가 개인에게 너무 한정되나, 집단에 부담이 크게 느껴질 경우 임상적 판단에 기댈 수 있다.

리더는 모임 동안 부모들이 사로잡혀 있거나 압도되는 어떤 모습을 보일 때, 모임

후 부모를 데리고 더 이야기할 시간을 가질 필요가 있다. 리더는 집단 휴식기 동안 모임의 안건을 계속하는 반면, 보통 이 부모들이 나머지 모임 동안 활발히 참여하기보다는 관찰하는 것을 바랄지도 모른다고 제안한다(매우 드물게 만약에 부모가 강하게 반응하고 모임을 지속할 수 없다면, 두 번째 리더가 계속하는 동안에 한 리더는 이 부모를 즉시 떠날 필요가 있을지도 모른다). 리더는 다음과 같이 말할지도 모른다.

> 바바라에게 이것은 꽤 명확합니다. 당신에게 이것은 매우 중요한 문제네요. 이것에 대해서 충분히 논의할 시간이 필요합니다. 재촉하지 않으려고 해요. 그러니까, 나는 좀 더 이야기할 시간이 있었으면 합니다. 이 회기가 끝나면, 다음 회기 전까지 둘이서 시간을 좀 갖는 것이 좋겠습니다.

모임 후 정서적으로 고통받은 부모들과 논의를 한 다음에 리더는 이 부모들이 요구하는 것에 관한 임상적 판단을 한다. 중요한 질문은 집단 부모놀이치료 리더가 모임 동안 제공하는 것 이상으로 부모들이 추가적인 치료가 필요한지 여부이다. 만약 이 부모들의 문제가 짧은 시간에 걸쳐 틀을 다루기 쉬운 것이라면 리더는 부모에게 간략한 치료를 추천하여 상담을 진행하도록 하면서 부모가 집단 부모놀이치료 프로그램에 참여하도록 할 수 있다. 만약 리더가 개인 심리치료 경험이 있고, 전문가적인 경계를 잘 다룰 수 있다면, 역할 갈등이 없는 한 몇 회기 상담을 통해서 문제를 해결할 수 있다. 그러나 대부분의 집단 부모놀이치료에서는 집단 구성원을 위한 개인 심리치료를 할 만큼의 여유가 없지만 리더는 부모의 정서적인 욕구에 지속적으로 관심을 두고 있어야 한다. 대부분의 경우에, 동기가 있는 부모들은 개인적인 문제를 치료자와는 별개로 다루고, 그들이 참여하는 집단에는 지속적으로 출석을 한다. 어떤 상황에서 리더는 이러한 부모의 기술 발달을 보충해 줄 필요가 있다. 그러나 리더는 부모가 집단 부모놀이치료나 부모놀이치료에 참석할 수 있을 때까지 기다릴 것을 추천한다.

집단 부모놀이치료 리더를 위한 두 가지 특별한 도전

리더를 위한 보상이 상당한 반면, 다음에 논의될 특별히 도전할 만한 리더의 두 가지 중요한 의무가 있다. 두 리더 사이에 협력적인 상호작용은 책무에 대한 압박을 완화할 수 있고, 집단에게도 유익할 수 있다. 첫 번째 과제는 실제적인 문제 중 하나로 모임의 시간적 틀에 모든 것을 맞추어 계획하는 것이다. 두 번째 과제는 먼저 공감적 반응을 해 주고 다음 질문으로 넘어가는 것이다. 이러한 두 가지 책무는 집단 부모놀이치료와 다른 치료나 양육 프로그램을 구분하는 점이기도 하다. 우리의 의견으로는, 이것은 특히 집단 부모놀이치료를 효과적으로 만드는 것이다.

효과적으로 시간 배분하기

시간 관리는 집단이 시작되기 전에 리더가 시작하고, 모든 모임 동안 우선적으로 고려된다. 시간을 준수하여 모든 사람을 소개와 논의에 참여시키는 것은 집단을 위한 속도를 맞추는 데 있어서 중요한 요소이다. 이러한 과업은 참여자들을 재촉하지 않거나 중요하지 않은 사람으로 느끼게 하지 않도록 행해져야 한다. 예를 들어, 대개 몇몇 집단 구성원들은 다른 이들보다 일찍 오는데 다른 사람들이 도착하기 전까지 기다리면서 정보와 관련된 대화를 나누게 된다. 리더는 모임 시작 시간이 지나서까지 마음을 사로잡는 토론을 할지도 모른다. 왜냐하면 토론은 매우 매력적이어서 리더는 때때로 이 대화를 멈추기 어렵고, 다른 모임 요소에 대해서 잊게 만들어 버리기 때문이다. 이 잃어버린 시간은 시연과 놀이회기가 있는 모임 동안 특히 해롭다. 놀이회기를 최우선에 두는 것은 집단 부모놀이치료 모임의 중요 요소가 적절한 시간 속에 분배되도록 하기 위한 노력이다. 루이스 거니와 버지니아 라이언에게 효과적이었던 것은 집단의 리더가 대기 집단 구성원들로부터 떨어져 머무르고, 바쁘게 놀이회기에 대한 준비를 하고 난 뒤, 시작 시간에 대한 신호를 주는 것이다.

모임의 다른 면은 시간을 지나치게 확장하기 쉽다는 것이다. 예를 들면, 일반적으로 놀이회기를 보는 것과 논의하는 것은 부모들에게 흥미를 발생시킨다. 이것은 집단원의 에너지 수준을 끌어올리는데, 그들을 좀 더 수다스럽게 하는 경향이 있다. 그 책에 걸쳐 보여 준 대로, 집단 논의는 집단 부모놀이치료의 필요한 특징이다. 그러나 이 가치 있는 구성요소에 대한 시간은 제한될 필요가 있는데, 이 책이 보여 준 예시대로, 집단 모임 시간이 놀이회기와 교수법을 포함시키기 위해 집단원에 대한 시간이 그들의 감정과 반응을 느낄 뿐만 아니라 적절히 분배된다.

집단 부모놀이치료에서 공감 사용

이전에 살펴본 대로, 부모는 프로그램에 참여하고 서로 동기화되게끔 서로서로 돕는다. 리더가 각각의 참여자의 감정에 대해 진실한 공감을 보여 주는 것이 필수적이다 (Andronico et al., 1967; Eardley, 1978). 집단 리더는 부모들이 자신의 아동과 사용하는 것을 원하게끔 기술을 보여 주고 연습할 필요가 있는데, 공감이 가장 중요한 기술이다. 덧붙이자면 리더는 아동에 대한 부모의 감정에 대해 접수면접 시기부터 공감하고 있음을 전달하며, 집단 과정에 대해 느끼는 부모의 감정, 그들이 획득하는 새로운 기술에 대한 감정에도 공감할 필요가 있다.

가르치기에서 느끼기로 옮겨 가기

집단 리더가 대화에서 공감적 반응으로 옮겨 갈 필요가 있는 때를 아는 것은 부모들과 훌륭한 결과를 성취하기 위해 중요하다. 집단 안에서 '공감적 순간'을 다루는 사례는 다음과 같다.

리더는 부모에게 초기 기술 훈련 동안 놀이회기에서 자녀의 안내를 어떻게 따라가야 하는지, 행동 읽어 주기 기술을 어떻게 활용해야 하는지에 대한 예를 제공한다.

> 부모: 너무 힘들어요. 저는 할 수 없을 것 같아요. 아들은 그걸 더 이상 참을 수 없을 것 같아요.
>
> 리더: 당신은 당신과 당신의 자녀가 이것을 배울 수 있다고 보지 않는군요. (잘못된 리더 반응: 우리는 이러한 문제를 다시 다룰 수 있습니다. 그런 다음 당신의 아들에게 어떠한 효과가 있는지 살펴볼 수 있습니다.)

이 사례에서, 리더는 부모들에게 정서적인 저항의 순간이 있었음을 인식했고, 이 순간에는 가르치는 것을 멈추었다. 역동적이고 감정적인 역할을 뒤집는 것이 필요했다. 부모가 자녀를 공감하는 것이 아니라, 리더가 부모를 공감하도록 하는 것이 필요했다. 다른 치료자에 의해 지지받은 우리의 의견은, 경험적인 증거에 의한 것은 아직 아니지만, 만약 중요한 시간에 부모들을 위해 공감적 반응을 만들 기회가 집단 부모놀이치료 리더에 의해 생겨난다면 부모들은 공감의 힘을 직접 경험할 수 있다. 이후 부모는 자신의 양육 유형에서 질적인 변화가 있을 수 있다. 부모는 자신의 감정과 생각에 관해 훨씬 잘 느낄 것이고, 질문하기, 도전하기, 중요한 반응을 만들기와 같은 좀 더 정형화된 반응 대신, 타인에 대한 공감적 이해를 더 잘 할 수 있다.

부모들의 감정이 주요한 문제일 때, 리더는 가르치는 요점들이 너무 변화하지 않도록 하는 것에 유념할 필요가 있다. 종종 신참 리더가 배울 내용을 제시할 때, 신참 리더들은 집단 부모놀이치료를 진행함에 있어 집단 내에서의 훌륭한 경험을 만들어 내기 보다는 불안을 경험하는 것이 당연하다. 신참 리더들은 부모가 집단을 '훼방 놓는' 상황이 생길 때에 통제력을 잃거나 가르쳐야만 하는 것들에 사로잡힐 수 있다. 두 경우 모두에 있어서, 신참 리더들은 집단 참여자들 사이의 감정 수준에서 일어나는 일들을 충분히 감지하지 못할 수 있다. 그러나 부모의 감정을 알아채지 못하고 계속 가르치는 것은 역효과를 불러일으킨다. 감정은 배움의 과정에서 자연히 생겨나는 것이다. 처음에는 아니라 할지라도 감정은 지속될 수 있으며 배움을 방해할 수 있다. 리더에게 있어서 가장 좋은 것은 부모가 배우지 않을 때나 새로운 행동을 배우는 것을 저항할 때, 리더가 충분히 드러나지 않는 부모의 감정을 들여다봐야만 하는 일이다. 이러한 부정적인 감정이 인식되고, 공감적으로 탐색될 때, 학습문제는 일반적으로 사라진다.

그러나 리더는 그들이 부모의 감정을 정확히 반영할 것이라는 기대는 버려야 할 수도 있는데, 만약에 리더가 부모의 감정을 정확하게 반영한다면, 부모는 즉시 보다 효과적인 양육 유형으로 변화할 수도 있다. 리더는 이러한 비현실적인 기대와 싸우는 것이 중요하다. 보다 현실적으로, 부모가 변하기 위해서는 한두 번 정도의 의견이 아니라 적어도 세네 번 정도의 리더의 의견 제시가 필요하다. 또한 집단의 다른 구성원들의 지지, 또래들 사이에서의 분투, 자녀의 안녕감을 위한 헌신 등도 평가절하되어서는 안 된다.

사례 예시

메리 제인은 그녀의 딸인 애나의 공격적인 행동에 대해서 모임 동안 놀이회기에서 제한을 설정하지는 않았으나, 한 가지뿐 아니라 좀 더 많은 것을 하라는 지시를 받았다. 애나는 가방으로 두 번 그녀의 어머니를 쳤고, 그녀의 어머니는 "너는 그렇게 하기를 원하는구나."라고 반응했다. 리더가 놀이 회기 후에 피드백을 제공받았을 때, 제한 설정에 관한 메리 제인의 갈등은 다음과 같이 인식되었다.

리더: 우리는 놀이회기에서 함께 몇 번 제한 설정을 하는 방법을 배웠습니다. 그러나 어머니가 이것을 어디에서 할지, 그리고 당신의 놀이회기에서 애나의 공격적인 행동에 대한 제한 설정을 하는 데 어려움을 느끼는 것 같습니다.

메리 제인: 글쎄, 콩주머니는 그렇게 아프지 않았어요. 가정에서의 놀이회기에서 그녀를 멈추게 하는 게 힘들었습니다. 애나는 내가 상황을 바로잡아야 하도록 만들었는데, 그게 어려웠습니다. 정말 잘되는 것 같지가 않더라고요. 하면서도

뭔가 잘못된다고 느꼈습니다.

리더: 만약 애나가 어떤 식으로든 부정적인 행동을 보이게 된다면, 어머니는 스스로 나쁜 짓을 한 나쁜 어머니라고 느끼는 것 같습니다.

메리 제인: 네. 제가 좋은 엄마가 아닌 것처럼 느껴져서 아이에게 여유가 없어지네요. 아이가 나를 사랑하는 것은 중요하고, 저는 제가 아이에게 잘하고 있다고 느끼고 싶어요.

리더: 아이를 혼내면서 그것을 없애고 싶지 않겠죠.

메리 제인: 네, 아이가 입양된 아이란 것은 아시지요? 우리는 여자아이를 입양하기 위해서 오랜 시간 공을 들였어요. 왜냐하면 이미 두 아들이 있었기 때문이지요. 만약에 당신이 아이를 입양한다면 아마도 아이에게 특별한 삶을 주고 싶기 때문에 수용적일 수밖에 없을 거예요. 입양된 아이들은 그 아이들이 준비가 되었든 아니든, 다른 아이들과는 달라요(눈물을 글썽이면서 말한다).

리더: 아이를 입양하려고 했을 때 아이의 인생을 행복하게 만들어 주고 싶다는 특별한 의무감을 느끼셨네요. 그래서 가능하면 최소한의 제한을 주고 싶으셨고요.

메리 제인: 맞습니다. 저는 아이에게 무엇이든 해 주고 싶어요. 아시다시피, 불행히도, 이것이 아이의 문제를 멈추게 하지 못한다는 것을 알아요. 그래서 아이를 돕기 위해서 앞으로는 조금 다르게 해 보고 싶습니다.

리더: 네. 어머니는 애나를 행복하게 할 수 있는 가능한 모든 것을 해 오셨네요. 아이에게 희생하는 것까지도요. 그런데 그 기대와는 조금 달랐던 것 같아요. 이제 그녀를 돕기 위해서 지금까지 했던 것과는 다른 방식으로 해야겠다고 느끼시고 있고요.

메리 제인: 네, 그렇습니다.

리더: 한번에 모든 것을 변화시키는 것은 어려울 수 있습니다. 그런데 애나가 자신의 감정을 좀 더 통제할 수 있도록 하는, 예를 들어 놀이실에서 제한 설정을 하는 것과 같이, 할 수 있는 작은 것들을 한다면 자신이 살고 있는 곳에서의 필요한 경계를 인식하게 될 것입니다.

그러니까 오늘 놀이회기에서 있었던 콩주머니로 당신을 때린 일을 생각해 봅시다. 이것은 놀이실의 규칙을 따르는 법을 연습하는 것일 수 있어요. 당신이 규칙을 시행하도록 할 때 당신이 어떻게 느끼는지에 대해서도 얘기해 볼 수 있습니다. 애나에게 규칙을 지키도록 하기 위해서 당신의 감정을 살펴봐야 한다는 점은 명백하네요.

메리 제인: 네. 그래요. 나는 조금 가혹하고, 못된 것 같이 느낍니다. 그렇지만 아이가 나를 항상 자신의 마음대로 휘두를 수 없다는 것을 알게 되는 것이 도움이 된다고 생각합니다.

(이후 놀이회기는 메리 제인이 놀이실에서의 규칙을 적용하는 데 있어서의 장벽을 좀 더 편안하게 느꼈기에 좀 더 쉽게 이루어졌다. 그때 애나는 놀이실에서 어머니에 대한 존중을 보이기 시작했으며 결국 집에서도 어머니를 존중하기 시작했다.)

사례에 대한 의견

이 사례는 부모가 배우는 것에 방해를 받을 때 부모의 감정을 강조하는 것이 필요하고 적절하다는 점을 보여 주고 있다. 이 어머니는 그녀의 어려움을 개방적으로 인정할 수 있었고, 놀이회기에서 요구된 대로 어떻게 제한을 설정할지 배웠다. 리더가 어머니로 하여금 놀이회기에서 제한 설정을 하는 방법을 배울 수 있도록 집중시키고, 일상적으로 일어나던 자신의 양육방식을 변경하는 것이 어려울 수도 있다는 점을 인식시키는 점이 어려웠다.

느끼기에서 가르치기로 옮겨 가기

리더는 부모의 감정을 탐색한 후에 집단 부모놀이치료 동안 일어난 대화로 돌아가는 것이 중요하다. 모임의 속도를 설정하고 부모가 배우도록 하기 위해서, 리더는 어떠한 부모의 감정도 거절되는 것처럼 느끼게 해서는 안 된다. 공동 리더는 부모와의 정서적인 순간들을 좀 더 쉽게 인식할 수 있고 처리할 수 있는데, 리더가 그들의 과업을 재개하고 선생님의 역할을 하도록 만들 수 있다.

사례 예시

이 사례는 7세 남아 젭이 그의 아버지와 첫 번째 실습 놀이회기를 가진 후에 리더에게 피드백을 하는 동안 일어난 일을 보여 준다. 아버지 하워드는 젭이 놀이를 주도하도록 하는 것에 반대했다.

하워드: 저는 아이가 좋아하는 것에 관한 몇 가지 제 생각을 아이에게 알려 주는 것이 틀렸다고 보진 않아요. 아이는 이러한 사소한 것들로 노는 것을 자주 했는데, 제가 보기에 그건 별로 의미 있는 것으로 보이지 않았습니다.

리더: 이 회기는 당신에게 있어서 정말 아무것도 아닌 회기처럼 느껴질지도 모릅니다. 당신은 젭이 어떤 것에 정말로 관심을 갖고 참여하기를 원하는군요.

하워드: 네, 그렇지요. 문제를 개선하기 위해서 그는 뭔가 의미 있게 놀아야 할 것 같은데요. 당신이 말한 것처럼 그를 힘들게 하는 감정을 다루는 데 도움이 되겠지요.

리더: 그것이 일어나지 않는다면, 우리는 더 참여하기 어려울 거예요.

하워드: 아니요!

리더: 당신은 그의 감정을 표현하는 어떤 증거를 보고 싶어 하는군요.

하워드: 네, 낭비할 시간이 없어요. 왜냐하면 그의 행동 때문에 학교에서 젭이 곤경에 처해 있기 때문이에요.

리더: 당신은 그가 의미 있게 놀이하며 그것을 통해서 문제를 다룬다는 것을 알 필요가 있어요.

하워드: 네, 그렇지요. 그렇지 않다면 우리가 왜 여기에 있죠?

리더: 지금 당장 말인가요? 아버님은 언제 어떻게 그 변화가 나타날지 지켜보기가 힘드시군요.

하워드: 네, 아마도 그런 것 같네요. 얼마 후에나 변화가 일어날까요? 우리에게는 시간이 그렇게 많지 않죠. 당신도 알다시피.

리더: 네, 당신은 아마 변화를 상상할 수 있습니다. 그러나 그 미래가 얼마나 먼가요?

하워드: 네. 먼 일인 것처럼 느껴져요.

리더: 만약 당신이 언젠가는 일이 바라던 대로 될 것이고, 그것이 그렇게 길게 걸리지 않는다는 점을 안다면 그건 도움이 될 거예요.

하워드: 네.

리더: 오늘 밤 이 회기는 아버님께 힘들었습니다. 젭은 별로 잘 참여하는 것 같지 않았습니다. 그는 아마도 변화를 경험하기 위해 그렇게 할 필요가 있을 거예요. 많은 아동이 자극적이지 않은 방식으로 놀이회기를 시작해요. 그것은 그들이 갖고 있는 정말로 다른 경험을 '준비하는' 방법입니다. 그러고 나서 하나 혹은 두 회기 내에 그들은 정말로 관련되는데, 아마도 놀잇감과 게임을 가지고, 그리고 상상놀이를 가지고 좋은 것과 나쁜 것의 환상을 놀이 속에서 표현합니다. 우리가 그들을 직접 총괄할 때 아동은 다른 많은 방식으로 놀아요. 더 많이 느끼고 더 행동하기 위해 우리의 총괄 없이 아동이 하는 것은 그들이 필요한 것으로 다룰 그들만의 방법입니다.

나는 당신이 그가 의미 있게 놀 수 없다고 결론짓기 전에, 시간을 두고 아이와 더 많은 회기를 해 볼 것을 제안하고 싶습니다. 집에서 놀이하는 것이 좀 더 쉬울 수도 있습니다. 그런 다음, 우리는 아이의 놀이를 통해서 정서적 욕구를 모두 볼 수 있을 거예요. 그는 가능한 한 슈퍼히어로 놀이하기를 원하겠지요. 그는 오늘밤 그의 놀이 동안 그들을 볼 것입니다. 우리가 이전에 말했던 것처럼 놀이회기의 내용은 아동이 느끼는 것이나 인식하는 것보다 중요하지 않을 수 있다는 점을 기억하세요. 아동의 행동을 일으키게 하는 이러한 인식과 감정이 중요합니다.

이 말에 조금 기운이 생기시나요?

하워드: 글쎄요, 선택의 여지가 없네요. 이치에 맞는 말씀입니다. 나는 항상 젭의 어머니가 젭을 표현하게끔 하지 않았다고 느껴요.

리더: 저는 당신이 의지가 있으신 것 같아서 기뻐요. 나는 당신 또한 머지않아 기뻐할 거라 믿습니다.

사례에 대한 의견과 시간에 대한 고려

리더는 몇 분간 이 아버지의 문제를 다루었다. 첫 번째로는 감정에 대해서 다루었고, 아버지와 집단 전체에 도움이 될 수 있는 수업 내용을 다루었다. 그러나 리더는 어머니에 대한 아버지의 언급은 주제로 다루지 않았다. 이것은 가족 역동을 위해서 중요할 수도 있으나, 아버지나 집단이 다음으로 넘어가야 할 필요성을 느낄 때에 그렇다. 아버지가 집단에서 어머니에게 초점을 두기를 원한다면, 집단의 놀이회기가 잘 정립된 뒤에 앞으로 논의될 수 있을 것이다. 중요한 가족 문제는 일반적으로 다시 나타나기 마련이다. 그 동안에, 만약 리더가 어머니에 관한 아버지의 언급에 반응했다면, 이것은 집단 부모놀이치료의 훈련 단계와 관련하여 시의적절하지 않을 때 그 문제를 다루는 데에 많은 시간을 할애할지도 모른다.

훈련을 위해 설정한 시간은 귀하고 중요하다. 치료자가 다른 문제에 사로잡혀 있을 때 전체 집단의 안건에 대한 욕구에 관한 관심은 무시된다. 만약 아버지-어머니-아동 관계가 이 아버지에게 좀 더 압력이 된다면, 집단 작업을 위해 필요한 시간은 깊이 있는 주의를 허용하지는 않으며, 어머니나 혹은 남편은 집단 부모놀이치료 리더 중 한 명을 만날 시간을 제공받을 수도 있으며, 혹은 또 다른 치료자가 집단과 상관없이 다른 시간에 이 문제를 해결하기 위해 소개될 수 있다.

이론적 지지

좀 더 추상적인 수준에서, 어들리의 연구(Eardley, 1978)는 집단 부모놀이치료에서 부모들의 감정을 공감적으로 다루는 것이 가치 있음을 지지하고 있다(제1장 참고). 부모를 학습시키는 것에서 부모의 감정을 반영하는 것에 좀 더 초점을 두는 리더의 전략은 애착 기반의 탐색적 관심 나누기에 근거한 이론과 연구에 의해 지지된다(Heard & Lake, 1997; Jaeger & Ryan, 2011; Ryan, 2004 참고). 이러한 이론적 설명에 뒤따라, 사람들이 강한 부정적 감정을 가지고 있다면, 그들은 자신들의 돌봄 체계나 방어 체계를 활성화시킬 것이다. 사람들은 그 자신의 욕구가 충분히 탐색될 때까지 그들 동료의 관심을 나누거나 새로운 생각을 탐색하지 못할 수 있다. 그러므로 집단 부모놀이치료의 즉각적인 목표는 강한 감정을 표현하는 부모가 좀 더 양육적이 되도록 하는 것이며, 부모가 자신의 강한 감정을 처리하고 이해받는 느낌을 갖도록 하는 것이다. 부모가 이렇게 인정을 받은 후에, 방어를 풀 수 있을 것이며, 좀 더 깊이 있는 학습이 가능해지게 된다.

시간 관리에 대한 논의와 부모의 감정 다루기

부모들이 배우고 리더가 가르칠 것이 많이 있기 때문에, 때때로 리더는 부모가 놀이회기를 실시할 때 배워야 할 것으로 생각되는 모든 정보를 알도록 하는 데 너무 초점을 두게 된다. 이러한 이유로 이 책의 많은 예에서는 부모의 감정에 초점을 둔다. 그러나 이전에 언급된 대로 리더가 한 가지 이상의 부모들의 감정에 너무 많이 시간을 보내지 않는 것이 중요하다. 가끔은 몇몇 리더에게 그들 자신의 치료자 역할이 놀이회기를 행하는 기술을 완전히 습득하기 위해 노력할 때 발생하는 부모들의 중요한 정서적 문제를 지나치게 강조할 수 있다. 이 감정 문제는 규칙적으로 잠시 동안만 리더에 의해 공감적으로 다뤄져야 한다. 개인적인 정서적 문제의 깊이는 집단 안건의 부분이 되어서는 안 된다. 집단 속에서 정서적으로 지지적인 분위기를 느끼고 기회를 얻은 많은 부모들은 그들의 부모-자녀관계 문제보다는 개인적인 문제를 해결하는 데 시간을 쓰느라 바쁘길 원한다. 심리치료자는 어떤 내부 갈등도 부모-자녀관계와 관련된다고 주장하지만, 집단 부모놀이치료의 일차적인 안건은 부모-자녀관계에서의 힘에 기반하고 있다. 그러므로 이러한 안건으로부터 벗어나 집단에서 시간을 쓰고, 관련된 문제들을 다루는 것은 집단 부모놀이치료 접근의 힘을 약화시킬 수 있다.

두 리더가 집단 부모놀이치료의 역할 균형 맞추기

공감적인 지지와 지침이라는 두 가지 기본적인 리더십 과제의 균형을 맞추는 것은 두 리더에 의해 좀 더 쉽게 행해질 수 있고, 어느 구성요소가 상대적으로 무시되어서는 안 된다. 두 리더가 집단에 투입될 때, 한 리더가 항상 '감정' 역할을 취하고 다른 리더가 가르치는 역할을 취하는 것이 가능하다. 그러나 우리의 경험에서 두 리더가 서로서로 가르치는 것과 부모들의 감정에 반응하는 것을 교대하면서 두 가지 역할을 취하는 것이 훨씬 좀 더 효율적이라는 것이다. 한 리더는 교수적 요점을 제시할 수 있고, 다른 리더는 이 정보에 대한 부모들의 반응에 답할 수 있다. 항상 정서적 수준에서 부모들에게 공감하고 이해하는 것이 필수적이기 때문에, 한 명의 리더가 대화 주제를 제시하고, 다른 리더가 부모의 감정을 살피며 요구되는 지점에서 부모가 자신의 문제를 해결할 수 있도록 한다.

두 리더를 위해 보완할 대안적인 방법은 서로서로 각 집단 모임의 다른 비율에 대한 과제를 공유하는 것이다. 예를 들면, 한 리더는 아동과 녹화를 하거나 관련된 토의를 이끌 것이고, 다른 리더는 기술 훈련 부분을 이끌 것이다. 집에서 놀이회기를 진행했던 것에 대한 논의와 관련된 피드백이 공유될 수 있다. 다른 리더는 다른 부모와 그 사례에 대해서 다룰 수 있다. 한 리더에서 다른 리더로 프로그램의 내용을 다룬다. 이러한 과정을 부드럽게 그리고 자연스럽게 행할 수 있다. 두 리더에 의한 이 역할의 공유는 부모들이 한 구성요소로만 한 리더를 인식하지 않게 하도록 하는 것이다. 한 리더는 감정을 주로 다루고 다른 리더는 주로 학습을 시킨다고 할 때 부모들은 잘 신뢰하지 않는다. 리더가 공감적 이해와 기술 교수에 대한 모델을 보여 주는 것은 부모가 프로그램의 두 가지 측면을 자녀와의 개별 놀이회기에 통합하도록 돕는다.

공동 리더에 의해 사용된 공유된 책략이 무엇이든 간에, 리더가 이 모임에서 저 모임으로 특정한 기능을 교대하는 것이 중요하다. 물론 만약 각 리더가 교수적 요점을 만들거나 부모의 감정을 따르는 것에 어려움이 있다면, 리더는 다른 리더를 돕기 시작하는 데 자유로워야 한다. 이것은 종종 필요하지 않을 것 같지만, 한 리더가 관심을 덜 받는 것 같은 느낌을 주지 않기 위해서 미리 계획될 필요가 있다. 리더는 다른 리더를 침범해서는 안 된다. 이 문제점을 피하기 위해, 우리는 공동 리더가 사용할 진술을 제안하는데, 예를 들면 "나는 다른 리더가 약간 좀 더 해 볼 수 있는지 궁금합니다."라며 다른 리더가 합류하도록 초대한다. 만약 첫 번째 리더가 곤란한 상황이 되고 공동 리더가 초대하는 것을 꺼리지 않는다면, "제가 좀 더 도움이 될 수 있는 것을 말해 보고 싶습니다."라고 말할 수 있다.

두 명의 리더가 있는 것의 중요한 이점은 이미 설명한 것들과 더불어, 시연 동안에 더욱 빛난다. 한 리더가 집단에서 놀이회기를 시연할 때 다른 리더는 시연된 놀이치료자의 행동을 설명할 수 있는데, 이것은 다음 장에서 좀 더 설명될 것이다. 이러한 '진행 중' 설명은 이것이 실시간으로 일어나기 때문에 부모가 놀이회기에서의 적절한 행동을 획득하는 데 상당한 도움이 된다.

결국 리더는 리더십 기능에 기본이라고 할 수 있는 수용, 이해를 보여 주기, 다른 치료적 태도의 모델링을 기억할 필요가 있다. 리더는 부모가 배우고 있는 것과 같은 기술을 사용하는 것이 중요하다. 이 집단 부모놀이치료 접근을 사용함으로써, 리더는 각 부모의 지속적인 수용의 분위기를 만들어 낼 수 있으며 치료적 요소로 프로그램을 위해 꽤 성공적인 학습환경을 제공한다. 집단 부모놀이치료의 리더에게 필요한 다양한 리더십 기술은 이 장에서 논의되었다. 다음 장에서 우리는 집단 부모놀이치료에서 배우는 기술에 대한 근거를 탐색한 후에 20주 프로그램의 시작부터 끝까지를 자세하게 다룰 것이다.

제4장

집단 부모놀이치료에서 부모가 배우는 주된 기술

제3장에서는 기술을 배우는 데에 부모를 도울 수 있는 것을 포함해 리더가 집단 부모놀이치료 프로그램을 진행해 가는 데 필요한 지침을 제시했다. 이 장에서는 리더들이 시연을 수행하고 부모가 자녀와의 놀이회기를 진행하는 것을 돕기 위해서 필요한 아동중심 놀이치료(CCPT) 실행 기술과 이론적 근거를 이야기할 것이다. 리더는 처음부터 모든 기술에 익숙해져야 한다. 이는 프로그램을 만들고, 부모들의 질문에 자신 있게 대답하고, 아동중심 놀이치료 기술을 부모에게 가르치는 것에 대해서 미리 생각해 보고, 프로그램 안에서 무슨 일이 벌어질 것인지를 부모가 예측하는 것을 돕기 위해서 요구되는 것이다. 리더는 집단 부모놀이치료를 실행하기 전에 아동심리치료 실습을 하면서 아동중심 놀이치료 기술을 사용하는 것에 익숙해져야만 한다.

집단 부모놀이치료에 필요한 주된 놀이치료 기술

집단 부모놀이치료에서 놀이회기 기술은 비지시적 놀이치료/아동중심 놀이치료의 기본이 되는 액슬린(Axline, 1947)의 여덟 가지 주요 원리에서 나왔다. 이 여덟 가지 기본 원리는 아동중심 놀이치료(Guerney L., 2003)에서 놀이치료자들이 사용하는 기술의 근간을 이룬다. 집단 부모놀이치료에서 부모들은 똑같은 기술을 배우고, 그들의 자녀와 아동중심 놀이치료를 실행하도록 훈련받는다. 그 원리는 다음과 같다(Wilson & Ryan, 2005).

- 신뢰롭고 허용적인 관계는 아동과 함께하는 성인에 의해서 회기가 진행되면서 형성된다.
- 성인보다는 아동이 놀이회기에서 놀이, 활동 그리고 상호작용의 주제, 초점과 속도를 결정한다.
- 아동의 감정과 생각을 민감한 태도로 반영하면서 아동에게 공감하는 것이 필수적이다.
- 아동이 안정감을 느끼게 하기 위해서는 현실에서 아동 놀이회기를 실시하는 치료적 제한이 필요하다.

아동중심 놀이치료와 부모놀이치료 회기에서 통합적으로 사용된 기술들이 아동의 변화를 가지고 오는 데에 효과적이었다는 사실을 밝힌 연구가 있다(제1장 참고). 하지만 아동을 치료적으로 돕기 위해서 하나의 기술이 다른 기술보다 더 효과적이라는 사실을 입증할 수 있는 과정 연구는 아직 부족한 실정이다(Ryan & Edge, 2012). 따라서 아동중심 놀이치료 기술의 완전한 세트는 의미가 있고, 효율적인 놀이회기를 위해서는 통합적으로 적용되어야만 한다. 리더는 부모가 배워야 하는 모든 기술이 하나의 체계로서 함께 가야 한다는 사실을 기억하고, 부모들에게 차례대로 상기시키는 것이 중요할 것이다. 이러한 기술들은 단지 가르치기 위한 목적으로 나누어 놓은 것뿐이다. 집단 부모놀이치료 훈련 과정 동안에는 분리해서 배우고, 그런 다음 자녀와의 첫 번째 놀이회기를 진행하기 전에 가상 놀이회기에서 이 모든 기술을 연습함으로써 기술들을 하나로 통합해 갈 것이다.

임상가(trainers)들과 이론가(authors)들은 아동중심 놀이치료의 놀이기술을 여러 가지 다른 방식으로 말해 왔다(예: Bratton et al., 2006; Cochran, Nordling, & Cochran, 2010; Landreth, 2012; VanFleet, Sywulak, & Sniscak, 2010; Wilson & Ryan, 2005). 이 책은 부록 15에 실린 부모용 훈련 매뉴얼—첫 번째 모임 마지막에 부모들에게 나누어 줄 것이다—에서 이야기하는 방식을 따른다.

부모에게 가르쳐야 할 주요 기술 요약

부모용 훈련 매뉴얼에는 부모가 놀이회기를 위해서 배워야만 하는 제일 중요한 기술을 담았다. 이는 다음과 같다.

- 아동의 감정과 행동에 집중하기
- 아동이 이끄는 대로 따르기
- 놀이회기 구조화하기
- 아동의 행동 제한하기

이제 이 네 가지 기술들을 간략하게 요약하고자 한다.

- **기술 1: 아동의 감정과 행동에 집중하기** 이 기술은 부모의 놀이회기 성공에 필수적인 것이다. 부모들은 자녀의 대화와 그들의 행동에 비지시적인 방식으로 따라가고, 자녀의 감정을 인지하고 공감적으로 반응하는 것을 배울 것이다. 이러한 방식으로 아동은 스스로가 가치 있고, 감정적으로 좀 더 깊은 수준에서 이해를 받는다고 느끼게 되는데 그런 다음에 부모와 아동의 애착은 점차 증가한다. 이 기술에는 부모가 아동중심 방식으로 자녀의 질문과 명령, 요구에 어떻게 반응하는가가 포함된다.
- **기술 2: 아동이 이끄는 대로 따르기** 이 기술은 놀이회기 동안에 부모가 자녀에게 온전히 집중하고 아동의 요청에 따라서 행동 혹은 언어로 놀이회기에 참여하도록 부모에게 훈련시킨다. 역할놀이와 같은 상상놀이에 반응하기는 아동 주도의 대화 방식으로 아동에게 반응하기와 함께 이 기술에 포함된다.
- **기술 3: 놀이회기 구조화하기** 이 기술은 아동이 그들의 부모와 함께하는 놀이회기에서 무엇을 기대할지 알게 해 준다. 여기에는 부모가 자녀에게 제공하는 놀이회기의 시작과 마무리에 필요한 말이 포함된다.
- **기술 4: 아동의 행동 제한하기** 부모는 어떻게 행동에 대한 제한을 설정하는가, 놀이회기에서 준수해야만 하는 중요한 제한은 어떻게 선택하는가, 그리고 갈등을 내포하는 반응을 만들지 않고 어떻게 자신의 감정을 다룰 것인가를 배움으로써 그들이 부모로서의 권위를 효과적으로 주장하도록 돕는다.

주된 기술을 가르치는 순서

성공적인 집단 운영에 대해 지난 장에서 논의한 바와 같이, 리더들이 모임의 시연에서 함께 나눈 예시를 사용해 한 번에 한 가지 기술에 집중하는 방식으로 이 주된 기술들을 부모가 배우도록 도와야만 한다. 제5장에서는 집단 부모놀이치료 프로그램에서 배울 기술들의 순서에 대해 이야기할 것이다. 공감 반응 혹은 '이해한 것을 보여 주기'는 실습의 기본이고, 부모가 나머지 기술을 이해하는 데 도움을 주기 때문에 제일 먼저 지도할 것이다. 제한 설정 기술을 가르치는 것은 나머지 세 가지 기술이 이해될 때까지 미루는 것이 좋다. 효과적이며 조율된 제한 설정은 처음 세 가지 기술의 익숙함에 달려 있기 때문이다. 부모들이 프로그램 마지막 단계에 도달하여 그들이 일상생활에서의 부모 역할까지 놀이회기 기술을 일반화하기 시작하기 전까지 리더들은 제한 설정을 언급하지 말고 공감적 반응과 아동의 내면 욕구 이해하기를 적용하는 것이 보다 더 중요하다.

다음에서는 네 가지 기술에 대한 구체적인 예를 들면서 각각의 하위 기술까지 자세히 설명하고자 한다. 프로그램을 통해서 리더들은 부모에게 그들이 이러한 기술을 배우고 연습해야만 하는 보편적 이유를 제공해야 하기 때문에 각 부분마다 이론적 근거도 덧붙일 것이다.

기술 1: 아동의 감정과 행동에 집중하기-공감, 공감적 반응과 행동 따라가기

먼저 공감을 사용해야 하는 이론적 근거를 말하고, 공감과 함께 연습해야만 하는 기술인 행동 따라가기에 대한 논의가 이어질 것이다.

공감과 공감적 반응

공감은 중요한 치료 기술이고, 놀이치료자와 부모 모두에게 아동중심 놀이치료를 연습시키는 데에 핵심이 된다. 집단 부모놀이치료에서 부모들의 주된 과업 중 하나는 놀이회기가 진행되는 동안에 자녀를 이해하고, 적절하고 정확하게 자녀의 감정을 반영해 되돌려 주는 것을 배우는 것이다. 놀이회기에서 이 기술을 사용하는 것은 다음과 같은 측면에서 중요한 기능을 한다.

- 아동이 보다 수용받았다고 느끼고, 그들의 부모와 더 안정적으로 애착이 형성되었다고 느끼게 된다.
- 부모는 그들의 자녀를 보다 완전하게 이해하고 수용하게 된다.
- 아동은 자신의 감정이 수용되었을 때 비로소 자신의 감정이나 타인의 감정을 이해하고, 수용하며 이를 다룰 줄 알게 된다.

부모들은 행동이나 얼굴 표정을 통해서 자녀가 언어적, 비언어적으로 표현하고 있는 감정이 무엇인지 인지하는 것을 배운다. 부모가 이러한 기술들에 익숙해지도록 리더가 도울 수 있는 방법은 다음 장에서 논의될 것이다. 여기에서는 부모가 놀이회기에서 그들의 자녀에게 공감을 보여 주어야 하는 이론에 대해 설명하고자 한다.

공감과 공감적 반응에 대한 이론적 근거들

추가적인 이론적 근거는 다음과 같다.

- 놀이회기에서 부모는 그들 자녀의 관점에서 세상을 바라보려고 애쓴다. 이것은 아동이 무엇을 느끼고 생각하는지를 알려 준다.
- 감정은 인식되지 않으면 대개는 사라지지 않는다. 대신에 그 감정은 고착되고, 강해진다.
- 감정을 인식하지 않는 것이 아동에게 짜증과 불만을 야기시키면서, 과정을 다루는 것을 방해할 수 있다. 몇몇 연구는 지속적으로 감정에 반응하지 않는 것이 아동에게 다양한 문제를 야기할 수 있다는 사실을 입증하였다(예: 신체화 증상, 화와 분노의 단계적 확대; Wenar & Kerig, 2006 참고).
- 공감적 반응은 아동이 스스로에 대해 보다 더 자신감 있게 만든다. 아동은 자신의 감정을 이해하고, 그 감정에 이름을 붙이고, 그 감정을 다루는 것을 배운다. 예를 들어, 악몽으로 잠에서 깬 아동은, 그 경험을 축소시키려 애쓰지 않고 공감적으로 대하는 어른(예: "잊어버려. 그건 진짜가 아니잖니."라고 말하지 않고, "그 꿈은 정말 무섭구나."라고 반응하는 것)과 그것에 대해 이야기를 나누면 다시 잠드는 것이 가능하다.

- 아동의 감정을 아는 것은 자녀와 부모 사이에서 더 명확하고, 보다 자신감 있는 의사소통을 이끌어 낸다. 아동은 적절한 '감정' 단어와 표현을 배운다. 아동이 그들의 감정을 언어화할 수 있을 때 자신을 표현하기 위한 부적절한 행동을 하지 않을 수 있다(예: 그들은 화가 났을 때에 분노 발작을 보이기보다는 자신들이 화가 났다고 언어로 표현할 수 있게 된다).
- 아동의 감정을 아는 것은 부모가 자녀에게 무엇을 기대해야 하는지를 방해하기보다는 용이하게 한다.
- 아동이 그들 자신의 감정을 명확하게 받아들이고 소통할 때, 그들은 또한 부모와 형제자매의 감정과 생각을 존중하고 더 잘 귀 기울여 듣는 것을 배운다.
- 부모들은 놀이회기 동안에 자녀의 감정에 대해 가치 판단을 하지 않는다. 그들은 자녀가 자유롭게 자신이 감정을 탐색하고, 그들 스스로가 판단하게 내버려 둔다. **부모가 자녀의 감정을 수용할 때에 반드시 동의를 해야 하는 것은 아니다.** 부모는 자녀의 감정을 수용하는 것이 자녀로 하여금 부모가 그 감정에 동의하는 것으로 믿게끔 한다고 생각해 자주 걱정을 한다. 예를 들어, 한 아이가 "내 만화책을 다 물어뜯어 놔서 난 버글스(강아지 이름)를 몽둥이로 때릴 거예요."라고 했다고 하자. 만일 부모가 "너는 정말로 버글스에게 화가 많이 났구나."라고 반응을 했다면, 이는 부모가 버글스를 몽둥이로 때리는 것에 꼭 동의를 한다는 것을 의미하지는 않는다. 이것은 그냥 아동의 감정을 안다는 것이지, 하고 싶은 행동을 지지한다는 것은 아니다.
- 감정을 수용한다는 것이 감정의 '좋다' 혹은 '나쁘다'를 의미하지는 않는다.
- 부모에게 강조해야 하는 또 다른 사실은 감정의 수용이 감정과 일치하는 결과를 자동적으로 이끌지는 않는다는 것이다. 다시 말해, 감정은 결과를 결정하지 않는다. 감정은 단지 결과에 영향을 미치는 결정적인 요인일 뿐이다. 이 이론적 근거는 집단 부모놀이치료의 일반화 맥락에서, 일상에서 벌어지는 더 복잡한 상황일 때에 훨씬 더 중요해진다.

행동 따라가기의 활용

집단 부모놀이치료에서 부모는 그들이 자녀가 하고 있는 것에 관심이 있고 흥미가 있다는 사실을 보여 주도록 배운다. 보여 주기 위해서 부모가 알아야 하는 이 기본적인 기술을 '행동 따라가기(tracking)'라고 부른다. 부모는 자녀의 놀이에 언어적, 비언어적인 방식으로 집중하는 법을 배운다. 언어적 수준에서 연습을 할 때에 행동 따라가기란, 아동이 하고 있는 (놀이의) 내용을 재진술하는 것을 말한다. 부모에게 이 기술을 훈련시키는 방법은 다음 장에서 다룰 것이다. 이 기술을 배워야 하는 이론적 근거는 다음과 같다.

행동 따라가기에 대한 이론적 근거

- (아동의 활동에) 흥미를 가지고 있는 사람이 아동과 아동의 활동에 주의를 기울이도록 도와줄 때, 아동은 그들 자신의 행동과 생각, 감정에 보다 쉽게 주의를 기울일 수 있다.
- 행동 따라가기는 아동이 자신이 하고 있는 것에 어른들이 관심이 있고, 그것을 수용한다는 사실을 알게끔 하는 데에 그 목적이 있다.
- 아동중심 놀이치료의 오랜 연구는, 매우 숙련된 놀이치료자일지라도, 아동이 하고 있는 것을 따라가는 것이 그들의 일에 매우 중요한 부분이라는 것을 발견했다. 놀이치료 회기 동안의 그들 이야기의 60%가 아동의 행동을 관찰한 것과 연관이 있었다(Landesberg & Snyder, 1946).
- 주의를 기울이는 방법인 적극적 경청(즉, 비언어적인 따라가기)이 놀이회기 동안에 언어적으로 행동을 따라가는 것보다 더 적절할 수 있다. 아동이 말을 하지 않을 때, 예를 들어 다리를 만들거나 이젤 앞에서 그림을 그리는 것과 같이 조용한 활동에 몰두하고 있을 때에는 반응을 따라가는 것을 최소로 해야만 한다. 아동의 활동에 대해서 지나치게 많이 언어화하는 것은 대부분의 아동을 압도할 수 있고, 침입적이 될 수 있어서 피해야만 한다.
- 활동에 귀를 기울이고 수용함으로써 부모는 자녀 스스로가 해결책을 모색할 수 있다는 믿음을 전달할 수 있다. 자녀가 혼자 힘으로 생각해 낸 해결책은 외부로부터 부과된 해결책보다 종종 더 강력하고, 개인적이며, 교육적 효과를 갖는다.

리더들은 또한 공감 없이 그저 따라가기만 하는 것은 치료적 목적에는 적절치 않다는 것을 알아야만 한다. 예를 들어, 놀이회기에서 매우 기뻐하는 아이에게 "너는 트럭을 거꾸로 하고 있구나."라고만 말하는 부모는 감정을 반영하는 게 아니라 행동만을 따라가고 있는 것이다. 충분한 공감적 반응은 다음과 같다. "네가 트럭을 거꾸로 하면서 정말로 좋아하고 있구나." 후자는 행동 따라가기와 공감적 반응을 포함하고 있기 때문에 보다 더 치료적인 진술인 것이다.

기술 2: 아동이 이끄는 대로 따르기

집단 부모놀이치료에서 부모는 놀이회기 동안에 자녀가 그들을 초대했을 때에 행동이나 말 모두 그들 자녀에게 전적으로 집중하고 놀이회기에 참여하도록 훈련을 받는다. 자녀가 이끄는 대로 따라감으로써, 부모는 명확한 구조와 놀이회기의 제한 안에서 아동 주도의 분위기를 만든다. 그러면 아동은 수용받았다는 느낌과 정서적인 안정감을 느끼게 된다. 기술을 훈련받는 동안에 리더는 부모가 자녀에게 질문하지 않고, 놀이회기 도중에 칭찬을 하거나 그들에게 어떤 활동도 제안하지 않도록 돕는다. 놀이회기에서 피해야 하는 이러한 반응들은 부모가 자녀를 격려하고, 행동을 통제하고 교육을 시키는 역할을 담당해야 하는 일상생활에서는 매우 중요한 기능을 할 것이다.

놀이회기에서 부모는 자녀의 생각과 행동을 적극적으로 지도하는 것 대신에, 자녀를 수용하고 그들의 감정과 행동을 반영하는 법을 배운다. 부모는 놀이회기에서 자녀에게 반응하는 사람이다. 부모는 자신의 의견을 말하거나 자신의 생각을 자녀와 나누지 않는다.

부모가 자신의 감정을 표현할 기회들

부모는 집단 모임 동안에 자신의 반응을 살펴보게 되는데, 집단 모임은 부모에게 놀이회기에서 스스로를 표현하지 못해서 남아 있는 감정을 털어놓을 수 있는 기회를 제공한다. 예를 들어, 어머니 로라는 실습 놀이회기 후, 자신이 그 회기 동안에 아이가 자기에게 앉아서 지금 쌓고 있는 벽돌을 잡으라고 하지 않기를 바랐다고 집단 구성원들 앞에서 털어놓았다. 하지만 로라는 아들이 비탈길을 쌓는 것에 훨씬 더 참여했었다고 했다. 리더는 그녀가 자녀의 활동에 우선순위를 두었고, 그러므로 아이가 이끄는 대로 따라가는 기술을 연습했음을 집단 구성원들에게 분명히 말하면서 동시에 로라의 감정에 공감해 주었다.

자녀의 놀이에 부모 참여 수준

로라의 예에서처럼, 리더는 놀이회기에서 자녀가 자신의 상상놀이, 대화 그리고 활동을 직접 지시하고 부모는 그들이 이끄는 대로 따르면 된다는 것을 배우도록 돕는다.

하지만 로라의 예와는 다르게 부모는 보다 적극적인 방식으로 놀이회기에 참여한다. 자녀가 부모에게 요구하는 참여에는 세 가지 유형이 있다.

- **목격자로서의 참여:** 부모는 관찰하고, 활동을 따라가며, 그들의 자녀가 하고 있는 것에 대해서 공감적 반응을 한다.
- **놀이를 도와주는 사람으로서의 참여:** 아동이 그들의 부모에게 미술작업(예: 모형 만들기 등), 신체 활동(예: 공 던지기 등), 놀잇감 놀이(예: 자동차 경주 등)나 게임하기(예: 카드 게임이나 혹은 형식적, 비형식적인 규칙이 있는 게임)에 참여할 것을 요구한다.
- **역할놀이에의 참여:** 자녀는 그들의 부모에게 역할을 정해 주고 놀이를 하도록 시킨다. 아동은 부모에게 가족 구성원부터 서커스의 곡예사까지 그 어떤 배역도 정해 줄 수 있다.

아동이 부모에게 적극적으로 혹은 암묵적으로, 목격자로서의 역할을 하기를 바랄 때, 부모는 놀이회기 동안에 자녀의 행동을 따라가고 그들의 감정에 공감하면서 자녀가 무엇을 하는지, 그리고 어떤 감정을 느끼는지에 관심이 있음을 보여 주게 된다. 목격자로서의 부모가 해야 하는 주된 역할은, 자녀가 그들만의 방식으로 놀이를 경험하도록 두면서 개방적이고 관심 깊은 태도를 유지하는 것이다. 몇몇 부모에게는 다소 수동적인 이러한 역할이 자녀에게는 능동적인 역할인 놀이를 도와주거나 역할놀이를 하는 것만큼이나 중요하다는 것을 깨닫게 해 줄 필요가 있다.

자녀가 부모 참여 수준을 정한다는 이론적 근거

- 아동은 어떤 정해진 방식으로 해야 한다는 압박감이 없을 때, 가장 자발적으로 놀이를 하고 이완할 수 있다. 자녀가 부모의 참여 방식을 스스로 정할 수 있을 때에 그들은 부모의 기대를 더 이상 충족하지 않아도 된다.
- 부모는 자녀가 그들의 능력 안에서는 독립적이고 또한 필요할 때에는 도움을 요청할 수 있기를 바란다. 이러한 태도는 부모와 다른 성인들과의 긍정적인 관계를 형성한다. 아동의 사회정서 안녕과 애착 안정성의 지표는 이 둘 사이를 편안하게 오고 갈 수 있다는 것이다(O'Sullivan & Ryan, 2009).
- 아동은 부모가 그저 물리적으로 존재하는 것보다는, 자녀의 활동에 직접적으로 관여하지 못할지라도 정서적으로 기능하기를 원한다는 것이 연구결과 밝혀졌

다. 놀이회기는 자녀가 부모와 있을 때에 정서적으로 보다 긴밀함을 느끼고 이완하도록 구성되었고, 자녀는 부모가 그들과 충분히 정서적으로 기능한다는 것을 깨닫기 시작한다.

- 주저하고 우유부단한 것은 아동이 자기표현과 저장된 기억에 접근하는 그들만의 방식을 찾는 데에 필요한 과정일 수 있다. 아동의 타고난 성향이 활발하고, 잘 참여한다고 해도 정서적 문제가 그들의 타고난 자발성을 방해할 수도 있기 때문이다. 그러므로 부모는 자녀에게 활동을 제안하려고 하는 것보다는 제일 처음 논의한 기본 기술인 부모의 적극적 공감이 필요할 수 있다.

자녀의 요구들

아동중심 놀이치료 기술을 배우면서 부가적인 기술 훈련과 이론이 필요한 세 가지 영역은, 자녀가 실질적인 도움을 요청할 때, 무언가를 만들거나 게임을 하는 등 부모에게 활동 참여를 요청할 때, 상상놀이에 참여하기를 요청할 때이다. 각 영역들에 대해 다음에서 살펴보기로 한다.

자녀가 실질적인 도움을 요청할 때

놀이회기에서 아동에게는 기본적인 행동 제한을 지키는 것을 제외하고는 특정한 방식으로 행동하도록 강요하지 않아야 한다. 그러므로 놀이회기는 자녀에게 어떻게 독립적으로 행동하는 방법 혹은 어떤 것을 하는 방법을 가르치거나, 부모 자신이 경험 있고 능력 있는 성인임을 보여 주는 시간이 아니다. 특별한 놀이회기 동안에 아동은 어떻게 접근하고 싶은지, 스스로는 무엇을 할 수 있는지 그리고 어느 정도의 도움을 필요로 하는지를 정할 수 있다. 부모는 자녀의 감정에 초점을 맞추는 것을 배운다. 리더는 어떤 행동을 취하거나 다른 언어적 반응을 하기 전에 부모가 이러한 심정을 먼저 알아차리게 도와준다.

미성숙한 행동을 걱정하는 부모들

일부 부모들은 자녀의 도움 요청을 받아들이면서도 자녀가 연령이나 능력에 걸맞지 않은 미성숙한 행동을 보일까 봐 걱정을 한다. 놀이회기에서 자녀의 미성숙한 행동에 대한 부모의 걱정에 관한 이야기를 나눌 때에 사용할 몇 가지 이론적 근거가 있다. 이는 다음과 같다.

- 애착이론과 애착연구는 아동만큼이나 성인들도 때때로, 심지어 그들이 아주 독립적인 성향의 사람일지라도, 자신에게 정서적으로 중요한 다른 대상을 찾기 원한다고 한다.
- 아동에게는 자율성과 자기실현이라는 기본 욕구가 있다. 그들은 자신이 다룰 수 있는 것과 그럴 수 없는 것을 알 필요가 있고, 이를 실현해 볼 수 있는 공간과 시간이 필요하다. 이러한 공간은 최적으로 수행해야만 하는 것이 아닌, 그들이 혼자 힘으로 시도해 볼 수 있는 공간이어야만 한다. 아동발달은 대개 독립의 한 단계에서 그다음 단계로의 상대적으로 빠른 전이를 동반하는데, 아동에게는 놀이회기가 이러한 발달 과업을 실현할 수 있게 하는 '숨 쉴 수 있는 공간'이 될 수 있다.
- 몇몇 아동들은 특별한 문제를 가지고 그들의 어린 시절의 놀이를 다시 찾는다. 아동은 자신에게 온전히 집중하고 자신의 표현 그대로를 수용하는 부모와 함께 어렵고 문제가 있었던 과거를 다루기 위해 놀이회기를 사용할 수 있다.

사례 예시

다음은 놀이회기 동안에 부모가 자녀의 미성숙한 행동을 수용할 수 있게 도와준 예시이다.

피터는 잭이라는 8세 아들을 둔 계부이다. 피터는 모임 첫 회기에서 잭과 함께 한 그의 두 번째 실습 놀이회기를 이제 막 마쳤고, 슈퍼비전을 하는 리더는 피터에게 무엇이 어려웠는가를 질문했다.

피터: 잭이 나에게 신발 끈을 묶으라고 세 번이나 요구하는 것은 정말이지, 제 인내심을 시험하는 거였어요.

리더: 잭이 원하는 대로 했지만, 아버님 안에서는 그것을 받아들이지 못했군요.

피터: 저는 제 자신을 꽉 잡아야 했죠. 정말로 "너는 그것을(신발 끈 묶는 것) 혼자 할 수 있다는 것을 알고 있어. 지난 2년 동안 네가 잘해 왔거든!"이라고 말해 주고 싶었다고요.

리더: 그래서 아버님이 화가 났지만 잭이 이끄는 대로 따라가기 위해서 노력했군요. 그때 감정을 유지하기 위해서는 꽤 많은 조절이 필요했겠죠. 그렇게 아버님은 해냈어요……. 그러한 상황에서도 잭의 감정을 반영해 준 것은 도움이 되어 보여요. 잭이 무엇을 느낀 것 같아요?

피터: 제 감정을 다루는 것이 힘이 들어서 그 아이가 무엇을 느끼는지는 신경 쓰지 못

했네요.

리더: 아버님은 그 놀이회기에서는 느꼈지만 아버님 자신이 느낀 것과 잭이 어떻게 느꼈을지에 대해서 생각할 충분한 시간을 갖지는 못했네요.

피터: 네. 하지만 잭이 저와 똑같이 느끼지는 않았다는 것만은 확신해요.

리더: 자녀가 무엇을 느꼈는지를 인지하는 것은 더 어렵지만 아버님은 그것이 똑같은 것은 아닐 거라는 건 알고 있네요.

피터: 잭이 저의 보스가 되기를 바랐을지도 모르겠어요……. 아닐 거예요. 그것 때문에 크게 신경 쓰는 것 같지는 않았어요. 아이가 그렇게 느꼈다고 생각하지는 않아요. 잭은 단지 그의 발을 매번 앞으로 내밀었고, 저의 도움을 받아들이는 것 같았어요. 저는 운동화 끈을 매는 걸 잭이 힘들어 했다는 것을 알아요. 그래서 늘 끈을 매지 않은 채 왔었죠.

리더: 그래서 잭은 신발 끈을 묶는 것이 귀찮았을 것이고 아버님의 도움을 원한 거예요.

피터: 맞아요, 그랬던 것 같아요.

잭의 어머니: 나는 당신이 잭을 위해 그렇게 하는 것이 보기 좋았어. 그 아이가 어렸을 때를 떠오르게 했거든.

피터: 지금도 어린 것 같은데. 나는 결코 당신처럼 잭이 정말로 어렸을 때를 볼 수 없을 거라고 생각했어.

리더: 이렇게 우리가 함께 이야기를 나누면서 아버님의 성급함은 잃어버린 것 같네요. 이것은 아이들이 때때로 미성숙한 행동을 어떻게 보여 주는지 혹은 그들의 삶에서 일찍이 쉽게 보여 줄 기회가 없었던 행동의 좋은 예라고 생각합니다. 잭이 아버지와 함께 있을 때에 어린아이처럼 행동을 한 것은 이 아이를 도와주는 경험을 아이가 받고 싶었던 것은 아닐까라는 생각이 들어요. 만약 잭이 어릴 때에 아버지 곁에 있었다면 해 주었을 그런 경험들 말이죠.

피터: 저는 놀이회기에서 잭이 원하는 나이를 선택할 수 있게 한 그 생각이 좋았어요. 하지만 아이가 집에서 항상 아이이기를 바라지는 않아요. 우리가 외출했을 때에는 더욱더 그렇고요.

리더: 우리는 이 프로그램 후반부에서 어떻게 이 모든 놀이기술을 가정에서 사용할 수 있는지를 살펴볼 거예요. 우리가 지금 이야기한 것을 기억하고, 아버님은 집에서 똑같은 것을 하도록 노력하면서 여기서는 놀이회기 하는 것을 배우는 데에만 집중하세요. 그리고 또한 잭이 놀이회기에서 여러 번 보여 준 것처럼, 아동들은 일반적으로 독립에 대한 더 큰 추동을 갖는다는 사실을 기억하세요.

앞의 예에서는 리더가 첫 번째로 계부인 피터의 감정을 충분히 공감해 주었고, 그런 다음에 아들인 잭이 왜 그런 요구를 하였는가를 이해시키려 했고, 마지막으로는 피터와 집단 구성원들이 아동의 미성숙한 행동을 더 잘 이해할 수 있도록 돕기 위한 이론을 이끌어 내는 것을 보여 주었다.

부모가 자녀의 활동에 지나치게 참여할 때

집단 부모놀이치료에서 리더는 자녀의 활동, 생각, 그리고 감정에 지나치게 참여하고 간섭하려는 부모들을 만나게 된다. 어떤 부모는 자녀가 무언가를 시도하거나 활동에 실패하는 것을 허락하지 않으려고 한다. 이러한 부모는 자녀에게 혹은 자기 스스로에게 과잉 보호적인 태도를 발달시켜 온 것 같고, 이러한 태도는 불안 또는 과거 외상적 경험에서 비롯된 것일 수 있다. 부모의 불안은 우리가 앞 장에서 이미 설명한 바 있는 메리 제인과 그녀의 입양한 딸의 예에서처럼 자녀의 부정적 반응을 막으려는 시도로 나타날 수 있다.

리더는 자녀에 대한 과잉 통제를 줄일 때에 몹시 불안해지는 부모에게 아동이 이끄는 대로 따라가는 놀이보다 먼저 몇 가지 이론을 설명할 수 있다. 예를 들어, 리더는 아동이 자아실현과 독립을 성취하기 위해 노력하고 배우는 과정에서 실수하는 것도 필요하다고 말할 수 있다. 또한 어떤 경우에는 좌절과 부정적 감정을 견뎌 낼 수 있는 자녀의 강인함을 부모가 깨닫고 이에 적응하도록 돕는 것이 중요할 것이다[Wilson & Ryan(2005)의 제3장에서 비지시적 놀이치료에서 자율성 대 수치심과 의심 그리고 주도성 대 죄책감이라는 문제를 가지고 토론한 내용 참고]. 리더는 특히 부모의 감정에 민감해야 하고, 피터의 예에서처럼 이러한 부모의 정서에 공감하는 태도를 보여야 한다. 때때로 부모의 태도가 극단적이고, 더 심각한 개인적 문제가 등장할 때에는 앞에서 논의한 바와 같이 리더가 집단 모임에서 이러한 근심을 드러내어 이야기하는 것은 중요하다.

자녀가 부모에게 만들기와 게임에 함께하자고 요청할 때

놀이회기 동안에 자녀가 공예 만들기나 규칙이 있는 게임 등 보다 구조화된 활동을 하기로 선택했을 때, 부모는 자녀가 이끄는 대로 두는 것이 어려울 수 있다. 여기에는 미성숙한 행동에 대해 논의할 때 언급한 바 있는 똑같은 문제들이 관련이 있다. 부모는 자녀가 활동에서 실패하는 것을 원치 않을 수 있고, 좌절감과 자신감의 결여 그리고 가치 없다는 느낌으로부터 자녀를 보호하고자 할 수도 있다. 리더는 아이들이 게임을 할 때 그리고 일상생활에서 실망, 화, 분함과 부족함을 다루는 법을 배우는 것이 얼마나 중요한가를 이러한 부모들과 함께 토론할 수 있다. 놀이회기는 보호된 환경으로써 아동이 이러한 감정을 그들이 다룰 수 있는 수준에서 경험할 수 있도록 한다. 리더는 부모가 수용적, 공감적 반응을 할 때에 자녀가 이러한 감정을 처리하는 것을 최대한으로 도울 수 있다는 점을 가르치면 된다.

또한 리더는 부모에게 일상생활에서 자녀가 게임—어느 정도는 삶의 상징인—에서 규칙을 정하고, 다른 사람과 함께 게임을 진행하면서 그 규칙을 공유하는 법을 배울 필요가 있다고 말할 수도 있다. 부모는 일상생활에서 게임을 공정하고 협력적으로 하는 것의 중요성을 너무나 잘 알고 있기 때문에 자녀가 임의로 정한 규칙으로 게임을 하려고 할 때에는 부정적 감정을 갖기도 한다. 리더는 집단 모임에서 부모가 이러한 반응을 표현하도록 도와야만 한다. 그리고 부모가 놀이회기에서 게임과 공예의 적절한 방법을 자녀에게 가르치지 않으려고 할 때에 리더는 부모에게 규칙과 지시사항을 정확하게 알아야 하는 책임이 있음을 지적해야만 한다.

리더는 부모에게 자녀가 놀이회기 동안 자신에게 유리하게 규칙을 바꿀 수도 있다는 사실과 자녀 스스로를 승자라고 거짓으로 이야기하는 상황을 받아들이도록 도와야 할 필요가 있을 수 있다. 이러한 아동들은 우월감을 느끼기 위해서 승리의 경험이 필요한 것일지도 모른다. 이런 아동들은 삶에서 성공 경험이 거의 없다. 승리를 하는 것은 다른 아이들이고, 그들은 다른 중요한 방식으로 스스로의 삶을 통제하는 것이 서툴다. 그들은 현명하고 덜 압력적인 분위기인 놀이회기에서 승리감을—그것이 사실이든지 그렇지 않든지 간에—경험할 수 있는 것이다. 이러한 문제에 대해 부모와 의견을 나누면서, 리더는 놀이치료 회기에서 거짓 성취를 자랑스러워하던 아이가 성공적인 놀이치료 마지막 단계에서는 게임의 규칙을 적절히 따랐다는 그들의 지식을 나누는 것이 필요하다는 사실을 알게 될 것이다. 놀이회기의 마법은 이러한 아동들이 부모의 지시 없이도 사회적으로 승인된 행동을 받아들이게 돕는다. 집단 부모놀이치료 이후 단계에서 리더는 자녀의 행동에서 이러한 변화를 치료의 성공적인 마무리 신호로서 언급한다. 많은 아이는 틀림없이 정서적 성숙과 자아강화를 이루어 낸 결과로 놀이회기에서 성인이 이기는 것을 수용하기 시작한다.

자녀가 부모에게 상상놀이를 함께하자고 요청할 때

놀이회기는 아동에게 모래, 물, 의상 그리고 가족이나 영웅 피규어와 같은 재료를 사용하게 하고, 아동이 놀이회기에서 그들이 선택한 방식으로 다양한 유형의 놀잇감에 이름을 붙이도록 함으로써 상상놀이를 하도록 구성되어 있다. 상상놀이는 가장 자연스럽고도 치료적인 특성을 갖는다. 아동은 이러한 유형의 놀이에서 인간 감정의 넓은 폭을 표현할 수 있다. 유년 시절의 상상놀이는 성인이 밤에 꾸는 꿈이나 공상과 똑같다. 아이들은 자유롭게 '실제가 아닌' 세계로 들어가서 문제를 해결할 수 있고 개인의 경험을 창의적인 방법으로 비유할 수도 있다(Wilson & Ryan, 2005).

아이들이 상상하면서 놀이를 할 때 부모에게 함께하기를 요청하는 두 가지 서로 다른 유형이 있다. 아이들은 놀잇감, 자연물(예: 모래, 물, 돌, 조개 등) 그리고 실생활 물건(예: 손전등과 같은 것들)을 가지고 부모와 함께 상상놀이를 하자고 할 수 있다. 혹은 상상놀이의 또 다른 형태로 이와 같은 재료 중 일부를 부모가 역할놀이에 참여하게 하기 위해서 사용할 수도 있다. 역할놀이에서 아동이 프로듀서이자 감독이고, 역할놀이를 위해 스스로가 만들어 낸 상황의 스타라는 사실을 부모가 기억한다면, 역할놀이에서 자녀가 이끄는 대로 따라가는 것이 더 쉽다는 것을 깨닫게 될 것이다(Cochran, Nordling, & Cochran, 2010).

자녀의 상상놀이에 관한 부모의 질문에 대답할 때 리더가 알아야 할 중요한 측면은 다음과 같다.

- 취학 전 아동들은 일반적으로 상상놀이와 현실을 구분할 수 있다.
- 정신적으로나 연령상으로 어린 아동들과 외상적 경험을 상징화해 본 적이 없는 아동들의 경우 상상놀이에 바탕이 되는 더 생생한 이미지를 갖는 것 같다. 만일 자녀가 상상놀이에 지나치게 몰두할 경우, 리더는 자신의 놀이치료 경험을 바탕으로, 부모가 적절하게 반응하도록 도와야만 한다. 만일 아동이 지시한 역할놀이가 부모나 아동 자신에게 너무 스트레스가 된다면 리더는 스트레스 수준을 줄일 수 있게 역할놀이를 재구성하도록 제안한다. 예를 들어서, 자녀가 부모에게 플라스틱 칼로 부모를 얇게 썰기를 원한다면, 불안해진 부모가 덜 적극적일 수 있기 때문에 재구성이 요청될 수 있다는 것이다. '외과수술'과 같이 덜 스트레스 받는 다른 놀이 형태로 재구성하는 것이 필요할 수도 있다. 그러나 우리의 경험상, 아동은 부모가 몹시 참기 어려운 수준을 넘어서는 요구를 하는 경우란 거의 없었다.
- 연령이 어릴수록 아동은 함께 놀이하는 사람의 관점을 받아들이기가 쉽지 않다. 그러므로 부모는 자녀를 잘 알고 있다는 점에서 치료자보다 더 유리하고, 훨씬 더 쉽게 그들의 대화에 참여할 수 있으며, 놀이에서 아동의 지도에 적절하게 따라갈 수 있다.

- 놀이회기 동안에 자녀는 자신의 놀이가 실제 생활과는 연결되어 있지 않다는 것을 깨닫기 때문에 상상 속에서는 스스로를 반사회적인 방법으로 표현할 수 있다. 때론 아동의 상상놀이가 죽이거나 의도적으로 손상을 입히는 식으로 몹시 공격적이 될 수도 있다는 것이다. 이는 종종 부모가 두려워하는 것처럼, 아동이 실생활에서도 그 행동을 한다는 것을 의미하지는 않는다. 상상놀이는 안전한 환경 안에서 희생시키기, 통제하기, 화내기 그리고 파괴하기를 허락하는 것이다.

기술 3: 놀이회기 구조화하기

리더는 부모가 자녀를 위해 놀이회기를 구조화하는 방법을 배우게 돕고, 놀이회기에서 이 기술을 습득하는 것과 관련된 이론을 이해하게 돕는다.

구조화의 숨겨진 가치

부모가 자녀를 위해 놀이회기를 구조화할 때에 중요한 부분은 그 회기를 소개하는 메시지부터 시작한다. 놀이회기를 시작하는 말은 자녀가 주도한다는 회기의 특성을 제시하고 있다. 시작하는 말은 다음과 같다. "(자녀의 이름을 부르며), 여기는 매우 특별한 방(혹은 부모가 사용할 수 있는 공간에 따라서 시간, 장소)이란다. 너는 네가 원하는 거의 모든 것을 할 수가 있어.* 만일 네가 어떤 것을 할 수 없을 때에는 내가 이야기를 해주마."(*이 말은 다음과 같은 뜻을 내포한다. "너는 여기서 네가 원하는 무엇이든지 이야기를 할 수 있어.")

'시간 제한에 대해 두 차례의 알림'(5분 남았을 때에 그리고 1분 남았을 때에 '알린다') 다음에 마무리하는 말은 다음과 같다. "오늘 우리 시간은 여기까지야. 자, 이제 나가야 할 시간이다." 이 마무리하는 말과 알림은 자녀가 자신에게 얼마만큼의 시간이 남았는지와 이번 회기가 언제 끝나는지를 알게끔 도와주는 데에 그 목적이 있다. 자녀가 놀이회기를 진행하는 동안에 또 다른 구조화를 위한 말이 필요할 수 있는데 이는 다음에 논의하도록 하겠다.

자녀를 위한 놀이회기 구조화의 이론적 근거

놀이회기에서 구조화 진술을 사용하는 이론적 근거는, 아동은 편안하게 느낄 때 그리고 새로운 상황에서 기대하는 바가 무엇인지를 정확히 알고 있을 때에 제대로 놀이를 할 수 있다는 것이다. 애착이론과 애착연구에 근거할 때 아동은 정서적으로 방어하거나 불안하지 않을 때에 그들의 환경을 가장 편안하게 탐색할 수 있다(Wilson & Ryan, 2005)고 한다. 일반적으로 구조화시키는 말은 상황이 아동에게 명확하지 않을 때, 그리고 다른 사람이 원하는 것과 아동 자신이 원하는 것이 다를 때(예: 아동은 놀이회기가 끝난 뒤에도 놀이를 계속하기를 원할 수 있다)에 아동을 도와준다. 이렇게 구조화 진술은 놀이회기라고 하는 새로운 상황에서 아동에게 좋은 성공 기회를 제공한다.

부모는 놀이회기 동안 시작과 끝을 알리는 정해진 표현을 유지하고자 계속해서 노력한다. 매 놀이회기마다 부모가 똑같은 메시지를 사용하는 이론적 근거는, 그 메시지가 아동에게 모든 것이 이번 놀이회기와 그다음 회기가 똑같다는 사실을 강하게 알려 준다는 것이다. 그런 다음에 가정 놀이회기가 제대로 안정화된다면, 구조화 진술은 (대부분의 아동에게) 생략될 수 있고 그 진술은 아동이 놀이회기를 가정에서 보내는 그들의 일상과는 분리해서 생각하게 하는 표지가 될 수 있다.

리더는 구조화와 관련된 이러한 개념들을 소개하고, 어떤 아동은 이러한 변화와 새로운 이벤트(가정 놀이회기)를 하면서 다른 아이들에 비해서 얼마나 더 많은 도움을 필요로 하는가에 대한 예를 들거나, 참여자들로부터 그 예를 이끌어 낼 때에 부모가 집단 구성원 자녀들의 개인차에 대해서 생각해 보도록 도와야 할 것이다. 리더는 또한 다음과 같은 점을 준비하는 것이 중요하다.

- 모든 아동은 적절히 발달하기 위해서 새로운 행동을 시도할 필요가 있고 주변 환경을 탐색해야만 한다. 놀이회기는 아동을 이완시키고, 아동 자신의 감정과 생각 그리고 관계를 탐색할 수 있게 돕는다.
- 부모는 자녀에게 놀이회기를 통해 성취감을 갖게끔 도울 수 있는데, 놀이회기를 미리 계획하고 자녀가 이 새로운 상황에서 무엇을 알아야 하는지에 대해 자녀의 관점으로 받아들일 때 도울 수 있다는 것이다.
- 부모가 놀이회기를 구조화하는 것은 자녀가 성취감을 느끼고 스스로에 대해 기분 좋은 감정을 느끼게 돕는데, 특히 자녀 혼자서는 통제하기 어려운 충동성을 가지고 있을 때에 더 그러하다.

놀이회기에서 보다 일반적인 구조화 진술의 사용

"여기서는 네가 선택하는 거야." 혹은 "여기서는 네가 결정할 수 있어."라는 말들은 보다 일반적인 진술에 해당된다. 부모는 자녀에게 놀이회기를 소개하는 말을 재확인시키는 것이 필요한 상황에서 이처럼 보다 일반적인 구조화 진술을 사용한다. 예를 들어, 자녀가 자신이 무언가를 할 때 허락을 구하기 위해서 부모를 빤히 쳐다볼 경우 이러한 말을 할 수 있다.

사례 예시

위축되고 소심한 7세 보비는 어머니가 바라보는 가운데 농장 동물과 울타리, 그리고 농장의 건물들을 가지고 놀고 있다.

보비: 어떤 동물이 어느 건물로 가야 할지 잘 모르겠어요. 어디에 놔야 해요? (엄마를 향해 돌아서서는 궁금한 듯이 바라보고 있다.)

엄마: 네가 제대로 하고 있는지를 확인받고 싶어 하는구나. 이 특별한 놀이시간에는 네가 하는 것에서 맞고 틀린 것이 없단다. 네가 원하는 대로 하면 돼.

보비: 알아요, 하지만 난 재네들이 잘못된 곳으로 가는 것을 원치 않는다고요.

엄마: 동물들을 올바르게 넣었는지를 확인받고 싶은가 봐. 그래서 너는 엄마가 말해 주기를 바라는 거고.

보비: 네.

엄마: (아들을 향해 미소를 지어 보이며) 여기서는 네가 선택할 수 있어. (보비는 바로 동물들을 자기가 원하는 대로 배치했고, 만족스러워 보인다.)

보비 어머니가 그 후로 집단 모임에서 놀이회기의 이 상황이 그녀에서 얼마나 어려웠는가를 이야기하면서 동시에 보비가 자신의 도움 없이도 놀이에서 한 걸음 앞으로 나갈 수 있었다는 사실을 알아차렸다. 리더는 어머니의 감정에 공감한 다음에, 보비가 보여 준 이러한 형태의 독립적인 행동은 어떤 결정을 할 때에 아동의 자신감을 증진시킬 것이라는 사실을 강조했다. 그런 다음 리더는 보비와 어머니 그리고 집단 전체를 향해 보비 어머니의 반응이, 물론 그녀가 속으로는 걱정하고 있었지만, 얼마나 자신감 있고 숙련되었는지를 강조하여 말했다.

리더는 자녀가 놀이회기의 규칙을 재확인받고 싶어 할 때에 할 수 있는 적절한 말을 부모가 할 수 있게 도와준다. 리더가 이렇게 보다 일반적인 구조화 진술에서 '여기에서는'이라는 어구를 사용하는 것은 자동적으로 이 놀이회기가 '특별하고' 일상생활과는 다르다는 것을 이야기한다는 사실을 부모에게 가르치는 것이 필요할 수 있다. 이와 같은 설명은 놀이회기에서의 허락이 일상생활에서 자녀가 스스로를 조절하지 못하거나 부모에게 지나치게 요구하게 만들까 봐 걱정하는 일부 부모의 두려움을 없앨 것이다.

기술 4: 아동의 행동 제한하기

집단 부모놀이치료에서 부모는 자녀의 행동에 제한을 설정하는 방법과 자녀의 감정과 발달상의 욕구에 바탕으로 두고 놀이회기에서 적절한 제한을 선택하는 방법을 배우게 된다. 결국 부모는 갈등을 유발할 수 있는 반응은 줄이면서 부모 자신과 자녀의 감정을 다루게 되고 더 안정적인 애착을 증진시킨다. 제한은 이를 어겼을 때 자연적으로 뒤따르는 꼭 해야만 하는 행동의 규칙 혹은 지침으로 정의된다(Guerney L., 2013). 아동중심 놀이치료 문헌에서는 제한과 허용에 관한 잦은 논의가 이어져 왔으며, 허용이란 또 다른 맥락에서는 적절치 않을 수 있는 아동의 감정과 생각을 여기서는 표현할 수 있다고 느끼게 하기 위한 방식이다. 윌슨과 라이언(Wilson & Ryan, 2005)은 놀이회기 동안에 아동의 행동에 경계를 설정하는 것은 아동에게 안전감과 특별한 치료적 경험 가능성을 제공한다는 점을 언급했다(예: 자기조절 능력 발달, 가상 해결능력 발달 등).

제한 설정에 대한 이론적 근거

실질적인 측면에서 쉽게 청소할 수 있는 장소에서 지저분한 놀이를 하는 것과 같은 제한과 안전에 관한 제한(예: 아이가 일부러 그의 머리를 벽에 박는 것을 허용하지 않는 것 등)은 아동을 보호하고 치료자와 부모가 아동중심 놀이치료를 효과적으로 수행하는 데에 반드시 필요하다. 놀이치료를 해 본 리더는 부모가 수용적인 태도를 유지하면서 이러한 실제 제한을 그들의 놀이회기에서 설정하도록 돕는다.

정서적인 측면에서 제한은 아동에게 놀이회기 동안에 부모의 역할과 책임을 유지하거나 명확히 세우고 있음을 전달한다. 부모는 제한된 행동(예: 많은 양의 물 붓기, 부모에게 블록 던지기 등)을 하고 싶은 자녀의 바람에는 공감하면서 그와 동시에 그러한 행동에 필요한 규제를 하는 법을 배운다. 공감은 효과적인 제한 설정에는 중요한 부분이다. 성인이 공감을 하면서도 필요한 제한을 지속적이고 적절히 설정할 때에, 이는 자녀에게 정서적 안정감을 제공한다(O'Sullivan & Ryan, 2009). 또한 제한은 다음과 같은 방식으로 아동에게 자신의 감정을 조절하게 한다. 강렬함, 이는 아동이 허락되지 않는 것을 원할 때에 종종 경험하는 감정이다. 그러므로 제한 설정을 통해서 그들은 이러한 감정을 더 의식적으로 인시할 수 있다. 부모가 이러한 감정을 무시하고 바꾸려고 노력하기보다는, 자녀에게 감정을 인식시키고 수용해 주는 것이 자녀의 감정에 제한을 두지 않는 것이다. 부모는 오직 행동에만 제한을 둔다.

집단 부모놀이치료에서 부모는 자녀와의 놀이회기를 시작하기 전에 필요한 규칙을 정하도록 훈련받는다. 그들은 이러한 규칙을 부모로서의 권위를 갖고, 아동이 알아듣기 쉬운 언어로 분명하게 표현하는 것을 습득하고, 규칙을 제시하기 전에 먼저 아동의 감정을 반영하도록 배운다. 규칙을 말하는 첫 번째 진술에서 뒤따르는 결과를 말하지는 않는 이유는 두 가지 때문이다. 규칙과 동시에 뒤따르는 결과를 언급하는 것은 규칙 그 자체가 갖는 힘을 빼앗는다. 자녀는 규칙에 귀를 기울이지 않게 되어, 뒤따라 오는 결과 없이는 규칙을 따르지 않을 것이다.

놀이회기 규칙 설정은 가정에서 부모들이 말하는 "만일 네가 그것을 그만두지 않는다면 난 널 벌 줄 거야." 혹은 "만일 네가 그 침대 위에서 계속 뛴다면, 너는 네 방으로 가서 거기에만 있어야 할 거야." 등의 진술에는 반대한다. 행동에 대한 이와 같은 제한은 뒤따르는 결과를 같이 제시함으로써 제한 자체를 약하게 만들고, 부모가 아동에게 제한과 뒤따르는 결과에 대한 선택권을 주는 것이다(예: "만약 저 쓰레기를 가지고 나가지 않는다면, 용돈을 깎을 거다."라고 부모가 말한다면 아이는 "좋아요, 난 용돈이 얼마든지 별로 상관없어요."라고 대답할 수도 있다). 반대로 부모놀이치료에서는 부모가 놀이회기에서 아동이 제한을 두 번 어겼을 때에만(안전성의 이유로 곧바로 규칙 따르기가 요구되는 경우는 제외된다) 자녀의 선택에 따른 결과를 제시한다. 이 치료적 제한은 자녀에게 자기조절 능력을 발달시킬 기회와 어떤 결과를 따르기 전에 규칙을 따를 수 있는 기회를 제공한다.

리더에게는 부모가 놀이회기의 몇 가지 제한이 무엇인지를 미리 말하는 것이 아동에게 도움이 되지 않는다는 사실을 깨닫게 도와주는 것이 매우 중요하다. 때때로 부모는 자녀가 처음부터 무엇이 규칙에 위배되는가를 아는 것이 도움이 된다고 주장할 수도 있다. 부모는 시작부터 자녀가 자신의 행동을 제지하는 것이 가능하다고 생각한다. 이러한 접근은 몇몇 이유에서 자녀에게 매우 불리하다. 첫 번째로는 놀이회기에서 제한은 거의 없는데, 이를 목록으로 작성해 보면 더 많은 것처럼 보인다. 두 번째로는 규칙 목록이 너무 많아서 자녀가, 특히 어린 연령일수록, 기억하기 힘들어진다. 마지막으로 놀이회기의 처음에 규칙 목록을 적어 두었을 때에 소심한 아동들은 이완하고, 놀이 활동에 몰두하기가 어려워지는 반면에, 일부 반항적인 아동들은 갈등 상황을 만들기 위해서 일부러 규칙을 어기려고 든다.

제한을 어겼을 때에 뒤따르는 결과들

아동중심 놀이치료에서 많은 놀이치료자는 아동이 규칙(예: 다음 회기까지 놀잇감 치워 두기)에 응하지 않을 때, 그리고 거의 하지는 않지만, 놀이회기를 일찍 끝내야만 하는 결과에 응하지 않을 때에 뒤따르는 결과의 범위를 설정하도록 훈련을 받는다. 집단 부모놀이치료는 부모가 전문적인 놀이치료실이 제공하는 이상적인 조건이 아닌 가정에서 놀이회기를 지도한다는 사실을 인지하고 있어야만 한다. 그러므로 부모는 제한이 한 번 이상 지켜지지 않았을 때에, 부모로서의 권위를 주장하기 위해서 가정 내에서 매우 분명한 선택을 할 수 있는 결과들을 가지고 있어야만 한다. 집단 부모놀이치료 프로그램은 부모에게 만일 자녀가 두 번째 진술 후에도 규칙을 어길 때에는 놀이회기를 즉각 중단하는 자연적 결과를 받아들이도록 가르친다. 거기에는 다음과 같은 이유가 있다.

- 부모가 자녀에게 규칙과 뒤따르는 결과를 이야기할 때에는 수용적 태도를 전달할 필요가 있다. 만일 부모가 제한 중 하나를 강력하게 지키게끔 하는 즉각적인 방법을 가지고 있지 않다면, 자녀의 감정을 수용하는 그들의 태도가 방해받을 수 있다.
- 가정에서 회기가 진행될 때에 아이들은 놀이회기의 허용과 가정생활의 허용 사이에 명확한 경계를 지녀야만 한다.
- 부모는 그들의 모든 제한을 지키게 하는 가장 쉬운 방법을 배우고, 스트레스가 많은 상황에서 대안목표를 고려할 필요가 없다.

아동중심 놀이치료 문헌을 살펴보면, 제한을 어겼을 때 수용할 수 없는 행동의 대안행동을 제시하는 것이 아동에게 더 이로운지 그렇지 않은지에 대한 의견이 분분하다[예를 들어, 랜드래스(Landreth, 2012)는 벽이 아니라 쿠션을 향해 자동차를 부딪칠 것을 아동에게 대안으로 제시하라고 한 반면에, 윌슨과 라이언(Wilson & Ryan, 2005)은 아동 스스로 가 대안을 선택하게 두자고 했다]. 집단 부모놀이치료에서 부모는 대안행동을 제시하지 않고 제한을 설정하는 법을 배운다. 제한을 설정하는 이러한 방식은 제한이 아동에게 주어진 다음에 아동이 자기지시(self-direction)를 발달시키고, (부모가 하는) 제안은 피하며, 가능한 곳이라면 어디든지 아동이 이끄는 대로 따르고, 아동이 취하는 반응과 그다음 단계를 남겨 두는 것이 이 프로그램의 목표에 더 부합하기 때문이다. 밴플릿(VanFleet, 2013)과 같은 일부 아동중심 놀이치료자들은 놀이회기에 어떤 제한이 있는지 아동에게 보다 구체적으로 구조화시킨 다음에 "하지만 너는 다른 모든 것을 거의 다 할 수 있어."라고 덧붙이는 진술을 사용하고 부모가 놀이회기를 지도할 때에도 사용하게끔 가르친다.

부모에게 자녀의 발달과업 안에 규칙이 존재하는 것이 필요하다는 사실을 강조하는 것은 중요하다. 때때로 부모는 자녀의 능력에 비현실적인 기대를 가지고 있어서 자녀의 능력을 과대평가하거나 과소평가한다. 놀이회기는 부모로 하여금 자녀의 욕구에 대해 알고 이해하고 준수하기 위해서 규칙을 세우는 방법을 배울 수 있는 이상적인 환경을 제공하는 것이다. 정서적인 상황에서는 짧고 간단한 문장과 단어가, 특히 나이가 많은 아동에게도 언제나 더 효과적이다. 게다가, 연령이 아주 어린 아동, 발달이 지연된 아동이나 더 제한된 인지 능력을 가지고 있는 장애 아동의 경우 뒤따르는 결과를 언급하기 이전에 두 번 이상 규칙을 말해 주어야만 한다.

부모와 함께 제한 설정에 대해 논하면서, 리더는 제한 설정과 이를 지키는 것이 이 프로그램의 궁극적 목적은 아니라는 사실을 상기시켜야만 할 것이다.

이 책에서 언급한 바와 같이, 고민이 많은 부모들은 어떻게 그들의 자녀가 규칙을 따르게 하는지 배우길 원하며, 이는 프로그램 초반에 특히 더 그러할 것이다. 따라서 리더는 이러한 부모에게 제한 설정 기술을 지도하기 이전에 구조화를 통해 갈등과 자녀의 혼란을 줄일 수 있는 방법과 함께, 자녀의 감정과 욕구가 무엇인지를 알고 이를 수용하는 방법을 배우게끔 이끄는 것이 더 중요할 것이다.

모임에서 놀이회기 실습 시, 부모는 리더의 도움하에 이해한 것을 보여 주기, 자녀가 이끄는 대로 따르기, 구조화하기, 제한 설정 등 이 모든 기술을 연습하게 된다. 그들은, 특히 프로그램 후반 자녀와 함께한 가정 놀이회기에서 이러한 기술을 모두 함께 사용할 때에 효과가 있음을 보여 주는 생생한 개인적인 예를 언급하기도 한다.

사례 예시

첫 놀이회기에서 아버지 로리는 그의 6세 아들 톰에게 플레이 도우는 매트에서만 가지고 놀 수 있다는 분명한 규칙을 설정하였다. 톰이 다소 화가 난 얼굴을 하고 있음에도 불구하고 아들의 감정을 반영하지는 않았다. 톰이 두 번째로 매트 위에서 플레이 도우를 가지고 놀지 않자, 아버지 로리는 한 번만 더 그렇게 했을 경우에 놀이회기를 끝낼 것이라는 결과를 제시했다. 하지만 한 번 더 로리는 톰의 좌절감을 읽지 못했고, 이번 회기는 제한과 마지막 결과로 끝나는 것 같았다. 놀이회기 후에 리더가 피드백을 줄 때 로리는 톰의 감정을 이해하거나 언어화하지 못했다는 사실을 깨달았고, 다음 회기에는 그렇게 하기로 했다.

그다음의 놀이회기에서 톰은 다시 한 번 더 플레이 도우를 매트 위에서 가지고 놀지 않았다. 이번에 아버지는, "규칙을 기억하렴, 플레이 도우는 매트 위에서 가지고 노는 거야."라고 제한을 설정했고 이어서 "그런데 네가 그렇게 하기가 어려운 것 같구나." 라고 덧붙였다. 톰은 아버지를 향해 돌아서서는 "맞아요."라며 부드럽게 말했다. 아버지는 "너에게는 어려운 일이구나."라고 대답했다. 남은 놀이회기 동안에 톰은 매트 위에서 플레이 도우를 편안하게 가지고 놀았다.

이 놀이회기에 대해 피드백을 하면서 로리는 톰의 감정에 대한 이 간단한 반영이 놀이회기 안에서 톰의 행동을 변화시키는 데에 미치는 영향에 놀랐다고 리더에게 말했다. 리더는 톰의 이번 변화에 대해 느낀 로리의 강한 감정에 공감하였고, 톰의 감정에 대해 이해한 것을 보여 주기를 포함해 로리의 능숙한 제한 설정을 칭찬하였다. 리더는 또한 이 경험은 집단 전체에게 배워야 할 점임을 확실히 하였다.

지금까지 집단 부모놀이치료 프로그램을 시작하기 위한 준비, 부모놀이치료와 집단 부모놀이치료에 대한 배경 정보들, 집단 부모놀이치료를 위한 접수면접에서의 고려사항들, 성공적으로 프로그램을 운영하기 위해 리더에게 주는 충고와 부모가 놀이회기 기술을 배우도록 돕기 위한 이론적 근거들을 다루었다. 다음 장부터는 집단 부모놀이치료의 전체 구조를 처음부터 끝까지 다룰 것이다.

제5장

집단 부모놀이치료 프로그램 시작하기: 1회 모임

1회 모임은 집단 부모놀이치료 프로그램의 분위기와 속도를 정하는 데에 매우 중요한 모임이다. 이 모임은 리더에게 몇 가지 중요한 목표를 갖게 하는데, 예를 들어 집단 응집력을 키우기 시작하는 것, 부모들이 집단 구성원에 대해 갖는 불안과 부모로서 기술에 대해 갖는 불안을 효과적으로 다루도록 도와주는 것 등이다. 참여자들에게 앞으로 모임의 내용에 대한 개요와 전체 프로그램을 알려 주고, 부모놀이치료의 효과성에 대해 검토하며, 부모놀이치료의 기술을 일반적인 수준에서 소개한다. 부모놀이치료 기술 소개에서는 리더가 아동중심 놀이치료 회기를 직접 보여 준 다음에 집단 구성원들과 이에 대해 논의하는 과정을 갖는다. 마지막으로 리더는 다음 번 모임을 위해 부모를 준비시킨다.

우리가 앞서 논의한 첫 번째 모임의 목표들을 확실히 달성하기 위해서 리더는 1회 모임을 매우 신중하게 준비해야만 한다. 시작하기 전에 새로운 리더의 준비사항에는 이 책을 전체적으로 읽고, 자세히 공부하고, 초반 몇 회기의 내용은 완전히 이해해서 자기 것으로 만들어야 하는 것이 포함된다. 앞서 언급한 바와 같이, 프로그램을 진행하기에 앞서서 경험이 있는 리더와 함께 집단 부모놀이치료 기술을 연습하기 위해서 집중적이고 실습 위주의 훈련 과정에 참여해 보는 것도 중요하다.

프로그램의 각 회기에서 다루어야 하는 주제에 대한 간략한 개요는 부록 13에 나와 있다. 부록에는 각각의 회기 목표, 모임 전에 해야 할 일들과 20주 프로그램에서 리더가 교육적으로 그리고 실제적으로 해야 할 일들에 대해서 실었다. 이러한 개요는 기억을 도와주는 것으로 사용될 수 있는데, 리더는 개인적으로 이를 사용하려고 해당 회기의 것을 복사해서 매회 모임마다 가지고 오고, 집단의 요구에 따라서 적용한다.

이 장에서는 리더가 스스럼없는 분위기를 만들고, 동의를 얻고 비밀보장에 관한 한계 설정을 제안하는 것에서 시작한다. 이 장의 대부분은 리더가 1회 모임을 이끌어 가는 데에 필요한 지침을 제공하고, 1회 모임에서 리더와 참여자들 간에 이루어진 대화의 사례 예시를 담고 있다.

집단 부모놀이치료 시작하기

언제나 1회기는 앞으로 진행될 회기의 속도와 분위기를 결정한다. 리더들은 그들이 잘 준비되어 있다는 것을 알게 되면 훨씬 편안해진다. 이번 모임과 또 다른 초반 모임에서 리더는 이후 모임에서보다는 훨씬 더 능동적인 역할을 맡게 된다. 그들에게는 참여자들이 집단 구성원으로서 자리매김하도록 돕기 위해 개별적으로 상호작용을 할 책임이 있다. 그러므로 집단 부모놀이치료 리더들은 부모들이 자신에게 그리고 또 다른 집단 구성원들에게 기대되는 것에 익숙해질 때까지는 집단 구성원들에게 너무 많은 참여를 기대해서는 안 된다. 무엇보다도, 리더가 긍정적인 분위기를 조성하고, 사기가 저하된 부모들에게는 때때로 집단 부모놀이치료에 참여하는 것이 긍정적인 결과를 가져다줄 것이라고 전달하는 것은 중요한 일이다.

공동 리더의 역할을 집단에 소개하기

집단 부모놀이치료 접수면접 과정에서 한 명의 리더가 참여자들 가운데 절반을 지도했기 때문에, 공동 리더는 부모들이 두 리더 모두에게 친숙하지 않다는 사실을 기억하는 것 또한 필요하다. 리더들은 서로 사전에 정보를 나누고, 가족놀이관찰 비디오 내용을 공유해서 집단 구성원들 모두와 보다 더 친숙해진다. 따라서 모임을 시작할 때에 두 리더가 집단 전체에게 자기 자신을 소개하는 시간을 갖는 것은 중요하다. 또한 리더들은 첫 번째 모임에서 그들의 역할을 나누고, 부모들이 두 리더와 상호작용할 수 있게 돕고, 그들이 집단의 모든 측면을 공동 책임으로 살피고 다루는 것이 중요하다는 사실을 기억해야만 한다.

리더 중 한 명이 경험 많은 리더에게 훈련을 받을 때에는 역할을 나누는 것에 예외가 발생한다. 경험이 적은 리더에 대한 소개는 다음과 같이 이루어질 수 있다. 보다 경험 많은 리더가 자신과 자신의 역할을 집단 구성원들에게 소개한다. 그런 다음 리더는 경험이 적은 리더를 소개하고 그의 역할이 무엇인가를 설명한다. 예를 들면, 다음과 같다. “이쪽은 메리 포터이고, 우리의 공동 리더예요. 그녀는 놀이회기를 지도하고, 여러분을 슈퍼비전할 것이며 때로는 정보를 제공하고 여러분의 질문에는 답을 해 줄 겁니다. 그리고 내가 부득이하게 참석을 못 하게 될 경우, 메리가 나를 대신하는 역할을 해 줄 거예요.”

편안한 분위기 만들기

부록 8에 몇 가지 실질적인 제안들이 제시되어 있다. 이는 1회 모임에 리더들과 부모들 모두를 보다 더 편안하게 만드는 데에 도움이 될 것이다. 이름을 사용하는 것과 같이 모두 간단한 것들이지만, 그것이 집단 부모놀이치료 성공에는 반드시 필요한 이완되고 친숙한 수용의 분위기를 만드는 것을 도울 것이다.

집단 모임을 기록하기

모임을 기록하고자 하는 리더들은 접수면접 만남 마지막에 부모의 서면 동의를 받아야 할 것이다. 집단 부모놀이치료 모임을 기록하는 것은 리더에게 여러 방면에서 도움이 된다. 첫 번째, 리더가 모든 변화의 정확한 특성을 회상하도록 한다는 것인데 이는 제일 중요하다. 두 번째, 기록을 다시 살펴봄으로써 리더는 다음 회기에 어떠한 변화가 필요한지와 무엇이 효과적으로 작용했는지를 결정할 수 있다. 세 번째, 기록은 리더에게 사용할 수 있는 사례와 부모들이 보다 성공적으로 놀이치료 기술을 배우도록 도울 수 있는 방법과 관련된 아이디어를 제공하기도 한다. 마지막으로, 기록은 일반적으로 슈퍼비전 목적으로 유용한데, 슈퍼바이저에게 무엇이 잘되어 가고 있는지와 또한 만약에 리더가 어려움을 경험하고 있다면 어디에서 도움이 필요한가를 보여 줄 수 있다.

1회 모임에서 비디오 녹화를 시작할 때 우리는 겸손한 접근을 제안하는데, 이 방법이 부모에게 불안을 덜 야기하기 때문이다(예: “매번 모임을 시작할 때마다 우리는 비디오 녹화를 할 것입니다. 이는 우리가 여러분에게 보다 더 효과적인 리더가 되는 것을 도와줄 겁니다."). 1회 모임이 시작하기 전에 리더는 신중하게 모든 이의 목소리와 얼굴을 다 촬영할 수 있는 적당한 위치에 비디오 리코더를 미리 설치해야만 한다. 그럴 일은 없겠지만, 만일 누군가가 비디오 녹화를 반대한다면 리더는 그들의 감정을 반영하고 수용해 준 다음에 잠시 기다려 주는 것이 필요하다. 만일 한 명 이상의 부모가 계속해서 반대를 한다면 리더는 그 모임은 녹화하지 말고 비디오 리코더의 코드를 뽑아 한쪽으로 치워 둬야만 한다. 루이스 거니가 경험한 바에 따르면, 부모들의 강렬한 감정에 귀를 기울임으로써 집단의 리더는 비디오가 가져다주는 보상보다도 더 큰 라포(rapport)와 믿음을 얻을 수 있게 된다. 마지막으로 한두 명의 부모가 녹화를 반대할 때에 리더는 그 다음 번 모임에서 여전히 반대를 하고 있는지를 물어보는 것도 가치가 있다. 일단 이런 부모들이 리더와 집단을 더 많이 신뢰하기 시작하면 녹화를 반대하지 않을 수도 있기 때문이다. 또한 이러한 부모들은 고정된 카메라가 그들을 비추지 않는다면 허락할 수도 있는데, 그럴 때에는 그들의 목소리는 녹음될 것이다.

모임 동안에 부모들과 함께하는 시연과 실습 놀이회기를 포함해서 프로그램 내에서 아이들과 함께하는 놀이회기를 모두 비디오로 녹화해 놓는 것은 리더에게 유용하다. 시연과 놀이회기를 녹화하는 것은 여러 가지 이점을 갖는다. 만일 일방경이 설치된 관찰실 사용이 불가능하다면, 집단은 실용적인 수준에서 비디오를 통해 시연과 실습 놀이회기를 관찰할 필요가 있다. 비디오 녹화를 하는 또 다른 이유는 리더가 자신을 스스로 슈퍼비전하도록 돕고, 부모와 아이들이 이후 가정 내 회기에서 자신에 대한 녹화를 요구받기 전에 모임을 통해 미리 비디오 녹화에 익숙해지는 것을 도울 수 있기 때문이다. 때때로 리더는 모임에서 이러한 경험들에 대해 집단 구성원들과 토론하면서 모임에서의 시연이나 그 후 놀이회기에 관한 비디오를 사용할 것인가를 선택할 수도 있다.

집단 비밀보장 문제에 대해 이야기하기

꼭 소개해야만 하는 또 다른 문제는 집단 비밀보장에 관한 것이다. 우리는 리더에게 이 문제가 중요하기는 하나, 집단이 이를 지킬 수 있다는 것을 부모들에게 보여 주기 위해서 겸손하고 불안하지 않는 방식으로 소개할 것을 거듭 제안하는 바이다. 리더는 참석한 부모들 모두가 자녀를 돕기 원하고, 자녀들과 놀이회기를 하면서 서로서로 배우는 것과 동시에 모임이 진행되는 동안에 그들의 가족생활에 대해서 이야기를 나누게 될 것임을 말할 수 있다. 집단은 가족 정보가 개인이나 전화, 문서 혹은 인터넷과 같이 덜 직접적인 방식으로 친구나 지인들에게 공유될 때가 아니라, 집단 내의 다른 구성원들과 가정에 남아 있는 배우자들에게 공유될 때에 가장 효과적으로 작용한다. 치료자들이 가족들과 작업을 하면서 개인 정보를 보호했던 것과 똑같은 방식으로, 부모가 말한 내용은 모두 비밀이라는 것을 알게 된다면, 집단에 참여한 부모들은 존중받고 있으며 안전하다고 느끼게 될 것이다. 일반적으로 사용되는 집단 격언인 '이 방에서 말한 것과 일어난 일은 이 방에서만 머무른다.'가 여기에서 언급될 수 있겠다.

집단과 문화에 따라서 리더는 참여자들로부터 집단 비밀보장 동의서에 사인을 받을 것인지 말 것인지를 결정할 수도 있다. 이 모임 마지막에 동의서를 나눠 주고 다음 번 모임에서 되돌려 받는다. 또 다른 방법으로는, 필요하다면 마지막 접수면접 만남에서 부모의 서명을 받는 형식의 녹화 동의서에 집단 비밀보장에 대한 짧은 설명을 덧붙일 수도 있다.

집단 구성원끼리 소개하기

녹화와 비밀보장에 관한 문제들을 간략하게 언급한 다음, 한 명의 리더는 부모에게 그의 이름과 집단 부모놀이치료에 참여한 자녀의 이름, 나이를 다른 구성원에서 말하면서 자신을 소개하도록 요구한다. 리더는 이미 접수면접에서 집단 부모놀이치료는 전체 가족의 개입임을 강조한 바 있다. 참여하지 않겠다는 가족 구성원이 있다면, 이런 자녀와 가족 구성원에 대해서 언급할 것인지에 대한 선택권을 가져야만 한다. 또한 리더는 구성원들에게 집단 부모놀이치료에 참여함으로써 얻고자 하는 것이 무엇인지에 대해 짧게 이야기하도록 요구할 수 있다.

리더는 집단에 참여한 부모들의 개인적 특성에 관한 중요한 정보를 접수면접을 통해서 얻었다. 이러한 정보를 기억하면서 리더는 그 집단 내에서 의사소통 분위기를 편안하게 만들 정도로 충분히 자신감 있고 수다스럽게 보이는 부모를 선택해 호명할 수 있다. 만일 이러한 특성들이 바로 눈에 띄지 않는다면 리더는 이 전략을 우리가 나중에 논의할 모든 기술 훈련에 적용할 수도 있는데, 더 능력 있고 자신감에 차 있는 집단 구성원에게 집단 앞에 나와서 기술들을 설명하도록 요구할 수 있다는 것이다. 이는 다른 구성원들에게는 대신해서 배우도록 하고, 종종 그들이 갖고 있는 수행 불안을 줄이는 것을 돕는다.

소개하는 동안에 리더가 해야 하는 가장 중요한 역할은 집단 구성원들이 리더와 구성원들 사이에 관계를 형성할 수 있도록 적극적으로 도와주는 것이다. 그리고 리더는 이러한 소개에 필요한 시간을 잘 조절해야만 한다는 것을 잊지 말기 바란다. 그들은 개인마다 몇 분을 주고는 재빠르게 다음 사람으로 넘어가야만 한다. 리더는 참여자들에게 시간을 똑같이 배분해야 한다. 만일 리더가 집단 구성원들을 동등하게 이끌어 가는 데에 실패한다면 집단 내에는 원치 않는 분위기가 형성된다. 이는 구성원들 사이에 불평등한 느낌을 줄 수 있고 집단 과정에 이탈된 느낌을 유발하거나, 심지어는 철회되었다는 느낌마저 준다. 리더의 관심을 끌기 위해 구성원들 사이의 경쟁도 유발될 수 있다. 소개를 하는 동안 두 명의 리더가 해야 하는 또 다른 일은 개인들 사이와 형성되는 집단 내 잠재적 역동에 대한 가설을 세우는 것이다. 이러한 생각들은 첫 번째 모임이 끝난 다음에 리더가 계획을 세우고, 브리핑을 하면서 의견을 말하는 데에 매우 중요하다.

소개를 하는 동안에 부모들은 대개 자신의 삶 전반과 자녀에 대한 걱정, 그리고 부정적인 감정을 나누고 싶어 한다. 집단의 리더가 부모들의 사적인 토론에 제한을 두는 것이 중요하고, 지금 이곳이 장황한 논의를 위해 마련된 시간과 장소가 아님을 부모에게 재치 있게 상기시킬 필요가 있을 수도 있다. 우리의 경험에 따르면, 만일 접수면접 마지막에 리더가 부모의 걱정을 논의할 기회를 이미 가졌다면, 길게 말하고 싶어 하는 그들의 욕구는 크게 문제가 되지 않는다. 접수면접에 관한 장에서 이미 설명한 바와 같이, 리더는 부모에게 집단을 진행하는 동안에 그렇게 장황한 논의를 할 시간이 없음을 언급했다.

집단 구성원들이 그들이 경험하고 있는 어려움을 언급한다면, 리더는 먼저 그들이 표현하고 있는 감정에 공감하고, 그런 다음 부모의 긴 이야기를 중단시키는 것이 중요하다. 부모와 집단 전체에 이러한 감정은 정당하고, 프로그램이 진행되는 동안 표현되었으면 하는 감정임을 상기시키는 것은 도움이 될 것이다. 그러나 앞선 장에서 언급한 바와 같이, 리더는 한두 명 부모의 개인적인 문제에 대해 이야기를 나누느라 과도한 시간을 보내기보다는 그 집단의 모임과 프로그램이 갖는 집단목표에 초점을 유지하도록 도울 필요가 있다.

부모놀이치료 개관 제공하기

모든 부모가 자기 자신, 가족, 그리고 집단 부모놀이치료 프로그램에 참석하게 된 그들의 목적을 이야기한 다음에 리더가 해야 할 일은 부모놀이치료의 효과성에 대해 간략하게 설명하는 것이다. 이 내용은 접수면접 모임에서 리더와 가족들이 더 깊이 있게 다루었다.

집단 부모놀이치료에 대한 리더의 목적

리더는 대개 프로그램의 주된 목적 가운데 하나가 가족이 함께 잘 지내는 것이고, 모두가 삶을 잘 즐기는 것임을 언급하면서, 집단이 성취했으면 하는 것에 대해서 대략적으로 이야기하고 본 프로그램을 시작한다. 그런 다음에 리더는 집단 부모놀이치료에서 배우게 될 기술에 대해 이야기를 하는데, 기술들에는 아동이 이끌도록 하는 것과 자녀의 감정과 행동에 초점을 맞추는 것, 아동이 자신들에게 기대되는 것이 무엇인지를 알게 하기 위해서 상황을 구조화시키는 것, 그리고 필요할 때에 아동의 행동에 제한을 두는 것 등이다. 우리는 이러한 기술들에 대한 일반적인 설명을 이번 모임 후반부에 시연에 대해 논의할 때까지 미루어 둘 것을 제안하는 바이다.

그런 다음 리더는 자녀와 함께하는 놀이회기란 무엇인지와 어떻게 그것이 효과적인가에 대한 개요를 제공한다. 이 지도의 요점은 다음과 같다.

1. 여러분은 놀이회기를 지도하는 것을 배우게 될 것이다. 놀이는 아동의 감정과 생각이 쉽게 표현되도록 돕고, 종종 말보다 효과적이다.
2. 놀이회기가 아동의 증상과 행동을 지시하지 않는다. 회기는 이면으로 들어가기 위함일 뿐이다. 놀이회기는 무엇이 아동의 행동을 유발하는가를 말해 준다. 이러한 이면의 문제들이 아동이 겉으로 보여 주는 행동보다도 아동에 대해 더 많은 정보를 준다. 그러므로 놀이회기는 모든 문제에 훨씬 더 효과적이다. 여러분은 다양한 행동과 다른 아동들을 관찰함으로써 여러분 자녀에 대해 더 많은 것을 배울 수 있을 것이다.

리더는 이 점을 설명하기 위해서 한 가지 예를 들어 줄 필요가 있는데, 많이 고민하고 있는 아동들은 스스로가 다른 또래들만큼 가치 있다고 느끼지 않는다(가정에서나 또는 학교에서)는 것이다. 이러한 낮은 자존감이 일부 아동들에게서는 분노행동 그리고 위축행동으로 나타나고, 또 어떤 아동에게서는 이 둘 다가 보이기도 한다.

3. 여러분은 아동이 이끄는 대로 따라가는 방법과 자녀에게 그들의 감정을 여러분이 이해하고 있다는 것을 보여 주는 방법을 배우게 될 것이다. 여러분은 자녀가 자신들에게 중요한 것에 집중하게 하기 위해서, 주어진 제한 내에서 자녀들을 허용하게 될 것이다(부모님들은 나중에 제한으로 되돌아 올 것이라는 사실에 안심할 필요가 있다).
4. 관련된 기술을 배우고 자녀가 그들의 놀이회기를 잘 이용하는 것을 배운 다음에야 비로소 놀이회기는 편안하고 서두르지 않으며, 여러분과 자녀를 위해서 스트레스를 받지 않는 자유로운 시간이 될 수 있을 것이다. 이와 같은 놀이회기 동안에 여러분은 그저 수많은 다른 아이들이 아닌 여러분의 자녀 한 명에게만 집중하고, 가정에서 행해져야 할 필요가 있는 단 한 가지 일에 집중을 함으로써 좋은 부모가 될 수 있는 것이다. 여러분의 자녀는 부모의 다른 측면을 보게 될 것이고, 여러분 역시 자녀의 또 다른 측면을 보게 될 것이다. 이러한 놀이시간은 여러분과 자녀가 함께하는 긍정적인 시간을 늘리고, 여러분에게 또 다른 방식으로 서로를 바라보는 기회를 주는 데에 그 목적이 있다.
5. 여러분은 집단 부모놀이치료 프로그램에 참석하기로 결정을 했다(혹은 '여러분은 요청받았을 수도 있다.'). 이 프로그램은 부모에게 매우 유용한데, 우리는 여러분에게도 그렇다고 생각한다. 여러 해 동안 많은 부모가 놀이시간을 보내는 것을 배워 왔다. 많은 아동과 부모가 집단 부모놀이치료 프로그램으로부터 이득을 얻었다는 것을 보여 주는 연구도 있다.

전체 프로그램 요약하기

그다음으로 리더들이 해야 할 일은 부모에게 앞으로 모임에서 다루게 될 내용과 프로그램 전체를 요약해 주는 것이다. 부모에게 각자 제공해야 하는 유인물은 이 논의 시작 부분에서 제공되었다(프로토타입은 부록 12 참고). 하지만 저자의 경험에 따르면, 프로그램의 모든 모임의 세부 일정과 부모용 훈련 매뉴얼은 모임 마지막에 제공되는 것이 가장 효과적이다. 모임에서 전체 프로그램을 요약하는 목적은 리더가 이미 정해진 프로그램의 내용을 미리 보면서, 일반적인 용어로 프로그램이 어떻게 진행될 것인지를 명확하게 살펴보는 것이다. 프로그램의 각 단계가 간략하게 언급되고, 부모가 배울 내용은 간단한 토론을 통해서 언급되어야만 한다.

리더가 토론에 너무 많은 시간을 할애하지 않으면서 토론을 진행해 나가는 것이 중요하고, 부모들이 이 프로그램에서의 자신의 역할에 대해 느끼는 그들의 감정에 공감해 주는 것 또한 중요하다. 모임이 끝나기 전에 시연에 대한 진지한 토론이 있을 것을 부모에게 알리고, 시연 단계에서는 정보들을 대충 넘길 것을 제안하는 바이다.

다음은 프로그램이 진행되는 동안에 부모가 배워야 할 내용의 요약으로, 리더는 이를 개관에 꼭 포함시켜야 하고 부모가 알아듣기 쉬운 말로 바꾸는 것이 필요할 것이다.

1. 리더 가운데 한 사람이 이 집단에 참여하지 않은 친한 아이 한 명과 놀이회기를 시연해 보여 주어야 한다(혹은 리더는 비디오를 사용할 수 있다; 뒤에 '선택사항' 참고).
2. 이후 몇 차례의 모임에서 리더는 아동과 함께 시연을 진행할 것이다. 그리고 시연은 15분 내로 이루어질 것이다.
3. 리더가 보여 주는 시연은 놀이회기를 위한 기술을 배우게 돕는다. 매번 모임을 시작할 때에 시연을 진행하고, 그런 다음에 부모는 이러한 기술을 배우는 데에 집중하게 된다. 우리는 토론과 역할놀이, 실습을 통해서 훈련시키고자 한다.
4. 우리가 처음 몇 주 동안에 시연을 진행하면서, 놀이기술을 연습하도록 돕고 그런 다음에 프로그램에서 충분히 연습한 부모와 자녀가 두 회기에 걸쳐 10~15분 씩 짧게 시연을 실시하게 할 것이다. 우리 리더와 집단 구성원들은 간섭 없이 보고 배우게 될 것이다.
5. 프로그램의 이 부분이 진행되는 동안에 그 이상의 기술 훈련이 매 회기마다 주어지게 된다. 기술 훈련은 여러분이 자녀들과 놀이를 하도록 준비시키는 것이다. 몇 번의 시도만으로 여러분이 모든 것을 잘 해내리라고 기대하지는 않는다. 배우는 과정에는 시간이 필요하다는 사실을 우리는 익히 알고 있다.
6. 여러분이 충분히 능숙해진 다음에 가정회기를 시작하게 될 것이다. 가정 놀이회기는 우리가 집단에서 실시하는 것보다 두 배 정도 길게 진행하게 된다. 매주 프로그램에 참여하는 아동과 30분씩 실시할 것이다.
7. 가정 놀이회기가 잘 진행될 때, 우리는 여러분이 놀이회기에서 배운 기술 몇 가지 기술을 여러분의 가족 일상에 적용시켜 보도록 할 것이다.

우리는 리더에게 일상으로의 일반화를 가볍게 다루라고 충고한다. 리더가 부모들의 의지를 꺾고자 하는 것은 아니나, 기술을 일반화시키는 것은 많은 이들에게는 어렵게 들릴 수도 있기 때문이다(부모가 필요한 기술들을 습득했을 때 일반화란 그들에게 매우 자연스러운 것 같다). 이 논의를 진행하는 동안에 리더가 해야 할 일은 참여자들이 갖는 의심을 없애고, 참여자들에게 리더는 실제적이며 지지적이라는 사실을 보여 주고, 희망을 유지하는 것임을 잊지 말기 바란다. 부모들이 프로그램을 시작하면서 호기심과 낙관적인 감정을 느끼는 것이 어려울 때가 종종 있다. 이 시기가 부모님들이 자녀 문제에 대해 좌절감을 자주 느낄 때이기 때문이다. 리더가 전달해야 하는 일반적인 태도는 '우리가 그것을 다룰 것이다.' 그리고 '우리는 당신의 걱정에 공감한다.'이다. 필요한 만큼 자주 이러한 메시지를 다양한 언어로 전달하는 것은 그 집단에 흥미를 유지시킬 수 있고, 마지못해서 참여하는 몇몇 부모들이 지속하게 만들 수도 있다.

프로그램에서 부모의 역할을 소개하기

리더들은 다음에 제시된 가장 중요한 핵심 사항을 토론하는 동안이나 아니면 이후 몇 차례의 모임에서 적절한 순간에 쉽게 설명해 줄 수 있다.

1. 우리는 여러분 모두가 놀이회기를 진행하는 것을 배우도록 도울 것이고, 이는 함께 가는 여정이다. 숨겨진 문제는 없다. 우리는 여러분이 가정에서 해 온 방식을 변화시키기 위해서 여러분을 조정하고자 애쓰지는 않을 것이다. 여러분의 자녀와 여러분의 가족은 여러분 영역 안에 있다.
2. 여러분 대부분이 시작 단계에서 어려움을 느낄 것인데, 왜냐하면 놀이회기는 부모들이 일상생활에서 하는 것과는 다르기 때문이다. 하지만 우리는 우리가 이 특별한 놀이회기를 실시할 수 있도록 여러분을 훈련시킬 수 있다고 자신한다. 우리는 자녀들과 함께 놀이회기를 진행하기 전에 여러분을 쉽게 훈련시킬 것이고, 집단에서 제일 먼저 여러분에게 필요한 기술을 연습시킬 것이다.
3. 우리는 이 프로그램의 학습 단계에서는 가정에서 그 상태를 그대로 유지하고 지금까지 가정에서 여러분이 해 온 방식을 크게 바꾸려고 애쓰지 말 것을 강하게 이야기하고 싶다. 여러분이 놀이회기를 배운 다음에는 더 큰 변화가 올 것이다. 여러분이 프로그램에서 지금 당장 해야만 하는 일은 놀이회기를 실시할 수 있도록 기술들을 습득하는 것이다.

놀이회기 시연

모임에서 이 부분의 목적은 부모들에게 가능한 한 빨리 어떻게 내담자 중심의 놀이회기가 이루어지는가를 보여 주는 것이다. 첫 번째 모임에서 시연을 일찍 소개해야 하는 데에는 두 가지 이유가 있다. 첫 번째 이유는 기본적인 기술을 가르치고 집단 토의를 이끌어 내는 가장 효율적인 방법이기 때문이다. 그리고 두 번째 이유는 만일 리더가 참여자들이 시연을 지도하는 놀이치료자에게 주의를 기울이게 하고 싶다면 시연을 일찍 실행하는 것이 기술을 보다 쉽게 배우고 싶은 부모가 갖는 불안을 해결하는 것이기 때문이다.

리더는 첫 모임 전에 다음 선택사항 가운데 그들과 그들의 집단에서 실시할 수 있는 것을 결정한다.

선택사항 1: 이러한 목적으로 집단에 데리고 온 아동과 현장 시연 제시하기
선택사항 2: 리더 가운데 한 명이 놀이회기를 지도한 비디오 보여 주기
선택사항 3: 아동중심 놀이치료 회기와 관련된 시판 비디오를 사용하기

리더의 시연 선택사항과 몇 가지 고려사항

리더들은 부모에게 시연을 보는 동안 다음과 같이 하도록 요청한다. "여러분은 제가(혹은 '치료자가') 무엇을 하는가를 주의 깊게 바라봐야 하는데, 그것은 여러분이 나중에 자녀와 함께해야 하는 것이기 때문입니다. 회기가 끝난 다음에 우리는 그것에 대해 함께 이야기를 나눌 것입니다."

훈련 중 이때가 부모의 불안이 가장 높을 때이므로 시연은 아동과 놀이치료자에 의해 야기된 심각한 감정 문제가 아니어야 하고, 부모의 관점에서 감정적으로 고통을 주는 방식이어서도 안 된다는 점을 리더는 기억해야만 한다. 그리고 부모로 하여금 놀이회기를 갖도록 격려해야 하기 때문에 시연은 흥미롭고 매력적이어야 할 필요가 있고, 동시에 놀이치료자가 이야기하고 설명하고 싶은 아동중심 놀이치료 기술을 명확하게 보여 주어야만 한다. 세 가지 시연 선택사항은 다음에 자세히 기술하였다.

선택사항 1: 현장 시연

현장 시연은 보기에 흥미로울수록 집단이 감정적으로 몰입하기 쉽다. 이러한 형태의 시연은 그 리더가 아동중심 놀이치료를 지도하는 데에 유능하다는 인상을 주기 때문에, 리더에 대한 믿음을 빠르게 형성하는 데에도 도움이 된다. 현장 시연을 선택했다면 우리는 놀이회기가 확실히 흥미롭고 집단에 정보를 제공하게 하기 위해서 리더가 친숙한 아동과 함께 놀이 시연을 가질 것을 제안하는 바이다. 리더는 시연이 참여하는 아동에게 괴로움을 주거나, 리더가 지도하는 데에 너무 부담스럽지 않아야 한다는 것을 미리 결정할 수 있어야 할 것이다. 현장 시연을 제공하면서 리더는 부모들을 위해서 미리 덧붙여 이렇게 말하는 것이 유용할 것이다. "저도 완벽하지 않을 수 있습니다. 이와 관련해서 만일 제가 실수를 한다면 여러분이 잘못 배우지 않도록 하기 위해서 제 실수를 이야기할 것입니다." 이러한 말이 예상치 못한 상황에 대해 양해를 얻을 수 있다. 사소한 실수는 집단 내에서 토론할 필요가 없고 의미도 없지만, 주요한 실수는 리더가 시연 다음에 이어지는 토론에서 겸손한 방법으로 이야기해 주어야만 한다.

리더는 집단 부모놀이치료의 목적과 시연에서의 역할을 설명한 다음에 현장 시연에 참여한 부모로부터 서면 동의서를, 아동으로부터는 구두나 서면으로 된 동의서를 받아야 할 수도 있다. 리더는 또한 집단 내에서 부모들이 그들의 정체를 알고 있는 집단 밖의 가족에 대해서 그리고 집단의 목적에 대해서 불편함이 없는지 고려해야만 한다. 이러한 고려는 특히 작은 공동체 내에서 혹은 그 집단이 서로 잘 아는 참여자들로 구성될 때에 필요할 것이다. 만약에 비밀과 관련된 사항이 있다면 우리는 직접 시연보다는 비디오가 더 적합하다고 제안한다. 모든 아동은 그들이 관찰당하고 있을 때에 예측할 수 없는 반응을 할 수 있기 때문에, 조화를 유지하고 덜 불안한 관계가 내담자 가족뿐만 아니라 전문가에게도 중요한 것이다. 마지막으로, 우리는 리더가 그들의 시연에서도 부모가 가정 놀이회기에서 사용할 것과 같은 종류의 놀잇감과 재료들을 쓰라고 제안하는 바이다. 가정회기에서 부모들이 선택할 재료에 대한 보다 자세한 논의는 프로그램에서 부모들에게 나중에 제시된다.

선택사항 2: 리더 개인 비디오를 사용하기

비디오를 선택했다면, 상업적으로 판매되는 비디오를 사용하기보다는 필요한 동의를 받고 리더가 자신의 놀이회기를 녹화해서 집단에 보여 주는 것이 가장 효과적이다. 부모가 아동과 함께 있는 자신들의 리더를 비디오에서 보았을 때에 리더에 대한 신뢰는 높아진다. 그래서 리더는 임상적으로 문제가 없는 친숙한 아동과의 놀이회기를 담은 15~20분짜리 비디오를 만들 필요가 있다(예: 이웃 아이, 어린 친척 혹은 정서적으로는 문제가 없는 친구의 자녀 등). 한 집단의 리더로서의 신임을 형성하기 위해서는 리더가 전체적으로 능수능란하게 실시한 아동중심 놀이치료 기술을 담은 비디오를 보여 주는 것은 중요하다. 부모에게 가르칠 네 가지 주요 기술을 담아서 비디오로 보여 주는 것이 가장 유용하다. 직접 시연과 유사하게 사소한 실수들은 비디오를 시청한 다음 이루어지는 논의 과정에서는 무시되어야 한다. 사소한 실수를 언급하는 것은 오히려 부모들이 시청한 주된 기술들을 습득하는 데에 주의를 기울이는 것을 방해하기 때문이다. 그러나 리더들은 주요한 실수(예: 필요한 제한을 설정하지 못한 사례)를 담은 놀이회기 비디오는 보여 주지 말아야 하는데, 이는 부모에게 혼란을 줄 수 있기 때문이다.

선택사항 3: 시판 비디오 사용하기

시판 비디오를 사용하는 것이 세 번째 방법이고 우리 생각에는 이것이 가장 덜 이상적인 선택이다. 시판 비디오는 집단 리더 중 한 사람이 현장 시연을 할 수 없거나 개인 비디오를 사용할 수도 없을 때에 사용될 수 있다. 시판 비디오는 15~20분 정도의 길이가 적당하고, 아동중심적이어야 하며, 비지시적인 놀이치료자가 정서 문제를 가지고 있지 않은 아동과 놀이하는 것을 담고 있어야 한다. 그리고 배우려는 부모들에게는 주요 기술을 보여 줄 수 있는 것이어야 한다(부록 1 참고).

시연에 대한 집단 내 토론

모임의 중간 휴식 전에 리더가 해야 하는 마지막 일은 부모들과 함께하는 시연에 대한 토론을 이끄는 것이다. 리더들은 참여자들이 집단의 첫 번째 토론에 서로 참여하도록 돕기 위해서 일반적인 질문으로 시작한다. 이러한 토론이 진행되는 동안에 리더가 보여 주는 질문과 태도는 부모들이 이곳에서 처음으로 경험하는 집단 부모놀이치료의 치료적이고 교육적인 기능의 활용인 것이다.

1. 시연에 대한 당신의 반응은 어땠습니까?

이는 참여자들이 집단 내에서의 그들 자신의 느낌과 생각에 집중하게끔 하는 가장 중요한 시작 질문이다. 다른 두 질문은 어떤 순서로든지 뒤따르게 된다.

2. 치료자의 행동 가운데 대부분의 성인이 아동과 놀이를 하면서 반응하는 것과는 다른 행동은 무엇이 있었나요?(예: 질문하지 않기, 칭찬하지 않기, 제안하지 않기 등)

이는 중요한 질문이자 보다 사실적인 질문이다. 이는 참여자들의 인지 능력이 집단 부모놀이치료에서 새로운 기술들을 습득하는 데에 사용됨을 보여 준다. (만약에 리더가 현장 시연에서 실수를 했다면 주된 실수를 지적할 수 있고 이는 논의의 핵심이 된다.)

3. 당신의 자녀와 하는 놀이회기에 대해 생기는 걱정이나 감정은 무엇입니까?

이 질문을 하는 것은 매우 중요하다. 집단 진행 과정 가운데 이 시점에서 부모들은 그들 자신과 자녀에 대해서, 그리고 그들이 지도받을 방법과 그들을 도와줄 리더의 능력에 대해서 생기는 의심들과 집단 비난에 대한 두려움, 그 외의 다른 걱정을 살펴보는 것은 꼭 필요한 일이다. 이러한 반응들을 직접 언급하지 않고, 리더가 그 즉시 효율적으로 다루어 주지 않는다면, 부모의 의심은 다음 번 모임에 참석하지 않도록 결정하게 한다든가, 이후 상호작용에서 내적으로 계속 끓고 있을 수도 있다. 이러한 문제가 언급되었을 때에 리더는 공감적 반응을 제공할 필요가 있다. 우리가 경험한 바에 따르면, 부모가 하는 그러한 걱정은 감정을 기반으로 하고 있기 때문에, 문제에 대한 반응은 공감만으로도 충분히 해결될 수 있다. 정보의 제공이 필요하다면, 정보는 공감 다음에 주면 된다.

예를 들어서, 부모가 인지적으로 표현한 질문에 먼저 공감적 반응이 필요할 수 있다.

부모: 비디오에서 보인 그 행동을 뭐라고 부르죠? 우리 아이도 놀잇감을 분류하는 데 시간을 너무 많이 보내요. 그게 강박적인 건가요?

리더: 아이의 행동 때문에 걱정되시겠어요.

부모: 네, 그래요. 선생님은 그게 강박적이라고 보이시지는 않나요?

리더: 어떤 행동이 강박적이냐, 그렇지 않느냐로 생각되는 것은 이 접근에서는 중요하지 않습니다. 회기 안에서 자녀의 행동에 적절하게 반응하는 것이 중요한 거죠. 우리는 행동과 아동에게 일어나고 있는 일을 다루려고 하며 만일 필요하다면, 나중에 행동 이면의 원인에 대해 생각해 보려고 노력합니다. 그래도 놀이회기가 갖는 치료적 힘을 넘어서 주의를 기울일 필요가 있는 행동을 보게 될 수도 있다고 말하고는 싶어요. 어머니가 어떻게 그 행동을 다룰 수 있는지는 가르쳐 드릴 겁니다.

시연을 본 후 집단 논의 예시

다음의 예시는 부모가 첫 번째 시연을 보고 난 다음에 리더와 부모들 사이에 이루어지는 대화를 설명한다. 직접 실시한 놀이치료 회기는 리더 2와 놀이치료 훈련 워크숍에서 지원을 한 6세 남자 아동이 함께했다.

시연 요약

케빈은 열심히 그리고 명백히 놀잇감을 탐색하기를 즐기면서 놀이치료실로 들어왔다. 아이는 놀이 싱크대에서 물을 가지고 놀기로 결정했다. 케빈은 플라스틱 인형에 물을 부었을 뿐, 퍼펫 인형으로 가지고 놀지는 않았다. 그가 정말로 좋아하는 것처럼 보인 찻잔을 사용했고, 치료자에게 집에 갈 때 가지고 갈 수 있는가를 물었다. 치료자는 놀잇감은 치료실 안에서만 갖고 놀 수 있다며 제한을 두었다. 물이 조금 바닥에 흘러 넘쳤는데, 그것이 아이나 치료자를 방해하지는 않았다.

이 시연은 15분 정도이고, 끝나기 5분 전 알림이 있었다. 케빈은 다른 놀잇감을 가지고 놀 시간이 없다는 사실에 화가 났다. 아이는 떠나야만 한다는 사실에 불평을 하고는 펀치 백을 사용하기 시작했다. 그는 더 길게 놀고 싶었다. 치료자는 아이가 더 머물고 싶어 한다는 것과 함께 짧은 시간 안에 그의 화난 감정을 반영해 주었다. 케빈은 몇 차례 그 펀치 백을 찔렀지만, 치료자가 정말로 나가야만 한다는 사실을 알려 주자 그는 더 이상은 아무 말 없이 그 치료실을 떠났다.

시연에 대한 일반적인 의견

이번 놀이회기의 현장 시연에 참여한 아동은 첫 번째 모임에서 놀이 참여 수준이 적절하였다. 이를 통해 집단은 적극적이지만 진행하는 데에 간단하고 쉬운 놀이회기에 처음 노출되었다. 짧은 놀이회기 동안 케빈은 활동 및 말수도 그의 연령에 매우 적절했다. 아이가 퍼펫을 퍼펫으로 가지고 놀지 않고 물놀이의 소품으로서 가지고 논 것은 주목할 가치가 있다. 아동에게 필요한 두 가지 제한—놀잇감은 놀이치료실에 두고 가야 한다는 것과 두 번째로 그의 시간이 다 되어 간다는 제한—은 치료자가 제한 설정을 설명할 수 있는 기회를 제공하였다. 아동은 두 제한에 모두 잘 반응했고 이를 관찰한 부모는 확고하고 간단한 제한만으로도 충분하다는 사실을 알 수 있었다.

시연 뒤에 이어진 집단 내의 대화

리더 1: 자, 여러분은 우리가 이야기를 나눌 놀이회기의 예를 보았어요. 저는 여러분이 어떻게 생각하고 무엇을 느꼈는지가 궁금해요.

메리(부모): 흥미롭고 제가 예상했던 것과는 다르다고 생각해요.

리더 1: 다른 생각이 있을까요……. 막 본 것에 대한 또 다른 반응 말이에요.

조지(부모): (리더 2를 향해 이야기를 함) 저는 선생님이 아이가 놀잇감을 집어드는 것을 그저 언급했고 그가 물을 가지고 놀 때에도 독려하거나 아니면 그만하라고 하지 않는 것을 주의 깊게 보았습니다. 저라면 아이가 퍼펫에 그냥 물을 붓는 게 아니라, 그것을 가지고 놀기를 원했을 것 같아요.

데이비드(부모): 아이가 퍼펫을 가지고 놀기 시작한 게 잘못이었나요? 아이가 인형을 적시기 전에 몇 차례 선생님을 향해 들어 보였거든요.

리더 2: 두 분처럼 하는 것이 일반적인 것 같네요. 일상의 놀이에서는 그것은 괜찮습니다. 치료적 목적을 가진 이러한 놀이회기에서는 초대받지 않는다면 아동의 놀이에는 들어가지 않아요. 이것이 여러분이 배우게 될 것입니다. 이 놀이가 치료적으로 되기 위한 중요한 특성은 자녀가 놀이회기 활동에서 리더가 되는 것이고, 대부분의 현실 상황과는 반대로 어른에 의해 지시받지 않는다는 것입니다. 만일 아이가 성인을 놀이에 초대하고, 케빈이 나에게 퍼펫을 건네면서 이야기를 했다면, 저는 그 아이의 지시에 따라서 그렇게 했을 겁니다. 그들 자신의 본능과 자원을 이끌어 내는 게 아이들이 그들 스스로를 배우고, 그들이 스스로를 조절할 수 있도록 돕는 방법 중 하나입니다.

조지: 억지처럼 들려요. 어린 리나(4세)가 부모가 방법을 얘기하지 않았는데도 그렇게 하는 것이 가능하다구요?

리더 1: (조지에게 답을 하면서) 비현실적으로 보일 수도 있어요. 실제 생활에서 우리는 아이들에게 어떻게 해야 하는지를 가르치고, 어떤 것을 이야기해 줄 필요가 있죠. 하지만 아동의 내면에는 부모가 가르칠 수 있는 것이 없습니다. 여러분은 이 비지시적인 놀이가 자녀로 하여금 현실세계의 요구로부터 그들을 자유롭게 하고, 그들 내면의 생각, 감정, 그리고 갈등을 표현할 수 있도록 한다는 사실을 배우게 될 것입니다.

조지: 선생님이 말하는 것에 동의하지 않을 수는 없지만 좀 더 설득력 있는 것들이 필요해요. 이를테면 선생님과 아이가 놀이하는 것을 좀 더 본다든가 하는 것 말

이에요.

리더 2: 더 많은 놀이회기를 본다면 좀 더 설득력이 있을 것입니다. 하지만 아버님이 이 점에 대해 확신을 갖기 위해서 더 많은 예시가 필요하겠어요. 우리는 이를 설명하기 위해서 더 많은 회기를 진행하고자 합니다.

리더 1: 자, 케빈 얘기로 돌아가서요, 여러분이 평소에 하는 것과는 다른 것이 눈에 띄지는 않았나요? 또 다른 대답을 해 주실 분 없나요?

세라(부모): 네, 그 회기가 끝날 때에 놀잇감을 두고 떠나야 한다는 사실에 케빈이 조금 더 떼를 부릴 것이라고 생각했어요. 그래서 케빈이 그 찻잔을 집으로 가지고 갈 수 없다고 말하는 선생님의 대답에 의문을 제기하지 않은 것이 매우 인상적이었죠. 아이가 정말로 그것을 원했는데도 말이죠. 아이는 좀 더 머무르고 싶어 했어요.

리더 1: 여러분이 그럴 것이라고 생각한 것보다는 케빈은 훨씬 좋았어요. 여러분이 그와 같은 상호작용을 본 것은 기쁜 일입니다. 회기가 짧았기 때문에 케빈이 좀 더 길게 머무르기를 원하는 것처럼 보였을 겁니다. 놀이회기에는 감정을 제외하고 시간과 행동에 제한이 있어요. 우리는 아이들에게 필요한 자기통제를 발달 시키는 데에는 자유와 제한을 수용하는 것 사이의 적절한 조화가 필요하다고 생각합니다. 놀이회기에서의 자유로운 표현을 통해서 아이들은 표현할 필요가 있는 감정을 밖으로 꺼내게 됩니다. 제한은 아이들이 표현하는 것을 통제할 수 있게 돕습니다. 놀이회기에는 많은 자유가 있기 때문에 아이들은 대개 그렇게 하도록 요구되는 상황에서 자기 스스로를 억제하게 됩니다. 우리는 가능한 한 긍정적인 방식으로 제한을 진술하고자 해요. 예를 들어서, "모래를 바닥에 던지지 마라." 대신에 "모래는 모래 상자에서만 가지고 놀아야 해."라고 말하는 것처럼 말이에요.

메리: 그것은 제가 집에서 아이들에게 할 수 있는 것과 할 수 없는 것이 무엇인가를 말하는 방식과는 너무도 다르네요. 그런 요령을 터득하는 것이 어려울 것 같아요.

리더 1: 이러한 방식으로 하는 것에 대해 생각하는 게 어려울 수도 있어요. 우리는 모든 기술을 배운 다음에 제한 설정에 대해 알려 드리려고 합니다. 하지만 우리는 여러분이 모든 이 아동중심 놀이치료 기술을 너무 어렵지 않은 방식으로 배우도록 도울 겁니다. 그리고 물론 새로운 방법을 한 번에 배우는 사람은 없답니다. 모든 부모는 이러한 기술들을 연습해야만 하죠. 우리는 여러분이 여러분의 자녀들과 놀이회기를 시작하기 전에 이러한 기술에 더 유능해지고, 좀 더 자신감이 생기도록, 모임 때마다 짝을 지어 그 기술들을 연습하는 식으로 지도 할 것입니다.

앞의 대화는 놀이회기에 대한 부모의 관심을 불러일으키고, 그들의 일상과 그들이 본 것을 비교하게 하면서 시연을 보고 느낀 것을 나누는 것이 유용하다는 점을 보여 준다. 또한 대화는 놀이회기를 진행하는 것을 배우는 부모들의 걱정을 보여 주고, 시연이 어떻게 긍정적으로 작용하는지도 알려 준다. 리더들은 부모의 반응을 이끌어 내고, 그들의 감정을 수용한다. 여러 중요한 지도 방법이 앞의 토론에서 드러났고, 리더들은 기술을 배우는 동안에 프로그램의 구조 안에서 필요할 때마다 부모들에게 간단한 정보를 제공했다.

토론 도중 생겨나는 또 다른 지도할 사항들

가능하다면 리더들은 집단 토론 도중에 생겨나는 지도할 사항은 받아들여야 하지만, 우선 그들이 시연에 대한 부모의 반응을 이끌었다는 사실을 확실히 할 필요는 있다. 좀 더 심도 있는 토론이 진행되는 동안에 리더는 시연과 관계없는 부모의 의견이나 질문은 짧게 다루고, 언제나 시연과 직접 관련된 의견은 중점적으로 다루어야 한다는 사실을 기억해야만 한다. 리더들은 이 점을 항상 염두에 두도록 하자.

우리가 경험한 바에 따르면, 첫 시연에 대한 토론 과정에서는 지도할 내용이 자연스럽게 나타나고, 리더들은 그 핵심을 잡아서 강조해야 할 필요가 있다. 만일 자발적으로 나타나지 않는다면, 리더는 이번 모임 토론이나 다음 몇 차례 모임 동안에, 이러한 요점을 소개할 기회를 찾아야만 한다.

1. 시연에서 치료자는 아동이 하는 것과 가지고 노는 모든 것에 관심 있어 보였다. 치료자는 아동의 감정을 포함해서 어떤 일이 벌어지고 있는지를 언급했다.

리더들은 부모가 배울 기술을 알려 줘야 하고, 이 기술이 아동에게 효과적으로 작용하는 것임을 입증하는 연구와 연결해 설명해 주어야만 한다.

2. 치료자는 특별한 놀이회기 동안에 아동에게 질문하지 않았고, 아동을 칭찬하지 않았다.

만약 이 의견이 자발적으로 나오질 않았다면 리더는 부모가 이를 인지하게 도와야만 한다. 그런 다음에 리더들은 부모에게 이것이 치료자의 중요한 역할이라고 설명할 수 있다. 리더들은 다음 설명을 다른 말로 더 쉽게 이야기할 수도 있다.

- 이 놀이회기는 아동이 자신을 표현할 수 있는 시간으로 질문을 하지 않는다. 만일 우리 어른들의 질문에 대답하기 위해서 아이들이 멈춰서 생각해야만 한다면, 이는 아동의 시간에서 벗어나는 것이고 그들의 초점이 우리에게로 옮겨지게 된다.
- 우리는 아이들이 우리를 기쁘게 하려고 하거나 우리의 인정을 받기 위해 애쓰는 것을 원하지 않기 때문에 놀이회기 동안에 칭찬을 하지 않는다. 만일 아이가 칭찬을 받기 위해 잘하는 것에만 집중한다면, 이는 놀이회기 동안에 아동 자신의 문제를 다루지 않아도 되는 좋은 기회가 되므로 절대로 칭찬받을 행동은 아닌 것이다. 칭찬이 좋은 것이 아니라는 것을 의미하지는 않는다! 여러분이 실제 생활에서 하는 것을 그만두지는 말아야 한다. 우리 모두는 우리에게 중요한 사람이 우리가 잘 해냈다고 느낄 때에 기분이 더 좋아진다. 하지만 놀이회기는 예외이다.
- 놀이회기는 아동 지시로 이루어지므로, 성인의 관점은 배제된다. 이는 아동이 허락받지 않은 행동을 시도하게 하고, 그것을 통해서 그들의 문제를 극복하게 되는 것이다.

만일 처음 몇 회기가 진행되는 동안에 놀이시연에서 이러한 예들이 나타나지 않는다면, 리더들은 부모에게 알려 주기 위해서 다음 유형의 예를 사용할 수도 있다.

> 규칙이 아동으로 하여금 그들이 원하는 것은 무엇이든지 말할 수 있다고 허락했기 때문에(만일 이 사항을 선택했다면) 어떤 아이들은 놀이회기 밖에서는 금지된 단어들을 사용하려 할 것입니다. 이와 같은 규칙에 대한 도전은 일반적으로 짧은 시간 동안 지속되는데, 아이들은 부모가 놀이회기 동안에 다른 규칙을 적용하고 있는지 그렇지 않은지를 보게 됩니다. 이는 아동으로 하여금 분노나 다른 부정적인 감정을 표현하게 허락하고 그들의 치유 과정을 돕습니다. 특히 아동은 부모님이 이 규범에서의 일탈을 허용할 수 있을 때에 수용되었다는 느낌을 갖습니다.

3. 이것은 가족 프로그램이므로 모든 중요한 가족 구성원이 프로그램에 참여하도록 해야 한다.

리더는 접수면접에서 집단 부모놀이치료에 참여하지 않겠다고 하거나, 집단의 구성원이 되고 싶지 않고 다음 회기부터는 나오지 않겠다고 한 부모들을 또 다르게 설득을 해야만 한다. 리더는 "이 프로그램은 부모-자녀관계 증진을 위한 것으로 프로그램에 참여하는 것이 관계 변화를 위해 유일하고 미래를 약속할 수 있는 기회를 제공할 것입니다."라고 이야기할 수 있다. 또한 리더는 부모와 함께 놀이회기를 갖는 것은 아이들 입장에서 굉장한 이득을 얻는 것이라고 언급하면서, 그 가족의 다른 자녀들과 십대들을 참여시키기 위해 애를 써야만 한다(리더가 접수면접 모임 이후 설계한 집단의 형태로, 놀이회기를 위한 아동의 최대 수를 이미 정했다고 하더라도, 몇몇 집단은 부모가 그 프로그램으로부터 아동이 도움을 받을 수 있다고 결정을 했다면, 증상이 없는 한두 명 이상의 아동을 참여시킬 수도 있을 것이다). 리더는 다음과 같이 덧붙인다.

> 여러분이 가정 놀이회기를 시작한 다음에 우리는 유아와 십대를 포함할 것입니다. 여러분 가운데 가족 중 누가 참여해야만 하는지에 대한 문제로 고민하는 사람은 누구라도 우리 중 한 사람과 모임 마지막에 이야기를 간단하게 나눌 수 있어요. 혹은 다음 번 모임 전에 우리 중 한 사람과 전화로 더 이야기를 나눌 수도 있습니다.

4. 우리 리더들은 각각의 아이들이 이 프로그램을 통해 같은 방식으로 도움을 받을 것이라고 약속할 수는 없다.

왜냐하면 아동들은 각자가 특별한 존재이기 때문이다. 하지만 이 프로그램은 대개 아동들에게 도움이 되었고, 자녀가 만든 긍정적인 변화를 보고한 부모님들과 함께 실행되어 왔다. 그리고 때로는 부모님들이 큰 변화가 있었다고 이야기를 했는데, 그들의 자녀가 훨씬 더 사랑스럽고도 유능해졌다고 했다. 또한 프로그램의 평가를 위해서 변화를 측정할 때 아동의 행동에 있어서 유의한 변화를 보여 주었다. 리더가 프로그램 마지막에 집단을 평가하는 방법에 대해서 간단하게 언급한다.

5. 이처럼 같이 놀이를 하는 것은 더 좋은 관계를 형성한다.

여러분은 여러분 스스로에 대해서 더 좋은 감정을 느낄 것이고, 여러분 자녀에 대해서도 마찬가지이다.

중간 휴식

새로운 집단 부모놀이치료 리더들은 휴식시간을 보내면서 시연에 대한 토론을 허락하기도 한다. 그러나 우리가 다른 곳에서 논의한 바와 같이, 휴식은 부모에게 비공식적인 상호작용의 기회를 허락할 뿐만 아니라 '타임아웃(time out)'을 허락하는 이중의 목적을 갖는다. 휴식시간을 지키는 것은 리더가 모임을 효과적으로 구조화시킬 수 있고, 따라서 부모에게는 집단 참여와 그들 자신의 과업을 진행하는 동안 시간 제한을 일관성 있게 유지하는 모델을 제공하게 된다. 휴식시간은 시연에 대한 토론을 마친 후, 그리고 리더가 프로그램에서 배울 네 개의 주된 놀이기술을 부모에게 소개하기 전에 주어져야 한다. 중간 휴식은 각 모임에서 대략 중간쯤에 잘 배치해야 한다.

모임 후반

아동중심 놀이치료의 네 가지 기본 기술에 대한 개관

휴식이 끝난 다음에 리더들은 부모님들이 프로그램에서 배울 네 가지 기술을 간단하게 요약해야 한다. 다른 교육적인 일에서와 유사하게 집단 부모놀이치료에서는 전문용어가 없는 설명이 사용되어야 한다. 리더들이 이 시간은 복습이고 부모놀이치료에 관한 일반적인 개념들은 접수면접 모임에서 이미 다루어졌음을 인지하는 것이 도움이 된다(이 말은 몇몇 부모는 그 기술이 무엇인지를 잘 기억하고 있다는 뜻이다).

리더들은 네 가지 기술들과 중간 휴식 전에 부모들이 본 시연의 내용 사이에 분명한 연결이 있다는 사실을 확인하는 것이 중요하다(리더가 비디오를 사용할 때에, 이러한 예가 미리 준비될 수 있다). 리더들은 시연이 그들과 참여자들이 프로그램 초반에 같이 경험하게 되는 것이라는 사실을 기억해야만 한다. 시연은 아동중심 놀이기술의 구체적인 예를 제공한다. 이러한 예시를 사용하는 것은, 부모가 기술을 배우는 것을 강화시키고, 그들에게 새로운 개념과 관련된 경험적 기억들을 제공한다. 이상적으로는 참여자들 스스로가 유인물에서 다룬 네 가지 기술과 관련된 예시를 제공하는 것이다. 예를 들면, 다음과 같다.

> 리더: 기술 2, 아이들이 이끄는 대로 따라가기는 이미 메리 어머니께서 알려 주었죠. 어머니는 중간 휴식 전에 이루어진 우리의 토론에서, 치료자 주디가 줄리안이 모래 폭풍이 모래에 있는 군인들을 다 덮어 버렸다고 말하고 치료자가 그것을 봐 주기를 원하자 그제야 일어나서 줄리안이 있는 곳으로 옮겨 갔다는 점을 지적했어요. 시연을 보고 예를 들 수 있는 또 다른 분 있나요? (만일 없다면, 리더가 예시를 하나 든다.)

사용될 놀잇감 소개하기

리더는 놀이회기에서 사용될, 아동이 다른 감정을 표현하도록 하는 놀잇감의 범위가 있음을 말하고 일반적인 용어로 앞으로 사용될 놀잇감을 언급하게 된다. 우리는 부모에게 놀잇감이 아동이 다른 사람을 돌보는 것과 같은 긍정적 감정, 적개심과 같은 부정적 감정, 보다 성숙한 또는 미성숙한 감정들, 병에 맞는 뚜껑을 얻는 것과 같은 성취감 혹은 할 수 없다는 감정 등을 표현하게 촉진한다는 사실을 간략하게 설명할 것을 제안하는 바이다. 소년과 소녀 어느 한쪽만 사용하는 것이 아니라, 둘 다 사용할 수 있는 놀잇감이 있다.

리더는 이 주제가 소개될 때에 부모님들은 사용할 수 있는 놀잇감의 유형에 대해서 보다 세부적으로 알고 싶어 할 수도 있다는 사실을 알아야만 한다. 우리는 리더들에게 추후에 놀잇감에 대한 충분한 논의가 이루어질 것이라는 사실을 말할 것을 제안한다. 또한 리더들은 부모들에게 지금 나가서 그 외의 놀잇감을 구매하지 말 것을 주의시킬 필요가 있다. "우리는 나중에 무엇이 필요한지에 대해서 이야기를 나눌 거예요."

때때로 특정 놀잇감을 사용하는 것을 토론하는 것이 부모들에게는 강한 감정을 불러일으키기도 한다. 일부 부모들은 성별에 국한된 놀잇감을 남자아이 놀이 그리고 여자아이 놀이에 받아들이는 것을 어려워할 수도 있다. 그리고 부모들은 놀이실에서 공격적인 놀잇감을 반대할 수도 있다. 리더는 시간 제한을 염두에 두면서, 보다 사실적인 정보(예: 공격적인 놀잇감인 총, 고무 방망이 등은 놀이실에서 부정적인 감정도 받아들여질 수 있다는 메시지를 주기 위함이고, 인형은 보다 어리고 더 부드러운 느낌도 수용될 수 있다는 것을 알려 주기 위함이라는 사실)를 제공하기에 앞서서 잠재적인 감정적 문제를 간략하게 다루는 것은 중요하다. 또한 리더들은 방에 있는 놀잇감에 대해서 부모님들이 갖는 감정을 다룰 수 있어야만 한다고 덧붙여야 한다. 우리는 리더가 다음과 같이 말할 것을 제안한다.

> 우리는 다음 몇 번의 모임 동안 여러분이 놀잇감에 대해서 갖는 불편함을 다시 제기하면 그때 그 문제에 대해서 논의할 것입니다. 여하튼 우리는 여러분이 가정회기를 시작하기 전에 이 문제로 되돌아올 것입니다. 만일 여러분이 여전히 걱정된다면, 우리는 함께 다루도록 할 거예요.

관찰 당하는 부모의 불안 다루기

리더가 언급해야 하는 또 다른 중요한 부분은 관찰당하는 것에 대해 부모가 드러내는 불안으로 이는 지금 나타나든지 아니면 프로그램 후반에 드러난다. 리더는 부모가 스포트라이트를 받게 될 것 같은 불안에 공감해 줄 수 있는 시간을 확보해야만 한다. 그들은 또한 관찰당하는 것에 대해서 보다 긍정적인 태도를 갖도록 노력해야만 할 것이다. 아마도 토론의 분위기가 부정적인 분위기로 흐를 때에 리더 중 한 사람이 가벼운 마음으로 "우리는 아직 부모 한쪽을 잃지는 않았어요!"라고 말해야 할지도 모른다.

만약에 한두 명의 부모가 자신이나 자녀가 이러한 관찰을 허락하지 않는다고 강하게 주장을 한다면, 우리는 리더에게 제일 먼저 그 부모가 경험하는 강한 감정이 무엇인지를 인지하고, 그들이 이 문제에 대해서는 나중에 이야기를 나눌 거라고 말하도록 제안하는 바이다. 만일 부모가 몇 주 동안에 똑같은 방식으로 느낀다면 리더는 이러한 감정을 경험하는 부모에게 추후 이를 다룰 것이라고 말해 두는 것이 중요한 일이다. 만일 부모가 자녀 중 한 명이 낯선 사람들이 관찰하는 것이 싫어한다고 말한다면, 리더는 이 아동의 또 다른 형제를 첫 사례로 삼으라고(그리고 다른 시연이 이루어질 때까지 기다리라고) 제안할 수 있다. 만일 이 전략이 적절하지 않다면 리더는 부모에게 자녀를 모임 초반에 데리고 오라고 제안할 수도 있다. 시연은 먼저 비디오로 녹화가 되고 그 다음에 집단에게 보여진다(부모가 실습 놀이회기 동안에 관찰당하는 것을 반대한다면 이것이 가능한 최후 해결책이다. 제10장 참고).

몇몇 부모들은 가정회기에서 보다 세부적인 문제를 가질 것이라고 말할 수도 있다. 예를 들어서, 그들은 주어진 가정환경 내에서 가정 놀이회기를 진행할 방법이 없다고 이야기를 할 수도 있다. 다시 리더는 이 문제 역시 나중에 다룰 것이라고 이야기해야만 한다. 리더가 다음과 같이 덧붙일 수 있다.

> 우리가 가정회기를 시작하고, 이것에 대해 머리를 맞대고 논의를 하면서 해결책을 찾을 겁니다. 여러분이 가정회기를 시작하기 전에 모임에서 여러분이 가질 수 있는 모든 문제를 살펴볼 시간을 갖게 될 것입니다.

기술적이고 실제적인 문제

프로그램의 다음 단계를 위해 부모 준비시키기

리더는 그 모임 마지막에 다음 주에 자녀와 함께 시작할 시연에 대해서 부모와 논의할 시간을 가져야 한다. 리더는 집단의 크기와 형제의 수에 따라서 두세 개의 시연을 실시할 것이다. 우리는 리더에게 다음과 같이 지도할 사항을 제안한다.

1. 오늘 우리는 끝마치기 전에 매 회기마다 있을 두세 개의 시연을 작성할 것입니다. 우리 리더 중 한 사람이 여러분의 자녀와 놀이를 할 것이고, 여러 부모님은 말하지 않고 이를 지켜보게 됩니다. 한 명 이상의 자녀를 둔 가족의 경우, 같은 모임에서 형제 모두와 차례대로 시연을 진행하게 될 것입니다.

리더들은 이상적으로 매 회기마다 두 개의 시연을 진행하는 것을 목표로 해야만 하지만 모임마다 세 개까지 지정할 수는 있다.

2. 이러한 시연은 여러분의 놀이회기처럼 한 명의 아동과 한 명의 성인으로 진행될 것입니다.
3. 오늘 시연에서처럼 여러분은 리더가 하는 것을 지켜보게 될 텐데 이는 나중에 여러분이 자녀와 놀이회기를 진행하게 될 것이기 때문이죠. 모임에서 우리는 모든 시연을 볼 것이고 그런 다음에 그것에 대해 함께 이야기를 나누고 그날의 모든 일정을 끝마치게 됩니다.

토론 전에 모든 시연을 하는 가장 중요한 이유는 아이들이 놀이에서 자신의 차례를 기다리고 있기 때문이다. 리더들은 아이들을 너무 오래 기다리게 하지 않도록 하는데 이는 그들의 놀이회기의 질에 영향을 미치기 때문이다.

리더들은 또한 토론 이전에 모든 시연을 진행하는 것이 시간적인 측면에서도 훨씬 경제적이라는 사실에도 주목해야만 한다. 종종 시연이 끝나자마자 그것에 대해 이야기를 하려 할 수도 있다. 사람들이 시연을 보다 더 상세히 기억하는 것처럼 보이기도 한다. 그러나 많은 리더는 관찰에서 토론으로 넘어가는 데에 많은 시간이 필요하다는 사실을 경험으로 알고 있다.

리더: 여러분은 자녀를 관찰할 것이고, 우리는 여러분이 그들이 하고 있는 것에 매우 관심을 갖게 되리라고 생각해요. 여러분이 부모로서 자녀가 어떻게 반응할 것인지를 보는 것은 흥미로울 겁니다. 이것은 여러분과 여러분의 자녀에게도 새로운 경험이죠.

여러분의 자녀는 완벽하게 행동하거나 혹은 여러분이 하지 않기를 바라는 행동을 할 수도 있습니다. 아이들은 다른 사람들, 다른 상황에서는 또 다르게 반응을 합니다. 그래서 자녀가 여러분에게 새로운 면모를 보인다고 하더라도 놀라지 마십시오. 그것은 그들의 최선의 행동일 수도 있기 때문이고 또한 이러한 특별한 놀이회기의 분위기가 자녀에게 자신의 또 다른 측면을 표현할 기회를 허락했기 때문이기도 합니다.

제발 여러분의 자녀에게 어떠한 방식으로 행동하라고 미리 가르치지 마세요. 부모님은 서로의 자녀를 보는 것이 도움이 될 것입니다. 모든 부모님은 아이의 작은 부분만을 보게 될 뿐이라는 사실을 깨닫게 되리라는 것을 압니다. 이것이 더 긍정적인지 부정적인지는 각 자녀가 그 순간 어떻게 느끼는지에 달려 있습니다. 시연이 끝난 다음에 우리는 부모님들과 잠깐씩 집에서와 어떤 점이 같고 또 어떤 점이 다른가에 대해서 이야기를 나누고, 그런 다음 각 시연으로부터 배울 수 있는 것에 대해서 이야기를 나눌 겁니다. 리더와 함께 시연을 마친 아이들은 우리 토론의 중심이 됩니다. 다른 부모님들은 매주마다 자녀에 대해서 그들 순서가 되었을 때에 이야기를 나눌 수 있습니다.

시연을 통해서 서로의 아이들을 관찰함으로써 여러분은 아이들을 더 잘 이해할 수 있을 뿐만 아니라 자녀에 대한 이해심 역시 발달시키게 됩니다. 게다가 시연에서 다른 아이들이 어떻게 반응하는지를 보는 것은 언제나 흥미롭죠.

우리는 앞서 말한 바와 같이 이번 시간이 끝나기 전에 시연 일정을 함께 작성할 거예요. 우리는 아이들이 자신의 차례까지 너무 오래 기다리지 않게 하기 위해서 매 모임을 정시에 시작할 겁니다. 이는 우리가 모임을 시작하자마자 모든 시연을 실시하는 이유이기도 합니다.

모임 시연에 자녀가 참석할 때에는 일찍 오셔야 합니다. 그래서 우리 모임에 바로 자녀를 데리고 오기보다는 모임 시작 전에 아동 돌봄실에 자녀를 맡기는 편이 더 낫습니다(리더는 여기서 아동 돌봄실에 대한 정보를 준다). 우리 리더 중 한 명이 그 아이들을 한 명 한 명 선택할 것이고, 놀이회기를 위해 이곳으로 데리고 오고 끝난 다음에는 다시 데려다줄 겁니다.

시연회기를 위해 자녀 준비시키기

리더는 부모에게 다음과 같이 설명한다.

> 여러분의 자녀는 모임이 진행되는 동안 그들이 할 시연을 위해 준비를 해야 합니다. 그들은 누가 자신을 돌보게 되는지를 알아야 할 필요가 있습니다. 우리가 이 자녀의 돌봄을 주선할 것입니다.

이상적으로는 부모가 모임이 진행되는 동안에 그들의 자녀를 돌볼 방법을 한 개 이상 가지고 있으면 좋다. 선택사항에는 다음과 같은 것들이 있다.

- 치료자가 모임이 진행되는 동안에 기관에서 임금을 주는 아동 보육사가 있는 자녀가 놀 수 있는 방을 마련한다.
- 부모가 모임이 진행되는 동안에 아동 돌봄실에 자녀와 함께 있어 줄 아동과 친숙한 사람을 데리고 오는 것이다.
- 부모가 시연이 끝난 다음에 자녀를 집으로 데려다줄 자녀와 친숙한 사람이나 혹은 또 다른 성인(예: 할머니)을 데리고 온다. 이러한 경우에 아이들은 모임이 다 끝날 때까지 기다릴 필요가 없다.

리더: 여러분은 자녀들에게 짧은 놀이시간에 참여하게 되리라는 것을 말해 주어야 하고, 우리도 그들을 데리고 오면서 한 번 더 설명해 줄 것입니다. 부모님들은 리더와 함께하는 이 놀이시간이 자신들에게 자녀와 놀이시간을 갖는 것을 배우도록 도와준다는 사실을 설명해야만 합니다.

그러고 나서 리더는 시연과 놀이회기 실습을 위해 아동을 준비시키기와 관련된 부록 14와 아동의 리플릿(부록 10)을 함께 복사해서 나눠 주고 부모와 함께 살펴보도록 한다.

다음 번 모임을 위해 부모 준비시키기

두 번째 모임의 실행계획안

리더들은 다음과 같이 말하면서 다음 모임 일정을 부모에게 준비시킨다.

다음 번에 우리는 시연을 보고 그것에 대해 함께 이야기를 나눈 다음에 중간 휴식 시간을 가질 겁니다. 그리고 휴식시간 이후에 놀이치료 기술을 함께 배우기 위해 다시 모일 겁니다. 여러분이 놀이회기를 할 때에 이러한 기술을 사용하게 될 것이라는 사실을 기억하세요.

시연 일정 작성하기

이때 리더들은 부모에게 다음과 같이 알린다.

여러분이 일정표에서 보셨다시피 이후 몇 차례의 모임에서 우리는 여러분의 자녀와 함께 시연을 할 것입니다. 시연은 이 프로그램에 참여하고 있는 자녀 한 명씩과 하게 될 거예요. 만일 여러분 중에 참여할 자녀가 한 명 이상 있다면, 같은 날짜에 자녀 모두를 데리고 오는 것이 최선입니다.

시연은 모임이 시작되고 5분 안에 시작할 것입니다. 우리가 앞서 말한 바와 같이 정시에 시작하는 것은 매우 중요합니다.

시연 아동 선택을 위한 제안

우리는 리더에게 시연을 위해 첫 번째로는 가장 문제가 경미한 아동을 선택할 것을 제안한다. 이러한 선택을 위한 결정은 접수면접 모임 동안 이루어진 가족들과의 상호작용에 기초해야만 한다. 이 전략은 무엇보다도 집단에 참여한 부모들이 극단적인 행동에 압도되지 않도록 하기 위해서 제안하는 것이다. 때때로 가장 힘든 아동이 부모에 의해서 시작부터 시연에 나서게 된다! 이런 아동들은 전형적이지 않은 시연을 선보이게 될 것이고, 이는 좋은 가르침을 주기 어렵다. 만일 부모들이 처음에 보다 전형적인 회기를 보게 된다면, 그들이 비전형적인 회기를 연기할 가능성이 없다. 이러한 전략을 쓰는 또 다른 이유는 리더 역시도 초기 시연에서 아동이 보이는 어렵고 기대치 않았던 행동에 의해 압도되지 않기 위해서이다. 이는 초기 시연에서 리더가 아동중심 놀이치료자로서의 신뢰감을 보여 주는 것이 필요하기 때문에 중요하다. 리더에게 어떤 방식으로든 '나쁘게 진행된' 놀이회기는 프로그램 전체를 알게 모르게 손상시킬 수 있다. 부모가 시연 동안 리더의 심각한 어려움을 보게 된다면 놀이회기가 가치 없다고 느낄 수도 있다.

또한 리더들은 가장 신뢰할 만한 부모가 그들의 자녀를 프로그램에서 첫 번째로 선택하게 하도록 유도하는 것이 필요한데, 그래야만 예기치 못한 결석이 없고, 프로그램이 정시에 시작하는 것이 보장될 수 있기 때문이다. 신뢰성과 함께 임상적으로 놀이하기에 보다 쉬운 아동을 판단한 다음에 리더는 아동이 시연에 참여하는 순서에 대한 대략적인 일정을 구성해야 한다. 리더는 또한 부모에게 시연 순서에 대한 자신의 결정이 시험적인 것이고, 아동과 부모, 가족 상황 그리고 배움의 필요성에 따라 변화가 있을 수 있다는 사실을 알려 주어야 한다.

리더와 부모가 시연을 위한 자녀의 순서에 동의를 했다면, 집단에 참여하는 부모들이 이 반복적인 일정에 익숙해질 때까지 그들의 자녀를 데리고 오는 것을 잊지 않도록, 추가적으로 이메일을 보내거나 초기 시연 하루 전날에는 전화를 하는 것이 좋다. 시연과 놀이회기 실습을 갖는 모임이 끝나기 전에, 다음 주에 예정된 아동의 이름을 검토해야만 한다. 부모가 갑자기 그 시간이 지금 적합하지 않다고 깨닫게 되는 경우가 있기 때문이다. 그랬을 때에는 다음 모임의 시연을 위해서 다른 아동으로 대체될 수 있다.

1회 모임 마무리하기

모임 마지막에 리더는 다음 번 모임에 대해 부모들이 희망을 갖게 하고, 흥미를 갖게 하는 것이 목표이다. 다음을 리더들이 알기 쉽게 바꾸어 전달해도 좋다.

> 이번 시간에 우리는 놀이회기에 대해서 몇 가지를 살펴보았습니다. 저는 여러분 모두가 대부분의 아이가 그렇듯이 본 시연에 참여한 아이도 즐겁게 놀이하는 것을 볼 수 있었다고 생각합니다. 다음 주에는 여러분의 자녀 가운데 몇 명이 우리 리더와 함께 놀이를 할 때에 어떻게 반응하는지를 보게 될 것입니다. 우리는 여러분이 보는 동안에 교대로 놀이를 하게 될 것입니다. 조지와 다이앤은 리나를 데리고 오고, 메리와 샘은 존과 래리를 데리고 오기로 되어 있습니다. 우리는 무슨 일이 벌어질지 매우 관심이 있고, 아이들은 틀림없이 놀이를 즐길 것이라고 믿어요. 우리는 좋은 출발을 했고, 다음 주에도 여러분을 만나기를 기대합니다.

또한 집단 리더들은 모임 마무리에 모임 전체의 날짜와 시간을 담은 일정표와 함께 놀이회기를 위한 부모용 훈련 매뉴얼(부록 15)을 제공한다. 훈련 매뉴얼은 읽기 쉽고, 부모들에게 매력적이며, 우리 경험에 비추어 볼 때에 부모가 참석하고 그 프로그램에 전적으로 참여하도록 동기부여를 해 준다. 리더는 부모에게 그 주 동안에 이 매뉴얼을 읽고, 아동과 함께하는 리더의 시연에 대해서 다음 모임 전에 준비를 하도록 알려 준다. 매번 모임마다 부모가 자신의 매뉴얼을 가져오는 것은 매우 중요하다. 부모들은 집단 구성원 전체가 참석하기 위해서 모든 모임의 날짜와 시간을 그들의 핸드폰과 수첩 그리고 달력에 입력하도록 한다. 마지막으로, 리더는 작별인사를 하고 다음 주에 부모들이 참석하도록 격려한다.

다음 장은 집단 부모놀이치료 20주 프로그램의 2회 모임에 대해서 살펴보도록 한다.

제6장

놀이 시연 시작과 놀이기술 배우기: 2회 모임

제6장부터 제8장까지는 20주 집단 부모놀이치료 프로그램의 2~4회 모임에 대해 살펴본다. 이 장에서는 시연에 대해 자세히 논의하고, 기술 훈련들을 소개하면서 시연에 이어지는 집단 논의의 예를 제시하고자 한다. 다음 제7장에서는 부모놀이치료 기술을 직접 지도할 수 있는 방법을 탐색할 것이다. 부모놀이치료의 기술은 시연에서 본보기가 되었고, 예시를 제공하였으며 연습을 제안하였다.

세 차례에 걸친 모임에서 리더는 특별한 놀이회기에 필요한 기술을 부모에게 보여주고, 프로그램의 궁극적인 목적을 상기시키면서 집단 구성원을 지속적으로 참여하게끔 이끌며, 아동중심 놀이치료 기술을 직접 훈련받을 때에 사용할 예들을 시연을 통해 서로 공유하도록 부모를 동기화시키는 것에 목표를 둔다. 또 다른 목표는 그다음 단계에서 부모가 가정에서 자녀와 함께 놀이회기를 진행하는 데에 대해 부모의 흥미를 불러일으키고, 자녀를 보다 객관적으로 바라볼 수 있도록 도우며, 긍정적인 집단 지지를 형성하는 데 있다.

세 번에 걸친 모임에서의 기술 훈련은, 5회 모임에서 실시할 부모의 가상 놀이회기에서 부모놀이치료의 모든 기술을 부모가 함께 사용할 수 있도록 도우면서 단계적으로 이루어진다. 가상 놀이회기에서는 부모에게 적절한 부모놀이치료 반응을 제공하기 위해서 리더가 아동의 역할을 담당할 것이다. 이는 다음 주부터 시작될 부모 놀이회기의 리허설로 볼 수 있다.

2회 모임

2회 모임은 리더가 아동과 함께하는 두세 개의 시연으로 시작한다. 시연 이후의 집단 시간의 대부분은 이번 시연에서 어떤 일이 벌어졌는지를 논의하는 데에 쓴다. 그런 다음 리더는 부모가 배울 기술을 설명하기 위해 시연의 예시를 사용한다. 이렇게 초기 모임 동안 아동중심 놀이치료 기술을 배우기 시작함에 따라서 기술 훈련이 더 늘어나고, 리더가 시연에서 한 것은 덜 강조된다.

시연하기

시연의 독특한 특성

대개 부모들은 그들의 자녀가 놀이회기에 어떻게 반응하는지를 보는 것에 흥미를 느낀다. 시연을 관찰한 다음에 집단은 앞에서 언급한 바와 같이, 토론할 수 있고 나중에 이야기 나누면서 일반적인 경험을 공유한다. 각각의 시연은 '현장에서' 이루어지고 따라서 도전과 복잡함, 그리고 아동과 함께하는 놀이회기가 갖는 직접적인 보상을 보여 주기 때문에 참여자들에게는 매우 풍부한 경험이 된다. 프로그램에 참여한 아동 한 명 한 명과 시연을 하는 것은 부모의 관심과 이 새로운 상황에서의 자녀의 반응에 대한 지식을 극대화하기 위함이다. 게다가 다른 구성원의 자녀에 대해서도 참여한 부모들이 아는 것이 많아지게 되는데, 이러한 친숙함이 부모가 앞으로 집단 회기에서 그들의 자녀에 대해 토론을 벌일 때에 도움이 된다. 리더 역시 집단에 참여한 각 아동에 대해서 더 나은 그림을 갖게 되는데, 이는 부모가 자녀와 함께 놀이하는 순서가 되었을 때에 리더가 의미 있는 피드백을 제공할 수 있도록 돕는다.

실제적인 세부사항

리더들은 이미 시연에 참여할 아동들을 배정하였다. 한 회 모임마다 최대 세 개의 시연이 이루어지는데, 한 명의 리더가 아동과의 시연을 마치면 그다음 시연이 곧바로 이어진다. 시연은 15분 정도에 걸쳐 이루어지지만 리더는 시연마다 평균 20분 정도가 필요하다는 사실을 기억해야만 한다. 한 명의 아동이 선택되고, 리더는 또 다른 리더가 시연 방을 깨끗이 정돈하는 동안에 그 아동을 다시 아동 돌봄실로 데리고 가는 시간까지 고려해야 하기 때문이다. 시연을 위해서 아동을 선택하고, 그 아동의 방 사이 이동을 쉽게 하도록 하기 위해서는 리더가 아동을 이완시키고, 놀이시간에 참여하게끔 도와야 하는데, 그러기 위해서는 리더의 경험이 많은 것이 중요하다.

리더는 1회 모임에서 부모들에게 2회 모임을 시작한 후 5분 이내로 첫 시연이 시작될 예정이고, 그렇기 때문에 늦는 사람을 기다려 줄 수 없다고 미리 양해를 구했다. 집단 시작 시간을 지키는 것은 아동이 기다리는 시간을 최소화하고, 시작하면 길어지는 부모들 사이의 토론을 하지 못하도록 하기 위함이다.

리더는 모임이 시작될 때 다시 한 번 부모들에게 리더나 부모에 의해서 시연이 방해를 받아서는 안 된다는 사실을 상기시켜야 한다. 매우 드물기는 하지만 아동이 극도로 스트레스를 받거나 공격적이 될 때에는 그 부모에게 더 큰 걱정거리를 안겨 주게 되므로 이런 경우에만 리더가 시연 도중 갑자기 끝마치기를 결정할 수 있다. 하지만 어린 아동이 다른 곳으로 가고 싶어 한다거나, 혹은 고학년 아동이 시연 도중 리더가 중단해 그 자리를 떠나야 하는 경우는 매우 드문 일이다. 저자의 경험에 따르면, 아이들은 거의 모든 경우에 시연에 참여할 수 있고, 부모놀이치료자에 의해서 참여했다는 느낌을 갖게 된다.

시연이 진행되는 동안 리더가 낮은 목소리로 의견 제시하기

부모가 또 다른 방에서 시연을 관찰할 수 있도록 일방경이나 비디오가 연결되어 있다면 매우 이상적이다. 이처럼 방을 두 개로 분리하는 것이 가능할 때 시연을 진행하지 않는 또 다른 치료자는 관찰하는 부모와 함께 남아서 시연을 보고 때때로 짧고 조용히 의견을 제시할 수도 있다. 리더의 의견은 관찰된 기술에 이름 붙이기 혹은 빠르고 쉬운 부모 질문에 대답하기로만 제한되어야 한다. 예를 들어, 만약 아동이 시연을 진행하면서 무언가를 숨기는 것 같다면, 그리고 한두 명의 부모가 치료자는 이것을 어떻게 다룰 것인지에 대해서 관심 있어 한다면, 리더는 시연을 지도하는 치료자가 아동이 무엇을 느끼는지 반영하고자 할 것이라고 언급할 수 있을 것이다. 시연이 진행되는 동안 이루어질 수 있는 언급의 또 다른 예들은 다음과 같다.

1. 5세 케이티는 시연의 첫 부분에서 인형의 집으로 빠르게 이동해 갔다. 리더이자 치료자는 다음과 같이 말한다. "너는 빠르게 그쪽으로 넘어갔구나." 일방경 뒤에 있는 또 다른 리더는 관찰하고 있는 부모들을 향해 "우리는 이를 아동의 행동 '따

라가기'라고 합니다."라고 짧게 속삭인다.

2. 10세 젬마는 시연을 하면서 딱딱한 종이를 가지고 네모난 상자를 만들려고 애를 쓰다가, 풀을 짤 때에는 코를 찡그렸다. 리더이자 치료자는 이를 보고서는 "젬마, 너는 그 풀이 마음에 들지 않는 모양이다."라고 말했다. 일방경 뒤에 있는 또 다른 리더는 관찰하고 있는 부모들을 향해 "여기서는 젬마의 감정을 이해한 것을 보여 준 것"이라고 속삭일 수 있다.

부모의 간단하지 않은 질문이나 복잡한 행동에 대한 토론은 관찰 이후로 미루어야만 한다. 이때 리더는 다음과 같이 말할 수 있다. "그 답을 하는 데에는 시간이 오래 걸립니다. 지금은 아니지만 우리 모임을 진행하면서 앞으로 그것에 대해 이야기를 할 겁니다." 시연이 진행되는 동안 리더가 낮은 목소리로 의견을 제시할 때 염두에 두어야 할 주의사항이 있다.

- 집단 구성원들 사이의 대화와 토론은 적절하지 않고, 이는 시연에 참여하고 있는 아동, 부모, 그리고 치료자에게 무례한 태도일 수 있다.
- 현재 일어나고 있는 일에 대해서 지나치게 많은 것을 이야기하는 리더는 관찰하는 부모를 방해하고 압도할 수도 있다.
- 관찰하는 리더가 진단적인 언급을 하지 않는 것(예: 강박적인 행동에 이름 붙이기)은 매우 중요하다. 이러한 언급은 집단 구성원 전체의 자신감에 심각한 영향을 미칠 수 있기 때문에 매우 부적절하다. 진단적 언급은 리더를 '전문가' 그리고 '비평가'로 설정해 부모가 그 기술들을 유사한 방식으로 사용할 수 있다고 느끼는 것을 방해할 수도 있다.

리더가 시연을 지도하는 것에 대한 문제

아동중심 놀이치료는 이를 연습하는 방식에서 다양성을 갖는다. 예를 들어서, 우리는 앞에서 제한 설정 과정에서 아동에게 대안을 제시하는 것에 대해 언급했고, 윌슨과 라이언(Wilson & Ryan, 2005)은 아동중심 놀이치료에서 비언어적인 것만큼이나 언어적인 적합성이 중요하다고 언급한 바 있다. 하지만 여기서 우리가 자세히 설명하고 있는 집단 부모놀이치료 프로그램에서는 다른 권위자들에 의해 사용된 아동중심 놀이치료의 다양성을 배제하고, 부모에게 부모 놀이치료를 가르치는 루이스 거니(Louise

Guerney)의 정통 훈련 방식을 따른다. 리더들이 집단 부모놀이치료 프로그램에서 부모를 지도하기 위해서 아동중심 놀이치료 기법을 그 모델로 삼고 있는데, 그들의 시연과 기법 훈련을 위해서는 이 책에서 말하고 있는 아동중심 놀이치료 방식을 따르는 것이 일관성을 위해서는 중요할 것이다.

시연을 지도하는 리더가 부모의 이익을 위해 다룰 필요가 있는 또 다른 실습 상황은 리더가 실수를 할 때이다. 우리는 앞서 이에 대해 짧게 논의했다. 특히 관찰하고 있는 부모가 알아차리지 못할 정도의 사소한 실수라면, 리더는 이 실수를 언급할 것인지 아니면 그냥 넘어갈 것인지를 결정해야 할 것이다. 어떤 사소한 실수는 부모에게보다는 리더에게 훨씬 더 큰 걱정거리가 되는데 특히 리더가 완벽주의자적인 경향이 있을 때 그러하다. 이런 경우에 결점을 지적하는 것은 유용하지 않으며(예: 알맞은 단어가 사용되었는데에도 표현된 감정을 보다 정확히 나타낼 수 있는 단어를 찾는 것), 마찬가지로 다른 실수도 여러 번 반복해서 일어나지 않는다면 아예 언급하지 않는 편이 낫다. 하지만 이런 사소한 실수를 부모가 알아차렸다면, 리더는 숙련된 놀이치료자라고 할지라도 실수할 수 있다는 사실을 이야기하면서 가볍게 이 문제를 다룰 수 있다. 그리고 리더는 부모들이 이러한 기법을 배울 때 이와 같은 실수를 하는 것은 지극히 자연스러운 것이라고 덧붙여 말할 수도 있다. 예를 들어, 질문에 추가하기, 질문하는 어조 등은 간과될 수 있는 것이지만, 질문의 사용은 시연에서는 피해야만 하는 것이다. 어쩌다 하는 한 번의 실수는 그 본보기를 훼손하지 않지만, 사소한 실수라도 그것이 반복된다면 이는 본보기를 심하게 훼손할 수도 있다. 따라서 우리는 실수가 한 번 이상 벌어졌을 때에는 언급해야만 하고, 적절한 반응을 다시 보여 주어야 한다고 생각한다.

만약 리더가 시연을 진행하면서 큰 실수를 범했더라도(예를 들어, 필요한 상황에서 제한을 설정하지 않는 것) 리더는 첫 회 모임에서 이 예측 못하는 사건을 부모에게 준비시켜 왔다. 이런 경우에 리더는 시연을 토론하는 자리에서 그 실수를 언급하고 바르게 수정하는 것이 중요하다. 하지만 리더가 불필요하게 자기비난이나 자기불신을 드러내는 것은 집단에 이롭지 않다. 실수한 리더가 이러한 감정을 느낄 때에 함께하는 공동 리더는 그를 도울 수 있는 적임자이다. 공동 리더는 리더에게 지지가 필요한지, 집단을 재편성해야 할 시간이 필요한지를 모니터할 수 있기 때문이다. 도움이 필요할 때에 공동 리더는 첫 번째 리더로부터 논의 진행을 넘겨받을 수 있고, 집단 구성원들이 이 실수를 자신들의 기술 습득을 더 발전시켜 나아가는 데 사용할 수 있도록 도울 수 있다. 리더에게는 집단 부모놀이치료에서 자신의 실수와 부모의 실수에 대해서 자기비난과 같이 비판적인 태도를 취하기보다는 수용적이고 투명한 태도를 갖는 것이 필요하다. 이러한 긍정적인 태도는, 특히 집단 지지체계가 형성되기 전인 모임 초반에 리더가 집단의 좋은 본보기가 되는 데에 매우 중요하다.

시연에 대한 논의

두세 개의 시연이 끝난 다음에 이어지는 논의는 첫째, 시연에서 자녀를 본 부모의 반응을 나누는 것과 둘째, 치료자와 아동의 상호작용을 논의하는 것으로 이루어진다.

시연에 대한 부모의 반응

리더들은 시연 동안에 자녀의 반응을 관찰한 뒤 부모의 반응을 이야기할 수 있는 기회를 준다. 부모가 자녀의 행동에 대한 자신들의 감정을 공유할 때, 리더와 다른 집단 구성원들 모두가 존중해 집중하는 것은 매우 중요하다. 시연에 대한 논의에서 부모의 전형적인 반응 가운데 하나는 아이가 그렇게 훌륭하게 행동하는 데에 놀랐다는 것이다. 부모들이 나타낼 수 있는 또 다른 반응은 아마도 자녀가 긴장하고 있다는 것 또는 미성숙하다는 사실에 대한 놀라움일 것이다. 이러한 반응에 대해서 리더들은 부모와 마찬가지로 아동에게도 놀이회기란 새롭고 전혀 다른 경험이라는 사실을 알려 주어야만 한다. 리더는 다른 부모들도 그들의 자녀가 시연 동안에 어떻게 반응할 것인지에 대해서 호기심을 가질 수 있다는 것을 적절할 순간에 언급해 준다. 초기 시연에서 자녀의 행동에 대한 부모의 반응 중 있을 수 있는 논의의 예를 다음에 제시하였다.

사례 예시

어머니: 매튜는 그 시연에서 믿을 수 없을 만큼 훌륭했어요! 선생님이 제 아들에게 그 공을 거울을 향해 던지지 않도록 요구하자, 곧바로 공 던지기를 멈췄다는 것을 전 믿을 수가 없어요. 그리고 그 아이는 시간이 다 되자 꼭 순한 새끼 양과 같더군요. 아마 다른 부모님들은 우리가 그 아이에 대해 무엇이 불만인지 궁금해 할 것 같아요.

리더: 어머니는 매튜가 잘 행동한 것에 대해서 정말 놀란 것 같군요. 이것이 아들을 보여 주는 실체의 사례가 아니라고 생각하는 것 같네요. 너무 수월해 보였을 것 같아요.

어머니: 네, 바로 그거예요!

리더: 아이들은 다른 상황에서는 전혀 다르게 반응합니다. 저는 다른 부모님들도 자녀가 그들의 차례에 어떻게 반응하는지에 관심이 있으리라고 생각합니다. 물론 매튜는 모든 사람이 지켜보는 가운데 최고의 행동을 했었을 겁니다.

어머니: 아마도요……. 저는 그 아이가 그렇게 할 수도 있다는 사실을 몰랐어요.

리더: 어머님은 자녀가 그렇게 잘 행동한 것에 대해서 놀랐네요. 이러한 반응은 놀이회기에서 아이들이 '길을 이끌기' 때문입니다. 그러한 이유에서 아이들은 무언가를 들었을 때에 평소보다 더 잘 귀 기울여 듣는 경향이 있습니다. 매튜는 정말로 그런 것 같고요. 리더가 놀이시연 동안에 무엇을 했는지에 대해서 이야기를 나눌 겁니다. 스티브(매튜의 아버지), 아버님은 관찰한 아이의 행동에 관해 말하고 싶은 또 다른 것이 있나요?

사례에 대한 의견

이 사례는 프로그램의 초반에 리더가 피드백을 어떻게 끌고 가는지를 보여 준다. 리더는 제일 먼저 아들의 반응에 대해서 어머니가 느끼는 감정에 공감하였고, 그런 다음에 두 가지 배워야 할 내용을 언급하고는 마지막으로 또 다른 부모를 동기화시키기 위해서 피드백을 하도록 지목하였다. 매튜 아버지의 사례에서 리더가 보여 준 것처럼, 피드백에 다른 한쪽의 부모를 적극적으로 참여시키는 것은 중요하다.

중간 휴식과 관련된 시연

2회 모임에서는 세 개보다는 두 개의 시연이 더 적당하다. 2회 모임에서 리더들은 시연과 자녀에 대한 부모의 반응을 유도하는 논의를 마친 다음에 휴식시간을 갖도록 한다. 부모들은 휴식시간에 시연에 참여한 자녀에 대한 그들의 반응을 비공식적으로 이야기 나누고 싶어 할 수도 있다. 이렇게 이야기를 나누는 것은 종종 그들 간의 집단지지를 형성하도록 돕는다. 그러나 그보다 먼저 집단 리더들은 아이들과 부모가 비난받는다고 느끼지 않도록 집단 내의 긍정적인 분위기를 형성해 놓는 것이 필요하다. 그렇지 않으면 이 비공식적인 논의가 집단에 방해가 되거나 집단을 분열시킬 수도 있기 때문이다. 이러한 이유에서 리더는 집단 초기 모임에서는 부모로부터 피드백을 이끌어 낸 다음에 휴식시간을 갖도록 해야 하는 것이다.

시연에서 리더의 반응에 대한 논의

부모가 시연에 대한 피드백을 하고 중간 휴식을 가진 다음에 리더는 치료자의 행동과 집단 구성원들이 무엇을 보았는지에 대해 논의하도록 이끈다. 2회 모임 시작 단계에서 아동중심 놀이치료 기술을 선보이고, 리더가 이러한 기술을 직접적으로 부모에게 지도할 시간은 많지 않다.

리더가 진행하고자 계획한 대로 시작하는 것이 중요하고, 이러한 초반 논의 시간에는 그들이 보여 주고자 하는 기술이나 태도가 무엇인지를 언어로 설명하지 말고, 사례를 들어서 설명하는 것이 필요하다. 예시는 언제나 부모를 참여시키고, 동기화시킨다. 리더가 신중하게 선택한 예시는 부모가 시연과 그들의 자녀 반응을 보다 주의 깊게 관찰하는 것을 돕는다.

초기 논의에서는 매튜의 사례에서 보여 주는 것처럼 부모는 중요한 감정적 문제를 제기한다. 초기 시연에서 부모들이 제기할 수 있는 또 다른 문제는 그들의 자녀가 시연 동안에는 뭐든지 할 수 있도록 허락받은 것 같다는 것이다. 이러한 문제가 제기될 때에 리더는 우선 부모에게 공감해야만 한다(예: "그게 당신을 화나게 했군요." 혹은 "그게 걱정되는군요." 아니면 "집에서와 같은 상황이 아니라는 말이네요." 등). 이렇게 인지한 다음에 리더는 회기가 진행되는 동안에는 보다 허용적인 태도를 취해야 하는 것과 다른 기술과 마찬가지로 제한 설정의 신중한 사용을 언급하면서(제3장 참고), 놀이회기에 참여함으로써 부모가 배워야 할 것들에 대한 논의로 이끌어 가야만 한다.

이러한 점들을 설명하고, 리더가 이 특별한 집단에서 가르칠 수 있는 기회들을 보여 주기 위한 논의의 예를 다음에 제시하였다. 여기에서는 두 명의 리더에 의해 논의가 나뉘는 방법과 어떻게 부모가 그 논의에 참여할 수 있는지를 보여 준다. 2회 모임 마지막에 리더가 해야 할 일을 어떻게 수행하는지도 설명하고 있다. 리더가 해야 하는 일이란 3회 모임에서 합의된 시연 순서를 간단하게 논의하는 것과 다음 번 모임에서 부모들이 기술을 연습하기 시작할 수 있도록 준비시키는 것이다.

2회 모임 집단 논의의 확장된 예

두 명의 리더가 각각 이끈 놀이회기의 두 시연을 보고 난 다음 논의가 이루어졌다. 아이들은 9세 레이와 10세 코너 형제이며, 아이들과 부모 제시와 그레그도 이번 시연

이전에 놀이회기에는 참여한 바 없다.

집단 논의 사전 준비

여기서 우리는 리더에게 이 시연의 목적은 부모로 하여금 놀이회기가 진행되는 동안 치료자가 무엇을 하는지 관찰하게끔 하고, 치료자의 놀이회기 다음에 있을 가정 놀이회기를 위해 치료자의 반응을 모델로 삼아 배우게 하는 데 있다는 것을 상기시키고자 한다. 놀이치료자의 반응을 배우는 데 있어서 자녀의 행동이 초점은 아니지만, 부모들은 자녀가 행동하는 방식에 관심을 갖는다. 치료자의 반응을 부모가 배우는 데에 초점을 맞추기 위해서 리더는 부모의 흥미는 수용하지만 가능한 한 이를 짧게 다루는 것이 좋다.

집단 논의 사례

리더 1: 레이가 탑을 쌓기를 원했을 때에 나는 그 아이가 그것을 할 수 있다는 사실에 얼마나 기뻐했는가를 언급했어요. 아이의 감정에 초점을 둔 것이죠. 나는 "네가 어떻게 하는지를 알고 나니 정말로 행복하구나."라고 말했어요.

한나(부모): 선생님은 그것에 대해 어떻게 느끼는지 이야기한 적이 있나요? 예를 들어서, "네가 정말 자랑스럽구나." 뭐 그런 반응 말이에요?

리더 1: 그것은 일상생활에서는 매우 자연스럽고도 좋은 반응일 겁니다. 하지만 놀이회기에서 유일하게 초점을 두어야 하는 것은 아동의 감정입니다. 그것에 대해 여러분이 어떻게 느끼는지가 이 모델에서는 중요하지 않아요. 부모님의 감정에 대해 이야기를 나눌 수 있는 시간은 우리 모임에서만입니다.

톰(부모): 선생님이 오늘 밤에 보여 준 놀이 시연 이후로 나도 선생님이 한 방식대로 할 수 있다고 생각했어요.

리더 2: 듣기 좋네요. 저 역시 아버님이 할 수 있다고 생각해요. 우리는 여러분 모두가 그렇게 할 수 있다고 믿어요.

제시(레이와 코너의 어머니): 저는 선생님이 일전에 놀이회기에서 제일 처음 관찰할 것이 공격성이라고 말했던 것을 기억해요. 그런데 오늘밤 저는 공격성을 보지는 못했어요. 레이가 총을 가지고 놀았지만 그것은 그저 놀이일 뿐 공격적이라고는 생각하지 않거든요.

리더 1: 그래서 어머니는 이것이 우리가 앞서 다루었던 공격성의 형태인지 그렇지 않은지가 궁금한 거군요. 어머니가 맞습니다. 이것은 공격적인 방식으로 총을 사용한 것이 아니라 그냥 총을 가지고 놀이를 하는 것으로 총이 공격적인 것으로 생각되는 전형적인 놀잇감이지만 우리가 앞서 이야기한 것과 같은 공격성이라고 말할 수 없을 겁니다. 아이가 치료자를 향해 총을 쏘려고 할 때 혹은 그 밖의 다른 물체를 향해 총을 겨눌 때에 이를 공격성으로 분류할 수 있겠죠.

아동은 항상 첫 시연 다음에 보다 개방된 표현을 하기 시작합니다. 하지만 공격적인 행동은 어느 때라도 시작될 수 있습니다. 여러분은 더 많은 놀이 시연을 관찰하면서 그것이 모두 다르다는 것을 알게 될 것입니다. 어떤 유형이 자주 보일 수는 있겠지만 전형적으로 나타나는 패턴이란 없습니다. 놀이회기에서 적극적인 공격성 단계 이후에 아동들은 매우 자주 돌봄을 추구하는 행동을 보이기도 합니다. 아동은 돌봄을 받아야 할 필요가 있는 것처럼 보이고, 그들의 실제 생활에서보다도 더 미숙하게 행동하기도 합니다. 대부분의 아동에게서 공격성 다음에 이러한 행동이 나타나는 이유는, 아동들에게는 공격성을 받아들이는 것보다 스스로가 미숙하다는 느낌을 받아들이는 것이 더 어렵기 때문입니다.

우리 사회에서 아동은 매우 성인처럼 행동하도록 요구되고 때때로 공격적인 것은, 극단적인 경우를 제외하고는 그들의 나이에 맞게 행동하지 않는 것만큼 처벌받을 행동은 아닙니다. 다시 말해서, 공격성을 표현하는 것이 미성숙함을 표현하는 것보다 더 안전하다는 것입니다. 그래서 두 번째로 오는 것입니다. 하지만 누구도 그 이유를 확실히 알지는 못합니다.

리더 2: 예를 들어서, 여러분의 자녀 중 한 명이 플레이 도우의 뚜껑을 여는 것, 혹은 평소에는 스스로 해내는 것들을 도와달라고 했다고 가정해 봅시다.

톰: 만약에 아이가 선생님께 그러한 요청을 한다면 당신은 어떻게 하실 건가요?

리더 2: 우리는 우리가 그들의 감정을 이해하고 있음을 알려 주고 도움을 제공할 겁니다. 그렇게 하는 이유는 도움 요청이란 돌봄이 필요하다는 표현이자 인생에서 보다 미성숙했던 시기를 다시 살아내는 표현으로 가정하기 때문입니다. 그 기간을 재경험하는 것은 놀이치료의 치료과정의 일부입니다. 아이들은 미성숙한 감정과 공격성을 다루고 나서야 비로소 정서적으로나 행동적으로 성숙하게 됩니다.

케이트(부모): 저는 왜 선생님이 놀이회기에서 질문에 답을 하는 것에 대해 그렇게 반대하는지를 잘 모르겠어요.

리더 2: 질문에 대해서 그렇게 강한 입장을 취하는 것이 어머니에게는 다소 이상했나 봅니다.

케이트: 네, 아이들이 질문을 한다는 것은 답을 원한다는 것이잖아요.

리더 2: 여러분은 그러한 방식으로 자녀를 돕기 원할 것입니다. 우선 저는 여러분이 질문에 답하지 않는 것이 절대적인 것은 아니라고 말하고 싶어요. 답을 할 수 있는 질문도 있습니다. 우리는 여러분에게 먼저 예를 제시하고자 하는데, 그것도 질문에 숨겨진 아이의 감정을 먼저 언급한 다음에 답을 해야 합니다. 놀이회기에서 우리는 내용을 다루기 이전에 먼저 의도를 이야기해야만 합니다. 시연이 진행되는 동안에 상황과 관련된 간단한 정보를 구하는 질문이 있기도 합니다. 예를 들자면, 다음과 같은 것이죠. "우리 할머니가 나를 기다리고 있나요?" 이러한 경우에 놀이치료자는 다음과 같이 말할 수 있습니다. "너는 할머니가 어디 계신지가 걱정되는구나." 혹은 "너는 할머니가 기다리는지를 확인하고 싶구나." 그런 다음에 할머니는 아동 돌봄실에서 기다리고 있다는 간단한 정보를 제공하면 됩니다.

리더 1: 또 이런 예도 있을 수 있습니다. "오늘 우리가 놀 시간이 얼마나 남았나요?" 하지만 나는 이 아동이 놀이실을 떠나고 싶은 것인지 아니면 그 놀이를 끝마치기 위한 시간적 여유가 얼마나 있는지를 확인하고 싶은 것인지 알 수 없기 때문에 그저 간단하게 다음과 같이 말할 수 있겠죠. "너는 떠나기 전에 얼마만큼의 시간이 남았는지 알고 싶구나." 혹 내가 그 아이의 의도를 알고 있다면, 이렇게 말할 수도 있을 겁니다. "네가 만들고 있는 그 건물을 완성하는 데에 충분한 시간이 있는지를 확인하고 싶구나." 그런 다음에 "10분 남았다."라고 정보를 줄 수 있습니다.

간단한 정보를 제공해야 하는 마지막 예는 놀잇감 포장지에 뭐라고 쓰여 있는가를 묻는 아직 읽지 못하는 어린아이의 경우입니다. 그 아이의 질문은 이런 식입니다. "뭐라고 쓰여 있는 거예요?" 그 아이와 놀이를 하고 있는 성인은 다음과 같이 말해 주면 되겠죠. "그 포장지에 뭐라고 쓰여 있는지를 알고 싶구나." 그런 다음에 성인은 대답하면 됩니다. "비누."

리더 2: 간단한 정보는 놀이회기나 아동의 생각을 방해하지 않습니다. 이것은 아이가 그 회기를 계속 진행하는 것을 가능하게 합니다. 우리가 회기에서 대답하지 말라고 하는 질문들이란 대답을 했을 때에 정보를 제공하는 것이 아니라 아동의 놀이와 선택을 제한하는 것들입니다. 예를 들어서, 아이가 "내가 이것을 어떻게 칠하면 되죠?"라고 물었을 때 성인이 "파랑, 빨강 그리고 회색으로 칠해 봐."라고 대답을 하는 것은 아동의 선택, 즉 힘 기르기를 방해하는 것이 될 것입니다. 놀이회기는 아동이 그들 스스로 결정할 수 있는 능력을 증진시키는 데에 목적이 있다는 사실을 기억하세요.

리더 1: 또한 아이는 이렇게 요구하기도 합니다. "내가 지금 무엇을 해야 하죠? 내가 무엇을 해야 하는지 말해 주세요." 이러한 경우에 성인은 대답을 해 주는 것이 아니라 아이의 감정만을 언급해야 합니다. 어른들은 이렇게 말해 줄 수 있습니다. "너는 정말로 지금 무엇을 해야 할지 모르겠구나. 무엇을 해야 할지 확신할 수 없나 보다. 너는 내가 네가 무엇을 해야 할지 알려 주었으면 하나 보다." 여러분을 위해서 간단한 역할놀이를 해 봅시다. (한 명의 리더는 아이 역할을 맡고, 또 다른 리더는 치료자의 역할을 맡아서 합니다.)

'아동'(리더 2): 그래요, 나한테 무엇을 해야 하는지 알려 주세요. (불편한 어조로)

'치료자'(리더 1): 너는 내가 네가 말하는 대로 하지 않으면 싫어하겠구나. (집단을 향해: "여기서 제가 이 아이에게 흐르고 있는 감정에 초점을 맞추고 있다는 사실을 기억하세요.")

'아동': 네, 나에게 무엇을 해야 하는지 말해 주세요.

'치료자': 여기서는 무엇을 해야 하는지 결정할 수 있는 너의 시간이란다. 만약 네가 무엇을 해야 할지 모른다면 그것 또한 괜찮단다. 만약에 네가 하고 싶은 게 없다면, 아무것도 하지 않아도 좋아. 이 시간이 너의 시간이니까. 여기서는 규칙만 어기지 않는다면 너는 모든 것을 결정할 수 있어. ('아동'이 다른 쪽으로 이동한다.)

리더 1: (집단을 향해) 이 경우에 우리는 놀이회기에서 권리와 책임은 그들의 것이라는 사실을 아동에게 이해시키기를 원했기에 대답을 해 주지 않았어요.

리더 2: 부모와 놀이를 할 때, 아동은 개인적인 질문들을 많이 하는데 아동도 전문적인 치료자에게 "결혼했나요? 어디에 살아요? 아이는 있나요?"와 같은 질문을 하는 경향이 있습니다. 하지만 때로 아동은 놀이회기와 아무런 관련 없는 그래서 부모가 대답을 해서는 안 되는 질문을 할 수도 있습니다. 예를 들어, "여기서 끝나고 우리 오늘 밤에 쇼핑센터에 갈 수 있나요?" 혹은 "우리는 올해 여름 휴가를 정말로 가나요, 아니면 작년처럼 가지 못하나요?"

이러한 질문들은 그 놀이회기와 아무런 관련이 없고, 성인은 아동의 의도를 파악해서, 놀이치료실에서 논의될 수 있는 것으로 제한 설정을 해야 합니다. 부모는 다음과 같이 말할 수 있겠죠. "너는 우리가 놀이를 마친 다음에 쇼핑센터로 가길 정말로 원하는구나. 너는 내가 갈 수 있다고 말하기를 기대하고 있어. 그것은 우리가 놀이실 밖에서 이야기해야 할 것이란다."

리더 1: 우리는 부모님들이 이 모델을 유지하고자 애쓸 때에 가장 어려운 질문이란 교육적인 질문이라는 사실을 알 수 있었습니다. 이는 우리 모두가 우리의 아이들에게 묻기 좋아하는 질문들이고, 유용한 정보를 제공하는 것은 우리 부모 역할 가운데 일부이기 때문입니다. 예를 들면, 다음과 같은 것들이죠. 아이는 왜 하늘이 파란지, 어디에서 전기가 오는 것인지를 물을 수 있고, 자연에 대해 질문할 수도 있습니다. 이런 경우, 놀이회기 동안에는 자녀의 흥미를 이해했다는 것을 다음과 같이 전달하면 됩니다. "너는 전기에 관심이 있고 그것이 어떻게 작동하는지 알고 싶어 하는구나. 우리는 놀이회기가 끝난 다음에 이야기를 나눌 수 있고, 찾아볼 수 있단다."

톰: 저는 제리의 질문에 답하기를 즐기는 경향이 있어요. 그래서 아이가 원하는 것보다 더 많은 것들을 알려 주려고 한다는 것을 알았어요. 저는 답을 알아내는 역할과 그것을 알려 주는 것을 좋아한다는 것도 알았어요.

한나: 때때로 아이들은 대답을 해 주면 계속해서 질문을 해요. 나는 아이들이 통제하는 것을 좋아하는 것 같다고 생각해요. 아이들은 관심받기를 좋아하는데, 그들이 질문을 계속해서 생각해 낼 수 있는 동안만큼은 어른의 관심을 얻을 수 있으니까요.

리더 1: 아이들의 질문이 단순히 정보를 얻기 위한 것이 아닌 다른 목적이나 관심을 갖는다는 사실을 발견한 것으로 들리는데, 이것이 우리가 놀이회기에서 발견한 것입니다. 우리가 앞서 말한 간단한 정보를 얻기 위한 질문, 예를 들어서 "몇 시예요?"와 같은 질문을 제외하고 아이들은 전형적으로 두세 문장을 넘어서는 어른들의 대답을 원하지 않습니다. 아이들은 그들의 영역으로 들어온 공을 보았을 때에 그들은 또 다른 사물인 공으로 이동하고(움직이고) 그 사물에 관심을 갖게 됩니다.

대답을 듣지 못했다고 해서 길게 화를 내는 아이는 거의 없습니다. 얼마가 걸리든지 간에 아이가 그것에 대한 감정을 해결하게 도와주는 것은 성인의 일입니다. "네가 화가 났구나, 대단히 실망했구나, 너는 나에게 화가 났구나."라고 말하면서 문제가 풀릴 때까지 계속합니다. 이것은 여러분 가운데 누구에게라도 일어날 수 있는 일이며 우리는 여러분이 이를 해결할 수 있도록 도울 것입니다. 우리는 여러분에게 자녀와의 어려움을 넘어갈 수 있게끔 할 수 있는 말들을 알려 줄 겁니다. 그러나 이러한 문제는 드물고, 대부분의 아이는 그들이 놀이회기에서 부모의 대답과 지시에 의존하지 않아도 된다는 것에 감사하게 됩니다.

베티: 저는 선생님이 아이들에게 어떠한 질문도 하지 않는 것을 보았습니다. 코너가 다트를 쏠 때에 왜 그렇게 다트 판 가까이에 있었는지를 물어보기를 원했어요.

리더 1: 어머니는 궁금했고 그 호기심을 해결하고 싶었네요. 놀이회기에 성인은 아동의 동기가 무엇인지, 거기에 관련된 외부 정보가 무엇인지에 대한 호기심이 가득 찰 때라도 질문을 하지 않습니다. 놀이회기는 아동의 통제하에 있어야만 하고, 그저 지금-여기를 다루어야만 합니다. 아동의 생각 흐름을 방해하지 않는 것이 중요합니다. 아동에게 놀이회기에서 가리키고 있는 사람이 누구인지 물어보는 것은 여러분이 해야 하는 일은 아닙니다. 하지만 이것은 부모와 치료자에게는 어려운 일인데 우리는 아동이 어떤 행동을 할 때에 뒤에 감춰진 이유가 매우 궁금하기 때문입니다. 놀이회기에서 우리가 강조하는 것은 다름 아닌 감정을 표현하는 것이며, 감정은 정의될 필요가 없고 현실에 묶여 있을 필요도 없다는 것입니다. 예를 들어서, 자녀가 명백하게 그들의 부모를 향해 공을 던지려고 하는데 "너는 내가 그 공을 잡기를 바라는구나?"라고 말하는 것처럼 불안한 어떤 부모들은 불필요한 질문을 하거나 아동에게 불필요한 지시를 내립니다.

케이트: 그것은 매우 어려울 것 같아요. 저는 우리 아들이 나에게 뭐라고 할 때 무슨 생각을 하는지 자연스럽게 알고 싶어져요. 그래서 그것에 대해 좀 더 알고 싶어요.

리더 2: 여러분의 자녀가 문제를 해결하도록 기회를 주기 위해서 놀이회기를 어떻게 해야 하는지 배우기란 쉽지 않습니다. 놀이회기가 끝난 다음에 자녀의 놀이에 대해 질문하지 않도록 하는 것 또한 중요합니다. 그러나 여러분은 힘든 일에는 보상이 있다는 것을 알게 될 것입니다. 그리고 잊지 마세요, 우리는 이 투쟁 과정에서 여러분을 도울 겁니다.

그레그(레이와 코너의 아버지): 저는 코너가 선생님과 함께 놀이를 하지 않는 것을 보았어요. 아이는 혼자서 놀이를 했고, 선생님은 그 놀이에 대해 아이에게 의견을 말했으며 아들은 거기에 동의하더군요. 하지만 코너가 선생님과 놀이를 한 것은 아니었다고 봅니다. 가정에서 제가 코너와 놀이를 할 때에 우리는 실제로 무언가를 같이 합니다. 레슬링도 하고, 서양 장기와 같은 게임도 하죠. 이것은 함께 놀이를 하는 것은 아니지 않나요?

리더 1: 아니요, 아동이 그렇게 하기로 선택했다면 이것 역시 놀이의 일부입니다.

리더 2: 이제 시간이 거의 다 되어 가는 것 같네요. 우리는 다음 주 시연을 위해 놀이를 할 세 명의 아동이 필요합니다. 앤드류, 제시카, 그리고 모리스가 놀이를 하게 되어 있군요. 이 계획에는 별 문제가 없겠죠? 우리가 오늘 밤 했던 것처럼 여러분이 관찰하고 있는 동안 리더 중 한 명이 아이들 중 한 명과 15분 정도 놀이를 할 것입니다. 그런 다음에 여러분이 본 것에 대해 논의하도록 할게요. 회기에 대한 논의가 끝난 뒤에 우리는 여러분이 본 리더의 반응 가운데 하나를 연습하도록 지도할 것입니다. 우리는 감정 반영하기 또는 이해한 것을 보여 주기라고도 하는 공감 반응을 연습하고자 해요. 자녀가 놀이 가운데 표현하고 있는 감정에 대해 이해한 것을 보여 주는 진술을 하도록 해야 합니다. 그것은 부모용 훈련 매뉴얼에 있습니다. 이 기술은 우리가 나중에 연습하게 될 다른 기술들과 함께 경험할 것입니다. 하지만 시작할 때에는 기술들을 따로따로 배우는 것이 더 쉽습니다. 여러분이 자녀와 놀이를 할 때에 그 기술을 사용하는 것을 익히기 위해서 나중에 이 모임에서 놀이 실습을 하고자 합니다. 와 주셔서 감사드립니다. 오늘 출발이 아주 좋은 것을 보니 우리는 훌륭한 집단이 되리라는 생각이 드네요.

(리더 1도 이 긍정적인 말에 동참하고 인사를 한다.)

사례에 대한 일반적인 의견

2회 모임에서 이렇게 토론이 진행되는 동안에 두 리더는 부모들과의 의견 교환에 중요한 역할을 했다. 리더 1이 더 경험이 많은 리더이고, 리더 2는 그보다는 경험이 적은 리더였지만 누가 어떤 언급을 하는지는 미리 계획하지 않았었다. 두 리더의 경험 수준이 동등하지 않은 경우에 리더의 경험이 많을수록 일반적으로 더 많은 책임과 더 많은 기여를 하게 된다.

리더가 이끄는 부모의 의견 교환에서는 부모가 관찰한 시연, 그리고 그들의 자발적인 질문과 생각에 거의 독점적으로 집중했다. 하지만 리더는 또한 연속되는 놀이회기 가운데 아동 놀이의 단계적 변화에 대해 이야기하기도 했다. 이와 같은 정보는 그들이 앞으로 가질 놀이회기에서 부모가 놀이의 내용을 따라가도록 도울 것이다. 리더는 또한 다음 번 모임을 위해 부모를 준비시켰고, 그때 부모가 놀이회기를 스스로 시행하기 위해서 숙달할 필요가 있는 첫 번째 기술을 연습할 것이라고 말했다.

리더는 놀이회기 중 질문을 어떻게 다룰 것인지에 대해서 논의할 수 있는 학습 기회를 활용했다. 그들은 부모가 갖는 긍정적인 기능 중 하나인 교육적 기능을 강조했고, 몇몇 부모들은 그들의 자녀가 기술과 지식을 익히면서 자연스럽게 얻게 되는 자신감과 자존감을 중요하게 생각하기 때문에 놀이회기 동안 그들의 자녀를 가르치지 않는 것이 매우 어렵다는 사실을 발견했음을 알게 되었다. 리더는 이러한 기능이 매우 필요하고, 일상생활에서는 훨씬 더 그 진가가 인정되겠지만, 그것이 놀이회기의 주된 목적이 아님을 주지시켰다. 리더들은 부모에게 놀이회기에서만큼은 그들의 자녀가 이끄는 대로 따라가고, 그렇게 함으로써 그들의 자녀가 새로운 배움을 탐색하고 조합하고 발견하는 것을 도와준다는 사실을 알렸다.

2회 모임에 대한 리더의 반응

마지막 예시에서 부모들은 새로운 기술을 배우는 데에 협조적인 것 같고, 집단 내에서 그들의 의혹과 질문을 공유하면서 리더의 의견에 주의를 기울여 듣는 것 같았다. 하지만 또 다른 집단에서의 부모들은 여기 부모들만큼 잘 참여하지 않을 수도 있고 방어적일 수도 있다. 때때로 리더들은 2회 모임을 마치고 그들이 아동중심 놀이치료 기술을 받아들이고 실행하는 데에 시간이 오래 걸릴 것이라는 생각이 들면서 그러한 부모에 대해 낙담할 수도 있다. 만일 이러한 감정이 올라온다면, 리더는 2회 모임이 부모 훈련의 바로 그 시작 단계라는 사실을 스스로에게 상기시키길 바란다. 리더가 여기서 우리가 제안하고 있는 의견을 따를 때에, 집단 부모놀이치료 프로그램은 부모가 새롭게 배운 기술을 연습할 수 있는 충분한 시간과 함께 리더가 시연에서 그들이 사용한 기술의 예시를 부모에게 제공할 수 있는 상당한 시간도 갖는다.

제3장에서 언급했다시피 집단 부모놀이치료에서 아동중심 놀이치료의 주된 기술을 가르치는 일반적인 순서가 있고, 다음 장에서는 이 순서를 제시할 것이다. 하지만 우리가 앞에서 말했다시피, 리더는 경험과 또 다른 구성을 공유한 그 집단만의 독특함이 있다는 사실을 잊지 말아야 한다. 그러므로 때로 시연 동안에 부모가 리더가 사용한 기술을 관찰할 때 이 경험이 집단 전체의 관심을 이끌고 초점이 맞춰질 수 있는데, 이는 집단이 새로운 기술을 배우는 데에 최적의 시간이 되는 것이다. 우리는 집단 부모놀이치료 리더가 프로그램이 제시하는 일반적인 순서를 기다리기보다는 이러한 뜻밖의 기회를 부모가 새로운 기술을 배우는 것을 동기화시키는 데에 충분히 이용하라고 강조한다.

제7장

놀이 시연 및 놀이기술 실습 계속하기: 3회 모임

제7장과 제8장은 2회 모임에서 보았던 시연을 바탕으로 리더가 부모의 학습을 이루어 내는 방법을 알아보고, 부모들이 시연을 통해 관찰했던 주요 부모놀이치료 기술을 스스로 연습하는 것을 돕고자 한다. 이 장은 사례 예시를 제시하고 연습을 제안하면서 공감 반응을 가르치는 데에 초점을 두었다. 또한 집단 기술 훈련과 관련된 일반적 문제들도 논의하고자 한다.

3회 모임

3회 모임에서 리더는 아동중심 놀이치료 기술 가운데 첫 번째로 공감 반응을 좀 더 정식으로 소개하고 부모들이 이를 실습하는 것을 목적으로 해야 한다. 그러나 앞서 언급하였고 뒷부분에서도 논의하고 있는 바와 같이, 초기 모임에서는 훈련의 순서에 대한 융통성 있는 접근이 필요할 수도 있다.

시연과 기술 개발을 위한 모임이 반복되면서 3주차에 부모들은 이전 회기에서 이루어졌던 행동들을 바탕으로 집단 안에서 좀 더 안정을 찾을 수 있게 된다. 3회 모임은 2회 모임과 같은 형식으로 이루어진다. 즉, 시연이 먼저 이루어진 다음에 아이들의 시연에 대한 부모의 반응과 관련하여 간단한 토론이 진행되고, 휴식시간 이후 시연에서 리더들이 보여 준 기술에 대한 토론이 이어진다. 3, 4회 모임이 2회 모임과 다른 점은 시연에서 보여 준 리더의 반응에 대한 토론 시간이 다소 짧아진다는 것이다. 대신에 3회 모임에서는 부모들에게 기술을 직접 지도하기 위해서 약 25분의 시간이, 그리고 4회 모임에서는 좀 더 긴 시간이 주어진다. 프로그램의 이 부분에서 기술을 가르치는 데에 리더들이 설정한 목표는 부모가 그들이 배우는 기술이 유용하다는 것을 믿도록 설득하고, 기본적인 수준에서 이 기술을 사용하는 방법을 아는 것을 확인하는 데에 있다. 기술을 처음 훈련하는 동안에 생겨나는 문제와 더불어 기술 학습과 실습을 소개하는 것은 다음에 논의하고자 한다.

리더를 위한 3, 4회 모임에 대한 일반적인 의견

부모들이 이전 모임을 통해 모임 형식에 좀 더 익숙해졌다 하더라도 리더들은 여전히 일정을 관리해야 하며, 각 모임 처음에 제시되는 시연에서 부모들이 보게 되는 아이들의 행동에 대해 부모가 물어오는 질문과 의견에 반응을 해야만 한다. 아이들의 행동에 대해 각 가정에서는 "왜 우리 아이가 저렇게 행동하지요?"와 같은 질문들을 반복적으로 제기한다. 이후의 시연에서도, 리더는 부모들이 시연과 반응하는 방법에 대해서 어느 정도 익숙해졌다고 하여 그들이 놀이회기에서 관찰되는 아동들의 숨겨진 감정적 문제에도 익숙해졌다고 단정해서는 안 된다. 부모들은 아이들이 노는 것을 직접 보면서 자연스럽게 부모만의 질문을 형성하게 되고, 집단 내에서 이루어진 답변을 이해하는 데에는 항상 어느 정도의 시간이 필요하다.

3, 4회 모임은 집단이 시연과 기술 훈련에 익숙해지는 것뿐 아니라 집단의 화합을 촉진시키고 유지시키는 데 매우 중요하다. 리더들은 초기 모임의 각 부분이 가능한 한 균일하게 이어질 수 있도록 해야 한다. 그들은 부모의 걱정과 모임의 시간 제한을 균형 있게 조율할 필요가 있으며, 또한 부모들로 하여금 리더가 교육에 집중하고 있을 뿐 아니라 부모들의 걱정에 대해서도 공감하고 있음을 알 수 있도록 도와야 한다.

초기 모임에서의 유연한 접근

리더에게 초기 모임은 일종의 도전일 수 있다. 이는 리더에게 시연의 일정, 기초 기술에 대한 부모 교육, 특정 집단에서 발생하는 환경에의 적응과 같은 부분에서 유연해야 할 필요가 있기 때문이다. 예를 들어, 리더는 초기 모임에서 한 가정 내의 두 형제자매와 함께 세 가지 시연을 진행하도록 계획할 수 있다. 그런데 마지막에 다른 가정의 자녀에게 집중을 해야 하기에 너무 시간이 없는 경우, 앞의 형제자매 둘 모두는 시연에 참석할 수 없다. 이러한 문제 상황 발생 시 리더는 기술 훈련과 다른 행위들을 향후 모임에서 잘 조절하여 사용할 필요가 있다.

이미 언급한 바와 같이, 이러한 융통성이 발현되어야 하는 상황에서 리더에게는 다음 모임만을 준비하는 것 이외에 프로그램의 총체적 목표와 프로그램 훈련 조건을 충분히 상기하는 것이 필요하다. 그러나 전체 프로그램에서 다음 단계로의 발전 상황을 유지하는 것 또한 리더에게 반드시 요구되는 조건이기도 하다. 그러므로 초기 모임의 각 단계를 조절하는 것은 참여 집단을 위해 매우 중요하며, 특히 아동의 수가 최대일 때에는 더욱 그러하다.

많은 아동이 참여하는 집단의 경우

리더가 시연에 아홉에서 열 명의 아동을 다루게 되는 경우, 시간이 특히 빠듯하다. 이런 경우 리더는 시간 관리를 우선적으로 다루어야 하며 주요 사항이 모두 다루어졌는지를 확실히 확인해야 한다. 이 경우 아주 중요하지 않은 부모의 걱정은 적절히 미루어 두어야 할 것이다. 리더들은 이렇게 미뤄진 부모의 걱정을 이후 토론에서 다루어 줄 필요가 있으며, 이럴 경우 "그 부분은 우리가 다루어야 할 문제이긴 하지만, 오늘은……." 이라는 표현을 사용할 수 있다.

모임의 안건이 많아지는 경우(예: 세 개의 시연, 네 명의 부모에게서의 받은 피드백, 시연에 대한 세 번에 걸친 토론, 기술 실습 등)를 위한 또 다른 제안은 같은 모임에서 형제자매 집단의 일정은 여전히 유지하면서 한 아이에 대한 시연 시간을 10분으로 단축시키는 것이다. 이렇듯 빠듯한 일정은 모임을 약 10분 정도 늦게 끝내는 결과를 가져올 수도 있다(물론 이러한 시간 조정은 이전 모임에서 집단 참여자들과 협의가 되어야 한다).

기술 교육 시의 유연한 접근

예를 들어, 시연이 너무 길어지거나 토론이 너무 복잡해지는 경우, 리더들은 집단 부모놀이치료의 초기 모임 중 하나에서 기술 실습 시간을 줄이는 것이 필요한 경우를 경험하게 될 수 있다. 특정 집단의 경우, 시연에 더 많이 관여하여 많은 것을 배울 수는 있으나 모임에서 형식적 기술 교육에는 덜 집중하게 될 수도 있다. 그러나 리더는 이들을 위해 다른 모임에서 더 많은 양의 기술 교육을 다룰 수 있다.

앞에서 언급한 바와 같이, 여기에서 기술을 가르치는 순서는 상황에 따라 달라질 수 있다는 것이다. 시연에서 부모들이 너무 감정적이 되어 몰입하는 경우, 리더는 부모가 집단 부모놀이치료의 기본에 충실할 수 있고 경험과 동기가 강하게 작용하는 훈련이 될 수 있도록 조절해야 한다. 예를 들어, 3회 모임의 시연이 아동중심으로 이루어졌다면, 리더들은 그 기술에 대해 집단과 함께 좀 더 심도 있게 논의하고 실습할 필요가 있는 것이다. 계획된 내용이 공감 중심이었다 하더라도 이러한 조절이 필요한 경우, 리더들은 부모에게 놀이회기에서 공감과 수용이 기본이기는 하지만 때론 시연 중 아동들의 활동에 따라 집단은 다른 기술을 먼저 배우고 다음 번 모임에서 공감을 다시 다룰 수 있다는 것을 알려 주어야 한다(부모들이 이러한 방법에 익숙하지 않으므로, 리더는 이러한 교육의 순서에 있어서 예외적인 경우가 부모들에게 어떠한 어려움도 발생시키지 않을 것이라는 것을 스스로에게 주지시킬 필요가 있다. 왜냐하면 이러한 변화를 받아들여야 하는 것은 바로 리더 자신이기 때문이다). 리더들은 또한 너무 많은 형식적 기술 훈련과 실습을 4회 모임에서 몰아서 하지 않기 위해, 2~4회 모두에 걸쳐 기술 훈련의 정도를 유지해야 한다는 것을 인지해야 한다.

기술 훈련 시작하기

초기 기술 훈련 단계에서는 편한 마음과 절제, 유머를 기반으로 한 리더의 접근이 중요한데, 불안을 경험하는 부모에게는 특히 더 중요하다. 앞서 언급한 바와 같이, 부모의 능력에 대한 그들의 불안으로 말미암아 실습을 미루기 위해서 활기찬 대화와 정보 교환이 이루어지기도 한다. 이러한 경우, 리더들은 기술 실습을 시작할 필요가 있으며, 부모들이 얘기하고 있던 질문과 정보 교환은 다음 시간에도 계속할 수 있다는 것을 설명해 주어야 한다. 그러나 리더들은 동시에 기술 훈련에 너무 치중하거나 상황에 대한 부모들의 감정적 반응을 무시해서는 안 된다. 후자의 경우에서 리더의 주요 역할은 부모의 이러한 감정을 공감하고 이해하는 것이다. 이미 언급한 바와 같이, 집단 부모놀이치료에서 리더가 부모들에게 공감할 때 부모들은 대개 불편한 감정으로부터 자유로워지며 배우는 것에 집중할 수 있게 된다. 리더들은 부모들에게 공감한 후 집단 교육으로 되돌아갈 필요가 있으며, 일대일 토론으로 초점을 흐트러뜨리면 안 된다.

초기 모임에서 리더들은 주요 치료 기술을 배우는 것을 통해서 부모들이 전체 치료 과정에 잘 참여할 수 있다는 것을 강조할 필요가 있다. 리더들은 초기 모임에서 같은 종류의 기술 교육 문제가 여러 번 발생하는 경우 이러한 기술을 배우는 데에는 시간이 필요하며 지금은 배우는 과정의 시작 단계라는 것을 거듭 상기시키면서 부모들을 북돋아야만 한다. 리더들은 부모들에게 그들이 이러한 기술에 익숙해지고 가정에서의 실습이 시작되면서 향후에도 많은 문제가 생겨날 수 있다는 것을 상기시킬 수 있다.

리더가 제공하는 실습용 재료들

리더들은 부모들이 기술 훈련 시 사용할 수 있는 작은 놀잇감으로 구성된 놀잇감 세트를 제공한다. 이때 두 명의 부모에게 하나의 놀잇감 세트면 충분하다. 각 놀잇감 세트는 작은 물건들(예: 블록, 그림종이, 크레용 또는 색연필, 자동차, 놀이카드, 목걸이, 군인 등)로 이루어진다. 이러한 놀잇감들은 부모로 하여금 제한을 설정하거나 경주용 차 운전자와 같은 롤 플레이 형태로 실습을 할 때, 그들이 배워야 할 필요가 있는 기술을 좀 더 현실적으로 연습하게 돕는다. 특히 놀잇감이 실습에서 사용되는 경우 놀잇감 세트를 기술 실습을 위한 매회 모임을 시작하는 시점에서 나누어 주도록 준비하는 것은 리더의 일을 최소한으로 줄이는 효과를 가져올 수 있다.

매 회기마다 리더들은 놀잇감 세트에 부모들이 실습시간에 발전시키기 위한 놀이 시나리오가 적힌 3×5 크기의 카드를 포함시킨다. 예를 들어, 카드에는 다음과 같은 내용을 적을 수 있다.

> 놀이시간에 발전시킬 수 있는 두 개의 시나리오가 있습니다. 다음 중 하나를 선택하거나, 당신 스스로의 시나리오를 사용하세요. '교통체증에 막힌 자동차와 자동차 사고' 또는 '저녁 식사에 늦게 오는 누군가와 함께 저녁식사 종류를 정하고 식사하기'

리더는 부모가 집에서 놀이 실습을 할 때 스스로 놀잇감을 선택해야 한다는 것을 상기시키고, 이 모임 후반부에 놀잇감 목록과 놀잇감에 대한 상세한 토론이 이루어질 것이라는 것을 알려 줄 수 있다. 이때 놀잇감에 대한 추천 목록이 함께 제시될 것이라는 내용도 함께 이야기한다.

기술 소개하기

리더 중 한 사람이 3회 모임의 기술 훈련인 공감 반응을 소개하는데, 여기에는 '이해한 것을 보여 주기'와 '행동 따라가기'가 포함된다. 리더들은 앞선 두 회기를 진행하면서 적절한 순간에 이 기술들을 뒷받침해 줄 수 있는 이유들에 대해 논의했으며, 관련된 이론적 근거들을 사용하였다. 부모가 주요 기술 가운데 어떤 것을 실습하게 도우면서 리더는 각 기술의 기초부터 시작해야 하고, 그런 다음 부모의 배움이 보다 더 나아지는 기술 발달로 갈 수 있도록 도와야만 한다. 또한 리더는 부모가 앞으로 배우게 될 또 다른 기술을 미리 알려 줄 필요가 있다. 하지만 프로그램 초반에 이를 너무 자세히 알려 주는 것은 도움이 되지 않는다.

리더는 핵심 기술들이 각각의 기술을 따로따로 배운 다음에 전체로 통합될 것이라는 사실을 부모들에게 상기시키면서 기술 훈련을 소개하고 싶을지도 모른다. 이는 리더 가운데 한 사람이 아동의 역할을 하는 가상 놀이회기에서 일어난다. 가상 놀이회기는 부모가 그들의 자녀와 놀이 실습을 시작하기 전에 모임에서 갖도록 계획되어 있다.

우리는 다음과 같은 문장으로 공감 반응 기술을 소개하도록 제안한다.

> 우리가 이제 알려 드릴 기술은 부모가 아동에 대해 이해한 것을 보여 주고 있고, 아동의 관점을 따라간다는 것을 아동에게 알게끔 해 주는 것입니다. 아동은 이제 그들 자신의 감정을 잘 이해하게 될 것입니다. 이는 아동이 정서적으로 안전하다고 느끼게 도와줍니다. 이는 여러분의 자녀가 아기였을 때 여러분이 이미 해 본 적이 있는 것과 비슷합니다. 그때 여러분은 어린 자녀들이 흥미 있어 하는 것을 따라가려고 했고, 자녀의 기본적인 감정을 이해해서 언어적으로 그리고 비언어적으로 보여 주었으며, 그들에게 친밀한 시간과 민감한 관심을 제공했습니다. 우리는 여러분의 자녀가 하고 있는 것에 대해서 짧게 언급하면서 사용하는 '행동 따라가기'를 연습할 텐데, 이는 여러분이 그들을 무시하지 않고, 그들과 함께 있다는 것을 알게 해 줍니다. 행동 따라가기 기술을 '아동의 감정에 반응하기'라는 기술과 함께 연습합니다. 때때로 행동 따라가기 기술을 '아동이 하고 있는 것의 내용을 재진술하기'로 지칭하기도 합니다. 행동 따라가기 기술에서 여러분이 훈련받을 첫 번째 부분은 여러분이 시연을 보면서 우리 리더들이 하는 것을 보고 나서 놀이에서 벌어지고 있는 것 중에 가장 중요한 것이 무엇이라고 생각하는지를 말하는 것입니다.

이 시점에서 리더들은 부모로부터 그들이 시연에서 지금까지 무엇을 보았는지를 이끌어 내고, 리더들이 만든 행동 따라가기 반응의 몇 가지 예를 생각해 내도록 도움을 주어야만 한다. 만약 이 새로운 개념을 부모가 찾아내는 것을 어려워한다면 리더는 집단이 시연과 이 기술을 연결하는 것을 도울 단서를 주어야 할지도 모른다. 예를 들어, 한 아동이 시연을 하는 동안에 모래 위에서 아무것도 하지 않았다고 했을 때 리더는 집단이 시연 동안에 어떤 말이 있었는가를 회상하도록 도울 수 있다. 예를 들어, "아론이 모래로 뛰어갔던 것을 기억하나요? 그 아이는 매우 열정적이었고 리더는 '너는 그 모래로 정말 바쁘게 넘어가고 있구나.'라고 말했죠." 혹은 리더가 오랫동안 아기 인형에게 밥을 먹이고 옷을 입히는 놀이를 하는 아동의 예를 제시할 수도 있다.

> 베스가 꽤 오랫동안 그 아기 인형을 가지고 놀았던 것을 기억하나요? 그 아이는 그렇게 많은 말을 하지 않았고 저(리더) 역시 그렇게 했습니다. 잠시 후 제가 "너는 인형을 따뜻하게 잘 감쌌는지 확인하고 있구나."라고 말했을 때에 베스는 제가 여전히 관심을 기울이고 있다는 사실을 알아차렸어요.

이렇게 조용한 아동의 예를 들면서 리더는 부모가 언어적으로 반응을 해야 하는 때와 말없이 아동의 행동에 집중해야 하는 때를 구분할 수 있으려면 시간이 걸린다는 것을 말해 줄 수 있다. 리더들을 다음과 같이 덧붙이기를 바랄 수도 있다. "아동은 부모가 자신들의 행동에 대한 행동 따라가기 반응에 익숙하지 않습니다. 그래서 때때로 이 기술에 익숙해지려면 아동과 부모 둘 다에게 어느 정도의 시간이 필요하죠."

우리는 리더들에게 행동 따라가기 기술을 가르치는 데에는 짧은 시간만을 사용하고 그런 다음에 재빨리 부모에게 '이해한 것을 보여 주기'란 어떻게 하는지 설명하는 쪽으로 넘어갈 것을 제안한다. 리더는 부모에게 아동이 하고 있는 것 이면에 어떤 감정이 흐르고 있는지를 부모가 배우고 실습하는 것이 얼마나 중요한 일인지를 꼭 알려 주어야 한다. 만약에 리더가 베스의 마지막 예를 사용한다면, 다음과 같이 말할 수 있다.

> 베스의 경우에, 그 아이가 돌보고 있는 아기 인형에 대해서 정말 사랑이 가득한 것처럼 보였어요. 그 아이가 인형에 대해 느끼는 사랑스러운 감정을 제가 시연을 하는 동안에 언급하는 것이 중요한 것 같았습니다. 아마도 여러분은 제가 어떻게 말했는지를 기억할 것입니다.

(만일 부모가 이를 회상하는 것을 어려워한다면 리더들은 다시 단서를 제공할 필요가 있다.)

이해한 것을 보여 주기란 아동의 행동 이면으로 들어가서 그 행동 이면의 감정을 알아내는 것임을 기억하세요. 행동 따라가기의 예는 다음과 같습니다. "너는 그 아기를 흔들고 있구나." 아이의 감정에 초점을 둔 반응은 다음과 같은 것입니다. "너는 그 아기를 흔드는 것이 재미있는 모양이다."

연습 1A: 대집단에서 공감 반응 연습하기

기술이 소개가 되고 나서 리더들은 제일 먼저 대집단에 속한 모든 이와 함께 기본적인 감정과 행동을 연습한다. 리더 중 한 사람이 간단한 놀이 사례에서 '아동' 역할을 보여 주면 또 다른 리더는 대답을 이끌어 낸다(혹은 한 명의 리더가 이 두 개의 역할을 모두 다 할 수도 있다). '아동' 역할을 맡은 리더는 정서적 문제가 없고, 혼자 놀이를 하고 있는 아동을 연기할 때 연속되는 평범한 놀이를 해야만 한다. 리더는 쉽게 끌어낼 수 있는 평범한 놀이 시나리오를 가지고 있어야 한다. 이미 말한 바와 같이 이렇게 평범한 놀이회기는 부모가 자신의 놀이회기는 다루기 쉽다고 느끼고, 그 기술을 배우는 데에 집중할 수 있도록 사전에 미리 계획되어야만 한다. '아동' 역할을 하는 리더는 분명한 얼굴 표정과 행동으로 감정을 명확하게 드러내는 것이 중요하다. 이러한 역할놀이를 통해서 '아동' 역할을 하는 리더는 충분한 휴식을 준 다음에, 다음 예를 든 것처럼, 보여진 감정과 행동에 대해 피드백을 줄 것을 부모에게 요구한다.

사례 예시: 연습 1A의 첫 부분 이끌기

리더 1: 우리는 여러분에게 저를 아이로 상상하고 아이 역할을 하는 저로 바라봐 주길 원합니다. 이것이 우리 연습의 가장 도전적인 부분인 것 같군요.

리더는 트럭의 택시에 트레일러를 걸어 놓으려고 여러 번 시도를 하는 아동을 연기하고 잠시 멈춘다.

리더 2: 여기서 여러분이 할 수 있는 행동 따라가기 반응에는 어떤 것이 있을까요?

이 질문에 적절한 답을 얻은 다음에 '아동' 역할을 맡은 리더 1은 좌절한 표정을 지어 보이고 "이 멍청한 트레일러"라고 말하면서 트레일러를 막 흔들기 시작한다.

리더 2: 여러분은 지금 뭐라고 말하고 싶어요? 그 '아이'의 마음은 어떨까요?

> 만일 집단이 망설이고 있으면 리더 2는 이 시점에서 다양한 답을 미리 제안하고 그 집단이 옳은 답을 선택하기를 원할 수도 있다(예를 들어, 아동이 조용한가요, 슬픈가요, 아니면 화가 났을까요?).
> 다음에 '아동' 역할을 하는 리더는 타워에 세울 블록을 쌓기 시작하고 성공한 상황을 연출한다. 그런 다음에 또 다른 리더는 부모에게 묻는다. "그가 지금 무엇을 하고 있나요? 여러분은 지금 뭐라고 말할 수 있나요? 어떤 감정을 느낄까요?"

이렇게 복잡하지 않은 상황의 감정 수준에도 쉽게 답하는 것이 어려워 보이는 몇몇 집단은 아동의 감정으로 들어가기 이전에 부모 자신의 감정을 살필 필요가 있을 수도 있다. 필요하다면 사람들이 일반적으로 느끼는 일상생활의 간단한 예를 들어야 할 것이다(예: "상점에서 여러분이 너무 많은 비용을 지불했다고 상상해 보세요. 그때 여러분의 기분은 어떨까요?"). 리더는 부모 중 한 사람과 이 시나리오로 집단 전체 앞에서 연습을 하고 이 상황에 대해서 어떤 감정이 드는지를 짧게 묘사하게 하고, 리더는 그들의 감정을 반영한다.

매우 기본적인 예를 통해서 부모가 감정을 알아차리고, 반응을 따라가는 것을 더 잘하게 된 다음에 리더는 다양한 감정이 연속적으로 드러나는 시나리오를 연기하게 된다. 리더는 놀이에서 (신중하게 계획한) 잠시 멈추는 순간에 부모로 하여금 그들에게 떠오른 '아동'의 감정, 행동 따라가기 반응을 크게 말하도록 요구한다. 때로 연속적인 공감 반응의 이러한 예에서 부모들은 그들의 첫 번째 반응을 뛰어넘는 데에 어려움을 갖고 두 번째 그리고 세 번째 감정에는 어쩔 줄을 모를 수 있다. 거의 모든 집단에서 누군가는 "나는 첫 번째 감정에는 충분히 쉽게 반응할 수 있었어요. 그런데 그다음부터는 당황하게 되네요."라고 말한다. 그러므로 다음 예에서 보여 주듯이 부모의 반응 레퍼토리를 확장시키기 위해서 다양한 상황으로 역할놀이를 확장시키라고 권하고 싶다.

사례 예시: 연습 1A의 뒷부분 이끌기

리더: 여러분은 제가 잠깐 길게 멈출 때에 보여 주는 감정을 큰 소리로 말해 주면 됩니다. 또 몇 번은 적절한 행동 따라가기 반응을 말해야 할 수도 있습니다. 걱정 마세요! 저는 매우 분명한 감정을 표현하는 (마음을) 읽기 쉬운 아동을 연기할

테니까요. 이렇게 함께한 다음에 우리 리더는 여러분이 했으면 했던 반응을 짝이 되어서 보여 주도록 하겠습니다.

그런 다음에 리더는 다양한 감정의 영역을 보여 주면서 링 던지기 게임을 하는 아동을 연기하고(예: 흥미, 고집, 좌절, 성공 그리고 지루함), 그러고 나서 자동차를 서로 부딪치기 전에 일렬로 줄 세우면서 가지고 노는 아동을 연기한다.

연습 1B: 첫 번째 역할놀이 연습하기

부모가 긴 연속된 놀이를 통해서 행동 따라가기와 공감 반응에 성공적으로 반응하도록 도운 다음, 리더는 다음 연습을 선보인다. 이번 연습에서는 부모에게 짝을 지어 보라고 한 다음 한 명의 부모는 아동 역할을 맡고, 또 다른 부모는 '아동의' 놀이에 행동 따라가기 반응과 공감 반응을 하게끔 한다. 이 연습을 위한 시연에서 한 명의 리더는 아동 역할을 하고 또 다른 한명은 부모 역할을 한다. 집단이 큰 경우 리더는 집단을 두 개로 나누고, 리더 한 명씩 맡는다. 각 리더는 이 기술 시연을 위해 함께 짝을 이룰 가장 편안한 부모를 선택하고, 아동의 역할을 맡게 한 다음 하나 혹은 두 개의 놀이장면을 제안한다. 이는 부모에게 아동의 역할을 더 쉽고, 더 빠르게 받아들이게끔 한다. 리더는 또한 집단 모두를 위해 이 접근을 받아들일 필요가 있다. 리더는 모임이 끝나기 전에 이렇게 짝을 지어 연습을 하고, 논의를 하는 데에 시간이 충분한지를 확인해야만 한다.

짝을 지어 실습하기: 이것이 도움이 되는 이유

우리는 리더가 선보인 기술에 대해 논의하는 데 시간을 보내지 말고, 대신 부모들이 짝을 지어 연습하는 쪽으로 빨리 넘어갈 것을 제안한다. 이 기회를 통해서 이 기술 양식을 사용하고 반응하는 것을 배우는 것이 보다 쉬워질 뿐만 아니라, 짝을 지어 연습하는 것은 대집단에서 발생할 수 있는 당황스러움과 어색함을 최소화시킬 수 있다. 집단 전체가 몇 명의 부모들을 관찰하는 것이 아니라, 집단 구성원 모두가 이 새로운 활동을 시도하느라 집중하기 때문이다. 대집단에서 기술을 익히기 위해 짝을 지어 함께 작업을 하는 것은 실습 이후에 이루어진 피드백에서 부모들이 서로의 성공을 지지하고, 또 다른 이의 실패를 이해하는 것을 보여 줌으로써 빠르게 '집단을 통합하는 요인'으로 작용하는 것 같다. 그럼으로써 부모들은 역할놀이에 더 숙달되고 특정한 기술을 연습하는 것이 가능해진다.

짝을 지어 실습하기: 마무리하는 방법

리더들은 부모에게 역할놀이 연습을 위해 옆에 앉은 사람과 짝을 지으라고 요구한다(만일 집단 구성원의 수가 홀수일 때 리더는 세 명씩 짝을 이루도록 해야 한다). 만일 부부가 짝이 되었다면 리더는 그들에게 다른 사람과 짝을 이루라고 해야만 한다. 그들이 이미 알고 있는 주변 사람을 제외하고 또 다른 집단 구성원과 친숙해지는 것은 집단 응집력을 증진시키는 데에 도움이 된다. 한 쌍이 과제를 성공적으로 마쳤을 때에, 그들은 종종 재미있기는 하지만 집단 시간에는 적절치 않은 주제와 관계없는 대화를 시작하기도 한다. 대부분의 쌍들이 대화를 시작한 것을 발견했을 때에 리더는 집단 구성원들을 향해 역할을 바꾸라고 하고, 만약에 그 과제가 끝났다면 비슷한 또 다른 연습을 지시해야만 한다. 리더는 또한 어떻게 그들의 연습이 진행되고 있는지를 살펴보기 위해서 그들 주변을 돌아다닐 것이라고 부모에게 언급해 둘 필요가 있다. 이 연습을 위해서 제안하고 싶은 소개는 다음과 같다.

> 여러분은 여러분이 짝을 지어서 할 종류의 실습을 우리 리더들이 하는 것을 지금 막 보았습니다. 우리는 여러분 중 한 분이 5분 동안만 아동 역할을 맡아 주기 바랍니다. 우리는 여러분에게 잠깐 동안 몇 가지 연속되는 놀이 장면을 제안할 것입니다. 혹은 여러분이 여러분 자신에게 쉬운 놀이 장면을 해도 좋습니다. 그리고 다른 사람들은 이 아동의 감정을 반영하고, 아동이 하고 있는 것의 일부를 따라감으로써 이해한 것을 보여 줄 것입니다. 그런 다음 우리는 여러분이 역할을 바꿔서 한 번 더 놀이하도록 할 거에요. 우리는 여러분이 어떻게 하고 있는지를 살펴보기 위해서 주변을 돌아다닐 겁니다. 그런 다음에 모두 제자리로 돌아와서는 그것에 대해 이야기를 나눌 겁니다.

리더는 부모에게 아동 역할을 할 때에 통제하기 어렵거나 놀이하기가 불가능한 아동이 아니라 그들에게 친숙한 아동을 연기하라고 요구한다. 만약 이러한 제안이 어떤 부모에게 충분히 구체적이지 않다면 리더는 그들에게 '놀이를 시작하는 것이 매우 즐거운 아이'를 연기해 보라고 권할 수 있고, 그들이 시연에서 본 아동들 가운데 한 명을 연기하는 쉬운 것을 선택할 수도 있다고 제안할 수 있다. 만약 그들에게 어떤 아이디어도 없다면, 놀이 시나리오를 위한 놀잇감 세트에 포함된 제안이 몇몇 부모에게는 또 다른 도움이 될 수도 있다.

대집단으로 시작할 때의 선택사항

집단이 짝을 지어서 쉽게 나눠지고, 역할놀이를 시작하고 나면 리더는 각각의 짝이 어떻게 하고 있는지를 눈에 띄지 않게 모니터한다. 그런데 이 첫 번째 실습에서 집단이 짝을 짓고 역할을 정해 시작하는 데에 주저하는 것 같다면 대집단에게 제안하고픈 또 다른 선택사항이 있다. 리더 중 한 명이 우선 부모 한 명과 집단 앞에서 역할놀이를 하고 그런 다음에 나눠진 리더 혼자인 집단에게 앞서 대략적으로 설명한 것과 같은 접근을 따르라고 제안할 수 있다. 이 대집단 실습 다음에 리더는 참여한 부모에게 우선 어떻게 느꼈는지를 묻고 이번 실습에서 나온 감정 반영과 행동 따라가기 예시에 대해서 매우 짧게 논의한 다음, 집단 전체가 짝을 지어서 연습하는 것으로 넘어간다. 다시 한 번 리더는 이번 모임이 끝나기 전에 집단의 모든 부모에게 이 기술을 짝을 지어 연습하게 하고 그다음 그것에 대해 논의할 시간은 충분한가를 확인해야만 한다.

역할놀이 실습 동안 격려하기

부모가 짝을 지어 연습을 하는 동안에 리더들은 부모가 그들에게 조언을 구할 수 있다는 것을 보여 주면서 각 조 사이를 눈에 거슬리지 않게 돌아다닌다. 이 시간은 리더들끼리 대화를 하는 시간은 아니다. 그리고 만일 리더가 짝을 이룬 부모를 도와줄 필요가 있다면 긍정적인 강화와 정확한 피드백을 주기에 충분히 길게 역할놀이를 하는 사람들과 작업을 해야만 할 것이다. 하지만 경험이 많지 않은 리더는 다 큰 성인은 역할놀이를 하는 것보다는 종종 그들이 무엇을 하도록 요구받는지에 대해 이야기하는 것이 더 편안하다는 사실을 모를 수도 있다. 이런 경우 리더는 부모들에게 장황하게 토론하지 않도록 하고 그들이 기술 실습에 다시 초점을 맞추어 계속하도록 장려하는 것이 중요하다. 우리는 리더들에게 각 조를 돌다가 앉을 것을 권한다. 때때로 역할놀이가 진행되는 동안에 짝을 이룬 부모들에게 제안을 속삭여서 알려 주는 것이 효과가 있다. 그러나 너무 많이 방해하지는 말아야 한다는 것을 기억해야만 한다.

실습 이후의 논의

짝을 지어 실시한 실습이 끝난 다음에 리더 중 한 사람은 이 실습에 대해서 참여자들과 토론을 시작한다. 리더는 부모의 다양한 감정을 이끌어 내고 이 토론에 많은 부모가 참여하도록 하면서 제일 먼저 부모에게 "여러분에게 이번 실습이 어땠나요?"라고 묻는다. 부모들의 일반적인 반응은 그것은 '하기 어려운' '자연스럽지 않은' '어떤 감정은 이해하기 쉽지만 또 다른 감정을 그렇지 않은' '그 감정에 적합한 단어를 찾는 게 어려운' '한 번 해 보는 게 흥미로운 것' 등으로 진술된다. 부모의 이러한 의견에 공감적으로 반응을 하고 기술의 적절한 이론적 근거 중 일부를 상기시킨 후, 리더는 앞으로 자녀와 함께하게 될 놀이회기처럼 부모가 놀이를 한 내용과 감춰진 감정 둘 다에 참여하고 있기 때문에 그 일이 힘든 것이라고 이야기할 수 있다.

리더는 그런 다음에 성공적인 반응에 집중해야만 한다. 논의 과정에서 성공적인 반응이 언급되지 않았다면 리더는 부모에게 그들이 어떤 것을 잘했다고 생각하는지를 우선 묻는다. 만약에 부모가 답하기를 주저하거나 하지 못할 때, 리더는 실습 도중에 부모들 주변을 돌면서 목격한 성공적인 반응을 이야기할 수도 있다. 리더는 긍정적인 측면에서 그 집단을 마무리하는 것을 목표로 해야 한다. 앞서 언급했다시피, 성인 학습자는 학습에 있어서 특별하고 초인간적인 힘을 성인기에 부여받지 못했다는 사실을 잊은 채, 새로운 기술을 배울 때에 몹시 자기비판적이 될 수 있다. 종종 리더는 그들의 투쟁에 공감적인 태도를 유지하면서 부모가 긍정적인 측면을 바라보도록 도와야만 한다.

초기 기술 훈련과 관련된 또 다른 문제

역할놀이를 현명하게 사용하기

리더들이 역할놀이를 부모에게 소개할 때에 아동의 역할을 하는 방법에 대해 여러 가지 제안을 할 필요가 있을 텐데 이는 그 역할이 일반적인 성인의 경험과는 거리가 있기 때문이다. 게다가 리더는 이 프로그램의 초기 단계에 참여자들에게 너무 많은 짐을 지우지 않도록 하고 부모들은 그들의 첫 실습에서 너무 긴 역할놀이보다는 짧은 시도를 원하리라는 것을 기억하는 것이 필요하다. 그러므로 리더는 첫 실습에 대해서는 간단하고, 너무 많은 놀잇감이나 너무 많은 지시로 부모를 압도하지 않아야 한다.

역할놀이가 집단 부모놀이치료에서 기술을 설명하고 연습하는 데에 유일한 최고의 장치라고 할지라도 우리는 리더에게 이것이 다소 과장되었을 수 있음을 언급하는 바이다. 리더는 부모가 그것에 대해서 준비되어 있지 않아서 집단 앞에서 시연에 참여하는 것을 주저한다면 부모에게 역할놀이를 하라고 강요할 것이 아니라 격려해야만 한다. 아울러 부모가 그것에 능숙하지 않고 연기할 역할의 수가 제한되어 있을 때에는 빠르게 지루해질 수 있기 때문에 역할놀이를 너무 많이 사용해서는 안 된다는 것이다. 이것이 바로 집단 부모놀이치료의 초기 기술 훈련 시에 짧은 역할놀이가 제안되는 이유이다.

부모의 공감 반응 수정하기

리더는 적극적으로 부모가 "네가 그런 것 같아." 혹은 "넌 그것 때문에 화가 났구나."와 같은 '감정 진술'을 명확하게 하도록 돕는다. 리더는 부모가 초기 역할놀이 시에 완벽한 언어적 반영을 할 것이라고 기대해서는 안 된다. 공감적 반영을 습득하는 이 초기 단계에서 리더는 수정을 하기에 앞서서 작은 것에 만족하고 부모들이 공감의 기본적 태도를 배우리라는 것에 확신할 필요가 있다. 예를 들어, 리더는 초기 기술 훈련 동안에 부모의 공감적 반응에 사용된 단어의 질의 중요성을 과장해서는 안 된다. 리더는 이 시점에서 부모가 "너는 실패할까 봐 두렵구나." 대신에 "네가 답을 맞혔다고 느끼는지 잘 모르겠구나."라고 한 반응을 받아들일 수 있어야 한다.

사소한 실수로 공감적 진술 끝에 질문이 붙거나(예: "그렇지 않니?") 혹은 관련된 감정을 이야기하면서 "너는 …하다고 느끼는 것 같다."라는 표현을(예: 화가 났다고, 슬프다고 등) 사용하는 것은 적절하지 않음을 부모에게 조심스럽게 상기시켜야 한다. 리더는 다음과 같이 말할 수 있다.

> 당신은 정말로 정확하게 아이의 감정을 반영했어요. 하지만 다음에는 마지막 질문은 하지 마세요. 우리는 놀이회기에서 진술을 만드는 전문가임을 잊지 마시구요. 만약에 여러분이 반영해야만 한다고 생각하는 감정에 대해 정말로 확신을 할 수가 없다면, 그것에 대해서 아무것도 말하지 마세요. 혹은 아이가 당신에게 동의를 하거나 동의하지 않는 것을 제안하기보다는 추적 진술을 사용하는 편이 더 나을 것입니다.

부모의 노력 강화하기

리더는 어떤 혹은 모든 단계에서 직접적인 방식으로 강화를 한다. 기본적인 것이 충분히 시연되기만 한다면 이상적인 반응에 도달하는 방법은 뒤따를 것이다. 리더들은 다음과 같은 교육의 규칙을 적용하고 싶어 할지도 모른다. "시작 단계에서 적절한 반응을 얻어 내기 위해 노력하고, 그다음 단계에서 가장 깊은 감정을 더 세련되고 완전히 정확하게 반영하도록 부모에게 지도하라." 일반적으로 리더는 훈련의 초기 단계에서 새로운 기술을 배우는 부모의 능력에 대한 자신감에 손상을 주지 말고, 가능한 한 다양한 방법으로 이상적이지 않은 반응을 줄이도록 노력해야만 한다. 부모가 깊은 감정을 알아차리지 못하고 감정을 반영할 때 수정하는 리더의 역할은 특히 중요하다. 예를 들어, 몇몇 부모는 그들의 자녀에게 "너는 좋아한다/너는 좋아하지 않는다."라는 문장을 너무 많이 사용할 수도 있다. 이러한 경우에 부모가 관찰해서 반영하는 감정의 영역을 넓힐 수 있도록 리더가 돕는 것은 매우 중요하다. 특히 한 부모 이상이 이러한 어려움을 가지고 있을 때에는 대집단 훈련 시 주어진 사례에서 감정 단어를 요구함으로써 리더는 부모 개개인의 묵시적인 비판을 피할 수 있다. 리더들은 또한 집단 부모놀이치료가 진행되는 동안에 자신의 자녀들 그리고 다른 가정의 자녀들, 보통의 아동들을 모욕하거나, 흠잡거나, 비난하는 부모의 반응을 언제나 적극적으로 다루어야만 하는 점을 여기서 강조할 필요가 있겠다.

처음부터 우리는 리더들에게 '하지 마라'라는 진술은 피하고, 말한 것 대신에 대체 가능한 긍정적인 표현을 제시하라고 제안한다. 저자의 경험에 따르면 긍정적인 가르침이 훨씬 더 효과적이다. 앞서 언급한 과도하게 자기를 비난하는 성인의 경향성을 거스르기 위해서 이 초기 단계에서는 리더가 기술 훈련에서 어떤 결과를 요구하지 말고, 수용되는 집단의 분위기를 형성하는 것이 중요하다. 리더는 부모들에게 '옳은' 것에 대해 너무 집착하지 말고, 그들 자신에게 너그러워질 것을 제안할 수도 있다. 리더는 집단은 실습을 하고 배우는 장소가 되어야지 점수를 받고 등급을 매기는 장소가 되어서는 안 된다는 것을 예를 들어 보여 주는 것이 좋다.

리더는 모두가 시작부터 새로운 기술을 잊지 않고, 그들의 평소 반응을 억제하는 것은 어렵다고 집단에 설명하기를 원할지도 모른다. 하지만 우리는 종종 부모들에게 그들의 일상생활에서 다른 기술들을 배울 때, 예를 들어 두발 자전거 타기, 롤러스케이트 타기 혹은 피아노 치는 법을 배우기 등에서 어떤 노력을 경험했는가를 상기시키는 것이 유용하다는 사실을 알았다. 리더는 다음과 같이 부모들에게 상기시킬 수 있다.

> 기술 학습을 배우기 위해 여러분은 먼저 요구하는 단계들을 거쳐야 하고, 이해한 것을 행동으로 옮기기 위해서, 대부분의 경우에 상당한 시간을 가져야 합니다. 대개 그 기술을 자연스럽게 연습할 수 있으려면 여러 번의 실습이 요구됩니다.

기술 훈련을 하는 동안 감정적으로 부담을 느끼는 부모 돕기

때때로 집단 부모놀이치료 동안에 치료 기술 훈련을 시작하는 것이 예상치 못한 부모의 외상적 경험과 정서적 고통을 야기할 수 있다. 공감 반응의 가치를 받아들이기가 몹시 어려운 한 부모의 예가 여기에 있다.

메리: 저는 아이가 가질 수 있는 감정에 대해 이야기를 하는 데에 어려움이 많아요. 저는 저의 부모님으로부터 제가 느끼는 것은 중요하지 않다고 배웠었거든요. 우리가 어떻게 느끼는지에 대해서는 무시한 채, 우리가 해야 한다고 기대되는 것을 하는 게 가장 중요한 것이었죠. 선생님이 제안하는 것이 무엇인지는 알지만 그것을 실행에 옮기는 데에는 어려움이 있어요. 제 인생은 '의무가 다른 어떤 것보다도 우선시'되어 왔죠.

리더 1: 어머니의 삶에서 해야 할 일을 하는 데 방해가 되지 않기 위해서 감정을 위한 여지는 없다고 배워 왔군요. 어머니가 지미(그녀의 아들)와 놀이 실습을 할 때 그것을 잊기가 어려울 거예요. 단지 그렇게 생각하는 습관 때문이 아니라 감정에 그렇게 많이 초점을 두는 것이 옳은지가 궁금하기 때문이죠.

메리: 맞아요. 저는 지미가 옳은 것을 하는 것보다 감정을 더 중요하다고 생각하게 만드는 것은 아닌지가 두려워요.

리더들은 메리에게 공감 반응을 계속해 주었다. 그러자 그녀는 그녀 자신의 어린 시절 이야기를 시작하였고, 그녀가 해야 하는 것을 하지 않았을 때에 어떻게 처벌을 받았는가에 대해서 이야기를 했다. 이 시점에서 메리는 그녀가 처리해야만 하는 그저 새로운 교훈적인 정보 이상으로 많이 부담을 느낀다는 것이 리더에게 분명해졌다. 두 명의 리더는 그녀가 새로 배운 것들을 놀이회기에 적용할 수 있으려면 그전에 다루어야 하는 굉장히 많은 과거사가 있다는 것을 알아차렸다. 그래서 그들은 그 모임 이후에 메리와 깊은 대화를 나눌 수 있는 시간을 따로 정할 것을 제안했다. 그런 다음에 리더는 그 집단에 다시 공감 반응을 가르치는 것으로 되돌아 왔고, 메리에게는 그 모임에서 더 심도 있는 역할놀이에 참여하기보다는 관찰하는 편이 더 나을 것 같다고 제안했다. 그리고 상의 끝에 리더들은 메리에게 집단 부모놀이치료 밖에서 다른 치료자를 만나는 것이 좋을 것이라고 제안했다.

아동중심 놀이치료의 다른 측면을 가르치는 것과 관련된 공감

리더는 부모가 공감과 관련된 기본 개념들을 이해하기만 하면 앞으로의 시연과 놀이회기 실습에서 생겨난 또 다른 문제들은 토론하고 실습하기에 더 의미 있는 것이 된다는 사실을 기억해야만 한다. 그러므로 가능하다면 부모는 그들의 자녀가 무엇을 느끼는지 그리고 그들의 감정을 이해한 것을 보여 줄 방법에 집중하는 것을 배우는 게 중요하다. 예를 들어, 제6장의 2회 모임 집단 논의의 확장된 예에서 리더는 부모에게 놀이회기에서 질문에 의해 전달되는 이면에 감춰진 감정적 요구를 찾아내고, 아동의 질문에 그저 답하지 말고 먼저 공감을 사용하는 것을 가르쳤다. 리더가 초기 모임 동안에 질문을 하는 것에 대한 여러 가지 핵심을 만들었을지라도, 부모가 그것에 대해서 깊이 생각할 수 있게 되고 이러한 원리들을 적용해 볼 수 있게 되는 것은 바로 부모들이 그들을 이해한 것을 보여 주는 기술을 실습할 때이다. 부모의 통찰은 시연 다음에 그리고 기술 훈련 도중에 일어날 수도 있지만 그들의 놀이회기 실습과 뒤따르는 토론에서 항상 이루어진다.

이 장은 '이해한 것을 보여 주기'로 이루어졌다. 제8장에서는 리더와 함께하는 가상 놀이회기(그들은 가상 놀이회기에서 모든 기술을 함께 적용할 것이다)를 경험하기 전에 부모에게 지도해야 할 아동중심 놀이치료 기술 중 남은 기술에 대해 논의하고자 한다.

제8장

놀이 시연 및 놀이기술 실습 계속하기: 4회 모임

이 장에서는 4회 모임에서 배울 부모 기술 훈련에 초점을 맞추도록 한다. 기본 기술 중 두 번째인 놀이회기 중 아동이 이끄는 대로 따르기, 세 번째인 구조화하기, 네 번째인 제한 설정하기를 각각 소개하고, 부모는 적극적으로 연습을 하게 된다. 또한 4회 모임에서는 프로그램의 다음 회기에서 진행할 가상 놀이회기를 대비해 부모를 준비시킨다. 4회 모임 초반에 리더는 이전 두 개의 장에서 논의한 대로 이번 프로그램에서 진행 중인 아동들과 함께하는 시연에 대해 토론을 한 후, 시연의 나머지를 마무리 짓는다. 약 45분 동안 휴식 후, 4회 모임 후반에서의 주요 목표는 기술 훈련으로, 이전 모임보다 시연 논의에 할당된 시간이 짧은 편이다.

이 장의 사례와 토론은 리더들이 그들의 기술 훈련의 주요 목표를 수행하는 것 외에도 자녀들에 대한 것, 자녀들에 대한 그들의 걱정과 그들 자신의 양육방법에 관해 부모가 제기하기 시작하는 특정한 문제를 다루는 것을 보여 준다.

기술 훈련: 아동이 이끄는 대로 따르기

아동은 일반적으로 부모가 자신의 놀이를 보거나 자신의 놀이에 참여하기를 요구한다. 먼저, 리더는 부모에게 놀이회기에서 아동이 이끄는 대로 따르기를 배워야 하는 이론적 근거(제4장 참고)를 제공한다(예: 아동이 감정적 문제를 스스로 해결하고, 감정을 보다 잘 통제할 수 있게 된다). 그런 다음에 리더는 3회 모임의 공감적 이해 기술에서 한 것처럼, 부모에게 시연에서 이런 기술이 직접 적용된 사례를 공유해 줄 것을 요청한다. 부모가 이 새로운 개념을 이해하기 어려워한다면, 리더는 이 기술을 실제 사례와 연관 지을 수 있도록 반복해서 집단에게 단서를 주어야 할 수도 있다. 리더는 부모에게, 아동은 부모에게 무언가를 말하고 싶어 하거나, 명백한 비언어적 단서를 표현하려 노력한다는 사실을 강조해야만 한다. 아동이 원하는 것이 부모가 그들의 놀이를 바라보는 것인지 또는 함께 참여하는 것인지는 상관없다. 아동이 특정 방식으로 놀이를 수행하거나 다른 이를 놀이에 참여시키는 것에 압박감을 느끼지 않을 때, 얼마나 자연스럽고 편안하게 놀이를 즐길 수 있는지, 리더 자신의 실제 생활 및 시연 사례를 들려주는 것도 좋다.

리더는 아동이 부모에게 자신의 놀이 또는 활동을 지켜보길 원한다면, 3회 모임에서 부모가 실습한 기술인 자녀의 활동을 따라가는 기술과 그들이 자녀의 감정을 이해하는 것을 보여 주는 진술하기 기술을 적극적으로 활용할 것을 상기시키는 편이 좋다. 이번 모임의 시연에서 토론 도중 위의 사항을 아직 시행하지 않았다면, 리더로서 공감적 이해 기술을 복습하기에 좋은 시점일 것이다. 리더는 부모에게 리더가 아동의 감정 이해하고, 이를 따라가는 것을 보여 준 4회 모임 시연에서 몇 가지 사례를 꼽아 보라고 요청할 수 있다. 방법에 대한 짧은 복습 후, 리더는 부모가 그들의 자녀와 함께 놀이회기에 참여하고 그들이 이끄는 대로 따라가는 주된 방법들로 방향을 전환해야만 한다. 그 방법으로는 아동의 지시(구체적인 혹은 암시적인)에 따라 직접적인 도움을 주거나, 활동(예: 무언가를 만들기, 게임을 하기)이나 창의적인 놀이에 참여하는 방법이 있다.

연습 2A: 아동이 이끄는 대로 따르기

이전에 말한 바와 같이, 리더는 아동이 이끄는 대로 따르는 리더의 시연에서 부모의 사례를 들며 이 훈련을 시작하는 것이 가장 효과적이다. 그러나 이런 사례들이 발생하지 않거나, 집단에게 이 기술에 대한 더욱 구체적인 훈련이 필요한 것으로 보이면, 리더는 자신의 사례를 직접 사용하거나 다음과 같은 간단한 사례를 사용하는 것도 좋다. 첫 사례는 아동이 직접적인 도움을 요청했을 때의 대응 방법이다. 여기에 부정적 사례와 긍정적 사례가 있으니, 리더는 어떤 선택이 정말로 아동이 이끄는 대로 따르는 것인가를 물어볼 수 있다.

연습 2A1: 실제적인 도움과 아동이 이끄는 대로 따르기

리더는 다음과 같은 방법으로 이 사례를 소개한다.

이미 배운 바와 같이 놀이회기는 아동의 자립심을 기르거나, 특정 방법을 가르치는 것이 아니라고 말씀드렸습니다. 덧붙여 여러분이 얼마나 실력이 좋고 대단한지를 아동에게 보여 주는 것도 아니라 하겠습니다! 이 놀이회기에선 여러분의 자녀가 자신의 한계를 한정짓거나, 당장 도움이 필요한지를 파악하는 때입니다. 심지어 자신이 할 수 있는 일이라도요. 명심하세요. 여러분은 자녀의 감정에 중점을 두고 배우는 중입니다. 가장 먼저 반응해야 할 것은 아동의 감정입니다. 두 가지 사례를 말씀드릴 테니, 이야기가 끝나면 놀이회기에서 어떤 사례를 적용해야 할지 말씀해 보세요.

부정적 예시:

맨디(8세): 아빠, 아빠가 인형 옷을 치워 주세요.

아빠: 직접 할 수 있잖니, 맨디.

맨디: 지금은 하고 싶지 않아요.

아빠: 자, 맨디. 어서 정리하렴.

맨디: 치우기가 어렵단 말이에요.

아빠: 그렇지 않단다. 쉽게 정리하는 법을 알려 줄게.

긍정적 예시:

맨디(8세): 아빠, 아빠가 인형 옷 치워 주세요.

아빠: 너는 내가 너를 도와주길 원하는구나(맨디의 기분에 집중하며).

맨디: 저는 지금 치우고 싶지 않아요.

아빠: 너도 할 수 있지만, 지금은 내가 너를 도와주길 원하고 있어.

(그러고 나서 아빠는 아이의 요구에 따라 인형 옷을 치운다.)

리더: 어떤 아빠가 맨디가 이끄는 대로 따른 걸까요? 그가 반영한 것은 어떤 감정일까요?

어떻게 인형 옷을 치우는 아빠가 긍정적 예시일 수 있느냐고 부모가 묻는다면, 리더는 누구나 가끔은 맨디처럼 대가 없이 자신을 챙겨 주는 존재를, 그리고 모든 걸 직접 하지 않아도 되는 상황을 바라기도 한다고 덧붙여 설명을 하는 것이 좋다. 또한 리더는 아동이 자율성과 자기만족을 향한 추동 경향성이 있다는 또 다른 이론을 알려 줄 수도 있다. 일반적으로 사람들은 모든 일을 직접 하고 싶어 하지 않지만, 아동은 항상 자신이 할 수 있는 일과 할 수 없는 일에 대해 배운다. 그들은 배운 지식을 자신에게 시험해 볼 시간이 필요하다. 그들에게는 또한 최선의 방법으로 하지 않아도, 그리고 독립적으로 하지 않아도 괜찮은 공간과 시간이 필요하다. 이는 가끔 아동은 놀이회기에서 이전 아동기에 받았던 부모의 보살핌을 다시 떠올리는 특별한 문제를 갖고 있으며, 이로 인해 놀이회기에서 보살핌 받고 싶어 할 수도 있다는 생각을 리더가 소개하기에 좋은 시점일 수도 있다.

아동의 보살핌 요청에 대한 부모의 반응

부모는 아동의 미숙한 행동에 대해 앞에서 이야기한 부분과 제4장에서 언급했던 다른 이유들을 받아들이기 어렵다고 할 수도 있다. 리더는 아동중심 놀이치료가 아동이 직접 자신의 행동을 교정하고, 아동의 욕구에 부합하는 최선의 상태인 자율성 수준에 도달하는 것을 돕도록 고안되었다는 점을 언급했을 것이다. 그러나 다시 한 번 리더는 부모가 감정적 문제를 가질 때 그들을 인지적으로 납득시키려 하지 말고, 부모의 부정적인 기분에 대해 공감하는 것이 매우 필요하다. 앞 장에서 이야기했듯이, 아동이 미숙한 행동을 보일 때 부모는 감정적으로 위협을 느낄 수도 있다. 자신의 자녀를 두려워하면 놀이회기에서 이 행동이 받아들여질 때까지 아동은 일상생활에서도 미숙한 행동을 보일 것이다. 어떤 부모는 정반대의 어려움을 겪을 수도 있는데, 그것은 아동이 직접 습득하기를 바라며 자녀의 할 일을 계속 대신하는 것이다. 리더는 부모의 이러한 경우 모두에 대해 공감하며 대응할 필요가 있다. 그리고 종종 아동중심 놀이치료는 처음 접한 부모에게 낯설고 헷갈릴 수 있다는 사실을 인정해야 한다. 때때로 리더는 부모가 놀이회기의 효과를 그들 스스로 확인하기 전에, 많은 부분에서 리더를 신뢰해야만 한다는 사실을 반영해야 할 수도 있다.

연습 2A2: 게임에 참여하기

놀이회기 중 흔히 일어날 수 있는 일로는 아동이 일반적인 게임의 규칙을 마음대로 변경한다는 것이다. 만약 시연 중 자연스럽게 사례가 발생하지 않는다면, 리더는 부모가 놀이회기에서 그들의 자녀가 일반적인 게임을 할 때 지시적 반응과 비지시적 반응을 구분할 수 있도록 하기 위해서 다음에 제공된 유형의 사례를 사용할 필요도 있다.

부정적 예시:

로지(6세): 스냅 게임하자.

엄마: 이 탁자에 앉아서 하자. 게임할 공간이 충분하구나.

엄마: 여기서 같이 카드를 내면서, 물고기가 나올 때까지 기다리는 거야. 스냅을 어떻게 하는지는 알지? 동시에 한 장씩 카드를 뒤집으며, 물고기를 내보내는 거지. (로지는 엄마를 무시한다.)

로지: 찾았어! 스냅! 내가 이겼다!

엄마: 그건 이긴 게 아니지. 반칙이잖아!

긍정적 예시:

로지(6세): 스냅 게임하자.

엄마: 여기 앉아서, 같이 카드를 내면서 물고기가 나올 때까지 기다리는 거야……. 물고기 하나를 찾을 때까지 기다리는 거지.

로지: 찾았어! 스냅! 내가 이겼다!

엄마: 신났구나! 네가 이겼어! 우리의 놀이회기에서는 네가 원하는 방식으로 스냅 게임을 했구나.

리더: 어떤 엄마가 아동을 따라간 것일까요? 그녀는 어떤 감정을 반영했나요?

게임에서 아동이 이끄는 대로 따르는 것에 관한 논의

게임 놀이는 아동에게도, 부모에게도 격한 감정을 일으킬 수 있다.

리더는 필요할 때 부모에게 발달 정보 제공을 목표로 하며, 언제나 부모의 반응에 공감하는 것이 좋다. 예를 들어, 리더는 놀이회기에서 아동은 게임에 참여하는 방식을 선택할 수 있다는 것을 언급할 수 있다. 리더는 또한 부모가 아동에게 규칙에 따라 게임을 하도록 가르치고 싶어 한다는 사실을 알고 있어야 하는데, 이는 부모가 실생활에서도 아동이 이와 같이 행동하길 바라기 때문이다. 리더는 놀이회기에서 아동이 놀이를 이끌며, 종종 의도적으로 규칙을 위반하여 승자가 되거나 우위를 차지하려 한다는 사실을 부모에게 상기시킬 필요가 있다. 놀이회기는 아동에게 일반적인 규칙에 따라 게임을 해야 하는 책임감을 버릴 기회를 제공한다. 리더는 아동이 놀이회기를 통해 협동심, 시기심, 성취감, 권력과 같은 문제에 대처하는 방법을 배운다는 것을 간단하게 설명할 수 있다. 이런 모든 감정은 실패 또는 성공에 대처하는 방법을 학습하는 단계이다. 아동은 일시적으로 승리의 기쁨을 경험하려고, 알면서도 규칙을 위반하는 경우가 있다. 종종 일부 아동들에게는 지는 것이 굉장히 감정적으로 고통스러워서 놀이회기에서는 그런 고통을 겪지 않으려 한다. 시간이 지나면 이런 반대의 경험이 그들이 승리하지 못했을 때에 상실감을 극복하게 돕는다. 그러므로 부모는 옳고 그름을 떠나 놀이회기에서 아동의 승리 욕구를 수용한다.

리더는 이로써 아동이 게임 방법을 알게 되는 발달 단계에 도달했다는 것을 추정할 수 있다고 덧붙이는 것이 좋다. 미취학 아동은 게임을 완전히 이해할 수 없다. 그래서 자신만의 방식으로 게임을 하게 되는데, 이는 게임의 규칙을 무시하는 것이라기보다는 이해할 수 없기 때문이다. 아동이 부모에게 규칙에 대해 구체적으로 묻지 않는 이상, 놀이회기의 목적은 규칙을 가르치는 것이 아니다.

게임에서 아동이 이끄는 대로 따르는 것에 대해 부모가 경험하는 힘든 감정은 다음과 같다.

- 내 아이가 게임에서 반칙한다면 절대 친구를 만들 수 없을 것이다.
- 내 아이가 올바로 행동하는 법을 절대 배울 수 없을 것이다.
- 내 아이가 혼란스러울 것이다.
- 내 아이는 항상 승리하길 기대할 것이다.
- 나 때문에 내 아이의 버릇이 나빠질 것이다.

리더는 이런 감정을 이해할 필요가 있다. 이런 감정을 느끼게 되면 부모로서는 놀이회기에서 자녀를 위한 자신들의 일부 목표를 포기하기 어렵다. 부모가 자녀들에게 다른 사람들과 어울리는 방법과 놀이회기가 아닌 곳에서 패배에 대처하는 방법을 가르쳐야 한다는 사실에 리더는 동의해야만 한다. 덧붙여 놀이치료에서 승부에 집착하는 것은 흔히 일시적인 단계일 뿐이며, 놀이회기가 아닌 곳까지 일반화되는 경우는 드물다고 리더가 부모에게 말해 주는 것은 도움이 될 것이다. 일반적으로 아동은 자신이 놀이를 이끌지 않는 상황은 구분할 줄 안다.

사례 예시

다음은 초기 놀이회기 실습에서 반칙하는 딸 때문에 고민하고 있는 부모와 리더들 사이의 대화이다. 어머니 베스는 자신의 놀이회기 반응이 일상생활에서의 반응과 같지 않다는 것을 이미 인지하고 있다.

베스: 언제나 신념을 갖고 제 아이들에게 게임에서 반칙하는 건 매우 나쁜 일이라고 가르쳤죠. 샐리에게 놀이회기에서 규칙에 따르라고 강요하지 않기란 정말 힘들었어요. 정말 이를 악물고 딸의 행동을 교정하지 않으려고 참았어요. 한번은 딸이 반칙으로 이기고 기뻐하니, 함께 기뻐해 줄 수가 없더군요. 딸의 기분을 이해한다는 걸 보여 주려면 함께 기뻐했어야 했지만요.

리더 1: 자신의 원칙에 어긋나는 행동을 하는 딸을 본다는 건 신경에 거슬리죠.

베스: 맞아요! 저와의 놀이회기에서 그런 반칙을 용인했을 경우, 딸은 그래도 괜찮다고 생각할 거예요. 승리의 기쁨을 위해서라면 언제든지, 누구에게나 어떤 짓을 해도 된다고 생각할까 봐 굉장히 걱정돼요. 딸이 '반칙하는 사람'이 되지 않았으면 좋겠어요.

리더 1: 어머니로선 샐리가 새로운 놀이회기에서 자신이 승리하려고 규칙을 정하는 행동이 실제 생활까지 이어지지는 않을 거라고 믿긴 어렵겠죠.

리더 2 (교훈적인 발언을 하는 역할로): 학습 과정에서 빈번히 일어나는 일이죠. 아동은 어떤 장소에서 어떤 행동을 했을 때 효과가 있으면 다른 장소에서도 똑같은 행동을 하죠. 그러나 실제 생활에서 샐리에게 돌아오는 피드백으로 샐리가 이해할 거라 확신합니다. 아마 조만간에요. 놀이회기가 아닌 곳의 사람들은 그런 행동을 용납하지 않을 테니까요. 샐리가 형제인 마이크와 함께 게임을 하죠? 아마 마이크는 샐리를 고자질하거나, 실제 생활 규칙에 따르지 않는다고 샐리를 야단칠 겁니다. 그러나 샐리는 놀이회기와 외부 세계 방식의 차이점을 이미 알고 있을 거라 생각해요. 아동 대부분은 2~3회기 후에 차이점을 배우거든요. 외부 세계에서 놀이회기 규칙대로 놀이하려고 하면 "지금은 외부 세계이고, 놀이회기 규칙에 따라 놀이를 하지 않아."라고 아동에게 알려 주세요. 아동이 반감을 품고 "왜 안 돼요? 더 재미있는 걸요!"라고 말한다면, 부모는 "놀이회기에서 하는 방식은 놀이회기가 끝나면 같이 끝난단다. 외부 세계의 규칙은 여전히 동일해."라고 말하세요.

베스: 샐리가 놀이회기에서 어떤 특별한 행동을 하는지 생각해 보고, 집에서는 제가 중요하다고 생각하는 방식을 고수해야겠어요.

리더 1: 잘하실 겁니다. 샐리가 더 많은 놀이회기를 경험한 후, 일상생활에 대해 생각하는 프로그램의 후반 과정에서 이번 사안을 돌아보겠습니다. 그럼 샐리의 상태를 알 수 있겠죠.

이 대화는 리더들이 게임에서 아동이 이끄는 대로 따라가는 것에 대한 부모의 걱정에 대응 방법을 보여 줌과 동시에 부모에게 발달 정보 및 놀이치료 정보를 제공하는 방법을 보여 준다. 또한 부모의 부족한 실습으로 기술이 미숙하기에 제기된 문제가 일상생활에도 영향을 미치지 않을까 우려하는 그들에게 놀이회기를 진행하는 것을 배우는 데에 계속 집중할 수 있도록 돕는 역할을 한다. 덧붙여 이 사례에서 아동이 이끄는 대로 따르는 방식에 대한 짤막한 대화가 초기 모임에서 부모에게 그 기술을 소개하는 데 적합하다는 것을 보여 준다. 하지만 리더에 의한 시연이나 부모의 초기 놀이회기 실습에서 이 문제가 더욱 부각되었을 때 리더는 이 학습 기회에 충분히 설명으로 대응하는 것이 중요하다. 끝으로 이 사례는 또한 두 리더 사이의 업무 분담 중요성을 시사한다.

연습 2A3: 활동에 참여하기

이번에는 부모가 활동에서 아동의 요청에 따라 아동이 이끄는 대로 따르는 방법을 알려 주기 위한 시연 사례를 사용할 수 없을 때, 리더가 사용할 수 있는 사례를 다음과 같이 소개한다.

리더: 다음 두 사례에서, 아동이 부모와 함께 이미 한 것을 자신이 가위질할 동안에 부모가 공원 풍경을 그려 주길 원합니다.

부정적 예시:

피트: (자신이 오리는 것을 바라보며) 엄마, 공원에 있는 아이들을 그려 주세요.

엄마: 어떤 공원을 그릴까?

피트: (올려 보지 않으며) 저희 공원요.

엄마: (잠시 후) 너 같은 소년을 공원에 넣을까?

피트: (엄마의 그림에 참견하며) 저기 소년을 그려 줘요. 그리고 그네에 타고 있는 소년의 친구를 그려 주세요…….

긍정적 예시:

피트: (자신이 오리는 것을 바라보며) 엄마, 공원에 있는 아이들을 그려 주세요.

엄마: (아동이 요구한 것을 그리며) 너는 내가 그림을 그려 주기를 바라는구나.

피트: 이건(그네) 멋있어요. 그런데 저 소년은 뺐으면 좋겠어요.

엄마: (잠시 후) 엄마가 잘못 그렸네. 네가 그것은 좋아하지 않는구나.

피트: 처음부터 다시 그려 줘요.

리더: 어떤 엄마가 아동이 이끄는 대로 따랐을까요? 그녀는 어떤 감정을 반영했나요?

부모가 피드백에서 요점을 말하지 않는다면, 리더는 첫 번째 사례에서 피트가 자신의 계획에 흥미를 잃고 대신, 엄마의 그림에 관심을 갖게 되었다는 사실을 지적해야 한다. 리더는 부모의 의도가 최선일지라도, 부모가 처음 엄마처럼 자녀의 놀이시간의 초점을 변경할 수 있다고 지적할 수 있다.

연습 2A4: 상상놀이에서 아동이 이끄는 대로 따르기

이제 상상놀이에서 아동이 이끄는 대로 따르는 방법을 알려 주기 위한 시연 사례가 부족할 경우 다음과 같이 리더가 사용할 수 있는 사례를 소개한다.

리더: 다음 두 사례에서는 한 아동이 자신의 이야기에서 괴물 역할을 아빠가 맡아 주길 원합니다. 공주가 괴물에게 잡아먹히기 직전의 이야기입니다.

부정적 예시:

제인: (왕관을 쓰며) 아빠, 내가 공주이고 아빠는 괴물이야. 무서운 가면을 써. 아빠가 날 잡아먹으려고 하는 거야!

아빠: 우리 딸을 어떻게 잡아먹니. 대신, 저 모자를 쓰고 착한 괴물 하면 안 될까?

제인: 아빠가 괴물이 되어 날 쫓아와야 해.

아빠: (웃으며) 알았어. 아빠가 쿠키 괴물이 되고, 우리 딸이 쿠키다!

긍정적 예시:

제인: (왕관을 쓰며) 아빠, 내가 공주이고 아빠는 괴물이야. 무서운 가면을 써. 아빠가 날 잡아먹으려고 하는 거야!

아빠: 무서운 괴물이 되라고? 그럼 무시무시한 괴물이 되어 널 잡으러 간다! (아빠가 가면을 쓴다.)

제인: 이제 날 쫓아와야 해.

아빠: (웃으며) 알았어. 으르렁……. 공주님, 잡으러 간다!

리더: 어떤 아빠가 아동이 이끄는 대로 따랐나요? 아빠는 어떤 감정을 반영했나요?

상상놀이에서 부모 참여에 대한 토론

만약 부모가 지적하지 않는다면, 리더는 두 번째 사례에서 아빠가 어떻게 아동이 이끄는 대로 따르고 있는지에 대해 언급해야만 한다. 주어진 역할을 맡아 어떻게 연기하라는 단서에 대응하는 방식을 말이다. 리더는 부모가 정서적 분위기를 맞춰 줘야 한다고 덧붙일 수 있다. 이 예시에서는 소녀의 신나는 감정인데, 역할을 연기할 때 충분히 상대에게 맞춰야 하지만, 지나치게 과장된 연기 또한 금물이다. 덕분에 아동은 역할과 주요한 감정 외에도 표현할 감정을 인지할 수 있다. 이 예시에서 아빠가 '으르렁'이라고 효과음을 내고 괴물처럼 말한 것과 같이, 부모가 다른 목소리와 효과음을 사용해 더욱 재미있게 연기한다면 효과가 있을 것이라는 사실을 리더가 이야기할 수 있다. 또한 부정적 예시에서 아빠가 어떻게 자신의 딸을 공격적인 연극에서 보호하려고 했는지에 대해 집단이 토론하는 것도 중요하다. 같은 생각을 갖고 있던 사람도 토론 후에 이런 역할을 맡고 싶어질 수도 있다. 리더는 가상놀이가 감정적으로 얼마나 효과적인지 토론해야 하며, 부모가 언제 아동이 상상놀이로 겁을 먹는지 알아채는 것도 중요하다. 그러나 일반적으로 아동은 이 정도까지 부모의 보호가 필요하지는 않다.

연습 2B: 아동이 이끄는 대로 따르기

아동이 이끄는 대로 따르는 기술을 소개하기 위해서 초기 대집단 사례를 사용한 후, 리더는 부모가 짝을 지어 실습하는 모델을 제시한다. 리더는 이 모델에서 각자의 소형 놀잇감을 사용하며, 부모는 나중에 짝을 지어 하는 부모 실습을 위해 제작한 놀잇감 키트를 받았다. 각 키트 안에는 최소 네 가지 놀이 시나리오를 위한 카드가 들어 있다. 이는 부모의 개발을 위한 제안으로, 앞으로 짝을 지어 실습할 '이끄는 대로 따르기' '구조화하기' '제한 설정하기'로 구성된다.

이 연습에서 한 조의 부모는 다시 '아동' 역할을 맡으며, 다른 부모는 '부모' 역할을 맡아 '아동'이 이끄는 대로 따른다. 시간이 허락한다면, 먼저 '아동'이 혼자 놀이하는 것을 관전하고 그런 다음에 '아동'의 활동 중 '부모'가 참여하면서 '부모'가 '아동'이 이끄는 대로 따를 때에 하는 반응을 조별로 연습하는 것이 유용하다(시간이 제한되어 있다면 가장 중요한 것은 후자이다). 부모에게 이전에 배운 기술로 반응하고, '아동'의 감정에 공감 반응(예: 반영과 행동을 따라가는 의견)을 하라고 요청한다. 강조하건대 리더는 자신들이 제작한 모델의 기술에 대해 토론하는 데 시간을 써서는 안 된다. 집단은 한 조로 자신들의 실습으로 이동해야 하며, 리더는 조 주변을 돌아다니며 진행 상황을 파악한다. 또한 아동의 역할을 맡은 부모는 매우 친숙한 아동의 모습을 연기해야 하고, 연기가 불가능하거나 제어할 수 없는 아동을 연기해서는 안 된다고 알려 주어야 한다.

이 연습에 권장하는 소개 문구는 다음과 같다.

> 지금까지 한 조로 진행될 실습의 종류를 보셨습니다. 5분 동안 한 분이 아동 역할을 맡으세요. 지금까지 몇 가지 연기 방법에 대해서 알려 드렸는데, 아니면 쉽게 본인의 자녀를 연기하셔도 됩니다. 또 다른 분은 아동이 혼자 노는 걸 보다가 '아동'이 이끄는 대로 따르거나, '아동'이 선택한 활동에 참여하면 됩니다. 또한 여러분은 이 '아동'의 감정을 반영함으로써 이해한 것을 보여 주기와 그들이 하고 있는 것을 따라가는 기술을 사용하는 것이 좋습니다. 그다음에는 역할을 바꿔서 다시 진행하겠습니다. 저희 리더는 평소처럼 돌아다니며 여러분의 진행 상황을 관찰하고, 필요하다면 돕겠습니다. 그 후에는 전부 모여 이에 대해 이야기를 하는 시간을 갖죠.

'이끄는 대로 따르기' 역할놀이 후 이어진 논의

리더 중 한 명이 부모에게 "어떠셨나요?"라고 물어보는 방식으로 이 실습에 대한 논의를 시작한다. 다양한 감정을 이끌어 내고, 토론에 참가하지 않는 부모를 참여하게 하려고 노력한다. 부모가 이야기하는 감정 중 일부는 3회 모임에서 공감 반응에 대한 역할놀이 후 그들이 가졌던 감정과 유사하다(예: 하기 어려운, 부자연스러운, 어떤 기분은 이해하기 쉽지만 어떤 것은 어려운, 알맞은 단어가 떠오르지 않는). 때때로 부모는 칭찬하기, 가르치기, 지시하기와 같은 통상적인 반응을 억제하고, 아동이 이끄는 대로 따르는 것이 어려웠다고 말한다.

강조하지만 리더는 기술 학습에 어려움을 겪는 것으로 보이는 부모를 찾아내도록 정신을 차려야 하는데, 근원적인 감정적 문제가 그들의 학습을 방해하기 때문이다. 부모의 감정에 공감하는 것에 더해서 리더는 부모의 답변을 학습한 기술과 연관 지어야 하며, 부모의 기분을 파악하고 가르칠 때 너무 반복적으로 들리지 않도록 다양한 단어를 사용해야 한다는 사실을 명심해야 한다.

아동이 이끄는 대로 따르는 기술을 의심하는 부모의 사례

배경 설명: '아동' 역할의 부모가 '부모' 역할을 맡은 파트너에게 '부모'가 그린 그림을 버리고 다시 그리라고 한다. 역할놀이 후 '부모' 역할을 맡은 이가 대집단 논의에서 이 문제를 제기하였다.

헤이즐[부모]: 정말 이해가 안 돼요. 제가 왜 다시 그림을 그려야 하죠? 종이 낭비잖아요.

리더: 이 일을 하기란 쉽지 않겠죠. 마음에 안 드시겠죠. 보통은 아이들에게 물건을 낭비하지 말라고 가르치니까요. 우리는 지금 아이가 이끄는 대로 따르는 방법을 배우려고 하는 중입니다. 아동이 이끄는 대로 따르는 게 항상 우리 마음 같을 수만은 없습니다. 과도하게 거슬린다면, 지금처럼 여기서 우리와 이야기를 나눴으면 합니다. 하지만 놀이회기에서는 가능한 한 아동이 이끄는 대로 따르도록 노력하세요. 제한에 대해서는 나중에 가르칠 예정입니다. 그때 가서 필요한 제한에 대해 이야기를 나눠 보도록 하죠.

이번 실습에 대한 부모의 반응을 공감하며 받아들인 후에 리더는 적합한 기술의 이론적 근거를 부모에게 상기시켜야 하고, 이번 실습에서 성공적인 반응의 사례에 집중하는 편이 좋다. 그리고 토론에서 아직 언급되지 않았다면, 잘 진행된 점들에 대해 부모에게 질문한다. 부모가 대답을 주저하거나 대답할 수 없다면, 리더는 실습 동안에 조를 돌면서 본 성공적인 사례를 언급하고, 긍정적인 말로 토론을 종료한다.

기술 훈련: 구조화하기

부모에게 다음으로 소개할 주요 기술은 구조화하기이다. 부모가 가장 먼저 배울 기술은 놀이회기의 시작과 종료 시에 아동에게 전달할 메시지의 구조화하기이다. 부모는 시연의 실습에서 이 기술을 이미 보았다.

이 기술을 소개할 때 리더는 구조화하기의 의미를 설명해야 한다. 이는 현재 상황을 설명해 상대방에게 상황을 이해시키고, 그 결과를 예상하는 것이다. 구조화하기의 좋은 예로는 새로운 학기가 시작되었을 때에 선생님이 아동에게 코트를 걸 장소를 설명해 주는 것이다. 그리고 언어적인 구조화하기의 좋은 예로는 선생님이 휴식시간 전에 화장실에 갈 사람은 가고 손을 씻으라고 말하는 것이다. 놀이회기의 시작과 종료에 명확하고 일관된 구조화하기 진술을 사용하는 주된 이유는, 이로써 아동이 이전에 경험해 보지 못한 놀이회기에 일어날 일을 예상하도록 도와준다. 우리 모두가 나이와 상관없이 어떤 것의 정체를 알았을 때 기분이 좋아지고 훨씬 안심되는 것에 대해 일반적인 이야기를 하는 것도 좋은 방법이다(또한 리더는 예를 들며 이 집단처럼 새로운 무언가를 시작했을 때 대부분의 부모 역시 원하는 것이라고 가볍게 이야기하는 것도 나쁘지 않다).

리더는 아동이 가정에서 지나치게 흥분했을 때 놀이회기 구조화하기가 특히나 중요하다는 사실을 부모에게 상기시켜야 한다. 아동에게 놀이회기가 일상생활과 똑같지 않다는 사실을 명확히 전달해야 한다. 부모는 아동이 쉽게 이해할 수 있도록 명확하고 간단한 메시지로 전달해야 한다. 그리고 리더는 부모에게 '부모용 훈련 매뉴얼'을 펴서 도입부를 읽도록 시킨다. "(아동 이름), 여기는 매우 특별한 방(시간, 장소, 사용하는 공간에 따라)이란다. 여기서는 원하는 걸 거의 무엇이든지 할 수 있어.* 할 수 없는 일에 대해선 말해 줄게."(*이 발언은 선택적 발언이 포함되어 있다. "여기서는 무엇이든 마음대로 말할 수 있어.") 그리고 종료 발언이 따라 온다. "(아동 이름), 오늘은 시간이 다 되었구나. 이젠 떠날 시간이란다." 추가로 아동이 노는 도중에 낮은 목소리로 5분 또는 1분 전에 얼마나 시간이 남았는지 알려 주는 것이 좋다[예: "(아동 이름), 오늘 노는 시간이 (5, 1)분 남았단다."] 이로써 아동에게 놀이회기가 곧 종료된다는 것을 알리며, 그 아동은 종료까지 활동을 자유롭게 할 수 있다.

부모에게 시작과 종료 발언을 할 때 사무적이고 권위적인 태도로 말하라고 조언해야 한다. 구조화하기 발언은 아동에게 놀이회기의 시작, 놀이회기 도중의 규칙, 종료가 부모에게 달렸다는 사실을 전달하기 위한 의도를 담고 있다. 시연에서 리더가 놀이회기의 시작과 종료 발언을 보여 준 모습처럼 놀이회기의 시작과 종료 발언을 할 때 말에 권위를 싣기 위해 일어서서 말하라고 언급해야 한다.

초기 놀이회기에서는 부모의 발언에도 일부 아동은 자신과 부모의 반응에 불확신할 수 있다. 부모는 소개하는 발언의 허용적인 부분을 다시 반복해야 할 수 있다. 예를 들어, 아동이 활동에 참여하는 것에 대해 반복적으로 허락을 구하거나 다른 방식으로 주저하는 것 같다면 부모는 놀이회기에서 구조화 진술, 예를 들면 "여기서는 무엇이든지 네가 원하는 대로 될 수 있단다." 또는 "명심하렴, 여기서는 대부분 무엇이든 원하는 대로 할 수 있단다." 등으로 응답하는 편이 좋다. 마지막으로, 리더는 아동이 놀이회기 종료에 저항한다면, 부모용 훈련 매뉴얼에 서술된 대로 부모가 취해야 할 행동을 준비시켜야 한다.

다음으로 리더는 부모에게 파트너와 함께 놀이회기 구조화하기(예: 시작, 종료, 회기 도중 구조화하기 발언)와 관련된 문장, 음색, 몸짓을 실습하라고 제안한다. 필요하다면 부모에게 매뉴얼에 있는 문구를 읽고, 다음 모임까지 암기하라고 요청할 수도 있다. 간단한 실습 후, 제한 설정하기 훈련을 위해 다시 모이라고 요청한다.

기술 훈련: 제한 설정하기

기술 훈련 순서에서 제한 설정하기를 마지막으로 가르친다는 사실을 명심하자. 그러나 앞서 말했던 것처럼 특정 집단에서 시연을 관찰하다가 이 주제가 한 번 이상 나온다면 제한 설정하기 훈련을 고려해 보는 것도 중요할 것이다. 저자의 경험으로는, 초기 시연에서 이런 경우가 빈번히 발생하니 리더는 그에 대비하는 편이 좋다.

시연에서 리더가 행하는 걸 본 적이 있는 이 기술을 부모들이 이제 직접 사용하게 될 것이라고 그들에게 말하면서 제한 설정하기 기술을 소개한다. 리더가 보여 준 제한 설정하기가 성공하는 모습을 관찰한 부모는 놀이회기에서 권위가 성인에게 있다는 것을 인지한다. 덕분에 부모는 자신의 권위를 유지할 수 있다고 느낀다. 리더는 시연 도중 규칙에 반하는 특정한 상황을 리더가 어떻게 처리했는지 사례를 들어 보라고 부모에게 요청하면서 시작한다. 일부 집단에서는 사례를 끌어내기 위해 부모에게 다시 단서를 줘야 할 상황도 있다. 그 후 리더는 부모가 매뉴얼에서 제한 설정하기에 대해 읽은 것을 상기시켜야 하며, 제한 설정하기의 주된 이유와 지침을 살펴본다.

다음은 강조하고 싶은 주요 사항이다.

- 놀이회기에서 제한 설정하기의 주된 이유 중 하나는 모든 사람과 도구가 안전하다는 것을 확인하는 것이 부모의 일이기 때문이다.
- 규칙을 최소한으로 줄이고 중요한 규칙만 아동에게 지시해서, 아동이 더욱 자유롭게 놀 수 있도록 하는 것이 놀이회기에서 중요하다.
- 놀이회기의 규칙은 필요할 때에 아동에게 가르친다.
- 아동은 제한을 어기고 결과를 수용하든지, 제한을 어기지 않든지 스스로 선택할 수 있다.
- 놀이회기의 제한을 상기시킨 뒤에도 부모의 규칙을 지키지 않을 때 뒤따르는 결과는 그 즉시 놀이회기를 종료하는 것이다.

- 이런 방식으로 규칙을 지키는 것은 아동이 자신의 행동을 결정하고, 자기지시와 자기통제력을 발달시키는 데에 도움이 된다.
- 제한을 설정하는 동안 아동의 감정을 이해한 것을 부모가 보여 줄 때에 아동은 더욱 수용받았다고 느낀다. 이는 보통 강하고 부정적인 감정을 사라지게 한다.
- 제한을 지키지 않았을 경우 부모가 침착한 태도로 결과를 수행하면, 아동은 이 결과가 부모의 즉흥적인 분노 때문이 아니고 자신이 제한을 따르지 않아 발생한 결과라고 받아들인다.

리더는 제한 설정에 관한 앞의 예비 정보에 대한 부모의 감정적 반응을 인지하고 공감해야만 한다. 하지만 이번 모임에서 모든 제한 설정 단계를 실습하려면 이 기술 훈련을 진행하는 것 역시 중요하다. 다음으로 리더는 부모용 훈련 매뉴얼의 놀이회기를 위한 제한 설정에 사용된 단계를 검토해야 한다. 다음과 같이 각 단계를 설명하는 사례와 더불어 세 단계를 읽는다.

제한 설정 단계 교육의 사례

리더: 1단계는 여러분 자녀의 감정을 말하고, 자녀가 제한을 어기려고 할 때(또는 제한을 어기는 중에) 규칙을 말하는 겁니다. 예를 들어, "○○아, 시계에 공을 던지고 싶은가 보구나. 네가 하지 말아야 하는 행동은 말해 주기로 했지(빠른 행동이 필요할 때는 이 문장은 생략해도 됩니다). 네가 하지 말아야 하는 일은 시계에 공을 던지는 거란다."

대개 대부분의 아동에겐, 아동의 기분을 파악하고 규칙을 설명하는 이 명확한 1단계 발언이 행동을 제지하기에 충분합니다. 2단계는 아동이 같은 놀이회기에서 같은 규칙을 위반했을 경우 실시합니다. 규칙에 대해 다시 설명하고, 결과에 대해 경고합니다.

"○○아, 시계에 공을 던지기 시작했네. 다시 그러고 싶은가 보구나. 시계에 공을 던지지 말라고 한 걸 잊지 마렴. 다시 그러면 오늘/오늘 밤은 노는 시간을 끝내야 한단다."

제한 설정을 할 때마다 아동의 감정을 반영하는 것은 중요합니다. 제한 설정을 한 후에 아동이 짜증이 난 것처럼 보인다면, "규칙 때문에 화가 났구나."라고 말할 수도 있습니다.

3단계는 오직 여러분의 자녀가 제한을 다시 어겼을 때만 필요합니다. 누가 봐도 아동이 규칙을 위반할 것이 확실한 상황, 그러니까 '즉각적인 의지'가 보이기 전까진 3단계를 말하지 않습니다. 여기의 사례에서는, 아동이 팔을 들어올려 시계를 향해 공을 던지려는 중입니다. 이 시점보다 앞서 이야기를 하지 않는 것이 중요합니다. 가끔 아동은 무슨 행동을 하려는 것처럼 보이다가도, 성인을 약 올리기 위해 마지막 순간에 취소하는 경우가 있기 때문입니다. 제한과 결과에 대해 말한 이후에는 그 결과를 이행해야 합니다. 너무 조급하게 말한 것이 아닌가 후회가 들지라도, 결과를 아동에게 말한 이상 그대로 수행하는 것이 중요합니다.

"○○아, 또 공을 던지고 싶었구나. 다시 시계에 공을 던지면 오늘 놀이 시간은 끝난다고 이야기했었지? 다시 시계에 공을 던졌으니, 이제는 그만 떠나야겠다."

(그리고 일어서서 문을 향해 이동합니다. 일부 부모는 아동의 팔이나 손을 잡고 떠나는 걸 도와야 할 수도 있습니다.)

"다음에 다시 놀자꾸나." 아동이 떠나길 거부하며 "정말 그러려고 한 건 아니었어요."라고 말한다면 부모로서 여러분은 공감 반응을 해야 합니다. 예를 들면, 다음과 같습니다. "일찍 떠나야 한다는 걸 떠올리지 못했나 보구나." "그 규칙이 마음에 안 드는구나." "그게 바보 같은 규칙이라고 생각하는구나." "그 규칙이 마음에 안 든다는 걸 말하고 싶은 거구나."

이 문제에 대해 아동과 대화를 전개시키지 말고, 놀이회기를 즉시 종료하는 것은 매우 중요합니다.

여러분의 자녀가 나중의 놀이회기에서 동일한 규칙을 위반하려 한다면, 1단계를 생략하고 2단계를 바로 사용한 후에 3단계로 넘어가십시오. 하지만 매뉴얼에 적힌 대로 매우 어리거나 발달이 지연된 아동은 규칙을 여러 번 더 들어야 할 수도 있고, 한참이 지난 후 놀이회기에서 똑같은 규칙을 위반한다면, 1단계부터 차근차근 다시 시작하는 편이 좋습니다.

제한 설정 기술 실습하기

먼저, 부모에게 다른 부모와 제한 설정 세 단계를 소리 내어 읽으며 제한 설정 실습을 하도록 요청한다. 그리고 리더는 집단을 다시 모아 부모가 가장 중요하다고 생각하는 규칙만을 고수하도록 상기시키면서, 모임이 진행되는 동안 그들의 놀이회기 실습에서 중요한 규칙에 대해 생각해 보도록 한다(부모가 가정회기에 대해 필연적으로 질문하는데, 이는 나중으로 미뤄 둔다). 리더는 놀이회기 실습에 필요한 필수 안전 규칙을 예상하여, 부모가 이를 빨리 파악할 수 있도록 도울 수 있어야 한다. 나쁜 언어에 대한 용인, 아동과 부모 자신의 신체에 대한 특정 영역의 사생활, 부모의 신체적 제한에 따른 제약, 엉망인 상황에 대한 일반적인 놀이치료의 제한, 방을 떠나는 행동 등과 같은 그들 개인적인 제한을 논의하는 데에 더욱 많은 시간이 필요하다.

리더는 다음 주에 아동과 함께하는 놀이회기 실습 시작에 대비해 부모를 준비시키기 위해, 다음 모임에서 규칙에 대해 더 심도 있는 토론이 있을 것이라고 언급해야 한다. 일부 부모는 모임이 끝나고 주중에 규칙에 대해 생각할 시간을 가진 후, 놀이회기 실습에서 개인적인 상황에 따라 어느 정도 수정이 필요하므로, 다음 모임에서 개인적 제한에 대한 토론으로 돌아가는 것은 매우 중요하다.

그리고 리더는 5분 놀이회기를 시연한다. 리더 한 명은 '아동', 다른 리더는 아동의 기분을 파악하여 공감하며, '아동'의 인솔을 따르는 '부모' 역할을 맡는다. 부모 역할을 맡은 리더가 제한 설정 순서에 따른 세 단계를 각각 정확하게 시연해야 하므로 '아동'은 놀이 도중 특정 제한을 3회 위반해야 한다. 이 제한 설정 역할놀이는 '부모'가 '아동'이 이끄는 대로 따르며 이해하는 모습을 보여 주는 '아동'의 평범한 놀이회기 사이에 배치되어야 한다. 역할놀이 이후, 리더는 놀이회기에서 제한 설정을 서두르지 말아야 한다는 점을 부모에게 강조해야 한다. 아동에게는 규칙을 배울 시간, 생각해 볼 시간, 그리고 결과에 대해 생각해 볼 시간, 그리고 규칙에 대한 자신의 감정을 생각해 볼 시간이 주어져야 한다.

규칙 위반을 가정하는 리더의 역할놀이 사례

제한 설정 훈련에 사용하거나 적용할 리더의 역할놀이 사례는 다음과 같다.

리더: 지금부터 '아동'이 노는 동안 규칙을 세 번 위반하려고 시도하는 역할놀이를 보여 드리겠습니다.
'아동' 역할의 리더는 부지런히 요새를 건설 중이고, '부모'는 공감하며 행동 따라가기 반응을 합니다. 그리고 '부모'는 '아동'에게 놀이회기가 곧 끝난다고 5분 전 알림을 줍니다. '아동'은 벽돌을 하나 집어 '부모'의 발치에 던집니다.

'부모': 나한테 화가 났구나(감정 반영하기). (그리고 '부모'는 제한 설정을 한다.) 마틴, 하지 말아야 할 행동에 대해서 알려 준다고 이야기했었지? 벽돌을 내게 던지지 않았으면 좋겠구나.

'아동'이 다시 '부모'에게 벽돌 하나를 던집니다.

'부모': 마틴, 아직 벽돌로 날 맞추고 싶은 거니? 벽돌을 나한테 던지지 말라고 했던 거 기억하니? 또 그러면 오늘 놀이 시간은 여기까지만 해야겠구나. (마틴이 얼굴을 찡그린다.) 방금 말한 것 때문에 화를 내는구나.

'아동'은 화가 나서 반쯤 지은 요새를 부수고 '부모'는 아동의 감정을 반영합니다. 그리고 '아동'은 세 번째로 '부모'에게 벽돌을 던집니다.

'부모': 마틴, 아직도 내게 화가 났구나. 또 벽돌을 던지면 오늘 놀이 시간은 끝이라고 이야기했었지? 벽돌을 또 던졌으니 이제는 그만 떠나야겠다. ('부모'는 일어나, '아동'의 팔을 잡고 문을 향해 이동한다.) 다음에 다시 놀자꾸나.

제한 설정 연습: 부모의 역할놀이

저자의 경험에 따르면, 다른 세 가지 기본 기술보다 제한 설정 기술이 더욱 복잡한 단계로 이루어져 있으며 혼란스러울 수도 있기에, 제한 설정 기술을 더욱 집중적으로 실습할 필요가 있다. 한 가지 역할놀이만 실습하는 것보다, 두 가지 역할놀이를 각각 실습하는 편을 권한다. 리더는 이 실습을 다음과 같이 소개한다.

> 지금부터 여러분은 '아동'과 '부모'의 역할을 5분씩 번갈아 맡으며, '아동'은 같은 규칙을 세 번 위반합니다. 저희는 돌아다니면서 진행 상황을 살피겠습니다. 확실한 학습을 위해 각 역할을 두 번씩, 다른 규칙으로 진행하시길 바랍니다.

이 실습에서 리더는 다시 놀잇감 세트와 부모가 손쉽게 상황을 떠올리지 못할 때를 대비해 부모가 사용할 추천 연기 대본을 나눠 줄 필요가 있다. 이번 역할놀이는 네 가지이다. 만약 위반 행위가 적절치 못할 때(예: '아동'이 단단한 물체로 거울을 맞출 때) 리더는 부모에게 규칙 위반을 흉내만 내라고 요청한다.

리더는 각 조를 관찰하며, 필요할 때 개입한다. 일반적으로 개입하는 경우는 한 단계가 누락되었거나 순서가 바뀌었거나, '아동'의 감정을 놓쳤거나, '부모'가 너무 성급히 결과로 진행할 때이다. 때로는 부모에게 속도를 늦추거나, 단순히 제한을 위반하는 것뿐 아니라 다른 방식을 시도해 보라고 상기시킬 필요가 있다. 속도를 늦추는 이유는 부모 역할을 맡은 사람이 제한 설정에 필요한 세 단계를 기억할 시간을 주기 위해서이다. 때론 부모가 역할놀이 도중 작성된 '대본'을 참조할 필요도 있다. 또한 제한 설정 훈련 외에도 공감 및 아동이 이끄는 대로 따르기 추가적인 훈련을 도울 수 있다.

역할놀이 연습에 대한 논의

리더는 참여자에게 어떤 부분이 어려웠고, 어떤 부분이 쉬웠는지를 포함해 실습이 어떻게 진행되었는지 묻는다. 부모 한두 명은 제한 설정 같은 새로운 기술보다 아동이 이끄는 대로 따르는 것과 공감을 표현하는 게 더 쉽다고 말할 것이다. 리더는 제한 설정이 배우기 복잡하다는 데에 동의하며, 거기에는 여러 단계가 있기 때문에 어렵다는 것을 확인시킨다. 일반적으로 부모가 제한을 설정할 때는 너무 가혹하거나 너무 주저하지 말고, 사무적이고 권위적이어야 하는데 이런 태도는 새로운 기술을 배울 때 더 어렵다고 이야기할 필요가 있다.

리더는 집단 및 조 실습에서 공통적인 문제가 부각되는 것을 확인할 것이다. 교정을 위해 개인을 지목하지 말고, 리더가 집단이 전체적으로 겪은 어려운 문제(예: '아동'의 감정을 반응하지 않기, 결과를 너무 빨리 적용하기, 명확하게 설명하지 않은 규칙 등)를 파악했다고 말하면, 다음 모임에서 이 기술을 실시하는 데 그룹 전체가 도움을 받을 것이다.

또한 부모는 제한 설정에 대해 여러 가지 질문을 할 수도 있다. 강조하지만 리더라면 이런 문제가 교육적인 문제인지 감정적인 문제인지를 구분할 수 있는 것이 중요하다. 전자라면 그런 질문에 간단한 역할놀이를 통해 답변을 알려 주는 것이 도움이 될 것이다. 후자라면 우선, 감정적인 문제를 다루는 것이 필요하다. 일반적으로 부모는 제한 설정을 배울 때 감정적인 어려움을 겪으며, 어떤 부모는 방어적이 되기도 하고, 학습 내용 또는 리더의 기술에 의심을 갖기도 한다.

예를 들어, 어떤 부모가 이렇게 질문할 수도 있다. "왜 그런 식으로 제한을 설정해야 하는 거죠? 아동이 해야 하는 일을 그냥 말하면 안 되나요?" 리더는 이런 부모에게 강력히 공감하는 모습을 보여야 한다. 공감에는 이런 종류의 제한 설정이 자신의 자녀에게 유용하지 않다고 생각하거나, 시연에서 제한 설정이 왜 성공적인지 의문을 갖는 회의적인(예: 리더가 이런 식으로 제한을 설정했을 때 아동의 긍정적인 반응이 요행이라고 생각하는) 부모에 대한 발언을 포함하는 편이 좋다. 일반적으로 이런 부모는 자녀와 직접 놀이회기를 진행할 때 동일한 수준의 통제력을 갖기 어렵다고 걱정을 한다. 어떤 부모는 몹시 소심해서 너무 제한을 엄하게 설정하는 게 아닐까, 실수를 저지르지는 않을까라고 걱정한다. 강조하지만 리더는 이런 이들의 걱정을 공감해야만 한다.

리더는 처음 몇 주 훈련의 주요 목표는 부모가 놀이회기에서 사용하는 모든 주요 기술에 전반적으로 친숙해지도록 돕는 것이며, 이후 실습을 통해 점차 개선될 것이라는 말로 이 제한 설정 논의를 긍정적인 방향에서 마무리해야 한다. 리더는 아동과의 놀이회기가 시작되기 전에 앞으로 실습을 더할 기회가 있을 거라고 부모에게 상기시켜야 한다. 일반적으로 이때(모임이 끝나기 전에) 다음 모임의 가상 놀이회기 실습을 위해 부모를 준비시킨다.

가상 놀이회기 준비

5회 모임에서 가상 놀이회기를 진행하는 리더에 대한 내용은 다음 장에서 모두 다루고 있다. 다음은 5회 모임에서 가상 놀이회기에 참여하는 부모에게 유용한 구조화 방법이 될 것이라고 생각한다.

> 여러분은 놀이회기에 관련된 모든 주요 기술을 배우기 시작했으며, 아시다시피 오늘 여러분의 자녀들과 함께 시연을 마쳤습니다. 그러므로 다음 주 모임에는 아동이 참여하지 않습니다. 다음 주에는 이 기술들을 전부 사용해 '가상' 놀이회기를 진행할 예정입니다. 리더 한 명이 '아동' 역할을 하며, 각 부모가 돌아가며 짧은 놀이회기를 실습할 것입니다. 모두가 서로에게서 배울 수 있도록 다른 부모는 이를 관찰합니다.
>
> 또한 다음 주에는 여러분의 가정 놀이회기를 위해 구하기 시작해야 하는 물건 목록을 나눠 드릴 겁니다. 지금은 이에 대해 말할 시간이 없지만, 한 번쯤 목록을 살펴보시고 이에 대해 생각해 보시길 바랍니다. 그러나 아직 아무것도 구입하진 마십시오. 그래야 가정 놀이회기를 시작하기 전에 필요한 재료에 대해 이야기할 수 있으니까요.

프로그램의 다음 단계로의 준비를 마친 후, 리더는 모임이 끝나기 전에 제기되는 걱정을 주의 깊게 듣고 대답해야 한다. 이런 걱정은 다음 장에서 더욱 자세하게 다룰 가상 놀이회기에 대한 수행 불안과, 놀이회기를 시작했을 때 자녀의 반응에 대한 것이 대부분이다.

이번 장에서는 아동과 놀이회기 실습 진행에 필요한 기초적인 기술의 나머지를 학습하도록 부모를 돕는 방법에 대해서 다뤘다. 다음 장에서는 5회 모임에 초점을 맞추고, 놀이회기 실습이 시작되기 직전의 모임에서 리더가 가상 놀이회기를 통해 기술을 강화하도록 부모를 돕는 방법을 다루고 있다.

제9장

실습 놀이회기를 준비하기 위한 가상 놀이회기: 5회 모임

이 장은 실습 놀이회기를 시작하기 전에 가상 놀이회기와 부모에게 필요한 준비사항을 살펴본다.

가상 놀이회기 운영하기

가상회기를 주제로 한 5회 모임의 초반은 부모들에게 매우 활력이 넘치면서 다소 불안도 올라오는 시기이다. 부모들은 '아동'과 놀이 실습을 하는 동안 그들이 배운 기술들을 시도해 볼 수 있다는 데에 흥분을 느낀다. 그러나 전체 집단 앞에서 자신들의 놀이기술을 보여 주는 것은 부모들의 불안한 감정을 고조시킬 수 있고 대부분의 부모로 하여금 수행 불안을 느낄 수 있도록 한다. 또 다른 이유로 부모들은 대개 가상회기를 하는 동안 그들 스스로 잘해야 한다는 압박감을 느끼는데, 그들이 다음 주가 시작될 때까지 자녀들과 적절한 실습 놀이회기를 수행해야 하기 때문이다.

가상 놀이회기에서 '아동' 역할을 하는 리더와 짧게라도 실습 놀이회기의 처음부터 끝까지 수행해 보는 목적은 부모들의 아동중심 놀이기술을 강화하기 위해서이다. 부모들은 가능한 한 현실적으로 아동 역할을 수행하는 리더들과 함께 '아동'이 제공하는 단서에 직접적이고 적절한 반응들을 할 기회를 가진다. 이는 부모들이 그들의 자녀들과 놀이회기를 하는 동안 필수적인 요소인 '순발력 있는 행동'을 할 수 있도록 해 준다. 다른 부모들도 리더와의 가상 놀이회기를 관찰하면서 각자의 놀이기술이 더욱 연마될 수 있고 모임을 하는 동안 실습 놀이회기를 지속할 수 있게 된다. 그러므로 가상 놀이회기는 집단 부모놀이치료의 중요한 측면으로서 부모들이 그들의 자녀들과 놀이를 하기 전에 리허설을 제공하는 것이다.

가상 놀이회기 동안에 이전의 모임에서 드러나지 않았던 점들이 문제가 되어 드러날 수도 있다. 실제로 리더는 부모들이 다양한 상황(예를 들어, 실습 놀이회기 동안 자녀들로부터 받게 되는 질문, 명령 그리고 요구들에 대한 부모의 반응)을 다룰 수 있도록 적절히 훈련받았는지를 그들의 역할놀이를 통해 확인해 볼 수 있다. 또한 이후에 발생할 수 있는 놀이회기 동안의 부모들의 개인적 제한 설정에 관한 논의는 다음에 할 것이다. 리더는 부모가 회기를 다루는 데 지나치게 불안을 촉발할 수 있는 이러한 방법에 주의를 기울여야 하고 제한 설정 상황에서 아동 역할을 하는 리더는 이러한 상황을 기술적으로 잘 다루어야 한다. 리더는 중간 휴식 전에 모든 가상 놀이회기를 끝내도록 목표를 두어야 한다. 부모의 최대 인원이 집단에서 가상 놀이회기의 과정을 수행할 수 있도록 한 명의 리더는 집단 중 절반과 함께 가상회기를 진행할 수 있다. 즉, 두 번째 리더는 집단의 나머지 절반과 놀이를 진행할 수 있는데 이러한 방법은 질적인 수준을 잘 유지하면서 동시에 시간을 상당히 절약할 수 있다. 그러나 두 번째 집단이 적절하게 운영되기 위해서는 놀이를 하는 두 명의 리더 간에 서로의 방식을 가지고 다투지 않도록 하는 것이 필요하다.

중간 휴식 전에 가상회기를 마치도록 집단의 일정을 조정하는 것은 부모들로 하여금 모임의 후반부 동안 공식적인 정리 작업을 하기 전에 그들의 가상회기에 대한 자신들의 반응과 감정을 공유하면서 스스로 정리할 수 있도록 해 준다. 부모는 보통 휴식 시간 동안 서로에게 강력한 지지와 위로를 보내고, 종종 집단 앞에서 진행한 이후에 안도감과 만족감을 표현한다. 이러한 공식적인 절차는 보통 부모에게 동기부여를 가능하게 하고 서로의 연맹을 강화할 수 있게 한다. 이는 마치 부모들이 차례로 '영적 세례'를 받는 것처럼 가상회기를 하고 나면 부모들 간에 서로를 이해하는 강력한 감정을 느낄 수 있도록 한다. 또한 이것은 부모들이 실습 놀이회기를 진행하는 프로그램의 다음 단계를 위해 서로 지지하고 결속을 촉진하는 패턴을 만드는 것처럼 보인다.

부모들에게 가상 놀이회기 소개하기

리더는 각 부모당 10분의 가상회기를 갖는 것을 목표로 해야 한다. 우리는 리더가 가상회기를 진행할 때 최소 5분 길이로 시작할 것을 추천한다. 만약 부모가 회기에서 진행을 잘하면, 리더는 가상 놀이회기를 최대 10분으로 연장할 수 있다. 경험상 소집단에서 가상회기를 진행하는 데 긴 시간이 허용된다고 해도 10분이라는 시간이 부모들에게 압박을 주지 않고 그들의 기술을 향상시킬 수 있는 충분한 시간이다. 부모는 가상회기가 차례대로 모임 전반부 이후에 진행될 것이고 모두의 차례가 끝나고 난 이후 각각의 회기에 대한 피드백과 일반적인 논의가 있을 것임을 공지받게 된다.

그들은 가상회기동안 부모들은 적절한 모든 기술을 적용하고 제한 설정, 회기구조화(예: 여기서는 네가 원하는 대로 할 수 있어.) 그리고 5분과 1분의 시간알림 이외의 종료 언급을 포함하여 도입 진술을 해야 한다. 리더는 각 가상회기 시간의 양을 통제하는 사람이기 때문에, 리더는 가상적인 5분과 1분 시간 알림이 귓속말로 제시되어야 하는 시점에 부모에게 전달해야 함을 기억해야 한다.

리더는 실제 아동들이 아니기 때문에 실수로 인한 어떠한 부정적인 영향도 없음을 부모들에게 설명해야 한다. 부모에게 리더가 가상회기 동안 보일 모든 반응을 관리할 수 있고, 모두가 관찰을 통해 서로 배운다는 메시지를 계속 전달해야 한다는 사실을 인식하고 있어야 한다. 또한 리더는 그들이 아동 역할을 하는 동안 5분과 1분 알림을 하기 위해 속삭일 것임을 부모들에게 말할 필요가 있다. 특히 긴장을 많이 하는 집단의 경우 리더는 덧붙여서 설명할 수 있는데, 그 설명 내용은 그들이 진행하는 데 어려움을 느끼거나 궤도에서 벗어난 부모를 도울 것이라는 것이다(다음의 내용 참고).

리더는 이전 모임에서 아동들과 시연하면서 사용했던 놀잇감과 놀이 재료들을 계속 사용한다. 부모는 이미 이러한 물건들에 익숙해 있으므로, 이러한 방법은 그들이 좀 더 편안하게 느낄 수 있도록 하는 데 도움이 된다. 이전 장에서 우리는 부모가 가정 놀이회기를 위해 제공받을 놀이 재료들과 유사한 종류의 물건들을 시연에서 사용할 것을 강력하게 추천했었다. 이러한 재료들은 이후의 모든 모임 동안 진행될 가상회기와 부모의 실습 놀이회기 모두를 위해 계속 사용되어야 한다. 가정에서 사용할 것과 유사한 물건들을 사용하는 것은 아이들이 집단 모임의 놀이회기와 그들의 가정 놀이회기의 놀이도구를 부정적으로 비교할 가능성을 최소화한다. 유사한 놀이도구를 사용하는 것은 부모가 그들의 놀잇감과 놀이도구들을 수집할 때 목표로 해야만 하는 것이 무엇인지에 대한 예시로서 역할을 하는데, 부모들이 듣게 될 내용은 이후 모임에서 자세하게 논의될 것이다.

실습하는 동안 부모를 촉진하기

리더는 부모가 집단 앞에서 하는 가상회기에서 좋은 경험을 하고 집단이 관찰에서 배울 수 있도록 노력해야 한다. 그러므로 만약 부모가 가상회기 동안 점차 헤매거나 놓치는 부분이 있다면, 리더는 반응을 제안하거나 반응을 형성하도록 돕고 부모에게 조언할 수 있는 단서를 제공해야 한다. 이것을 제안할 때는 속삭이듯 해야 하고 너무 빈번해서는 안 된다. 리더는 너무 자주 전달하는 것을 자제할 필요가 있는데, 이것은 부모가 스스로의 능력으로 진행하면서 자신감을 향상시킬 수 있게 돕고 리더에게 과도하게 의지하지 않도록 하기 위해서이다.

조언을 제시하는 최적의 시간은 부모가 관찰자를 향한 불안을 보일 때이다. 이러한 리더의 개입 시기는 효과가 있는 듯 보이는데, 이는 저자가 가상회기를 완료할 수 없는 부모들을 본 적이 없기 때문이다. 만약 부모가 리더가 조언을 해 줌에도 불구하고 이 과업을 완수하는 데 과도하게 곤란해 한다면, 리더는 "이제 여기서 그만할 수 있습니다."라고 말할 수 있다.

아동 역할을 하는 리더

이전에도 언급했듯이, 리더는 놀이를 할 아동의 역할을 선택하고 각 가상회기를 위한 놀이 내용을 선택한다. 리더는 어느 정도 그 부모의 자녀처럼 행동해야 한다. 그러나 만약 자녀가 다소 까다로운 아동이라면 좀 더 온순한 모습으로 행동한다. 예를 들어, 자녀들 중 한 명이 부루퉁한 태도로 반응한다면, 다른 종류의 놀이로 넘어가기 전에 리더는 부모들과 함께 놀이하는 몇 분 동안 부루퉁한 아동의 역할을 한다. 만약 아동이 빈번하게 성인에게 질문하는 아동이라면 리더는 그중 몇 개의 질문을 하도록 해야 한다. 가상 놀이회기는 항상 부모들이 기본 제한 설정을 하고 아동들이 주도하는 동안 놀이 활동에 참여할 기회를 포함해야 한다.

이전에 언급했듯이, 아동 역할을 하는 리더가 가상 놀이회기에 대한 성공감과 유능감을 부모에게 느낄 수 있게 하는 것은 매우 중요하다. 가상회기가 부모에게 더욱 의미 있고 리더에게 더욱 수월하게 하기 위해서, 우리는 각 리더가 일반적인 아동의 역할을 하고 그들이 사전에 만들 수 있다면 놀이 대본을 활용할 수도 있다. 이러한 가상회기 연습은 또한 부모가 관찰하고 배우는 데 흥미를 느끼도록 해야 한다. 그러므로 리더는 아동의 역할을 할 놀이 활동과 질문의 종류, 제한 설정, 명령 그리고 요청을 다양하게 해야 한다.

두 번째 리더의 역할

우리는 리더가 부모를 위해 가능하면 다양한 경험을 제공하기 위해 가상회기 동안 아동 역할을 교대로 하라고 제안한다. 리더는 사전에 어떤 부모, 어떤 유형의 아동, 그리고 어떤 놀이 대본을 가지고 교대로 진행할 것인지 이번 모임 동안 함께 계획을 세워야 한다. 이것은 부모와 함께 관찰하는 리더가 역할놀이에서 일어난 상황 그대로 메모를 할 때 효과적이다. 리더가 관찰을 할 때 기록을 하는 것은 주로 어떠한 일이 발생했는지를 기억하기 위한 것이지 평가하기 위한 것이 아니라는 사실을 부모가 확실히 알도록 해야 한다. 중간 휴식 이후에 가상회기 동안 그들이 관찰한 부모들의 특정 부분에 대한 논의를 이끄는 사람이 바로 관찰하는 리더이다. 아동 역할을 다른 리더는 어느 때든 논의에 참여할 수 있다. 그러나 개별적으로 부모들에게 세부적인 피드백을 제공하기 전에, 리더는 가상회기에 대한 일반적인 논의를 집단과 함께한다. 개별 부모들에 대한 몇몇 세부적인 조언들은 다음에서 보여 주는 예시와 같이 개별적인 피드백을 기다리는 것보다 오히려 이러한 일반적인 논의가 이루어지는 중에 제시되는 것이 더 적절할 수 있다.

한 명의 리더가 가상 역할(극)을 수행하거나 집단이 분리될 때

한 명의 리더가 가상역할(극)을 수행하거나 집단이 분리될 때 노트 필기를 하기는 어렵다. 한 명의 리더가 운영하는 대규모 집단은 추천하지 않는다. 한 명의 리더가 집단을 운영할 때 가상 놀이회기 내용을 스스로 기억하는 훈련을 받아야 한다. 우리는 한 명의 리더가 중간 휴식 동안 가상 놀이회기 내용을 회상하여 메모를 할 것을 제안하는데, 메모를 통해 그들이 아동 역할을 한 여러 회기의 구체적인 사항들을 놀라울 정도로 기억하기 쉽다는 것을 알 수 있을 것이다.

가상 놀이회기의 예시

다음의 예시는 스티븐이라는 아버지와 함께한 가상 놀이회기의 사례이다. 이 사례는 리더가 이후 집단 논의를 하기 위한 정보를 제공하기 위한 것으로, 이전에 가상 놀이회기에서 비공식적으로 보고되었던 스티븐의 사례를 활용하여 이러한 과정을 보여주고 있다. 스티븐의 사례를 토대로 마지막에는 스티븐에게 구체적인 피드백이 주어지는 방식과 집단에서 기술을 연습하는 방식이 논의된다.

리더들이 계획한 아동의 유형에 따른 시나리오, 놀이 대본과 제한 설정

리더 2(두 번째 리더)는 의문을 제기하고 (토를 달고) 규칙에 다소 반대하는 7세 남자 아동 역할을 연기해야 한다. 리더는 자발적인 게임 하나에 참여하거나 아버지와 함께 두 개에 참여하는 것을 계획하고 부모를 당황시키지 않을 정도로 규칙을 어기는 것을 시도할 것이다.

리더 1: 자, 이제 스티븐 차례입니다. (스티븐은 한숨을 쉬며 일어난다.) 이런 방식을 기대하지 않았다는 것을 잘 알아요, 스티븐. 처음이라 힘들 거예요.

스티븐: 해리와 같은 아이 역할을 선생님이 한다면 어렵겠다는 생각을 했을 뿐이에요.

리더 2: 제가 해리처럼 행동할 것이지만, 아버님이 다루지 못할 일은 아무것도 없을 거예요. 저는 존이라고 불릴 것이고 해리와 같은 나이인 일곱 살이에요. 이제 도입 설명을 하면서 회기를 시작하세요.

스티븐: 존, 이건 너의 특별한 놀이시간이야. 네가 해서는 안 되는 일이 있다면 알려 줄게.

아동: 알겠어요, 아빠. 나는 이 콩주머니들을 가지고 놀 거예요. 아빠는 두 개, 나는 세 개를 가져요.

스티븐: 네가 나보다 많이 가졌구나.

아동: 맞아요, 아빠가 나보다 크잖아요. 왜요? 똑같은 개수로 가져야 한다고 생각해요? 내가 세 개 가져도 돼요?

스티븐: 글쎄, 그것이 보통 게임을 진행하는 방식이지. 하지만 오늘은 아빠가 두 개를 가질게.

아동: 내가 먼저 할게요. 나는 세 개를 가지고 저기 있는 인형을 치게 할 거예요. …… 놓쳤어. 놓쳤어. 젠장! 또 놓쳤어!

스티븐: 그렇게 하지 마.

아동: 난 더 가까이 설 거예요. 하지만 아빠가 할 때는 나보다 뒤에서 해야 해요.

스티븐: 네가 규칙을 정하는구나.

아동: 해냈다! 해냈다!

스티븐: (무미건조한 톤) 정말 가까이 갔네. 그래서 칠 수 있던 거야.

아동: 자, 이제 아빠 차례예요. 여기 서요. 거기서 칠 수 있어요? 아니, 좀 더 뒤로 서세요.

스티븐: 내가 어려운 조건에서 하기를 원하는구나.

아동: 맞아요, 아빠는 더 크니까. (스티븐은 인형을 의도적으로 치지 못하는 것처럼 보인다.)

아동: 놓쳤어요! 다시 해 보세요, 그리고 할 수 있다면 잘 좀 해 봐요.

스티븐: 다시 할게.

아동: 이번에는 눈을 감고 해 보세요. (스티븐은 반쯤 눈을 감는다.) 속임수 쓰는 것 같아요. 슬쩍 보고 있죠? 다시 돌아가서 보지 말고 던져요.

(스티븐은 아동이 말한 대로 하고 인형을 치지 못한다.)

아동: 내 차례에요, 이제. 쳤다! 쳤다!

스티븐: (무미건조한 톤) 네가 매우 가까이 서 있으니까 친 거야.

아동: 자, 이제 아빠는 인형이 있는 곳에 서고 인형을 잡아요. (스티븐은 인형이 있는 곳으로 간다.)

아동: 다시 내 차례로 돌아가서 인형을 칠 거예요.

스티븐: 나를 쳐서는 안 돼. 그러면 게임은 안 할 거야.

아동: 어, 이건 재미없어요. 더 이상 이거 안 할래요. (아동은 화를 내며 콩주머니들을 바닥에 내던진다.)

스티븐: 그렇게 행동하지 마.

아동: 싫어요. 하지만 자동차를 가지고 놀래요. 아빠는 경주용 자동차를 갖고 나는 큰 트럭을 가져요. 어떤 자동차가 저 인형을 더 잘 부딪칠 수 있는지 봐요. 먼저 하세요.

(스티븐에게 리더 2는 즉시 5분 알림을 할 것을 전달한다.)

스티븐: 존, 이제 5분 남았어. 자, 이제 내 자동차로 인형을 칠게.

아동: 그건 별로 강하게 치는 게 아니잖아요. 날 봐요! 여기로 돌아와서 정말 세게 칠 거예요. 봐요! 봐요!

스티븐: 내가 그렇게 하는 걸 정말 보고 싶은 거구나.

아동: 부딪혀요! 엄청나요! (스티븐에게 리더 2는 1분 알림을 할 것을 전달한다.)

스티븐: 1분 남았어, 이제. 오늘은 여기서 마무리할 시간인 것 같구나.

아동: 하지만 군인들과 놀 기회가 없었어요! 이건 불공평해!

스티븐: 우리는 앞으로 더 많은 놀이시간을 갖게 될 거야. 오늘은 끝낼 시간이야.

(아동은 발을 질질 끌며 떠난다.)

스티븐: (리더 2에게) 어땠어요?

리더 2: 방금 했던 가상회기에서 매우 좋은 몇 가지 모습들을 보여 줬어요, 스티븐. 휴식시간 이후에 한꺼번에 이야기해요.

가상 놀이회기의 공식적 논의

중간 휴식시간에, 가상 놀이회기에 각 부모의 세부적인 피드백에 대한 집단 논의가 있다.

일반적인 집단 논의

가상 놀이회기의 집단 논의는 앞서 언급한 바와 같이 중간 휴식시간 동안에 부모들은 그들만의 특별한 경험에 대해 활발한 비공식적인 대화를 시작하게 된다. 리더는 일반적 논의를 시작할 때 모든 부모가 가상 놀이회기에 참여하여 잘 적응할 수 있도록 매우 관대하게 칭찬하는 것을 잊지 말아야 한다. 리더는 부모들이 앞서 말한 기술을 훈련하는 동안에 했던 것처럼 무엇이 쉬웠고 무엇이 더 어려웠는지, 집단에서 이런 것들을 어떻게 했는지 물어본다. 리더는 보통 집단에게 일반적 논의를 하고 있는 부모들을 위해 자세한 피드백을 주고 어떤 것이 더 이끌어 가기 쉬웠는지에 대해 더 연습하고 싶은 것이 무엇인지 물어본다. 이러한 특별한 경우에, 우리는 조용한 부모에게 그들의 반응과 생각에 기여하고 싶은지에 대해 물어볼 것을 제안한다.

앞서 설명한 바와 같이, 부모에 대한 자세한 피드백의 일부는 가상 놀이회기의 대집단 논의 안에서 다룰 수 있다. 예를 들면, 스티븐은 가상회기에서 '아동'이 속임수를 쓰게 놔두는 것이 얼마나 어려운지에 대해 집단에서 말하였다.

리더 2: 그건 정말 아버님에게 갈등이 되었을 거예요.

스티븐: 이건 쉽지 않았어요! 내가 말을 안 하고 있는 것이 얼마나 좌절스러운 것인지에 대해 레이먼드(다른 아빠)에게 말했어요.

리더 2: 아버님이 보통 했던 것을 하지 않는 모습이 스스로 무엇인가를 억누르기 위한 것처럼 느꼈어요. 다른 사람들도 그렇게 느꼈나요? (다른 부모들은 너무 억제하고 부자연스러운 느낌이라고 하였다.)

리더 1: 이것은 어려운 것을 하기 위한 학습의 일부예요. 이것은 여러분에게도 쉽지 않은 것이에요. 비록 불편하셨겠지만, 저는 아버님을 볼 때, 아이와의 놀이를 함께 계속하고 있고, 제한이 필요할 때까지 아이가 이끄는 대로 따라간 것을 알아차렸어요.

스티븐: 제가 그랬나요?

리더 1: (노트를 참고한 것과 특별한 예시를 보여 주며) 네, 예를 들면 아버님은 세 개의 공 대신에 두 개의 공으로 놀이하는 것을 받아들였어요. (리더 1도 스티븐은 '아동'을 수용하고자 하는 목표에 가까이 서 있다고 말하였다. 하나의 예를 통해서도 일반적 논의를 하기에 충분했다.)

개별 부모에게 특별한 피드백 주기

일반적 집단 논의 후에 리더는 각 부모에게 개별적으로 돌아가면서 논의되지 않았던 가상회기에서의 문제들을 가져왔다. 더욱 자세한 피드백은 특별한 것들을 뽑아서 각 부모들에게 잘한 것과 더 열심히 해야 할 것을 함께 알려 주었고 항상 긍정적 피드백으로 마무리하였다(제3장 참고).

리더는 계속해서 일반적 언어 표현을 바꾸기 위해 이렇게 하라는 권유를 하는 것처럼 그들의 놀이회기에 대해 부모에게 언어적인 피드백을 주의 깊게 할 필요가 있다. 앞의 예에서 리더 1이 "스티븐, 당신은 '아동'에게 제한을 언급하는 데 어려움이 있군요." 혹은 "당신은 놀이 소개 부분에서 중요한 단어 몇 개를 빠뜨렸군요(또는 잊어버렸군요)."라고 하기보다는 "몇 분 후 바로 하기 조금 어려웠던 제한 설정과 (놀이) 소개를 다시 시작해 봅시다."라고 말하는 것이 좋다. 만약 대부분의 부모 혹은 전체 집단이 흔한 오류를 저질렀다면 리더는 "거의 모든 분이 말을 시작할 때 조금 문제가 있는 것 같아요. 다시 한 번 해 봅시다."라고 말할 수 있다.

다시 한 번 우리는 리더가 각각의 부모에게 정확한 피드백을 제공하는 동시에 가능한 기술을 수정할 때 개인적으로 하지는 않도록 강력히 권고한다. 스티븐에 대한 특별한 피드백에 대한 예시에서 리더 1은 다음과 같이 중요한 역할을 했다.

스티븐의 가상 놀이회기에 대한 특별한 피드백

리더 1: 아버님은 이전에 당연히 해야 하는 방식으로 하지 않고 아동이 자신의 방법으로 놀이하려는 시도를 받아들이기가 어렵다는 것을 말했어요. 가상 놀이회기의 전체적인 것은 어땠나요? 아버님에게 어떻게 다가왔습니까?

스티븐: 나는 내가 로봇처럼 느껴졌어요. 어떻게 해야 할지에 대해 생각하느라 많은 시간이 필요했던 것 같아요.

리더 1: 다른 부모들처럼 놀이를 할 때에 일상적으로 반응했던 것을 스스로 멈추는 것은 매우 어렵지요. 그러나 아버님은 배웠던 많은 기술을 연습하고 다듬었습니다. 아버님은 스스로가 아주 잘했다고 생각하시나요?

스티븐: 어떤 것도 생각하기가 쉽지 않네요. 제가 비록 정확하게 잘하지 못한 점은 있지만 아이가 저를 때리지 못하도록 필요한 시점에 제한 설정을 했던 것 같아요.

리더 1: 맞아요, 비록 아버님이 이 부분에 대한 자신만의 생각을 가지고 있었음에도 불구하고 타이밍을 정확하게 잘 맞추었고 규칙에 대한 부분도 마찬가지로 잘했어요. 다시 한 번 말하지만, 이것은 이 프로그램에서 모든 부모님에게 해당하는 공통적인 부분이에요.

스티븐: 제 생각에 계속 배워 나가야 할 것 같아요. 다른 부모님들이 말했듯이 전 다시 연습하고 싶어요. 사실, 저는 좀 더 많은 부분에서 제한 설정을 하고 싶었어요. 아이가 저보다 인형을 잘 치려고 가까이 가는 행동을 했는데, 사실 아이에게 규칙을 깨고 모든 것을 자기 맘대로 하면 안 된다고 말하고 싶었어요.

리더 1: 놀이회기는 모든 플레이어에 대해 규칙이 동일해야 한다는 아버님의 평상시 갖고 있던 신념의 반대편에 있을 수 있어요. 만약 놀이회기 후에 의심이 간다면 우리는 왜 '아동'들이 그들의 놀이회기 안에서 놀이를 할 때, 스스로에게 이점을 주는지에 대해 더 생각해 보아야 합니다. 아마 지금 우리는 가상 놀이회기 동안 '아동'이 가진 감정에 대하여 생각할 수 있을 거예요.

스티븐: 저는 제가 '아동의' 감정을 충분히 이해하는 것을 보여 주지 않았다는 것을 알아요. 저는 '아동이 좋아하는 것'과 '아동이 싫어하는 것'의 기본만 알고 있었어요. 그러나 다른 몇 가지를 놓치고 있었어요.

리더 1: 저는 아버님이 매우 효과적으로 '아동'의 느낌을 말하기 위해 노력한다고 생각했어요. 아버님은, 예를 들면 '젠장'이라는 말에 흔들리지 않았고, 어조도 잘 유지했어요. 아버님은 '아동'이 당신보다 못하는 것을 싫어한다는 것에 스트레스를 받았죠. 저는 아버님이 느꼈던 감정들에 관심이 있는데 이제 그것에 대해 어떻게 생각하는지 말해 주면 좋겠어요.

스티븐: 글쎄요, 저는 제가 제한 설정을 했을 때, '아동'이 저에게 화가 난다고 말했다면 좋았을 것 같아요.

리더 1: 그랬다면 매우 적절했을 거예요. 저 또한 아버님이 마지막 부분에서 '아동'의 감정에 대해 무언가 이야기했을 수도 있을 거라고 생각했어요. 아버님은 더 많은 놀이시간이 있을 거라고 이야기했어요. 아마 아버님은 어떤 말을 해야 '아동'이 느꼈던 감정을 전환시킬 수 있을까에 대해 생각했을 수도 있어요.

스티븐: 실망스럽네요. 맞아요, 제가 그랬던 것 같네요. 저는 다음에 무슨 일이 일어나는지 알기 위해 '아동'을 격려하려는 시도를 했어요. 그러나 저는 좀 다른 측면으로 시도를 했네요. 특히 해리의 감정에 대해 집중했던 것 같아요.

리더 1: 일반적으로 아동에게 구조화된 정보를 주는 것은 매우 중요한 일이에요. 하지만 마지막에는 '아동'의 감정을 이해한 것을 나타내는 것도 방법인 것 같아요.

마지막으로, 저는 아버님이 전체적으로 '아동'이 이끄는 대로 따라가는 것을 아주 잘하고 있다고 말해 주고 싶어요. 아버님은 '아동'에게 다음에 어떤 일이 일어날지에 대해 생각하게 할 수 있었어요. 예를 들면, 아버님이 제한 설정을 한 후에 인형으로 게임을 할 때 '그(아동)'는 포기했어요. 아버님은 아무것도 제안하지 않았고, 단지 '아동'을 기다려 주었어요. 그리고 아동에게 무엇을 하라고 하거나 질문을 해서 그 아동이 생각하는 것을 바꾸려고 하지 않았어요.

아버님과 다른 부모님들은 당신이 말한 것뿐만 아니라 말하지 않은 것에 감사를 하는 것이 필요해요. 놀이회기의 원칙들은 우리가 이전에 했던 것들에 대해 대항하라고 하는 것처럼 느낄 수 있는 것들이 많습니다. "오, 정말 훌륭하다. 네가 하는 방법이 좋은 것 같아." 또는 "왜 이런 방법으로 했니?"와 같은 예를 들 수 있어요. 이렇게 자연스럽게 나오는 말로부터 우리를 억제하는 조절이 필요해요. 아버님이 일상의 다른 장면에서 대화할 때 사용했던 이러한 일반적인 반응들을 사용하지 않는 것을 칭찬받게 될 거예요. 그것이 우리가 배우고자 하는 놀이회기를 향해 가는 중요한 단계입니다.

스티븐: 선생님이 그렇게 생각해 주시니 기쁘네요. 하지만 아직도 저는 저 자신을 잘 모르겠네요.

리더 2: 아버님이 모든 것을 잘 깨닫게 될 때까지는 시간이 좀 필요할 거예요. 그러나 아버님은 정말 좋은 회기를 보여 주셨어요. 우리가 앞서 말했다시피, 여러분 모두가 가상 놀이회기를 하는 동안 훌륭한 시작을 만들었어요. 이제, 다음 부모님의 차례예요.

사례에 대한 논의

이 예시는 가상회기에서 각 부모들의 행동 사례를 리더들이 사용할 때 어떻게 효과적으로 피드백을 주어야 하는가를 실제적으로 보여 주고 있다. 특히 마지막 언급에서 부모들의 놀이 실습에서 긍정적이고 희망적인 요소를 강조하는 반면, 부모들이 개선해야 할 가장 중요한 부분들을 피드백할 수 있도록 이끄는 데 있어 중요한 부분이다. 이 예시는 또한 부모들의 놀이기술의 발전단계에서 나타날 수 있는, 아직은 자리매김하지 못한 놀이 장면의 근원적 의미를 이해하도록 어떻게 확장시키는가를 보여 주고 있다. 마지막으로, 전체 집단의 긍정적 언급은 각각의 부모에게 피드백을 적절하게 실시하기 위해서 중요하다.

가상 놀이회기 피드백을 기반으로 한 기술 검토

가상 놀이회기의 특별한 피드백을 각 부모들에게 전달한 후에 리더는 피드백에서 최근에 나온 기술을 수정하고 전체 집단에서 연습시킨다. 종종 놀이기술을 정확하게 발전시킬 수 있도록 이론들을 재강조하기도 한다. 예를 들면, 다음과 같다.

리더 1: 자, 이제 회기의 첫 부분을 연습해 봅시다. 기억하세요. "이것은 너의 특별한 놀이시간이야. 여기서는 네가 원하는 대부분 모든 방법으로 놀 수 있어. 네가 할 수 없는 무엇인가가 있으면 내가 너에게 알려 줄 거야."
우리는 '모든'과 '대부분'을 큰 소리로 명확하게 이야기해야 해요. '대부분'을 하지 않으면 당신이 제한 설정을 해야 할 때 근거가 되지 않아요. 부모는 회기를 시작할 때 종종 '대부분'이라는 단어를 잊어버려요. 하지만 그때 아이들은 부모님이 만드는 어떤 제한이 부당하다는 생각이 들기 때문에 그들은 '모든' 것에 도전하려고 할 거예요. 그리고 아이들이 중요한 문제를 놀이에서 자유롭게 풀어 낼 수 있도록, 그리고 아이들이 안전함을 느낄 수 있도록 도와주기 위해 받아들일 수 있는 어조로 이 문장을 만든 것을 기억하세요. 자, 이제 같이 연습해 봅시다.

다음 실습 놀이회기를 위한 준비

다음 회기는 가상 놀이회기 내용에서 나온 특정 훈련에 따라 시작된 놀이회기의 개인 연습을 위한 준비이다. 여기에는 그들의 부모가 아이들과 함께 연습한 놀이회기를 시작하려 했을 때, 부딪힐 수 있는 문제가 있다. 이 문제들 중 일부는 이전에 나타나지 않았고, 즉시 검토할 필요가 있는 부분이다. 어떤 문제는 지금 생겼을 수도 있다. 우리는 다음의 몇 가지 문제에 대해 설명하고자 한다.

추가적 기술 훈련과 문제 다루기

일반적인 제한 설정 다루기

아이들이 자신의 선택에 대해 명확하게 하기 위해서는 처음부터 일관된 제한을 해야 한다. 리더는 부모들이 놀이회기에서 연습하는 동안 이것에 대해 논의한 것을 상기시키도록 조언해 주어야 한다. 몇몇 부모들은 다른 부모에게 허용되지 않는 어떤 부분에서 높은 허용 기준을 가지고 있기도 한다. 리더는 물체를 벽, 창, 거울에 던질 수 없는 어떤 장비가 있는 방(예: 카메라)에 안전과 보호를 위한 제한을 적용하는 데 있어 부모에게 확신을 심어 주어야 한다. 아이들이 벽, 바닥 및 장남감에 그릴 수 없도록 하고, 날카로운 어떤 것으로 가방을 찌를 수 없도록 해야 한다. 그리고 의도적으로 장난감을 깰 수 없도록 해야 한다. 리더는 이러한 목적을 위해 만들어진 방 안에서 지저분하게 어지르는 놀이를 허용하는 것 같은 내용을 시연하는 동안 이야기하고 놀이실 안에서 다른 활동을 허용하는 것에 대해서도 논의해야만 한다.

놀이회기에서 좀 더 지저분하게 놀 수 있도록 허용하는 것은 리더들이 강조하고 있는 것이다. 지저분한 놀이를 보면 저항하는 감정을 가진 부모들도 놀이실 안에서는 좀 더 참을성을 보인다. 이것을 알아차린 후에는 이러한 부모들이나 다른 부모들 혹은 리더들은 실제적인 해결방법들을 탐구할 수 있다(예: 자녀들이 놀이하기 편한 옷을 입는 것). 지저분한 놀이에 대한 논의의 일부로 부모들의 개인적인 제한 설정에 대해 다루어질 것이다. 예를 들어, 리더는 놀이회기 동안에 그들을 젖게 하거나 지저분하게 만드는 놀이에 대해 허용하고 관리할 수 있도록 부모가 제한 설정하는 것을 도와줄 수 있다. 만약 자녀가 부모에게 물을 분사한다면 그것에 대해 대처하기 힘든 부모에게 제한 설정하는 것을 도와줄 수 있다.

다른 중요한 부분은 아이들이 상처 입거나, 차고, 때리는 것 또는 어떤 식으로든 자신이나 부모를 위험하게 하는 행동을 하지 않아야 한다는 것을 아이와 부모가 같이 이야기해야 한다는 것이다. 창밖으로 매달리고, 전기 콘센트를 만지고, 높은 가구에 오르기 및 조명 같은 것을 깨는 것은 위험하고 금지된 행위이다. 안전하지 않은 다른 행동 또한 금지된다. 예를 들면, 그들의 자녀들이 안전하지 않은 무엇인가에 대해 물었다면 부모는 제한 설정을 해야 한다(예: "너는 정말 내가 작은 구슬을 차인 척하고 마시기를 원하는구나. 만약 네가 할 수 없는 것에 대해 내가 알려 준다고 말한 것을 기억하지? 그 규칙은 작은 구슬을 넣은 물을 우리가 마시지 않는 거란다").

개인적인 제한 설정 다루기

집단 부모놀이치료에서, 개인적 제한이 놀이회기 규칙의 일부가 아닌 제한으로서 정의된다(예: 부모를 때리는 것, 관찰경에 물건을 던지는 것). 그것들은 부모가 개인적으로 참을 수 있는 행동과 관련되어 있다. 개인의 제한에 대한 이론적 근거는 아동의 어떤 행동이 부모(치료자에게도 마찬가지로)에게 스트레스를 주거나 불편하게 만들 수 있는데, 이러한 제한 설정은 무조건적으로 자녀를 받아들이는 부모를 방해할 수도 있고 놀이회기를 하는 동안 부모와 자녀의 불안으로 이어질 수 있다. 다음 행동의 예는 몇몇 부모들에게 개인적으로 어려울 수도 있다. 자녀가 아버지의 머리 주변과 손가락 주위를 뛰어다니고 그의 치아를 검사하기도 하고 더러운 물을 마시려고 고집을 부리는 행동 등이다. 따라서 놀이회기 연습을 시작하기 전에 리더들이 부모의 개인적 제한을 알 수 있도록 시간을 보내는 것이 중요하다.

일반적으로 부모에게 3~4개 이하의 제한이 있을 것이다. 만약 부모들이 개인적 제한을 갖기 원한다면 리더는 부모의 광범위한 불편한 감정을 다루어 줄 필요가 있다. 드문 경우에, 집단 시간을 따로 가져야 할 수도 있다. 예를 들어, 집단 활동 후에 리더가 부모에게 제한 설정을 다루는 시간을 따로 제공한다면, 그들이 자녀와의 놀이에서 더 편안하게 느낄 수 있게 도울 수 있다.

개인적, 물리적 제한

부모는 물리적 제한에 관한 규칙 설정을 요청해야 한다. 일부 부모들은 물리적 제한이 없는 반면, 그들은 아이들이 눈 근처에 물건을 넣거나, 부모의 등 위에서 뛰는 행동을 좋아하지 않는다. 신체의 개인 영역에 대한 태도는 또한 아이와 부모 모두 존중해야 하고, 대부분의 모든 부모의 일반적인 제한에 해당한다. 그러나 소수의 부모들을 위해서 그들의 개인적 이해를 돕기 위한 배려도 있어야 한다. 예를 들어, 자신의 가슴에 청진기를 넣는 것에 대해 불안함을 가지고 있는 어머니는 개인적 제한을 만들 수 있다. 이런 경우 그 부모의 감정을 수용하는 것은 중요하고 리더는 개인적인 제한 설정이 필요하다는 것에 동의할 수 있다. 그러고 나서 수용할 수 있는 적용점에 대해 부모와 상의하며 고민하는 것은 필요하다. 예를 들면, 어머니가 그녀의 가슴에 청진기를 대는 것을 좋아하지 않는 경우, 리더는 그녀에게 이렇게 제안할 수 있다. "메리제인, 네가 내 가슴에 청진기를 사용할 수 없단다. 대신에, 내 등에는 청진기를 사용할 수 있어."만약 그녀의 아이가 이 제안을 받아들이지 않으면, 부모는 자녀의 감정을 반영한다. "너는 너의 방법을 좋아하는구나." 혹은 "그것은 나와 놀 수 없는 방법이야." 그리고 다시 제한 설정을 한다. 비슷하게 다른 상황에서 이 제한 실행의 첫 단계를 포함시킨다. 대안적으로, 만약 아동의 참을 수 없는 행동에 대한 제한 설정을 적절하게 하지 못할 것 같으면, 행동에 대한 대안을 제시하지 않고 제한 설정을 하도록 가르쳐야만 한다.

'나-전달법'과 집단 부모놀이치료

놀이치료와 부모놀이치료 실습 모두 부모들로 하여금 놀이회기 동안 아동과 함께 비언어적인 방법으로 감정을 나누고 자신의 외적인 표현과 내면을 진실하게 일치시키는 방법에 대해 배우게 된다. 루이스 거니는 개인적 제한 설정 훈련과정에서 아동들과 소통을 할 때 부모와 놀이치료자들이 놀이회기에서 '나-전달법'을 사용하여 말로 개인의 감정을 전달할 수 있다고 하였다. 버지니아 라이언은 수정된 견해를 가지고 있는데(Ryan & Courtney, 2009 참고), 놀이치료와 부모놀이치료에서 '나-전달법'으로 표현하는 것은 성인과 아동 사이의 애착 관계에서 중요한 부분이라고 주장하였다. 그러나 이 책에서는 집단 부모놀이치료 루이스 거니의 훈련 지침을 따른다. 놀이회기 동안 부모는 개인적인 제한 설정에서 '나-전달법'을 사용한다. 부모는 프로그램의 후반부에서 일상생활의 기술을 일반화하고 자녀의 감정을 정확하게 반영할 때 그들의 감정을 '나-전달법'을 사용하여 표현하도록 한다.

우리는 리더가 부모들이 그들의 놀이회기 실습에서 개인적인 제한 설정을 사용하는 법을 배우도록 할 때 다음의 설명들을 활용하도록 제안한다.

- 먼저, 놀이회기의 모든 제한 설정은 개인적 제한 설정이 다급하지 않을 때에는 아동들이 열망하는 것이 무엇인지를 인식해야만 한다.
- 개인적 제한들은 아동에게 '나-전달법'의 형식으로 전달되어야 한다.

- 왜냐하면 부모들이 제한을 시행하기 위해 개인적인 책임감을 가져야 하는데 "난 네가 그렇게 하도록 놔둘 수 없어."라고 한 뒤 간단한 이유를 말해 주어야 한다(이러한 설명이 필요한 이유는 개인적 제한은 부모들을 필요 이상으로 엄격하게 만들기 때문이고, 이론적 근거 이면에 개인적 제한을 하는 진짜 이유가 있기 때문이다).
- 아동들이 그들의 선택을 명확하게 하기 위해서 개인적 제한들은 시작부터 일관되어야 한다.
- 리더는 자신의 예시들을 사용하거나 집단이 요구하는 대로 따를 수 있다.
  "제이미, 너는 내 머리카락 사이에 네 손가락을 넣는 것이 재미있구나. 하지만 나는 그렇게 하는 것이 기분 좋지 않아. 나는 네가 그 행동을 더 이상 하도록 놔둘 수가 없어."
  "빌리, 너는 내 치아들을 만져 보고 싶구나. 그런데 나는 사람들이 내 입 안에 손가락을 넣는 것을 좋아하지 않아. 나는 네가 그 행동을 더 이상 하도록 놔둘 수가 없어."
- 만약 아동이 부모들의 개인적 제한들을 거부한다면 아동들의 감정에 공감적으로 반응해야 한다(예: "넌 그 행동을 못하게 해서 내가 마음에 들지 않구나. 네 맘대로 안 되는 것이 싫구나.").
- 만약 아동이 저항을 계속한다면, 부모들은 제한 설정의 두 번째 단계를 시행해야 한다(예: "조지, 너는 그 행동을 멈추길 원하지 않는구나, 너는 그것이 공정하지 않다고 생각하는구나, 그건 놀이회기에서의 규칙이야. 만약 다시 그 일이 일어난다면, 우리는 오늘 놀이회기를 끝내야 해.").
- 아동들은 이러한 제한 설정에서 실패하는 경우가 매우 드물지만, 일반적 제한 설정은 다른 경고사항들과 유사하다. 부모들은 개인적 제한 설정의 결과를 강화하기 위해 특수한 제한사항들을 잘 알고 있어야 한다.

추가적인 개인적 제한들: 총 그리고 부정적 언어

놀이실 안에서 총을 사용하거나 부정적 언어를 사용하는 경우, 어떤 부모들은 자주 감정에 많이 자극을 받는다. 예를 들면, 스티븐 집단의 어떤 부모들은 그들의 가상회기 중에 아이가 "빌어먹을"이라고 말하는 것을 용납하지 않을 수 있다. 리더는 부모들의 강한 감정에 대해 공감적으로 반응해 준 뒤, 가능하면 그들이 놀이회기 안에서 아이들의 공격적인 놀이와 아이들이 마음대로 표현하는 것에 대해 내성을 증가시킬 수 있도록 도와주어야 한다. 리더가 부모들의 정서적 반응을 한 번 수용해 줄 때마다 놀이회기 안에서의 허용에 대한 원리도 재검토될 수 있는 것이다.

만약 리더가 아동들의 놀이회기 안에서 사용하는 부정적 언어에 대한 부모들의 걱정을 다룰 필요가 있을 때, 그들은 부모용 훈련 매뉴얼에 의지하려고 할 수 있다. 매뉴얼은 놀이회기 안에서 아이들의 욕설, 음란한 말, 그리고 부모를 향한 적대적인 언급 등의 어떤 말에도 제한이 없는 것이 이상적이라고 지지하고 있다. 하지만 어떤 부모들은 부정적 언어를 견디기 힘들어할 수 있는데 부정적 언어 자체를 금지하는 것보다 부모가 받아들일 수 없는 표현의 범위를 줄이는 것이 중요하다고 확신한다. 대개 특정 단어들은 다른 것들보다 훨씬 더 받아들여지기 어렵다. 리더는 만약 부모들에게 필요하다고 여겨지면 이러한 부정적 단어의 범위를 줄여서 제한 설정을 하도록 제안할 수 있다.

또한 이런 접근은 아동이 놀이회기 안에서 사용되는 총이나 다른 공격적인 놀잇감들의 사용에 대한 토론에도 사용될 수 있다. 부모들이 아이들의 공격적인 행동을 이해하고 받아들이도록 도우려면 부모가 받아들일 수 없는 한 개 혹은 두 개의 특정 물건들로 그 범위를 좁힐 것을 추천한다. 리더는 가정 놀이회기를 준비하고 놀이도구들에 대해 토론할 때 그들이 총과 부정적 언어에 대해 걱정하게 될 것이라고 미리 말해 줄 수 있다. 프로그램의 이 시점에서 이 주제들로 장시간 토론하는 것은 다른 문제들을 무시할 수 있기에 피해야 한다. 반복해서 말하지만 부모들로 하여금 놀이회기 안에서 생기는 감정 문제에 대한 허용을 증가시키려면 이러한 주제들로 여러 번 돌아올 필요가 있다.

전반적으로 리더의 이런 토론의 목표는 놀이회기에서 위험하거나 파괴적이지 않은 아동들의 놀이에 대한 부모들의 인내심을 증가시키기 위한 것인데 놀이회기에서 최소한의 규칙이 주어질 때 아동들은 부모들로부터 수용됨을 느낄 수 있고 좀 더 충분히 놀이할 수 있게 된다.

상상놀이에 대한 염려

아동들의 상상놀이에 참여하게 되는 부모들의 반응은 가상 놀이회기 동안 전면에 드러날 수 있다. 대부분의 부모들은 가상회기에서 상상놀이를 할 때 매우 즐겁게 참여한다. 그러나 소수의 부모들은 상상놀이가 아무런 의미가 없고 지루하다고 느끼거나, 놀이에서 변장을 하거나 역할을 맡을 때 어리석은 느낌이 드는 것에 대해 걱정을 한다. 대개 프로그램 안에서의 그들의 걱정과 감정들을 리더가 받아주는 것으로 충분하다. 흔히 부모들은 어른으로서의 권위의 약화와 다른 집단 구성원들의 반응이 걱정되어 프로그램 초기에 이러한 문제들을 보인다. 예를 들면, 다음과 같다.

리더: 부모님은 스스로를 바보같이 느낄 거라고 말씀하시는군요. 아이가 당신을 바보같이 보이게 만든다고 생각하실 수도 있어요. 만약 부모님이 스스로를 바보같다고 생각한다면 아이에게 아무 말도 할 수 없을 거예요.

리더가 부모들의 그러한 반응을 이해하는 모습을 보이면 부모들은 아마도 가벼운 마음으로 집단에 대한 의견 제시를 하고 집단 안에서의 불안을 줄일 것이라 생각된다(예: "부모님은 드라마 학교에 입학할 것을 알지 못했어요!"). 다른 한편으로 부모들은 상상놀이와 일상의 차이를 분리하는 것에 리더의 도움이 필요하다. 이러한 걱정들을 인정해 주는 한편, 리더는 종종 3~4세의 아동은 놀이회기 안에서 받아들여지는 것과 일상생활에서 허락되는 것의 차이에 대해 구분할 때 조금 도움이 필요하지만 좀 더 큰 아이들은 그 차이에 대해 잘 알고 있다고 알려 줄 수 있다.

자녀들을 가르치지 않도록 부모들에게 요청하기

리더를 포함한 그 누구도 그들이 시연에서 한 것과 달리 각각의 아이들은 놀이회기 연습에서 어떻게 반응을 할지 모른다고 부모들에게 알려 주어야 한다. 리더는 부모가 그들의 아이들이 어떻게 반응할지 예측하려 하거나 어떤 방법으로든 사전에 아이들을 가르치려 하는 것은 쓸모없다고 강조해야 한다. 이때 리더는 부모들에게 놀이회기에 대한 근거를 부모에게 상기시키는 것이 필요하다(아이들이 성인에 의해 지시받지 않을 때 그들을 치료하는 데 도움이 되는 자신만의 놀이방식으로 이끌어 나갈 수 있다). 또한 리더는 놀이회기는 부모들뿐 아니라 아이들에게도 특별한 경험이라는 것을 설명해 줄 수 있다. 아이들은 이전에 그들의 부모와 함께 이런 식으로 놀지 않았기 때문이다.

리더는 놀이회기가 부모와 아이들의 관계를 위한 다른 구조를 제공하도록 계획되어 있기 때문에 매우 흥미롭다는 사실을 강조할 수 있다. 그러므로 놀이회기는 어디에서든 아이들이 표현할지 모르는 것들에 대해 매우 다른 반응을 이끌어 낼 수 있다. 리더는 아이들이 보이는 이러한 행동 변화가 리더가 진행한 시연에서 아이들이 했던 행동과 다를 수 있음을 지적할 수 있다. 일반적으로 리더는 부모들이 아이들과 다른 사람들의 실습 놀이회기에서 일어날 일을 찾아내는 데 흥미를 가질 수 있도록 도우면서 프로그램의 다음 단계에 대한 열정을 보여야 한다.

프로그램에서 다음 단계에 대한 구체적인 이론

6~10회의 모임 동안 부모들은 그들의 자녀들과 각각 진행할 두 번의 실습 놀이회기가 필요하다. 종종 한 부모당 한 번의 실습회기만 필요로 하거나 가정회기가 확립되기 전까지 시작을 미루는 예비 아동들은 예외이다(제13장 참고). 리더는 실질적인 순서를 결정하고 첫 실습 놀이회기를 시작하기 위해 선정된 부모들에게 그다음 주에 어떠한 추가적인 준비도 필요하지 않도록 한다. 리더는 다음 모임을 위해 집단과 선정된 가족들 모두가 모임에서의 분주함 가운데 준비를 할 수 있는 충분한 시간을 할당해 주는 것이 중요하다. 리더는 다음과 같이 언급하며 프로그램의 이 단계를 소개할 수 있을 것이다.

> 이전에 진행했던 시연들 대신에 우리는 여기 계신 모든 부모님들과 함께 짧은 놀이회기를 진행하려고 하는데요. 여러분이 오늘 가상회기 때 하셨던 것처럼 여러분의 자녀들과 진행하시면 되고, 시연을 하지 않으시는 다른 분들은 그 시간에 관찰하시고 배우는 시간을 가지시면 됩니다.
>
> 정시에 시작해야 하는 실습 놀이회기를 진행한 이후에 우리는 필요하다면 기술훈련을 좀 더 진행할 뿐만 아니라 각 부모님의 피드백을 받고 우리들이 관찰한 것을 논의할 것입니다.
>
> 우리는 이러한 실습 놀이시간을 두 번 정도 가질 계획을 하고 있는데요. 우리 모임이 진행되는 동안 집단 부모놀이치료에 전일 참가하는 각 부모님들이 자녀들과 진행할 것입니다. 여러분의 다른 자녀들도 실습 놀이회기를 해 볼 수 있는 잠깐의 시간을 가질 수 있을지도 모르겠네요. 이 주제는 이후에 개별적으로 여러분 몇몇과 이야기 나누도록 하겠습니다.

다음 모임의 실습 놀이회기를 위한 가족 선정하기

리더는 다음 주 첫 실습 놀이회기를 위한 부모들을 선택하는 것을 목표로 해야 하는데, 선택할 때 부모의 기술 발달 수준, 그들의 감정적 준비상태, 그리고 다른 부모들 앞에서 상대적으로 수월하게 진행할 수 있는 능력을 고려해야 한다. 적절하게 잘할 것으로 기대되는 부모들이 선택되어야 한다. 놀이기술 발달과정에 있는 부모들의 수준이 양극단에 있는 경우를 피하는 것이 가장 좋은데, '우수한 부모들'과 상대적으로 놀이 기술을 많이 계발하지 못한 부모들 모두 피하는 것이 좋다. 부모들의 기술 수준은 아이들의 성격보다 부모 선정에 있어서 더 우선되어야 할 기준이다. 그러나 가능하다면 놀이를 수월하게 하지 못하는 아동들도 선택에서 배제할 수 있다면 좋다.

리더가 5회 모임을 준비하고 나서 어느 부모가 6회 모임에서 그들의 첫 실습 놀이회기를 진행할 준비가 되어 있는지 확인할 때, 우리는 리더가 기준에 부합하는 후보 부모들을 마음속에 결정해 두고 있어야 한다고 제안한다. 5회 모임의 후반부에서 한 리더가 어떤 부모에게 그들이 첫 번째 타자가 되는 것을 제안하고 난 뒤에 몇몇의 후보 부모들(또는 집단 규모에 따라 다수의 부모들)에게도 제안한다. 만약 이 부모들 중 한 부모가 거부하는 반응을 보이면 리더는 다른 부모에게 제안할 수 있다. 경험상 리더가 다음 주에 부모들을 선택하기 위하여 논의를 지속할 필요가 거의 없을 정도로 순서를 정하는 작업이 어렵지는 않다. 그러나 드물게 리더가 다음 주에 실습 놀이회기를 시작할 부모를 직접 지정할 필요가 있는 경우도 있다. 리더가 이 시점에서 부모들이 실습 놀이회기가 남은 프로그램(또는 가정회기 영상촬영을 가져오기 전까지, 제12장 참고)의 각 모임에서 중요한 부분임을 기억하도록 집단에게 이 점을 상기시키는 것은 중요하다.

실습 놀이회기를 위한 프로그램 일정 정하기

실습 놀이회기를 진행하는 첫 가족들을 선정하는 것에 덧붙여서 리더는 그들이 첫 번째 실습 놀이회기를 위해 가능한 많은 집단 내 부모들의 일정을 정하도록 해야 한다. 두 번째 실습 놀이회기 일정은 보통 대부분의 부모가 첫 회기를 끝마친 이후에 진행된다. 그러나 몇몇의 집단에서는 초반에 일정을 잡은 부모들에게 첫 번째와 두 번째 실습 놀이회기 모두 추가적으로 공지해야 할 수도 있다.

이러한 일정 계획 과정은 초반 모임에서 진행했던 시연 일정과 비슷하기 때문에 집단에게 친숙하다. 시연 일정과 유사하게 이후 진행되는 다섯 번의 모임(6~10회 모임) 동안 진행되는 실습 놀이회기는 주로 프로그램에 전일 참석하는 아이들을 위한 것이다. 리더는 다른 시기와 마찬가지로 이 시기 동안 명심할 것이 있는데 그것은 집단 부모놀이치료가 가족에게 전체적으로 개입한다는 점이다. 그러므로 집단 부모놀이치료에서 가족 내 모든 아이를 포함하는 것은 지속적인 목표이다. 어떤 집단들에서는 가족 내 대략 2.5~12세에 속한 다른 형제자매의 놀이회기는 한 번만 진행될 수도 있다. 그리고 시간이 된다면 이 단계가 진행되는 동안 모임 후반부에 한쪽 부모 또는 양쪽 부모가 가정회기가 시작되기 전에 가족 내 아주 어린아이와 짧은 실습 놀이회기를 진행할 수 있다.

십대 청소년들이 자발적으로 참여할 경우 9회 또는 10회 모임에 청소년들과의 실습 활동 또는 대화 회기가 포함될 수 있다. 그러나 이것은 저자의 경험상 드문 일인데, 낯선 사람에게 관찰당하는 것에 대해 청소년들은 불안하고 수줍어하기 때문이다. 가족들과 리더가 어린아이나 청소년 자녀에게 프로그램에 전일 참석하는 것이 도움이 된다고 결정한다면, 집단을 구성하고 인원수를 정할 때 그들을 포함시킬 필요가 있다.

리더는 또한 심한 수행 불안이나 기술 발달의 부족을 보일 수 있는 몇몇 부모들의 일정에 대하여 융통성 있는 자세를 취해야 한다. 7~10회 모임에서 집단이 밝힌 것처럼 많은 시간 동안 수행에 어려움을 지니고 있어서 훈련을 받을 필요가 있는 가족들의 추가적인 일정을 잡는 것은 문제로 여겨지지 않았다. 그리고 일단 첫 주나 두 번째 놀이회기가 자발적인 의지를 보이는 부모에 의해 진행된다면 보통 주저하는 부모들은 그들의 실습회기를 위해 더욱 자원할 의지를 보인다.

6~10회 모임을 위한 일정 정하기

리더가 프로그램의 이 시기 동안 모임당 두 번 혹은 세 번의 실습 놀이회기 일정을 잡는 것은 일반적인 일인데 집단 내 아이와 부모의 인원수에 따라 다를 수 있다. 때때로 집단이 큰 경우 네 번의 회기가 한 번이나 두 번의 모임에서 진행될 필요가 있다. 리더는 사전에 집단과 진행하는 이러한 모임에서 시간이 초과되는 문제를 처리해야 한다. 그들의 아이들 중 한 명과 각 부모가 함께하는 첫 회기를 위해 아이 한 명당 15분 정도의 짧은 회기들이 강력하게 추천된다. 시간이 된다면 놀이 실습회기는 두 번째 시간에 20분까지 확장될 수 있다. 그러나 리더는 일정대로 진행해야 하고 12회 모임에서 아이들과 시작할 가정회기를 위해 집단을 준비시키는 11회 모임에 힘을 쏟아야 한다. 이전에 언급한 것처럼 정서 문제를 보이지 않는 아이들의 경우에는 한 부모가 한 아이당 한 번의 회기가 일반적으로 충분한데 특히 집단 내 아이들의 수가 많을수록 이렇게 하는 것이 필요하다.

두 명 이상의 자녀가 있는 한부모 가정은 자동적으로 부모 집단놀이치료 시간 동안 자신의 아이들과 더 많은 실습 놀이회기를 진행하는데 참여하는 아이들과 각각 적어도 한 번의 실습 놀이회기 시간을 갖기 위해서이다. 그리고 한 명의 자녀가 있는 양쪽 부모 가정은 아이들과 각각 두 번의 회기를 갖는다. 그러므로 만약 여기서 20회기 부모놀이치료 모델을 적용한다면(제16장 참고) 큰 집단을 분할할 때 각 리더는 각 부모의 회기를 적어도 한 번 볼 수 있어야 한다는 점에 유의해야 한다.

같은 집단 부모놀이치료 모임에서 형제자매를 위한 일정 정하기

이전에 진행한 시연과 유사하게 형제자매들은 그들의 실습 놀이회기 시간을 가능한 모임과 동일한 시간에 잡을 필요가 있다. 이는 가족들이 참여하기 더 수월하도록 하기 위한 것이 아니라 때때로 형제자매들의 라이벌 의식이 그들이 자신의 차례인 다음 모임을 기다려야 할 때 심화되기 때문이다. 예를 들어, 우리는 비슷한 연령의 네 명의 아이들과 한부모 가정을 위한 한 번의 모임을 진행하면서 네 번의 실습 놀이회기를 할 것을 추천했다.

이러한 일정을 잡는 것을 예방하는 몇 가지 상황들이 있을 수 있다. 첫째로 만약 형제자매 집단이 매우 크다면 모든 형제자매를 한 번의 모임 안에서 다룰 수가 없을 것이므로 리더는 두 번에 걸쳐서 실습 놀이회기 일정을 잡아야 한다. 만약 아이를 맡기는 데 제한이 있을 경우라 하더라도 모임 동안 놀이를 하기로 한 형제자매들만 참석해야 한다. 그러나 다른 집단의 경우 심지어 많은 수의 형제자매가 있는 가족임에도 가족 모두가 아이를 돌볼 수 있는 상황일 수 있다. 아이들을 맡기는 것이 가능한 것은 여러 어린아이를 둔 한부모 가정에게 특히 중요한 고려사항이지만 아이들을 맡길 곳이 준비되어 있지 않을 수 있다.

리더는 또한 시연 이후 진행했던 것과 마찬가지로 실습 놀이회기 이후 피드백을 할 때 개별적인 사례로서 각각의 형제자매에 대한 논의를 할 것인데 이것이 일정 잡기의 목적임을 기억할 필요가 있다. 게다가 양쪽 부모가 있는 가정에서는 각 부모가 적어도 한 번은 아이들과 각각 놀이를 진행해야 한다. 이렇게 부모가 아이들과 번갈아 놀이를 진행하는 경우 시작할 때 분명하게 계획을 하는 것이 중요한데 이는 가족의 각 아이가 양쪽 부모를 경험하고 각 부모가 서로의 긍정적인 경험을 증진시키기 위한 것이다. 한부모 가정의 경우 이렇게 부모가 번갈아 놀이를 할 수 없다. 그러나 여전히 각 아동에게 피드백이 주어진다는 점은 중요한데, 이는 한 부모가 각 아동의 욕구와 존재를 고유하게 경험하기 위한 것이다.

부모들의 첫 번째 실습회기 전에 부모와 자녀들을 지지하기

리더가 부모들이 다음 주에 첫 실습 놀이회기를 진행하도록 일정을 정한 이후에 그들은 부모들이 그들의 첫 실습 놀이회기가 아이들(예: 공격적, 수다스러운, 질문이 많은, 소심한)을 어떻게 발달시킬지 기대하도록 돕는다. 리더 중 한 명은 부모에게 "○○(아이 이름)이/가 어떻게 반응할 것 같으세요?"라는 질문과 "특별히 미리 연습해 보고 싶은 것은 없습니까?"라는 질문을 던져야 한다. 그러고 나서 리더는 집단 앞에서 그 부모와 리허설을 하면서 즉흥적으로 진행하고 간단한 역할놀이을 하는 동안 부모가 걱정하는 두세 가지 문제들을 살펴본다. 만약 재빨리 다루지 못하는 몇 가지 문제가 리허설 중간에 드러난다면, 또는 부모가 확신하지 못하는 여러 주요 문제가 있다면, 리더는 다음 모임 때 15~20분 일찍 만나자고 제안하고 리더 중 한 명과 이 문제들에 대해 더욱 자세하게 검토한다.

이러한 기술 훈련 방법은 집단 내 각 부모가 아동들과 함께하게 될 그들의 예정된 첫 실습 놀이회기를 시작하기 전에 선택할 만큼 중요하다. 만약 부모가 어떠한 걱정도 없다면 리더는 그 어떤 리허설보다 우선적으로 그들의 자신감을 인정하는 것이 중요하다. 리허설 이후에 리더는 대집단으로 다시 돌아간다. 리더는 집단에게 놀이회기를 진행하는 부모가 아동과 큰 어려움에 봉착하거나 감정적으로 압박을 이겨 내지 못하는 경우가 아니고서는 놀이회기에 개입하거나 끼어들지 말 것을 당부해야 한다. 리더는 일반적으로 하는 5분 알림 대신에 1분 알림을 하는 경우는 매우 드문 사례라는 사실을 부모들에게 알려 주어야 한다.

다음으로, 리더는 다음 모임 전에 부모가 아이들에게 실습 놀이회기를 시작하는 것에 대해 어떻게 설명할 것인지 도와야 한다. 일반적인 설명은 부모가 아이들과 특별히 놀이시간을 가지면서 배운다는 것인데, 이러한 설명이 보통 충분하다. 좀 더 호기심이 많은 아이에게는 부모가 놀이시간이 함께 무언가를 더 잘할 수 있게 배우는 것이라는 점을 추가로 설명할 수 있다. 리더는 부모들에게 아이들이 이 놀이시간이 부모가 배우는 반면에 시작하기에 좀 짧을 수 있다는 사실을 알아야 함을 상기시켜야 한다. 이것은 쉽게 그들의 첫 실습 놀이회기를 시작할 때 도입 설명으로 활용될 수 있다(예: "여기서 하는 놀이회기는 더 짧단다. 집에서 하는 한두 번의 짧은 놀이를 한 이후에는 회기가 더 길 거야.").

리더는 또한 놀이시간이 짧기 때문에 회기가 진행되는 동안 아이들에 대해 일어나는 감정들에 집중하도록 상기시켜야 한다(예: 실망감). 부모는 실습 놀이회기가 진행되는 동안 아이들의 어떠한 부정적 반응에도 공감하며 반응해야 한다(예: "더 오래 놀이하는 걸 정말로 원하는구나." 또는 "그건 너무 짧네."). 만약 아이들이 리더와 했던 가상회기와 자신들의 부모가 진행하는 회기를 비교한다면, 리더는 "선생님과 했던 것을 더 좋아하는구나."라고 공감적으로 반응하거나 "우리가 함께 놀 때가 더 좋을 거야."와 같이 부모에게 더 호의적인 방향으로 말하도록 준비시켜야 한다.

리더는 시연 때와 같이 다음에 이어질 다섯 번의 모임(6~10회 모임)이 정확히 정시에 시작할 것이기 때문에 아이들이 불필요하게 기다리지 않아도 된다는 것을 부모들에게 상기시킬 필요가 있다. 부모는 시연 때와 마찬가지로 모임이 시작하는 시간에 바로 아이들을 데려오기보다는 모임 시작 전에 보육기관으로부터 데려와서 아이들이 적응할 수 있게 할 필요가 있다. 리더 중 한 명은 아이들을 모아서 놀이회기를 시작할 때 부모들에게 데려가는 역할을 할 것이다. 리더는 프로그램의 다음 단계에 대한 관심을 분명하게 보여 주는 한편, 부모들의 노력을 격려하면서 긍정적인 말로 이 과정을 끝마친다.

다음 장은 부모가 아동중심 놀이기술을 자녀들에게 직접적으로 적용하기 시작하는 첫 실습 놀이회기가 진행될 것이다.

제10장

실습 놀이회기 시작하기: 6~7회 모임

집단 부모놀이치료 프로그램의 이번 단계에서 리더의 주요 목적은 자녀와 매주 진행하는 가정 놀이회기를 시작하기 전에 부모들이 아동이 주도하는 놀이회기를 반드시 숙달할 수 있도록 하는 것이다. 이 장에서는 부모가 아이들과 실습 놀이회기를 처음으로 실시하는 모임에 대해 다룰 것이다. 다음 장에서는 8~10회 모임을 논의할 예정인데 이것은 가정회기 이전에 부모가 두 번째 실습 놀이회기를 하는 시간이다.

모임의 남은 시간 동안에 실습 놀이회기 또는 부모의 가정회기 녹화본을 보는데, 비디오 자료가 충분한 경우를 제외하고 부모가 가정 놀이회기를 수행하고 난 다음에 이 모임을 해야 한다(제12장 참고). 이 시점에서 가정회기를 부모가 준비할 수 있도록 시간표를 제안하게 되는데, 이것은 대부분의 집단 내 거의 모든 부모가 달성할 수 있어야 한다. 초기 가정회기의 기초 단계에서 아동중심 놀이회기를 실시할 수 있도록 부모는 충분한 연습을 해야 한다. 부모의 기술을 좀 더 다듬는 것과 아이들의 정서적 문제를 더 깊게 이해하는 것은 이후의 장에서 논의되는 것처럼 가정회기가 시작된 이후 후반부 모임에서 계속된다.

프로그램의 단계 동안 리더의 고려사항

실습 놀이회기 진행을 위한 모임 구성

집단 부모놀이치료의 이 단계에서의 모임 형식은 리더가 시연을 했던 초반부 모임(2~4회 모임)의 형식과 유사하다. 리더는 휴식시간 전에 모든 부모의 실습 놀이회기 일정을 잡아야 한다. 리더는 또한 부모가 모임 동안 진행되는 두 번째 실습 놀이회기를 시작하기 전에 모두가 그들의 첫 놀이회기를 진행하는 것을 목표로 해야 한다. 그러나 집단의 규모가 크거나 부모가 불가피하게 미뤄야 하는 경우, 후반부 모임(예: 8회 모임) 중 휴식시간 전에 일정을 잡은 아이들과 부모가 첫 번째와 두 번째 실습 놀이회기를 한꺼번에 할 수도 있다.

비공식적인 보고를 받을 수 있는 휴식시간 이후에, 부모들은 집단 앞에서 리더와 함께 개별적으로 실습 놀이회기를 수행한다. 그러고 나서 모임은 회기 관찰에 대한 다른 부모의 반응과 의견을 중심으로 이어진다. 그러므로 이후 다섯 번의 모임 동안 리더는 집단 모임에서 피드백을 하는 시간을 충분하게 허락할 필요가 있는데, 이 시간은 각 부모에게 그들의 아이들과 각각 놀이회기를 진행하는 것을 돕고, 관련된 부모에게 직접적으로 피드백을 주며, 관찰을 토대로 실습 놀이회기에 대한 다른 부모들의 소감을 듣도록 한다. 또한 더욱 심도 있는 기술 훈련과 논의가 필요한데, 이는 추가 훈련 문제들이 이러한 놀이회기와 피드백 시간을 통해 발견되기 때문이다. 마지막으로, 리더는 다음 모임에서 첫 실습 놀이회기를 시작하는 부모에게 추가적인 준비를 할 수 있는 시간을 줄 필요가 있다.

일정을 정할 때의 고려사항

리더는 다시 각 집단 내에서 독특한 문제를 다루기 위해 이 프로그램 단계 동안 융통성을 필요로 한다. 일정에 관한 문제는 즉시 발생할 수 있거나 프로그램이 펼쳐지는 것처럼 점차 분명히 나타날 수 있다. 예를 들어, 기술을 습득하는 데 특히 문제를 보이는 부모가 있을 수 있고, 두 번의 실습 놀이회기 동안 자녀 중 한 명과는 기본적으로 수용 가능한 수준에서 아동중심 놀이회기를 진행하지 못하는 부모가 있을 수 있다. 또는 첫 실습 놀이회기에서 특히 어려움을 보이는 아동이 있을 수 있거나 모임에 참석하지 못하는 부모가 있을 수 있다. 리더는 프로그램 중 어디서든 발생할 수 있는 이런 상황들에 대비할 필요가 있는데, 이는 별도의 실습 놀이회기를 하거나 예정된 모임 이전에 두 번의 회기를 하거나 집단시간 이외에 특별한 정서적 문제를 보이는 부모를 위해 별도의 시간을 만들기 위한 것이며, 이전 장에서 언급한 것처럼 집단의 전반적인 일정을 유지하기 위함이다. 다시 한 번 더 언급하자면, 두 명의 리더는 한 명의 리더의 경우보다 이러한 추가적인 일정을 조정하는 데 더욱 융통성을 갖는다.

때때로 집단 부모놀이치료에서, 부모는 이전에 언급한 것처럼 집단이 자신들의 놀이회기를 관찰하는 것을 강하게 반대한다. 리더는 이러한 감정을 인식해야 하고 부모에게 기다리고 지켜보아야 함을 제안해야 한다. 부모는 이러한 일들이 어떻게 집단 내에서 이루어지는지 지켜본 후에야 더욱 편안함을 느낄 수 있다. 그러고 나서 리더는 부모의 태도를 다시 점검하는데, 이는 여러 다른 부모가 그들의 첫 실습 놀이회기를 할 때까지 기다리도록 한 이후에 진행된다. 보통 처음에 노출에 대해 두려움을 느끼는 부모는 다른 부모의 첫 놀이회기가 진행되는 동안 집단이 보이는 지지적인 분위기와 적은 비난을 지켜본 이후 관찰되는 것에 대한 어려움을 덜 느끼게 된다. 그러나 만약 부모의 감정이 강하게 남아 있거나 아이가 리더나 부모 중 한 명이 부드럽게 달래도 설득할 수 없을 정도로 강하게 반대한다면, 리더는 이 문제를 해결할 다른 방법을 찾아야 한다. 시설을 이용할 수 있다면 가능한 방법으로는 부모와 아이를 위해 각각의 방에 카메라를 설치하여 영상을 통해 집단이 관찰하게 하는 것이다. 또한 만약 이러한 장비를 사용할 수 없는 경우라면 리더는 부모와 아이에게 일찍 오거나 끝나고 잠시 남아서 다음 시간에 집단에게 보여 줄 영상을 찍을 것을 제안한다. 보통 이러한 협의는 다음 회기가 아닌 오직 첫 실습회기를 위해서만 필요한 것이다.

리더가 집단을 운영할 때 드물게 일어나는 문제 가운데 하나는 부모가 한 명의 자녀와만 실습 놀이회기를 실시하려고 하고 다른 자녀와는 놀이회기를 진행할 자신이 없는 경우이다. 이러한 경우, 일단 부모의 자신감이 부모가 선호하는 아이와의 실습 놀이회기 실시를 통해 강화되면, 리더는 이 부모가 다른 부모의 놀이회기 진행을 먼저 관찰하고 자신들의 실습 놀이회기 실시를 준비하도록 격려할 수 있다. 리더는 이미 평균 수준의 기술을 지니고 6회 모임 때 실시할 첫 실습 놀이회기를 집단 앞에서 할 수 있는 자신감을 지닌 부모를 선택했고, 자신이 없는 몇몇의 부모에게는 사전에 별도의 예행연습을 할 수 있도록 하였다. 마지막 장에서 언급했듯이 일단 이러한 실습회기가 집단의 고정적인 일정이 된다면, 약간의 예외가 있지만 부모의 수행 불안도는 감소하는 경향을 보인다. 리더는 실습 놀이회기를 진행할 때 기술 수준이 양극단에 있는 부모를 선택하는 데 있어 융통성을 가질 필요가 있다. 대체적으로 놀이회기를 실시하는 부모들은 리더의 피드백을 중요하게 여기고 실습 놀이회기 동안 집단원들이 부모 자신에게 강력한 지지와 과심을 보여 주고 나면 더욱 참여할 의지를 보인다.

회기의 실행계획안

바로 앞의 장에서 조언했듯이, 리더 중 한 명은 부모와 함께 실습 놀이회기에 참여하는 각 아이를 모아서 아이들을 위탁하는 곳으로 돌려보낸다. 만약 리더가 아이와 시연을 한 사람이라면 시작하기 전에 아이들이 좀 더 편하게 느낄 수 있기 때문에 아이들에게 도움이 된다. 또한 이것은 각 아동에게 가정에서 부모와 특별 놀이시간을 갖기 전에 부모가 이를 배우기 위해서 짧은 놀이시간을 가질 것이라는 메시지를 전달하는 데 도움이 된다. 리더는 바로 앞의 장에서 강조했듯이 각 놀이회기가 시작되면 바로 관찰하는 부모는 신중하고 조용하게 관찰해야 하는 것을 확실히 해야 할 필요가 있다.

관찰하는 부모들과 앉아 있는 리더 중 한 명은 필기를 할 필요가 있는데, 이는 5회 모임 동안 가상 놀이회기 진행을 위함이다. 이러한 간단한 필기는 아이가 무엇을 했는지, 부모가 어떻게 반응했는지, 그리고 리더가 이러한 상호작용에 대해 무엇을 생각하는지를 구성하는 데 도움이 된다. 리더가 이러한 슈퍼비전을 위한 기록을 할 때 사용하기 위한 추천 양식은 부록 16에 제시되어 있다. 리더는 휴식시간 이후에 부모들과 피드백을 나누는 과정 동안 놀이회기에 필요한 사례를 구체화시킬 수 있는 정보들을 좀 더 자세하게 이야기할 수 있다. 다른 리더 역시 간단한 메모를 할 수 있는데, 대신에 장소가 허락된다면 매우 간단하고 조용히 집단원에게 언제 부모가 놀이회기에서 아동중심 기술을 명확하게 보이는지 언급할 수 있다. 이후에 부모는 중간 휴식 동안 서로 공식적으로 보고를 한다. 메모를 했던 리더가 각 부모에게 공식적인 피드백을 준다.

부모의 첫 놀이회기

부모는 특히 처음에 집단원들과 리더가 아동들과의 상호작용이 어떠한지를 볼 때 충분히 이해가 될 정도로 긴장한다. 리더는 수행 불안과 초기 놀이회기 동안 자신들의 놀이회기 기술의 한계를 인식하는 데 어려움을 겪는 몇몇 부모에게 민감할 필요가 있다. 프로그램의 이 시기 동안 종종 발생하는 구체적인 문제들은 이 장의 마지막 부분에서 논의될 것이다.

놀이회기 이후 각 부모에게 주어지는 피드백

첫 회기에 대한 부모의 일반적인 감정적 반응을 명심하면서, 리더가 제공하는 피드백은 매우 공감적이어야 한다. 대다수의 피드백에서 거짓된 격려는 지양하고 긍정적이어야 한다. 부모가 첫 실습 놀이회기를 실시한 이후, 리더의 피드백은 주로 부모가 아동중심 놀이치료 기술을 배우도록 도와야 한다. 기술 습득에 있어서 가장 효과적인 피드백 형식은 이전에 언급했던 것처럼 긍정적인 피드백에서 시작하여 교정적 피드백으로 진행되고 더욱 긍정적인 피드백으로 마무리되는 것이다(Guerney L., 2003). 이러한 순서는 부모가 자신들의 능력에 희망을 가질 수 있도록 피드백을 마무리하는 것뿐만 아니라 대다수의 시간을 잘 사용하는 것에 집중하도록 할 수 있다. 게다가 긍정적인 피드백으로 시작하는 것은 부모가 리더로부터 바로 다음에 듣게 될 교정적 언급과 제안사항을 이해하도록 돕는데, 이는 다음 사례에서 보여 주듯이 실패에 대한 그들의 정서적 방어가 활성화되지 않았기 때문이다.

앞에서 언급한 피드백 순서는 부모가 스스로 따르기에는 평범한 순서가 아니기 때문에 리더가 이해하고 실행하는 것이 중요하다. 부모는 종종 무엇이 잘되었는지보다 무엇이 어려웠는지를 가지고 시작한다. 그러므로 리더는 부모가 부정적인 것으로 끝맺는 것뿐만 아니라 잘못하고 시정할 필요가 있는 것을 처음에 언급하도록 이끌어 가는 분위기에 휩쓸릴 위험이 있다. 리더는 또한 잘했던 몇 가지의 것들을 시작으로 긍정적 언급을 해 나갈 필요가 있는데, 피드백이 끝나기 전까지 가장 강력한 긍정적 언급을 비축해 두어야 한다. 게다가 부모에게 전체적으로 긍정적인 언급을 하는 것이 효과적일 수 있으나, 리더가 긍정적인 피드백을 할 때 구체적인 상호작용을 언급해 주는 것이 좀 더 효과적일 수 있다는 것을 기억해야 한다. 그러나 리더가 부모의 변화를 원하는 시점에서 피드백을 할 때, 부모가 어디에 초점을 맞출 필요가 있는지에 대해 명확히 이해할 수 있게 하기 위해서 필기한 메모를 사용하여 행동적 예시를 구체적으로 제시할 필요가 있다.

예를 들어, 아들의 그림에 비언어적으로 반응하는 어머니에게 교정적 피드백을 제공하는 한 리더는 다음과 같이 말한다. "매니가 그림을 그리는 동안 어머님을 보기 위해 몸을 계속 돌렸다는 것을 기억하시나요? 매니가 어머님에게 보여 주고 싶어 할 때 아이의 옆에 가서 앉는 것은 좋은 생각입니다." 다음과 같이 말하는 것은 명확하지 않고 더 부정적이 될 것이다. "그렇게 멀리 떨어져 앉지 마세요."

일반적으로 리더는 주로 각 부모를 위한 학습목표를 명심하고 전체적으로 집단의 학습 욕구를 고려하면서 첫 실습 놀이회기의 진행에 대해 부모에게 지도해 줄 필요가 있다. 평균 수준의 기술을 가진 아버지를 위한 첫 실습 놀이회기 요약은 다음에 제시되고 있다. 이것은 부모에게 주어지는 공식적인 피드백 과정의 단계에 대한 지침으로 아버지의 회기 사례와 함께 제시되고 있다.

평균 수준의 기술을 지닌 부모의 첫 회기 사례 예시

배경 정보

마크는 5세의 수전을 딸로 둔 한부모 가정의 아버지이다. 그는 수전의 생모가 갑자기 다른 남자와 떠나버린 후부터 2년 동안 혼자서 수전을 키워 왔다. 마크와 수전은 마크의 가족 지원을 받고 있는데, 특히 그의 어머니와 형의 도움을 받고 있다. 하지만 수전은 집단 부모놀이치료에 오게 되면서 대부분의 사회적 상황을 거부하고 눈물 흘리는 증상을 점차 많이 보이고 있다.

마크: (긴장하며) 수전, 이건 너의 특별한 놀이시간이고 여기서 네가 원하는 모든 것을 할 수 있어. 네가 할 수 없는 일에 대해서는 내가 알려 줄게.
(수전은 침묵했고 아버지의 손을 꼬옥 잡으며 방을 둘러보았다.)

마크: (정지 이후) 뭘 해야 할지 모르겠나 보구나.
(수전은 머리를 좌우로 흔들고 아버지를 올려다보았다. 마크는 아이를 향해 미소를 짓고 인내심을 가지고 기다린다.)

마크: 모든 것을 보아도 된단다.

수전: 아빠, 이리로 와 봐요. (아이는 아버지의 손을 끌어당기며 물이 있는 쪽으로 이끈다. 수전이 침묵하며 병의 물을 용기에 담고 그 물을 다시 놀잇감 접시에 붓고 접시에서 접시로 수 차례 옮기는 동안 마크는 서 있다.)

마크: 물을 많이 붓고 있구나.
(수전은 물에서 관심을 돌리고 아버지의 손을 잡고 인형의 집으로 이끈다.)

마크: 물놀이는 끝난 거니?
(수전은 고개를 끄덕거리고 인형의 집을 향해 간다. 아이는 바닥에 앉고 마크는 아이 옆에 서 있다.)

수전: 가구가 다 엉망이네요.

(얼마 동안 침묵하며 가구를 바라본 후, 수전은 조심스럽게 인형의 집의 각 방에 있는 가구를 배열하기 시작한다. 아이는 위층부터 먼저 가구를 놓기 시작한다.)

마크: 우리 집처럼 침대들이 위층으로 가네.

(수전은 가구들을 계속 분류하고 아래층 방들을 배열하면서 그곳에 옮겨 둔다.)

마크: 의자들이 아래층으로 가네. 이런 방식을 좋아하는구나. …… 이제 5분 남았다, 수전.

(수전은 부엌을 조용히 배열한 후 놀잇감 냉장고와 싱크대를 내던진다. 거실을 계속 꾸미는데, 잠시 가구를 심사숙고하여 쳐다본 후 재빠르게 소파를 집어서 방 가운데에 둔다. 그 후 그 주위에 다른 가구들을 둔다.)

마크: 그 소파가 좋으니? 그것을 방 한가운데에 두는구나. 이제 1분 남았어, 수전.

(수전은 속도를 내고 방이 가득할 때까지 거실에 더 많은 가구를 둔다.)

마크: 끝내고 싶어 하는구나. 빨리 움직이네.

수전: 됐다! 이제 끝났어요. (아이는 뒤로 기대어 앉으며 집을 쳐다본다.)

마크: 마음에 드나 보구나. 이제 우리는 떠나야 해. 네가 끝내서 기쁘겠구나.

부모의 첫 실습회기 이후 피드백 제공 절차

이 영역은 부모에게 제공하는 리더의 공식적인 피드백을 위한 일반적인 지침에 대해 논의하는데, 수전과 함께한 마크의 회기를 예시로 든다.

1. 피드백을 주는 리더는 부모의 반응을 먼저 들으면서 시작하는데, 무엇이 잘되었고 무엇이 개선되어야 할지에 대해 부모가 생각할 수 있도록 안내한다.
2. 그런 후 리더는 긍정적인 방향으로 부모에게 직접적인 피드백을 주기 시작하는데, 그 예시는 다음과 같다.

아버님은 모든 시간을 수전과 함께 그곳에 있었어요. 특히 수전을 비롯하여 우리 모두에게 매우 분명한 것은, 당신이 정말로 수전에게 집중했다는 것이에요. 그것이 바로 우리가 아이들이 경험하기를 바라는 것이에요. 아버님은 아이의 관심을 방에 있는 다른 것으로 돌리려고 시도하지 않았어요.

또는

아버님은 중요한 포인트에서 수전의 감정을 이해하는 모습을 보였어요. 예를 들면, 아버님이 아이에게 끝마쳐서 행복하겠다고 언급한 것이지요.

3. 리더는 그들의 긍정적인 피드백에 대한 부모의 반응을 기다리고 부모가 공감을 연습할 수 있도록 한 후, 발전시킬 수 있도록 한다. 예를 들면, 다음과 같다.

아버님은 자신의 위치에 집중하면서 놀이회기 중에 했던 것을 발달시킬 수 있어요. 수전이 바닥에 있는 인형의 집 테이블로부터 움직였을 때, 아이를 바라보며 서 있기보다 인형의 집 근처 바닥에 앉거나 또는 집 근처의 작은 의자에 앉을 수 있어요. 아이 근처에 서 있는 것은 종종 위압적일 수 있어요. 아이와 같은 눈높이를 유지하는 것은 동등한 느낌을 줍니다.

또는

수전이 인형의 집에서 어떤 가구를 좋아하지 않는 모습을 보였을 때, 아마도 그것이 다른 때에 방 안에 있는 어떤 다른 물건이 될 수도 있는데, 침묵을 유지하는 대신에 아버님은 수용적인 어조로 "그것이 매우 좋지 않다고 생각하는구나."라고 말하며 이해하고 수용하는 모습을 보여 줄 수 있었습니다.

주의: 리더는 수전에게 마크가 질문한 두 가지에 대해 언급하지는 않았는데, 이런 실수는 작은 부분이라고 생각했기 때문이고 필요하다면 나중 회기 때 다룰 수 있다고 판단했기 때문이다. 수전은 언어적으로 대답해야 할 것 같은 의무를 느끼면서 질문들에 반응하지 않았다. 만약 그녀가 대답했다면, 리더는 마크에게 대안적인 반응을 제안했을 것이다. 예를 들면, "저 소파가 너에게 중요하구나. 그것이 방 중앙에 있네."

4. 리더는 피드백을 주는 마지막 시점에서 매우 긍정적 언급을 제공한다. 예를 들면, 다음과 같다.

아버님이 수전에게 인형의 집에 대한 관심과 그곳에서 아이가 무엇을 하며 놀고 있는지에 대한 관심을 드러냈던 방식이 매우 인상적이었어요. 아버님은 3형제로 자랐기 때문에 여자아이의 놀잇감 근처에는 가 본 적도 없어서 아버님에게 그것이 어려운 일이라고 하셨어요. 그래도 수전에게 오랜 시간 집중하는 것을 해냈습니다.

피드백 선택에 대한 일반적 고려사항

리더는 그들이 부모에게 제공하는 피드백을 선택하는 것이 중요하다는 것을 기억할 필요가 있다. 때때로 새로운 리더는 방금 관찰했던 부모의 놀이회기에 대해 모든 세부사항을 피드백하려고 시도한다. 그러나 리더가 피드백을 할 때 회기에서 실용적으로 중요한 부분만 강조하는 것이 필수적이다. 이는 부모가 그들의 후기 회기들을 진행하기 위해 이러한 중요한 부분들을 기억하고 이해하도록 하기 위한 것이다. 부모가 문장 마지막에 "좋아요."라는 말을 습관처럼 항상 하는 등의 작은 어려움은 넘겨야 한다. 부모가 아이의 감정을 무시하는 것과 같은 중대한 사항은 언급될 필요가 있다. 보통 성인 학습자는 새로운 기술을 배울 때 그들의 노력을 폄하하는 경향이 있다. 리더가 부모의 염려에 일반적으로 긍정적인 자세를 취하되 공감적 태도를 보여야 한다는 것을 기억해야 하는 반면에, 리더는 지나치게 부모를 안심시키지 않아야 한다. 전체적으로 부모를 보호하려고 감정적 반응으로부터 안심시키려고 하는 것은 집단과 부모의 진실성이 결여되게 한다.

리더는 부모를 한 부모로, 또는 한 사람으로 평가하고 있다는 것을 어떠한 방식으로든 드러내서는 안 된다. 부모가 비평받고 있다는 느낌을 갖지 않게 하는 것이 중요하다. 부분적으로 이러한 이유 때문에, 우리는 리더에게 이 훈련 단계 동안 부모가 실습 놀이회기에서 사용하는 놀이기술이나 프로그램을 일상의 삶에 연결시키지 않도록 주의를 준다. 리더는 항상 프로그램 그 자체와 부모가 배우고 있는 기술에 집중해야 한다. 이러한 놀이기술 발달에 초점을 두고 집단을 이끄는 리더의 접근법은, 아동의 놀이과정을 즉각적으로 해석하고 놀이과정을 일상의 삶과 연결시키는 것보다 부모들에게 감정적으로 덜 위협적이다.

집단 부모놀이치료 접근법은 처음부터 일상의 삶에서 아동중심 놀이치료 기술을 분리시키는 것이 중요한데 부모가 그들의 일상의 양육에 대해 평가받지 않고 놀이회기를 진행하는 동안 기술을 배울 수 있도록 해야 한다. 부모놀이치료의 강점 중 하나는 리더가 자주 아이들과 관련한 특별한 방식으로서 부모의 놀이회기를 묘사한다는 것이다. 부모가 자녀들과 일상적으로 상호작용하는 것은 지금의 초기 단계에서 언급되지 않기 때문에, 부모는 감정적인 위협을 비교적 덜 느끼면서 특별한 놀이회기의 기술을 습득하는 데 온전히 집중할 수 있다. 리더는 가정과 학교 문제를 가져오는 부모에게 반응할 때 이러한 문제는 중요하므로 프로그램의 후반부에서 다루어질 것이라고 말할 수 있다.

피드백 과정에서 다른 집단원들의 역할

이전에 언급했듯이, 리더는 그들의 언어적 피드백이 부모가 실습 놀이회기에서 무엇을 했는지 기억하게 하는 강력한 방식임을 확실히 한 후, 다음 회기가 진행되는 동안 이러한 피드백을 하는 것을 목표로 한다. 또한 실습 놀이회기를 시작할 때, 리더가 집단원들에게 피드백을 실시하는 것에 대한 예시를 제시하는 존재라는 것을 깨닫는 것은 중요하다. 즉, 언급은 지지적이고 비평적이지 않아야 한다. 리더가 집단원들이 피드백하는 것을 허락하고 싶을 때, 집단이 관찰한 실습 놀이회기를 진행한 부모가 비평적인 언급으로 인해 의기소침해지지 않도록 하는 것이 매우 중요하다. 리더는 또한 피드백을 할 중요한 영역들을 선정하고, 다른 부모가 처음부터 언급을 했을지도 모르는 불필요하고 관련 없는 많은 부분을 제거하는 경향이 있다. 그러므로 우리는 오직 놀이회기 이후 피드백을 할 때 어떤 톤이 적절한지 리더가 먼저 보여 준 후에 다른 집단원들이 언급을 하도록 추천한다.

보통 양부모 가정의 파트너는 집단 피드백 시간에 아이들과 진행한 상대방의 회기에 대해 언급을 하고 싶어 한다. 어떤 경우에는 리더가 파트너를 관찰한 부모에게 긍정적인 언급의 모델을 먼저 보여 주는 것이 훨씬 더 중요하다. 이것은 때때로 문제가 있는 가정이 그들의 어려움의 부분적인 결과로서 상대방을 향해 비난하는 태도를 보이기 때문이다. 리더는 이러한 교류 시간에 언급 형식을 재구성하는 연습을 하고, 공감뿐만 아니라 다른 '인간중심의 가족치료 기술'을 사용할 필요가 있다. 필요하다면, 리더는 무엇이 어려웠는지보다 무엇을 잘했는지에 대해 언어적으로 표현하는 것을 상대 부모에게 안내해 줄 필요가 있다. 때때로 부모가 상대 부모나 다른 집단원들에게 긍정적인 언급을 하는 것에 적응할 수 없다면, 부정적으로 바라보거나 서로에게 집단의 반응이 영향을 주는 것을 방지하기보다 부모와 리더가 공식적으로 집단 밖에서 만나서 이 문제에 대해 충분히 논의하는 것이 도움이 된다.

때때로 집단원은 그들이 관찰한 기술적 문제에 대해 언급할 수 있다. 예를 들어, 한 부모가 마크가 한 번 또는 두 번 질문했던 것에 대해 의문을 표현할 수 있다(예: "물을 가지고 노는 것은 그만할 거니?"와 "인형의 집에 있는 소파가 좋으니?"). 이 사례에서 리더는 좋은 지침을 가지고 있다. 질문을 용납하지 않는 반면에, 보통 첫 실습 놀이회기에 대한 다른 부모의 비평을 되새기는 실수를 한다. 이것은 잠재적으로 놀이를 진행한 부모의 자신감을 약화시킬 수 있다. 그러므로 리더 중 한 명은 질문을 하지 않는 것이 더 좋은 반면에, 마크가 첫 놀이회기에서 잘했던 다른 많은 것들이 있었음을 강조할 수 있다.

마크가 "너는 그 의자를 좋아하는구나, 그렇지? 그런 것을 하나 가지고 싶은 거니?"라든가 "그 위에 인형을 올려두고 싶구나, 그렇지?"와 같은 부적절한 반응 수단으로서의 질문들을 평소에 사용했다면, 첫 놀이회기 동안 부모가 했던 작은 실수들을 리더가 신경 쓰지 않는다는 일반적인 규칙은 예외사항이 될 것이다. 부모가 주로 질문 형식으로 보이는 반응 유형은 즉시 리더에 의해 지적될 필요가 있고, 피드백 시간에 어떻게 적절한 반응으로 변화시킬 것인지 부모와 즉시 리허설을 해 볼 필요가 있다.

다음에 다룰 두 가지 사례는 완전히 다른 능력을 지닌 부모와 진행한 첫 실습 놀이회기이다. 이 부모들은 첫 회기 일정을 리더가 잡았는데, 마크와 같이 평균 이상의 기술을 지닌 부모가 진행하는 첫 실습 놀이회기 이후에 하게 되었다. 첫 예시에서 어머니는 평균 이상의 기술을 지녔는데, 두 번째 예시에서 아버지가 매우 낮은 수준의 기술 발달을 보이고 있는 것과 대조된다. 이 회기들과 리더와 집단이 이후에 피드백한 것에서 발췌한 부분이 제시될 것이다.

평균 이상의 기술 수준을 보이는 부모의 첫 회기 사례

배경 정보

10세 사라는 1년 동안 학교에서 따돌림을 당했는데, 어머니인 마가릿에게 이 사실을 털어놓기 전이다. 마침내 어머니에게 여러 여자아이가 핸드폰으로 항상 문자를 보내며 자신의 장애를 놀렸다는 사실을 털어놓기 전까지 사라는 심각한 두통을 호소했고 광범위한 의학적 검사를 받았으나 소용이 없었다(사라는 우연히 3세가 되던 해에 공원에서 발생한 화재로 부상을 입었다. 사고로 인해 오른쪽 눈의 시력을 잃었고 외모에 손상을 입었다).

사라의 언니는 청소년이고 아버지는 집단 부모놀이치료에 참여하지 않기로 결정했다. 그들은 가족놀이관찰에 사라와 마가릿과 함께 참석했고 사라가 도움을 받을 수 있도록 지지했다. 이 사례와 관련 있는 다른 요소는 마가릿이 퀘이커 교도이고 평화주의에 대한 강한 믿음을 지니고 있다는 사실이다. 그러나 어머니는 사라가 놀잇감 총을 놀이회기에서 가지고 노는 것을 허락하기로 결정했는데, 이것은 매우 큰 양보였다. 다음에 제시되는 사례는 첫 실습 놀이회기 동안 사라가 놀았던 부분에서 발췌한 것이다.

사라: (총을 집어 들며) 다른 총을 집어요! 우리는 여기서 쏠 거예요!

어머니: 나랑 총싸움 놀이를 하고 싶구나. (어머니가 총을 집는다.) 나를 쏘고 싶은가 보네.

사라: 조용히 해요! 쓸데없이 말하지 말아요! (사라는 기대하며 어머니를 올려다본다.)

어머니: 시작해 봐. 여기서 네가 원하는 거의 모든 것을 할 수 있어.

사라: 조용히! 쓸데없는 말하지 말고! (어머니는 조용히 한다.)

사라: 이제 날 쏴요. (어머니는 쏘는 척한다.)

사라: 엄마랑 나랑 이제 함께해요. 저 강도를 쏴요, 우리. (어머니와 사라는 강도를 쏘고 사라가 맞추었다.) 저 뚱땡이, 우리가 방금 맞췄어요!

어머니: 여기서 쏘는 것을 좋아하는구나. 너는 충격적인 것을 말할 수 있고 원래는 허락되지 않는 것들을 할 수 있어.

사라: (어머니와 함께 웃으며) 우아! 물이 있는 곳으로 가요!
(사라는 어머니에게로 바로 가서 그릇 속의 물을 가지고 '물 소용돌이'를 만드는데 이것을 위에서 아래로 쏟아 내리게 한다. 사라의 생동감 넘치는 놀이는 그릇 안에서 계속 진행되고 있고, 손에서 느껴지는 물의 감촉을 즐기면서 서로 번갈아 가며 물을 뿌리며 아이와 어머니는 많이 웃는다.)

사라: 이제 자동차와 트럭을 가지고 놀아요! (사라와 어머니는 자동차가 있는 곳으로 가는데, 어머니는 사라가 남은 놀이회기 시간 동안 어떻게 자동차를 배열하는지 유심히 지켜보고 있다.)

어머니에게 선택적인 피드백하기

부모 1: 어머님이 총에 대해 어떻게 느끼는지 알기에 어머님에게는 정말 어려운 일이었을 것이라고 생각해요.

리더 1: 그래요, 만약 어머님이 괜찮다면 이것에 대해 먼저 얘기해 보도록 하죠. 회기가 어떻게 느껴졌나요?

어머니: 처음엔 어려웠어요. 총에 대해 마음의 준비를 했고 사라가 시작할 것을 알았지만 아이가 무례하게 말한다면 어떻게 해야 할지 정말 생각할 수 없었어요.

리더 1: 그런데 그런 일이 생겼고, 어머님은 그런 상황에서 어떻게 해야 할지 난감하셨을 거예요. 어머님에게는 쉽지 않았을 텐데 잘해 나가셨어요.

어머니: 놀이를 하는 동안에는 아이가 사용하는 단어들에 대해 가능한 허용적이 되어야 한다고 선생님이 말했던 것을 기억해요. 하지만 아이에게 네가 원하는 대로 말해도 된다고 언급하는 것은 원하지 않았는데, 왜냐하면 내가 참을 수 없는 말을 아이가 했기 때문이에요.

리더 1: 그래서 어머님은 '거의 모든'이라는 표현을 선택했군요. 괜찮은 타협인 것처럼 느껴졌어요.

어머니: 아이가 굉장히 무례하게 말했을 때 놀랐고 다른 것을 하도록 했어요.

리더 1: 어머님은 사라가 생각 이상으로 어머님을 힘들게 했다고 생각하는군요. 제 생각에 어머님은 아이의 감정을 적절하게 반영해 주었어요. 아마도 그랬기 때문에 아이가 다른 놀이로 넘어갔던 것 같아요. 어머님이 그 방을 좋아하고 허용한 것들을 좋아한다고 말했을 때 아이는 이해받는다고 느꼈을 거예요.

어머니: 맞아요, 아이는 그랬을 거예요. 저는 아이가 그렇게 말했을 때 마음속에서 얼마나 갈등을 하고 있는지에 대해 알 수 있었고 아이의 내면적인 감정에 대해서도 느낄 수 있었어요.

리더 2: 정말 이해가 되었군요. 분명 두 사람 모두 물을 가지고 함께 즐거운 시간을 보내며 놀았던 것이 좋았음에 틀림없어요.

어머니: 맞아요, 아이의 웃는 얼굴을 보는 것이 정말 좋았어요. 정말 잠시였지만 아이가 매우 편안해 보였어요. 그건 마치 어릴 적으로 아이가 다시 돌아간 것 같았죠.

리더 1: 어머님은 아이가 근심걱정 없었던 때를 생각하며, 아마도 그 옛날 감정에 다가간 것이라고 생각하는군요.

어머니: 맞아요. 사고를 당하기 전과 같은 느낌이었어요.

부모 2: 그건 정말 아이와 어머님의 가족에게 끔찍한 일이었겠어요. 제 생각에 어머님은 매우 용감하고 강인하네요.

어머니: 아니에요. 그렇지도 않아요.

리더 1: 마음속에서는 그렇게 강하다고 느끼지 않으시네요. 어머님은 좋은 엄마가 되려고 노력하고 있지만, 그렇게 느끼는 것은 어려우신가 봐요. 아마도 대부분의 부모가 그렇듯이 첫 놀이회기를 사라와 여기서 하면서 흔들리는 마음이 있었네요. 매우 잘하셨어요. 사라가 주도하는 것을 따라갔던 것처럼 어머님이 놀이회기 때 연습했던 많은 것을 할 수 있었어요. 놀이회기를 통해 모든 방법을 사용했고, 여기서 진행할 다음 놀이회기 동안 무엇을 할지 아이가 선택하도록 허락할 것임을 아이가 이제는 알아요.

어머니: 사라를 위해 얼마나 이것이 잘된 일인지 정말 놀라워요.

리더 2: 어머님과 아이가 놀이시간을 어떻게 보내는지 본 것은 우리 모두에게 매우 흥미로웠어요. 이제 우리가 보았던 다른 놀이회기로 넘어가 봅시다.

회기에 대한 일반적인 의견

이 부모는 첫 놀이회기를 매우 성공적으로 다루었고 리더는 다음 회기 때 이 어머니가 향상시킬 부분이 무엇인지 생각할 필요가 없었다. 그 어머니가 허용적인 환경을 만들었다는 것, 그녀의 딸의 감정에 매우 반영을 잘했고, 무엇보다도 총과 언어에 대한 내적 어려움에도 불구하고 딸이 이끄는 대로 잘 따랐다는 것을 아는 것은 중요했다. 리더가 집단을 위해 이러한 기술들을 강화하고 몇몇 아이들을 위한 놀이회기에서 추구하는 양육의 중요성을 다루는 데 좋은 기회였다. 리더는 어머니의 감정에 공감했지만 이러한 피드백을 치료로 전환하지 않았다(예를 들어, 어머니는 사라의 사고에 대해 가지고 있을지 모르는 죄책감에 대해 언급하지 않았고 리더는 이러한 감정을 여기서 탐색하지 않았다).

평균 이하의 기술 수준을 보이는 부모의 첫 회기 사례[1]

제이는 9세 외동아이로 아이의 부모는 어떻게 해야 할지 몰라 당황해하고 있는데, 그 이유는 아이가 부모에게 복종하고 부모의 말을 듣는 것을 거부하기 때문이다(이 가족에 대한 자세한 예시는 제2장 참고). 아이는 자라면서 점차 부모에게 반항하고 다른 아이들에게 공격적으로 행동하였다. 아이는 또한 부모의 물건이나 친구의 집에서 물건을 훔친다. 캐시와 이든은 그 부모인데, 아이를 훈육하기 위해 서로 다른 역할을 수행해 왔다. 이든이 캐시의 동의하에 훈육을 담당하는 역할을 해 왔던 반면에, 아이의 어머니는 훈육하는 역할을 포기해 왔고 제이와 같이 있게 되는 시간에는 제이에게 규칙을 강요했다. 아버지 이든은 강도 높은 처벌을 가하기 시작했는데, 그 이유는 점점 제이를 이해할 수 없었기 때문이다.

다음의 사례는 제이의 첫 실습 놀이회기로, 아버지와 함께하였다. 어머니는 자신의 회기에 대한 피드백을 따로 하였다.

1) 이 사례는 출판사로부터 허락을 받아 루이스 거니의 판매용 부모놀이치료 비디오에서 발췌하였다.

아버지와 함께한 제이의 첫 실습 놀이회기 예시

리더: 오늘 밤 캐시와 이든은 제이와 다음 차례로 놀이를 할 거예요. 우리는 보통처럼 모두 관찰 부스에 들어갈 것이고, 각 부모가 제이와 놀이회기를 하는 것을 지켜볼 거예요. 그러고 나서 우리는 휴식시간 이후에 다 같이 돌아올 것이고 관찰한 것에 대해 논의할 거예요. 이든에게 먼저 시작하라고 하고 싶군요. 처음으로 하실래요?

(이든은 동의하고 제이에게 명확한 도입 설명을 하며 회기를 시작한 후, 양팔을 꼬며 의자에 앉는다. 제이는 쉬지 않고 아버지가 앉아 있는 의자 주변을 움직인다.)

제이: 무엇을 하기를 원해요?

아버지: (단조로운 어조로) 놀이를 해 볼래. 많은 놀잇감이 있네. 저기로 가서 놀잇감들을 가지고 놀렴.

(제이는 빈 가면을 착용하고 아버지를 바라본다. 아버지는 그를 응시하고 반응하지 않는다.)

제이: 저건 멍청한 놀잇감이야. 왜 이게 여기 있는 거죠?

(제이는 손가락 늑대 인형을 손가락에 끼웠다.)

제이: 이봐 늑대! 이 날카로운 이빨들을 좀 봐……. (제이는 늑대 인형을 아버지의 얼굴에 가까이 가져가서 보여 준다. 아버지는 침묵하며 끄덕인다.)

제이: 그가 좀 심술궂게 보이죠, 그렇죠?

(제이는 늑대 인형을 손가락에 끼우고 테이블 위에 있는 몇 가지 놀잇감을 콕콕 찌르고 남자 인형을 하나 집어 든다. 아이는 늑대 인형으로 남자 인형과 싸우고 물어뜯게 하였고 심하게 일그러뜨렸다. 아버지는 멀리서 쳐다보다가 의자에서 이동하지만, 아무 말도 하지 않는다. 제이는 늑대 인형을 치워 버렸다.)

제이: 오! 이거 봐요! 공룡들이야!

(제이는 몇 가지의 놀잇감 공룡을 테이블에서 쓸어 버리고 나머지에 집중한다.)

제이: 이건 티라노사우르스 렉스, 그리고 우리는 여기 있는 다른 것을 사용할 거예요. 이건 마치 코끼리 같네요.

(아버지는 제이가 작은 피규어들을 놓는 동안 의자에 앉아 지켜보고 있다.)

제이: 이건 리노 같은데……. 얘들은 싸우는 중이야.

제이: 이것 좀 봐요. 멋지네! 이거 집에 가져가도 돼요? (제이는 그것을 아버지에게 보여 준다.)

아버지: (매우 딱딱한 어조로) 안 돼. 그걸 가져갈 순 없어.

제이: 왜 안 돼요?

아버지: 글쎄, 다른 사람들의 놀잇감을 가져갈 수 없다는 걸 알 텐데. 여기 있는 물건과 이 장소는 많은 아이가 사용하는 거야.

제이: 하지만 봐요, 그 애들은 이걸 다 가지는데!

아버지: (경고하는 어조로) 제이!

제이: (흥분하고 설득하는 목소리로) 하지만 그 아이들은 다 가지고 있는데……. 이거 하나쯤은 없어도 괜찮을 거예요.

아버지: (명확하고 단조로운 목소리로) 제이, 집에 가져갈 수 없어. 잊어버려.

(제이는 공격적으로 펀치백을 치기도 했고 아버지와 말굽놀이를 하기를 원하기도 했다. 아버지는 제이가 게임에서 규칙을 바꿨을 때 아이에게 분명하게 화를 냈다.)

그러고 나서 놀이회기 시간이 끝났고, 제이의 아버지는 나갈 시간에 대해 미처 말하지 못했다. 부모가 시간 제한을 주는 것을 잊어버릴 때 연습한 대로 리더는 문을 두드리고 "시간이 끝났어요."라고 말하는데, 제이가 들을 수 있도록 하기 위한 것이다. 사전에 리더가 준비한 대로 제이의 아버지는 아이에게 "1분 더 남았다."고 말했다(이 1분 알림은 방 밖에서 서두르지 않게 하기 위해 제시된다). 약간의 주저함을 보이고 제이는 아버지와 방을 나갔다.

제이의 아버지에게 피드백하기

리더: 아버님은 회기에 대해 어떻게 느꼈나요?

아버지: 괜찮았어요. 제이를 시작하게 하는 것이 좀 어려웠고 무엇을 하는지 아는 것도 어려웠지만, 말굽놀이를 시작했을 때는 모든 게 괜찮았다고 생각해요.

리더: 음…… 아버님은 진행된 방식이 다 괜찮았다고 느꼈군요. (아버지는 끄덕인다.) 어려웠던 점이나 어떻게 다뤄야 할지 모르는 지점이나 그 밖에 다른 것들은 없나요?

아버지: 글쎄요, 아이가 공룡을 집에 가져가려고 했을 때, 확신이 들지 않았어요. 저는 아이에게 안 된다고 말했고 그건 마치 논쟁하는 것처럼 보였고, 아이는 내가 말한 대로 하지 않았어요. 그래서 난 정말 그런 상황을 좋아하지 않는 것 같

아요. 다른 무얼 해야 할지 몰랐어요. 아이는 집에 공룡을 가져갈 수 없잖아요.

리더: 아버님은 제한을 강화하길 원했는데 정확히 어떻게 해야 할지 몰랐군요.

아버지: 네, 아이와 논쟁하는 것은 좋아하지 않아요.

리더: 그건 아버님을 매우 좌절시켰겠어요. 왜냐하면 아버님은 자신이 원하는 것을 아이에게 하도록 하지 못했기 때문이죠.

아버지: 네, 아이는 말을 듣지 않았죠.

리더: 심지어 이런 상황에서는 훨씬 더 힘들죠.

아버지: 나는 아이에게…… 아이에게 안 된다고 서너 번을 말했어요.

리더: 아이는 통제받고 싶어 하지 않는 것처럼 보였죠.

아버지: 맞아요.

리더: 아버님은 아이를 항상 아버님의 감독하에 두고 싶지는 않으시죠.

아버지: 네, 그래요.

리더: 그건 이 프로그램에서 진행하는 것들 중에 하나인데, 아무도 보고 있지 않을 때에도 규칙을 따르는 책임감을 느끼도록 하게 하기 위해 충분한 통제를 받도록 하는 거죠. 우리는 제이가 놀이회기가 끝나고 나서도 예의 바르게 행동할 수 있기를 바랍니다. 모든 부모님이 제한 설정을 다시 살펴보는 과정에서 도움을 받겠군요.

이제 놀이회기 동안 아버님이 잘했던 부분에 대해 더 살펴보고, 캐시의 회기를 자세하게 살펴볼게요. 아버님이 잘한 것 중에 하나라고 생각하는 것은 도입 설명과 1분 알림을 했던 부분이에요. 아버님은 제이에게 회기가 끝날 시간임을 알릴 때 매우 권위적으로 보였어요. 제이는 말을 들었고 상대적으로 수월하게 나왔어요.

아버지: 그건 쉬웠지만, 아이와의 논쟁은 저를 불편하게 했어요.

리더: 몇 개의 아이 행동들이 아버님을 매우 불편하게 만들었군요.

아버지: 맞아요, 아이는 펀치백을 계속 치고 싶어 했고 말굽놀이를 잘못된 방식으로 진행하고 싶어 했어요.

리더: 아버님이 받아들이고 아이가 이끄는 대로 따라하는 것이 어려웠던 점이 많았네요.

아버지: 다음 번에 다시 시도해 볼게요.

리더: 아버님은 어떻게 자신의 기술을 향상시킬 수 있을지에 대해 생각하고 있군요.

아이의 감정에 집중하는 것은 제이에게 매우 유익할 거예요. 아이가 시작하면서 "무엇을 하기를 원해요?"라고 물었을 때, 저는 아버님과 함께 무언가를 하려고 초대했을지 모른다는 생각을 했어요. 아이는 그곳에서 처음에 불편해 보였고 아마도 아버님이 함께하면서 아이를 편안하게 해 주기를 원했을 거예요. 그래서 아마도 아버님이 이러한 감정들에 대해 이제 어떻게 반영할지에 대해 생각할 수 있을 텐데…….

아버지: 제 생각에 "뭘 할지 모르는구나."라든가 "나와 무언가를 함께하고 싶구나."라고 말할 수 있을 것 같네요.

리더: 그런 어조가 맞는 것 같아요. 그리고 아이의 중요한 감정을 반영하고 있군요. 물론 다음에 아이가 똑같이 반응하지 않을 수 있지만 제 생각에 아이는 아버님과 함께하고 싶어 할 거예요. 그리고 비록 아버님이 원하는 대로 진행되지는 않았지만 아버님도 마찬가지로 아이와 함께하려고 노력하고 있다는 것을 보여 주었어요. 이러한 기술들을 배워서 다시 시도했을 때 좀 더 달라질 수 있기를 원한다는 것을 볼 수 있었어요.

아버지: 네, 어렵지만 싸워 나갈 거예요.

부모 1: 할 수 있어요, 아버님. 우리 모두 우리 아이들과 당황스러운 시간을 보내고 있어요. 그렇지 않았다면 우리가 여기 없었겠죠.

리더: 아버님은 포기하지 않을 거예요. 그리고 다른 부모님들이 아버님을 지지하고 있는 것처럼 보이는군요……. 이제 캐시의 회기로 넘어가 볼게요.

아버지에게 제공된 리더의 피드백에 대한 의견

리더는 구체적인 피드백을 이든에게 주면서 회기가 진행된 것에 대해 그의 생각이 어떠한지에 대한 일반적인 질문을 하였고 애매한 태도로 그의 관점을 확장시키도록 하였다(하지만 리더와 대부분의 부모들은 이든의 회기가 명백하게 집단 내 다른 부모의 첫 회기와 동일하지 않다는 것을 깨달았다). 아버지의 첫 반응은 제이가 '시작하는 것'에 대해 문제를 가졌다는 것이었지만, 전반적으로 놀이회기는 수용적이었다는 것이다. 피드백을 시작할 때 잠정적인 질문을 사용하면서, 리더는 아버지가 그를 어렵게 했던 문제(그의 아들이 놀잇감을 집으로 가져가고 싶어 했던 욕구)에 대해 논의하기 시작하도록 도울 수 있었다. 이것은 제이의 행동에 대해 더 면밀히 살펴볼 필요성에 대해 깊이 있는 논의를 할 수 있도록 이끌었다.

제이의 아버지는 그의 놀이회기에서 제한 설정에 대한 심각한 문제점을 보였음이 분명했다. 이 연습을 위해 제이의 아버지를 지목하기보다, 리더는 제한 설정에 대한 연습을 전체 집단 대상으로 계획했는데, 특히 제이의 어머니도 이러한 추가적인 훈련이 필요했기 때문이다. 이 부분에서 특히 부모 모두가 취약하다고 느낄 때 그들의 부족한 실력을 더 강조하는 것은 잠재적으로 그들에 대한 강력한 비판으로 여겨질 수 있다. 제한 설정 훈련에 대한 좀 더 포괄적인 언급을 한 이후 리더가 이든에게 자세한 피드백을 계속하는 것이 중요했다. 리더는 이든에게 회기에 대해 더 자세하고 긍정적인 피드백을 줄 필요가 있었는데, 실습 놀이회기 후반부를 위해 몇몇의 교정적 피드백을 하기 위한 것이다(이든이 첫 실습 놀이회기에서 겪었던 어려움들 때문에, 가정회기를 시작하기 전에 두 번 이상의 실습회기를 하는 것을 요구하기 쉬웠다).

이든과 제이의 관계가 매우 부정적으로 나타났기 때문에, 리더가 부자 관계에 대한 희망을 표현하고 집단 부모놀이치료 기술들이 효과적으로 사용되었음을 알리는 것은 매우 중요했다. 또한 리더가 피드백을 하는 동안 피드백의 어조를 설정하고, 집단원에게 설명을 제공한다는 원칙을 유지하는 것도 매우 필수적이다. 마지막으로, 리더의 언급은 부모에게서 강한 감정이 올라왔을 때 얼마나 공감으로 반응하는가는 인지적이거나 교육적인 반응을 넘어서 항상 우선시되어야 할 필요가 있다는 것을 보여 주었다.

다음 장은 8회 모임에서 10회 모임까지 계속되는데 이 시기에는 부모가 두 번째 실습 놀이회기를 진행한다.

제11장

두 번째 실습 놀이회기: 8~10회 모임

이 장에서는 부모들이 아이들과 함께하는 두 번째 실습 놀이회기에 대해 다룰 것이다. 모임이 진행되는 동안 부모에게 발생할지 모르는 문제들의 유형에 관한 두 가지의 확장된 예시들이 주어질 것이다. 프로그램의 이 시기에 리더들에게 발생할 수 있는 특정 문제들 역시 논의될 것이다. 이 장의 마지막 부분에서는 10회 모임의 마지막 부분에서 시작하는 리더에 의한 가정회기 준비에 대해 언급할 것이다. 이 준비는 11회 모임 전체에 걸쳐 계속될 것이고, 이것은 그다음 장의 주제이기도 하다.

두 번째 실습 놀이회기

8~10회 모임을 위한 형식

바로 앞의 장에서 설명했듯이 8~10회 모임을 위한 형식은 첫 번째 놀이회기 실습을 위한 모임 형식과 동일하다. 휴식과 피드백, 기술 발달과 이후의 논의들이 그것이다. 부모는 집단에서 상당히 안정감을 느끼고 다른 부모와 연결됨을 더 느끼기 때문에 리더는 보통 두 번째 실습 놀이회기 일정을 정하는 데 있어서 첫 번째와 비교해서 그렇게 어려움을 겪지는 않는다. 그들은 또한 다양한 놀이 환경과 놀이기술 적용에 좀 더 친숙해졌다. 그러므로 이전 모임과 다르게 리더는 보통 이전 모임의 마지막 부분에서 두 번째 실습 놀이회기를 위해 부모를 준비시킬 필요가 없다. 그러나 몇몇의 부모들은 여전히 좀 더 준비가 필요할 수 있는데, 예를 들어 만약 그들의 기술 발달이 늦어지거나 어렵다고 지각하는 아동과의 회기를 다루는 것에 대한 강한 의구심이 든다면 이에 대한 준비가 필요하다.

리더가 가정회기의 다음 단계를 위한 놀이 매체를 간략하게 선택하는 것에 대해 논의하기 위해 첫 실습 놀이회기를 완료한 이후에 보통 시간이 더 많다. 우리는 모임에서 진행한 실습 놀이회기에 관한 피드백과 논의를 한 이후 예비 논의를 8회 모임에서 할 것을 제안한다. 그런 후에 심도 있는 논의는 10회 모임의 마지막 부분에서 하는데, 이것은 부모들이 당장 임박한 가정 놀이회기를 준비하기 때문이다.

집단 논의에서의 변화점

전형적으로 두 번째 실습 놀이회기 시간 동안, 여전히 부모들의 아동중심 기술들은 발달되는 반면, 그들은 아동들의 놀이에 좀 더 온전히 집중할 수 있게 되기 시작한다. 놀이회기 내에서 아동들의 놀이 주제가 고조되는 것은 집단 논의가 활성화되도록 촉진할 수 있으나 아직은 가정회기가 진행될 만큼 놀이기술이 덜 발달된 상태이다. 이러한 논의 주제의 변화가 일어난 이유는 부모가 프로그램에 모든 아동들이 온전히 참여하고 있음을 잘 알고 있다고 느끼기 때문이고 또한 부모가 서로의 배움을 향한 지지적인 태도를 발달시키는 데 리더의 도움을 받았기 때문이다. 이러한 지지적인 태도는 보통 집단 부모놀이치료 프로그램 중 이 시점에서 높게 나타나는데, 이러한 태도는 부모들로 하여금 자녀와 때로는 남편(부인)을 향한 좀 더 열린 마음과 관심을 갖도록 도움을 준다. 그들은 보통 집단 안에서뿐만 아니라 그들 스스로에 대해서나 부모로서의 잠재력에 대해서도 좀 더 수용하고 신뢰하게 된다.

리더의 모습을 자주 따라하게 되면 집단원들은 서로 긍정적이고 건설적인 피드백을 주는 과정에서 점차적으로 더욱 경험이 풍부해진다. 이러한 형식의 서로를 향한 피드백이 집단에서 잘 확립되는 것처럼 보이는 것은 가정회기가 진행 중에 있는 집단 부모놀이치료 후기 단계에서 볼 수 있다. 이때 리더는 의식적으로 물러날 필요가 있고, 부모들이 서로에게 더 많은 피드백을 주도록 허용해야 한다. 이것은 보통 프로그램의 후기 단계에서 가장 분명하게 보이지만, 몇몇 집단에서는 초기 단계에서 나타날 수도 있다.

보통 한쪽 부모나 양쪽 부모도 집단 내에서 시간을 많이 넘겨 발달한다. 종종 집단 내에서 누가 집단의 진행 과정상 초기 단계에서 자연스럽게 리더가 되는지 정확히 말하기는 어렵지만, 보통 실습 놀이회기를 할 때부터 집단의 역동과 구조가 연합되기 시작한다. 여기 두 가지의 서로 다른 두 번째 실습 놀이회기의 사례들이 있는데, 이들은 피드백을 받는 동안 집단 내에서 새롭게 떠오르고 있는 부모들의 역할을 포함하고 있다.

제인의 두 번째 실습 놀이회기 예시

배경 정보

6세 에이미와 4세 빌리라는 두 아이의 어머니인 제인은 이혼하였는데, 모든 면에서 아이들이 괜찮은지 걱정하며 교육용 놀잇감을 가지고 학교에서 그들이 배운 것과 집에서 경험한 것을 보충하기 위해 매우 열심히 노력한다. 이것은 부분적으로 제인이 이혼하고 난 이후부터 그들이 좋지 않은 학교가 있는 동네에 거주하고 있는 것에 대하여 다소 죄책감을 가지고 있기 때문인 것처럼 보인다. 어머니는 아이들이 좋은 매너를 갖고, 인기가 많으며 더 높은 성취도를 보이고 행복하며 만족하기를 원한다. 안타깝게도, 어머니는 입학 시 에이미의 어려움 때문에 매우 걱정스럽고 우울하다고 하였다. 에이미는 자신의 머리카락을 뜯고 이후에는 속눈썹도 뜯어내기 시작했다. 제인이 지닌 또 다른 스트레스는 제인이 없을 때마다 에이미와 빌리가 서로 싸우는 것이다. 단순한 언쟁이 아니라 서로를 때리고 상처 입힌다. 제인은 아이들이 아버지와 주말에 만나는 것을 비난한다. 어머니는 아이들이 아버지와 주말에 시간을 보내고 돌아왔을 때 모든 면에서 더 나빠졌다고 생각한다. 그러나 제인은 전남편이 다르게 행동할 수 있도록 할 만한 것이 없었고 지금은 포기한 상태이다.

제인의 첫 번째 실습 놀이회기는 빌리와 함께 했는데, 빌리는 가능한 한 어지르려고 시도하였고, 두어 번 정도 빌리가 하는 행동에 대해 제인은 제한 설정을 하였다. 제인이 제한을 설정하면서도 빌리가 이끄는 대로 따르고자 했으나, 어머니는 새로운 아동중심 기술로 집단 앞에서 실습하는 과정에 노력을 기울이다가 지쳤다. 제인은 이번에 에이미와 함께 진행하는 두 번째 실습 놀이회기에 대해서 기대하지 않는다고 말했다. 어머니는 에이미가 자신을 당황하게 만들까 봐 걱정했다.

제인의 두 번째 실습 놀이회기 예시

에이미는 놀이회기에 열성적으로 참여하였고 인형의 집으로 놀이를 시작하였는데,

자신이 무엇을 하는지 어머니에게 말하기 위해 빈번하게 돌아보았다. 제인은 에이미가 함께해 주기를 원하는 감정과 아이의 흥분된 감정을 반영함으로써 반응하였다. 그러자 에이미는 인형들쪽으로 시선을 돌렸고, 그것들을 바라보았다.

에이미: 얘네들의 옷을 벗겨도 될까요, 엄마?

제인: 그럼, 괜찮아, 에이미. 네가 할 수 없는 무언가를 할 때는 엄마가 이야기해 줄게. (에이미는 인형의 옷을 벗기기 시작한다.)

에이미: 코트가 잘 안 벗겨져요.

제인: 내가 도와줄게, 에이미. 찢어질지도 모르니까. (에이미는 인형을 어머니에게 전달한다.)

에이미: 나는 이 옷들을 벗기고 있을게요. (아이는 다른 인형을 집어 든다.) 엄마는 그걸 하세요. (제인은 순조롭게 인형의 옷을 벗기기 시작하고 기저귀와 잠옷을 자신의 인형에게 입힌다.)

에이미: 내 것도 할 수 있어요, 엄마. 엄마는 이미 다 했네요. (제인은 그러고 나서 두 번째 인형의 옷을 바꾼다.)

제인: 거 봐. 다들 준비가 되었네.

에이미: 그럼, 얘들을 침대에 두세요. (에이미는 인형의 소품들을 샅샅이 찾기 시작하고 고무젖꼭지와 아기 젖병을 고른다.) 나는 얘들에게 음료와 고무젖꼭지를 줄 거예요. 얘들은 잠을 자야 하고 시끄러우면 안 돼요. 우리도 그렇게 할 거예요.

제인: 우린 조용히 할 거야. 그래서 얘들이 잠을 잘 수 있을 거야.

에이미: 엄마도 주무시러 가세요. (제인은 지시받은 대로 바닥에 몸을 웅크리고 잠을 자는 척한다.)

에이미: 엄마는 자고 있네요. (에이미는 고무젖꼭지 하나를 가져다가 물면서 인형과 함께 눕고 잠시 동안 조용히 있다.)

제인: (속삭이며) 나는 아직도 자고 있어, 에이미. (에이미는 자신의 고무젖꼭지를 더 세게 물기 시작한다.)

제인: 너는 뭐하고 있니, 에이미? 그 고무젖꼭지를 그만 물면 안 되겠니! 그렇지 않으면 그건 더럽기 때문에 네가 병이 나게 될 거야! (제인은 일어나서 에이미에게 가서 고무젖꼭지를 잡는다.) 너는 이미 다 큰 아이야, 에이미. 그리고 너는 많은 것을 할 수 있어. 아기인 척하지 않아도 된단다. (에이미는 고무젖꼭지를 넘겨주고 냄비에 있는 물로 방황하며 간다. 아이는 관심 없다는 듯이 물을 그릇과 용

기에 몇 분 동안 계속 번갈아 가며 붓는데, 의기소침해 보인다.)

제인: 물을 붓고 있구나. 물을 좋아하나 보네.

제인: 나도 같이 할 수 있겠다. (에이미와 어머니는 계속 물을 함께 붓는데, 제인은 밝은 목소리로 에이미에게 말하고 있다.)

제인에게 피드백하기

리더: 제인, 어땠나요?

제인: 에이미가 저 고무젖꼭지를 사용해서 저는 너무 당황했어요. 그 아이는 자신이 더 이상 아기가 아니라는 것을 알아요. 모두 내가 에이미가 잠자리에 들도록 고무젖꼭지를 줬다고 생각하겠죠.

리더: 당신은 에이미가 저기서 했던 행동을 다른 사람들이 보는 것이 힘들었군요.

제인: 네, 저는 집에서는 그것을 절대 허용하지 않아요.

부모 1: 우리는 아이들이 그들의 놀이시간 동안 예상치 못한 많은 것을 할 수 있다는 것을 알아요. 나의 아들이 제게 물을 뱉었을 때 정말 놀랐어요.

제인: 그러나 그 애가 아플 수도 있었어요. 그 애는 입에 뭘 집어넣지는 않아요.

리더: 에이미의 그런 행동을 견디는 것이 굉장히 어려웠군요. 당신은 에이미를 걱정하고, 돌보려고 하기 때문에 그녀는 아프지 않을 거예요.

제인: 나는 충분히 혼자서 그들을 돌보고 있어요. 나는 정말 에이미나 빌리가 아픈 것을 원치 않아요.

리더: 당신은 에이미와 빌리가 아프지 않도록 하는 것은 당신에게 달려 있다고 스스로 생각하는군요. 만약 그들이 아프다면 당신의 삶은 훨씬 더 어려워지겠네요.

제인: 네, 맞아요. 매우 힘들어요.

리더: 당신은 놀이회기에서 너무 많은 규칙을 만들지 않으려고 노력했지만 당신에겐 그런 상황이 많았어요. 내 생각엔 우리가 에이미가 빨 수 있는 병과 고무젖꼭지가 깨끗하다는 걸 당신이 알도록 준비할 수 있다고 생각해요. 하지만 그 이상의 의미가 있다고 생각해요. 당신은 에이미가 아기인 척하는 것이 힘들다는 것을 아는 것 같았어요.

제인: 이미 실제로 그런 경험을 다 했다고요……. 처음엔 많이 안 좋았어요. 밤낮으로 배앓이를 하는 에이미와 애 아빠는 절대 도와주지 않았고, 저의 어머니도 편찮으셨어요.

리더: 당신은 정말 힘들었기 때문에 에이미의 삶에서 그 시간을 기억하는 건 고통스러운 일이군요.

제인: 맞아요, 그랬어요. 끔찍했죠.

부모 2: 아마 에이미도 조금은 힘들지 않았을까요?

제인: 그렇게 힘들지 않았어요. 그 애는 무슨 일이 일어나고 있는지 (상황을) 대부분 이해 못했으니까요. 그러나 자신의 아픈 배를 낫게 하기 위해 내가 애쓰고 있었단 걸 알아챘을지도 몰라요.

리더: 지금 에이미를 생각해 봅시다. 아마도 그녀가 약간 심했다고 생각할 수 있어요. 에이미의 놀이회기에서 그녀가 하고 싶어 했던 것 중 하나는 다시 한 번 아기가 되는 척을 함으로써 두 번째 시간을 더 좋게 만드는 거예요. 우리가 이러한 특별한 놀이회기 동안 규칙을 최소화해서 아이들이 그들의 마음속에 있는 것들을 놀이로 할 수 있도록 시도하자고 이야기 했던 것들을 기억해 보세요.

부모 3: 나도 동감해요. 나는 당신이 왜 그녀가 아기가 되어 노는 걸 내버려 두는 게 힘든지 알아요. 아이들이 그렇게나 많이 서로 싸울 때 어떻게 혼자서 감당했을지 모르겠네요. 당신은 단지 애들이 성장하기를 바랐을 뿐이고, 그것이 그리 힘든 일은 아닐 거예요.

제인: 음, 에이미가 놀이회기에 화가 난 것 같진 않았어요. 에이미가 나중에 물을 가지고 놀 때 슬퍼 보인다고 생각했어요. 나는 그 애가 고무젖꼭지를 빨 때 너무 크게 반응한 것 같아요. 내가 그렇게 했을 때 그 애는 인형들과 아기놀이를 하지 못한 것 같아요.

리더: 이제 당신이 생각했던 것들을 깨달은 것 같군요. 아마 에이미는 아기놀이를 더 할 수도 있었을 거예요. 그리고 당신은 그녀가 슬프다는 것도 깨달았죠. 에이미가 슬퍼했고, 당신이 그것을 보았던 것은 분명한 사실이나 이 시간에 말하기는 조금 힘든 부분일 거예요.

제인: 다음번에는 제가 더 잘하기를 바라요.

부모 1: 우리 모두 실수를 하고 다음 시간에 더 잘하길 바라죠. 내 생각에 우리 자신을 아이처럼 느낀다고 생각해요. 모든 것을 처음에 다 시도하려고 하지만 잘하지도 못하죠. 우리 아이들이 기분 나쁜 걸 보는 건 참 어려워요(힘들어요).

리더: 여러분은 모두 단단히 결심한 사람들이고, 노력 하고 있죠. 왜냐하면 여러분은 정말 자녀들을 돕고 싶어 하기 때문이에요. 또 그들의 힘들거나 행복한 모든 감정과 함께 돕길 원하죠. 나는 제인과 여러분이 잘 가고 있다고 생각해요. 그

리고 당신의 의견은 아주 중요해요. 당신이 가정회기를 시작한 후에도 연습할 기회는 많다는 것을 기억하시길 바라요. 그럼 이 세션에서 당신이 정말 잘한 것을 살펴볼까요, 제인. 어떤 부분이 잘 진행됐는지 생각해 볼래요?

피드백에 대한 논의

이 회기를 관찰한 모든 사람은 제인이 에이미가 아기인 척하는 것에 대해 매우 강한 반응을 보였다고 생각하였다. 제인은 즉시 그녀의 감정적 반응에 집중하였기 때문에 리더가 공감적 언급을 하여 감정적 반응을 다루는 것을 가능하도록 하는 것이 중요했다. 리더는 제인이 자기 자신의 감정에 대해 생각하도록 돕고 그들에게 공감적으로 반응하는 데에 평소보다 좀 더 긴 시간을 보냈는데, 이것은 피드백을 하기 전 제인의 놀이회기 시간 중 남은 시간에 진행하였다.

리더가 제인의 첫 감정에 지지를 보낸 후에, 다른 집단원들은 자신들의 의견을 말하였고 제인과 에이미에 대해 공감의 표현을 나타내었다. 이러한 다른 부모들의 언급들은 제인이 놀이회기 중 보였던 에이미의 행동과 태도에 대한 자신의 감정을 우선시하는 것에서 에이미에게 미치는 영향에 대해 생각할 수 있게 전환시킬 수 있도록 하였다. 몇몇 주요 부모들은 매우 효율적인 언급을 하였다. 그러나 리더는 여전히 집단 내에서 중요한 역할을 하였다. 예를 들어, 리더는 아이들을 돕는 데 매우 큰 기여를 하고 있는 집단에 대한 그녀의 의견을 전체 집단에 반영하였다. 이것을 더욱 일반적이고 긍정적이고 희망적인 언급으로 만들려는 리더의 의도는 모든 부모가 그들 자신의 고통스러운 감정과 단점이 놀이회기 중 드러났을 때 계속해 나갈 수 있도록 동기를 부여하였다. 리더의 다른 일반적인 언급은 부모에게 도움되는 언급을 인식함으로써 더욱 집단의 지지를 끌어내는 데 목적을 두었다.

지미와 함께하는 조지의 두 번째 실습 놀이회기

배경 정보

7세 지미는 주의력결핍 과잉행동장애(ADHD)를 진단받았고 문제들을 보여 왔다. 아이는 9세와 12세인 두 명의 형을 두었다. 부모인 조지와 헬렌은 프로그램에 참여하였고 지미는 9세 형인 래리와 함께 특별한 놀이회기를 진행하였다(장남 그레그는 이후에 각 부모와 함께 특별한 활동을 하는 시간을 갖기로 예정되어 있다). 조지는 래리와 첫 놀이회기를 진행했고 헬렌은 지미와 진행하였다. 이것은 조지의 두 번째 실습 놀이회기이고 지미와는 처음으로 진행하는 것이다.

지미의 놀이회기

(지미는 아버지의 도입부 설명을 조바심 내며 들은 후 열정적으로 방으로 뛰어온다. 조지는 지미가 방에서 물건들을 바라보기 시작한 이후에야 설명을 끝낸다.)

조지: 지미, 여기서 대부분의 것을 할 수 있고, 아빠는 네가 할 수 없는 것이 있을 땐 알려 줄거야. (조지는 방구석에 있는 작은 의자에 앉는다.)

(지미는 놀잇감 사이를 돌아다니고 이런저런 행동을 하는데, 몇 개를 집어 들어 바닥에 둔다. 아이는 변장놀이용 옷을 뒤적거리다가 다른 것들로 옮겨 가기 전에 놀잇감 자동차를 뒤진다. 조지는 아이의 행동을 관찰하고 지미에게 "모든 것을 보고 싶구나."라고 말한다.)

(지미가 펀치백으로 가자마자, 아이는 즉시 그것을 바닥으로 내팽개치며 공격하고 그 위에 올라타서 반복적으로 가격한다. 조지는 의자에서 일어나 지미를 보면서 서 있다. 조지는 그런 후 침묵하며 다시 근처의 작은 의자에 앉는다. 지미는 펀치백과 계속해서 싸우는데, 몇 분 동안 불평불만을 하고 이따금씩 아버지를 쳐다본다.)

지미: (뛰어오르며) 알아, 내가 마실 걸 만들어 줄게요. (지미는 물이 담긴 용기로 다가가서 컵에 따르는데 아버지가 다가오는 행동을 취한다.)

조지: 고마워, 지미. 마시는 척을 할게.

지미: 아뇨, 진짜로 마셔야죠.

조지: 그럴 수 없어. 나는 목이 마르지 않아.

지미: 그럼, 내가 마실 거예요. 아빠는 못 마셔요.

(지미는 펀치백으로 다시 돌아가서 계속 가격한다.)

조지: 너는 참 강하구나.

(지미가 계속 때리자 펀치백이 갑자기 아버지의 어깨를 가격한다. 아버지는 침묵을 유지한다.)

지미: (방 안에 있는 다른 작은 의자에서 펀치백으로 뛰어들며) 조심해!

조지: 구피(펀치백에 그려진 캐릭터)에게 너는 거친 남자네. 아빠에게 네가 얼마나 거친지 보여 주고 싶구나. (지미는 계속 점프를 하고 몇 분 동안 계속 펀치백을 때린 후 물 한 잔을 더 하기 위해 멈춘다.)

조지: (계속 쳐다보며) 스스로가 자랑스럽겠구나. (지미가 물을 컵에 조심스럽게 부을 때)

(지미는 그런 후 컵을 들고 그것을 펀치백에 던진다.)

조지: 잘 들어, 지미. 네가 해서는 안 되는 것들 중 하나는 깨질 수 있는 물건을 던지는 거야.

지미: (행동을 멈추며) 내가 주먹으로 때릴 때 아빠가 좋아했잖아요.

조지: 그랬지.

(지미는 계속 펀치백을 몇 분 동안 공격한다. 그런 후 스파이더맨 마스크를 쓰고 유령 가면을 아버지에게 건넨다. 조지는 기꺼이 그것을 쓴다.)

조지: 너는 스파이더맨이고 나는 무서운 유령이구나. 우우!

지미: (아버지를 돌아보며) 난 무섭지 않아요. 난 아빠를 안고 싶어요.

조지: 좋아. (그런 후 그들은 서로를 짧게 안는다.)

(지미는 거울로 돌아서서 자신의 마스크를 쓴 모습을 본다. 아이는 머리를 흔들며 거울 속 인물에게 높은 어조의 목소리로 횡설수설한다.)

조지: 웃긴 행동을 하는 것을 좋아하는구나……. 스파이더맨이 되는 것을 좋아하네. 거울 속의 너 자신을 보는 것을 좋아하는구나.

(지미는 자신의 발 근처에 있는 놀잇감 자동차를 집고 거울 속의 자신을 향해 자동차를 굴리기 시작한다.)

조지: 규칙 중 하나는 거울을 때릴 수 없다는 거야. 알겠지?

(지미는 자동차를 내려놓고 음식 놀잇감을 몇 개 집어서 먹는 척을 하는데, 그 모습을 거울로 지켜보고 있다. 그런 후 아이는 아버지에게로 가서 먹이는 척한다.)

조지: 맛있구나. 난 이제 충분해. 넌 좀 더 먹을 필요가 있는 것 같다, 스파이더맨! 뭘 원하니?

지미: (마스크를 벗으며) 이제 나는 선생님이에요. 아빠는 학교에 있고, 학교 주변을 돌아다녔기 때문에 많은 문제를 일으키는데 아무도 아빠가 어디 있는지 알지 못했어요.

조지: 이제 5분 남았어, 지미. 곤란하네. 다른 누군가에게 말했어야 하거나, 아니면 내 자리에 계속 있었어야 했어.

지미: 아빠는 지금 곤란한 상황이에요. 아빠는 데이비스 박사님 사무실로 박사님을 만나러 가야 하고, 그러면 그가 말해 줄 거예요.

지미: (데이비스 박사처럼 아버지에게 소리치며) 1년 동안 운동장에 가면 안 돼! 교실

을 떠나면 안 되는 거였어! 그리고 내 사무실에서 먹어야 할 거고 1년 동안 다른 아이들과 함께해서도 안 돼!

조지: 내가 말했던 것을 했어야 했는데. 내가 많이 벌 받고 있네.

지미: 아빠는 화가 난 것이고 나에게 다시 소리쳐야 해요.

조지: 나는 그렇게 해서는 안 된다고 생각해. 더 안 좋은 상황에 처하게 될 거야.

지미: 좋아요. 그럼 단지 화난 척만 하고 소리는 치지 마요.

조지: 나는 마음이 불편한데, 더 이상의 문제를 겪고 싶지 않아.

지미: 난 쉴래요. (지미는 펀치백으로 가서 다시 때리기 시작하는데, 이번에는 놀잇감 총을 가지고 때린다.)

조지: 그것을 망가뜨릴 만한 물건으로 치면 안 된다고 말했던 것을 기억해. 알았지? 들어 봐. 그렇지 않으면 놀이회기를 여기서 끝내야 해.

(지미는 화이트보드로 빠르게 가서 게임을 할 것이라며 점수판을 그린다. 아버지는 지미가 점수판을 원으로 그리는 것을 보고 있고 지미가 건네는 공을 잡는다.)

조지: 먼저 하렴.

지미: 명중했어요!

조지: 내가 어떻게 하는지 보렴. 그래! 나도 맞췄네! 우리가 얼마나 많이 맞출 수 있는지 보자! 이제 1분 남았어.

(지미와 아버지는 회기가 끝날 때까지 게임을 계속 하고 지미는 수월하게 떠난다.)

조지와 집단원이 함께하는 실습 놀이회기에 대한 논의

리더 1: 지미와 놀이회기를 진행하는 데 많은 노력을 기울이셨어요. 어떻게 진행되는 것 같았나요?

조지: 저번 시간에 했던 것보다 이번 주에 했던 것이 훨씬 즐거웠어요. 몇몇의 규칙을 설정하는 것을 기억했고 아이가 놀고 있던 것을 함께할 수 있었어요.

리더 1: 저번보다 이번이 향상되었다고 생각하고 있군요. 아버님은 우리가 진행되고 있던 사항에 대해 이야기했던 것들을 기억하고 있었어요. 예를 들면, 적절한 시점에서 제한 설정을 하셨는데, 그 시기는 지미가 펀치백을 물건들로 때리려고 시도하는 때였어요.

조지: 저는 아이가 거울을 향해 자동차를 몰 때 제한을 설정해야 할지에 대해 확신이 없었어요. 그래도 저는 해야겠다고 결정했는데, 왜냐하면 그것이 거울에 흠집

을 낼 수 있었기 때문이죠. 또한 아이가 그것을 가지고 거울을 심하게 다룰 것이라고 생각했어요.

리더 1: 아버님은 어떤 규칙이 그 시점에서 필요한지 결정했고 이제 와서 생각해 보니 꽤 적절한 규칙인 것처럼 느껴지시는군요.

조지: 네, 제 생각에 우리는 그것을 유지하고 지미에게 거울을 가지고 그런 식으로 놀지 말라고 할 거예요. 아이는 대신에 단지 구피의 얼굴을 비출 수 있겠죠.

부모 1: 제 생각에도 그것은 합리적인 규칙 같아요. 그것을 보아서 기쁜데, 저도 필요할 때 같은 방식으로 사용할 수 있을 것 같네요.

헬렌[지미의 어머니]: 저도 지미와 놀 때 사용할 거예요. 하지만 제한을 설정했던 방식에 대해서는 어떤가요? 조지가 지미에게 대부분의 모든 것을 할 수 있다고 말했던 것을 다시 상기시키고 그 후에 규칙을 말해야 하지 않았나요? (비판적인 어조의 목소리로 말했다.)

리더 1: 알아차렸군요, 헬렌. 부모가 놀이회기가 시작될 때 제한 설정을 하는 것에 대해 모든 것을 기억하는 것은 어렵고 조지는 여러분 중 누가 하는 것보다도 더 많이 제한 설정을 해야 했어요. 우리는 조지가 권위적인 방식으로……. 반대 없이 제한들을 말했을 때 지미가 얼마나 잘 따랐는지에 대해 모두 주목해야 해요. 우리는 모두 그것이 우리가 배우는 데 도움이 되기 때문에 관찰하고 있어요. 제 생각에 집단 모두가 오늘 중 조금 있다가 제한 설정 단계들을 연습하는 부분에서 배울 것이 있을 거예요. 제 생각에 조지가 어떤 제한을 설정할지에 대해 자신의 머리로 열심히 생각했던 것을 기억하고 아버님이 중요하다고 생각한 제한을 설정하는 것을 어떻게 해서든 했던 것을 기억하는 것은 중요하다고 봐요.

부모 2: 제 생각에 아버님은 정말 잘했어요. 만약 제가 그 상황이었다면, 저는 아버님이 말한 것의 절반도 기억하지 못했을 거예요.

조지: 글쎄요, 무엇을 해야 할지 특별히 몰랐던 다른 것들도 있었어요. 지미가 저에게 준 물을 거부할 수 있는 것인지 확신하지 못했고, 저는 아이가 내가 해야 한다는 식으로 말할 때 교장선생님과 논쟁하는 것처럼 하고 싶지 않았어요.

헬렌: 당신이 선생님과 논쟁하는 것을 보는 것이 아이가 끝까지 필요로 했던 것이에요.

리더 2: 상상놀이가 단순히 어떠한가에 대해 우리가 이야기를 했을 때를 기억하시나요? 아이들은 지미 나이 정도가 되면 실제와 환상의 차이를 알아요. 제 생각에 아이는 선생님의 매우 강력한 역할을 취하고 싶었고 그것이 어떻게 나타나는지 보고 싶었던 것 같아요.

조지: 하지만 만약 제가 함께했다면 아이는 잘못된 생각을 했을 거예요. 저는 그렇게 하는 것은 잘못된 것이라고 아이에게 말해 주려고 노력했어요.

리더 2: 우리는 아버님의 일상에서 지미에게 규칙이 무엇이고 집과 학교에서 모두 아이에게 기대하는 바가 무엇인지 말하는 것이 얼마나 중요한지에 대해 이야기했어요. 그러나 그 때문에 이 시간이 치료적 놀이시간인 거예요. 지미는 아이가 학교에서 반항을 할 때 선생님처럼 하는 것을 알아내고 싶어 하는 것처럼 보였어요. 아이가 이 시점에서 하고자 하는 것을 함께하는 것을 격려하는데, 왜냐하면 지미가 그러한 방식으로 상황에 대해 다른 면을 보기 시작할 것이기 때문이에요. 아이는 선생님의 관점으로 바라볼 수 있고 선생님은 아이의 관점으로 바라볼 수 있어요. 그러면 아이는 놀이에서 자신이 원한다면 자신에게 맞는 방식을 선택할 수 있어요. 그리고 아마도 단순히 학교에 대한 것은 아닐 거예요. 우리는 이것을 나중에 더 살펴볼 것이지만, 때때로 작업을 하면서 더 깊은 문제가 있기도 하고, 그것이 지미에게는 어떻게 어른이 공평하고 정의로운 방식으로 나쁜 행동을 다룰 수 있는지에 대한 것일 수 있어요. 이러한 놀이회기는 어른이 원하는 대로 행동하기보다(때때로 성공하지 않지만) 아이 자신이 되고자 하는 모습이 무엇인지가 드러날 수 있지요. 무엇보다도 어떻게 자기조절력을 획득하게 되는지가 아이에게 큰 문제가 될 수 있을 거예요.

부모 3: 제 딸도 동일한 문제를 가지고 있어요. 제 아이는 지미의 문제를 가지고 있지는 않지만, 제가 야단을 치면 매우 시무룩해져요. 저는 아이가 선생님에게 소리치기를 좋아한다는 것을 확신해요!

리더 1: 모든 부모가 공통적으로 가지고 있는 몇 가지가 있는데, 그것은 우리가 여기서 함께 해 나갈 수 있어요. 저는 단지 조지가 지미의 감정 몇 가지를 반영했던 것을 얼마나 잘했는지에 대해 말하면서 마무리하고 싶어요. 예를 들어, 아버님은 아이가 거울 속 자신을 보는 것을 좋아한다는 것을 알았고 그렇게 말했어요.

조지: 저번보다 훨씬 쉬운 것 같았어요. 그리고 지미가 저에게 준 놀이 역할을 다음 번엔 군소리 없이 받아들이려고 했어요.

리더 1: 좋아요! 스파이더맨이 된 지미에게도 쉽게 반응했어요. 이제 헬렌이 래리와 함께한 실습 놀이회기에 대해 이야기해 봅시다.

사례에 대한 논의

리더와 다른 부모 모두가 여기서 제시한 피드백은 놀이회기를 진행하는 부모가 주목받는 것을 허용하는 것의 중요성을 뒷받침한다. 또한 사례는 리더가 부모의 자신감과 자존감을 약화시키지 않는 지지적인 태도로 피드백하는 것이 얼마나 중요한지 보여 준다. 두 번째 실습 놀이회기를 위한 피드백을 주는 동안 리더는 부모, 그들의 파트너, 그리고 집단 전체에게 계속 이런 태도로 모범을 보인다. 이러한 리더는 이러한 목표를 성취하는 것처럼 보였다. 피드백 시간 동안, 집단 구성원을 긍정적으로 지지하는 방향으로 계속 나아가게 하였는데, 이렇게 함으로써 꺼리는 부모들을 참여시킬 수 있었다.

리더는 또한 이전에 언급한 것처럼 각 부모에게 무엇을 피드백해야 할지 판단해야 한다. 이 사례에서 리더는 조지가 다시 제한 설정 기술을 연습하도록 돕고, 상상놀이에서 아이가 주도하는 대로 따르도록 돕고 싶어 했다. 이러한 문제들은 자발적으로 논의에서 발생하고 리더에 의해 정교화되고 지지적인 방식으로 다른 부모들이 반응하였다. 이 사례는 또한 리더가 의견을 제시할 때 놀이회기의 구체적인 사례를 사용하고, 그들의 아이들의 놀이에서 강조하는 문제들에 대해 부모가 생각하도록 돕기 시작하는 한 가지 방식을 나타낸다. 마지막으로, 긍정적이고 격려하는 어조로 피드백을 마무리하는 것의 중요성을 보여 준다.

집단 부모놀이치료의 현 단계에서 리더에게 필요한 특별한 문제

제3장에서 이미 집단 부모놀이치료의 리더를 위한 몇 가지 도전 과제와 그것들을 다루는 데 도움이 되는 제안을 강조한 바 있다. 이 부분에서는 프로그램의 첫 번째와 두 번째 실습 놀이회기 동안 리더에게 더 일반적으로 나타날 수 있는 문제들을 언급한다.

부모가 긍정적인 집단원이 되도록 돕기

이전의 피드백 사례들이 보여 주듯이, 대부분의 부모는 리더의 반응을 본받아 다른 부모에게 반응하기 쉽다. 일반적으로, 집단 내 각 부모는 리더의 어조를 재빨리 익히게 되고, 다른 부모들의 시도에 대한 공감과 공동 문제해결을 추구하는 집단 분위기가 만연하게 된다. 그러나 때때로 관찰하는 부모는 실습 놀이회기에 좀 더 감정적으로 관여할 수 있고 다른 부모가 배우는 기술에 대해 긍정적으로 대응하기가 어렵다는 사실을 알게 된다. 예를 들어, 조지의 파트너인 헬렌은 피드백 시간에 그의 제한 설정에 대해 비판적이었다. 한 명의 리더는 즉시 그녀의 어조를 알아차렸고, 그녀의 정확한 언급을 묵살하지 않으며 초점을 조지로부터 돌려서 일반적으로 제한 설정에 어려움을 갖는 부모로 전환하였다. 리더는 또한 조지의 어려움이 많았던 회기에 공감하는 모습을 보였다. 이후에 다른 부모가 조지를 더 깊이 지지하는 발언을 하면서 긍정적인 어조가 강화되었는데, 이것은 그가 자유롭게 그의 반응과 다음에 예정되어 있는 회기에 대한 태도를 계속해서 표현하도록 하였다. 대부분의 사례에서, 리더에 의한 신속하고 가벼운 언급은 때때로 집단원들이 제시하는 전체적으로 부정적인 말의 효과를 분산시킨다.

경험상 드물긴 하지만, 리더는 부모에게 어떻게 긍정적인 집단원이 되는지에 대한 매우 작은 부분들까지 명확하게 가르칠 필요가 있다. 부모의 부정적인 태도는 종종 부모로서의 불충분한 기분에 의해 발현되는데, 이것은 새로운 기술을 배울 때 그들의 불안함을 반영하는 것이다. 만약 부모가 집단원의 사기를 꺾는 경향이 있고 리더의 반응에서 배우려고 하지 않는다면, 리더는 이 부모를 따로 불러내서 피드백의 목적에 대해 더 자세히 설명할 필요가 있는데, 부모가 문제에 공감하는 반응을 보이는 것을 다시 한 번 기억하면서 해야 한다. 또한 리더가 좀 더 건설적인 방법으로 언급하는 법의 몇 가지 예시를 제시하는 것은 유용하다. 다음에 제시되는 에밀리라는 부모의 사례는 이러한 과정을 보여 주고 있는데, 그녀의 부정적인 말이 강력하게 다른 어머니인 트레이시를 비판하는 데 영향을 주었다. 에밀리는 트레이시의 아들과 진행한 놀이회기를 관찰한 이후 일반적인 논의 시간에 언급을 했는데, 트레이시가 "배를 놓쳤네."라고 한 부분과 아들의 감정이 '매우 명백'했던 부분에 대해 에밀리는 트레이시가 무슨 생각을 하는지 이해할 수 없다고 말했다. 리더 중 한 명은 에밀리에게 공식적으로 모임을 마친 후 간단하게 대화를 나누기를 요청했다.

리더: 이 논의 시간에 참여하기를 원해서 매우 기쁘게 생각해요, 어머님. 하지만 긍정적인 방식으로 언급을 제시할 때 사람들이 정말 더 많이 배운다는 것을 우리는 발견했어요. 어머님이 피드백을 할 때 건설적인 방식으로 단어를 선택한다면 어머님의 피드백이 더욱 도움될 거예요. 오늘 트레이시가 아들의 감정을 놓친 부분에 대해 어머님이 어떤 방식으로 언급을 했는지 생각해 볼까요?

에밀리: 네, 하지만 트레이시는 항상 존이 한 것에서 공격적인 무언가만 보고 절대 이

득이 되는 것을 주지 않는 것이 저를 매우 성가시게 해요. 저는 단지 아무도 말하지 않으니까 제가 뭐라도 말해야 할 것 같이 느꼈어요.

리더: 어머님은 존의 감정이 잘못 인식되어서 기분이 좋지 않았군요. 어머님은 누군가 그것을 알려 주는 것이 중요하다고 느꼈고, 어머님이 이야기하게 된 것처럼 보이는군요.

에밀리: 네, 누군가는 무언가를 이야기해야 한다고 생각하지 않으시나요? 제 생각에 사람들이 잘못한 걸 알려 주는 것은 중요하다고 생각해요.

리더: 어머님의 의견을 어떻게 긍정적으로 말할지에 대해 함께 생각해 봅시다. 우리는 정말 어머님의 의견을 원하는데, 다른 사람들과 마찬가지로 그렇고요. 그리고 우리는 모두 이 의견들이 긍정적으로 제시되는 것이 이롭다고 생각해요. 모두가 동의하든 그렇지 않든 그것은 여기서 중요한 게 아니에요. 중요한 것은 트레이시가 비난받는다는 느낌을 받지 않는 것이고, 그것은 스스로가 향상시킬 필요가 있는 것을 더욱 잘 배울 수 있도록 도울 거에요.

에밀리: 아마도 "존은 화가 난 게 아니라 슬펐던 것일 거예요, 제 생각엔 그래요."라고 말했어야 했나 봐요.

리더: 아주 좋은 말처럼 들리네요. 이것에 대해 함께 이야기 나눠 줘서 고마워요, 어머님. 그리고 우리는 어머님의 의견을 더욱 듣기를 기대해요.

집단을 지지하고 결속력을 강화하기

집단 내에서 일어날 수 있는 다른 문제는 몇몇 부모들이 실습 놀이회기 동안 그들의 아이들과 놀이를 하고 기술을 배우는 데 큰 어려움을 느낀다는 것이다. 이전 장에서 모임 이외에 추가적인 실습 놀이회기를 제공하는 것에 대해 논의했다. 리더는 또한 고군분투하고 있는 이런 부모들에게 실습 놀이회기 이후 모임 시간에 자세한 피드백을 제공하는 것이 중요한 반면, 주요 문제를 느끼지 않는 부모가 집단에서 중요한 존재이고 소속되어 있다는 느낌을 가질 수 있게 하기 위해 자세한 피드백을 제한하는 것 또한 중요하다. 리더는 놀이회기에서 좀 더 심각한 격차를 보인 이러한 부모들이 피드백뿐만 아니라 단지 작은 문제를 가지고 있는 집단 내 부모들을 관찰하는 것에서도 간접적으로 배운다는 사실을 기억할 필요가 있다. 이전에 언급한 것처럼, 모든 집단원은 서로에게서 대리만족하며 배우는데, 리더가 놀이기술을 좀 더 쉽게 발달시키는 부모에게 작은 문제를 언급할 때 그러하다.

지루하고 사기가 떨어진 부모들

비록 실습 경험상, 그리고 가정 놀이회기에서도 드문 경우이지만, 언급을 할 만한 다른 반응은 부모가 그들의 아이들과 놀이하는 것이 '지루하다'고 말하는 경우이다. 우리는 리더가 이러한 감정을 수용해야 한다고 다시 한 번 더 제안한다. 그들은 심지어 때때로 놀이가 다른 때보다 부모를 지루하게 한다는 사실을 알기를 원할지도 모른다. 리더는 보통 실습 놀이회기 경험에 근거하여 이러한 반응에 대한 가능한 이유를 발견할 수 있다. 아마도 만약 부모가 충분히 관심을 보이지 않는다면 또는 만약 아이들이 놀이에 충분히 집중하지 못하는 것처럼 보인다면, 아이들의 놀이가 덜 의미 있어 보일 수도 있다. 리더는 특별하게 발생하는 것이 없을 때가 너무 많은 일이 일어날 때보다, 부모가 아이들을 수용하는 것이 더 어려울 수 있다는 사실을 상기시킬 수 있다. 리더는 또한 놀이회기가 아이들이 순간순간 필요로 하는 것에 대한 것이라는 사실과 이것은 부모가 원하는 것과 다를 수 있다는 사실을 말할 수 있다.

전반적으로, 리더는 놀이가 그들의 시간을 낭비하는 것처럼 느끼는 부모에게 공감을 표현할 필요가 있는데, 이때 부모가 인내를 가지고 놀이를 전개시켜 나가게 하는 것이 어렵다는 것을 발견했을 수 있다는 것을 이해하는 모습을 보여 줄 필요가 있다. 리더가 부모의 희망이 없고 좌절된 감정에 대해 수용하는 공감적 언급을 하는 것은 종종 부모가 그들의 놀이에 대한 부정적인 감정을 더욱 쉽게 다룰 수 있도록 돕는다. 하지만 만약 이러한 태도가 지속된다면, 다른 문제해결 방안(예: 다른 실습 놀이회기를 관찰하는 것, 더 깊은 논의를 하는 것)이 요구될 수 있다.

당황한 부모들

때때로 실습 놀이회기 동안 아이들은 부모에게 잘 반응하지 않았는데, 그때 부모는 집단 앞에서 양육의 어려움을 드러내는 것에 대해 매우 당황스러움을 느끼게 된다. 만약 그렇다면, 리더가 이 부모들에게는 피드백을 서두르지 않는 것이 중요하다. 명확하고 섬세한 공감은 부모의 강력한 감정을 위해 요구되는 것인데, 제인이 보여 주었던 이전 사례에서와 같이, 리더는 공감할 때 놀이회기가 이렇게 어려운 이유에 대해 언급하는 것이 좋다.

몇몇의 사례에서 왜 놀이회기가 어려웠는지가 명백하게 드러났다. 제인은 회기가 진행되는 동안 딸의 미성숙한 놀이를 수용할 수 없었던 것이 매우 명확히 보였다. 피드백 시간 동안, 제인은 그녀의 감정을 좀 더 쉽게 이해하고 다룰 수 있게 되었다. 다른 때에, 아이들은 그들의 부모가 받아들이기 어렵다고 느끼는 행동을 하는 이유가 상황에 따라 구체적일 수 있다. 예를 들면, 아이는 특히 학교에서 힘든 시간을 보냈고 모임에 오기 전에는 기분이 좋지 않았다. 또는 부모가 이전 실습 놀이회기에서 아이가 좋아했던 공을 가지고 놀 수 없다고 이야기했을 수도 있다. 후자의 이유는 좀 더 간단하고 부모가 수용하기에 더 수월하다.

프로그램에서 이 단계에 적용되는 일반적인 규칙으로서, 우리는 리더가 놀이회기에서 아이의 어려움의 행동적 이유를 찾는 것과 회기의 어려움의 이유를 상세하게 강조하는 것에 초점을 두지 않는 것이 더욱 도움이 될 것이라고 제안한다. 이것은 새로운 놀이회기 기술을 보충하려고 할 때 부모에게 자아존중감을 유지하는 효율적인 방법을 제공하기 위해 행해진다. 그러나 또한 리더가 제시하는 근거가 진실이고(예: "방 밖에 소음이 너무 심했고, 그래서 당신의 아이가 집중하는 데 어려움을 느끼는 것처럼 보였어요."), 잘못된 근거가 아닌 것(예: "아마도 그는 감기에 걸린 것 같아요.")은 중요하다. 그러나 몇몇의 사례에서 부모는 아이들의 행동에 대한 강력한 이유를 스스로 가져오는데(예: "경찰이 지난밤에 우리 집으로 왔어요."), 그것에 대해서 리더가 부모와 모임 이후에 추가로 시간을 보내는 것뿐만 아니라 집단 모임에서 즉시 언급할 필요가 있는 것이다.

놀잇감과 놀이도구를 위한 사전 논의

부모가 그들의 첫 실습 놀이회기를 진행한 이후, 리더가 가정 놀이회기를 위해 부모가 모아야 하는 장비에 대해 논의하는 시간이 바로 8회 모임이다. 부모가 재료들을 모으고 가정회기를 계획하는 시간을 갖기 위해 충분히 준비하는 것은 필요하지만, 리더는 또한 재료에 대한 지나친 강조는 집단 부모놀이치료의 주요 치료적 목표와 관계향상 목표에 도달하지 못하게 방해가 될 수 있다는 사실을 알아야 한다. 리더는 효율적으로 그들의 놀잇감과 재료들에 대해 논의를 시작하면서 모임에서 진행한 실습 놀이회기와 시연에서 사용했던 장비가 가정에서 사용할 것과 유사하다는 것을 강조할 수 있다. 부모는 그런 후 모임 동안 슈퍼비전을 할 수 있도록(부록 17 참고) 가정 놀이 재료와 가정회기의 비디오 촬영(가능한 곳)에 대한 제안서를 받는다. 이 논의 동안 리더는 실용적인 세부사항과 함께 놀잇감과 재료의 사용과 선택에 대한 이유를 배치할 필요가 있는데, 두 가지 모두 여기서 더 깊게 논의될 것이다. 또한 논의는 집단 부모놀이치료 프로그램에서 사용하는 놀잇감과 재료들과 관련된 더 넓은 문제들을 다루는데, 이것은 이후 모임에서 발생할 어떠한 예비 문제들을 리더가 준비하도록 하게 하기 위함이다.

집단 부모놀이치료에서 놀잇감과 놀이 재료를 선택하는 근본적인 이유

놀이치료자가 일하기에 충분히 좋은 보통의 놀이 공간과 비교하고, 많은 아이가 가정에서 가지고 놀 수 있는 놀잇감과 놀이 재료들을 비교해 보면서, 특히 부유한 가정에서라면, 부모놀이치료 놀이회기 때 사용된 놀잇감과 놀이 재료들은 의도적으로 더욱 단순하다. 주로 놀잇감은 비싸지 않고 안전하고 깨지지 않아야 한다. 이러한 덜 정교한 놀이도구는 정교한 놀이도구에 주의를 기울이기보다 아이와 부모 모두가 서로의 관계에 집중하도록 유도한다. 또한 그것은 보관함을 만들고 오직 가정 놀이회기 때 사용하기 위해 더욱 관리할 수 있도록 보관하게 한다.

리더는 이러한 놀이도구 선정의 이유를 부모에게 설명할 필요가 있는데, 놀잇감과 재료가 치료적 놀이와 관계 형성의 목표를 위한 수단임을 강조해야 한다. 이러한 목표에 도달하게 하는 촉매제로서 역할을 하는 놀잇감을 가지고 하는 놀이이다. 리더는 제안서에 기재된 모든 놀이도구는 아이들이 높은 수준의 표현 놀이에 몰두하고 부모와 직접적으로 상호작용하는 데 사용될 의도를 가졌다는 사실을 부모에게 전달해야 한다. 그러므로 더욱 복잡한 모델 형성 재료들, 독립놀이를 하게 하는 전자적 장비, 상상놀이를 제한하는 다른 물건들은 포함되지 않는다. 집단 부모놀이치료를 위해 기재된 놀이도구는 아이들이 그들의 가정을 명확하게 표현하는 데 도와주도록 한다. 공격성, 양육의 욕구, 협력과 완수와 같은 놀이에서 발현되는 감정은 제공된 놀잇감에 의해 나타나게 된다. 리더는 놀잇감이 아이들에게 매일의 삶에서 허락받을 수 있는 것보다 더 자유롭게 스스로를 표현하도록 추가적인 허용을 제공한다는 사실을 덧붙일 수 있다.

가정회기에 필요한 물품들

리더는 그들의 독창성을 부모가 가정 놀이회기에 적합한 놀잇감과 재료를 고르는 것을 도울 때 사용해야 할지도 모른다. '펀치백'과 같이 제안된 한 가지 도구는 다른 장비보다 미국 밖에서 집단이 찾기에 더욱 어려울 수 있다. 리더는 부모가 펀치백을 직접 만들어서 사용할 것을 제안해야 할 수도 있다(예: 솜이 많이 들어간 베개 주머니 위에 얼굴을 그려 넣음). 다른 집단은 보조 받은 적은 양의 장비를 다른 집단원에게 제공할 수 있을지 모르는데, 특히 대부분 저소득 가정으로 이루어진 집단을 위해 제공될 수 있을지 모른다. 사회복지와 아동복지기관은 적은 금액을 기부하며 프로그램에 참여하는 고객을 위해 기여할 수 있을지도 모른다. 부모는 중간 휴식시간 동안 다른 집단원들과 저렴한 놀이 재료를 찾는 방법을 강구하는 데 생각을 모을 수 있고, 또는 집단 모임 밖에서 서로에게 이메일을 보내거나 문자를 보낼 수 있다. 부모는 중고시장, 마당세일, 그리고 바자회를 통해 중고 놀잇감을 수월하게 찾을 수 있을지 모른다. 어떤 리더는 책임을 느끼고 모든 집단원을 위해 간단한 도구 세트를 제공할 수 있을지 모르는데, '놀잇감 선물세트'를 부모가 가정회기를 위해 도구를 모으기 시작할 때 기증할 수도 있다. 대량 주문을 통해 할인을 받을 수도 있다. 일반적으로 리더는 새로운 부모 놀이치료 세트를 제공하거나 세트의 일부를 제공하거나 집단 내 각 가정이 새롭고 저렴한 도구들을 사도록 하거나 괜찮은 상태의 중고 도구들을 구입하도록 할 수 있다. 부모는 집에 있는 낡고 매력 없거나 아직 집에서 사용하고 있는 오래된 중고 물건에 만족해서는 안 된다. 대신에, 부모와 아이들은 표현 놀이를 할 수 있게 하는 새롭고 신선하고 매력 있는 물건을 갖는 것이 중요하다.

부모를 위한 다른 충고는 그들이 아이들의 참여 없이 가정 놀이회기의 놀이도구를 모으는 것이 더욱 효과적이라는 사실이다. 이것은 아이들이 부모가 새로운 물건을 갖는다는 것을 알 때 호기심을 갖고 흥분하기 때문이다. 첫 가정회기를 위한 새롭고 다른 모든 물건을 구하는 것은 가족의 가정회기가 긍정적으로 시작할 수 있게 돕는다. 또한 아이들이 부모가 구입하는 것에 영향을 미치려고 하고 미리 놀잇감이랑 놀려고 할 때 제한설정하는 것에 부모가 어려움을 느끼지 않게 돕는다. 이런저런 이유로, 리더는 가정 놀이회기 동안 사용되는 재료들의 경우 가정에서 일상적으로 놀이시간을 가질 때 아이들이 사용해서는 안 되고 안전하게 보관될 필요가 있다는 것을 부모에게 강조해야 한다.

가정회기 비디오 촬영

가정 놀이회기를 비디오로 촬영하는 것을 강력히 추천한다. 모임 때 슈퍼비전을 받을 때와 부모 스스로 모니터링할 때 사용하기 위해 이것이 매우 중요함에도 불구하고, 어떤 부모에게는 실현 가능하지 않을 수 있다. 리더는 특히 저소득 부모가 이러한 장비를 사용할 수 있도록 돕거나 다른 형태의 가정회기 녹화도 가능하며 이후에 논의될 것이라고 확실하게 안심시켜야 한다.

가정 놀이회기에서의 재료에 대한 특별한 문제

다음에 제시되는 몇 가지 문제는 가정 놀이회기 장비에 대해 논의하는 첫 시간 동안 언급하기에 유용한 것이고, 반면에 다른 문제는 가정회기를 시작하기 바로 전에 하는 모임에서 논의하는 시간을 가질 때 몇몇의 집단에 더욱 적합하다.

망가진 놀잇감과 대체물

일반적인 규칙으로서, 가정에 있는 부모놀이치료 놀잇감 세트(filial kit)가 망가졌을 때 그것들은 가능하다면 대체되어야 한다. 비용이 특별히 문제가 된다면, 리더나 기관은 작은 기금을 제공하여 구매를 보조할 수도 있다. 하지만 이러한 문제의 실용적인 측면은 종종 가정회기 동안 부모의 마음에서 가장 중요한 것이 아니라는 사실을 강조해야 한다. 그들은 종종 아동들이 고의로 놀잇감을 망가뜨리거나 충분히 주의를 기울이지 않아서 망가뜨린 것에 대해 염려한다. 리더의 임무는 부모의 감정에 공감하는 것이지만, 또한 이 일이 발생할 때 아동들이 갖는 감정에 대해 부모와 조사하는 것이다. 부모의 처벌적 태도(예: "만약 내가 가만히 있는다면, 그는 절대로 자산을 소중히 여기는 것을 배우지 못할 거예요." 또는 "그는 단지 저를 약 올리려고 저러는 거예요. 그는 최대한 고의적으로 그러는 거예요." 또는 "만약 그녀가 어떠한 것이든 망가뜨린다면, 그녀는 물어내야 해요.")는 인식되고 수용될 필요가 있고, 그 후에 부모는 아동들의 감정에 대해 생각하도록 도울 필요가 있다. 리더는 부모가 종종 놀잇감을 망가뜨리는 주된 이유가 되는 아동들의 분노를 다룰 수 있도록 돕는 것을 목표로 하고, 놀이회기에서 아동들이 충동을 조절하는 법을 적극적으로 배운다는 것을 인식한다.

자신의 놀잇감을 가져오는 아동들

가정 놀이회기에 대한 다른 일반적인 규칙은, 아동들이 사용하는 재료는 부모놀이치료 놀잇감 세트에서 그들이 제공받은 것이고 이것은 모든 가정 놀이회기 동안 동일하다는 것이다. 그러나 리더와 처음으로 그 문제에 대해 논의한 이후에 예외적 상황이 생길 경우 이 규칙은 부모에 의해 약간 변경될 수 있다. 아이들에게 리더와 처음으로 확인 작업을 거칠 것이라는 것을 말하기 위해 아동이 특별한 놀잇감이나 물건을 필요로 한다는 것이나 놀이회기에 포함시켜 달라고 아동이 요청하는 것을 관찰한 부모를 격려하는 것은 유용한 듯 보인다. 리더는 그런 후 특별한 놀잇감이나 물건을 허락할지 말지 부모와 함께 결정을 내릴 것이다. 이러한 결정은 특정한 아동의 특별한 요구와 그것의 치료적 효과에 근거하여야 한다. 예를 들어, 어린 아동이 어디든 가지고 다닐 수 있는 '과도기적 대상(transitional object)'을 갖고 있을지 모르는데, 그것은 친숙하지 않은 상황에서 편안한 물건으로서 역할을 한다. 그러한 놀잇감이나 물건을 아동이 놀이회기에 가지고 오는 것은 허용할 수 있다.

좀 덜 단순한 예시로 리더가 좀 더 신중하게 생각해야 하는 부분은 아이가 집에서 가지고 놀던 물건 중 하나가 회기 때 필요한데 놀이를 더 잘하기 위해서라고 주장할 때이다. 라이언과 니덤(Ryan & Needham, 2001)은 외상 후 스트레스 장애에서 회복 중에 있는 한 소년의 예시를 제시하는데, 그 아동은 그의 치료자와 놀이치료 회기를 마치고 있었다. 그는 작은 봉제 동물 인형들 중 하나를 집에서 가져왔는데, 회복탄력성과 희망에 대한 중요한 주제로 놀이를 하는 마지막 회기들을 진행할 때 각 회기마다 가져왔다. 이러한 작은 동물들은 또한 놀이실에서 그가 언급했던 감정적으로 중요한 문제를 가정생활로 가져가는 하나의 방식으로서 역할을 하는 것처럼 보였다. 유사한 상황은 부모놀이치료의 가정회기를 수행하는 부모에게서 나타날 수도 있다. 그러나 각 아동의 상황은 다르기에 이러한 일반적 규칙에 예외적 상황을 지지하기 전에 부모와 리더가 치료적 관점에서 조사해야 한다.

마지막으로, 드문 경우이지만 리더는 아동들이 시연이나 실습 놀이회기 동안 특정한 놀잇감이나 물건에 마음을 빼앗겼다는 것에 주목할 수도 있다. 만약 아동이 그 주에 진행한 실습 놀이회기에서 특정한 놀잇감에 몰두하는 모습을 보였다면, 리더가 그 특정한 놀잇감을 가정 도구에 포함하도록 제안하고, 가정 놀이회기가 다시 시작되기 전에 부모가 그것을 제공하도록 돕는 것은 현명한 일일 것이다. 환경(가정/기관)에 상관없이 아동에게 명백하게 의미가 있는 놀잇감을 제공하는 것은 계속되는 감정적 표현을 위해 중요할 수 있다. 그 아동은 그 특정한 놀잇감 없이 가정 놀이회기를 시작할 때 표류하는 느낌을 받을 수 있다. 한 사례는 6세 소년 마커스에 대한 것인데, 그 아동은 부모님과 함께한 실습 놀이회기와 초기 모임에서 시연을 하면서 티라노사우루스 렉스 공룡에 매혹된 발달 문제를 지닌 소년이었다. 놀이를 하는 중에 일어나는 그의 모든 공상 전쟁은 이기든 지든 공룡을 포함해야 했다. 이런 종류의 공룡은 가정 세트를 선택할 때 부모가 포함하지 않았던 것이다. 그의 첫 가정 놀이회기를 그의 어머니와 진행하고 그 이후에 아버지와 진행하면서, 마커스는 반복적으로 그 공룡을 찾았고 이후에는 다른 대체할 만한 물건을 찾았다. 하지만 그는 이 특정한 공룡이 그곳에 없었기 때문에 다른 공룡과 환상놀이를 할 때 잘 수행하지 못하는 것처럼 보였다. 리더와 점검한 후에 그의 부모가 공룡을 추가했을 때, 마커스는 가정회기 때 다시 그 공룡을 사용하여 더욱 쉽게 환상놀이를 할 수 있었다.

가정회기 동안 낙서, 그림, 그리고 모델 다루기

리더는 가족으로서의 그들이 가정 놀이회기 때 사용하는 물건들로 효과적인 일을 할 수 있도록 일반적인 규칙을 채택할 수 있게 부모를 격려해야 한다. 놀이치료자들이 사용하는 규칙들은 부모놀이치료 실습에 전적으로 적용할 수 없을지 모른다. 어떤 놀이치료자에게는 개입이 끝나기 전 치료시간에 물건들이 만들어지게 하는 것이 보통인 반면에, 또한 치료가 끝나기 전 회기가 이어지는 가운데 모든 예술 작품을 보관하는 놀이치료자가 만나는 아동들에게 이것이 장점인지 단점인지에 대해 논쟁하는 놀이치료 논문이 있다. 윌슨과 라이언(Wilson & Ryan, 2005)은 이러한 결정이 치료자들 자신의 치료 유형과 내담 아동들의 욕구에 기초하여 치료자가 정할 것이라고 말한다.

집단 부모놀이치료에 있어서, 아동들이 놀이회기 이외의 시간에 놀잇감을 사용하지 않을 수 있는 반면에 놀이회기 중 만들어진 낙서, 그림, 그리고 모델이 그들 자신의 작품이고 이러한 규칙에서 예외사항임을 리더가 주장하는 것은 가장 유용한 듯 보인다. 이것은 부모가 다루기 가장 쉽게 보이는데, 부모가 아이들의 감정을 반영하는 것(예: 더 보고 싶어 하는 것, 좋아하는 것, 다른 사람들도 그것을 좋아하기를 원하는 것)에 주로 집중할 수 있도록 한다. 또한 이러한 실습은 부모가 다른 제한사항을 놀이회기 때 아동들의 행동에 도입하는 것을 방지하는데, 그래서 놀이회기에 대한 허용을 강화한다. 그러나 드문 경우, 부모와 논의 후, 리더는 이러한 규칙에 예외사항을 둘 수도 있는데, 특히 만약 아동의 작품이 충격적이고 매우 개인적인 의미를 담고 있을 때 그러하다. 사례를 통해 리더는 부모에게 작품들을 가족의 일상적 삶으로 가져오기보다 부모놀이치료 놀잇감 세트의 놀이 재료들과 두는 것이 더욱 적절하다는 것을 제안할 수 있다.

놀이회기를 진행하는 부모가 수용할 수 있는 재료를 사용하기

이전에 언급했듯이, 부모놀이치료 놀잇감 세트를 위해 제안된 놀잇감과 재료는 아동들에게 넓은 범위의 감정 표현이 놀이회기 중에 수용될 수 있다는 강력한 메시지를 전달하도록 설계되어 있다. 사용하는 재료의 유형에 대한 논의는 이러한 근본적인 원칙에 근거한다. 그러나 몇몇 부모는 불쾌한 물건들을 발견할지도 모른다. 몇몇 부모에게 문제를 일으켰던 가장 흔한 사례는 어지르기 쉬운 재료들(예: 모래, 물, 점토), 특정성에 관련된 물건들(예: 인형들, 여자의 모자, 그리고 다도 세트), 공격성을 끌어내는 놀잇감들(예: 총, 권총, 검), 그리고 미성숙한 행동을 끌어내는 물건들(예: 아기 젖병)이다.

일반적으로, 집단 리더가 가정에서의 치료적 놀이회기가 진행되는 동안 재료들이 즉시 아동들에게 전달되어서 감정 표현이 수용될 수 있도록 할 필요가 있다는 것을 부모에게 강조하는 것은 매우 중요하다. 또한 이런 논의에서 감정을 적절히 표현할 수 없는 것이 아동들이 감정적으로 어려움을 겪는 일반적인 이유 중 하나라는 것을 반복하는 것은 가치 있는 일이다. 다른 아동들이 그들의 감정을 억압하는 반면에 어떤 아동들은 전반적으로 불안한 감정을 보이는 것을 리더가 설명할 때, 그리고 두 가지의 더욱 극단적인 반응들 모두 놀이회기에서 발생할 때, 이러한 설명은 부모에게 유용한데, 문제가 주로 교육적이면 그러하다. 시연을 통한 사례를 드는 것이나 공격적인 감정, 미성숙한 감정, 그리고 여성적이거나 남성적인 감정의 사례를 강조하는 부모들의 경우 이러한 논의를 할 때 효과적일 수 있다. 제4장에서 나오는 아동 발달의 이론적 근거는 아동들이 스스로 감정을 표현하는 것을 터득할 수 있기 전에 수용적인 방법으로 그들의 강력한 감정을 표현하는 것을 돕는 어른에게 의존한다는 사실인데, 이것은 또한 같은 문맥에서 효과적이다.

재료들 때문에 겪게 되는 실질적인 어려움들은 또한 직접적으로 집단 리더에 의해 다루어질 수 있다. 예를 들어, 물, 모래, 플레이 도우를 가지고 할 때 리더는 부모가 그들의 자산을 보호할 수 있는 방법(예: 놀이회기 때 적당한 양의 물을 큰 병에 담아서 사용하는 것, 카펫 위에 방수 매트를 덮는 것, 플레이 도우를 사용하기 위한 제빵용 쟁반을 사용하는 것)에 대해 제안할 수 있다. 그러나 우리가 강조했던 것처럼, 부모의 감정이 리더에 의해 인식되고 수용되는 것과 리더가 이 논의 시간 동안 단순히 객관적인 근거를 사용하지 않는 것은 매우 중요하다. 부모의 강력한 가치와 경험은 이러한 주제에 대한 그들의 반응 기저를 이루고 항상 리더에 의해 존중받아야 한다. 어떤 부모는 어지럽히는 것에 대한 강력한 믿음이 있을지 모르고, 다른 부모는 특정 성역할에 관한 활동에 대해 강력한 신념이 있을지 모른다. 또한 리더가 프로그램의 이 시점에서 완전한 놀잇감 세트가 사용되어야 한다고 주장하는 것을 너무 고집하지 않는 것이 중요하다. 리더는 자녀의 훈련과 참여에 장벽이 되는 재료들보다, 특정한 놀잇감이 빠지거나 변경되어야 한다고 결정하기 전에 그들의 모든 실습 놀이회기가 완성되기까지 부모가 기다릴 수 있다는 것을 언급할 수 있다. 부모가 보기에 부적절해 보이는 놀잇감들이 기대한 만큼 그들에게 고통을 주지 않는다는 사실을 발견할 수 있기를 희망한다.

일반적으로, 리더는 다소 경계선을 연장시키는 특정한 재료들을 사용하는 것과 관련된 감정적 문제를 가지고 있는 몇몇 부모를 돕는 것이 리더의 목표이다. 리더가 그들의 일상의 삶에 놀이회기의 규칙들을 일반화하여 적용할 필요는 없다고 부모에게 강조하는 것은 도움이 된다. 이러한 조건들은 오직 각 아동과 일주일에 한 시간 반 정도 진행하는 가정 놀이회기를 위해 충족될 수 있다. 또한 리더가 놀이회기는 특별한 상황이고 매우 통제된 환경이며 아동들이 보통 이러한 재료를 사용하는 것에 대해 파괴적이지 않은 방법을 찾는다는 것을 부모에게 알리는 것은 가치 있는 일이다.

전반적으로, 리더는 부모가 종종 부모놀이치료 훈련을 시작할 때 그들의 반응을 구분하는 것을 인지하고 수용할 필요가 있다. 경험상, 부모는 보통 훈련의 나머지 시간 동안 감정을 표현하는 것과 어지럽히는 것에 대한 엄격한 신념을 잃게 된다. 예를 들어, 한 아버지는 처음으로 말했는데, 그가 다른 아이들과 하는 시연을 관찰했을 때 집에서 그의 아들이 인형을 가지고 노는 것을 허락하지 않았고 확실히 그의 시연에서 인형을 가지고 놀지 못하게 했다. 그는 인형은 남자아이에게 여성적 행동이 좋다는 것을 가르쳐 준다고 믿었다. 이러한 아버지는 인형 놀이를 통한 양육 반응을 표현하는 것이 아들에게 치료적 효과를 줄 수 있다는 사실을 몰랐다. 리더는 그의 입장에서 공감하는 표현을 한 후에 그의 감정이 매우 심각하다는 것을 확실하게 말해 주었다. 그들은 또한 가정회기를 하는 시간이 되었을 때, 그가 여전히 같은 감정을 느낀다면 인형을 포함하는 것을 주장하지 않아도 된다는 점을 분명하게 말하였다. 리더는 아들이 가지고 논 인형들(요청대로 인형을 제외함)을 포함한 실습 놀이회기와 시연에서 놀이를 하는 아이들을 더 깊이 관찰하는 것이 가정 놀이회기 시간 동안 인형과 관련된 긍정적이거나 부정적인 측면에 대한 공식적인 의견을 낼 수 있게 한다는 점을 제안했다.

프로그램이 계속되면서, 이 아버지는 회기에서 인형으로 인해 덜 고통받았고 궁극적으로 아들과 가정 놀이회기를 실시했을 때 실제로 아들과 인형을 사용할 수 있었다. 이것은 그의 아들이 매우 치료적인 경험을 할 수 있게 하였다. 그 아버지는 놀이회기가 아니면 인형을 남자아이의 놀잇감으로 여전히 받아들일 수 없지만 치료적 놀이 상황에서 그것의 가치를 발견했다고 보고했다.

가정회기 진행 과정에서의 다른 문제

대부분의 부모는 자연스럽게 가정회기를 언제 그리고 어디서 시작할지에 대해 생각하기 시작하는데, 이러한 목적을 위해 재료를 모으기 시작할 때 그러하다. 리더는 회기를 진행할 때 방해받지 않는 시간의 중요성, 카펫이 없는 방과 같은 집안 공간을 놀이를 위해 준비하는 것의 중요성, 그리고 놀이회기를 위해 이러한 놀잇감들을 마련하는 것의 중요성에 대해 부모에게 간단한 정보를 제공해야 한다. 어떤 부모는 이 시점에서 이러한 문제에 대해 자세한 논의를 하기 원한다. 하지만 경험상 리더가 지금까지 부모가 겪은 어떠한 문제들도 항상 해결할 수 있는 방법이 있었음을 말하는 것은 더욱 가치가 있다. 리더는 이러한 필요조건이 가정회기를 시작하기 전에 프로그램의 이 단계의 끝을 향해 갈 때 함께 세밀하게 충족될 것이라고 부모에게 말해야 한다. 리더는 또한 부모가 이후 논의를 함께 준비하기 위해 그들 자신의 가능한 해결책에 대해 생각할 것을 제안할 수 있다.

가정회기를 위한 추가 준비사항

모든 부모의 두 번째 실습 놀이회기가 8~10회 모임 중 완료된 이후에, 10회 모임의 마지막 부분은 다음 모임을 부모가 준비할 수 있게 돕는 시간으로 사용되는데, 다음 시간은 전적으로 부모의 가정회기 준비를 돕는 시간이다. 가정회기 재료들과 비디오 장비들을 모으기 시작하는 부모를 도울 때, 리더가 8회 모임에서 했던 간단한 논의를 하면서, 다음 모임인 11회 모임에서 허락된 리스트대로 설정하기 위해 리더는 각 부모나 양쪽 부모에게 모은 놀잇감 재료 리스트를 가져오도록 요청해야 한다(만약 기관이 가정에게 재료들과 비디오 장비를 제공한다면, 리더는 11회 모임에서 집으로 가져갈 수 있을 것이라고 부모에게 알린다). 리더는 또한 매일 사용하는 물건들과 분리하기 위해 놀이 재료들을 어디에 보관할 것인지에 대한 제안과 가정 놀이회기가 가능한 집 안 공간과 시간에 대한 아이디어를 다음 모임 시간에 제시할 수 있도록 부모에게 요청한다.

리더는 어떤 부모가 어떻게 부모놀이치료 놀이 재료들을 분리해서 보관하여 오직 특별한 가정 놀이시간에만 사용하도록 할지에 대해 생각하는 것을 돕는 데 중요한 역할을 할 필요가 있다. 집단원들은 종종 논의 시간에 창의적인 제안들과 문제해결에 참여한다. 이전 집단에서 나왔던 몇몇 제안들은 다락방이나 지하창고를 사용하는 것이었다. 아니면 자동차 차고나 정원의 헛간이 될 수도 있고, 자동차 트렁크 안에 장비를 넣고 잠근다거나 침대 밑의 서류 가방에 넣고 잠그는 것, 또는 장비들을 믿을 만한 이웃이나 친척에게 맡기는 것이 가능한 방법으로 제시되었다.

리더는 이 논의가 전반적으로 집단을 위한 긍정적이고 수용적인 생각이 된다는 것을 확실히 해야 한다. 부모가 아이들이 놀잇감을 내팽개쳐 두는 곳이 어디인지에 대해 생각하는 것은 매우 어렵다고 느끼는 이유는, 부모가 근본적으로 아이들에게 제한 설정을 하기 어렵기 때문이고 그러므로 가정에서 그러한 규칙을 강화하고 싶어 하지 않기 때문이다. 이러한 경우에 리더는 부모가 느끼는 제한 설정에 대한 부모의 감정에 공감할 필요가 있고(예: "당신은 그를 거부해야 할 때 매우 나쁜 사람이라고 느끼는군요."), 그런 후 이 문제에 대해 아이들과 직접적으로 직면할 필요가 없는 해결책을 찾도록 부모를 격려해야 한다. 10회 모임 동안 좀 더 큰 문제에 집중하는 대신, 집단의 시간을 가장 잘 사용하는 것은 이 모든 문제들이 다음 모임에서 다루어지고 마무리될 것이라고 집단에게 확인시키는 것이다.

가정회기 진행을 위한 장소와 시간

부모는 이미 8회 모임에서 일찍이 논의하던 중에 가정에서 놀이회기를 위해 쉽게 청소할 수 있고 방해받지 않는 공간을 생각하기 위해 준비를 해 왔다. 보통 부모는 쉽게 적절한 해결책을 내놓는데, 그것은 아침식사 이후 토요일 아침에 부엌이나 거실을 사용한다든가 따뜻한 차고나 다락방을 사용하는 것이다. 때때로 복도와 같은 장소들은 일주일에 한 번 정도 사용하기에 적합할 수 있다. 하지만 리더는 침실은 이상적으로 잠을 자고 휴식 활동을 취하는 곳이지 놀이회기를 진행할 곳이 아니라는 것에 대해 부모에게 주의를 줘야 한다. 리더는 때때로 아이들이 놀이회기에서 깜짝 놀라게 하는 장면으로 놀이를 한다는 사실과 잠을 자기로 되어 있는 공간에서는 그러한 종류의 놀이를 하지 않도록 부모에게 상기시킬 수 있다.

몇몇의 부모에게는, 좀 더 창의적인 해결책이 나올 필요가 있는데, 그것은 할아버지의 집에서 놀이회기를 한다든가 가족 지원 센터의 놀이방(family center room)을 사용하는 것이다. 이렇게 더욱 복잡한 해결책들은 집단의 시간을 지나치게 여기에 사용하는 것보다 모임 이후에 개별적으로 논의될 수 있고, 그 이후에 다음 모임 때 마무리 지을 수 있다. 재료를 보관하는 것과 관련해서 이전에 다루었던 문제와 유사하게, 리더는 실질적인 고려사항이 탐색되기 전에 부모가 가지고 있는 집안 공간에 대한 감정적 어려움을 처음으로 언급했다는 사실을 확실히 할 필요가 있다.

다음 장에서는 11회와 12회 모임에 대해 논의할 것이다. 11회 모임은 전적으로 가정환경을 설정하는 준비에 대한 것이고 가정회기를 시작하는 것과 관련된 다른 특성들을 다룬다. 12회 모임은 각 부모의 첫 가정회기 진행에 대해 다룬다.

제12장

가정 놀이회기로 전환하기: 11~12회 모임

집단 부모놀이치료 프로그램의 다음 단계는 부모들이 가정에서 놀이회기를 독립적으로 수행하는 것이다. 이 장에서는 두 번의 중요한 모임에 대해 설명하고 있는데 부모가 가정회기를 시작하기 전의 11회 모임과 가정회기 바로 다음의 12회 모임이 그것이다. 우리는 11회 모임 동안 부모들이 가정 (놀이)회기를 시작할 준비가 되었는지 여부를 리더가 어떻게 결정할지 그리고 그것을 어떻게 실질적이고 심리적으로 준비할 수 있는지에 대해서 논의할 것이다. 그다음 12회 모임에서는 부모들의 가정 놀이회기에서 부모들과 그 자녀들의 반응과정을 현장에서 직접 보듯이 생생하게 보고할 수 있도록 하는 데 충실해야 한다.

리더들은 11회와 12회 모임에서 놀이회기 실제가 직접 시연되는 것이 아니므로 모든 내용을 기록해야만 한다. 매주 선택된 아동을 슈퍼비전하는 것은 직접적인 시연이든 비디오를 통해서든 13회기 이후로도 계속될 것이며 이는 앞으로 집단 부모놀이치료의 중요한 구성요소가 될 것이다.

가정회기를 위한 부모들의 준비사항

부모들의 준비를 위한 기준

이 프로그램의 초점은 리더가 대부분의 부모들이 가정회기를 수행할 수 있을 만큼 충분히 아동중심 놀이치료 기술이 습득되었다고 신뢰할 수 있게 되는 것이다. 부모들이 가정회기를 실시할 때 리더와 다른 부모들의 직접적이고 즉각적인 피드백 없이도 놀이회기에서 발생할 수 있는 문제들을 잘 조정할 수 있을 만큼 놀이치료기술이 발달되어야 한다는 점이 중요하다. 부모들의 기술 단계가 가정회기보다 앞서서 습득될 필요는 없다. 부모들은 중대한 실수를 피하고 기본 놀이치료 기술을 적용할 수 있어야만 할 것이다. 또한 리더는 부모들이 전문적인 수준의 반응을 할 수 있을 때까지 기다려서는 안 된다. 리더는 프로그램이 진행되면서 부모들의 기술이 발전될 수 있는 기회가 많아진다는 것을 상기해야 할 것이다.

리더는 부모가 다음의 내용을 잘 따르도록 함으로써 부모들이 가정회기를 시작하는 데 좀 더 편안한 마음을 가질 수 있도록 도와야 한다.

- 부모가 자녀의 분명한 감정을 찾아내기
- 시간의 대부분을 자녀들이 이끄는 대로 따르기
- 기본 제한 설정을 적절하게 하기

부모들의 부정적인 반응들도 반드시 나타날 수 있는데 이를테면 자녀들을 비판하거나, 직접적으로 지시하려 하거나, 부적절한 제한을 설정하거나 하는 등은 전체적으로 아직 부모들이 놀이회기를 수행하기에 부족함을 말해 주는 것이다. 일반적인 지침에 따르면 리더는 부모들이 가정회기를 성공적으로 수행할 능력을 충분히 가질 수 있을 때까지 인내심을 가져야 한다. 우리는 첫 번째 가정회기가 잘 진행되지 못했을 때 부모들이 용기를 잃을 수 있다는 것을 알게 되었다. 이 장의 후반에서 우리는 이 부분에 대해 좀 더 다루게 될 것인데, 부모들의 준비는 첫 번째 회기의 부족함이 오히려 이후의 발전을 이끄는 요소가 될 수 있음을 많은 사례에서 볼 수 있다.

부모들이 가정회기를 시작할 수 있는지를 결정하기 위해 리더는 많은 시간을 보낸다. 그러나 몇몇의 애매한 사례들은 그 결정이 간단하지 않기 때문에 리더의 임상적 판단에 의존하게 된다. 리더는 이러한 부모들의 기술 발달이 잘 되고 있는지 혹은 그렇지 않은지, 가정회기를 실시하기에 충분한 준비가 되었는지를 결정해야만 할 때가 있다. 제1장에서 논의했었던 바와 같이 이런 경우에는 복잡하고 어려운 결정을 해 본 적이 있는 부모놀이치료 슈퍼바이저로부터의 슈퍼비전이 필요하다.

가정회기를 실시할 준비가 되지 못한 부모가 한 명 있을 때

가정회기로 이행될 수 있도록 하는 두 가지의 다른 방법들이 있다. 가장 일반적인 방법은 같은 시기에 집단의 모든 부모가 가정회기를 실시하는 방법이고 다른 방법은 단계별로 하는 방법인데 이는 나중에 논의할 것이다. 때때로 집단 전체가 가정회기로 전환하는 것이 가장 적절하지만 그중 한 부모는 놀이회기 실습 동안 놀이의 기술 수준이 그에 못 미치는 경우도 있다. 우리는 이러한 부모의 경우에 가정회기를 시작하기 전에 한 번 더 실습회기를 가지라고 제안한다. 일반적으로 이러한 부모들은 이 제안을 매우 쉽게 받아들이는데, 그들 스스로가 다른 부모들보다 부족하다는 것을 종종 느끼기 때문이다. 흔히 그 부모들은 자신들에게 좀 더 집중하고 지원해 주는 것에 고맙게 생각한다.

리더는 평가적이지 않은 방식으로 조심스럽게 그들의 제안을 전달해야 한다. 우리는 이러한 지연의 이유가 부모들의 결함이라기보다는 다른 어떤 현상이라고 생각한다. 일반적으로 여기에 해당하는 부모와 집단의 다른 부모들이 모두 이러한 지연을 정서적으로 받아들일 수 있는 확실한 이유를 언급하는 것이 일반적이다. 예를 들면, 다음과 같다.

> "어머님은 모임을 시작할 때 두 번을 참석하지 못했어요. 그래서 어머님이 가정회기를 시작하기 전에 놀이 실습을 좀 더 하는 것을 우리가 관찰하는 것이 좋을 것 같아요."

혹은

> "어머님이 조니와 첫 번째 놀이회기를 했을 때, 아이는 매우 협조적이지 않았고 아이가 원하는 만큼 충분히 놀이기술을 적용하지 못한 것 같아요. 그래서 가정회기를 시작하기 전에 보충회기를 하는 것이 좋을 것 같아요."

가정회기를 시작하기 전에 부모가 보충 실습이 필요할 때, 11회 모임 전이나 이후에 가능하면 그 모임과 가까운 기간 안에 리더가 부모와 보충회기를 위한 약속을 잡는 것이 중요하다. 이렇게 시점을 맞추는 것은 다른 부모들과 비슷한 속도를 유지하고 있든 그렇지 않든 간에 집단에 참석하는 것을 보장해 준다. 만약 보충회기가 12회 모임 전에 불가능하다면 자신의 가정회기를 제때에 시작할 수 있는 다른 부모들의 보고를 듣는 것이 적절하므로 계속 모임에 참석하는 것이 좋다. 나중에 가정회기를 시작하는 부모는 다른 부모들이 보고하는 내용을 들음으로써 자신의 가정회기 실천에 영감을 얻을 수 있다.

가정회기로 전환이 완료될 때까지 선호될 수 있는 방법

가정회기로 전환하는 가장 일반적인 방법은 집단 전체와 함께하는 것이고 여기에서 주요한 초점이라고 할 수 있다. 그러나 가정회기로의 단계적 전환은 처음부터 어떤 집단을 위해 선호되고 계획되기도 하지만 프로그램을 하는 동안 특정한 집단을 위한 가장 실용적인 선택일 수 있다. 단계적 전환을 할 때, 리더는 놀이치료 기술이 잘 습득되고 모든 모임에 참석한 부모들이 처음으로 가정회기를 시작하게 함으로써 부모들 간의 가정회기를 시작하는 데 보조를 맞추어 가야 한다. 다음은 프로그램이 진행되는 동안 가장 유용한 선택일 수 있다.

- 리더가 부모를 개별적으로 지도감독한 횟수에 실제적이고 명백한 차이가 있는 경우(예: 질병이나 다른 급박한 문제들로 인해 부모들이 매주 교육에 참여하지 못했을 때)
- 부모들 간에 놀이기술 수준의 차이가 큰 경우
- 드물지만 아동이 놀이회기에서 스스로 자신들의 문제들을 드러내는 경우

프로그램 진행 과정에서 위에서 설명한 상황과 달리 가정회기로의 전환은 프로그램의 시작단계에서부터 구축된 것일 수도 있다. 이러한 옵션은 복합적인 정서적 문제가 있는 참가자와 매우 힘든 개인력을 가진 아동이 있거나 개방형 집단에서 선호될 수 있다. 이러한 집단의 사례는 영국의 브래드포드에 있는 가정위탁 보호자와 그 자녀들의 집단 부모놀이치료 프로그램의 성공적 적용을 보여 주는 제16장에서 제시될 것이다.

가정 놀이회기 준비가 자녀와 가족에게 미치는 영향

첫 번째 가정 놀이회기를 시작하기 전에, 부모들은 치료회기를 계획하는 데 당면할 수 있는 모든 문제를 알고 있어야 한다. 철저한 계획은 치료의 첫 회기를 위한 필수요소이다. 일단 치료가 진행되면, 작은 문제들은 첫 회기에서보다 더욱 수월하게 해결될 수 있다. 잠재적으로 발생할 수 있는 다양한 문제에 대한 일반적인 논의가 중요하다. 잠재적 문제로는 치료를 위해 사용될 방으로 인한 문제, 자녀 양육 준비가 제대로 이루어지는가에 대한 문제, 그리고 다른 가족 구성원들이 어디에 있을 것인가에 대한 문제가 있다. 그리고 성공적인 가정 내 놀이치료를 위해서 치료시간 동안 핸드폰을 꺼놓는다든가 애완동물이 방해하지 않게 하는 등의 일상에서 발생할 수 있는 방해요인을 방지할 수 있도록 논의하는 과정도 필요하다. 이런 논의가 생략되면 어떠한 요인의 발생으로 인해 치료 진행이 수월하지 못할 수 있다.

리더가 명심해야 할 부분은 모임을 통해 이루어진 가정 내 놀이치료를 위한 모든 실질적 준비가 부모들이 가정 내 변화에 대해 자녀들이 보일 정서적 반응을 인지할 수 있도록 돕는다는 점이다. 리더는 모임의 후반부에서 집단 내 각 가정과 함께 진행했던 가정 내 놀이치료 준비를 마무리하기 전에, 전체 집단과 함께 이 치료의 실용성과 그것이 가져올 심리적 영향에 대해 논의하는 시간을 갖는다. 일반적으로 리더가 부모들에게 전달할 부분은 가정 내 놀이치료를 준비하는 것이 그렇게 어렵지 않다는 점이다. 리더가 강조해야 할 부분은 실용적인 부분을 위해 시간을 더 투자해야 하는 점과 가정 내 놀이회기를 시작하기 전에 발생할 수 있는 자녀들의 정서적 문제를 고려해 보는 것이 부모들로 하여금 자녀들에게 전념할 수 있게 한다는 점이다.

가정 놀이회기의 구조화

앞부분에서 이미 언급했던 것처럼, 리더가 11회의 모임에서 부모들에게 계속 강조해야 할 부분은 매주 동일한 시간에 사전 합의가 이루어진 매체들을 가지고 동일한 장소에서 가정 놀이회기를 진행하는 것의 중요성이다. 리더는 부모들에게 규칙적인 치료회기의 참여가 가정 놀이회기의 성공적인 결과를 가져온다는 점을 강조해야 한다. 매주 같은 시간에 진행하는 치료를 통해 자녀와 부모는 가정의 일상 중 하나로 치료회기를 포함하게 된다. 이러한 규칙성은 자녀가 정기적인 시간에 놀이회기가 진행되는 것을 셀 수 있음을 의미한다. 또한 부모 역시 이미 집단 모임을 통해 실천해 왔던 것처럼 심리적으로 좀 더 편안해질 수 있다.

부모는 각 자녀와 각 치료회기를 위해 동일한 방법으로 놀이 공간을 마련해야 한다(청소년과 유아를 위한 사전 동의된 변경은 제외). 리더는 10회 모임에서 이미 치료에 적합하고 합당한 다양한 놀이 공간에 대해 논의를 했다. 리더는 11회 모임에서 전체 집단과 관련된 문의사항을 처리하고 각 가정별로 특정한 과제를 제시하면서, 공간에 대한 부분을 다시 언급해야 할 필요가 있을 수 있다.

첫 번째 가정 놀이회기는 10~15분의 시간 제한을 두어야 한다. 이는 부모가 새로 시작하는 단계에서 자신의 능력을 넘어서 진행하지 않도록 하기 위한 것이다. 12회 모임에서 리더와 첫 회기에 대한 피드백을 논의한 후에 보통 30분으로 시간을 늘린다. 일단 가정 놀이회기가 안정권에 들어서면, 리더는 자녀의 특성에 따라 45분으로 시간을 늘리도록 제안하기도 한다. 부모는 시간 연장이 다음 회의 때 더 다루어질 사항임을 인지하고 있을 필요가 있고, 이것은 보통 리더에 의해 마무리된다.

가정 놀이회기 일정 정하기

정기적인 가정 내 놀이회기를 위한 최적의 시간은 각 가정마다 다르지만, 부모가 결정하는 데 도움을 줄 수 있는 일반적인 지침이 있다. 리더가 강조해야 할 점은 치료회기 중에 자녀와 부모 모두 정서적으로나 신체적으로나 서로가 안정되어 있어야 할 필요가 있다는 것이다. 예를 들면, 금요일에 야간 근무를 하는 아버지의 경우 잠을 자지 않고 토요일 아침에 놀이회기를 하는 것은 회기에 그다지 활력을 주지 못할 것이다. 매일 밤 해야 할 숙제가 많은 아이의 경우, 숙제가 끝난 이후에 놀이회기를 하면 적합하지 않을 수 있다. 자녀가 피로하고 정신적으로 소진되어 있을 때를 제외하고 자녀에게 적합하지 않은 다른 시간은 좋아하는 TV 프로그램을 본다든가 방과 후 친구들과 노는 정기적인 시간이라든가 토요일 아침 축구 연습을 해야 하는 등의 자녀들이 좋아할 만한 일들과 겹치는 때이다. 리더는 회의 후반부에 각 가정이 자신의 상황에 맞는 적합한 시간을 정할 수 있도록 돕는다.

형제회기를 위한 아동 돌봄 준비

리더는 가정 내에 돌봐 주어야 하는 다른 자녀가 있을 때, 특히 형제들과 교대로 놀이회기에 참여할 때 부모가 치료회기를 어떻게 다루어야 하는지 생각할 수 있도록 도와야 한다. 어떤 가정에서는 놀이에 참여하지 않는 부모 중 한 사람이 치료회기 동안 다른 자녀를 돌보기도 하고, 또 어떤 가정에서는 놀이에 참여하는 부모의 순서를 교대로 하면서 자녀를 돌보는 방법을 사용하기도 한다. 외동아이와 두 명의 부모의 경우, 30분 동안 두 명의 부모가 교대로 놀이회기를 진행하는 것이 일반적이다. 만약 일주일에 한 번 이상의 놀이 공간을 마련하는 것이 어려워 모든 놀이회기가 차례로 진행된다면, 부모가 교대로 진행하는 방법이 보통 효과적이다. 부모는 또한 각 회기를 마친 후에 놀이 공간을 원상태로 복귀시킬 필요가 있다. 왜냐하면 자녀들은 그들의 형제들이 (혹은 외동의 경우 자기 자신이) 놀이했던 흔적을 발견하고 싶어 하지 않기 때문이다. 부모는 놀이 공간을 분류하는 것이 아이들의 역할이 아니라 성인의 역할임을 미리 알고 있어야 한다. 부모는 이런 새로운 환경에서 다시 한 번 이것을 상기시킬 필요가 있다.

자녀가 두 명 이상인 한부모 가정에서는 흔히 가정회기를 위한 실행계획이 복잡하다. 만약 자녀들의 나이가 유치원생과 4학년생의 차이처럼 충분한 차이가 있다면, 다른 자녀가 집에 없거나 잠자리에 들 때 한 부모는 각 아이들의 회기 일정을 따로 결정해야 할지도 모른다. 회기가 계속 연이어 진행된다면, 이 경우에 리더는 아이를 봐 주는 일을 도와줄 수 있는 믿을 만한 성인의 힘을 빌려 보라고 제안해야 한다. 이상적인 조건의 성인은 아이들과 친밀한 관계를 가지고 있고, 한 부모를 도와줄 수 있는 능력이 되고, 아이들의 놀이회기가 중요하다는 것을 이해하고 있으며, 아이들이 안정되고 편안하게 느낄 수 있도록 해 주는 사람이다.

놀이회기가 진행되는 동안 첫째 아이가 혼자 기다려야 하는가

일반적인 규칙으로 보자면, 부모가 다른 형제들과 놀이회기를 진행하는 동안 아이들이 홀로 남겨지는 것은 권장하지 않으며, 특히 첫째 아이가 동생을 돌보며 남아 있는 것은 더욱 강력하게 권장하지 않는다. 놀이회기를 하지 않는 자녀들은 부모와의 놀이욕구나 안전 문제와 상관없이 형제간 경쟁심과 버려진 느낌을 가질 수 있으므로 부모는 남겨진 자녀들에게 주의를 기울여야 한다. 놀이회기가 진행되는 동안에 사전에 피할 수 있는 방해들이 나타날 가능성이 높다. 그러나 가족을 도와줄 적임자가 없는 경우에 리더와 부모가 판단하기에 좀 더 독립적이고 자신의 감정을 잘 다룰 수 있는 첫째 아이라면 앞서 언급한 일반적인 규칙에 예외적인 상황으로 볼 수 있다. 부모는 자녀들이 다른 형제들의 놀이회기 동안 홀로 있어야 하는 상황에서 즐겁고 긍정적일 수 있도록 하기 위해 DVD나 즐거운 다른 활동을 활용하는 것과 관련해서 리더의 도움을 받아야 한다.

가정에서의 자녀들의 놀이와 반응의 변화

또 다른 준비 과정 중 하나는 조성되는 놀이 환경에 따라 자녀의 반응이 다를 수 있음을 부모와 논의하는 것인데, 이러한 반응은 가정 놀이가 모임 동안 보여 줬던 놀이와는 다른 양상을 보이게 만들 수 있다. 게다가 첫 가정회기는 마지막 회기와 다를 수 있다. 부모와 자녀 모두에게 이러한 참신한 경험은 몇몇 경우에 예외적으로 좋은 회기를 만들 수 있고 또 몇몇의 경우에 이례적인 놀이회기를 만들 수도 있다. 리더는 자녀들의 행동 변화가 종종 긍정적인 결과를 가져온다는 것을 강조해야 하는데, 그 예로 몇몇의 아이들은 더 말이 많아지고 상호작용을 더욱 잘하게 될 수 있으며, 다른 아이들은 모임 동안 진행했던 놀이회기보다 더 조용해지고 자기주도적으로 변하기도 한다.

또한 부모들이 겪을 수 있는 몇 가지의 새로운 어려움들은 언급되어야 한다. 예를 들면, 자녀는 더욱 공격적이 되거나 더욱 통제불능이 될 수 있다. 몇몇의 아이들은 집에 있는 놀잇감이 모임 때 보았던 놀이실과 비교해서 좋지 않다는 사실에 불평을 표현할 수도 있고, 어떤 아이들은 더 오래 놀고 싶어 할 수도 있다. 자녀들은 이미 모임 동안 놀이회기 실습을 통해 다른 부모들이 진행하는 모습을 보았기 때문에 자녀들이 앞서 언급한 변화를 보인다면 부모들은 차례차례 그들의 행동을 변화시키고 적응해야 할 필요가 있다. 가상 놀이회기와 프로그램 전에 진행되는 실습 놀이회기 이전에 형성된 부모의 드러난 능력에 대한 리더의 격려는 부모들이 가정회기를 준비할 때 실패하지 않도록 도움을 준다.

가정회기에서의 제한 설정

아이들의 반응에 대한 논의는 구조화와 제한을 설정하는 데 도움을 주며, 이것은 리더가 부모와 해야 할 매우 중요한 작업이다. 경험상, 부모가 회기에 대한 구조화된 명백한 계획을 세우는 것과 필요한 제한을 설정하는 것만큼 가정회기가 자연스럽게 진행되는 데 도움을 주는 것은 없다. 부모들은 제한 설정을 가정회기를 시작함에 있어서 가장 큰 두려움으로 꼽는다. 리더는 이러한 부모들의 염려에 공감할 필요가 있고, 그들이 걱정하는 제한사항이 무엇인지를 알아내고, 집안의 친숙한 공간이 다르게 사용될 때 보일 수 있는 어떤 아이들의 반응에 동의할 필요가 있다. 부모들이 걱정한대로 몇몇의 아이들은 직접적으로 행동함으로써 새로운 규칙을 시험해 보고, 몇몇의 아이들은 일상이 변화되지 않았다는 것을 확인하고 싶어서 새로운 규칙을 시험한 이후에 기존에 있던 가족 내 규칙을 시험한다(이 부분에 대해서는 뒷부분에서 좀 더 논의할 것이다).

제한 설정에 대한 논의가 진행될 때 리더가 부모들에게 직접적으로 질문하는 것이 효과적이다. "당신의 아이가 놀이 공간에 들어가서 어떻게 당신을 시험해 볼 것 같은가?" 한 부모는 그녀의 아이가 세탁기로 가서 작동 버튼을 만지려고 할 것 같다고 대답했고, 다른 부모는 그들의 아이가 놀이회기 동안 몇 번씩 방을 나가려고 할 것 같다거나 가정회기에 필요한 놀잇감 세트에 아이의 개인적인 놀잇감을 추가하려고 할 것 같다고 걱정했다. 만약 여러 부모가 이런 상황을 다룰 수 있을지 걱정한다면, 리더는 놀이회기의 제한 설정 과정을 다시 설명하고 실습할 수 있도록 해야 할지도 모른다. 하지만 실습을 해 볼지 여부를 결정하기 전에 리더는 부모들이 시행할 때 문제가 될 수 있는 제한 설정을 방지하기 위해 놀이회기를 충분히 구조화할 수 있는 잠재력을 지니고 있음을 스스로 인식하고 있는지 확인해야 한다. 어떤 부모들은 회기가 진행되는 동안 때때로 자녀들에게 "놀이회기가 진행될 때만 이런 특별한 방식으로 이곳에서 노는 거야!"라고 상기시킬 필요가 있다. 놀이회기를 위한 경계선을 만들기 위해 바닥에 테이프를 붙이면서 단계를 실용적으로 구조화하는 작업을 하거나 안전 놀이 지역을 구분할 수 있는 다른 방법(예: 카펫을 깔아 두는 방법)을 활용하는 것은 리더가 제안할 수 있는 부분이다. 부모들은 매력적이지만 금지된 무언가를 감추거나 접근할 수 없게 하거나 사용할 수 없게 하는 등 종종 구조화된 자신들만의 방법을 사용하기도 한다(예: 세탁기, 컴퓨터).

구조화할 수 있는 해결책이 아무것도 없는 경우 가족이 선택한 놀이 공간 안에서 우선적이고 매력적인 물건을 대신 사용할 수 있는데(예: 세탁기, 회기를 촬영하는 비디오 장비), 이 경우 리더는 일반적인 구조화 시작 진술(standard opening statement)에 대한 예외사항이 필요한지 아닌지에 대한 임상적 판단을 할 필요가 있다. 이러한 예외사항은 생산적인 놀이회기를 방해할 수도 있는 과도한 제한 설정을 방지하기 위한 상황일 때만 적용된다. 예를 들어, 부모는 그들의 지침사항을 설명할 때 다음과 같이 언급할 필요가 있다. "○○아, 지금은 매우 특별한 시간이야. 네가 이 곳에서 말하고 싶은 건 (거의) 어떠한 것이든 말할 수 있어. **컴퓨터를 사용해서 노는 것을 제외하고는** 네가 하고 싶은 거의 모든 것을 할 수 있어. 만약 가지고 놀 수 없는 다른 것이 있다면, 엄마(아빠)가 말해 줄게."

종종 집단 구성원들은 그들이 진행하거나 관찰했던 놀이회기 실습시간 동안 일어났던 유사한 사건들을 회상하고 부모가 자녀와 함께 이러한 사건을 어떻게 효과적으로 다루었는지 자세히 설명해 주면서, 가정에서 제한을 설정하는 것에 대해 걱정하는 서로를 효과적으로 돕는다. 이러한 부모들의 자발적인 행동은 리더에 의해 증가되거나 강화될 수 있다. 이전 장에서 언급했던 것처럼, 집단이 사례를 공유하는 것은 보통 매우 강력하고, 이를 통해 부모들은 종종 좋은 사례를 손쉽게 회상하고 모방하고 복제하여 가정 놀이회기에서 사용할 수 있다. 또한 부모들의 두려움을 올바르게 바라보기 위해서, 이후에 진행되는 단체 모임 동안 리더는 부모들에게 제한 설정을 포함한 기술을 발달시킬 수 있는 기회가 있음을 상기시켜 줄 수 있다.

가족의 일상과 관련된 놀이회기

놀이회기는 보상이 아니다

리더는 부모가 놀이회기를 착한 행동에 대한 보상으로 생각하거나 처벌의 형태로서 놀이를 하지 못하게 하는 일이 없도록 강력하게 강조할 필요가 있다. 부모가 하루 종일 혹은 일주일에 몇 번씩 아이들과 함께하면서 매우 스트레스를 받는 시간을 보냈을 경우 놀이회기를 허락하지 않는 것이 부모에게 얼마나 매력적인 무기가 될 수 있는가에 대해 이야기를 나누는 것은 매우 가치 있는 일이다. 놀이회기를 허락하지 않는 것에 대한 욕구는 특히 놀이회기가 진행되기 바로 직전에 자녀로 인해 어려움을 겪었을 경우 증폭될 수 있다. 리더는 부모들에게 일단 첫 가정 놀이회기가 시작되고 나면 앞에서 언급한 문제를 프로그램에서 곧 논의할 것이라고 반드시 설명해야 하고, 덧붙여서 스트레스를 받는 가정의 일상 시간 동안 놀이회기를 진행하기 위해 부모들이 얼마나 감정적으로 준비될 수 있는지에 대해서도 이야기해야 한다(제13장 참고).

부모의 일상과 대비되는 상이한 역할들

부모가 충분히 생각해 볼 수 있게 리더가 도움을 줄 만한 다른 문제는 놀이회기 동안 부모의 역할과 이러한 역할이 가정의 일상생활에서 가지고 있는 각자의 역할과 어떻게 다른지에 대한 부분이다. 리더는 놀이회기가 아이 중심으로 계획되는 것이긴 하지만 집단이 이미 논의했던 것처럼 규칙적인 식사를 챙기고 일정을 관리하고 상호작용하는 등의 가정 내 일상생활이 잘 기능할 수 있도록 하는 일과 동등하게 부모가 가정에서 다른 역할을 지니는 것이 중요하다는 것을 상기시킨다. 부모는 또한 가정에서 수행될 필요가 있는 규칙과 교육적 목표를 갖는다. 리더가 조언해야 할 부분은 부모의 규칙과 일정이 항상 일정하게 유지되어야 하는 것과 가정회기가 자리 잡아 가는 초반의 몇 주 동안 변화를 최소화하기 위해 부모가 놀이회기를 진행하는 데 필요한 기술을 제한하는 것이다. 리더는 아이들이 가족의 규칙을 좀 더 시험하려고 할 가능성과 이때 부모들이 아이들에게 가정에서의 규칙을 조금 지켜야만 한다고 간단하게 낮은 톤으로 말할 것을 권장하면서 다음 모임에서 그들이 가지고 있는 어떠한 걱정도 다 논의할 수 있음을 알려 준다. 또한 어떤 부모는 자녀가 변화로 인해 과부하되지 않을 때 가장 쉽게 새로운 경험을 발견할 수 있음을 알려 주어야 한다. 예를 들어, 부모는 가정 놀이회기가 확실하게 자리 잡기 전까지는 새로운 애완동물을 데리고 오거나 아이를 스카우트단에 가입시키는 것과 같은 행동을 하지 않도록 해야 한다.

가정회기에 적응하는 유형과 정도는 가족마다 다양하다. 어떤 부모는 나중에 가정회기에 참가시키려고 하는 유아와 십대 청소년을 두었는데, 이는 각 가족 구성원에게 추가적인 적응이 요구될 것이다. 부모가 모임에 참석할 수 없는 가정의 경우 가정회기를 유지할 만큼 충분히 참여하고 있다고 느끼기 위해, 모임에 참석한 부모들로부터 간단한 설명을 들을 필요가 있다. 리더는 모임의 후반부에서 관련되어 있는 각 가족과 함께 참여하지 않는 한 부모의 역할에 대해 논의해야 하는데, 이것은 가정회기를 진행하는 부모에게 제공할 수 있는 정서적이고 실제적인 지원을 완료하기 위함이다.

프로그램에서 기술의 일반화를 위한 장소 재검토 예시

리더는 종종 부모들이 가정에서 놀이회기를 수행하고 있음에도 불구하고, 집단 부모놀이치료 프로그램이 의도적으로 부모의 일상적인 활용을 위한 놀이기술의 도입을 나중까지 지연시키고 있음을 상기시켜 줄 필요가 있다. 하나의 예로, 현 시점에서 자신의 일상에 놀이회기 반응을 도입하고 싶은 충동을 느낀 한 부모가 있는데, 어머니의 이야기는 다음과 같다.

리사: 대니는 놀이회기에서 제가 아이의 감정을 반영할 때 반응을 잘해요. 제 생각에 이런 것을 매일같이 할 수 있다면 좋을 것 같아요. 물론 제가 대니 때문에 화가 났거나 다른 일이 더 중요할 때는 아마도 종종 아이의 감정을 우선순위로 두지는 못할 것을 알아요. 하지만 그래도 매일 감정을 반영하는 것이 좋은 생각 같지 않나요?

리더: 물론이죠! 그것이 바로 이 프로그램의 목표 중 하나입니다. 부모들이 놀이회

기가 아니더라도 아이들의 감정에 공감하고 구조화하고 제한을 설정해서 아이들이 일상의 삶에서도 스스로 자신을 표현하는 기회를 더 많이 가질 수 있도록 돕는 것이죠. 하지만 아직은 이 기술을 적용하려고 하지 말라고 단호하게 조언하고 싶네요. 좀 더 연습을 하고 난 다음에 이 기술을 사용하면 성공할 것을 확신해요. 아직 리사가 충분히 연습하지 못했기 때문에 이 기술을 사용하면 실패를 겪게 될 것인데, 저는 그것을 원하지 않아요. 기술을 일반화하는 작업은 어머님이 몇 번의 가정 놀이회기를 진행한 이후의 다음 단계에서 할 것입니다.

부모들은 왜 놀이기술의 일반화를 프로그램이 끝나기 전에는 강조하지 않는 것인지에 대해 자세한 정보를 원할지도 모른다. 이에 대해 리더는 다음과 같은 적합한 이유를 제시할 수 있다.

- 자녀들뿐만 아니라 부모도 가정 놀이회기를 자신들의 삶으로 받아들이는 적응 과정이 필요하다. 이것은 가장 먼저 이루어져야 할 과정이며 프로그램의 승패가 달린 중요한 사항이다. 기술의 일반화 작업은 가정회기가 안정기에 접어든 이후 더 잘 도입될 수 있는 부분으로 추가로 배워야 할 영역이다. 우리 어른들과 마찬가지로 자녀들도 지나치게 부담을 느끼면 안 된다.
- 집단 부모놀이치료의 목표는 부모들이 집단에서 더욱 독립적이 되도록 돕는 것과 부부간에 더욱 정기적으로 서로를 지지할 수 있도록 하는 것이다. 가정 놀이회기는 부부를 더욱 참여하도록 만드는데, 이것은 기술의 일반화 작업을 하기 전에 반드시 이루어져야 하는 부분이다.
- 부모들은 가정회기를 시작하기 위한 기본적인 아동중심 놀이기술을 충분히 습득하였지만, 그들의 기술을 다듬기 위해 이후의 모임에서 더 배워야 할 것이 있다. 일단 가정회기가 안정기에 접어들어서면, 부모들은 그들의 기술을 더 발전시킬 것이다.
- 아이들은 집단 모임에서 가능한 것보다 가정에서 정기적이고 긴 시간의 놀이회기를 하면서 효과를 보기 시작한다. 어떠한 자신의 감정적 문제를 충분히 놀이에서 다룰 수 있도록 돕는 것은 가정회기의 목표 중 하나이다. 부모들은 가정 놀이회기를 통해 자녀에 대해 더 많은 것을 알게 될 것이고 프로그램의 현 단계에서는 아동들의 놀이의 의미를 이해하는 데 좀 더 많은 시간이 주어져야 한다.

• 그러므로 일상에서의 기술 일반화는 부모의 기술이 증진되고, 가족들이 좀 더 참여하고 아동들이 추가적으로 치료적인 놀이회기를 가졌을 때 보다 용이해진다.

가정 놀이회기를 통한 자녀의 변화

리더는 이 모임이 진행되는 동안 부모들이 가정회기의 치료적 효과를 극대화하도록 돕기 위해 놀이회기 전후의 변화에 대해 주의를 기울이는 데 시간을 투자해야 한다. 리더는 이미 이전의 실습 놀이회기나 시연과정의 논의에서 애착관계 양상에 대해 부모들이 주목하도록 했을 수도 있다. 만약 그렇다면, 특히 새로운 경험을 하게 될 때 리더가 애착이론과 연구결과에 따르면 아이가 부모와 분리되었다가 다시 만났을 때 민감한 양육자의 반응이 중요하다는 것을 단순하게 상기시켜 줄 수 있게 된다. 임상적으로 높은 불안정 애착관계를 지닌 아이들의 경우 부모와 분리된 이후 쉽게 생산적인 관계를 다시 맺지 못한다. 부모의 민감한 반응은 이러한 상황에서 매우 중요하다. 놀이치료 회기 전후에 리더가 놀이치료자로서 가족 구성원들과 함께 아이들의 긍정적인 분리와 재결합을 가능하게 했을 때 필요하다면 그는 자신의 놀이치료 회기에서 경험했던 것을 가져올 수 있다. 하지만 부모는 집단에서 공유했던 사례를 언제나 더 강력하고 쉽게 기억한다.

이러한 변화에 대해 논의하기 위해 리더는 부모의 관심이 변화의 실용성에 초점을 맞추게 하고, 아이가 가정 놀이회기 바로 전후로 무엇을 할지 부모가 생각하게 할 필요가 있다. 부모는 그들이 시간을 잘 구조화할 수 있다고 확신할 수 있게 도움이 필요할지도 모른다(예: 놀이회기를 시작하기 위해 컴퓨터게임 도중 자녀의 플레이를 방해하지 않기, 회기 이후에 잠자리에 들기 전 이야기를 나눌 수 있는 충분한 시간을 갖기). 부모는 또한 놀이회기 바로 직후에 아이들이 느낄 수 있는 감정을 통해 배울 수 있다. 때때로 아이들은 놀이회기 동안에 부모로부터 받게 되는 긴밀한 관심을 놓치기도 한다. 이런 아이들에게는 보통 회기 직후 부모가 더 친밀한 관심을 계속 보여 주기를 원하는데, 이것은 적어도 아이들이 다른 활동에 정착하기 전까지 지속된다. 리더는 부모(특히 한 부모)가 놀이회기 전후로 더 친밀해지고 감정적 처리가 가능하도록 해 주는 자녀들과의 일과를 어떻게 계획할지 생각하는 것을 도울 수 있다(예: 놀이회기 장소의 문을 닫고 나중에 정리하기).

형제들과 함께하는 가정 놀이회기의 순서

가족이 선호하는 일상을 잘 진행하기 전까지, 회기가 연이어 있을 때 보통 격주로 아이들의 놀이 순서를 역순으로 바꾸도록 부모들에게 제안한다. 예를 들어, 아버지가 수지와 한 주 처음으로 놀이를 하고 어머니가 조니와 두 번째로 놀이를 한다. 아버지는 다음 주에 조니와 첫 번째로 놀이를 하고, 어머니는 수지와 두 번째로 놀이를 한다. 이 순서는 형제와 놀이를 할 때 발생할 수 있는 '누가 첫 번째를 차지하지?'라는 잠재적인 형제 경쟁의식을 최소화한다. 또한 앞서 예시로 들었던 것처럼, 잠재적으로 가족 내에서 한 자녀와만 놀이하는 것을 피하기 위해 부모가 매주 놀이를 할 때 아이들을 바꾸어 놀이하도록 제안한다.

가정 놀이회기를 위해 자녀들 준비시키기

일단 부모가 가정 놀이회기를 충분히 준비해 오면, 리더는 부모가 회기를 시작하기 전에 자녀들이 겪을 이 새로운 경험을 구조화하도록 도울 필요가 있다.

다음에 언급한 것 같이 부모가 가정 놀이회기를 위해 자녀들을 준비시키는 사례는 리더가 단체에게 주기에 유용한 것이다. 몇몇의 가족들은 이번 회의의 마지막 부분에서 좀 더 개인적인 도움을 요청할 수도 있다.

리더: 가정 놀이회기를 위해 아이들을 준비시킬 때 부모들이 말할 수 있는 예시를 드리겠습니다. 상대적으로 나이가 어린 자녀(몇몇의 첫째 아이도)는 회기에 대한 정보를 한꺼번에 다 주지 않고 한 번에 조금씩 습득할 필요가 있습니다. 당신의 자녀는 또한 가정 놀이회기에 대해 당신에게 무언가를 말하고 싶어 하거나 질문을 하고 싶어 할 수도 있으니 너무 서둘러서 전달하지 마세요. 아이들과 대화를 나누기 위해 조용하고 편안한 시간을 선택하도록 하여 아이들이 좀 더 쉽게 들을 수 있도록 하세요.

부모: 화요일 오후 방과 후 간식시간 이후에 집에서 하는 특별한 놀이시간을 시작할 거야. 너와 함께했던 모임들에서 많이 배웠단다. 먼저, 우리는 짧은 시간 동안 놀이를 하고, 그다음에 집에서 이 부분을 연습할 수 있어. 15분 정도 걸릴 것이고, 너의 형(동생)이 학교에서 돌아오기 전에 마칠 거야.

우리의 놀이를 위해 놀잇감들을 모아 왔단다. 이것들이 우리가 사용할 것들이야. 이것들은 오직 함께 놀이할 때만 사용할 거야. 우리는 큰 양탄자를 둔 곳에서부터 놀이를 시작할 거야.

이 놀이를 통해 좀 더 배우기 위해서 매 시간 비디오를 찍고 필요한 것들을 적기도 할 거야. 그리고 그것들을 우리 집단에 가져가서 보여 줄 거야. 우리의 리더인 메리와 빌, 그리고 집단의 다른 부모들은 이런 방식으로 엄마(아빠)가 더 배울 수 있게 도와줄 거야. 만약 네가 원한다면 시작하기 전에 집에서 하는 이 특별한 놀이시간에 대해 더 이야기 나눌 수 있어.

슈퍼비전과 논의를 위한 가정 놀이회기 녹화하기

리더가 단체와 논의할 필요가 있고 모임에서 나중에 각 가족들과 마무리 지을 마지막 문제는 어떻게 부모가 가정회기 녹화 계획을 세우는가에 대한 것이다. 결국 이것은 리더가 가정 놀이회기 이후의 모임에서 슈퍼비전을 주는 방식에 영향을 줄 수 있다. 절대적으로 가정 놀이회기에 대해 슈퍼비전을 적절하게 주기 위해서 리더는 가정회기 동안의 각 아이의 치료과정을 이해하고 감독할 필요가 있고, 부모들이 능동적으로 자신들의 기술 수준을 증가시키고 유지할 수 있도록 도울 필요가 있다. 이러한 두 가지 근거는 가정회기를 녹화한 것을 보며 논의를 시작할 때 리더가 부모에게 조언하는 데 도움이 된다. 바로 다음에 강조할 방법들인데, 가정 놀이회기를 녹화할 때 추천할 만한 방법들은 이러한 두 가지 목표를 다룬다.

부모가 각 아이들과 매주 가정회기를 진행할 때 하는 녹화와 기록 모두 강력하게 추천할 만한 방법이다. 비디오에서 얻을 수 있는 정보는 기록만 하는 것보다 더욱 정확하고 각 가정 놀이회기의 내용을 전부 담을 수 있다는 이점이 있다. 비디오는 또한 부모가 가정 놀이회기를 집단에서 발표하는 모임의 시간 동안 더 나은 논의를 할 수 있게 하고 부모가 즉각적이고 완전한 방식으로 가정에서 진행하는 놀이회기에 대해 함께 이야기 나눌 수 있도록 한다. 리더는 가정회기에서 비디오 녹화 장비를 사용하도록 독려해야 하고 비디오 사용법을 아는지 확인해야 한다. 비디오 장비는 각 가정 놀이회기를 시작하기 전에 고정된 위치에 부모가 설치하고 나중에 정리까지 해야 한다. 규칙 중 하나는 아이들이 회기 동안에 이 장비들을 가지고 놀지 않도록 하는 것이다.

완성하는 데 부담스럽지 않은 기록은 부모들에게 그들이 진행한 각 회기의 내용을 생각할 수 있게 한다. 그것들은 또한 부모가 서로, 그리고 모임에서 리더와 집단과 정보를 공유하는 데 중요한 도움을 준다. 부모들은 그들의 놀이회기가 아이들에게 치료적 효과를 준다는 것을 상기시킬 필요가 있다. 그러므로 기록된 글과 영상은 비밀보장이 되어야 하며, 집에서도 안전한 곳에 저장되어야 한다. 이것들은 오직 부부끼리만 공유되어야 하고(리더와 사전에 협의 없이 아이와 공유할 수는 없다), 모임에서 리더와 집단의 다른 사람들과 공유하는 것까지는 가능하다.

부모가 진행하는 가정회기의 절차

부모는 각 집단 모임에 참석하기 전에 매주 회기를 진행하도록 요청받는다. 부모들은 자신의 가정회기 녹화물을 보고 가정 놀이회기 작성양식에 기록하도록 요청받는다(부록 18 참고).

가정 놀이회기를 기록하기

리더는 기록 양식이 부모가 발생하는 주요한 일을 고를 수 있도록 돕고 집단과 리더를 위해 회기의 분위기를 잡아내는 데 도움을 주기 위한 의도로 만들어진 것임을 설명하면서, 집단과 함께 기록 양식을 검토할 필요가 있다. 부모는 각 회기에 대한 사례들을 집단에 이야기할 때 기억할 수 있도록 하기 위하여 기록 양식에 회기 내용을 적을 때 스스로 알아볼 수 있는 표기 방식으로 적어야 한다. 리더들은 회기를 진행하는 각 부모들이 기록하는 것이 필요하다는 것을 강조하는 것이 중요하다. 이는 부모가 일정대로 가정회기를 진행하고 있다고 확실히 하기 위한 것이다. 만일 리더가 여력이 된다면 각 모임 이후에 그들은 부모의 모든 기록 양식과 그것에 대한 의견을 모으고, 그러고 나서 다음 집단 모임에서 그것들을 부모에게 되돌려 줄 수 있다. 만약 이런 집중적인 슈퍼비전이 제공된다면, 리더는 그들의 의견이 부모의 능력과 아이들의 행동을 비판하는 것이 아닌 건설적인 것이라는 사실을 확실하게 해야 한다. 리더가 부모의 보고서에 의견을 다는 것은 리더에게 추가적인 부담이 될 수 있는 반면에, 부모가 가정회기 보고서를 정기적으로 제출하는 횟수를 증가시키는 것처럼 보인다. 리더의 의견은 부모가 리더가 무엇을 적었는지 보는 것을 기대하기 때문에 강화물로 작용하는 것으로 보인다.

부모에게 비디오 자료 준비시키기

리더는 준비하고 있는 것들이 어떻게 되어 가고 있는지에 대해 각 부모들과 확인 작업을 하고 싶다는 열망을 언급하면서 다음 모임인 12회 모임을 위해 부모를 준비시켜야 한다. 이 모임은 첫 회기의 한 부분을 녹화한 영상을 보면서 그것에 대해 이야기하기 위해 고군분투하는 각 가정과 함께하는 특별한 모임이다. 이후의 모임에서 가족들은 순서를 돌아가면서 그들의 놀이회기에 대해 이야기하고 놀이회기의 초점을 보여 준다.

부모는 각자의 첫 회기를 기록한 것을 집단에 보여 줄 때, 5분을 쭉 보여 주거나 전체 5분을 짧게 나누어 보여 주는 방식 중에 선택할 수 있다(리더는 부모에게 확실히 당부해야 하는데, 그것은 부모가 다음 모임 동안 집단과 리더가 지켜보기 원하는 장소를 비디오로 표시해 두어야 한다는 것이다). 리더는 집단의 모든 사람이 첫 가정회기가 어떻게 진행되었는지 보고 싶어 한다는 것을 설명해야 한다. 그러므로 부모가 부모와 상호작용하는 아이들을 보여 주는 부분들을 선택하는 것은 매우 중요한데, 그 부분들은 부모가 자녀에게 말로 표현하고 바로 대답하는 장면들이다. 사용할 만하지 않은 부분은 그림을 그리는 경우처럼 아이들이 매우 조용하고, 부모와 친밀하게 상호작용하지 않는 장면들이다. 이러한 조용한 시간들은 각 가족이 모임에서 돌아가며 이야기하면서 들여다 볼 때 중요할 수 있다.

부모가 촬영 장비를 마련하는 것이 불가능하거나 비디오 녹화가 부모나 자녀 중에 누구라도 자신감이 결여되거나 감정적인 위협을 강하게 느끼게 한다면(예: 비디오로 학대받았던 적이 있었을지 모르는 아동의 경우), 가정 놀이회기 기록 양식을 작성하는 것만으로 충분하다. 리더는 이러한 부모들이 비난당한다거나 가정 놀이회기를 진행하는 다른 가족들과 과도한 차이가 난다고 느끼지 않도록 도와야 한다. 수기로만 기록한 것은 비디오 촬영과 함께 기록하는 것보다 불가피하게 짧고 내용이 빈약하기 때문에 이런 경우 리더는 부모가 회기를 정확하게 기억하는 능력을 극대화하기 위해서 각 회기 이후 그날 저녁 시간 안에 완성해야 함을 강조해야 한다.

리더가 부모들의 놀이기술 발전을 면밀히 지도감독하려면 비디오 녹화를 하지 않는 부모들을 위해 모임에서 실습 놀이회기를 지속하는 것이 중요하다. 이 장의 뒷부분에서 더 자세히 다루겠지만, 부모가 모두 가정 비디오를 활용하는 집단 모임에서 리더는 부모들이 가끔 놀이회기의 현장시연을 요청할 수도 있음을 상기시켜야 한다.

가정회기에서 부모에게 발생하는 특별한 문제

다음으로는 가정 놀이회기가 진행되는 동안이나 시작할 때, 혹은 회기 이후에 발생할 수 있는 문제들 중에서 보편적이지는 않지만 중요한 몇몇의 문제에 부모들이 대비할 수 있도록 리더가 제공 가능한 몇 가지 방법에 대해 논의할 것이다.

가정회기를 거부하는 자녀에 대처하기

리더가 11회 모임에서 잠깐이라도 시간을 내어 부모들이 가정 놀이회기 참여를 꺼리는 아이를 어떻게 다룰 수 있을지 논의하는 것은 중요하다. 논의가 시작될 때 일반적으로 아이들은 부모와의 가정 놀이회기에 대해 신나는 모습을 보이지만 리더는 그렇지 않은 만일의 모든 사태에도 대비해야 함을 알려야 한다. 리더는 최악의 상황이 일어날 가능성을 인지하고 있어야 하지만, 이것이 항상 유용하지는 않다. 부모의 불안을 강화하는 것보다, 대신에 리더가 부모들로 하여금 새로운 것을 시도한다는 것에 대한 불안감을 다룰 수 있도록 돕고 각 부모들의 성공을 향한 긍정적인 집단의 태도가 일어나도록 돕는 것이 중요하다.

매우 드물게, 집에서 부모와 함께 놀이를 한다는 것에 대해 아이들이 겁을 낸다. 비록 때때로 아이들이 가정 놀이회기에 참여하는 것을 거부하는 이유에 대하여 인용할 수 있는 연구 자료가 있는 것은 아니지만, 이 부분에 대해 추론 가능한 놀이치료나 부모놀이치료의 임상적 경험을 가지고 있다. 예를 들어, 때때로 거부는 부모의 과도한 정서적 요구에 직면할 때 아이들이 자율성을 유지하고자 선택한 반항적인 태도에 기인한 것이다. 다른 경우 시작하기를 거부하는 아이들은 '준비되기까지 시간이 오래 걸리는' 기질에 영향을 받는 것으로 보인다는 연구결과가 있다. 그들은 변화와 시작에 익숙해지는 것에 대해 다른 아이들보다 훨씬 어렵게 느낀다. 또는 집에서 놀이회기를 할 수 있는 실질적인 준비가 제대로 되어 있지 않을 수도 있다. 리더는 이러한 논의가 진행되는 동안 아이들이 그들의 삶에서 가장 중요한 사람(부모)과 사랑하는 관계를 갖기 원하고, 그러므로 만약 이런 걸림돌이 발생하더라도 충분히 해결할 수 있고 좋은 결과를 낼 수 있다는 것을 강조할 필요가 있다.

리더는 실제적이고 심리적인 수준 모두에서 부모를 준비시킬 필요가 있다. 리더와 부모는 특정한 아이들이 가정 놀이회기에 대한 변화를 더욱 어렵게 느끼는지에 대해 보통 알고 있다. 몇몇의 아이들은 이미 모의 회기나 놀이회기 실습에 오는 것을 꺼려해하는 모습을 보였다. 그러나 이러한 아이들은 때때로 기대하지 않았던 가정회기에 대한 열정으로 리더와 부모를 놀라게 할 수 있다. 이와 같이 때때로 놀이회기를 현장에서 즐겼던 아이가 예상치 못하게 가정회기에 반감을 가질 수 있다. 그러므로 리더는 모든 아이가 가정회기에 즉시 그리고 수월하게 변화를 보일 것이라는 보장이 없고 이것이 보통 흔한 일이라는 것을 부모들이 알게 해야 한다.

리더는 또한 때때로 아이들이 처음엔 가정 놀이회기에 잘 적응하지만, 정반대로 벗어나기도 한다는 사실을 이러한 논의가 진행되는 동안 지적해야 한다. 가정회기의 시작에 대해 언급했던 몇몇 사안은 이후의 사례에도 적용할 수 있는데, 리더는 이와 관련된 문제가 발생하는 경우 이후 모임에서 다시 논의될 것이라는 사실을 확인시켜주어야 한다.

자녀가 가정회기를 거부하는 경우 부모에게 필요한 구체적인 단계

만약 아이들이 첫 가정 놀이회기에 참여하기를 거부하는 경우, 리더는 부모에게 다음과 같은 조언을 해야 한다.

- 첫째로, 부모가 자녀와의 관계에 영향을 주는 감정을 배제하고도 그들의 실망감과 좌절감을 다룰 수 있다는 사실을 확신하게 하라! 부모는 다음 시간에 집단과 감정을 공유하기 위하여 이런 상황이 발생했을 때 그들이 어떻게 느꼈는지를 메모해야 한다. 리더는 집단에 있는 모든 구성원이 그 부모가 감정을 공유해 주기를 원하고, 그 경험을 통해 배우기를 원한다는 것을 강조할 수 있다.
- 두 번째로, 만약 부모가 자녀들이 가정 놀이회기에 참여하는 것에 동기가 낮은 모습을 발견했다면, 부모는 15분보다 더 짧은 10분 정도의 시간으로만 첫 가정 놀이회기를 진행하는 것이 좋다. 리더는 이 부분을 개별적으로 부모와 논의하고 모임의 마지막에 시간 할당에 대한 것을 마무리 지을 필요가 있다. 자녀들이 가정 놀이회기에 적응할 수 있다고 느끼기 전에 새로운 환경에 적응하는 것이 더딘 아이들은 탐색작업과 놀이회기 상황을 체험하기 위한 짧은 시간을 가질 필요가 있다.
- 이러한 적응에 더딘 아이를 둔 부모는 첫 놀이회기 시간을 10분으로 조정해 왔다. 부모가 리더와 동의한 시간 제한을 실시하고 시간을 연장하지 않는 것은 중요하다. 예를 들어, 한 아이가 첫 회기에 매우 거부하는 모습을 보이고 부모에게 언제 나갈 수 있냐고 물어보기 시작한다면, 이때 부모는 현실적인 반응을 보여주는 것이 중요하다. 리더가 부모에게 제안하는 한 가지 규칙은 다음과 같다. "적어도 5분은 있어야 하는데, 첫 시간이니까 10분은 넘기지 않고 이곳에 머무를 수 있어. 그러다 보면 시간이 다 될 거야." 부모는 5분이 지나면 나갈 수 있도록 그 시간에 맞추어 타이머나 알람시계를 설정해 두어야 한다. 이러한 시간 선택은 아이들이 부모가 말하는 바를 진심으로 깨달을 수 있게 하기 위해 진행되어야 하는

것이지, 아이들을 더 오래 놀이에 참여하게 조작하려고 사용해서는 안 된다. 시간을 알리는 신호가 꺼지면(시간이 다 되면) 부모는 아이가 나갈 수 있다는 것과 다음 회기는 더 길다는 것을 간접적으로 내비친다. 만약 아이가 5분이 지나도 계속 남아 있기로 결정해야 한다면, 아이는 자유롭게 그럴 수 있고 타이머 설정은 5분 후 한 번만 더 울리도록 한다(총 10분).

- 첫 가정회기 때 10분보다 더 짧은 회기가 권장된다면(짧게 진행되었던 첫 회기가 성공적이었을 경우와 12회 모임에서 논의된 이후), 리더는 부모에게 이것은 일시적인 제한이고, 부모는 회기를 30~40분 정도로 권장되는 시간만큼 더 길게 만들 자유가 있다는 점을 상기시켜야 한다. 리더는 부모에게 회기가 진행되면서 이후에 나타날 다른 문제에 대한 해결책은 필요에 따라 리더와 부모가 모임에서 생각해 볼 것이라는 점을 상기시켜야 한다.
- 예상치 않게 아동이 첫 가정 놀이회기를 시작하는 데 반대한다면, 그리고 이러한 상황에 대하여 사전에 리더와 논의되지 않았다면, 부모는 이번 회기에 5분 동안 진행하는 것이 반드시 필요하다는 것을 아동에게 편하게 말해 주어야 한다. 부모가 이미 15분의 회기 동안 놀이하는 것을 아동에게 준비시켜 왔기 때문에, 아동은 첫 가정회기에 할당된 15분의 시간 제한 동안 놀이를 하는 것에 대해 선택할 수 있다.
- 리더는 아동들과의 긍정적인 관계가 매우 중요하다는 점을 부모에게 강조해야 하는데, 아동들은 놀이회기에 꾐을 당해서 들어오는 것이 아니라 전적으로 설득되어야 하고, 속임수를 사용하여 아동들을 참여시키면 안 된다. 이러한 계책을 사용한다면 집단 부모놀이치료의 목표 중 하나인 강력한 부모-자녀관계는 약화될 것이다.

아이가 한쪽 부모를 선호하는 경우 대비하기

리더가 부모를 준비시켜야 하는 또 다른 만일의 사태는 아이들이 이미 부모 중 한 사람과 회기를 가졌고, 다른 부모와 놀이하는 것을 거부하는 것이다. 리더가 가정회기를 준비하는 동안 이런 가능성에 대해 이야기하는 시간을 갖는 것은 가정에서 부모놀이치료를 성공적으로 이끄는 데 있어서 매우 중요하다. 그러나 프로그램에서 이것에 대해 길게 논의하는 것은 바람직하지 못하다. 아이가 첫 가정회기를 함께 하고 싶어 하지 않는 부모에게 리더가 그들의 자녀들이 적어도 5분 동안 부모 각각과 시간을 보내야 한다는 것을 상기시켜 주는 것이 가장 적절한 것처럼 보인다. 최소 5분을 보내야 한다는 원칙과 다음 모임 때 논의하기 위해 부모가 그들의 감정을 메모하도록 하는 것 이외에 이 시점에서 한 부모가 다른 부모보다 선호되는 것에 대해 깊게 생각하지 않는 것이 가장 현명하다고 생각한다. 왜냐하면 이는 일회적인 현상일 수 있기 때문이다. 아이들의 저항과 한 부모를 선호하는 것에 대한 매우 많은 가능성이 존재한다. 예를 들어, 한 아이는 가정회기에 적응하는 데 오래 걸릴지도 모르고, 연이어서 두 번의 회기를 하지 못할 수도 있다. 만약 이러한 문제가 다시 발생한다면, 리더는 무엇보다도 공감해야 하고 앞서 이야기한 것을 포함한 모든 가능성을 부모가 돌아볼 수 있게 도와야 한다.

학대 혐의를 포함한 심각하고 급박한 정서적 문제에 대응하기

리더는 모든 집단에서 가정 놀이회기 시간 동안 아이들이 외상 경험을 재연하고 학대 혐의를 만들어 낼 가능성이 있다는 것을 알고 있다. 나중을 위한 준비에 대한 것은 이미 프로그램이 시작될 때부터 언급되어 왔다(법에 규정된 필요조건에 대해서는 제2장 참고). 학대 경험이 있는 아이를 둔 가족의 집단에서는(예: 유아기 이후에 입양되거나 양자로 들여진 아동) 혐의를 받을 가능성이 큰데, 특히 회기 진행 중에 외상적 놀이와 맞물리게 될 때 그럴 수 있다. 경험상 놀이회기가 가정에서 안정기에 들어선 이후, 즉 아이들이 집에서 좀 더 이완되고 리더와 다른 부모들에 의한 면밀한 감시가 줄어들 때 아동의 외상경험이 재연될 가능성이 더 높다. 가정회기는 리더에 의해 직접적으로 감독되지 않기 때문에, 부모는 고강도의 외상 재연과 학대 혐의에 반응하는 방법을 리더와 준비할 필요가 있다.

많은 집단에서 이 준비를 간단하고 사실에 근거해서 할 수 있다. 동시에 리더는 부모에게 나타나는 어떠한 불편한 감정이든 반영하고, 표면화될 수 있는 어떠한 질문에도 대답할 필요가 있다. 리더는 이런 주제에 대한 부모들의 불안감을 방지하도록 목표를 설정해야 하는데, 이는 가정회기로의 전환이 임박해 있기 때문에 이미 발생했을지도 모른다. 리더는 부모에게 무엇보다 먼저 가정회기가 아이들에게 치료적 효과를 가져다준다는 사실을 상기시켜 줄 필요가 있다. 일단 아이들이 이해받고 자신감을 갖게 되면, 그들은 흔히 그러하듯이 부모에게 현재나 과거에 있었던 그들을 괴롭게 하는 많은 문제에 대해 말하는 것이 가능하다. 부모는 리더가 혐의를 포함하여 어떠한 심각한 정서적 문제도 감독할 수 있는 사람이라는 것을 알아야 하고, 그러한 일이 가정회기 중에 발생했을 때 가능한 한 빨리 리더와 연락을 취해야 한다. 리더는 부모가 이러한 상황에 대한 피드백과 감독을 받기 위해 다음 모임 때까지 기다려서는 안 된다는 것을 강조할 필요가 있고, 부모에게 응급 상황 시 슈퍼비전을 받을 수 있도록 연락처를 제공해야 한다.

긴급 연락처를 제공하는 것에 덧붙여서, 리더는 부모에게 현재 일어나고 있는 듯하거나 잠재적으로 자녀에게 매우 해로울 것 같이 보이는 어떠한 혐의를 발견하면, 놀이회기가 끝난 이후에 아이들에게 리더와 아동복지기관에 연락을 취할 것이라고 말해야 한다는 것을 상기시킬 필요가 있다. 리더는 그러한 놀이회기의 남은 시간 동안 부모에게 그 상황을 리더나 기관과 논의하기 전까지는 매우 힘들더라도 내적으로 그들의 감정을 다뤄야 한다는 것을 상기시켜야 한다. 혐의가 현재에는 위험하지 않은 과거의 사건과 관련되어 있는 것처럼 보이는 다른 경우에도 부모는 리더와 연락해야 한다. 만약 혐의가 모호하다면, 부모는 리더에게 늦어도 다음 집단 모임까지는 알려야 한다.

무엇보다도 학대에 대한 새로운 폭로가 있었던 회기 동안에 부모는 다음과 같이 행동해야 한다.

- 매우 공감적인 태도를 유지해야 한다. 부모가 두려움을 포함한 자녀의 감정을 민감하고 충분하게 반영하는 것에 집중하는 것과 회기 중과 그 이후에 감정적 지지를 보내 주는 것은 매우 중요하다.
- 아이가 말한 문제와 직접적으로 연관된 상세 질문을 피해야 한다. 이것은 부모가 놀이회기 때 수행할 역할이 아니다. 대부분의 상황에서 학대예방센터 상담원을 아이와 연결시켜 줄 것이다. 이러한 아동 사건에 특별히 훈련된 상담원은 사실 관계를 발견하는 데 있어서 가장 적합한 사람이다.

이전에 이미 학대를 경험한 아이를 둔 가족들 혹은 심각한 외상 경험을 한 아이를 둔 가족들과 진행하는 집단 부모놀이치료를 위해 리더는 가정회기를 시작하기 전에 외상적 놀이 재연을 더 충분하게 부모들이 준비할 수 있도록 고려해야 한다. 외상 재연에 반응하는 것은 바로 다음 장에서 충분히 논의될 것이다.

가정 놀이회기 준비 마무리하기

리더는 모임이 끝나기 전에 각 가족의 실질적인 가정회기 준비에 집중하기 위해서 충분한 시간을 할당할 필요가 있다. 리더의 도움과 더불어 집단원들은 이전 논의 과정에서 해결하지 못했던 개별 가족의 실질적인 딜레마가 발생할 때 종종 값진 기여를 한다. 리더는 각 가정의 필요 물품에 대해 간략한 의견과 물품과 기록 장비를 준비함에 있어서 구분된 장소를 계획하는 일, 회기를 위한 가정 내 공간, 회기를 위한 시간, 다른 형제를 돌보기 위한 준비, 회기의 기록 유형, 그리고 유아나 십대의 자녀가 가정회기가 안정기에 접어든 이후 참여할 것인지에 대해 짧게 조언할 필요가 있다. 리더는 가정 놀이회기 준비를 위한 체크리스트를 사용할 수 있는데, 이것은 부록 19를 참고하면 된다. 또한 리더는 부모들의 비디오 자료들을 녹화 재생할 수 있는 장비를 갖추어야 한다는 점을 확실히 해야 한다.

리더와 다른 부부들이 지지하는 발언과 제안을 할지라도 때때로 몇몇 가족들은 이러한 실질적 준비 과정을 다른 가족들보다 더 어렵게 생각할지도 모른다. 몇 분의 논의 후에, 리더는 이 문제를 논의함에 있어서 이전에 언급했던 것처럼 모임 시간을 불균형적으로 사용하는 것보다 모임이 끝난 이후에 개별적으로 논의하는 것이 가장 유용할 것이라고 결정할 수도 있다. 마침내 리더는 매뉴얼에 따라 가정회기를 위한 마지막 물품들을 통과시키고, 아마도 회기를 녹화하기 위해 가족들에게 비디오카메라를 빌려주고 회기를 녹화하고 기록한 자료들을 다음 모임 때 가져오는 것을 안내하게 된다. 리더는 또한 모임을 마칠 때 가정회기를 시작하는 것을 격려하는 말을 할 필요가 있다.

12회 모임: 집단과 함께 첫 가정 놀이회기 관련사항 처리하기

첫 가정 놀이회기 이후의 모임은 이전의 모임과 이후의 모임과는 다르게 구성되고, 리더에게 매우 바쁜 모임이다. 이 모임 동안에는, 거의 대부분의 시간이 첫 가정회기에 대한 논의와 발생한 모든 문제를 해결하기 위한 논의를 하는 데 사용된다. 다음 모임에서 어떤 가족이 놀이회기를 발표할지 정하는 것은 모임이 끝나 가는 부분에서 아주 짧게 논의가 된다. 우리는 리더가 12회 모임 중에 가족이 그들의 첫 회기에 참석한 것처럼 다음에 진행될 몇 번의 모임에 집중할 가족에 대한 일정을 잡을 것을 제안한다. 집중해서 볼 가족을 선택하는 방법에 대해서는 이 장 후반부에서 논의할 것이다. 만약 나중에 그 일정이 실행 불가능하다면 수정사항은 일정에 맞춰 변경할 수 있다.

가정 놀이회기에 대한 이러한 모임을 강력하게 강조하는 이유는 프로그램에서 이러한 중요한 단계를 견고하게 확립하는 것이 리더가 최우선하는 목표이기 때문이다. 또 다른 이유는 가정으로의 변화를 논의하는 것이 매우 중요하기 때문이다. 모임은 이런 새로운 가정환경에서의 부모의 놀이기술을 발달시키는 것과 주로 관련이 있다. 아이들의 놀이에서 나타나는 정서적 내용은 아직 강조되지 않는다. 일단 가정 놀이회기가 안정기에 접어들면, 아이들의 놀이 주제는 다음 모임 동안 다룰 수 있을 만큼 새롭게 생겨날 것이다(놀이의 주제는 바로 다음 장에서 논의된다).

부모는 다른 사람들과 리더와 함께 자신들의 첫 가정회기의 경험을 매우 나누고 싶어 한다. 또한 부모는 변함없이 다른 사람들의 가정회기에도 관심을 갖는다. 그들은 다른 사람들이 자신의 회기를 진행하면서 느낀 감정을 알고 싶어 하고 어떻게 그들이 어려운 상황과 초창기에 발생하는 문제들을 다루는지 알고 싶어 한다. 리더는 이러한 열정과 호기심을 극대화시켜야 한다. 그들의 가정 놀이회기에서 일어나는 일에 엄청난 관심을 갖는 부모는 그들의 가정회기에서 의미 있는 내용을 다른 집단과 공유할 수 있는 확률이 매우 높다. 리더는 또한 자연스럽게 어떻게 첫 가정회기가 진행되었는지에 대해 호기심을 갖는다. 그들의 가정회기에 대한 진심 어린 흥미와, 회기 내용과 부모의 감정에 대한 조언을 통해, 리더는 긍정적인 집단 분위기를 형성하고 강화시킨다.

부모가 가져온 5분 영상을 보는 것(5분 전체 영상 또는 합이 5분인 몇 개의 짧은 영상들)을 포함해서 리더가 첫 가정회기에 대하여 집단의 모두와 논의하는 시간을 갖는 것은 집단 화합과 가정 놀이회기의 확립을 위해 중요하다. 리더는 차례로 부모들에게 그들이 작성한 가정회기 보고서와 그들이 촬영한 비디오 녹화본을 참고로 하여 집단에 보고하도록 요청한다. 이전에 언급했듯이 리더는 집단이 시작하기 전에 모임에서 전자기기를 사용하는 것은 부모가 녹화한 것과 호환할 수 있고, 그들의 장비를 더 쉽게 작동시킬 수 있으며, 모든 집단 구성원이 볼 수 있게 한다는 것을 확실히 알게 해야 한다. 몇몇의 비디오 녹화의 질적 문제(예: 카메라의 위치, 장비와 비디오 자체의 질) 또한 발생할 수 있는데, 이 모든 것은 다음 가정회기를 준비하는 데 도움이 되기 위해 리더가 부모에게 간략히 설명할 필요가 있다. 한 리더가 전반적인 피드백에 대한 책임을 맡는 반면에, 다른 리더가 장비에 대한 모든 책임을 맡는 것이 유용하다. 5분 영상을 보기 전에, 그들이 참고자료로 피드백 기록지를 사용할 때 한 리더는 부모가 회기에 대해 논의할 수 있도록 돕고, 그 리더는 그 가족에게 무엇이 가장 잘 되었는지에 대해 묻는다(예: 아이가 충분히 참여했나요? 부모가 그들의 기술을 아이의 주도하에 잘 사용하였나요?). 그러면 다른 리더는 선택된 영상을 재생시킨다. 첫 번째 리더는 앞서 행한 것처럼 시작과 마지막의 피드백이 긍정적일 수 있도록 해야 하고, 필요하다면 더 심도 있는 작업을 위해 한 영역을 강조할 수도 있다. 무엇보다도, 리더는 첫 가정회기에 대한 감독을 할 때 부모의 노력에 대해 격려와 지지를 표하는 것이 주된 역할임을 기억해야 한다. 리더는 첫 가정회기에 대해 차례로 부모 중 다른 사람과 논의를 할 때 역할을 바꾼다.

가정회기 시간 연장 결정하기

리더는 이번 모임에서 각 부모가 아이들과 이후의 가정회기 시간을 연장하는 것에 대해 결정하는 데 도움을 줄 필요가 있다. 첫 회기에서 성공적으로 가정회기를 마친 부모들을 위해 리더는 다음 가정회기에서 각 아이와 30~40분 분량의 회기로 연장하도록 제안해야 한다. 리더는 부모가 모든 가정회기를 진행하는 동안 회기의 시간에 대한 결정을 유지하는 것이 중요하다는 것을 강조해야 한다.

각 부모와 자녀에게 있어서 30분의 회기와 45분의 회기에 대한 실행 가능성을 간략하게 논의하는 것만으로도 충분하지만, 몇몇 경우에는 결정을 내리기 전에 충분하게 고려하는 것이 필요하다. 45분 회기는 7세 이상의 아동에게서 자주 선호되는 시간이다. 하지만 자녀가 45분 동안 놀이를 하고 싶어 하지 않는 것처럼 보인다면, 30분 회기로 일정을 계획할 수 있을 것이다. 유사하게 7세 미만의 아동이 그들의 회기 작업을 완성하기 위해서 45분의 시간이 필요한 것처럼 보인다면, 이런 아동을 위해서 45분의 회기로 결정할 수 있다. 다른 고려사항은 부모의 체력과 회기를 위한 헌신인데, 여러 자녀와 회기를 진행해야 하는 가족의 경우 특히 더 고려해야 한다. 놀이회기에서 시간이 길어지거나 다른 시간에 하는 것은 절대로 안 되며, 아이들이 원한다면 놀이실에서 일찍 나갈 수 있는 것과 매주마다 매주 일정한 시간에 진행하는 것은 중요한 원칙이다. 이렇게 자신의 놀이회기에 대해 예측 가능할 때 아동은 자신의 놀이시간을 더 쉽게 다루는 법을 배울 수 있다.

가정회기 발생 문제 해결하기

리더는 이번 모임을 진행하는 동안 반드시 각 집단 구성원들의 욕구를 가장 우선시하도록 해야 한다. 모든 부모는 그들의 첫 회기에 대한 피드백을 받는 기회와 첫 회기에서 긍정적이든 부정적이든 자녀들이 보인 반응의 이유를 탐색하는 것 모두를 필요로 한다. 이러한 어려움과 성공담을 공유하는 것은 집단 참여자들에게 동기부여를 하고 협동하는 효과를 가져온다. 가정회기를 시작하는 데 어려움을 겪고 있는 부모들은 리더 그리고 집단 구성원들과 그 문제에 대해 공유하고 싶은 열망이 있다. 그리고 리더는 발생한 문제들을 두고 부모와 함께 협력하여 실질적인 어려움들(장소, 놀잇감, 기간, 시간, 부모 유형 등)을 해결하도록 도울 필요가 있다. 리더는 회기 중 겪었던 어려움의 근원에 대해 고민해야 한다. 그 이후 리더는 부모가 다음 주 회기를 15분(필요에 따라 더 짧을 수 있음) 동안 유지하면서 성공적으로 마치도록 계획할 필요가 있다. 이미 논의했던 것처럼 짧은 시간 동안 실시하는 놀이회기는 부모가 가정에서 회기를 실시하기 위한 고군분투를 감소시켜 준다.

일정대로 가정회기를 진행하지 않는 부모들

몇몇 집단에서 부모는 그들의 첫 가정 놀이회기를 한 주 동안 일정대로 진행하지 못할 수도 있다. 이는 단체 모임 동안 보통 드러나는데, 부모들의 집단과 공유할 놀이회기 자료를 가지고 있지 않기 때문이다. 리더 스스로의 내적인 실망감을 조절하고 이러한 회기 연기에 대한 이유에 공감하여 귀 기울여 듣는 것은 중요하다. 또한 리더가 이전에 강조했듯이 이 프로그램이 치료적 효과를 가져온다는 입장을 취하는 것도 필수적이다. 부모는 그들의 자녀에게 가정 놀이회기가 필요하기 때문에 참여한다. 리더는 가정 놀이회기를 건너뛰는 일이 다시 일어날 것인지 아닌지에 대해 부모와 확실하게 해야 한다(예: "내가 제시간에 가야 한다고 했음에도 불구하고 이번 주는 초과근무를 계속했어요."). 부모들이 다음 주에 시작한다는 것을 보장하기 위해서 그들의 실질적인 가정회기 실시 계획을 수정하도록 도울 필요가 있다(펜실베이니아 주립대학에서 집단 부모놀이치료에 참여한 부모를 대상으로 비공식적인 조사를 했는데, 가정회기의 가장 공통적인 시간대를 교회를 가는 사람들조차도 일요일 아침으로 선택했다고 한다. 일부 집단에서 리더는 부모가 일요일에 놀이회기를 진행하기 수월할 수 있다고 제안하고 싶을지 모른다).

보통 가정회기에 대한 집단의 열정과 가정 놀이회기를 약속했지만 하지 못했을 때 느끼는 자녀들의 실망감은 가정에서의 놀이회기를 구성하는 데 속도가 늦은 부모에게 좀 더 박차를 가할 수 있다. 하지만 만약 부모가 가정 놀이회기를 두 번째 주에도 진행하지 않는다면, 리더는 부모를 따로 불러서 2주 연속 연기된 원인을 명확히 해야 할 필요가 있다. 예를 들어, 부모가 거실에서 한 아이와 놀이회기를 진행하는 동안 다른 큰 아이에게 혼자 방에 있으라고 하기가 불가능한 상황일 수 있다. 이러한 예외적 상황에서 한 예로 리더는 집에서 회기를 진행하는 대신에 부모가 사용할 수 있는 모임 공간에서 개방적인 놀이 공간을 제공할 수 있을지 모른다. 그러나 리더는 이 프로그램이 아이에게 치료적 효과를 준다는 점과, 부모가 가정 놀이회기를 진행하지 않는다면 그들의 자녀는 충분한 발전을 할 수 없을 것이라는 부분을 강조할 필요가 있다. 만약 부모가 가정회기를 진행하기 어려운 상황이 지속된다면, 리더는 의뢰자에게 연락해야 하고, 희망적으로 대안적 방법이 제공될 수 있어야 한다. 만약 자가 의뢰라면, 리더는 주1회 놀이회기에 참여시키는 것 대신에 단기 부모교육 프로그램을 제안할 수도 있다.

아동이 첫 가정 놀이회기를 거부하는 경우 부모를 돕는 방법

앞서 언급했듯이, 경험상 자녀들이 드물게 첫 가정 놀이회기에 참여하는 것을 거부하는 일이 있다. 그러나 비록 리더가 이러한 가능성에 대해 11회 모임에서 부모에게 준비하도록 도왔다고 하더라도 가정회기를 성공하지 못한 부모는 여전히 자녀들에게 공공연한 거부를 받았다는 인식에 의해 엄청난 충격을 받기 쉽다. 이러한 부모들은 자연스럽게 그들 자신을 집단 내 성공적으로 회기를 마친 부모들과 비교하게 되어 있는데, 이는 그들을 더욱 고통스럽게 만들 수 있다. 이러한 거절감은 그들의 아이가 부모 중 한 사람의 가정 놀이회기에는 참여를 하고 나머지 다른 한 부모의 놀이회기에는 참여하기를 거부하는 경우 더욱 극심하게 느껴질 수 있다. 리더는 이러한 부모들에게 공감할 필요가 있고, 이전에 논의했던 것과 같이 가정회기의 다음 일정을 다루는 방법들을 확인하는 것뿐만 아니라 자녀가 거부하는 근본적인 원인을 확인하도록 돕는 시도를 해야 한다.

거부하는 자녀에 대한 예시

8세 젬마는 3세 때 중년의 부부에게 입양된 외동아이이다. 양어머니인 헤더는 젬마를 키우기 위해 직장을 그만두었다. 아버지인 칼은 근무 시간이 일정하지 않고 초과근무를 하는 경찰관이다. 부모 모두 집단 부모놀이치료에 참여하는 것과 젬마에게 놀이회기를 제공하는 것을 배우는 데 강한 의지를 보였다. 아이는 가정 놀이회기를 시작하기 전에 아버지와 놀이회기를 실습하는 동안 매우 불안정한 행동을 보였는데, 이는 어머니와 놀이를 할 때와 대조된다. 젬마는 첫 가정 놀이회기를 어머니와 완수했지만 아버지와 회기를 진행하기 위해 방에 들어가는 것은 거부했다.

리더: (아버지 칼에게) 비록 아버님이 이런 일이 일어날 수 있음을 생각했었다고 할지라도, 젬마가 첫 가정 놀이회기에 아버님과 함께하는 것을 거부하는 상황이 매우 힘든 일일 거라고 확신해요.

헤더: (끼어들며) 이것은 그토록 일어나지 않았으면 했던 일이에요. 젬마가 아빠가 그곳에 있음으로 인해 많은 것을 얻게 되기를 원했어요.

리더: 어머님도 일이 잘되기를 바랐죠. 칼에게 진심으로 공감하시는군요.

헤더: 제가 할 수 있는 일이 많지 않았어요. 젬마가 놀이실에 들어가지 않으려 한다고 해서 버릇없다는 느낌을 받길 원하지는 않아요.

칼: 우리는 상황을 해결해 보려고 했고, 이후에 함께 이것에 관해 이야기를 나눴어요. 우리 생각에 젬마가 엄마와 시간을 보내는 것을 선호하는 것 같지만, 예를 들어 젬마에게 엄마와 먼저 가도록 하려고 하면 그 아이는 내게 오려고 해요.

리더: 아버님은 전략이 효과가 있었을지 모른다고 생각하는군요. 두 분 모두 이것에 대해 이야기할 때 매우 화가 난 것처럼 보여요.

칼: 저는……. 포기한 것 같아요. 진심으로 젬마와 더 많은 시간을 보내고 싶고, 제 생각에 그럴 수 있을 것 같아요.

리더: 아버님은 젬마와 더 가까워지기를 매우 원하고 아이와 특별한 시간을 보내고 싶어 하는군요. 하지만 아버님이 할 수 있을지 스스로 확신하지 못하고 있군요.

칼: 전 포기하고 싶지 않아요……. 전 중도포기자가 아니에요, 하지만…….

리더: 젬마가 다음 번에 다시 놀이방에 들어오지 않는다면 아버님은 정말 괴롭겠지만, 포기하고 싶지도 않겠죠.

칼: 네, 포기하지 않을 거예요. 제 생각에 선생님도 젬마가 제 마음을 아프게 하지 않을 것이라고 장담하지는 못하는 거죠? (웃음)

리더: 저도 장담할 수 있다면 좋겠네요! 다음 주에 하게 되는 회기가 아버님에게 매우 의미가 있겠어요. 아버님에게 제안을 드릴 수는 있지만, 아버님의 말씀처럼 유감스럽게도 장담할 수는 없네요. 만약 이 제안이 효과가 없다면, 아버님과 젬마가 다음 몇 주 동안 함께하기 쉽게 하는 다른 무언가를 찾아보도록 하죠. 아마도 제가 드리는 제안들은 집에서 다시 시도하기 전에, 함께하는 특별한 활동에 대한 것이거나 이곳에 와서 실습 놀이 시간을 좀 더 하는 것이 될 수 있겠어요.

칼: 제 생각에는 만약 조금이라도 아이와 함께 시간을 보낸다면 아마도 아이가 그 제안을 강하게 거부하지 않을 거예요. 젬마가 집에서 자신과 함께 시간을 보내려고 노력하는 제가 익숙하지 않다는 건 저도 알아요.

리더: 아버님은 이미 가능한 해결책을 생각해 두셨네요. 아버님이 다음 주에 다시 시도하기 전에 그 생각을 좀 더 다듬어 보고, 회기를 시작할 때 어떻게 하면 젬마의 감정을 반영하고 올바르게 받아들일 수 있을지 노력해 봅시다. 젬마가 아버님에게 매우 중요한 존재이기 때문에, 다음 주에 아버님의 실망감을 잘 다룰 수 있다고 생각하고, 여전히 노력하고 있는 것처럼 보여요.

칼: 젬마가 어렸을 때 아이와 함께 보냈던 시간 이후에는 그냥 흘려보냈어요. 그래서 지금 무언가를 해서 젬마가 여전히 저에게 소중하다는 걸 보여 줘야 한다는 생각이 드네요.

다른 부모: 정말 어렵네요. 저는 진심으로 아버님이 다시 의지를 가지고 일어서려는 모습에 존경을 표합니다.

리더: 아버님에게 젬마가 얼마나 중요한 존재인지, 그리고 아버님이 감정적으로 상처를 받아도 감당할 만큼 젬마가 가치 있는 존재라는 것을 진심으로 이해하게 되었습니다.

칼: 맞아요. 저 역시 젬마의 감정을 상하게 했을 수 있다고 생각하고, 젬마가 저희에게 오기 전까지 쉽지 않은 시간을 보냈다는 것도 알아요.

이 사례는 리더가 부모에게 공감하는 것과 예외적 상황하에 미래에 대해 희망의 메시지를 주는 것이 얼마나 중요한지 보여 주고, 리더가 어떻게 부모와 함께 협력하여 긍정적인 결과를 도출할 수 있는지를 보여 준다. 또한 이 사례는 다른 부모들이 어떻게 효과적으로 지지를 보내고 동료 부모를 인정할 수 있는지 보여 준다.

프로그램의 효과에 대한 부모의 불안

첫 가정 놀이회기 이후에 종종 발생하는 또 다른 문제는 프로그램에 대한 부모의 불안과 의심인데, 이것에 대해 논의해 보겠다.

배경 정보

도로시는 모든 모임에 신뢰를 가지고 참석해 왔고 9세 아들 스튜어트와 함께 가정에서 첫 놀이회기를 마쳤다. 놀이회기에 참여하지 않는 아버지는 모든 가정 일정을 성가시게 생각했고, 도로시가 하고 있는 모든 것이 정말 스튜어트에게 도움이 되는 것인지 모르겠다며 불평하였다. 스튜어트는 학교와 동네에서 문제행동을 보여 왔고 가정에서도 다루기 어려운 아동이다.

도로시는 가정회기를 시작하는 것이 가정 일과에 작은 변화를 가져올 것임을 인지한다. 다른 아이도 보살핌을 받을 필요가 있고 스튜어트와 놀이를 하기 위해 특정한 장소가 마련되어야 하기 때문에 가정회기를 시작하는 것은 가족들에게 어려운 일이었다. 도로시는 지금까지 배운 것으로부터 얻은 것은 있지만, 만약 성과가 있다면 모든 것이 긍정적으로 변화되어야 하는 것이 아닌지 궁금해했다. 스튜어트는 가정회기에 큰 관심을 보이지는 않았고 오직 모임에서 실시했던 실습 놀이회기에 조금 관심을 보였다.

도로시: (첫 가정회기를 보고하면서) 제 생각에 첫 회기는 매우 좋았어요. 어렵지도 않고 많은 일이 일어나지도 않았어요. 집에서 시작한 이 회기들을 통해 겪었던 모든 문제가 어떤 보상으로 돌아올지 정말 궁금해요.

리더: 이 가정회기를 진행할 만한 가치보다 더 많은 문제가 있었던 걸로 보여요.

도로시: 글쎄요, 여기서 놀이를 하는 것이 좋았지만, 선생님이 우리 집에서 제안해 준 대로 모든 것을 구조화하는 것이 매우 어려웠어요. 제 남편은 이미 스튜어트의 회기가 진행될 동안 다른 아이들을 봐야 해서 일찍 귀가해야 한다는 것에 불평하고 있고요. 그는 이 모든 놀이를 통해 그렇게 많은 것을 성취할 수 없을 것이라고 생각해요.

리더: 어머님의 경우 남편이 의심하고 심지어 불편함에 대한 불평이 있는 상황에선 이 접근법에 대해 의문이 들 수밖에 없어요.

도로시: 아뇨, 그렇지 않아요, 왜냐하면 우리는 10주 동안 해 왔고, 제가 볼 때 스튜어트가 그다지 많이 변한 것 같지 않아요.

리더: 지금까지 어머님은 실제로 단지 한 번의 짧은 가정회기만 했지만, 이전에 지시받은 모든 것을 했고 달라진 것을 많이 보지 못했어요. 어머님은 잘 진행되고 있다는 몇 가지 사인을 보고 싶겠군요.

도로시: 네, 저는 제가 이 모임에 계속 올 수 있도록 하는 이유가 필요해요.

캐리[다른 부모]: 어머님이 느끼는 것이 무엇인지 이해할 수 있어요. 저도 다소 어머님이 느끼는 것처럼 느껴요. 하지만 저는 우리가 가정회기를 계속해 나갈 때 저는 두 자녀와 함께 어느 정도 눈에 보이는 진전 상황을 보게 될 것이라고 긍정적으로 생각하고 있어요.

도로시: 제 생각엔 여러분 중 몇몇에게는 이것이 매우 효과적일 수 있지만, 전 스튜어트에게 이 프로그램이 효과적이라고 생각하지 않아요.

리더: 캐리의 말이 맞아요. 아이에게서 측정할 수 있을 만큼의 변화를 보기 위해서는 몇 주간의 놀이회기가 필요해요. 부모들이 아이들이 변화되기를 원하는 행동을 연습하는 데 몇 년씩 걸려 왔어요. 몇몇 아이는 매우 빠른 변화를 보이지만, 다른 아이들은 현재 자신들의 행동을 유지할 필요가 있는 듯 보여요. 이 프로그램에 대한 연구결과는 매우 긍정적이었고, 기대한 대로 어머님이 모든 것을 수행할 수 있다는 가정하에 우리는 스튜어트가 가정회기에 잘 반응할 것이라고 확신해요. 프로그램이 끝날 무렵에는 어머님과 아버님은 스튜어트가 자신의 행동을 조절하는 것에서 기쁜 변화를 발견할 거예요. 비록 아버님이 반기지 않지만 어머님은 가정회기를 위해 모든 것을 준비해 왔고, 우리는 어머님이 확실한 결정을 내리기 전에 적어도 네 번의 가정회기를 해 볼 것을 제안하고 싶어요. 필요하다면 스튜어트의 학교 생활을 반영할 수 있는 놀이 등 스튜어트와의 놀이회기에 몇몇 추가사항을 적용하는 것이 언제든 가능해요. 어머님이 다음 가정회기를 마친 후 우리 모두 어머님의 비디오를 볼 것이고 우리의 선택사항들에 대해 좀 더 논의할 거예요.

도로시: 선생님이 제안하는 것처럼 프로그램이 효과가 없다고 단정하기 전에 정말 시간을 좀 더 가질 필요가 있다고 생각해요. 스튜어트가 다음 가정회기에 열성을 조금이라도 더 보인다면 저에게 도움이 될 거예요. 짧은 회기에서 아이가 원했던 것을 가지고 놀지 않았기 때문에 더 그랬을 수 있다고 생각해요. 우리가 동의했던 것처럼 다음 회기는 좀 더 길어질 것이고, 스튜어트가 놀잇감을 가지고 놀 수 있는 더 좋은 기회를 가질 수 있을 거예요.

리더: 도로시, 좋은 결정이라고 생각해요. 다음 가정 놀이회기 이후에 어머님이 좀 더 용기를 얻을 수 있기를 우리 모두 바라고 있어요. 아버님이 가지고 있는 의심에 대해서 어머님이 직접 말하거나 리더 중 한 사람이 말하는 것이 도움이 될 거라고 생각하나요?

도로시: 제가 남편에게 선생님이 말씀하신 바를 그대로 설명할 수 있어요. 제 생각에 남편은 단지 스튜어트에 대해 좌절해 있고 제가 그랬듯이 스튜어트를 변화시키는 데 무력감을 느낀 것 같아요.

리더: 우리는 아버님이 생각하는 것에 관심을 가질 것이에요. 스튜어트가 집에서 하는 장기간의 놀이회기에 몰두할 때 자기 자신을 변화시킬 것과 어머님이 아이가 생각하고 느끼는 것을 더 잘 이해할 수 있을 것이라는 사실을 어머님이 잘 전할 거예요. 가정 놀이회기에서의 핵심은 이 프로그램을 통해 아동들이 도움

을 받는다는 것이죠.

이 사례는 프로그램이 진행되는 동안 부모들이 자신들이 바라는 아이들의 변화가 발생하지 않을 때 나타날 수 있는 프로그램의 효과성 자체를 의심하는 사례 중 하나이다. 가정회기가 이 시점에서 온전히 도입되지 않았기 때문에 리더는 프로그램의 핵심이 진심으로 오직 스튜어트를 위해 시작하는 것임을 강조했다. 리더는 또한 도로시 남편의 협조가 성공적인 가정회기에 중요한 요인이기 때문에 남편의 감정과 의심에 대해 숙고해야 함을 확실히 하였다.

어린아이와 큰아이를 참여시키고 싶은 부모들

12회 모임을 진행하는 동안, 일부 가족들은 그들의 유아와 십대 자녀를 가정회기에 즉각적으로 참여시키고 싶어 한다. 그들의 감정에 다음과 같은 공감적 반응을 할 필요가 있다. "당신의 모든 아이에게 공평해야 하는 것이 당신에게 중요한 일이군요." 하지만 부모는 그들의 가정 놀이회기와 실력이 좀 더 발전되기 전까지는 몇 주의 회기를 기다리도록 격려받아야 한다. 다시 말해, 이러한 조언은 부모들이 가정회기의 새로운 단계를 시작할 때 과부하되는 것을 방지하고 좀 더 독립적이 될 수 있도록 하는 것이 목적이다.

이후 모임을 위해 부모를 준비시키기

리더는 마지막 모임인 20회 모임을 제외한 이후의 모든 모임에서 가정 놀이회기에 대해 들여다볼 것이라고 부모들에게 설명한다. 이후에 진행되는 일곱 번의 모임을 위해 먼저 할 것은 한번에 몇몇 가족들의 놀이회기에 집중하는 것이고, 그 이후에 집단은 발생하는 외적인 문제를 좀 더 자세하게 살펴보는 것뿐만 아니라 간략하게 다른 사람들이 진행하고 있는 가정 놀이회기를 살펴본다. 이후에 모임들은 또한 부모들이 일상생활에서 그들의 기술을 일반화할 수 있도록 돕는다.

이후 모임에서 초점을 둘 가족들을 선정할 때 일정 문제에 대한 것은 이번 장 마지막 부분에서 논의될 것인데, 이것은 이러한 모임들에서 놀이회기를 감독할 때 리더들이 선택사항들을 먼저 살펴본 이후 진행될 것이다.

모임들을 위한 형식 변화

리더는 이후 여러 번의 모임에서 부모들의 가정회기를 다양한 방법으로 지도감독할 수 있다. 전체적으로 집단을 위해 리더가 채택할 수 있는 세 가지의 주요 선택사항들은 다음과 같다.

선택 1: 모임에서 진행하는 실습 놀이회기를 통한 슈퍼비전과 가정 놀이회기에 관한 기록 용지만으로 하는 슈퍼비전

선택 2: 모임에서 진행하는 실습 놀이회기를 통한 슈퍼비전과 가정회기에 대한 비디오 기록과 기록 용지를 통한 슈퍼비전

선택 3: 비디오 기록과 기록 용지만으로 하는 슈퍼비전

각 선택사항의 특성은 다음에 설명하겠다.

선택 1: 실습 놀이회기와 가정 놀이회기 기록

이 선택사항은 가정 내에서 비디오 녹화를 할 수 없을 때 집단 부모놀이치료에서 전통적으로 사용되었던 것이다. 이 방법은 리더가 집단으로 슈퍼비전을 제공할 때 선호하는 방법이기도 한데 가정이나 기관의 예산 제한 또는 다른 긍정적 이유들로 인해 비디오 기록보다 선행되는 집단의 경우이다. 이런 집단에 속하는 부모들은 가정에서 각 회기를 진행한 직후 바로 그들의 회기에 관한 수기 보고서를 자세하게 쓰도록 준비되어 있어야 한다.

첫 가정회기 직후의 모임을 위해, 모든 가족은 그들의 기록 용지를 가지고 피드백을 받는다. 그러면 리더는 집단과 함께 문제점과 심도 있는 기술 훈련에 대한 일반적인 논의를 할 것이다. 13~19회 모임은 아이들과 함께 각 15분 정도의 놀이회기 실습으로 시작하는데, 그 아이들은 그 모임에서 다뤄질 가족으로 선택된 가정 내 아이들이다. 먼저, 회기들에 대한 슈퍼비전이 있고 그 이후에 이 가족의 가정 놀이회기를 두고 논의를 한다. 이후에 각 부모가 작성한 기록지에 근거하여 다른 모든 참여자의 가정 놀이회기들을 검토하는 시간을 갖고 나서 기술 훈련을 포함한 집단과 관련된 다른 문제를 논의하는 데 시간을 할애한다. 리더는 필요하다면 계획된 일정을 변경하여 다음 모임에서 어떤 가족들이 다루어지기로 했는지 재확인한다.

선택 2: 실습 놀이회기와 비디오 기록, 그리고 가정 놀이회기 기록

부모들은 각 모임에서 할 논의와 슈퍼비전을 위해 부분 부분을 표시한 가정회기 비디오와 기록 용지를 모두 가지고 온다. 이러한 대안적 방법은 총 15~20분 정도 되는 가정 비디오와 기록 용지를 검토하는 것을 정기적으로 포함시켜 실습 놀이회기에서 가족들이 함께 논의하고자 하는 부분을 구성할 수 있다. 이후에 가능한 많은 집단 내 다른 가족들이 미리 선정된 짧은 가정 놀이회기 기록의 단편들을 보여 주고 피드백 기록 용지에 근거하여 논의를 한다. 추가적인 기술 훈련 또한 예정될 수 있다. 이러한 선택사항은 각 부모와 아이의 과정을 가장 종합적으로 볼 수 있고, 좀 더 강도 높은 슈퍼비전을 필요로 하는 어떤 집단에서는 선호되는 방법일 수 있다. 그러나 바로 다음에 언급할 선택 3은 대부분 이런 형식을 대체해 왔다.

선택 3: 비디오 기록과 가정 놀이회기 기록

모든 부모는 가정회기를 비디오로 녹화하고 각 회기가 끝난 이후에는 기록 용지에 적는다. 그들은 논의와 슈퍼비전을 위해 비디오 기록과 기록 용지를 각 모임 때마다 가져온다. 리더는 그날 슈퍼비전 받기로 한 가족들에게 그들의 가정회기 기록을 수정하지 않은 채로 15~20분 보여 주는 것을 요청한다. 남아 있는 가족들은 가정 놀이회기 비디오 기록물 중 잘 되었거나 문제가 있었던 단편을 골라서 모임 마지막 부분에 간략하게 슈퍼비전을 받는다. 기술 훈련 역시 예정되어 있을 수 있다.

선택된 가족들의 비디오 기록은 모임이 진행되는 동안 생생하게 감독된 회기만큼의 역할을 한다. 가정회기에서 부모가 진행하는 과정을 담을 수 있는 것에 덧붙여서, 비디오 기록의 다른 여러 가지 이점이 있다. 첫째로, 이런 형식은 각 모임에서 가정회기에 대해 더 길게 논의할 수 있다는 이점과 함께 집단 모임의 전체 시간을 비디오를 활용하는 가정회기에 사용할 수 있도록 한다.

다른 이점은 깊이가 다소 부족하기는 하지만 모임 동안에 시간을 절약하는 것이다. 대부분의 사례에서, 집단이 현장을 보는 것처럼, 집에서 녹화된 놀이회기를 보는 것은, 집단 슈퍼비전을 하기 위한 목적을 달성하는 데 유용하다. 단 한 번이라도 피드백을 받거나 슈퍼비전을 받는 시간은 가정 놀이회기를 위해 필요한데, 이를 위해 현장에서 별도의 피드백을 제공하지 않고 직접적인 슈퍼비전과 짧은 슈퍼비전을 제공한다. 이 선택사항은 특히 집단 내에서 슈퍼비전할 아동들의 숫자가 많을 경우, 유용하게 활용된다. 셋째로, 비디오 기록물은 현장의 실습 놀이회기와 수기로 기록된 보고서를 넘어서는 이점을 가지고 있는데, 이것은 필요에 따라 멈추고 재생할 수 있기 때문이다.

또한 마지막으로, 이후 일곱 번의 모임에서 사용하는 것은 가정회기 비디오 기록물을 현장의 놀이회기에 참여하기 어려운 부모보다는 모임에 아이들을 데리고 오기에 현실적으로 어려운 부모에게 도움이 된다.

그러나 어떤 경우에는 이전에 언급했듯이 리더가 현장에서 직접적으로 부모와 아이를 지도감독하는 것이 중요하다고 결정 내릴 수도 있다. 한 부모 또는 더 많은 부모들이 가정 비디오를 사용할 수 없거나 리더나 부모들이 현장회기를 보는 것이 문제를 해결하는 데 도움이 된다는 생각이 들 때 현장회기(live sessions)가 삽입된다. 그러므로 리더는 부모들에게 때때로 현장에서 놀이회기를 보고 직접적으로 피드백을 받는 것이 도움이 된다고 상기시킬 필요가 있으나, 일반적인 계획은 가정 비디오에 근거해서 지도감독을 하는 것이다(주의: 이렇게 가끔 하는 현장 놀이회기를 위해, 리더는 프로그램에서 이전에 했던 것처럼 아이의 참여와 아이를 봐 주어야 할 필요가 있는지를 다음 모임을 위해 사전에 조직화해야 함을 기억할 필요가 있다).

다음 모임 가족 선정하기

일반적으로, 리더가 이후 모임에서 모든 참여 아동과 양쪽 부모가 모두 참여했을 때 선택된 각 가족의 현재 문제를 언급하는 데 충분한 시간을 허용하는 것은 중요하다. 긴 놀이 영상 및 현장에서 놀이회기를 하기 위해 선택된 부모들은 대부분의 모임 시간을 사용하는데, 가정회기의 단편을 놀이로 하거나 구두로 보고하며 나머지 시간을 사용하는 부모들과 함께한다. 가족들이 지켜야 할 일반적인 규칙은 우선순위를 가질 필요가 있다.

리더들은 11회 모임 이후에 13회 모임에서 선택할 가족들에 대해 함께 계획을 세워야 하고, 필요하다면 11회 모임 이후의 일정에 대한 논의를 위해 임상적 지도감독을 받아야 한다. 리더는 또한 13~15회 모임에서 다룰 가족들의 잠정적 리스트를 만들어야 한다. 집단의 크기에 따라 다르겠지만, 두 가족에서 네 가족이 모임당 정해질 필요가 있다. 가족들을 정하는 것은 다소 처음에는 유동적이어야 하고, 보통 2~3주 전에 미리 결정하는 것을 목표로 하며, 만약 놀이회기 실습에 아이들이 필요하다면 해당 가족의 부모들과 그것이 가능한지에 대해 논의해야 한다. 리더는 집단에 2~3주 이후의 일정이 아이와 부모들의 놀이회기 주제들과 관련이 있을 것이라는 사실을 알린다. 현장에서 실습 놀이회기를 하는 모임에서 가족의 삶과 가족들의 능력 이외에 외부적인 문제들 또한 고려할 필요가 있다.

어떤 집단에서는, 비디오 기록의 발췌본 및 수기 기록과 모임 중의 의견을 바탕으로 모든 부모의 첫 가정 놀이회기가 성공적이었다는 판단이 들 때, 11회 모임 후 리더에 의해 계획된 잠정적 일정은 다음 주에 선정될 가족들을 위해 변경될 필요가 없다. 평소 12회 모임을 하는 동안 분명하게 드러나는 것은 가정회기를 진행하는 과정에서 부모의 기술 수준이 악화된다는 것인데, 그로 인해 가정 놀이회기를 진행하는 데 어려움을 겪게 된다. 리더가 다음 모임인 13회 모임 동안 면밀하게 슈퍼비전을 받을 부모들을 선택하는 것은 매우 중요한데, 이는 결점을 신속하게 논하고 필요한 잠재적 일정을 조정하기 위해서이다.

이후 모임에서 가족 선택할 때 유연성 발휘하기

이전에 언급한 것처럼, 이후 모임에서 다루어질 가족들을 선택하는 데 어떤 부분에서 유연성을 갖는 것은 필요하다. 가끔은 모임에서 부모에 의해 드러나는 문제들은 몇몇 가족들에게 그들의 가정 놀이회기에 대한 더욱 즉각적인 피드백이 필요할 수도 있음을 암시한다. 아니면 때때로 부모들은 일정상 그들의 순서가 돌아오기 전에 슈퍼비전을 요청하는데, 이러한 요청은 존중되어야 한다. 보통 부모들은 심지어 놀이회기가 잘되어 가고 있을 때에도 가정이나 학교에서 발생하는 문제에 대해 염려한다. 리더는 보통 좀 더 면밀한 슈퍼비전이 이렇게 고군분투하는 가족들에게 유용할 것이라는 의견에 동의한다. 이러한 가족들이 흔히 마주하는 어려움들은 집단 내 모든 부모에게 교훈을 준다. 이후 모임에서 이러한 가족들에게 집중하는 것은 또한 집단에 대한 화합과 다른 부모의 문제에 대한 참여자들의 공감을 증진시킨다. 그러나 리더는 아이들과 함께하는 현장회기가 특히 필요할 때 가족들이 실질적인 준비를 할 수 있도록 하기 위해 모임에서 다룰 순서가 각 가족에 맞게 적절한 시기에 돌아갈 것이라는 사실을 집단에게 확실히 할 필요가 있다.

마침내 리더는 부모들에게 12회 모임에서 했던 것과 같이 가정회기에 대한 논의를 증가시키기 위해 모임의 모든 남은 시간에 최근 수기 기록 및 비디오 기록을 가져오라고 상기시켜야 한다.

다음 장에서는 가정회기가 부모와 아이들에게 일상으로 확립되었을 때와 아이들의 놀이에 대한 면밀한 슈퍼비전이 확립되었을 때 리더에게 발생할 수 있는 문제들에 대해 살펴볼 것이다.

제13장

초기 가정 놀이회기: 13~15회 모임

이전 장에서 강조했듯이, 가정 놀이회기에서 부모들의 행동을 효과적으로 돕는 것은 집단 부모놀이치료 리더의 중요한 과업이다. 가정 놀이회기는 집단 부모놀이치료 프로그램의 끝에서 두 번째인 19회 모임까지 매주 이어진다. 다음 장의 주제인 일상에서 부모들의 기술을 일반화하는 데 온전히 집중하기 전에, 이 장에서는 초기 가정회기 동안 모임에서 일어날 수 있는 문제들을 다룰 것이다. 부모가 치료적 기술을 강화하도록 돕는 방법은 가정회기 안에서 자주 보이는 놀이 주제에 대해 논의하는 것과, 이후 리더가 제시하는 다른 문제들을 다루는 것이다. 또한 이 장에서는 어린 아동과 함께하는 놀이회기와 십대들과 특별한 활동시간을 갖는 방법을 소개할 것이다.

초기 가정회기들

13~15회 모임에서 리더의 목적

리더의 주된 목적 중 하나는 가정회기로 전환되면서 이어지는 몇 번의 모임을 통해 부모들의 놀이회기가 가정에서 생산적이고 실제적인 방법으로 지속될 수 있다는 확신을 주는 것이다. 일관성이 결여된 부모나 아동중심 놀이기술에 능숙하지 않은 부모들을 위해 리더는 참여자들이 기술을 사용하는 데 있어 유능감을 증가시켜 주어야 한다. 보통 이러한 과정은 두세 번의 모임 안에 모든 참여자들이 완수하게 된다. 가정 놀이회기가 잘 진행되어 가고 있는 가족에게 리더는 자녀의 놀이주제를 이해하도록 돕는 것뿐만 아니라 아동중심 놀이기술을 더 발전시켜 일상에서의 양육문제들에 적용해 보도록 돕는 것에 집중해야 한다. 가족 구성원들에게 매우 중요한 14회 모임을 시작하기 위해 리더는 부가적으로 부모들이 아주 어린 아동 그리고 십대들과 함께 집에서 일대일로 갖게 될 특별한 시간을 돕는다.

이전 장에서 언급했던 것처럼 리더는 모임에서 초기 가정회기의 어려움을 겪고 있는 부모들에게 우선적으로 전략을 도입하도록 해야 한다. 이전 장에서 설명한 것처럼 12회 모임에서 리더는 다소 유연한 슈퍼비전 계획을 세우고, 특정 가족들의 욕구들도 수용해야 한다.

가정 놀이회기 모임을 위한 일반적인 구성

20주의 집단 부모놀이치료 프로그램에서 다음 일곱 번의 모임(13~19회 모임) 동안 가정 놀이회기에 집중하게 된다. 리더는 만남의 첫 번째 부분에 가족들의 놀이회기에 초점을 맞춘 심도 있는 슈퍼비전을 계획한다. 리더는 비디오로 슈퍼비전을 할 것인지 아니면 현장 슈퍼비전을 할 것인지 선택하고, 집단 크기에 따라 각 부모당 10~15분의 놀이회기에 대한 슈퍼비전을 첫 번째 모임에 가져야만 한다. 현장 놀이회기에서 리더는 항상 피드백을 주어야 한다. 현장 놀이회기에서 피드백은 현장회기가 끝난 후에 실시한다. 녹화된 회기에서 피드백은 비디오를 다 본 이후 또는 비디오를 보는 중에 이루어진다. 초기 가정 놀이회기에서 선정된 가족의 녹화된 비디오를 보거나 피드백을 주는 것은 모임에서 휴식시간 전이나 후에 이루어진다.

확실히 자리 잡은 가정회기에서 리더는 휴식시간 전에만 피드백을 주고 휴식시간 후의 시간은 부모가 자녀의 놀이회기에서 나타난 정서적 문제, 놀이주제들을 더욱 잘 이해하도록 돕고, 좀 더 고급 기술을 발달시키도록 돕는다.

부모가 놀이회기에 나타난 자녀의 문제와 욕구들을 이해하기 시작한 후에 리더는 이러한 기반을 토대로 하여 일상에서 부모들이 가장 관심 있어 하는 자녀양육과 관련된 문제들을 토론한다. 페기와 아들 토미의 사례처럼 잠자리에 들기 어려운 문제는 학교에서 겪는 아동의 어려움과 같은 문제들로, 피드백을 받는 동안 쉽게 확장될 수 있다. 리더는 집단에서 주제를 다루다 보면 자연스럽게 일상에서의 자녀양육과 관련된 문제들을 다시 다루게 되는데 이는 집단을 위해 이상적인 훈련 기회이다.

궁극적으로 리더는 슈퍼비전을 받는 모임의 후반 30분은 가정 놀이회기를 진행하고 있는 부모들에게 할당해야 한다. 모임에서 현장 놀이회기를 할 때마다 리더는 가정회기에 남아 있는 문제들에 관한 얘기로 넘어가기 전에, 그들의 첫 번째 가정회기에 관한 보고서에 초점을 맞춰 질문하는 것을 기억해야 한다. 모든 부모는 집단에서 공유할 보고서를 작성해 오거나 현재까지의 비디오 일부를 가져와야만 한다.

가정회기에서 남아 있는 문제들에 대한 간략한 논의

모임의 마지막 부분에 우리는 리더가 가족들에게 남아 있는 문제가 있는지 물어보도록 한다. 만약 집단 구성원 중 누군가가 가정회기에 관한 특별한 문제를 가지고 있다면 그것에 대해 논의하는 것은 중요하다. 리더는 더욱 긴급한 문제를 갖고 있는 부모를 추천하여 일반적인 논의를 시작한다. 비디오의 일부분이나 보고서 형태가 잘 되었는지뿐만 아니라 어떠한 문제적 쟁점에 대해서도 간략한 슈퍼비전을 통해 다루어야 한다.

또한 리더는 가정 놀이회기가 자리 잡고 있는지를 인식해야 하며, 소수의 부모가 모임에서 그들이 겪는 가정회기의 어려움으로 시간을 전부 다 차지하지 않도록 해야 한다. 리더는 슈퍼비전을 할 때 이러한 점을 유념하여 비록 짧은 시간일지라도 모든 집단 구성원의 가정회기에 대해 조금씩의 관심을 보여야 한다. 이러한 방침은 집단의 흥미와 응집력을 촉진하고, 참여자들이 진도를 따라가게 한다. 프로그램의 다른 부분과 유사하게 리더는 한두 명의 부모가 시간을 독차지하기보다는 여러 가족이 일반적 논의에 참여할 수 있게 하기 위해서 시간관리를 잘해야 한다. 큰 집단에 비해 더 작은 규모의 집단에서는 시급한 문제들을 다루기보다 모든 참여자를 포함하도록 하는 시간관리가 필요하다.

가정회기를 시작한 후 초기 모임에서 리더는 말을 잘 하지 않는 부모들이 짧은 비디오 자료를 만들고, 보고서를 쓰는 것에 대해 적극적으로 격려해 줄 필요가 있다. 또한 모임 후반부에 가정 놀이회기 비디오를 일부 보여 주거나 가정회기가 성공적이라는 보고를 하는 가족들에게 물어보는 것은, 힘들어하고 있는 부모들을 돕기 때문에 집단을 촉진한다. 이러한 부모들은 집단에서 성공적인 회기의 모델이 될 수 있으며, 다른 부모들에게 희망을 주고 모임이 긍정적으로 마무리된다.

진행 중인 가정회기에 대한 슈퍼비전

리더가 보고서나 비디오를 통해 가정회기에 대한 슈퍼비전을 실시하는 경우에 보통 놀이회기가 어떻게 진행되어야 할지에 관한 핵심 질문으로 시작한다. 형식은 참여자들이 더 친숙한 것을 따르면 되는데, 잘되었던 것에 관한 질문과 도전받았던 것에 관해 논의한다. 리더는 심도 있는 슈퍼비전을 위해 첫 번째 회기의 보고서를 써서 가져오도록 하고, 이후에 비디오를 사용한다.

가정회기를 시작한 후 초기 모임에서 리더는 부모들이 가정회기의 내용들을 논의할 만한 것들로 선별할 수 있도록 더욱 적극적으로 안내할 필요가 있다. 리더는 임상 전반에 관해 잘 알아야 하고 전체로서의 집단의 욕구도 배워야 하며, 특히 임상과 관련된 문제가 있는 아동과 그들의 부모를 먼저 다루어야 한다. 예를 들어, 리더는 한 부모가 얘기한 제한의 문제가 어느 특정 아동만의 상황이 아닌 집단 구성원 누구에게나 적용되는 제안을 해야 한다. 리더는 또한 준비가 된 부모이건 그렇지 않은 부모이건 간에 가정회기에서 어려웠던 점에 관해 얘기하거나 그 일부를 선별하여 이후를 준비하도록 해야 한다. 만약 부모가 자신의 기술에 대해 과하게 비판적이라면 더욱 그렇다. 예를 들어, 어떤 부모들은 활동들의 전환에 어려움을 보이거나 또는 회기의 시작과 끝이 힘든 경우가 있다. 리더는 이러한 부모들 중 한 명에게 더욱 자세히 물어보거나 그들의 비디오에서 핵심을 찾아보도록 제안한다.

만약 회기에 대한 비디오나 보고서가 지루해 보인다면(예: 아동이 조용히 단조로운 활동을 하고 있을 때) 리더는 그 부분을 건너뛸 수 있다. 그러나 리더는 건너뛰기 전에 항상 부모에게 확인받아야 한다. 만약에 부모가 이것에 관해 동의하지 않는다면, 분명히 선택한 이유가 있을 것이다.

때로 부모들이 혼자 작성한 보고서는 너무 자세하고, 집단에서 그들에게 할당된 시간을 초과하기 때문에 비디오만큼 유용하지는 않다. 그러나 보통 부모들은 놀이회기에 관한 보고를 충분히 자세하게 하지 않는다. 리더는 부모들의 보고 형태를 잡아 줄 필요가 있는데, 예를 들어 이전에 아주 잘 작성된 보고서의 한 부분을 간략하게 보여주는 것은 말을 잘 안 하는 부모들이 그들의 사례를 확장시키는 데 도움이 된다.

초기 가정회기에서 부모들의 유능감 다루기

초기 가정회기 동안 리더는 부모들이 아동중심 놀이기술을 더욱 잘 실천되도록 하고, 그들의 자녀가 표현한 문제들에 관해 더욱 온전한 공감을 하도록 도와야 한다. 또 다른 부모들은 기술을 잘 발달시켰지만, 외부에서의 문제들 때문에 더욱 절실히 슈퍼비전을 필요로 한다. 다음의 예는 그러한 문제들에 대한 리더의 반응을 보여 주는 것이다.

놀이기술 향상의 예시

프레드의 어머니는 7세 아들이 괴물 피규어로 인형의 집을 공격하는 비디오를 보여줬다. 어머니는 아무런 말도 하지 않고 아들을 보고 있었다. 리더는 잠깐 비디오를 멈추고 얘기를 한다.

리더: 여기서 어머니는 아들을 이해한다는 것을 보여 주기 위한 공감적 반응을 사용해야 해요.

어머니: 저는 항상 나중에야 뭔가 말해야 했다는 걸 알아요. 프레드가 하는 것을 따라가면서 그러한 놀이를 했을 때 바로 말하기가 힘들어요. 항상 놀이를 따라가기 바빠요.

리더: 어머니는 아들이 집에서의 놀이회기를 아주 잘하고 있는 것에 매우 만족하는군요. 그러나 그 보조를 맞추지 못하는 것 같아요. 어머니가 말해야 한다는 것을 알지만 회기가 진행되는 동안 모든 활동에 대해 그렇게 하는 것은 굉장히 어려운 일이죠(집단의 다른 부모들 또한 이러한 일이 일어난다는 것을 단언한다). 또한 프레드의 얼굴과 몸을 통해서가 아니라 놀잇감을 통해 감정을 보일 때 이러한 반응을 생각한다는 것은 매우 어려운 일이죠. 우리는 다음 모임에서 이럴 때 어떻게 하는지에 관해 더욱 많이 생각하게 될 거예요.

어머니: "그건 두려운 일이야."라고 말할 것 같아요.

리더: 정말 잘하셨어요. 다음에 유사한 상황이 생긴다면, 어머니가 했던 말을 적용하는 데 도움이 될 거예요.

리더는 다른 부모들과 함께 공감적 반응을 재빠르게 알려 주는 대신 부모나 집단이 이러한 놀이 장면에서 해 볼 만한 좋은 반응이 어떤 것이 있을지 몇 분간 생각해 보도록 해야 한다.

외부 행동 문제가 있는 자녀를 둔 유능한 부모

이 예와는 대조적으로 가정회기에서 놀이기술을 적용하는 데 있어 유능감을 빠르게 획득하는 부모도 있다. 이런 경우 리더는 부모의 놀이기술을 개선시키기 위한 도움보다는 자녀가 가정 놀이회기 안에서 그리고 회기 밖에서 드러내는 근본적인 문제들에 집중해야 한다.

배경 정보

13회 모임에서 8세 토미의 어머니 페기는 학교로부터 토미가 다른 친구를 괴롭힌다는 얘기를 최근에 들었다고 하소연했다. 이에 덧붙여 처음 두 번의 가정회기에서 토미가 공격적이라는 보고를 했다. 어머니는 모임에서 이러한 행동을 짧게 보여 줬다. 리더는 다음 모임에서 페기가 심도 있는 슈퍼비전을 받도록 결정했다. 하나의 에피소드를 간략하게 발췌하여 보여 주기보다는 이후 가정 놀이회기에서 토미가 공격적인 행동을 보인 비디오 부분을 중단하지 않고 15분 정도 볼 수 있게 골라 오도록 했다. 14회 모임에서 페기의 슈퍼비전을 시작하면서 처음에 리더는 마지막 가정회기 기록을 무슨 일이 일어났었는지 관심을 갖고 보도록 했다.

리더 2: 우리가 보았던 회기는 매우 자연스러운 회기였어요. 우리와 함께 여기서 이것을 보고 난 뒤의 느낌은 어떤가요? 무엇이 잘된 것 같아요? 어머니에게 도전받는 느낌을 갖게 한 것은 무엇인가요?

페기: 저는 좋은 회기였다고 생각해요. 실제로 아무 문제도 없었어요. 저는 아들의 놀이가 그렇게 거칠거나 공격적이라고 생각하지 않았어요. 아들이 공격성을 드러내는 것으로 보았어요. 토미가 일종의 학교 문제를 갖고 있다는 것을 전화를 받기 전에는 전혀 몰랐어요. 저는 놀이회기에서 보이는 그 모든 공격성이 학교에서 아들을 더욱 나쁘게 만드는 건 아닌가 궁금해요. 어느 쪽이든 저는 토미에게 학교에 관해 뭐라고 말해야 할지 모르겠어요. 만약에 내가 다른 아이를 괴롭히지 말라고 하면 토미는 학교 선생님이 과장해서 말한 거라고 하면서

울 것 같아요. 때때로 저는 다른 아이가 단지 불평이 심한 건 아닌지, 선생님이 너무 토미에게만 예민하게('big eye') 구는 건 아닌지 궁금해서 토미가 어떻게 하는지 보고 싶어요.

리더 1: 그래요. 어머님은 진짜로 믿어야 할지도 모르겠고, 실제로 무엇이 일어나는지 모르는 것에 스트레스를 받는군요. 모든 것이 명백하기를 바라는군요.

페기: 네, 그래요. 그래서 선생님이 놀이회기에서 어떤 것을 골라 오라고 했죠? 토미가 상당히 공격적으로 놀이하는 부분이에요.

리더 2: 토미는 놀이회기에서 공격적이었군요. 그것은 사실이죠. 어머님은 필요할 때 빠르게 제한하는 것이 필요해요. 어머님이 명확하게 제한하면 아이는 제한을 받아들일 거예요. 어머님은 토미와 함께 어느 것이 올바르게 보이는지 얘기하여 수용하도록 만드는 것이 필요하죠. 펀치백을 치고 굴리고 점프하는 것을 멈추게 하는 것이 쉽지는 않아요. 그것이 어머니에게는 어려운 일이지만, 놀이회기를 통해 토미가 발산하는 것을 원한다면 허락해야 해요.

페기: 네, 토미는 작년에 아버지가 떠난 뒤로 많은 일을 겪었어요. 아버지는 심지어 토미의 생일에 전화나 생일카드도 보내지 않았어요.

리더 1: 어머님은 토미가 화난 이유를 이해했고 그것은 충분히 화낼 만하다고 생각하는군요. 아동들이 공격적으로 놀이하는 이유는 많지요. 토미의 놀이 이면에 무엇이 있다는 생각을 하게 한 것은 어떤 건가요?

페기: 토미는 펀치백을 계속 쳤거든요. 토미가 불같이 화내는 것을 보면서 토미의 아버지가 생각났어요. 저는 토미가 아버지를 닮지 않기를 바라요.

리더 1: 어머님은 토미의 놀이에서 아버지의 모습이 보일 때 걱정되는군요. 어머님은 놀이회기를 하면서 토미의 공격적인 감정이 더 나아지도록 돕기 위해 노력해야 해요. 우리가 모임 초기에 놀이치료에서 흔히 보이는 단계라고 말한 것을 기억해 보세요. 공격성은 종종 놀이회기 중반에 일어나요. 저는 아이가 한두 회기 안에 차분해질 거라고 기대해요.

우리가 봤던 놀이회기에서 저는 토미가 화난 감정을 해결하려고 노력하는 것으로 보여요. 아이의 놀이에서 주된 문제가 화난 감정인데, 가정회기에서 최대한 다뤄 준다면 회기 밖에서 분노를 표현하지 않을 거라고 생각해요. 하지만 만약 어머님이 다른 애들이 교활한 방법으로 토미를 짜증나게 하는 것인지 아닌지를 안다면 학교 문제를 도울 수 있어요. 우리는 현재 토미가 자신의 감정을 잘 다루지 못한다는 것만 알아요. 다른 아이들이 토미를 괴롭힌다고 호소하나요?

페기: 아니요. 하지만 토미는 아이들이 자기를 좋아하지 않는다고 말해요.

리더 2: 우리는 일반적으로 놀이회기에서의 분노가 일상생활로 이어진다고 생각하지 않아요. 그래서 저는 아이가 공격적인 놀이를 해서 다른 아이를 괴롭히는 거라고 생각되지 않아요. 놀이회기의 분노는 놀이 공간 안에 포함되어 있거든요. 실제 어떤 아동들은 놀이회기를 그들의 분노를 해결하기 위한 시간으로 사용해요. 그리고 놀이회기 밖에서는 분노를 억누르죠.

리더 1: 저는 선생님이 학교에서 일어나는 사건들을 어떻게 보고 있는지 어머님이 선생님과 얘기해 봐야 한다고 생각해요. 어머님은 토미에게 다른 아이와 잘 지내도록 도울 수 있는 방법을 얘기해 주고요.

페기: 네, 그럴게요. 다른 아이들이 실제로 작년에 토미가 놀이시간에 어떤 갈등을 일으켰다고 했어요.

리더 2: 어머님이 학교생활을 같이 얘기한 후에 다음 몇 주 동안 진정이 되는지 봅시다. 그리고 토미가 좀 더 놀이회기를 가진 후에 그것에 대해 얘기해 볼 거예요. 그렇지 않다면 어머님의 동의를 구한 후 선생님에게 전화를 할 거예요. 선생님으로부터 얻은 정보와 어머님이 배웠던 것을 함께 적용한다면 토미의 문제에 대한 해결방법을 찾을 수 있을 거예요. 놀이회기를 하면서 학교에서의 문제가 점차 해결되고 토미에게 변화가 있을 거예요. 실제 우리가 기대하는 일이죠. 그러나 만약 다른 친구들이나 담임선생님과 더 큰 어려움이 있다면 토미의 변화로 상황을 바꿀 수는 없죠. 환경적 변화가 토미 스스로 가져온 변화를 지지해 줄 수 있어야 해요. 다음 모임에서 우리는 어머님이 자녀와의 놀이회기에서 변화를 지지할 수 있도록 가족은 물론 학교에서 변화시키는 방법에 대해 자세히 살펴볼 거예요.

사례에 대한 의견

페기가 가정회기에서 토미의 공격적인 놀이를 유능하게 잘 다루고 적절하게 제한 설정을 하는지 아닌지 더욱 완전하게 정립하기 위해 그녀의 가정회기를 보는 것은 리더에게 중요했다. 이 경우에 비디오는 페기가 효과적인 제한 안에서 토미의 공격적인 놀이를 유지하도록 하는 것을 보는 데 유용하다.

처벌받거나 비난받기보다 수용될 때, 즉 놀이회기에서 공격적이게 될 기회를 갖게 되었을 때 아동의 공격성을 가라앉히는 데 효과적이라는 리더의 경험에 관해 다시 듣는 것이 집단에서는 유익하다. 리더는 공격성이 놀이회기 발달단계에 도움이 되는 전형적인 것이며, 부모가 잘 다루어 준다면 공격성이 최고조에 이른 이후 주로 약화될 것이라는 것을 강조하는 슈퍼비전을 준다.

저자도 놀이회기에서 매우 공격적이던 아동들이 다른 아동들을 밀치지 않고 줄을 잘 서 있고, 놀이터에서 더욱 잘 행동하는 것을 포함하여 학교에서 덜 공격적이 되었다는 많은 사례들을 경험했다. 따라서 사례에서 보였던 부모의 두려움과 반대로, 일반적으로 우리는 놀이와 공격성 간의 연결을 믿는다. 그것은 페기와 집단의 다른 부모들에게도 도움이 되었다. 이 사례에서 어머니 자신이 자녀의 공격성을 집단에서 함께 공유할 준비가 되어 있었고, 리더가 토미의 공격성에 대해 근본적인 이유를 탐색하기 시작했던 것 또한 중요했다.

리더는 학교 문제에서 토미나 어머니를 구조하려고 서두르지 않았고 대신에 어머니 스스로 이러한 문제를 관리하도록 권한을 부여하려고 시도했다. 리더는 토미의 놀이 주제를 공격성으로 봤다. 이 장 후반부에 제시되었듯이 다음 몇 번의 모임에서 놀이 주제에 관한 의견을 지속적으로 제공할 것이다.

가정회기에 유아, 십대, 다른 형제를 포함하기

가족이 가정에서 주 아동과 함께하는 놀이회기를 성공적으로 자리 잡게 하기 위해서 리더는 부모들이 다른 아동(초기에 '보조 아동'으로 일컬었던)과의 시간을 제공하도록 도와야 한다. 정서적 문제를 갖고 있지 않은 초기와 중기 아동기의 형제는 리더와 논의 후 매주 가정 놀이회기를 시작할 수 있다. 이러한 회기는 부모가 비디오 녹화는 하지 않지만 각 놀이회기를 가정 놀이회기 형식을 따라 간략하게 기록된 메모로 작성한다. 이러한 메모는 유아나 십대에게도 똑같이 적용되며 이후에 논의되겠지만 더욱 많은 각색을 필요로 한다.

형제들에게 정기적이고 특별한 시간을 제공하는 이유는 초기에 부모들과 함께 논의했지만, 여기서 다시 반복할 필요가 있는데 다음과 같다.

- 부모와 일대일로 함께하는 이상적인 조건을 제공함으로써 아동의 발달을 강화시킨다. 예를 들어, 유아와 십대 모두 발달에 적절한 방식으로 활동을 선택하는 데서 오는 자율성과 숙달을 확장시키는 기회를 갖는다.

- 부모가 자신의 정서적 표현과 욕구를 이해하도록 돕고, 자녀의 정서적 반응에 맞추어 나감으로써 부모에 대한 아동의 애착을 촉진한다.
- 자녀들 간의 경쟁이나 편애에 대한 잠재적 걱정을 피할 뿐만 아니라 자녀 모두에게 특별한 관심을 주지 못한다는 부모의 죄책감을 피할 수 있도록 '가족 전체'에 대한 개입을 제공한다.

유아 및 십대와 함께하는 놀이회기 준비시키기

자녀의 발달적 욕구가 다르기 때문에 그에 맞추어야 하나, 실천기술은 같다는 것을 리더가 부모들에게 상기시키며 준비한다. 계획한 시간에 지속적으로 매주 회기를 갖는 것이 부모에게는 중요하다. 이러한 규칙성에는 몇 가지 목적이 있다. 첫 번째, 유아와 십대가 이러한 회기의 패턴을 인식하도록 돕는다. 두 번째, 그들에게 매우 집중하는 정기적인 시간으로 가족에 있어 아동의 중요성을 반영한다. 세 번째, 부모들이 자녀들에게 믿을 만하고 신뢰할 만한 대상이라는 시각을 확실히 갖게 된다.

유아와 십대 모두 나이에 적절하고 적응을 돕는 재료와 활동을 필요로 하는데, 이후 논의할 것이다. 가정 놀이회기와 달리 특별한 시간은 비디오 녹화를 하지 않는다. 부모들은 피드백을 위해 집단 모임에서 쓴 보고서에 의존한다. '특별한 시간'에 대한 보고서 양식은 부록 20에 있다. 이렇게 유아와 십대에 대해 각각 쓴 주간 보고서는 가정 놀이회기 기록과 마찬가지로 부모가 모임에 가져와야만 한다.

유아와 함께하는 가정회기

리더는 매주 지정된 날에 유아와 함께하는 특별한 시간을 30분보다는 15분으로, 주로 더 짧은 시간을 권한다. 나이에 적절한 소재와 놀잇감을 매트나 담요에 놓는 것은 어린 아동들에게 놀이 공간의 경계를 시각적으로 상기시켜 주기에 항상 그렇게 해야 한다. 부모들은 유아를 위해서는 가정회기에서 사용하는 놀잇감보다 유아용 놀잇감이나 더 적은 수의 놀잇감을 선별하는 것이 필요하다. 또한 이러한 놀잇감들은 분리되어 단지 특별한 시간에만 사용할 수 있도록 해야 한다.

리더는 부모들에게 이 연령 집단에 적절한 방법으로 몸짓, 얼굴 표정, 어조 그리고 다른 비언어적 의사소통 방식을 총동원하여 매우 명확하게 사용해야 한다는 것을 상기시켜야 한다(Ryan & Bratton, 2008). 아동들은 근본적으로 비언어적이기 때문에 그들의 비언어적 지시를 따른다면 특별한 시간은 매우 창의적이고 만족스러운 결과를 보일 것이다. 유아들에게 적용하는 예를 부모들에게 보여 주는 것은 중요하다. 예를 들면, 유아가 아버지에게 장난감 전화기를 주었을 때, 유아는 보통 아버지에게 전화로 얘기를 시작하라는 것을 나타내며, 유아는 자신의 뜻대로 충분히 대답을 한다. 아버지는 아이가 대화를 끝내길 바랄 때까지 계속해야만 한다.

이 연령의 집단에서는 부모들이 가정 놀이회기에서 배운 3단계 제한 설정을 사용하기보다는 자주 반복해서 말과 행동으로 규칙과 제한을 강화할 필요가 있다. 유아에 대한 감정 반영은 제한 설정에서도 중요하다. 리더는 부모가 자녀의 기본 감정을 언어화하는 방법과 나이에 적절한 제한이 필요할 것이라는 것을 간략하게 검토해야 한다. 리더는 부모에게 그들의 어린 자녀가 더욱 성숙해져서 규칙을 빨리 지킬 수 있기를 기대하지 말고, 방에 있는 놀이 공간에서 '직접 해 보는(hands on)' 접근방식을 유지하도록 언급할 필요가 있다. 예를 들어, 부모가 매번 놀이회기마다 유아가 매트로 돌아오도록 하는 것과 함께 매트 위에 앉아 있도록 하는 제한을 반복해서 말할 필요가 있다. 특히 초기 회기에서는 더욱 그러하다. 그러나 유아가 매트를 벗어날 때 부모가 강하게 지적하는 것은 자녀에게 '너는 나쁜 아이야'라는 것을 강조하는 것일 수 있다. 놀이 공간에서 벗어나 여러 번 돌아오도록 하는 시도를 했으나 유아가 계속 고집을 부린다면 회기를 일찍 끝낸다.

고학년 아동 및 십대와 함께하는 가정회기

19회 모임 전에 이미 치료적 작업이 완수되는 경우는 매우 드물기 때문에, 리더는 집단 부모놀이치료 끝에 놀이회기를 '특별한 시간'으로 전환하는 선택 사항에 대해 소개해야 한다. 십대에게 이러한 특별한 시간을 소개하는 방법에 관해 들어야 집단이 이후 누구를 선택할지 준비할 수 있다.

프로그램에 유아를 포함하는 것에 있어 종종 부모들은 열의를 가지고 받아들인다. 그러나 어떤 부모들은 십대 자녀를 포함하는 것을 더욱 두려워하는 듯 보인다. 부모의 초기 반응은 십대 자녀가 부모와 함께 매주 리더가 제안한 30~45분조차 특별한 시간을 보내기를 원하지 않는다는 것이다. 부모는 십대 자녀가 독립적인 삶을 살고 있으며, 가정보다는 친구와 함께 있기를 원한다고 말할지도 모른다. 프로그램의 다른 부분과 마찬가지로 이런 경우에 리더는 십대 자녀가 특별한 시간을 갖는 것을 거부할 것을 걱정하는 부모의 의구심과 저항에 대해 공감을 보이는 것이 중요하다. 리더는 특별한 시간이 십대들의 흥미에 맞게 조정될 수 있다는 것을 부모들이 확신할 수 있도록 하는 것 또한 중요하다.

일반적으로 나이 든 아동들(11~12세와 십대들)은 놀잇감을 갖고 노는 것은 바보 같다고 느끼기 때문에 '놀이회기'를 그들의 어린 동생이 놀잇감을 갖고 노는 시간이라고 생각할 것이다(Ryan & Wilson, 2005). 그러므로 우리는 부모들이 그들의 어린 동생들과 하는 가정회기와 같이 십대들과 상호작용하는 시간을 제공할 때 '특별한 시간'이라는 용어를 사용하기를 권한다. 리더는 다른 집단에서 십대 자녀와 성공적인 시간을 보냈던 예를 들어 줄 수 있다. 많은 상호작용 활동들은 십대들의 흥미에 기초하여 이루어진다. 미술 및 공예 활동, 머리 손질과 화장, 카드나 보드게임, 상호적인 컴퓨터 게임, 함께 빵 만들기, 농구나 골프 퍼팅하기 등은 많은 가능한 활동들 중 몇 가지이다. 리더는 장기간에 걸쳐 해야 하는 너무 포부가 큰 활동이나 전문적 속성을 지닌 활동보다는 그들 스스로가 특별한 시간을 함께하고 싶고 지속 가능한 활동들을 부모에게 조언해야 한다. 매주 45분이라는 시간의 반을 프로그램을 고안하기 위해 협력하는 것 또한 활동 중의 하나가 될 것이다.

십대와 함께 해 볼 만한 적절한 활동들을 선별하는 데 있어 다른 고려사항은 부모가 가르치는 활동은 피해야 한다는 것이다. 예를 들어, 부모의 작업실에서 어린 십대들과 함께 활동을 하는 것이다. 이것은 부모들에게 있어 자녀에게 도구를 사용하는 것을 가르칠 좋은 기회일 것이다. 그러나 목공을 가르치면서 부모는 많은 규칙과 주의사항을 주는 권위적인 역할을 맡게 된다. 그러므로 이러한 종류의 활동들은 특별한 시간에 하도록 권하지 않는다. 주로 십대의 흥미에 따라 선택된 활동들이 지배적이면서 부모들 또한 정서적으로나 신체적으로 감당할 만한 제안이어야 한다. 만약 부모가 특별한 시간을 함께하는 것에 있어 인내심이 한계에 달한다면 그 회기는 잘되지 않을 것이다. 이러한 점을 보호하기 위해, 부모는 십대 자녀가 제안한 활동들에 동의하기 전에 그러한 활동에 수반되는 것들을 생각해 봐야 한다.

특별한 시간의 개념 소개하기

우리는 부모가 십대와 매주 함께하는 특별한 시간의 개념을 다음과 같이 소개하기를 권고한다.

> 엄마는 (아동의 이름)와 함께 무언가를 하는 시간을 보내려고 해. 엄마가 너와 했던 놀이 방식과는 매우 다른 어떤 것을 해 보고 싶어. 함께 시간을 보내는 것에 대해

너의 생각은 어떤지 알고 싶어. 엄마는 집에서 30분(또는 45분)간 우리가 할 만한 것들을 생각해 봤어.

십대는 "난 몰라요. 난 아무 생각 없어요."라고 말할 것이다. 부모는 부모 자신의 감정을 점검하는 한편, 이러한 감정을 반영해 줘야 한다. 활동들을 수용하느냐 수용하지 않느냐 협상하는 것은 그들의 복잡한 감정을 반영할 수 있는 기회일 뿐만 아니라 십대의 자율성에 대해 부모가 인식할 수 있는 중요한 부분이다. 부모들은 십대와의 협상과정에서 아동중심 놀이기술을 적용하는 방법에 관해 생각할 필요가 있다. 이 과정에서 리더가 부모 역할을 하든, 부모나 다른 리더가 십대 역할을 하든 역할놀이를 할 수 있다. 리더는 부모가 개인적 경계는 유지하면서 협상하는 대화를 통해 십대의 감정을 반영하는 것이 중요하다는 것을 부모에게 역할놀이를 사용하여 직접적으로 보여 줄 수 있다. 예는 다음과 같다.

'십대'와 협상하는 역할놀이의 예

'부모'[부모 역할을 하는 리더]: 나는 이제 너의 동생과의 가정 놀이회기에서 배운 것들을 가지고 너와 함께하는 특별한 시간을 보내려고 해.

'십대'[십대 역할을 하는 리더]: 아니……. 동생의 물건들. 난 놀이를 하고 싶지 않아요.

'부모': 너는 그것들을 하기에는 너무 컸다고 생각하는구나. 넌 좋아하지 않는구나. 우리가 같이 해 볼 만한 것을 생각할 수 있지 않을까?

'십대': 그럼 나는 주말에 나가야 하는데, 집에서 꼼짝도 할 수 없잖아요.

'부모': 넌 이것이 좋은 생각이 아니라고 확신하는구나. 너는 전에 이런 것에 관해 생각을 해 본 적도 없고 친구들과 함께 시간을 보내는 것이 중요하겠지. 네가 마음을 정하기 전에 이 생각에 대해 좀 더 얘기해 보자. 나는 집에서 일주일에 한 번 30분 정도 함께하기를 원해. 아마도 목요일 밤 9시쯤 동생이 잠자리에 들거나 조용한 때로 시간을 정할 수 있어. 나는 우리가 함께할 것들에 관해 생각해 봤어. 나는 함께 미술 작업을 하거나 머리 손질이나 화장을 함께하는 것들을 해 볼까 해.

'십대': 알았어요! 나는 인터넷을 할 거예요. 그리고 서로 만나는 대신 이메일을 보내요.

'부모': 나는 너와 실제 시간을 함께 보내고 싶은 건데……. 너는 컴퓨터를 하는 것이 아니라서 실망한 것 같아 보이네.

'십대': 컴퓨터를 한다고 해도 우리가 할 수 있는 게 뭐가 있어요?

'부모': 함께 컴퓨터를 하는 것에 흥미가 있구나. 컴퓨터 게임을 하거나 풍부한 머리 스타일을 웹 사이트에 들어가 찾아보거나 함께 무언가 할 수 있는 것을 생각해 보면 어떨까?

'십대': 우리가 몇 주는 그렇게 하고, 또 다른 주에는 함께 그림을 그리면 좋겠어요.

'부모': 네 스스로 어떤 아이디어를 떠올렸네.

역할놀이에 대한 집단 논의

리더는 부모가 십대들의 감정을 반영하는 동시에 그들 스스로 의견을 제시할 수 없다면 역할놀이 후에 논의를 하도록 안내해야 한다. 그리고 협상과정 동안 그들의 특별한 시간을 함께 구조화하고 제한하는 방법을 안내해야 한다. 십대와 함께 협상과정을 역할놀이로 하는 것은 이후 논의될 집단의 몇 가지 목적들을 지지한다.

십대 자녀와 함께 놀이시간을 준비하는 부모들에게 시작하는 방법을 알려 주고, 어린 자녀를 둔 부모들은 이후를 준비하게 도와주며, 고학년 자녀와 회기를 시작하는 부모들은 공감이 되어 집단에 더욱 관심을 갖게 된다. 앞에서 언급한 것처럼 다른 어떠한 목적보다 중요한 것은 집단 부모놀이치료 프로그램의 끝에 가정 놀이회기를 '특별한 시간'으로 변화시키는 선택을 그들의 자녀와 함께 논의하는 방법을 알려 주는 것이다.

십대와 함께하는 특별한 시간에 생기는 문제

특별한 시간에 동의하고 매주 특별한 시간을 보내는 동안 부모들은 놀이회기에서 배웠던 3단계에 따라 제한을 설정하고 감정을 반영하면서 아동중심 기술을 십대 자녀에게 보조를 맞추어 실천하면 된다. 리더는 어린 아동과 함께 활동하는 놀이회기보다 십대와 함께하는 복잡한 활동에 훨씬 더 부모가 몰입되어 있는 것을 발견하는 경우가 있다는 것을 언급한다. 이러한 몰입은 차이를 받아들이기 전까지 아동중심 기술을 실천하는 데 있어서 부모들을 더욱 도전하게 만들 것이다. 또한 교육하거나 평가하려고 하는 숨은 의도를 가진 부모 없이 십대들이 즐거운 활동에 참여할 기회를 갖게 되는 데 결정적 요인이다. 리더는 또한 부모들이 십대 자녀에게는 치료적 기술을 놀이치료보다는 상담과 유사하게 언어적 수준에서 사용하고 있다는 것을 지적해야 한다. 실제 십대들은 부모가 대화에서의 주도권을 자신에게 갖도록 허용하고 있다는 것을 알고 나면 종종 어떠한 활동을 함께하기를 원하기보다는 부모들과 매주 특별한 '이야기 시간'을 갖고 싶어 한다.

십대와 함께하는 특별한 시간 동안 생기는 다른 문제들은 십대가 초기에 특별한 시간을 충실하게 이행하지 않거나, 매주가 아니라 간헐적으로 하고 싶어 할 때, 부모들은 슈퍼비전을 받을 필요가 있다. 종종 성실함이 결여된 십대는 부모의 너그러운 제안에도 거부감을 느낄 수 있다. 리더는 아동기 때보다 더 큰 독립으로의 전환에 대해 부모들이 인식하도록 도울 필요가 있다. 때로는 매우 독립적이고 또 다른 때는 매우 의존적인 것 사이에서 동요하는 십대들은 종종 단편적이고 불완전한 방식으로 대하는 부모로부터 독립하려고 한다. 부모들은 또한 자녀의 삶에 즉각적으로 개입하지 않고, 십대가 가치 있는 선택을 할 것이라고 믿어 주고 옆에서 기다리고 지켜보는 등 정서적으로 유연해야 한다. 리더는 십대 자녀가 항상 받아들이지 않을지라도 매주 시간을 지속하려고 하는 부모를 격려해야 하고, 이러한 문제는 집단 모임에서 논의되어야 한다. 다른 여러 문제들 가운데서도 유용함/무가치함, 권위/무기력감, 유능함/무능함 등 부모의 개인적인 감정은 십대 자녀와 함께하는 회기에서 도전받기 쉽다. 리더는 부모들이 특별한 시간에 보이는 십대 자녀들의 반응을 발달적 맥락에서 보도록 도와야 한다. 다음 부분에 그것에 관한 개요를 서술할 것이다. 이러한 논의를 하는 동안 부모들은 가정 놀이회기와 유사한 특별한 시간이 애착 형성의 목적뿐 아니라 발달적 목적도 갖고 있다는 것에 대해 더욱 명확해질 것이다.

요약하면 리더는 발달적 맥락에서 자녀의 반응을 이해하려는 부모를 지지하고 전체 집단이 배울 수 있게 십대 자녀의 회기에 대한 유용한 슈퍼비전을 제공한다. 그러나 유아와 마찬가지로 십대와 함께하는 특별한 시간에 어떠한 심각한 임상적 문제들이 생긴다면, 리더는 요구가 있을 때 다른 형태의 의뢰를 고려하고 이러한 문제는 부모놀이치료 슈퍼비전에서 다뤄야 한다.

놀이주제

정서적 문제를 갖고 있는 아동의 놀이에서 가정 놀이회기가 자리 잡은 후에 집단에서 논의해야 할 것은 놀이치료자가 '놀이주제'라고 부르는 것이다. 부모가 실천에 있어 기술이 능숙해지면서 자신감이 증가하면 모임에서 더 많은 시간을 아동의 놀이 장면의 의미에 관해 생각하는 데 보내게 된다. 부모들이 놀이의 의미를 탐색하려고 할 때 모임에서 가족의 세부적인 것까지 공유하게 됨으로써 더욱 친밀해지기 때문에 리더와 참여자 모두 특권을 가진 위치에 있게 된다. 이러한 주제가 다른 사람들과 논의하기에 매우 흥미로울지라도, 리더는 이 단계에서 집단 밖에서 다른 사람에게 전달하지 않고 가족의 사생활을 존중한다는 비밀보장에 관해 부모들에게 상기시킬 필요가 있다.

리더는 이미 가정 놀이회기를 준비할 때 모임에서 부모들이 놀이회기를 해 보는 것과 가정에서 아동과의 회기 내용이 다를 것이라고 주의를 주었다. 부모가 가정회기에 적용하려고 할 때는 더욱 철저하게 아동의 놀이 의미에 대해 찾아보아야 한다. 특히 하나의 놀이 맥락이 아닌 지금 하고 있는 놀이에서 찾으려고 하면 어려울 것이다. 부모가 집단에서 놀이의 의미에 관해 얘기할 때 종종 다른 부모들은 새로운 시각으로 아동의 놀이에 관해 생각한다. 예를 들어, 자신의 아이가 가정 놀이회기에서 놀잇감 비행기로 비행기 사고를 내는 놀이를 하는 것을 보고 충격을 받은 한 부모는 최근 휴가 기간 동안 공항에서 유사한 사고가 있었다는 것을 엄마가 얘기하는 걸 아이가 우연히 들어서 이런 것은 아닐까 하는 의문이 생겼다. 또 다른 부모는 아동이 놀이 공간 주위를 한 발로 뛰어다니는 것을 보고, 초기에 있었던 사고와 관련이 있을 것이라고 생각한다.

리더는 항상 부모들이 전문가들에 비해 그들의 자녀와 가족들에 관해 매우 많은 개인적 정보를 갖고 있다는 것에 흥미로워한다. 부모들은 종종 매우 빨리 아이의 놀이를 실제 생활의 사건과 연결시켜 보게 된다. 저자의 경험으로 보면 부모들은 보통 다른 부모들이 그들에게 통찰을 줄 때, 자녀의 놀이 장면에서 일어나는 일들의 의미를 이해하기 시작한다. 그러나 부모가 어쩔 줄 몰라 할 때 리더는 이러한 놀이 장면의 의미를 부모가 발전시킬 수 있도록 촉진할 필요가 있다.

놀이주제에 초점 맞추기

부모가 아동의 정서적 메시지나 놀이주제에 흥미를 갖게 되는 초기단계에 이러한 의미들이 부모에게 명확하지 않을 때, 리더가 부모와 함께 자녀의 놀이에 나타난 가능한 의미들을 적극적으로 찾지 않는 것이 저자의 경험상 가장 성공적이다. 리더가 부모에게 "당신의 자녀가 놀이에서 의미하는 것이 무엇이라고 생각해요?"라고 묻는 것은 비생산적이다. 특히 리더는 놀이회기를 분석하려는 부모들에게 이러한 질문을 한다. 예를 들어, 부모는 종종 이렇게 말한다. "우리는 너무 재밌었어요." 이러한 경우에 리더는 부모의 해석에 부가적으로 의미를 덧붙이는 것을 의도적으로 자제할 필요가 있다. 리더는 이러한 부모의 감정을 강조하는 대신에 부모가 자신의 아이를 친밀하게 느꼈고 놀이회기가 진행되는 방식에 관해서도 만족하고 있음을 분명히 말해 주어야 한다. 집단 전체가 점차 놀이주제에 초점을 맞추게 되면 보통 부모들은 리더의 어떤 지시적인 개입이 없이도 곧 아동이 놀이에서 나타나는 의미에 관심을 갖게 된다.

아동이 가정 놀이회기에서 보이는 정서적 문제들에 대해 리더가 쉬운 전문용어를 사용하는 것은 중요하다. 만약 리더가 아동의 행동에 대해 심리학적 용어를 사용하여 행동에 이름을 붙인다면, 부모들은 아동의 행동과 의미에 관해 탐구하는 능력을 발전시키는 기간을 단축시켜 빠르게 받아들이게 된다. '놀이주제'라는 용어처럼 놀이치료 용어를 사용하는 것은 역효과를 낳을 수 있다. 이러한 용어는 놀이의 의미를 이해하는 데 어려움이 있는 부모들을 방해할 것이다. 오히려 극단적으로 반대쪽에 있는 부모들, 즉 아동의 놀이에 대해 과도하게 인지적이거나 임상적/진단적 방식으로 보는 부모들을 강화할 것이다. 예를 들어, 놀이의 한 형태로 생활연령에서 기대되는 수준보다 더욱 낮은 수준의 아동놀이를 심리치료 문헌에서는 '퇴행적인'이라고 이름 붙인다. 보통 경멸적으로 해석되는 이러한 용어 때문에 우리는 이러한 놀이에 '퇴행적인'이라고 이름 붙이는 대신, 리더가 '양육을 추구하는/양육적인 놀이'라고 부르거나 또는 '보살핌 받기를 원하는'이라고 부르기를 제안한다.

또한 리더는 부모들의 감정이 타당하다고 계속해서 강조하는 것이 중요하다. 예를 들어, 아들이 여성스러운 놀이 장면에 관여할 때, 아버지는 아들의 잠재된 성 정체성의 문제에 관해 걱정할 수 있다. 이런 경우에 리더는 아버지가 자신의 감정을 다스리도록 돕는 것이 첫 번째이다. 상당히 옳지 않다고 느끼는 과거 경험을 아들이 다시 체험하는 것은 유용한 정보를 준다. 아들이 성 정체성의 문제를 해결하기 위해 남성이 되었을 때의 느낌과 여성이 되었을 때의 느낌을 놀이로 나타낸다고 리더가 간단하게 말해 줄 수 있다.

> 제임스는 아버님이 아이를 받아 줘야 한다는 것을 보여 주고 있네요. 아버님은 여기에서 아이가 원하는 대로 따라가기만 하면 돼요. 아이가 아버님에게 스카프를 두르라고 했을 때, 아이는 아버지가 할머니 역할을 해 주기를 원했고, 자신은 어리고 무기력한 소녀를 하려는 것 같아 보여요. 누가 주도를 하건 아이를 따라가다 보면 곧 다른 문제들이 드러나게 돼요. 아이의 발달에서 무기력의 문제가 어떻게 나타나는지 보죠.

분노는 또한 부모들이 가정 놀이회기에서 쉽게 수용하기 어려울 것이다. 그것이 단지 모임에서 실습해 보는 회기일지라도 쉽지 않다. 리더는 자녀가 전달하는 정서적 메시지를 이해하도록 돕는 것과 함께 부모가 자신의 감정과 기대를 표현하도록 도와야 한다. 부모는 토론 중에 말할 수 있다. "에드는 내가 져 주지 않아서 화를 내요." 리더는 이것이 부모에게 불편한 감정을 불러일으킨다는 것을 무엇보다도 먼저 공감해 주어야 할 것이다. 그런 후에 에드처럼 상호작용하는 것에 대한 부모의 생각을 들어 보도록 한다.

놀이주제를 포함하여 토론을 확장시킨 예

마사의 부모는 15회 모임 동안 초점을 맞춘 가족 중 하나였다. 6세 마사는 선천적으로 음식을 소화시키는 데 심각한 어려움을 갖고 있었다. 이로 인해 세 번의 중대 수술을 받았고 곧 다른 수술 하나를 받게 되어 있다. 부모는 매주 아이와 함께 가정 놀이회기를 가졌다.

아버지: 우리는 이번 주에 함께 병원놀이를 했던 가정 놀이회기 전에 마사가 병원을 갔다 온걸 알고 있죠. 우리는 함께 비디오를 보면서 그 얘기를 했었고, 그 때까지는 그 놀이에 대해 모든 것을 이해하지는 못했어요.

리더 1: 우리 모두 함께 볼 수 있도록 비디오를 가져온 것을 기쁘게 생각해요. 이 장면 뒤에 어떤 일이 일어날지 보죠.

(비디오는 병원놀이의 한 부분이다. 마사가 갑자기 아버지에게 여러 가지 다양한 역할—간호사, 의사, 응급차 기사, 청소부—을 시켰다. 그들은 모두 침대의 아기를 보살피느라 바빠 보였다. 이 장면은 갑자기 집에 있는 아기가 놀잇감을 갖고 놀며 크게 노래 부르는 장면으로 바뀌었다. 그러고 나서 마사는 모래로 가서 아기를 위한 신비의 약을 만드는 것 같았다. 이 모래놀이는 몇 분간 지속되었다.)

리더 2: 매우 강렬한 회기네요.

부모 1: 따라가기 어려워 보여요.

리더 1: 다 같이 봤는데, 아버님은 이것을 어떻게 생각하세요?

아버지: (걱정스러운 표정과 말투로) 아이가 내게 간호사가 되라고 했다가 응급차 기사가 되라고 했다가 병원의 청소부가 되라고 계속 변하는 걸 보면서 마사의 불안한 감정이 놀이에서 더욱 명확해지는 것 같았어요. 그러나 저는 아직 그 밖에 다른 것은 잘 모르겠어요.

리더 1: 그것을 다시 본다는 건 아버님과 로렌(어머니)을 더욱 불안하고 혼란스럽게 하는군요. 아버님은 올바른 반응을 통해 마사를 더 잘 돕기를 원하는군요. 마사의 욕구를 지지하면서 조용히 있는 것이 어렵기 때문에 아버님이나 어머님

모두 불안했을 거예요.

아버지: 그것이 매우 길게 느껴져서……. 난 단지 그 상황이 빨리 끝나길 바랐죠.

부모 2: 아버님이 아무것도 하지 않는 것은 정말 어려운 것 같아요. 아버님은 그냥 무슨 일이 일어나는지 기다리기만 하면 되죠. 마사가 놀이를 너무 서둘러서 끝내 버린 건 아닐까 생각해요.

아버지: 매우 급하다고 느꼈어요.

어머니: 이번 주 나와의 놀이회기에서도 마사는 같은 놀이를 했어요. 아이는 잠시 수술실의 의사가 되어서 병원의 다른 누군가를 방문했어요.

부모 3: 아이는 아마도 자신의 걱정과 관련하여 놀이로 보여 주는 것 같은데 그렇다고 두려워질 정도로 너무 오래 걱정하고 싶지는 않은가 봐요.

아버지: 저는 아이가 우리 또한 두려워할까 봐 걱정하는지 궁금해요. 놀이에서 다양한 역할을 하는 것이 어렵지만 전 그것이 단지 기다리는 것이 아니라 뭔가를 하고 있다는 느낌을 갖게 해요.

부모 4: 아주 잘하고 있네요. 저는 마사가 집에서 아기가 노래 부르는 놀이를 한 것이 흥미로워요. 그리고 아기를 위해 신비의 약을 만든 것 또한 매우 긍정적인 것 같아요.

어머니: 전 놀이에서 이것을 알아차리지 못했어요. 노래 부르기는 매우 빨랐고, 병원 놀이와 마법의 약을 연결해서 생각하지 못했어요.

리더 1: 어머님이 걱정하고 있을 때 아이의 놀이에서 긍정적인 어떤 것을 놓치기 쉬워요. 마사가 놀이에서 노래를 부르고 신비의 약을 만들 때 느낌은 어땠을까요?

아버지: 아이는 자신을 위해 무언가를 하는 것처럼 보였어요. 그러나 마술적 해결책이 실제 해결책으로 보이진 않았어요.

어머니: 마사는 아기를 돌보는 것에 무력감을 느끼는 것 같았어요.

부모 2: 하지만 아이는 아기를 잘 돌보는 것처럼 보였어요. 아마도 잘하고 있다고 상상하면서 자신을 긍정적으로 느끼지 않을까요?

아버지: (밝은 목소리로) 그래요. 아이는 긍정적으로 느끼는 것 같았어요. 아마도 아이는 스스로를 믿기 위한 방법을 찾으려고 한 것 같아요.

어머니: 그래요. 남편도 알듯이 어제 아이가 병원에서 집으로 돌아온 후에 자신이 처음에 먹을 수 있었던 것이 무엇인지 말해 달라고 했어요.

리더 1: 어머님은 이제 아이가 어머님에게 가진 신뢰를 더욱 높일 수 있는 방법과 아이 스스로 희망을 갖게 하는 방법을 생각하기 시작했네요.

아버지: 이해가 되네요. 저는 이제 아이와 다음 놀이회기를 갖기를 진정 원해요.

리더 1: 아버님은 마사의 가정 놀이회기에서 생긴 일들이 좋은 일들이라고 생각하는군요. 아버님이 마사에게 부담 주지 않기 위해 노력한 것과 아버님의 걱정을 다른 사람과 나누려고 한 것 모두 잘했다고 생각해요. 아버님이 마사가 이끄는 대로 따라간 것은 잘한 거예요. 심지어 그렇게 하기 어려울 때조차도 아버님은 그렇게 했지요. 그래서 저는 아버님이 다음 번에도 또 그렇게 할 수 있을 거라 확신해요. 마사가 다음에 병원 장면을 꾸밀지 아닐지 모르지만, 우리는 기쁜 마음으로 아버님과 함께 다음 주에 일어날 일을 잘 지켜볼 거예요.

아버지: 마사의 놀이회기에 대해 함께 생각하는 것이 제게는 많은 도움이 되었어요. 이제는 그렇게 무질서하다고 느끼지 않아요. 만약 마사가 병원놀이를 다시 한다면 제가 이번 주에 해야 할 것들을 유념할 거예요.

사례에 대한 의견

함께 비디오를 봄으로써 집단은 마사의 놀이회기를 매우 직접적으로 경험할 수 있었다. 리더는 초기에 부모가 힘든 감정들을 처리하도록 돕고, 부모와 집단에게 마사의 놀이주제(예: 아이 자신, 병원 그리고 부모에 대한 아이의 신뢰)를 이해하도록 한다. 부부가 서로를 지지하고, 집단의 다른 부모들도 효과적인 지지를 하고 있으므로 리더가 부모의 근본적인 감정을 직접적으로 얘기해 줄 필요는 없다. 또한 다른 부모들의 의견이 효과적이고 통찰력이 있기 때문에, 리더는 피드백을 하는 동안 마사 놀이의 근본적인 의미에 연연할 필요가 없다. 프로그램의 이 단계에서는 주로 부모들이 서로에게 자주 지지를 해 준다. 또한 사례는 현 시점에서 그들이 이해한 놀이주제를 일상생활과 연관시킬 수 있고, 부모가 자녀를 실제로 잘 아는 전문가가 되는 방법을 보여 준다.

생애 초기 어려움을 겪은 아동

초기 생활사가 좀 더 복잡한 아동들, 특히 원가족으로부터 분리되어 입양되거나 위탁되어 있는 아동들에 대해 리더는 일반적인 부모들보다 아동의 놀이를 따라가며 가능한 숨은 의미를 더욱 많이 생각해야 한다는 것을 알아야 한다. 예를 들어, 10세의 제인은 2세 때 입양되었고 아이의 입양부모들은 제인의 놀이에 관해 집단에서 리더와 함께 더 깊이 생각하는 것이 도움이 되었음을 알았다. 10세의 제인은 여러 놀이회기에서 아버지와 함께 숨바꼭질을 하며 보냈고 그런 뒤에 아버지에게 돌아와 팔을 벌리고 흔들면서 보내는 것이 두드러지게 나타났다. 아이는 또한 아버지에게 터널을 붙잡고 있으라고 하고 자신이 그 안으로 들어가서는 자신이 말할 때까지 아버지는 조용히 있도록 하는 게임을 만들었다. 제인은 한동안 터널 속에 숨어서 아버지에게 말없이 움직이지 않았다. 이러한 놀이 진행은 아버지에게 다소 괴롭고 배제된 느낌을 갖게 했다. 부모 모두 그 놀이가 제인이 최근 동요했던 애완동물의 죽음과 관련이 있는 것인지 의문이 들었다. 리더가 제인의 초기 경험이 아이의 놀이에도 영향을 미친 것 같다고 했을 때 부모는 생각에 잠겼고 이러한 놀이 장면이 최근의 사건뿐만 아니라 제인이 입양되기 전 초기의 경험과 관련이 있을 가능성에 동의했다.

제인의 예에서 보여 주듯이 일반적으로 리더는 아동의 놀이 내용을 문자 그대로 얘기하기보다는 상징적으로 생각하도록 부모들을 돕길 원한다. 심지어 아동의 일상 경험이 명확하게 직접적으로 연관되어 나타날 때조차도 리더는 부모들이 더 넓고 깊게 정서적 문제를 고려하도록 돕기를 원한다. 제인이 터널에 숨어서 아버지의 반응을 직접적으로 요구하는 것처럼 부모가 직접적으로 개입하고 행동으로 반응해야 할 때보다, 아동의 상상놀이—예를 들어, 아기인형이 괴로워하고 외로워하는 아동의 놀이—에 나타난 근본적인 상징을 부모가 고려하는 것이 더 쉽다. 어떠한 경우이든 리더가 스스로 의미를 생각해 보고자 하는 부모를 격려하는 것은 중요하다. 그리고 요구가 있을 때 설명은 보충적으로 이루어져야 한다.

다음 부분은 리더가 놀이주제에 관해 생각할 수 있는 일반적인 구조적 틀을 제공하고 부모와 함께 그것들을 토론한 것이다.

놀이주제: 집단 부모놀이치료에서의 활용

리더는 이미 부모가 시연하고 놀이회기를 실천한 것에 기초하여 아동의 놀이주제에 관한 많은 생각을 논의해 왔다. 이 시점에서 리더는 가정 놀이회기 동안 표현된 아동의 정서적 욕구에 관해 더욱 넓게 그리고 깊이 사고할 수 있는 부모의 능력을 확장시키고 강화하는 것을 목적으로 해야 한다. 리더는 부모가 놀이주제를 알아차려 자녀의 근본적인 정서적 욕구를 이해하도록 함으로써 부모들이 아동의 가정 놀이회기에서의 상상놀이, 자녀의 욕구와 동기, 그리고 일상생활에서의 행동 모두를 더욱 완전하게 이해하도록 돕는다. 리더는 이미 자신의 놀이치료 경험으로 인해 놀이주제의 개념과 친숙하다. 놀이주제를 정의하고 이러한 주제를 사용하여 아동의 욕구와 정서적 발달을 논의하는 것은 치료자에게도 복잡한 과정이다. 라이언과 엣지(Ryan & Edge,

2012)는 이러한 과정을 조사하고 주제를 이해하기 위한 구조적 틀을 만들기 시작했다. 이 논문의 개념은 집단 부모놀이치료에 그대로 적용되었다. 이것은 리더에게 부모와 함께 놀이주제를 사용하기에 과하게 복잡하지 않은 분명하고 폭넓은 틀을 제공해 줄 것이다.

주제 정의하기

놀이주제는 여러 가지 방식으로 정의될 수 있다. 아동들은 한 회기에 여러 번 놀이 장면을 반복하거나, 한 놀이를 오랜 시간 지속하거나, 여러 회기에 걸쳐 같은 놀이를 반복한다. 종종 아동들은 놀이에 매우 몰입되어 있으며, 그들에게 놀이는 매우 중요하게 보인다. 단지 아동들의 놀이뿐만 아니라 집과 학교에서의 행동 또한 같은 문제를 반영하고 있는 것처럼 보인다. 어떠한 주제는 좋은 소년(예를 들어, 경찰관, 우주선 선장 등) 대 나쁜 소년(예를 들어, 해적, 강도, 사악한 우주비행사 등)과 같은 환상의 형태로 표현된다. 어린아이들뿐만 아니라 큰아이들에게도 자주 등장하는 선과 악의 주제는 매우 보편적이고 가장 오랜 기간 지속되는 아동기 발달과업인 도덕성의 발달을 다루는 것으로 간주된다. 예를 들어, 무기력감이나 희망의 결여와 같은 놀이주제는 아동이 모든 트럭과 차들을 서로 부딪치거나 한 무더기로 쌓아 놓은 채 놔둔 것처럼 명확하게 놀이에서 표현된다. 다시 말해서, 주제는 여러 가지 형태로 표현될 수 있다. 아동이 놀이주제를 만들어 내는 다양하고 창의적인 방법에는 아마도 끝이 없을 것이다. 이 부분의 후반부에 놀이주제를 발달적으로 이해하고 명명하기 위한 일반적인 틀을 설명해 놓았다.

놀이주제의 여러 가지 측면을 리더는 가정 놀이회기의 슈퍼비전과 토론에 포함해야 한다. 이것은 다음과 같다.

- 아동이 자신의 놀이회기의 근본적인 의미에 대해 토론할 능력이나 의식적인 이해를 가지고 있다고 기대하지 않는다. 아동들은 자발적으로 놀이하고 일반적으로 그들의 놀이가 의미하는 것을 이해하지 못한다. 그러나 때로 고학년 아동들은 놀이에 관한 그들의 생각을 자발적으로 연결시킬 수도 있다. 부모들은 아동에게 가정 놀이회기에서 부각된 근본적인 문제나 주제에 관해 질문을 하지 말아야 한다는 것을 상기할 필요가 있다.
- 놀이주제는 매주 회기에서 보이는 아동의 놀이와 행동의 이면을 부모가 볼 수 있

도록 하는 이해의 창으로 사용되어야 한다. 부모가 때로는 가정회기를 진행하는 동안 주제를 정의하기도 하는데, 주제는 종종 부모 집단놀이치료 모임에서 비디오를 다시 보면서 놀이회기 내용을 토론할 때 더 잘 이해된다.

- 놀이치료자는 놀이주제에 관해 다른 방법으로 생각해야 하는데, 올바른 방법은 없다. 부모는 또한 놀이회기에 보인 주제를 일상에서 아동과 함께 정서적 문제에 관해 생각할 때 유용하게 사용할 수 있다.
- 부모는 종종 치료자보다 주제를 맥락 속에서 이해함으로써 자녀의 삶에 있어 '전문가'가 된다는 이점이 있다.
- 때로 놀이주제는 매우 명확하지만, 어떤 때는 알기도 어렵고 받아들이기도 어려울 때가 있다. 부모는 이러한 때 '기다리고 보기'로 접근해야 한다.

'기다리고 보기' 사례

11세 킴의 새 아버지 행크는 집단 모임에서 초기 가정 놀이회기를 논의하였다. 이번 주에 킴은 영웅과 괴물 피규어를 인형의 집 안과 밖에 배치시켰다. 그렇게 한 뒤 선과 악의 싸움을 벌였다. 행크는 2주간 반복되는 아이의 놀이를 수용했지만, 셋째 주가 되자 의심이 들기 시작했다.

행크: 나는 킴이 계속 싸움을 하는 것이 좋다고 생각하지 않아요.

부모 1: 아버님은 아이의 주도대로 따라가는 것이 해가 된다고 느끼는 것 같아요.

행크: 네, 그것이 집에서도 나쁜 언어를 쓰게 하는 것 같아요. 우리는 이미 선과 악의 싸움이 킴에게 중요하다는 것을 얘기했었고 많은 아이가 이와 같은 놀이를 한다는 것을 알지만 저는 아이가 어렸을 때 친아버지가 어머니를 자주 때린 것을 보았다는 것이 생각나요. 그래서 놀이가 변할 것 같지 않고, 나는 아이에게 그렇게 하는 이유를 물어봐야 한다고 생각해요.

리더 1: 아버님은 매우 실망했고 아이가 놀이에서 더 나은 것을 하도록 아버님이 아이에게 어떤 다른 접근을 해야 하는 건 아닌가 궁금하군요. 아버님은 킴이 선과 악의 싸움에 대한 아주 강력한 정서적 문제를 갖고 있다는 것은 이해했지만 이 놀이를 끝내기를 원하는군요.

행크: 네, 저는 아이가 친아버지가 어머니를 때리는 것을 본 것으로 인해 상처받기를 원하지 않아요. 킴의 친아버지에 대해 너무 화가 나지만 제가 할 수 있는 건 없어요.

리더 1: 아버님은 과거를 변화시키지 못하는 것에 대해 무기력한 느낌이 드나 봐요. 그리고 킴의 과거에 관한 놀이를 변화시키지 못하는 것에 대해서도 무기력하다고 느끼고요.

행크: 네, 그건 아마 제 자신의 문제일 거예요. 저는 정말 킴을 돕기를 원해요. 그리고 아이는 이제 놀이를 바라보는 나를 믿는 것 같아요.

부모 2: 아버님의 생각을 알겠어요. 킴이 나쁜 소년이 착한 소년을 때리는 놀이를 계속하지만 아이는 당신을 믿는다는 거군요.

리더 1: 신뢰는 킴에게 굉장히 큰 문제 같아요. 아버님은 아이가 어릴 때 친아버지를 신뢰하지 못하는 경험을 했기 때문에 현재 아버님을 신뢰하기 어렵다고 보는군요. 아버님은 아이에게 매우 믿을 만한 사람이 되기 위해 노력하는데 그게 어렵군요. 이제 놀이를 통해 킴에게 믿음을 주는 방법을 사용하도록 우리가 도울 거예요. 아이는 아버님이 놀이회기에서나 집에서도 같은 규칙을 적용하기를 원하지만 그것은 어려운 일이죠. 아버님이 그렇게 하도록 기다려 준다면 신뢰를 갖게 될 거예요

부모 3: 그건 우리들 중 누구보다 어려운 것 같아요.

리더 1: 네, 우리는 모두 킴과의 회기에서 나타난 아버님의 욕구를 지지해요. 우리는 다음 모임에 함께 비디오를 보면서 킴과의 다음 회기에서 무슨 일이 일어났는지 자세히 살펴볼 거예요.

경험상, 아이들은 충분한 시간 동안 강도 있게 싸움 장면을 놀이하다가 그들 스스로 해결책에 열중하기 시작해요. 우리는 다음 시간에 킴이 어떻게 응답하는지를 볼 거예요. 놀이회기에서 선과 악의 싸움은 아동들에게 매우 보편적인 일이며 이러한 종류의 놀이는 각 아동마다 다른 이유를 갖고 있다는 것을 기억하는 것이 중요하죠. 놀이에서 선과 악의 갈등으로 싸울 때 아동의 의식 발달이 굉장히 많이 이루어져요.

사례에 대한 논의

행크는 논의를 통해 다른 부모와 리더의 의견을 따라 '기다리고 보기' 접근을 지속하기 위해 노력하는 것으로 보였다. 그는 자신의 무기력감에 대해 공개적으로 인정할 수 있게 되었고 킴이 싸움 장면을 오래 지속하는 이유를 양육사에서 찾을 수 있었다. 이러한 논의는 킴의 근본적이면서 중요한 정서적인 문제로, 다음 단계에서 더욱 잘 살펴볼 발달주제의 하나인 신뢰 대 불신에 관해 더욱 깊이 있게 살펴보도록 하였고, 또

한 행크가 아이에게 더 잘 반응하도록 하였다. 이에 덧붙여 리더는 행크가 '기다리고 보기' 태도를 유지하도록 도움으로써 아동이 자신 스스로 해결책을 이끌어 내는 경험을 하도록 도울 수 있었다. 리더는 집단이 아동의 놀이회기에서 선과 악 사이의 '싸움'을 단지 가정폭력의 목격에 기인하는 것으로 인식하는 것뿐만 아니라 아동의 의식 발달의 한 부분으로 확장시켜 인식하도록 하는 정서적 문제에 대한 이해를 이끌어 내는 것 또한 중요하다.

연령에 따른 일반적 주제

아동의 행동을 이해하고 놀이주제에 관해 생각하도록 리더가 부모를 돕는 방법 중에 하나는 아동의 정상발달과 관련된 행동의 해설가(descriptor)가 되는 것이다(Erikson, 1997; Ryan & Edge, 2012). 여기서 해설가는 아동의 나이와 발달단계에 따른 깊은 정서적 문제에 대한 가정에 기초하여 나타낸다. 예를 들어, 첫 번째로 가장 중요한 아동의 발달적 문제는 양육자에 대한 신뢰의 발달이다. 아동들에게 낯설고 어려운 사건이 생긴다면, 이후에 중요한 정서적 문제가 되는 신뢰와 같이 그들의 초기 경험으로 되돌아간다. 또는 그들의 생활 경험이 일반적이지 않은 경우 일반적인 발달보다 정서적 문제가 앞질러 나가는 경우도 있다.

보통 1세 때 형성되는 어머니에 대한 신뢰의 정서적 문제를 놀이에서 재작업하는 6세 아동처럼 때로 놀이회기에서의 문제는 초기 발달적 문제와 관련이 있다. 아동이 초기 발달적 문제가 만족스럽게 해결되지 못했을 때 재작업을 지속하는 것은 중요하다. 예를 들어, 만약 아동이 부모에 대해 주로 긍정적인 감정보다는 상당히 부정적인 감정을 가지고 컸다면, 정서적 손상의 문제가 긍정적으로 재생되기까지 이후의 발달과정에 있어 신뢰의 문제가 지속적으로 나타날 것이다(Wilson & Ryan, 2005). 다른 경우는 놀이회기에 나타난 문제가 이후 정서적 발달과정에서는 일반적인 것으로 보인다. 예를 들어, 8세 아동이 놀이를 통해 보이는 성 정체성과 관련된 혼돈의 문제는 보통 십대들이 겪는 문제이다. 다음 부분에서는 특별한 시간과 가정 놀이회기에서 나타나는 발달적 문제에 관한 개요를 살펴볼 것이다.

초기 발달: 신뢰감/불신감, 자율성/수치심, 주도성/죄책감

가장 중요한 아동의 욕구 중 하나는 태어나면서부터 갖게 되는 부모에 대한 신뢰이다. 아동 스스로가 부모에게 중요한 존재이며, 믿을 만하며 사랑스럽다고 생각하는 것이다. 아동이 중요한 사람을 신뢰할 때 그들은 세상을 안전하고 희망적이며 행복하고 다른 사람들도 중요하다고 생각한다. 자녀가 정서적 발달의 문제들을 해결하였을 때, 그리고 놀이회기를 종결할 준비가 되었을 때, 놀이주제에서 부모는 나쁜 일이 생겼을 때 위로받고 구해 주는 존재로, 부모로서 충분히 잘 보살피고 있다는 것으로, 만족스러운 존재로, 그리고 다른 사람을 더 잘 보살피는 존재로 종종 나타난다.

불신의 놀이주제는 아동이 부모를 중요하지 않게 느끼는 것을 보여 주는 놀이회기 초기에 두드러지게 나타날 수 있다. 불신으로 인해 친밀한 관계에 대한 불안을 보이거나 다른 사람을 거부할 수도 있고 두려움과 격렬한 분노를 포함하여 절망감과 슬픔을 놀이에서 보여 준다. 죽음, 혼란, 그리고 파괴의 주제는 결코 충분할 수 없으며 매우 외롭고 공허함을 느낀다. 예를 들어, 과거에 여러 번 입원을 했던 6세 다이앤은 가정 놀이회기 동안 초기 발달적 주제를 다뤘다. 가정 놀이회기 초기에 다이앤은 독버섯을 먹는 조랑말을 꾸미는 것을 포함하여 외롭고 두려워하는 동물을 다양한 장면으로 꾸몄다. 그러나 이후 회기에서 아동은 조랑말을 위해 맛있는 당근과 안락한 침대를 만들어 주었을 뿐만 아니라 자신에 대한 신뢰 및 부모에 대한 신뢰를 갖게 된 다른 신호들을 보여 주었다.

걸음마기의 아이들은 더욱 독립적이 되며, 그들의 부모로부터 독립하기 시작한다. 그들은 자신이 필요로 하는 것을 얻는 방법을 배우기 시작한다. 그들의 놀이주제와 행동은 연령에 적절한 독립심과 권리를 가진 한 인간으로서 중요한 존재감을 보이는 자율성의 문제를 해결하는 것이다. 그들의 놀이주제와 행동은 만족감, 어려운 것들에 대한 숙달감, 그리고 힘에 대한 의식을 보여 준다.

5세 렌은 아버지와 함께하는 가정 놀이회기에서 고리 던지기 게임을 선택하였다. 처음에 아이는 쉽게 좌절했고 빨리 이기길 원했으며, 고리를 던질 때 아버지가 더 뒤로 가라고 하는데도 불구하고 자꾸 앞으로 이동하였다. 가정회기 후반에 렌은 아버지는 한 번만 하고 더 어린 자신은 다섯 번 하도록 하는 자신만의 새로운 규칙을 만들었다. 아이가 가정회기 동안 다른 놀이에서도 보여 준 것처럼(예: 아버지에게는 불공평하게 자동차경주를 한다든지 콩주머니를 던지고 아버지는 잡지 못하게 하는 것) 독립과 관련된 문제로 갈등을 겪는 아동은 놀이와 행동에서 좌절감, 분노, 취약함을 보여 준다. 이후에 렌이 승리자로서 자기개념을 더 발달시켰을 때, 아이는 더 이상 이기기 위해 규칙을 바꿀 필요가 없었다. 아이는 게임에서 지는 것을 더 잘 견딜 수 있게 되었다.

아동이 더욱 독립적이 되고 자신이 할 수 있는 것들에 관해 더 잘 선택할 수 있게 되면 그들은 옳고 그름에 대한 관점을 발달시킨다. 아동은 자신을 부모나 교사 같이 실제 생활상의 인물뿐만 아니라 공주나 검투사 같은 환상 속의 인물 같이 모든 종류의 캐릭터로 상상할 수 있다. 아동은 창의적이고 주도적이다. 놀이회기는 규칙을 지키며 다른 사람을 돕고, 다른 성인의 역할을 놀이로 할 수 있어 좋은 것으로 보인다. 이전의 가정 놀이회기에서 자신은 사악한 마녀 역할을 하고 어머니에게 사악한 요정을 하라고 했던 6세 산드라는 이번 회기에서는 자신이 사랑스러운 엄마가 되어 사악한 요정을 하는 엄마를 돕는 모습을 보였다. 이 놀이주제는 산드라의 나이에 적절하며 아이의 놀이회기에서 발달적 문제를 긍정적으로 해결하려고 시작하는 것으로 보였다.

몇몇 아동은 자신이 충분히 좋은 사람이 아니라면서 스스로를 탓하며 강한 죄책감을 보인다. 아동들은 자신의 나쁜 감정을 그대로 두길 원하지 않기 때문에 자유롭게 놀이하지 못하거나 과도하고 강렬한 상상놀이로 도망간다. 그들은 자신의 안전을 매우 염려하고, 자신의 욕구를 은밀한 방식으로 충족하며 다른 사람들에게 사악하게 굴고, 규칙을 어기며, 선과 악의 갈등, 그들 자신이나 다른 사람을 비난하는 것과 관련된 놀이 주제를 보여 준다. 예를 들어, 최근에 장기간 머무를 위탁가정으로 거처를 옮긴 9세 패트릭은 의도적으로 위탁가정의 아버지에게 물잔을 던졌고, 그렇게 하고 난 후 부정적 반응이 나타나기를 기다리며 흥분과 두려움의 웃음을 웃었다. 지난번 예에 나왔던 산드라와 달리 패트릭은 초기에 독립의 발달 문제를 충분히 해결하지 못했을 뿐더러 새로운 양육자에 대한 신뢰의 문제도 해결하지를 못했다. 이러한 초기의 발달 문제는 아이에게 상당히 부정적으로 보였으며, 새로운 위탁 양육자와의 가정 놀이회기에서 더욱 긍정적인 방법으로 재작업할 필요가 있었다.

중기 아동기: 근면성/열등감

중기 아동기의 주된 과업은 학교에서 공부하는 것이다. 그들은 다른 친구들, 교사와 함께 잘 지낼 필요가 있고, 다른 친구들과 함께 놀며, 그들 자신의 기술을 발달시킨다. 그들은 다른 사람들과 함께할 때뿐만 아니라 그들 스스로에 대해서도 어떤 것을 성취할 수 있다는 느낌, 똑똑하다는 느낌, 끈기 있다는 느낌을 드러낸다. 기술을 배우고 과업을 완수하여 다른 사람들과 관심사를 공유하는 놀이주제를 포함한다. 예를 들어, 7세 메리는 '다른 소녀들'과 함께 콘서트에서 춤을 추고 나면 어머니에게 청중으로서 아주 큰 소리로 박수를 치도록 했다. 이러한 놀이 장면은 메리에게 긍정적이며 나이에 적절한 것이다. 더욱 부정적인 놀이주제를 보여 주는 아동들은 어리석고, 무가치하며, 과업을 완수하지 못하고, 친구들과 어울리거나 협력하지 못하는 놀이주제를 보여 주거나 다른 사람을 기쁘게 해야 한다는 강한 욕구나 지속적으로 그들의 기술과 지식을 입증하려는 놀이주제를 보인다. 예를 들어, 9세 마틴은 여러 번의 놀이회기에서 전적으로 경주용 차를 자세하게 그리는 데에 집중했다. 매번 아이는 자신의 그림에 좌절했고 아이가 떠나기 전에 그림을 망가뜨리고 갔다. 이것은 나이에 적절한 놀이주제를 표현한 것이고 또한 긍정적인 감정보다는 뚜렷하게 부정적인 감정을 보여 주는 것이다.

청소년기: 자아 정체감/역할 혼미

고학년 아동이나 청소년기 자녀와 특별한 시간을 갖는 부모들과 과도하게 조숙한 행동과 관심사를 표현하는 자녀를 둔 부모들은 이러한 연령대의 집단에 관한 놀이/정서적 주제에 관해 생각하는 것에 이점이 있다. 어른인 것처럼 행동하는 십대들은 또래집단이나 좀 더 확장된 사회망이 적합하다는 것을 자주 인식하고, 독립심을 키워 줄 뿐만 아니라 어렸을 때 초기의 삶을 더욱 자세하게 돌아볼 수 있는 능력을 키워 줘야 한다. 십대는 어렸을 때의 생활을 기억하는 것을 재밌어 하고 미래를 그려 볼 뿐만 아니라 가족, 또래집단, 일반적인 사회망에 소속된 것을 즐거워할 것이다. 그들은 또한 자신에게 중요한 다른 사람들에 관하여, 자신의 성적인 정체성에 관하여, 가치에 관하여 작업할 것이고 이것은 나이에 적합한 긍정적인 주제이다.

이 시기에 갈등을 겪는 십대는, 종종 아동기 때 겪은 거부감, 소외감, 미래에 대한 좌절감을 표현하며, 타인에 대한 불신과 비행 행동을 보이면서 그들 자신과 타인, 사회적 가치에 대해 끊임없는 의구심을 갖는다. 그들은 과도하게 성숙하거나 과도하게 어린 주제와 행동을 보인다. 예를 들어, 감정 표현이 없고 위축된 15세 밥은 아버지와 함께 컴퓨터 축구게임을 했다. 한 주는 밥이 생기 있는 얼굴로 경찰로부터 도망친 친구들에 관해 아버지에게 설명하기 시작했다. 아이의 얼굴에 미소가 번지면서, 친구들이 방화를 하고 마약을 하며 훔친 일들을 자세하게 설명하기 시작했고 아버지는 정서적으로 어떻게 반응할지 난감했다. 밥의 주제는 나이에 적절하지만, 매우 부정적이라 정서적으로 받아들이기 어렵다. 리더는 밥과 아버지가 다음 주 특별한 시간에 만나 밥에게 해 줄 적절한 반응에 대해 긴밀한 조언을 해 줘야 한다.

주제를 다루는 데 있어 행동 묘사를 사용하기

리더는 부모와 놀이 주제를 토론하기 위해 행동 묘사를 사용해야 한다. 자녀의 행동에 너무 구체적으로 반응하기보다는 근본적인 발달적 문제들, 자녀의 근본적인 정서적 욕구를 유지하면서 부모가 그들의 이해와 반응을 조절하도록 돕는다. 행동 묘사는 또한 부모와 함께 놀이회기를 하는 동안 아동의 과정을 검토하는 데 있어 유용하다. 아동이 뚜렷하게 긍정적이고, 나이에 적절한 주제를 보일 때, 그것은 가정 놀이회기가 치료적임을 가리키는 것이며 종결할 준비가 되었다는 것이다. 초기 놀이치료 연구(예: Guerney B. & Stover, 1971)에서도 아동의 행동이 공격적이던 것이 더 성숙한 주제, 즉 보호와 양육을 받아들이게 되고, 놀이회기 과정 동안 더욱 현실 지향적이고 숙달감의 주제를 보여 준다는 증거가 있다. 이러한 주제의 발전은 리더가 아동의 과정을 검토할 때 유용하며, 부모가 가정 놀이회기 동안 유념해야 한다.

적응력이 향상되는 아동의 놀이주제 사례

동네와 학교에서 폭력적인 행동을 보이는 7세 브렌트는 가정 놀이회기를 시작했을 때, 매 회기 감옥에 강도 역할을 맡은 어머니를 가둔 후에 시작하는 양상을 보였다. 아이는 어머니를 거칠게 다뤘고 가혹한 처벌을 하였으며 죄수인 것처럼 다뤘다. 몇 주 후, 새로운 놀이주제가 나타났는데, 브렌트는 죄수에게 맛있는 음식을 가져다주면서 더욱 친절하게 잘 보살펴 주었다. 이어 반대로 브렌트가 어머니에게 자신을 감옥에 넣고 훌륭한 음식들을 가져다 달라고 요구했다.

브렌트의 부모는 리더와 다른 부모들의 의견이 이 기간 동안 매우 도움이 되었다고 말했다. 리더는 부모에게 브렌트의 역할놀이의 의미에 대해 더욱 깊이 있는 이해를 제공했다. 브렌트의 공격성과 통제로 특징지어진 초기 불신의 주제는 다른 부모들에 의해 공감되었고, 부모의 힘든 감정에 대해 토론했다. 브렌트의 역할놀이가 진전됨에 따라 리더는 부모에게 역할놀이를 이해하는 방법에 대해 지도하면서 브렌트는 어머니를 자신을 양육해 주는 대상으로 신뢰하기 시작했다. 브렌트의 부모는 이후 모임에서 브렌트가 학교에서 덜 공격적이게 되어 더 이상 정학의 위협을 받지 않는다고 크게 기뻐하면서 놀이회기에 더욱 신뢰하는 주제가 나타났다고 보고했다. 리더는 브렌트가 곧 놀이회기에서 더욱 부지런하고 독립적인 사람으로 자신을 표현할 것이며, 나이에 적절한 숙달감과 현실적인 놀이주제가 더욱 뚜렷하게 나타날 것이라고 예견했다.

가정 놀이회기에서 나타나는 일반적인 도전

가정회기 동안 종종 나타나는 특별한 문제들은 정서적으로나 신체적으로 부모에게 부담이 된다. 이 단락에서는 놀이회기가 가정에서 잘 자리 잡은 후에 부모들에게 생기는 잠재된 어려운 문제들에 대해 조사하였다. 리더는 문제가 생겼을 때 부모가 치료적 변화를 일으키는 사람이라는 점을 강화시킬 필요가 있으며, 차질을 겪더라도 가정 놀이회기를 유지하는 것이 매우 중요하다는 것을 알려 줄 필요가 있다. 리더는 가능한 부모가 자신의 욕구로부터 자녀의 욕구로 향하도록 부모를 많이 도우려고 노력해야 한다. 덧붙여 리더는 가정 놀이회기에서 일어나는 문제들을 부모가 그들 스스로 가능한 많이 해결할 수 있도록 해야 한다.

낙담한 부모를 돕기

리더는 부모의 가정회기에 슈퍼비전을 줄 때 부모가 신체적으로나 정서적으로 감당할 수 있는 선을 넘지 않는지 민감하게 알아차리는 것 또한 중요하다. 리더는 부모가 특별한 시간과 놀이회기에 대해 분개하기 시작할 때, 그리고 자녀의 욕구에 의해 압도감을 느낄 때 이를 인식할 필요가 있다. 때로는 부모가 자신의 한계를 이해하고 인내심을 가져야 할 때 스스로를 보호하기 위해 방어적이 될 수 있다. 부모가 압도되었을 때 리더는 공감해야 하고 다른 집단 구성원은 지지를 제공하여 격려한다. 20분의 짧은 회기나 두 자녀 간의 대안적 회기같이 예외적인 경우에도 이러한 실천적 제안은 필요하다. 리더나 부모에 의해 나온 해결책은 아동에게 다소 방해가 된다. 그러나 저자의 견해로는 놀이회기에서 자녀에게 과도하게 독재적이고 권위적인 태도를 갖거나 놀이회기를 지속하기를 원하지 않는 낙담한 부모들에 한해서 중요하지 않은 사항은 타협하는 것이 더 낫다고 생각한다. 부모들은 집단 부모놀이치료를 진행하면서 그들 스스로를 희생하고 싶어 하지 않는다.

정서적으로 부담이 되는 문제들에 대한 제안

부모와 자녀들에게 정서적으로 부담이 되는 몇 가지 문제에 대한 제안과 해결책에 대해 논의하고자 한다. 이러한 잠재된 어려운 문제들의 대부분이 리더에게는 이미 자신의 놀이치료 현장에서 겪은 친숙한 것들이고 리더는 그것들을 해결했던 경험이 있다. 그러나 부모는 전문적인 치료자가 아니다. 리더는 부모놀이치료 슈퍼비전을 받는 것이 이러한 상황에서 중요하다는 것을 안다. 부모들에게 제공할 개인적인 해결책과 치료자 자신의 반응을 분리하여 부모들을 도와야 한다.

방을 '쓰레기장'으로 만드는 아동

때로 부모들은 가정 놀이회기 후에 치우는 것에 대해 반감을 갖고 있다. 우리는 리더가 부모의 감정에 초점을 두고 부모가 자신의 감정을 표현하고, 자녀의 놀이의 의미에 관해 생각하도록 도와야 한다고 생각한다. 부모들이 요구할 때 리더는 문제해결 접근을 촉진할 필요가 있다. 필요하다면 문제가 되는 작은 벽돌 같은 놀잇감을 빼고 매회기마다 두 개의 놀잇감 박스만을 쏟을 수 있도록 제한하고 방문은 닫아 놓는 것이 해결이 될 수 있다. 만약 아동이 회기 동안 문제가 될 만한 놀잇감을 가지고 놀지 않는다면 이러한 해결책은 필요 없을 것이다. 그러나 만약 아동에게 이러한 놀잇감이 중요한 것이라면 우리는 다른 해결책을 제안할 수 있다. 초기에 언급한 것처럼, 리더는 놀이회기 과정에 덜 중요한 것들을 타협할 필요가 있다.

리더는 또한 부모가 적절하게 제한을 설정하고 감정을 반영하는 것과 같은 아동중심 놀이치료 기술을 실천하도록 도와야 한다. 리더는 아동이 규칙을 받아들이고 통제를 따르기 전에 부모의 인내심을 시험할 수도 있다는 것을 알려 줘야 한다. 리더는 만약 아동이 가정회기에서 놀잇감을 부술 목적이라면 일반적으로 제한 설정을 강조해야 한다.

놀이회기를 거부하는 아동

때로 아동들은 다섯 번의 놀이회기를 가진 후에 더 이상 가정 놀이회기를 하지 않겠다고 결정한다. 리더는 이미 부모들이 가정회기를 준비할 때 이후에 이런 일이 생긴다면 다시 얘기하겠다고 이러한 가능성에 대해 언급했었다(제12장 참고). 이런 경우에 부모는 그 문제를 해결하기 위해 리더에게 관찰한 놀이회기를 모임에 가지고 와야 한다. 만약 놀이회기가 계획대로 실천되지 않는다면, 이러한 가족의 긴급한 욕구를 도와주기 위해 다음 번 모임의 일정을 다른 부모들에게 재조정하도록 요구할 수 있다. 만약 일정을 조정하는 것이 불가능하다면 우리는 부모와 아동이 다음 모임 전에 다른 시간을 갖도록 제안한다. 비디오를 통해 슈퍼비전하는 것이 아니라 놀이회기를 직접적으로 보면서 하는 슈퍼비전과 같은 이러한 환경은 아동이 거부를 하는 것이 아동이나 부모의 문제인지 또는 둘 다의 문제인지를 판단하는 데 중요하다.

만약 놀이회기 동안 생긴 문제를 리더가 설명할 수 없다면 그 상황의 역동을 파악하기 위해 부모에게 가정, 학교, 또는 이웃 간에 있었던 일에 대해 물어볼 필요가 있다. 예를 들어, 위탁가정에 있는 8세 앤지는 두 번째 놀이회기 후에 갑자기 놀이를 거부하였다. 리더는 "최근에 집에서 앤지가 마음 상할 만한 일이 있었나요?"라고 묻자 최근 위탁가정의 앤지 동생이 친족 위탁관리를 받게 되어 떠난 일이 있다고 위탁가정의 부모가 말해 줬다. 동생이 떠난 후 놀이회기 동안 앤지는 그것에 관해 얘기하지 않았지만 다음 회기부터 놀이를 하지 않겠다고 했다. 위탁가정의 부모는 아이가 상실로 인해 고통받고 있다는 것을 알았고, 집단 구성원 모두가 아이의 상실이 놀이에 영향을 미쳤다는 것에 동의했다. 리더와 집단 구성원들이 위탁가정의 부모를 공감하고 앤지가 다시 부모에게 협력하게 하는 방법을 제안했다. 리더는 역할놀이에서 이러한 어려움을 직접적으로 나타내는 부모의 역할을 맡았는데 그 예는 다음과 같다.

'부모'[부모 역할 하는 리더]: 앤지, 너는 그레이스가 떠난 일로 기분이 좋지 않아 보여. 만약 네가 놀이를 하는 것이 진짜 싫은 것이 아니고 나와 함께 놀이회기를 하기를 원한다면, 너에게 매우 도움이 될 거라고 생각해. 나는 함께 놀이시간을 가졌으면 해.

'앤지'[아동 역할 하는 위탁가정 부모]: (조용히 어머니를 쳐다본다.)

'부모': 그것에 대해 말하기가 어렵구나. 우리는 함께 5분 동안 놀이 공간에 있을 거야. 5분 후에 타이머가 울리게 되어 있어. 그때 네가 떠나고 싶다면 떠나도 좋아. 만약 그때 네가 떠나지 않는다면 더 오래 머무를 수 있어.

('앤지', 시간을 좀 끌더니 놀이 공간으로 왔고 인형을 집었다. 타이머가 울렸을 때 아이는 떠났다.)

'부모': 오늘은 이 정도로 됐구나. 이제 그만하길 원하네. 우리는 다음 주에도 다시 이렇게 할 거야. 네가 떠날지 더 오래 머물지 결정할 수 있어.

앤지의 예에서 문제를 생기게 한 이유가 명확했었다. 만약 리더가 어려움을 일으킨 요인을 구별하는 것이 불가능하다면 우리는 부모가 아동과 협상하여 좀 더 짧은 회기로 돌아갈 것을 제안한다. 리더는 부모가 가정 놀이회기를 쉽게 포기하지 않는 것이 더 낫다는 것을 강조해야 한다. 리더는 부모의 강한 무기력감과 좌절감을 담아 내는 것에 목적을 두어야 한다. 부모는 자녀에게 희망을 갖고 놀이회기를 다시 시작할 것이고, 리더는 종종 아동이 부모와 긍정적인 경험을 하기를 강력하게 원한다는 사실을 다시 확인시켜 줘야 한다. 저자의 경험상, 아동이 놀이를 하지 않을 때도 집단모임을 지속하는 부모들은 아동이 얼마 뒤 다시 놀이회기를 시작하는 행복한 결과를 갖게 되었다. 일반적으로 이러한 종류의 모든 문제는 리더의 지지와 부모들의 인내심으로 해결할 수 있다.

가정 놀이회기를 실시할 수 없는 부모

가정 놀이회기는 아동의 착한 행동에 대한 보상이 아니며, 부모가 다른 사건이나 스트레스를 받았을 때도 이루어져야 함을 강조했다. 때가 되면 이러한 주제에 대한 논의를 다시 하게 될 텐데, 첫 번째, 리더는 부모가 하루 종일 자녀와 함께하면서 매우 스트레스를 받거나, 주중에도 여러 번 스트레스를 받는 일이 있었을 때 놀이회기를 보류하고 싶은 부모의 욕구를 강조할 필요가 있다. 예정된 놀이회기 전에 스트레스가 될 만한 생활사건이나 배우자로 인해 어떤 문제가 생겨 아동과 함께하는 것이 어려울 때, 부모에게는 놀이회기를 하는 것이 특히 도전이 된다. 두 번째, 리더는 스트레스받는 시간이 될지라도 가정회기는 매주 가져야 한다는 것을 명확히 해야 한다. 부모는 놀이회기가 자녀에게 가장 효과적이지 못할지라도 그들의 회기가 치료라는 것을 상기할 필요가 있다. 세 번째, 리더는 보통 부모가 스트레스를 받을 때 가정 놀이회기에 그들 스스로 정서적으로 준비할 수 있는 더욱 특별한 전략을 도와줄 필요가 있다. 부모가 정서적으로나 신체적으로 가정 놀이회기를 준비할 수 있는 방법을 발견하는 데 있어 많은 경우에 집단의 다른 부모들은 효과적인 방법을 생각해 내는 훌륭한 원천이다.

사례 예시

9세 벤의 아버지는 벤이 페인트 통을 가져다 의도적으로 가족 차에 던져서 지난 주 가정 놀이회기를 할 수 없었다고 집단에서 말했다.

리더: 아버님은 매우 화가 난 것 같은데, 우리와 함께 그것에 관해 생각해 봐요.

아버지: 네, 그래요. 저는 회복하려면 시간이 좀 필요해요. 차의 도색을 새로 하려고 해요. 벤은 그런 빌어먹을 행동을 하고, 자신이 원하는 놀이회기를 할 자격이 없어요.

부모 1: 저도 굉장히 화가 났을 거예요. 최소한 한 달은 아이를 교육시켜야 한다고 생각해요.

부모 2: 저도 동의해요. 그것은 돈이 많이 드니까 아이에게 새로 도색하는 비용을 내게 해야 해요.

리더: 다른 부모님들도 벤의 행동으로 매우 흥분하신 것 같네요. 아마도 벤은 그렇게 했을 때 자신에게 매우 화가 났을 거예요. 하지만 아이가 가정 놀이회기 밖에서 어떠한 행동을 하든 간에 놀이회기는 주기적으로 제공된다는 원칙을 기억하는 것은 중요해요.

아버지: 그럼, 다음에 그런 일이 생겨도 선생님은 그렇게 해야 한다는 거군요.

리더: 저의 제안에 화가 났나 봐요. 아버님은 가능하지 않다고 생각하나 봐요.

아버지: 네, 절대 안 돼요.

리더: 아버님은 자신의 한계를 아는군요. 아버님은 벤이 감정과 행동을 더 잘 조절하도록 도울 수 있고, 놀이회기는 치유의 힘을 갖고 있다는 것을 우리 모두 기억하는 것은 중요해요. 아동의 충동적이고 파괴적인 행동은 자신의 분노 감정이 통제될 때 줄어들 수 있어요. 이러한 통제는 치료적 놀이를 통해 생기거든요.

아버지: 치료적 놀이가 지금 당장 벤의 행동을 개선하고 치유해 주나요?

리더: 아버님은 벤이 큰 문제를 가지고 있다고 생각하고 걱정이 많군요. 아버님에게는 명확하지 않겠지만 보통 벤과 같은 행동을 하는 아이들은 종종 놀이회기에서 상처 받는 상황을 만들죠.

아버지: 그래요. 내가 많은 믿음을 가져야 하지만 지금 당장 그렇게 하지는 못하겠어요.

리더: 아버님은 놀이회기에서 벤에게 해야 하는 방법에 대해서는 저를 믿는군요. 또한 벤과 함께 놀이회기를 하기에는 아버님이 너무 화가 났다는 것도 알고요. 그런 상황에서 아버님은 첫 번째로 진정시킬 필요가 있어요. 시간이 허락한다면 회기를 한두 시간 정도 미루거나 아니면 하루를 연기하는 거예요.

아버지: 저는 바로 차고로 들어갔고 한동안 혼자 무언가를 했어요.

리더: 아버님은 감당할 수 없을 때 스스로를 진정시키는 방법을 알고 있네요. 만약 이런 상황이 다시 생긴다면 아버님이 진정되었을 때 벤과 함께 놀이할 수 있을 거예요. 아버님이 다음 놀이회기를 하기 전에 감정을 가라앉히는 방법에 관해 생각한 것은 중요해요. 아마도 이전 일을 떠올리게 할 것이기 때문에……. 저는 모든 부모가 인내심 이면에 이러한 감정을 느낄 때가 있기 때문에 이러한 것에 관해 얘기하는 것이 우리 모두에게 유용하다고 생각해요. 다른 부모님들은 놀이회기를 하기 위해 강렬한 감정들을 어떻게 처리하나요?

(리더는 다른 부모들이 마음을 터놓고 얘기하고 난 후 벤의 아버지에게로 화제를 돌린다.)

이 예는 리더가 아버지의 분노를 인정하고 그를 지지하며, 아버지의 정서적 문제에 공감적으로 반응하는 것과 약속된 놀이회기를 유지하는 것의 중요성을 강화하면서 아버지가 준비되었을 때 어려운 상황에 대한 문제해결에 협력하도록 돕는 것이 얼마나 중요한가를 보여 주는 사례이다. 그러고 나서 리더는 그 아버지와 다른 구성원이 함께 이러한 상황에서 할 수 있는 방법들을 생각해 보게 했다. 또한 리더는 다른 참여자들이 자녀와 이전에 스트레스가 많았던 회기에 대한 자신들의 정서적 반응을 검토하도록 돕는다.

진전이 있는 가족과 진전이 없는 가족

자녀의 행동과 정서적 욕구를 수용하고자 고군분투하는 부모들은 다른 가족의 명백한 성공에 비해 자신의 자녀에게 진전이 없는 것을 비교하기 시작한다. 예를 들어, 좌절한 부모는 다음과 같이 물어본다(또는 암시한다). "왜 다른 아이들은 놀이회기에서 진전을 보이는데 우리 아이는 여전히 공격적이죠?" 이렇게 비교하기 시작할 때, 리더는 무엇보다 먼저 부모의 감정을 공감적으로 반영해 주는 것이 중요하다. 이러한 속도가 어떤 부모에게는 너무 느리게 느껴질 수 있다는 것을 인정하는 동시에 아동들은 그들 자신만의 속도로 문제를 작업해 나간다는 것을 집단 부모놀이치료 내내 유지하는 것이 중요하다. 집단 부모놀이치료를 하면서 자녀가 빨리 변하기를 원하고 가족의 생활도 더욱 수월해지기를 기대할 것이다.

만약 부모가 변화를 사소한 것으로 인지하고 만족스러워하지 않는다면 리더는 즉각적으로 분명하게 드러나지는 않지만 아동의 변화가 의미 있고 유용한 것임을 알려줘야 한다. 리더는 사소한 것을 포함하여 부모가 알아차린 다른 종류의 변화들에 대해 집단에서 예를 들어 보도록 한다. 만약 다른 부모가 예를 제시할 수 없다면, 리더 스스로가 집단이 고려할 만한 사항을 진행 중인 가정회기에서 찾아 예를 들어 줘야 한다. 예를 들어, 리더는 한 아동은 독립의 문제를 보이고 있는 반면, 다른 아동은 함께 어울리는 방법과 우정의 문제를 보이고 있음을 언급할 수 있다.

외상적인 놀이행동에 반응하기

자녀의 가정 놀이회기 동안 생길 수 있는 학대의 가능성을 가진 부모에 대한 준비는 이전 장에서 논의되었다. 부모는 다음 회기까지 기다리지 말고 즉시 리더에게 연락하여야 한다. 이 단락에서는 아동이 가정회기에서 욕을 포함하건 아니건 간에 명백하게 외상적 경험을 놀이로 나타내는 것을 토론하고자 한다. 모임을 하는 동안 외상적 놀이 내용이 나타날 때, 이는 놀이회기를 진행하는 부모들에게 가장 중요한 정서적 문제 중 하나임을 인식해야 한다. 이러한 장면에서 슈퍼비전을 통해 리더는 부모의 통제되지 않는 감정과 불안감을 매우 공감해 줄 필요가 있다. 자녀의 실제 생활사건들이 놀이와 연관되어 있기 때문에 부모의 반응은 전문가의 반응보다 더욱 강력한 영향을 미친다.

하지만 부모와 전문가 모두 외상적 놀이는 파편화되어 있고 난해하기 때문에 특히 놀이회기 초기에 탐색되어야 한다. 학대를 묘사하는 놀이를 할 때 리더는 그러한 놀이의 심각성에 대해 판단하여 리더와 부모가 아동보호기관에 보고할 필요가 있다. 그리고 매우 드문 경우이나 아동의 놀이에 부모 자신이 연루되어 있다면 리더는 이러한 것들도 아동보호기관에 보고해야 한다.

외상을 재연하는 매우 어려운 과정에 있는 부모를 돕기 위해 리더는 가능하다면 비디오 전체를 볼 필요가 있다. 또는 부모가 놀이 장면을 가능한 전부 다 작성하고 보고할 필요가 있다. 때로 리더는 외상적 문제를 재연하든 안 하든 심각하다면 가정회기와 집단 슈퍼비전을 지속할 뿐만 아니라 집단 모임 외에 개인적 슈퍼비전을 추가할 필요가 있다. 리더는 부모가 객관적이며 충분히 지지받고 있다고 느끼는지 판단할 필요가 있다. 만약 그렇지 않다면, 리더가 가정회기 모임에서 주는 슈퍼비전 외에 더 추가적으로 슈퍼비전을 제공하여야 한다. 이러한 극단적인 상황은 부모가 다시 가정에서 자녀를 감당할 수 있을 때까지 가정 놀이회기를 멈추게 할 것이다.

리더를 위한 외부 슈퍼비전

우리는 리더가 항상 부모놀이치료 슈퍼비전을 받을 것을 권고한다. 리더 자신의 정서적 반응을 볼 수 있는 기회이고, 치료에서 복잡하고 잠재적인 혼란을 겪는 아동에 대해 영향을 미치며, 집단을 지속하는 부모들에게 영향을 미치기 때문이다.

외상적 놀이행동에 대한 아동중심 놀이치료 기술의 적용

부모가 외상적 내용이 있는 가정 놀이회기를 논의할 때 리더가 강조해야 할 몇 가지 일반적인 개념이 있다. 첫 번째, 리더는 부모가 자녀와 함께 매우 힘들었던 사건을 놀이로 표현할 수 있는 것은, 부모에 대한 아동의 충분한 믿음이 중요함을 강조한다. 두 번째, 리더는 부모가 다음에 나와 있는 아동중심 기술들을 외상적 놀이에 적용할 수 있도록 도울 필요가 있다.

기술 1: 부모가 자녀의 감정에 대해 공감적인 반영과 수용하기 이 기술을 사용하는 데 있어 매우 중요한 부분은 외상적 놀이에서의 부모의 역할이다. 그것은 또한 부모에게 정서적으로 매우 부담이 된다. 특히 힘든 경우는 다음과 같다.

- 자녀의 외상적 놀이가 극단적인 방식으로 부모 자신을 향해 지시할 때(예: 공격적이거나 성적인 역할놀이)
- 부모 스스로가 그 사건을 완전히 처리하지 못했을 때(예: 만성적인 가정폭력에 시달리다가 배우자로부터 최근에 분리된 어머니, 운전으로 인해 자녀에게 심각한 상처를 입힌 아버지)
- 깊이 뿌리박힌 가치나 신념으로 인해 놀이가 도전받을 때(예: 방어력이 없는 상태의 사람이나 동물을 다치게 하기, 성적인 놀이)

리더는 슈퍼비전을 통해 부모가 자녀의 감정을 명명하고 이해하면서 공감해주도록 도와야 한다. 부모에게 효과적인 기술을 적용하였던 비디오를 보여 주면서 이후에 이러한 기술을 사용할 수 있는 다른 예들을 발견하도록 도와야 한다. 부모는 리더의 도움으로 자신의 강렬한 감정을 다룰 수 있으며, 리더는 또한 놀이회기에서 보이는 외상적 사건을 통해 자녀의 놀이를 인지적 수준에서 더 잘 이해하도록 할 필요가 있다(Wilson & Ryan, 2005 참고).

기술2: 부모가 아동이 이끄는 대로 따르기 외상을 경험한 아동의 경우 놀이가 파편화되어 있고, 매우 감각적이며 굉장히 정서적인 내용을 담고 있다. 이러한 형태의 놀이는 다음의 여러 가지 이유로 부모가 다루기 어렵다.

- 놀이가 매우 빨리 전환되며 예견하기 어렵기 때문에 부모가 아동이 이끄는 대로 따르기 어렵다.
- 놀이가 다른 활동으로 빠르게 전환되고, 갑자기 끝나는 등 굉장히 불안하기 때문에 부모는 통제 불능의 느낌을 갖게 되고 부모 스스로 불안해진다.
- 놀이시간을 연장해 달라며 부모의 무릎에 웅크리는 것과 같은 미성숙하고 비정상적인 행동을 보이면 부모는 불안이 생긴다.

리더는 가능한 비디오를 사용하여 아동이 이끄는 대로 따르려는 부모의 노력을 지지해야 한다. 외상적 놀이가 나타났을 때 이후 더욱 온전히 이러한 기술을 사용하는 방법을 부모에게 특별히 제안할 필요가 있다. 리더는 또한 이 장의 초기에 보았던 킴의 사례처럼 부모 자신에게 매우 어려운 사건을 다루기 위한 첫 번째 시도(또는 이후의 시도)를 통해 부모가 자녀를 이해하도록 도와야 한다. 아동이 외상적 장면을 놀이하는 것이 집단 내에 이미 나타났다면 어떠한 사례이든 유용하다. 리더는 부모가 외상적 놀이 장면을 따라갈 때 아동의 감정을 이해하고 수용하는 것이 중요함을 강조해야 한다. 아동이 놀이에서 이전의 외상을 재연하는 동안 언어적으로 또한 비언어적으로 아동의 감정을 전달하는 것은 어른의 가장 중요한 역할 중 하나이기 때문에 아동의 놀이를 따라가는 것은 중요하다(Ryan & Needham, 2001).

기술 3: 아동의 놀이회기를 구조화하기　부모들은 외상이 재연되는 회기 동안 아동이 안전감을 갖기 위해 놀이회기를 친숙한 구조로 유지할 필요가 있다.

기술 4: 아동의 행동에 대한 필수적인 제한 설정하기　리더는 외상적 놀이 내용을 재연하는 아동이 보통 자신의 놀이에 더욱 깊이 몰두한다는 것을 부모에게 상기시킬 필요가 있다. 이러한 종류의 놀이에서는 때로 자녀가 아닌 부모들이 '사고하기'와 '관리하기'의 역할을 맡는다. 외상적 놀이는 그 자체로 매우 안전하지 않고 통제되지 않는다는 느낌을 갖게 하기에 외상을 재연하는 동안 안전하게 아동의 감정을 정서적으로 담아 내는 것은 매우 중요하다. 따라서 아동의 행동에 대한 제한은 부모에게 매우 중요하다. 몇 가지 제한 설정 상황에 대해서는 이후에 논의가 될 것이다.

아동이 외상적 놀이를 지속할 수 있도록 연장하는 부모

부모가 보통 시간에 대해 알려 줬음에도 불구하고 자녀가 회기의 마지막 시간을 넘겨서 중요한 놀이 장면을 연출하고 있다면 부모는 시간에 맞춰 끝내려고 해야 한다. 만약 이런 일이 생기면 리더는 부모의 돕고자 하는 감정을 반영하고 보통 규칙이 회기에 적용될 때 아동이 더욱 안전하게 느낀다는 것을 상기시킨다(제4장 참고). 또한 회기에서 보인 외상적 놀이의 결과로 생긴 일상에서의 부작용을 다루는 방법에 대해 리더는 부모들과 함께 토론할 필요가 있다.

회기가 끝난 뒤에도 외상적 놀이를 지속하는 더욱 극단적인 사례에 있어, 외상적 놀이에 반응하는 리더의 제안은 부모에 의해 효과적으로 이행되어야 한다. 이러한 드문 사례를 가지고 부모놀이치료 슈퍼바이저와 함께 사례에 대한 최상의 전략을 수립하고 논의하는 것이 리더에게는 중요하다. 아동 스스로 자신의 격렬한 반응들을 조절할 수 없기 때문에 부모들이 새로운 규칙을 제공하도록 리더가 도울 필요가 있다. 예를 들어, 놀이회기 5분을 남기고는 역할놀이를 하지 않도록 하는 규칙을 만들 수 있다. 상황에 따라 아동에게 "다른 것을 할 수 있어." 또는 "우리는 끝나기 전 5분 동안 조용한 시간을 가질 수 있어. 나와 함께 그림을 그릴 수도 있고 다른 조용한 작업을 할 수도 있어. 다음 시간에 네가 가장 원하는 것을 할 수 있어."라고 말해 준다.

학대자 역할을 맡은 부모

외상을 재연하는 것은 아동의 정서를 과도하게 자극할 수 있고 특히 어린 아동의 경우 상상놀이와 현실을 구별하기 어렵게 할 수 있다. 리더는 때로 부모들이 자녀가 과도하게 자극될 때 그렇게 하도록 놔두기보다는 이러한 구별을 유지하도록 도울 필요가 있다. 리더는 또한 부모가 매우 불편하다고 느끼는 행동이나 어떤 역할을 요구받았을 때 제한할 필요가 있다는 것을 부모들과 함께 논의해야 한다. 그 불편감이 이전의 사건에 대한 부모 자신의 정서적 반응에 기인한 것이든 아니면 사건을 재연하는 데 있어 부모가 학대하는 사람처럼 인식되는 것이든 간에 말이다.

부모는 자녀의 감정을 보통 때처럼 반영해 주고 그리고 요구받는 역할에 있어 명확하게 제한을 해야 한다. 때로 부모는 아동 스스로 조절하는 것이 불가능해 보이면, 수용할 만한 대안들을 제안할 필요도 있다. 예를 들어, 버지니아 라이언과 그의 동료(Ryan & Courtney, 2009)는 위탁가정 및 입양가정의 아동과 그 가족들과 함께 개별 부모놀이치료를 실시하였다. 그들은 입양가정의 어머니와 가정 놀이회기를 가진 5세 제임스를 예로 들었다. 제임스는 심한 학대와 방임을 경험한 아동으로 억제가 심했다. 어머니와의 가정 놀이회기 초기에 제임스는 병원상자를 가져와 어머니에게 자신의 입에 밴드를 붙이도록 했다. 어머니는 직감적으로 반응했다. "난 그렇게 하고 싶지 않아. 대신, 너의 턱에 붙일 테니 입에 붙인 척하자." 제임스는 이러한 상황에 만족스러워했고 자신의 놀이를 지속하는 데 방해받지 않았다. 이 사례는 비록 역할놀이일지라도 제임스의 어머니로서 잠재적으로 학대의 경험을 재연하지 않으면서 어머니가 제임스와 함께하고 있음을 제임스와 어머니 모두에게 명확하게 인식시키는 것이 얼마나 중요한지를 보여 준다. 어머니의 이러한 행동이 제임스가 놀이의 재연으로부터 자신의 초기 경험을 분리시키는 데 도움을 주었다(Ryan & Courtney, 2009, p. 126).

이 사례는 또한 부모가 아동의 요구대로 매우 학대하는 어머니의 역할을 맡음으로써 외상적 놀이 재연에 참여하는 것과 그러한 행동이 아동에게 정서적으로 학대받는 것과 같이 느껴지지 않도록 확신을 주는 것 간의 균형을 유지할 필요가 있음을 보여준다. 아동이 부모에게 요구하는 역할이 학대하는 것이라면(예: "우리는 침대에 누울 건데 엄마가 내 위에 누워요.") 제한해야 한다. 대다수의 아동은 이러한 제한을 통해 그들 스스로 해결책을 찾을 수 있는 능력이 있다. 그러나 제임스 사례에서 본 것처럼 부모가 역할놀이를 유지하면서 아동의 방식을 바꿔 주기 위해서는 더욱 명확하게 할 필요가 있다. 덧붙여 부모는 이러한 어려운 가정 놀이회기를 하는 동안 다른 참여자들의 지지와 리더로부터 공감적이고 도움이 되는 슈퍼비전을 받을 필요가 있다.

다음 장에서는 집단 부모놀이치료 종결 전 마지막 단계인 부모가 일상생활에서 그들의 기술을 일반화하도록 리더가 돕는 방법을 살펴볼 것이다.

제14장

놀이기술의 일반화와 종결 준비: 16~19회 모임

프로그램의 마지막 단계에서 리더는 집단 부모놀이치료의 주된 목표 중 하나로 부모들이 다른 양육기술과 함께 일상에서 놀이회기 기술을 적용하도록 돕는다. 리더는 놀이회기에 표현된 자녀의 정서적 문제를 이해하는 작업을 지속하는 한편, 16~19회 모임 동안 부모들이 놀이기술을 일상에서 일반화하도록 돕는다.

집단 부모놀이치료 프로그램의 다른 부분과 유사하게 집단 부모놀이치료의 이 단계는 강한 치료적 목적을 가지고 있다. 리더는 모임을 시작하면서 현장 놀이회기로 할 것인지 비디오로 녹화된 놀이회기로 할 것인지 선택하고 슈퍼비전을 주는 동안 아동의 놀이주제와 부모의 반응에 초점을 맞추어야 한다. 반면, 모임의 후반부에 가서는 다른 가족의 가정 놀이회기를 검토하는 데에 할당해야 한다.

각 모임의 후반부가 되기 전, 중간 휴식시간 후에 리더는 부모들이 자신의 놀이기술을 일반화하도록 돕고, 다른 양육기술들을 소개한다. 리더는 가정에서의 훈육과 같이 집단 전체가 흥미를 갖거나, 생길 수 있는 일반적인 문제들을 다루기 위해 모임의 이 단계에서 시간을 할당하는 유연성을 가져야 한다. 이 모임에서 리더는 또한 프로그램의 종결에 관한 주제를 18회 모임 후반부에 소개하는데, 이 장 후반부에 논의될 것이다.

일상에서 놀이기술 일반화하기[1]

집단의 종결을 다루기 위해 리더는 프로그램 자체의 종결과 함께 부모들의 놀이기술을 일상으로 전환하고 일반화하는 데 집중해야 한다. 일반적으로 집단이 놀이회기를 수행하는 데 능숙하고 그들의 가장 중요한 문제가 줄어들면 리더는 16회 모임에서 부모가 자신의 기술을 일반화하도록 돕기 시작한다. 부모가 준비가 되었다는 신호는 자녀의 놀이주제를 포함하여 가정 놀이회기를 더 깊이 있게 이해하고 토론할 수 있게 된 것과 놀이회기에 나타난 자녀의 근본적인 감정을 수용할 수 있게 된 것이다.

대부분의 부모들은 이미 앞선 장에서 보여 준 것처럼 놀이실 밖에서 자녀의 행동과 관련된 걱정들을 논의했었고, 집단 부모놀이치료의 마지막 단계에서 그들의 걱정에 관해 다룰 것이다. 덧붙여 리더는 부모들과 매우 익숙해져서 그들의 정서적 반응을 새로 가르칠 것이다. 프로그램의 이 단계에 있어 리더가 이미 부모의 감정에 공감적으로 반응하는 것이 익숙해졌다는 것은 중요한 부분이다. 그리고 부모들은 보통 집단 구성원 및 리더와 함께 양육에 있어 자신의 어려움을 솔직하게 살펴봤다고 느낀다. 프로그램에서 일반화하는 단계 동안 부모들이 일상의 문제들을 더욱 자세하게 공유하는 이러한 개방성은 리더가 집단을 유지하는 데 중요하다.

초기에 언급했던 것처럼 놀이회기가 가정에서 잘 구성되기 전에 리더는 이미 아동중심 놀이기술을 일상생활로 전환시킬 수 있도록 하는 예를 보여 주고 의견을 제시하면서 프로그램의 이 부분에 대해 부모들을 준비시켰다. 그러나 리더는 놀이기술이 일상생활에 일반화되기 전에 부모가 자녀의 근본적인 정서적 문제들을 이해하는 것이 더욱 중요하며 놀이기술을 잘 사용해야 한다는 입장을 취해야 한다. 이제 리더는 부모의 향상을 지지하고 양육기술을 가르치는 역할을 맡는다. 부모들이 생활에서 직면하는 다양한 상황에 유용한 기술들에 관한 중요한 지식을 가진 리더로서 부모에게 시연한다. 무엇보다도 리더는 부모들이 그들 스스로 놀이를 통해 생각할 수 있는 능력과 일상에서 사용할 수 있는 다른 양육기술들을 집단의 도움을 통해 갖도록 해야 한다.

1) 일반화는 루이스 거니(2013)의 부모놀이치료에서 인용하였다.

놀이기술 일반화에 있어 부모가 능력을 지니고 있을 때

자녀가 심각한 문제를 갖고 있지 않은 부모들, 특히 기본적이고 이차적인 예방을 목표로 참석하는 부모들은 때로 이 단계의 형식적인 설명이 필요하지 않다. 이전 장에서 언급한 것처럼 어떤 부모들은 이미 놀이기술을 완벽하게 익혔고 이러한 기술을 가정회기에 적용할 수 있다. 초기 모임 동안 언급했던 이러한 부모들 중 몇 명은 자녀의 감정을 공감적으로 반영함으로써 일상에서도 좋은 영향을 미쳤다. 부모들은 종종 리더의 직접적인 훈련 없이 부모놀이치료 기술을 일반화하기 시작한다는 사실을 리더가 새롭게 알게 되는 것은 놀라운 일이다. 저자의 경험으로 볼 때 개별적인 부모놀이치료와 비교해서 집단 부모놀이치료는 더욱 쉽게 이러한 일이 일어나는데, 집단 구성원들의 의견은 종종 다른 부모들의 기술 일반화를 촉진하기 때문이다.

예시 1

7세 소피의 부모는 아이가 잠자리에 들 때마다 언쟁을 하게 된다고 하였다. 소피와의 초기 놀이회기 후 집단 논의에서 부모는 소피가 바로 잠자리에 들지 않는 것에 관해 소피에게 따지듯이 얘기하지 않도록 주의해야 하며 아마도 그러한 태도가 소피를 짜증나게 만드는 것 같다고 얘기했다. 아버지는 소피가 어젯밤 매우 짜증이 난 상태였고 잠자리에 들기를 다시 거부했다고 말했다. 아이는 2층으로 가려 하지 않았고 부모는 아이가 계단이 어두워서 그런 것 아닌가 생각했다. 부모는 소피가 천장 등을 켤 때까지 손전등을 사용하도록 했다. 부모는 야간등을 누르기 전에 아이가 손전등을 사용할 준비가 되어 있는지 보고 천장 등을 껐다.

리더는 소피를 돕고자 하는 부모의 강한 욕구를 반영해 준 다음, 이것이 부모가 소피 행동의 근본적인 이유를 생각하는 것과 함께 부모들이 배운 구조화 기술을 적용하는 좋은 예라고 말했다. 리더는 이러한 기술의 적용과 함께 이후 프로그램에서 자세하게 살펴볼 다른 양육기술들을 덧붙인다.

예시 2

부모들이 첫 번째 가정회기를 수행한 뒤 바로 가진 모임에서, 줄리는 잘 진행되었던 놀이회기를 회상하면서 놀이회기 동안 자신이 했던 말이 다른 날 무심코 튀어나오는 경우가 있다고 하였다. 어머니는 아들 로버트가 선반에 보드게임을 넣을 때 비록 아무 말도 하지 않았지만, 게임이 지겨워졌다는 것을 알았다고 설명했다. 어머니는 자연스럽게 “그 게임들이 널 짜증나게 했구나.”라고 말하고 놀이회기 동안 단지 “잘되었으면 좋았을 텐데.”라고 말했다. 로버트는 그런 뒤에 어머니를 돌아보면서 “나는 화나지 않았어요. 걱정 말아요, 엄마.”라고 말하고 조용히 다른 게임을 했다.

리더는 줄리의 기쁨에 공감하고 집단의 다른 부모들도 놀이기술을 진심으로 받아들이게 되면 가끔 자녀들에게 자연스럽게 사용할 수 있게 됨을 언급했다. 리더는 부모들이 몇 주 동안 놀이기술을 일상생활에서 적용하는 방법을 알게 되면, 자녀의 감정도 반영할 수 있다는 것을 알려 준다.

부모들이 놀이기술을 너무 초기에 적용할 때

집단 부모놀이치료 초기 단계에 놀이기술을 일반화하여 긍정적인 결과를 보일 때 부모의 노력에 대한 지지와 그들이 새로운 기술을 더욱 확장하여 성공적으로 이행하기 전에 너무 많은 계획으로 실망하지 않도록 균형을 맞추는 것이 중요하다. 여기에서 논의되는 부모들과 달리 많은 집단에서 다른 부모들은 놀이기술을 조급하게 일상에 적용하려다 성공하지 못할 수 있다. 이러한 실패는 보통 그들 자신의 효능감을 떨어뜨리고 집단 부모놀이치료의 효과에 대해서도 실망하는 결과를 가져온다. 리더는 이러한 부모들이 기술을 충분히 습득하지 못해서 성공하지 못했거나 자녀의 반응에 적절히 반응하지 못한 근본적인 이유를 이해하지 못했다는 가설을 세우고 공감해 줘야 한다.

아동중심 놀이치료 기술의 조급한 적용으로 실패한 사례에서 종종 그들의 일상생활을 더욱 잘 통제하기 위해 부모가 첫 번째로 시도하는 것이 제한 설정이다. 그러나 부모가 자신의 통제욕구도 살펴야 하고, 자녀의 동기도 분명히 이해를 해야 하며, 제한 설정 기술도 온전히 배워야 하기 때문에 보통 제한 설정 기술을 사용하는 것은 매우 어려운 일이다. 더욱이 제한 설정의 성공적인 일반화를 위해서 우리는 먼저 제한 설정에 의존하기 전에 부모에게 놀이회기에서 사용할 만한 다른 양육기술을 사용하도록 격려한다.

놀이기술을 일반화하기 위한 부모 훈련 단계

부모들에게 집단 부모놀이치료의 일반화 단계 소개하기

리더는 부모가 가정 놀이회기를 완수하고 이러한 기술을 일상생활에 어떻게 적용할 수 있을지 집단에서 생각해볼 준비가 되었다는 것을 인정하는 의미로 부모들에게 기술의 일반화를 소개한다. 리더는 프로그램 초기 동안 또는 의뢰할 때 언급했던 아동의 문제와 일반화 기술을 관련짓는 것이 필요하다. 리더는 부모들이 자발적으로 문제들을 드러내지 않을 때, 부모 스스로가 문제를 이끌어 내도록 할 필요가 있다. 그러나 부모들은 보통 가정에서 양육과 관련한 많은 문제를 겪으면서 스스로가 양육을 잘할 수 있다는 자신감을 갖고 있다.

리더는 초기의 각 놀이회기 기술들을 간략하게 검토하고 일반화 논의와 관련하여 프로그램 훈련 단계를 계획해야 한다. 가정에서 더욱 광범위하게 기술을 사용할 수 있다는 확신을 가질 때까지 좀 더 단순한 상황에서 그 기술을 사용하는 게 최선인데, 그렇지 않으면 부모들은 즉시 해결할 수 없는 더욱 심각한 문제들과 씨름하는 경향이 있다고 강조해야 한다. 다루기 쉬운 문제들부터 해결하는 전략은 부모들이 일반화의 첫 번째 시도가 성공적이라는 확신을 갖게 하기 때문에 리더가 반드시 언급할 필요가 있다.

리더는 놀이회기와 논의를 통해 나온 집단 사례를 모두가 공유하도록 도울 뿐만 아니라 이러한 논의 속에서 가능한 부모의 생각을 많이 끌어내도록 해야 한다. 프로그램의 현 시점에서는 부모들이 문제를 해결하기 위하여 그들 자신의 상황뿐만 아니라 그들 스스로가 사례가 되어 논의를 더욱 많이 이끌어야 한다. 후반부 모임의 이러한 특성들은 부모들이 일상생활에서 놀이기술을 사용하는 데 있어 자신감과 독립심을 증가시키는 것을 강화시키기 때문에 리더가 조성하고 촉진해야 할 부분이다.

리더가 특정 문제 상황을 묘사하고 일상생활에서 생길 수 있는 문제를 해결하는 기술을 어떻게 사용하는지 시연해 보도록 할 때 부모들에게 가장 효과적이다. 짧은 설명과 함께 리더는 종종 즉흥적으로 일반화를 더욱 생생하게 보여 줄 역할놀이를 한다. 예를 들어, 만약 부모가 자녀와 어떻게 교류할지 모르겠다고 하면 리더는 부모의 역할을 맡고 부모에게는 아동의 역할을 준다(부모 역할만 맡았던 프로그램의 초기 단계와 달리). 부모가 아이로서 행동하게 되는 상황이 되면 부모는 자녀의 마음을 공감하게 되고 기술을 어떻게 효과적으로 사용하는지 경험상 더 잘 보게 됨으로써 아동에 대한 태도와 부모-자녀관계에 있어 변화를 이끌게 된다. 이러한 역할을 바꾸어서 리더나 다른 부모가 아동의 역할을 맡는 것 또한 부모가 자신의 기술이 다른 사람에게 어떠한 영향을 미치는지 경험을 하는 데 도움이 된다. 부모가 어떠한 역할을 맡을지는 리더가 부모의 정서적 욕구와 능력에 기초하여 판단해야 한다.

또한 리더는 기술의 일반화와 관련된 논의에 아동발달 원리들을 포함시키기 위해 검토할 필요가 있다. 부모들에게 강조해야 할 가장 중요한 개념들은 프로그램의 첫 번째 부분에 아동중심 놀이치료 기술을 소개할 때 얘기했었다(제6장~제8장 참고). 일반화 기술을 강화시켜 주는 중요한 개념들은 다음과 같다.

- 부모는 자녀가 어떻게 행동하기를 바라는지 그리고 그러한 능력에 관한 기대를 할 때 아동이 발달적으로 준비가 되었는지 고려할 필요가 있다.
- 아동은 다른 아동과 마찬가지로 고유한 특성을 갖고 있을 뿐만 아니라 그들이 무엇을 하든 있는 그대로 영향력 있는 존재이다.
- 아동의 환경은 그들의 존재와 행동에 영향을 미친다. 최적의 환경은 더욱 많은 성취를 아동 스스로 주도하고 만족감을 느끼는 것이다.
- 중요한 새로운 사건과 외상은 아동의 발달을 방해한다.

기술의 일반화를 요약한 것은 각 기술들의 일반화를 소개할 때 리더에게 매우 유용하다. 그러나 리더는 또한 자신의 집단에 가능한 동기부여를 많이 하고 사례에 적용해야 한다. 따라서 리더는 부모가 그들의 모든 놀이기술을 일반화하는 방법과, 각 부모 집단의 특별한 욕구를 맞추기 위해 일상생활에서 누구나 겪는 일들과 관련한 기술에 대해서 매우 익숙해야 한다.

공감기술의 일반화

자녀의 감정에 공감하는 것을 보여 주는 것은 집단 부모놀이치료에서 부모들이 배워야 하는 주된 놀이기술의 하나이며 프로그램의 현 시점에서 부모들이 매우 익숙해져야 할 기술이다. 리더는 보통 일반화하는 데 있어 공감기술로 시작하는데 이는 공감이 매우 중요하기 때문이고, 놀이회기 사례들은 충분한 참고자료로 부모들이 공감기술을 일반화하도록 돕는다.

리더는 자녀가 단지 놀이회기뿐만 아니라 일상생활에서도 매우 극단적인 행동을 보인다면, 특히 위험한 상황에 놓일 만한 행동이라면 자녀의 감정을 다루기 이전에 그 행동을 먼저 우선적으로 다루어야 한다는 사실을 부모들에게 상기시킬 필요가 있다. 따라서 극단적인 분노폭발(temper tantrum), 달아나기, 극도의 위축, 심각한 공격성, 자해는 부모와 자녀의 안전을 위해 자녀의 감정을 이해하고 반영하기 전에 더욱 즉각적으로 행동할 필요가 있다.

아동 감정의 공감과 수용에 대한 타당성 검토하기

자녀의 감정에 대한 부모의 태도는 일상에서의 상호작용에 있어 매우 중요하다. 리더가 공감을 일반화하는 집단 논의에 포함되어야 하는 부모 태도의 핵심은 다음과 같다.

- 부모가 놀이회기에서 자녀의 감정에 반응하는 것이 보통 자녀에게 위협적이지 않고 거부적이지 않게 보인다.
- 부모가 자녀의 감정을 인식하는 것은 자녀가 자신의 감정을 이해하도록 돕고 자신감을 갖도록 한다.
- 부적절한 행동이 아니라 직접적인 언어를 사용하여 아동을 격려해 준다(한 부모는 "이제 로버트는 분노발작을 하지 않고 화가 났다고 말해요."라고 말했다).
- 감정은 옳고 그른 것이 아니므로 모든 아동의 감정을 허용해 준다.
- 부모가 자녀를 이해하고 있다는 것을 보여 줌으로써 자녀가 부모에 대한 신뢰를 형성하고, 부모로서 자신감을 갖게 된다.
- 부모가 이해를 보여 주는 것은 부모의 감정과 생각을 존경하고자 하는 자녀의 의지를 증가시킨다(이 장의 후반부에 부모의 '나-전달법'이 자녀와 일상생활에서 의사소통하는 데 효과적임을 논의할 것이다).
- 감정의 이해가 항상 어른이나 아이에 의해서만 결정되는 것은 아니다(다른 많은 고려사항은 이후에 논의될 것이다).
- 부모는 자녀의 감정을 진심으로 수용해야 하지만 부모 자신의 감정과는 다른 것이다.
- 부모는 자녀가 자신의 감정을 다룰 수 있고 자신의 문제에 대해 자녀 스스로 해결책을 찾을 것을 확신해야 한다.

리더는 부모들이 일상생활에서 자녀의 감정을 수용하고 공감을 실천하면서 다음과 같은 일반적 태도를 내재화하도록 돕는다.

- 비난하기보다는 수용하기
- 안심시키기보다는 수용하기
- 해결책을 제시하기보다는 수용하기
- 훈계하기보다는 수용하기
- 처벌하기보다는 수용하기

- 어떤 방식으로든 아이라고 무시하지 말고 수용하기

부모가 공감을 보여 주는 단계

리더는 부모들이 이미 가정 놀이회기에서 적용하고 있고 이제 일상생활에 적용하기 시작하는 공감을 보여 주는 단계에 대해 부모와 검토해 볼 필요가 있다.

- 자녀가 표현하는 것을 주의 깊게 듣고 감정을 찾아야 한다. 아동의 언어적 메시지는 감정과 같지 않을 수 있다. 때로 아동은 감정을 직접적으로 말하지 않는다.
- 자녀의 감정을 명료화해야 한다.
- 자녀의 감정을 부모가 이해하고 수용했다는 것을 보이기 위해 무언가를 말해야 한다(이것은 부모가 대립되는 강한 감정을 갖고 있을 때 특히 중요하다).
- 수용적인 어조와 적절한 단어는 이해를 보여 주는 데 중요하다.

일상생활에서 공감을 일반화하는 예

리더는 공감의 일반화를 소개한 후에 부모들의 사례뿐만 아니라 리더 자신의 예를 소개할 수도 있다. 집단 구성원들이 자신의 사례를 얘기할 준비가 되어있지 않은 집단의 경우 간단한 예를 들어 주는 것은 부모들이 예시를 통해 자신의 가정생활을 생각해 볼 수 있도록 도움을 줄 것이며 리더가 부모에게 기술을 가르치는 지침이 된다. 심지어 더 많은 자료가 필요한 집단을 위해서 리더는 공감을 보여 주는 반응과 그렇지 않은 반응 두 가지 중 선택하게 하고 그런 후에 이러한 다양한 반응들에 대해 토론한다.

예시 1

톰: (반항적으로) 내일 학교에 데려다주지 말아요. 난 내일 학교에 가지 않을 거야, 멍청한 늙은 선생! 항상 날 괴롭혀.

아버지가 할 수 있는 두 가지 반응: "선생님이 널 또 괴롭혀. 그건 정말 기분 나쁜 일이지."(비공감적 반응) 또는 "선생님은 너를 정말 화나게 하는구나."(공감적 반응)

리더는 톰의 감정을 이해하고 있다는 반응이 어떤 것인지 묻고, 그러고 나서 집단에서 부모가 자신의 반대되는 감정을 어떻게 다루는지 논의하도록 돕는다. 리더는 아버지에게 생길 수 있는 감정의 범위에 대해서 부모들의 생각을 물어본다(예: 불안 또는 공포, 통제의 상실, 무기력, 분노, 다투고 싶은 욕구, 상황의 통제, 아들에 대한 동의). 아버지가 즉흥적으로 대립된 대답을 하도록 해 보는 것도 리더에게 유용하다. "넌 학교를 가야 해. 그리고 너를 그곳에 데려다주는 것이 내가 할 일이고." 그리고 리더는 톰의 감정을 이해한다는 것이 학교를 가지 않겠다는 톰의 해결책을 아버지가 동의한다는 의미가 아니라는 것을 강조해야 한다.

예시 2

메이: (소리치듯) 난 엄마가 싫어요.

어머니가 할 수 있는 두 가지 반응: "네가 왜 그렇게 화내는지 모르겠어. 놀이기구를 타러 가지 않을 거라고 말했잖아."(비공감적 반응) 또는 "너는 나에게 화가 많이 났구나. 네가 원하는 것을 해 주지 않아서 나한테 많이 실망했구나."(공감적 반응)

리더는 메이의 감정을 수용하기 위해 어머니가 무시했던 감정에 관한 부모의 생각을 격려한다.

예시 3

헬렌: 나는 오늘 밤 클레어의 파티에 가야 할지 모르겠어요.

부모: "재밌을 거야."(안심시키는 반응) 또는 "파티에 가고 싶은지 확신이 서지 않는구나."(공감적 반응)

리더는 첫 번째 반응이 헬렌의 감정을 수용하는 데 실패했을 뿐만 아니라 아이의 감정이 어떠해야 한다고 말하고 있다는 것을 부모들이 이해하도록 돕는다. 많은 경우 이러한 반응은 아이가 표현한 감정을 수용한 것이 아니라 부모가 느끼는 것에 또는 사회적으로 바람직하다고 여기는 것에 기초를 둔 반응이다.

부가적 단계: '나-전달법'

놀이회기와 달리 일상생활에서는 부모들이 자신의 감정을 명료화하는 것과 자녀에게 그러한 감정을 분별력 있게 표현하는 것 둘 다 중요하다. 그러나 부모들은 놀이회기에서 배웠던 것처럼 대부분의 상황에서 가장 중요한 첫 번째가 자녀의 감정을 공감하는 것이다. 리더는 또한 부모들이 '나-전달법'을 사용할 때 비록 자신의 감정을 더욱 명확하게 표현하는 것을 배웠을지라도 아동이 부모의 감정을 고려하는 수단이 되어서는 안 된다는 것을 주의시켜야 한다. 다른 사람에 대한 연민을 배우는 것이 모든 성인이 완벽한 인생을 살게 하는 하나의 발달과정임은 이미 입증되었다.

발달적으로 아동은 근본적인 애착관계에서 타인에 대한 공감을 처음 느끼기 시작한다(Schore, 2000). 그리고 부모들의 '나-전달법'은 아동에게 능력을 더 발달시킬 기회를 갖게 한다. 부모가 대립되지 않고 진실되게 표현한 감정은 아동에게 상호 의존적으로뿐만 아니라 독립적으로 부모의 시각에서 볼 수 있는 기회를 준다.

제9장에서 논의되었던 부모의 '나-전달법'[Ryan & Courtney(2009)는 적절한 감정을 표현하는 것으로 간주한]은, 부모들의 첫 번째 욕구가 자녀가 부모의 감정을 인식하도록 돕는 것보다 자녀의 감정과 욕구를 이해하고 자녀가 이끄는 대로 따르는 것이기 때문에 집단 부모놀이치료의 마지막 단계에서 다루어 준다. 자녀의 감정을 첫 번째로 강조하는 것은 자녀가 성장할 수 있는 안전하고 양육적인 환경을 제공하는 부모의 주된 역할에 부합하는 것이다. 에릭슨(Erikson)의 심리사회적 발달이론에서 부모의 돌봄과 생산의 욕구는 아동의 욕구에 맞게 잘 제공되었을 때 충족된다고 한다(Wilson & Ryan, 2005). 아동의 애착 욕구는 일반적으로 아동의 취약성과 양육을 추구하는 욕구 때문에 부모의 욕구보다 우선한다. 다른 목표나 행동과는 달리 부모들은 자녀와 대칭적인 애착관계를 맺는 것이 아니라 상호 보완적인 관계를 맺는다(O'Sullivan & Ryan, 2009; Ryan, 2004). 그러므로 놀이회기처럼 일상에서의 부모-자녀관계를 위해 부모가 자녀의 감정을 반영하는 것은 절대적으로 필요하다.

집단 부모놀이치료의 원칙을 유지하면서 리더는 부모가 자녀에 대한 긍정적인 감정을 '나-전달법'을 통해 표현하도록 돕는다. 리더가 부모와 함께 다른 감정들, 즉 긍정적이지 않은 감정들도 논의함으로써 부모가 자녀와 적절하게 공유할 수 있게 해 준다. 리더는 부모가 '나는 ……을 느껴.'라는 단어로 시작하지 않도록 주의를 준다. 이러한 방식으로 문장을 시작하면 자녀는 자신의 감정이라고 생각해 버리기 때문이다. 놀이회기와 유사하게 부모는 자녀의 감정을 명확하게 반영하고, 리더는 부모가 자신의 감정을 직접적으로 표현하도록 돕는다(예: "나는 네가 그렇게 웃을 때 사랑스러워.")

자녀와의 중요한 의사소통에서 부모 자신의 감정을 사용하는 것을 도울 때 리더는 부모에게 다음과 같은 것을 촉진한다.

- 자녀의 감정을 명확하게 표현하는 만큼 자신의 감정도 명확하게 표현해야 한다.
- 자녀에게 감정 이면의 이유를 간단한 방법으로 말해 주어야 한다. 구체적이려고

노력해야 한다.

- 부정적 감정이 들 때, 자녀와 함께하는 것의 어려움에 대해 분명하고 명확하게 말해야 한다. 이러한 상황이 자녀에게 당황스럽지 않게, 비난하지 말고, 비웃지 말아야 한다.
- 자녀에게 자신이나 부모가 가진 문제(예: 부모-자녀 간에 잘 지내지 못하는 것, 바쁜 것 등)에 대해 간략하게 알려 주어야 한다.

일반화 단계 동안 '나-전달법'의 예

다음은 리더가 부모들에게 보여 줄 긍정적인 '나-전달법'의 예이다.

어머니가 아동에게: "네가 새로운 아기 요람을 동생에게 내어주는 것을 보니 자랑스럽구나." 대신에 "나는 네가 양보하는 것이 기뻐." 또는 "나는 네가 동생과 싸우는 것이 싫어."

아버지가 아동에게: "내가 여러 번 말하지 않게 네가 내 말을 들어 줬으면 좋겠어." 대신에 "나는 네가 내 말을 듣기를 원해, 중요한 일이거든."

물론 부모들의 경우 자녀와의 관계에서 부정적 감정도 생긴다. 이것 또한 부모 스스로 내적으로 명료화하고 자녀와 적절하게 나누는 것이 중요하다. 예는 다음과 같다.

아버지가 아동에게: "내가 기분이 좋지 않네. 내가 너한테 소리치지 말았어야 했는데, 미안해."

이러한 예를 보면, 리더는 부모가 일상에서 긍정적 감정, 때로는 부정적 감정들을 공유할 수 있도록 돕는다. 어떤 부모의 감정은 부모-자녀관계에 있어 잠재적인 관계를 형성하고 있는지, 재형성해야 하는지, 아니면 그대로 유지해도 되는지를 반영하기 때문에 중요하다(Heard & Lake, 1997). 리더는 부모에게 '나-전달법'이 근본적으로는 긍정적인 감정의 진술을 반영해야 한다는 것을 강조해야 한다. 또한 리더는 종종 매우 긍정적인 감정 밑에는 자녀에 대한 부모의 부정적인 감정이 깔려 있으며, 부모들의 근본적인 긍정적 감정을 표현하는 것이 가장 효과적임을 언급한다.

다음은 어려운 상황에서 관계를 형성하는 예이다.

어머니가 아동에게: "나는 네가 연락도 없이 세 시간이나 늦다니 너무 화가 나." 대신 "무슨 일이 생겼을까 봐 너무 걱정이 돼서 나는 네가 여기 있는 것이 너무 안심이야. 하지만 네가 연락도 없이 늦은 것은 너무 실망스러워."

자녀와의 상호작용을 부모가 어떻게 이해하고 있는지를 보여 주는 것이 리더에게는 중요하다. '나-전달법'은 단지 상황을 설명하는 것이 아니라 근본적으로는 공감하는 것이 효과적이다. 마지막 예에서 어머니는 자신의 걱정과 실망을 말하기 전에 아동의 감정을 인식하고 반응하는 것이 필요했다(예: "너는 지금 속상해 보여.")

공감적 반응과 '나-전달법' 연합하기

리더는 또한 부모들이 '나-전달법'을 배우도록 돕는데, 이것은 부모가 상황의 결과에 영향을 미치고자 할 때, 특히 부모의 지위가 초기에 자녀에게 명확하지 않은 경우에 유용하다.

예시

부모: 너는 샤워를 하지 않고 TV를 보고 싶은 거구나. 너는 지난밤 샤워를 했기 때문에 괜찮다는 거구나. (공감적 진술)

지미는 부모의 진술에 동의했다.

부모: 나는 널 내버려 두고 싶어. 하지만 정원에서 놀아서 정말 더럽거든. 나는 네가 내일 그러고 학교에 가길 원하지 않아. ('나-전달법')

만약 지미가 스스로 다음 단계의 협상을 하지 않는다면 구조화하기 위한 진술을 덧붙일 것이다.

부모: 샤워를 빨리 할수록 너는 다시 TV를 볼 수 있어. (구조화 진술)

자녀들을 인정해 주기

덧붙여 리더는 부모가 일상생활에서 자녀에게 더욱 일반적으로 긍정적인 주의를 기울이는 방법에 관해 생각하도록 돕는다. 놀이회기에서 자녀의 감정과 욕구에 집중했던 것과 같이 가정 내 다른 상황까지 확장해야 한다. 또한 리더가 일상생활에서 자녀를 칭찬하고 강화해 주는 것이 효과적인 방법이라고 소개함으로써 부모가 긍정적인 주의를 기울이도록 돕는다. 부모들이 종종 칭찬과 강화를 해 줄 필요가 있는데, 그것은 부모가 자녀에게 중요하고 사랑스럽다는 인정의 태도를 발달시키는 효과가 있다. 리더는 또한 부모가 적절히 구조화된 상황을 포함하여 놀이에서 했던 것처럼 자녀의 감정과 욕구에 집중을 할 수 있을 때만이 칭찬과 강화가 효과적임을 강조할 필요가 있다.

자녀에 대한 애착과 공감적 이해를 보여 주는 양육기술을 확대하면서 부모들은 또한 자녀의 현실적이고 교육적인 발달을 촉진하기 위해 양육기술을 확대할 필요가 있다. 몇 가지 중요한 점은 프로그램 시작할 때와 유사하다(제4장과 제5장 참고). 리더는 다음과 같이 아동의 학습과 능력에 관한 논의를 할 필요가 있다.

- 부모들은 놀이회기에서 아동이 종종 해결책을 생각하고 그들 스스로 진전을 이루어 낸다는 사실을 배웠다(예시는 이 점을 강화하는 데 사용하도록 돕는다). 부모는 놀이회기 동안 자녀의 독립적인 학습을 지지하도록 배웠다.
- 부모는 아동이 새로운 상황에서 직관적으로 해야 할 것들을 안다거나, 즉시 물건을 밖으로 옮기거나, 어떤 상황을 부모에게 설명해 줄 것이라고 기대하지 말아야 한다. 아동은 어떻게 해야 하는지를 배우는 단계이고 놀이회기에서 보였듯이 앞으로 진전하기도 하지만 뒤로 퇴행하기도 한다. 다시 말해, 놀이회기와 가정회기에서 간략한 설명은 유용하다.
- 놀이회기에서 보았던 것처럼 어린 아동들은 그들 자신의 일정한 규칙을 형성하기 위해 어떤 것을 반복해서 할 필요가 있다.
- 학습은 좌절과 어려움의 시간이다. 부모는 자녀가 옳은 방향으로 노력하고 있다는 것을 알아차릴 필요가 있다. 옳은 방향으로 노력하는 자녀에게 부모가 긍정적인 관심을 주는 것은 실수를 고치도록 지적하는 것보다 훨씬 효과적이다.

인정하는 방법

리더는 부모가 가정 놀이회기에서와 같은 긍정적인 집중을 하면서, 자녀에게 더 많이 인정해 주는 방법을 탐색하도록 촉진한다. 이 시점에서 많은 부모는 이미 일상생활에서 진전을 보이는 자녀에게 긍정적인 인정을 해줄 수 있다.

일반적으로 논의는 사례를 통해 보여 주듯이 다음과 같은 견해를 포함한다.

- 부모는 자녀가 긍정적인 행동을 보일 때, 방해하지 않고 자녀에게 일대일로 집중을 해야 한다는 것을 기억해야 한다.

  예: 마크와 래리는 차를 가지고 협력적으로 조용히 놀이했다. 어머니가 앉아서 그들의 놀이를 본다.

- 아이들은 정서적으로 힘든 일을 나누고 싶을 때 부모와 함께 놀이회기를 하는 것이 익숙하다. 집단 부모놀이치료에서 대다수의 아동이 일상에서의 이러한 사건에 관해 말할 수 있다. 특히 부모가 자녀가 이끄는 대로 따라가며 정서적 욕구를 받아 주고 감정을 반영해 준다면 더욱 그렇다.

  예: 프랭크는 학교에서 낮에 힘들었다. 아버지는 앉아서 무슨 일이 일어난 것인지 듣고 화내지 않으면서 프랭크의 좌절을 인정하고 조언을 해 주었다.

- 부모는 자녀가 어떠한 행동을 해도 존중한다는 것을 적극적으로 보여 줄 필요가 있다.

  예: 메리는 동생에게 자신의 사탕을 조금 주었다. 어머니는 메리에게 미소를 지으며, 동생과 나눌 때 행복하다고 말했다. 어머니의 칭찬은 메리의 이타심을 어머니가 인정한다는 것을 보여 주는 것이다.

- 아동들은 공감적으로 듣는 것뿐만 아니라 부모로부터의 신체적 애정도 필요하다.

  예: 스티브가 숙제를 힘들게 하고 있다. 아버지가 다가가서 작업에 방해되지 않도록 하면서 어깨 주변의 팔을 잠시 잡아 주었다.

- 부모는 자녀의 욕구에 조율하면서 자녀에 대한 존중을 보일 필요가 있다.

  예: 루이스는 할머니의 실내용 화초를 돌려 드렸다. 어머니는 루이스에게 고맙다고 하고 레모네이드를 마실 것인지 물어봤다.

- 부모는 자신의 삶이나 자녀의 삶에 있어 함께 특별한 시간을 보낼 수 있는 창의적인 공간이 필요하다. 부모가 가정에서 정기적으로 실시하는 놀이회기를 시작하는 방법에 관해 자녀와 함께 생각해 보도록 격려한다.

  예: 제이슨의 어머니는 최근에 아이와 함께 산책을 했었고 아마도 아이가 더 좋아할 것이라고 말했다(리더는 부모의 제안 후 20주 프로그램의 끝에 놀이치료의 종결을 계획하는 부모에게 특별한 시간을 갖기 위한 논의를 덧붙일 수 있다).

- 부모가 자녀에게 특별한 파티나 상품을 제공하는 것은 적절하다. 부모가 자녀에게 구체적인 보상을 줄 때, 부모가 자녀의 특별한 노력을 인식하고 인정한다는 것을 보여 준다. 그러나 보상은 '그 아동'보다는 '그 상황'에 맞아야 하고, 특별한 행동에 명료하게 주어져야 하는 것이 필요하며, 그래야 이 시간 이후에도 가능한

그러한 행동이 유지될 것이다.

예: 수전, 오늘 네가 나를 도와서 할머니를 보살펴 드리고 정원의 잡초를 모두 뽑은 것이 자랑스럽구나. 집에 돌아가면서 네가 좋아하는 놀이터에 놀러 가자.

• 부모는 자녀가 어떤 상황에서 바람직하지 않은 행동을 하는 것을 강화하고 있는지 살펴봐야 한다.

예: 마리안의 어머니는 아이가 더러운 옷을 깨끗한 옷과 함께 옷장에 넣는 습관으로 힘들어하고 있다.

지금까지, 저는 더러운 옷을 치우라고 아이에게 야단을 치고 외출을 금지시켰어요. 나는 그 문제를 해결하려고 노력하는데 아이는 매일 편안해 보이는 게 나를 매우 좌절하게 했어요. 지금 생각해 보면 아마도 내가 마리안에게 너무 집중했나 봐요. 그것도 아이가 잘못했을 때 그리고 아이가 올바르게 하지 않았을 때만 집중하는 것은 매우 좋지 않은 것 같아요.

어떤 집단은 이후에 이러한 시각에 대해 논의를 할 필요가 있는 경우가 있다. 우리의 경험상, 어떤 부모들은 우선 아동을 칭찬하는 것이 목적이고, 다른 목적은 이미 칭찬이나 보상을 주었다는 것인데 그것은 소용이 없다. 리더는 부모의 좌절감에 대해 반영해야 하고, 놀이회기 동안 자녀에게 보였던 긍정적인 집중은 부모와 자녀 모두에게 보상이 되었음을 알려 줘야 한다. 그러므로 집단 부모놀이치료는 부모들이 처벌보다는 인정, 수용, 공감, 구조화, 그리고 보상을 사용하도록 돕는 것이다. 많은 부모가 사례를 통해 논의하는 동안 자신의 특별한 노력에 대한 칭찬과 보상을 받는 일이 종종 생긴다.

일정한 처벌의 부정적 결과

다른 집단들은 양육을 하면서 어떻게 신체적 처벌이나 다른 형태의 처벌이 없을 수 있나 하는 의문을 가질 수 있다. 아마도 부모는 일상적으로 해 오던 양육 방식에 의구심이 생기면서 무능감, 통제의 결여, 혼란스러운 감정을 느끼는데, 이러한 부모의 감정을 강조하는 데 시간을 보낼 필요가 있다. 리더는 또한 일정하게 오랜 기간 처벌을 하게 되면 비록 자녀의 힘든 행동이 더 빨리 멈출 수 있을지라도 부정적 결과를 가져온다는 것을 부모들에게 이해시켜야 한다. 이러한 부정적 결과는 다음과 같다.

- 이러한 형태의 양육은 이후 자녀에게 공격성과 반항심을 불러일으킨다.
- 지배와 복종의 관계는 사람들 간에 권력 다툼을 만들며 처벌과 반항심이라는 악순환의 결과를 낳게 되어 파괴적이고 지속적이게 된다.
- 아동은 처벌에 대한 반응으로 가정에서나 밖에서 매우 공격적이거나 또는 매우 위축된 반응을 보인다.
- 아동은 보통 그들이 원하는 것을 얻기 위해 매우 비지시적인 방법을 발달시킨다. 즉, 잠재적인 처벌을 피하기 위해 사람과 상황을 조종하고 거짓말이 증가한다.

리더는 또한 소수의 사례에서 아동이 긍정적인 행동을 하게 하는데 인정과 보상이 효과적이지 않다는 사실을 언급한다. 이와 더불어 리더는 일반화 훈련을 시작하면서 극단적인 행동을 논의해야 한다. 소수의 사례는 아동의 안전을 우선적으로 유지하기 위해 제한 설정을 하고 실시하는 것이 필요하다. 리더는 이러한 제한 설정의 상황은 최종적으로 이루어져야 하며, 무엇보다도 긍정적인 양육기술이 더욱 효과적임을 상기시켜야 한다.

구조화 기술 일반화하기

자녀와 놀이회기 경험이 있는 부모들은 일상에서 자녀의 사건을 구조화하는 방법에 본보기로 이러한 경험을 사용하면 된다. 부모들이 놀이회기의 예를 물어보기 전에 (예: 가정회기를 아동에게 소개하기, 특정한 방식으로 가정에 방을 마련하기), 리더는 자녀의 삶에 있어 환경과 사건들을 계획하고자 하는 부모들에게 집단에서의 구조화 경험을 상기시킨다. 이러한 계획은 부모 자신의 욕구를 충족시키는 동시에 아동이 부모의 욕구를 충족시키도록 돕는 데도 효과적이다.

다른 면에서 리더는 부모에게 유용한 계획을 세우는 논의도 포함하지만 자녀의 나이에 따라서 이 과정에 자녀를 포함시키는 것이 생산적이다. 예를 들어, 부모는 8세 딸이 방과 후 안전하게 친구의 집으로 갈 수 있는 길을 계획하는 것에 자녀를 포함하는 것이다. 자녀가 정보를 줌으로써, 곤란한 상황이 생길 경우 부모가 자녀를 더 잘 도울 수 있다.

많은 예에서 부모들은 흔히 새로운 상황에서도 자녀를 도울 수 있는 방법을 가지고 있다. 새로운 집으로 가족이 이사를 갔을 때 '학교에 가는 첫날'에 대한 책을 읽거나, 또는 등교하기 전에 새로운 학교를 방문해 볼 수도 있다.

리더는 또한 정기적으로 발생하며 더욱 어렵게 만드는 상황을 부모들이 논의하도록 할 수 있다. 부모와 리더가 함께 이러한 상황을 브레인스토밍하면 더욱 구조화가 잘된다. 예를 들어, 아버지가 저녁식사를 준비하는 동안 두 아들이 싸운 상황을 설명할 때 리더가 아버지와 다른 부모들에게 브레인스토밍하기를 제안하면 이러한 상황은 개선될 수 있다. 아버지는 아들이 배가 고팠기 때문에 음식 근처에서 아버지와 함께 있고 싶어 했을 것이라고 생각했다. 다른 부모들은 아버지가 저녁을 준비하는 동안 아들의 욕구를 충족시킬 수 있도록 이 상황을 구조화하는 방법에 관해 생각했다. 아버지는 아들이 음식 준비를 돕는 방법을 제안했고, 다른 부모들은 아버지가 음식을 만드는 동안 식탁에서 그림을 그리거나 숙제를 하는 방법을 제안했다.

리더는 아이들의 능력 범위 안에서 언제든지 구조화 과업을 자녀가 공유하도록 격려하는 것을 상기시켜서 논의한다.

이 사례에서는 다음과 같이 말한다.

> 아마도 당신의 아이들은 이곳에 있는 것이 더 좋은 것 같아요. 당신은 아이들과 함께 앉아서 어떻게 하면 좋은지 두 가지 선택권을 주고 아이들이 선택하게 하면 성공의 좋은 기회가 될 거예요.

아버지는 아들의 싸움이 종종 식탁에서 일어난다고 덧붙였다. 몇몇 부모들은 식사하는 동안 아이들 사이에 아버지가 앉아 아이들을 서로 떼어 앉히는 것과 같은 다른 구조화된 생각들을 제안했다. 이러한 제안은 아버지에게 실행 가능해 보였고, 아버지는 다음 모임에 와서 그렇게 했다고 보고했다. 리더는 이러한 문제들이 보통 있는 일이며 다소 유사한 상황에서 이러한 생각을 다르게 적용해 보도록 제안하였다. 역할놀이는 부모들이 구조화 기술을 일반화하는 것을 도와주는 유용한 방법이다. 예를 들어, 리더는 아파서 숙제를 하지 못했는데 선생님께 말하기 두려워하는 10세 딸을 둔 부모에게 역할놀이를 제안했다. 딸과 함께 극본을 쓰고 부모와 함께 역할놀이를 하면서 연습해 보는 것은 집단의 대다수 부모에게 매우 도움이 되었다.

리더는 부모가 효과적으로 구조화 기술을 사용할 때 가정에서 제한은 필요하지 않다는 구조화에 관한 논의를 강화시켜야 한다. 부모들 스스로 생각해 내지 못한다면 리더가 몇몇 단순한 구조화 기법들을 검토해 준다. 다음의 기법이 포함된다.

• 대안적인 활동들을 제공하기(예: 언니가 쿠키를 만드는 동안 동생에게는 쿠키 반죽을

주는 것)

- 아동을 위해 집을 조정하기(예: 욕실에서 어린아이가 불을 켤 수 있게 전등 스위치 근처에 디딜 것 놓기)

사례 예시

다음의 예는 구조화 기술의 일반화에 관한 집단 논의에서 발췌한 것이다.

리더: 재키, 기억해 봐요. 어머님은 초기에 조지가 결코 제시간에 집에 온 적이 없다고 말했어요. 어머님이나 다른 부모님들도 문제라고 했죠?
(재키를 포함한 몇 명의 부모들이 동의했다.)

리더: 우리가 이 문제를 가지고 구조화 얘기를 해 봅시다. 조지가 시간에 맞춰 집에 올 수 있게 구조화하는 방법이 뭐가 있을까요, 재키?

재키: 조지는 시계를 보지 않아요. 시계를 차는 것을 싫어해요. 저는 휴대폰 알람을 맞춰 놓으라고 말했지만, 집으로 향했을 때는 이미 알람이 울린 뒤이죠.

리더: 어머님은 이미 다른 방법을 생각해 봤군요. 어머님은 자녀가 스스로 움직이길 원하는군요.

부모 2: 저는 잭에게 규칙적으로 전화를 걸었지만 아이는 때로 소리를 무시했어요.

리더: 우리는 아이들 스스로가 일정하게 행동하게 하는 게 얼마나 어려운지에 대해 얘기했던 것을 기억해요. 어머님은 자녀의 행동과 상황 모두를 구조화하고 싶어 하는 것 같아요. 자녀들이 알람에 주의를 기울이는 것과 같이, 해야 할 일들을 무시하거나 잊었을 때 어머님은 짜증이 나는 것 같아요. 자녀를 성공시킬 가장 큰 기회를 가진 어머님이 시간을 지키는 방법을 고수하도록 하는 것이 매우 중요한 것 같아요. 그리고 나서 비록 항상 그렇게 하지 못하더라도 자녀가 시간 맞춰 집에 올 때 어머님의 인정을 보여 주는 것이 중요해요.

재키: 조지가 알람으로 시간을 맞추려고 했던 것 같아요. 저는 아이가 핸드폰을 놓고 갔다는 것을 기억하기만 해도 좋겠어요.

리더: 어머님은 조지가 친구와 놀면서 많은 것을 기억해 주길 원하는군요. 아이를 돕기 위해선 확실히 인내가 많이 필요한 것 같아요. 이것과 유사한 일을 경험한 다른 분 있나요?

부모 3: 몇 년 전 큰아들은 한결같이 늦게 들어와도 어디 있었는지 말해 주지 않았어요.

리더: 아이가 걱정되었겠네요. 어머님은 다른 부모님들에게 도움이 될 만한 다른 어

떤 것을 했나요?

부모 3: 우리는 결코 좋은 해결책을 찾지 못했어요. 그건 불가능해요. 저는 교육을 멈추고 친구들 앞에서 아이를 야단쳤지만 효과가 없었어요. 오히려 우리 사이에 언쟁이 계속되었죠.

리더: 그런 얘기를 해 주어 고맙네요. 어머님은 아직도 그때가 좌절스럽고 유감스러운 듯하네요. 우리 부모들 중 누구도 항상 올바로 할 수는 없어요. 또한 어머님이 얘기한 아들의 문제는 일반적인 것 중 하나이고요. 우리가 조지나 다른 아이들의 상황을 구조화하는 방법에 관해 생각해야 하는 이유는 어머님의 아들과 묶어서 적용할 수 없기 때문이죠.

이 사례는 리더가 부모들 스스로가 참여자들의 많은 경험에 의존하여 공개적으로 수용되는 방식으로 자녀의 구조화 문제를 생각해 보도록 돕는 한 가지 방법을 보여 준다.

구조화 4단계

리더는 부모들과 함께 상황을 성공적으로 구조화하기 위해 필요한 단계들을 검토해야 한다. 단계는 다음과 같다.

1. 정확한 목표를 결정한다(예: 10세 아동의 경우 식사 후 그릇 씻기).
2. 목표를 방해하는 요인을 예견한다(예: 10세 아동의 경우 팬을 깨끗이 씻지 못하는 것).
3. 긍정적인 접근으로 이러한 문제점들을 예방할 방법들을 결정한다(예: 10세 아동에게 팬을 깨끗이 씻는 방법 보여 주기).
4. 예측되는 행동을 명확하게 얘기하여 모든 것을 확실하게 한다(예: "너는 팬을 씻는구나. 너는 남은 음식을 버리고, 닦은 후 말리겠지. 그리고 식기세척기에 넣을 거야.").

이러한 검토 후에 리더는 참여자들로부터 일상에서의 사례를 들어 볼 수도 있고, 현장 사례를 사용할 수도 있다. 예를 들어, 리더는 "메리와 폴 남매는 차에서 대부분의 시간을 소리 지르고 싸워요. 함께 평화롭게 차를 타고 갈 수 있도록 구조화하는 방법은 무엇일까요?"라고 말할 수 있다. 이러한 가상의 예는 4단계를 통해 생각해 볼 수 있는 기회를 주고, 부모들이 다른 관련 있는 예들을 드러낼 수 있는 계기를 만들어 준다.

구조화와 '나-전달법' 연합하기

부모들은 어떤 경우에 구조화를 '나-전달법'과 연합할 필요가 있다. 사례에 따르면, 자녀의 견해와 감정에 대한 부모의 관심은 명백하다. 이러한 논의 속에서 리더는 자녀에 대한 부모들의 태도와 긍정적인 인정이 '나-전달법'과 함께 구조화 기술을 사용하는 데 기초로서 매우 중요하다는 것을 부모들에게 강조해야 한다. 그 예는 다음과 같다.

해리: (어머니와 함께 차에 타고 있다.) 보비가 어제 나에게 뭔가 단단한 것을 던지면서, 기분 나쁘게 내 이름을 불렀어요. 그래서 나는…….

부모: 너는 지금 내가 너의 말을 들어 주길 원하지만, 난 지금 그럴 수가 없어. 눈과 얼음이 덮인 길을 운전하기 때문에 들을 수가 없구나. 우리 집에 가자마자 이 얘기를 하자.

제한 설정 기술과 결과를 일반화하기

리더는 부모들이 일상생활에서 초기에 논의되었던 모든 기술을 사용하고 이해하여 자신감을 갖게 된 후 마지막으로 일반화해야 할 기술이 제한 설정이다. 이는 다음과 같은 목적이 있다.

- 제한 설정은 자녀와의 지지적인 관계 속에서 부모가 제한을 분별력 있게 시행할 때 효과적으로 사용되는 하나의 기술이다.
- 부모의 일반적인 목표는 다른 양육기술을 먼저 사용하고 가능한 한 최소한의 규칙을 설정하는 것이다.
- 아동들은 자기조절의 발달이 점진적으로 이루어지기 때문에 놀이회기를 통해 경험한 것처럼 때로는 부모들이 제한 설정을 필수적으로 사용하게 된다.
- 제한 설정을 통해 부모는 아동을 안전하게 지킬 수 있고, 아동은 안전감과 보호받는다는 느낌을 갖게 된다.
- 제한은 또한 가족들이 순조로운 생활을 하기 위해 필수적이다.

리더는 부모가 이미 놀이회기에서 익힌 제한 설정의 일반적인 원칙을 검토해야 한다. 무엇보다 강조해야 할 것은 부모들이 아동의 능력에 맞는 현실적인 기대를 가질 필요가 있다는 것이다. 부모가 규칙을 정하고 결과를 도출하기보다는 올바른 방향을 제시하여 단계별로 수행할 수 있도록 하는 것이 아이들에게 도움이 된다. 어린 아동들에게는 절차를 형성할 수 있게 부모가 반복적으로 말할 필요가 있다. 특히 규칙이 아동들에게 거의 의미를 갖지 못할 경우에 더욱 그렇다. 아동 스스로는 규칙을 기억하는 것이 부모를 기쁘게 한다는 것 외에 다른 어떤 강한 동기가 없기 때문에 그렇다. 예를 들어, 먹기 전에 손을 씻는 것은 아동이 아니라 부모에게 중요한 규칙이다(더러움, 특히 눈에 보이는 '더러움'은 대다수의 아동에게 문제가 되지 않는다).

또한 리더는 부모들이 제한을 일관되게 실시해야 한다는 것을 반드시 기억하도록 해야 한다. 다른 기술들과 마찬가지로 리더가 제한 설정을 일반화할 때 집단 부모놀이치료의 놀이회기 사례로부터 일관된 결과를 이끌어 낸 성공적인 제한 설정의 예를 드는 것은 유용하다. 리더는 부모들이 놀이회기에서 자신의 성공적인 제한 설정 사례들을 집단에서 공유할 수 있도록 제안해야 한다.

일상생활에서 규칙을 정하는 단계

리더는 일상생활에서 규칙을 효과적으로 정하는 단계에 관해 부모들에게 추가적인 정보를 줄 필요가 있다. 이 시점에서 부모들은 익숙해진 놀이회기의 제한 설정 단계를 기반으로 제한을 설정하도록 한다. 놀이회기에서의 제한 설정 단계를 간략하게 검토한 후에 일반화된 제한 설정 기술의 단계를 리더가 다음과 같이 제안한다.

1. 그 규칙이 반드시 필요한 것인지 아닌지, 또는 그 문제가 다른 방식으로는 해결될 수 있는지 없는지를 먼저 결정해야 한다. 제한은 때로 부모들이 이미 배웠던 인정의 분위기, 구조화, 반영적 경청을 하지 말아야 한다.
2. 분명하고 명확하며 단정적으로 제한을 말해야 한다. 예를 들어, "놀잇감을 마루에 두지 말아라."고 말하는 대신 분명하게 규칙을 정하여 "놀잇감은 상자에 넣어라."라고 긍정적 방식으로 말한다.
3. 결과가 도출되기 전에 최소한 한 번 또는 두 번 정도 아동에게 상기시킨다. 규칙을 지키지 않았을 때 생기는 잠재적인 위험과 제한의 중요성에 대해 상기시키는 횟수는 아동의 연령을 고려하여 결정한다.
4. 규칙을 지키려고 하는 의도가 있을 때 알아차리고 인정해 준다.
5. 규칙을 지키지 않으면 두 번째로 결과를 언급해 준다(아동이 더 어리다면 세 번).

규칙을 지키지 않았을 때 생기는 결과, 즉 만약 아동이 부츠를 신지 않고 눈 속에 들어간다면 눈 오는 날 밖에서 놀 수 없을 것이다. 또는 만약 아동이 텔레비전 끄는 것을 거부한다면 더 이상 저녁시간에 텔레비전을 볼 수 없을 것이다.

6. 규칙을 다시 한 번 언급하고 사무적인 방식으로 결과를 수행한다.

제한 설정의 효과적인 결과들

리더는 부모들에게 일상생활에서 결과—무엇을 고수할지 그리고 무엇을 하지 말아야 할지—에 관한 일반적인 생각들을 제공할 필요가 있다.

- 심각한 결과는 제한을 강화하는 데 필수적이다.
- 부모들은 스스로가 과도하게 스트레스를 받지 않으면서 결과를 수행할 수 있어야 한다.
- 아동이 자신의 행동으로 인해 생긴 결과를 보기 위해서는 제한을 지키지 못한 후에 가능한 결과가 뒤따라야 한다.
- 규칙은 분명하게 말해야 하며 존중하는 방식으로 이루어진다. 예를 들어, "너는 냄새 나는 돼지야, 샤워를 해야겠어."라고 말하기보다는 존중하면서도 분명한 어조로 "텔레비전 프로그램이 끝나면 너는 샤워를 할 거야."라고 말한다.
- 아동은 부모가 자연스럽게 생기는 결과를 허용할 때 제일 잘 배운다. 예를 들어, 한 아동이 다른 사람의 도움 없이 매일 식물에 물을 주기로 하였다. 물을 주는 것을 여러 번 잊어버렸고 식물은 죽었다.
- 규칙을 어겼을 때 논리적인 결과를 주는 것 또한 효과적이며 아동이 배우는 데 도움이 된다. 논리적인 결과는 제한을 어긴 것과 직접적인 연관이 있다. 예를 들어, 만약 한 아동이 엄마의 노트북을 쓰고 제자리에 갖다 놓지 않았다면 그에 합당한 결과로 노트북을 사용할 수 있는 권한을 잃어버리는 것이다. 또는 아동이 진흙 발로 주방에 들어갔다면 그는 주방을 깨끗이 치워야 한다.
- 규칙을 어긴 것과 연관 없는 결과는 부모가 단지 자연적인 결과 또는 논리적인 결과일 때만 사용해야 실패하지 않는다. 예를 들어, "네가 제시간에 들어오지 않았기 때문에 씻은 후에 TV를 볼 수 없어."

집단 논의를 통한 예시

리더: 폴, 이제 아들 리처드가 놀이회기에서 아버지의 제한을 아주 잘 지키고 있죠. 삶의 다른 부분에서도 아들과 함께 이렇게 할 수 있었나요?

폴: 칭찬같이 들리네요. 네, 저는 저의 연장들을 사용하는 것을 제한했어요. 제가 함께 있지 않을 때 리처드는 흘려듣고는, 어린 동생이 있는 곳에 아무데나 그것들을 놓아둬요.

리더: 아버님 말씀은 약간 좌절도 되고 또한 걱정이 되는 것 같네요. 우리 모두 이것에 관해 도울 방법이 있는지 생각해 봅시다. 무엇보다도 리처드가 이렇게 하는 이유가 뭘까요?

폴: 아이는 확실히 어떤 때는 노력하는 것 같아요. 그러나 다른 때는 연장들과 함께 빈둥거리면서 오래된 나무 조각을 자르거나 나사를 박는 것을 좋아해요.

리더: 어떤 때는 리처드가 잘 지키고 또 어떤 때는 놀이를 하는군요.

폴: 네, 놀이를 하는 거라고 하지만……, 저는 결코 그렇게 생각해 본 적이 없어요. 저는 아이가 연장을 사용하는 것과 그것들을 배우는 것에 흥미가 있다고 생각해요. 놀이회기에서 언젠가 함께 얘기한 적이 있었어요.

리더: 그럼, 아버님은 리처드가 연장을 사용해도 된다고 한 거네요. 단지 나중에 연장을 사용하는 것이 아버님을 귀찮게 한 거네요.

폴: 아이에게 소리를 지르는 대신 연장을 넣어 놓고 그것을 사용하는 것을 금지하는 것이 아이에게 더 나은 제한이라고 생각했어요.

리더: 네, 그건 합리적으로 보이네요.

다른 부모: 저는 케리에게 어떻게 제한을 했는지 기억나요. 아이는 내 화장품으로 화장하기를 원했고 그것은 저를 미치게 만들었죠. 그래서 저는 아이의 화장품 상자를 사 주고 오래된 화장품 몇 가지를 주었죠. 아이는 너무 좋아했어요(웃음). 또한 저의 좋은 화장품들을 아이로부터 충분히 떨어뜨려 놨죠.

리더: 네, 케리가 상황을 변화시키기 위해 구조화를 어떻게 사용하는지를 보여 주는 좋은 예네요. 리처드 또한 이와 같이 조금만 다르게 구조화하는 게 좋을 것 같아요.

폴: 저는 아이가 어린 동생 저스틴 주위에 연장들을 늘어놓을까 걱정되기 때문에 아이가 자신의 연장을 갖기를 원하지 않아요.

리더: 아버님은 리처드에게 연장을 주는 것과 어떤 장소에서는 연장을 사용하도록

허락하는 것 모두 저스틴을 안전하게 보호해야 하는 가장 중요한 부분이 해결되지 않는군요. 아버님은 이 부분에 있어 제한이 적절하다고 생각하는군요. 우리 함께 어떻게 제한하는 것이 좋을지 생각해 봅시다. 규칙을 정할 수 있겠죠. "너는 연장들을 사용한 후에 바로 갖다 두어야 해. 그렇지 않으면 너는 연장을 사용할 수 없어……. 얼마 동안이 좋을까?"

폴: 제 생각엔 한 주가 좋을 것 같아요. 달력을 사용하면 유지할 수 있을 것 같아요.

리더: 리처드의 연령을 고려할 때 적당한 것 같네요. 저는 폴이 적당한 방법을 찾았다는 것을 모두에게 강조하고 싶네요. 부모가 신뢰를 유지하기 위해서는 제한 시간을 포함하여 벌칙이 끝나는 때를 주의 깊게 유지할 수 있어야 해요.

다른 일반적인 양육 문제: 진실과 거짓을 말하기

부모들은 종종 자녀의 속임수와 같은 행동을 다루는 방법과 관련하여 문제가 생긴다. 리더는 이미 부모들에게 종종 거짓말을 하는 것과 같은 부정적인 행동에 주의를 기울이는 처벌을 피하고 자녀의 긍정적인 행동에 대해 인정하는 것의 가치에 대해 소개했다. 그러나 아동은 심지어 일관되게 긍정적인 인정을 하고 있는데도 속임수를 쓸 때도 있다. 리더는 먼저 자녀가 진실되기를 원하는 정직의 가치를 이야기함으로써 부모의 긍정적인 감정을 인정할 필요가 있다. 이러한 문제를 가진 부모들이 제시하는 이유에 따라 리더는 부모들에게 그것은 가능한 일이며 이전의 경험들 때문에 이러한 행동이 발달한다는 것을 상기시킬 필요가 있다. 따라서 부모들에게는 새롭고 일관된 양육방식으로 변화하고 적응할 시간이 필요하다.

리더는 또한 부모들에게 다음과 같은 정보를 주어야 한다. 첫 번째, 자녀가 진실을 말한다면 처벌하지 않을 것이라고 말하지 않는 것이 낫다. 때로 부모는 아동의 행동에 대해 결국 처벌을 하게 된다. 두 번째, 만약 자녀가 뭔가 잘못하고 있는 것을 알았다면 아동이 '자백'하게 하거나 무시하는 것보다 부모가 있는 그대로 아는 것을 얘기하는 것이 최선이다(만약에 부모가 나중에 자신이 실수한 것을 알았다면 사과하면 된다). 부모가 자녀의 행동을 거짓이라고 확신할 때, 아동은 무언가 잘못했다는 자백을 하게 되는 함정에 빠진다. 그것은 바로 통제적인 양육태도를 보여 주는 방법이다. 부모의 생각대로 자녀가 걸렸을 때, 아이들은 그러한 행동을 한 것에 대해 훨씬 수치심을 갖게 된다. 이렇게 수치심을 느끼는 상황이 되면 아이들은 오히려 걸리지 않는 방법을 배우게 된다. 이것은 종종 적대감과 원망을 갖게 한다. 이것은 또한 아동의 자신감과 자존감을 약화시킨다. 부모들은 그들의 자녀가 정직과 용서, 긍정적인 방식으로 친밀한 관계를 바로잡는 방법을 배우기를 원한다. 긍정적인 부모의 반응은 이러한 아동의 태도를 격려한다.

가족 구성원의 욕구에 우선순위 정하기

모든 양육기술을 익히고 나면 일상생활에 적용해 보고 그런 후에 부모들이 양육기술을 모두 결합할 수 있는 방법을 다룬다. 리더는 부모들이 자신의 욕구와 자녀들의 욕구가 갈등을 일으킬 때 기술을 효과적으로 사용할 수 있도록 도울 필요가 있다. 자녀에 대한 부모들의 긍정적인 감정을 이해할 뿐만 아니라 누적된 갈등 상황에서의 좌절감 또한 이해하는 것을 보여 줘야 리더는 보통 가정생활에서 생기는 이러한 딜레마를 정상화할 수 있다. 또한 부모들에게 가족 우선순위를 결정하기 위한 실제적인 지침을 제공하는 것이 유용하다.

부모들이 우선순위를 정하기 위한 단계는 다음과 같다.

1. 자녀의 관점을 고려하고 이해한다.
2. 부모로서 자신의 관점을 고려하고 이해한다.
3. 부모 자신이나 자녀의 관점에 덧붙여 포함할 만한 다른 문제에 관해 생각한다 (예: 조부모의 요구, 학교의 규칙들).
4. 그런 뒤에 우선순위를 결정한다.[2]
5. 가족의 특정 딜레마에 이러한 단계를 적용하는 방법을 집단에서 보여 주고 토론을 한다.

사례

아버지: 제니는 이번 주에 학교에서 돌아와 학예회에 참여하게 됐다고 말했어요. 다른 친구들이 아파서 제니가 참가하게 됐다면서 매우 흥분했죠. 제니는 선생님이 초록색 티셔츠를 사서 내일 학교에 가져오라고 말했고……, 그건 절 심란하게 했죠. 저는 한참 자동차를 수리하고 있었고 그걸 밤에도 계속해야 내일 일하러 갈 수 있으니까요. 저는 아이가 계속 졸라서 귀찮게 할까 봐 걱정이 돼요. 모든 걸 잘할 수는 없으니까요.

2) 루이스 거니(2013)에 기초하였다.

리더: 둘 다를 하는 것은 힘든 일이죠. 아버님은 아이를 돕기를 원하지만 차도 고쳐야 하니까요. 이러한 상황에서 아버님이 많은 기술을 어떻게 사용했는지 생각해 봅시다. 우리가 지금 그것들을 검토한다면 다음 번에 이런 상황에서 아버님에게 도움이 될 거예요. 저는 다른 부모님들도 이러한 상황에서 어떻게 할지 명료해질 거라고 확신해요.

아버지: 저는 잠시 차를 수리하는 것을 멈추고, 아이에게 귀 기울이며 아이의 감정을 이해한다는 것을 분명하게 보여 줬어야 한다는 것을 나중에 알았어요.

리더: 아버님은 그렇게 하고 싶었군요. 아버님은 아이의 감정을 반영하는 것에 자신이 있군요.

부모 1: 또는 아버님이 차에 관해 걱정이 많이 되면, 아이에게 조금 기다려 달라고 말을 할 수도 있죠. 아버님이 하고 싶은 것에 시간을 좀 더 줄 필요가 있어요.

아버지: 네, 그럴 수도 있겠네요. 제가 말을 할 수도 있었을 텐데.

리더: 그럼 제가 제니인 것처럼 할 테니 저에게 그렇게 말해 보세요.

'제니': 내가 참가하게 됐어. 나는 초록 거인(Green Giant)이 될 거라고. 나는 내일 학교에 초록색 티셔츠를 가져가야 해요.

아버지: 너는 매우 기분이 좋구나. 나 또한 기쁘단다.

리더: 아이의 감정을 반영하고, 아버님의 감정 또한 분명하게 표현한 것은 아주 잘했어요. 이제 아버님에게 다른 감정이 있는지 생각해 봅시다. 아버님은 많은 생각이 들 것 같은데요.

아버지: 네, 저는 티셔츠를 사러 가야 하지만 차를 수리해야 하죠. 그 둘을 어떻게 할지 모르겠어요.

리더: 아버지가 이 상황을 어떻게 하면 좋을지 누구 다른 생각 있나요?

부모 1: 학교에 보낼 만한 다른 것이 있는지 찾아볼 수 있을 것 같아요.

부모 2: 또는 아이와 함께 갈 만한 다른 사람에게 부탁할 수도 있을 것 같아요.

아버지: 저는 그러한 것들을 실제 하지 못했어요.

리더: 아버님은 이미 다른 방식으로 구조화하는 방법을 생각하려고 노력했어요. 하지만 지금 어떻게 할지 모르겠는 거죠. 제니는 티셔츠를 가져가는 것에 대해 어떻게 생각하나요? 다르게 구조화하는 것에 관해 아이의 생각은 어떤가요?

아버지: 해결책을 찾지 못할 거예요. 저는 아이에게 티셔츠를 가져가는 것이 얼마나 중요한지 물어봤고, 아이는 선생님이 매우 중요하다고 했다고 말했어요.

부모 3: 선생님은 그랬겠지만 저는 당신이 선생님에게 그 모든 것을 설명하는 메모를 써서 보내는 건 어떨까 생각해요.

아버지: 저는 제니가 졸라 대면 아이가 원하는 것도 할 수 없고 자동차 수리도 할 수 없을 것 같아요. 저는 단지 아이가 선생님에게 가져 오지 못했다고 말했으면 해요. 제니가 전혀 기뻐하지 않겠지만 저는 차를 고치고, 다음날 사러 갔으면 해요. 전 아이를 방에 보내고 한동안 평화롭겠죠.

부모 1: 그런 일은 저에게도 있었죠. 아버님은 자신이 원하는 것을 빨리 알아채지 못했네요.

아버지: 저는 아이를 돕기를 원하지만 차를 수리하는 것이 필요하다는 것을 우리가 함께 얘기하면서 알게 됐어요.

리더: 아버님은 그렇게 한 것을 후회하지만, 다음에는 더 잘 다룰 수 있다는 자신감이 생긴 것 같아요. 아버님은 실제 제니의 욕구를 할 수 있는 한 많이 충족시켜 주고 싶군요.

이 사례는 다른 참여자들이 부모를 지지하는 방법을 보여 주고, 리더가 아버지와 다른 부모들에게 그들 스스로 딜레마에서 해결책을 찾도록 하는 것이 얼마나 중요한지를 보여 준다. 리더는 부모의 대안 탐색을 지지하고 아버지에 대한 이해와 공감을 보이고 있다. 그리고 프로그램의 일반화 단계 마지막 부분에서 소개되었던 우선순위에 관해 새로 알게 된 것들과 관련하여 아버지와 집단 구성원들을 돕고 있다.

집단과 진도를 맞추지 못하는 개별 가족이 있을 때

집단 부모놀이치료의 다른 단계와 마찬가지로, 리더는 일반화 단계를 개별적인 욕구에 맞추어 적용해야 한다. 만약 한 가족이 가정 놀이회기에서 집단의 나머지 사람들과는 다른 속도로 나아간다면 리더는 집단이 끝난 뒤 한두 번 현장 놀이회기를 제공할 수 있다. 이 가족은 일반화 기술을 익힐 때까지 현장 놀이회기를 계속하지만 리더는 가족의 일반화 기술이 가정생활에서 유지될 수 있을 만큼 진전을 보일 때까지 하도록 권고한다. 리더는 부모가 배운 일반화 기술을 검토하고 집단이 끝나고 난 뒤 남은 현장 놀이회기 동안 그들이 기술을 일반화하도록 돕는다.

또는 리더는 부모가 기술을 일반화하는 것과 관련된 원칙들을 다른 집단 구성원과 같은 속도로 파악하지 못하고 있는지 판단해야 한다. 이러한 부모들이 집단의 나머지 사람들과 속도를 맞추도록 돕기 위해 집단 전이나 후에 따로 부가적으로 개별적인 회기를 가질지 결정해야 한다. 그러나 만약 부가적인 회기가 충분하지 않다면 리더는 대신 집단 부모놀이치료의 원칙과 유사한 부모 양육 과정을 이후에 듣도록 권고한다. 루이스 거니의 경험상, 부모가 집단 부모놀이치료에 참여한 후에 유사한 부모 양육 과정에 참가할 때[예: Guerney L.(2013)의 매뉴얼을 사용하는 과정] 일상생활에서 부모 양육기술을 사용하는 것을 배우는 데 더욱 성공적이다.

20주 프로그램의 집단 종결을 준비하기

부모들이 일상생활에서 그들의 기술을 일반화하도록 돕는 것과 함께 리더는 또한 17~19회 모임 동안 부모들이 프로그램 종결을 준비하도록 도와야 한다. 다음은 리더와 부모들이 공식적인 프로그램으로서 집단 부모놀이치료를 종결할 때 고려할 대안들에 대한 개요를 서술한 것이다.

프로그램 종결에 관한 일반적인 고려사항

리더가 고려해야 할 주요한 선택사항이 세 가지가 있는데, 20주에 프로그램을 종결하기(선택사항 1), 20주 프로그램 종결 후에 두 번의 사후 모임을 제공하기(선택사항 2), 20주 이상으로 프로그램을 연장하기(선택사항 3)이다. 이 모든 것을 간략하게 논의해야 한다. 20주에 프로그램이 끝나든 더 연장하든 간에 리더가 주의 깊게 집단 부모놀이치료의 종결을 준비하는 것은 중요하다. 어떤 집단은 집단 논의가 이루어지고 있는 가운데 자연스럽게 종결에 대한 이야기가 나온다. 부모들이 공식적인 프로그램이 끝난 후 이용할 수 있는 선택사항에 관한 정보를 사전에 알 필요가 있기 때문에 리더가 적어도 18회 모임 때 이러한 주제를 소개할 필요가 있다. 부모들은 실제적인 계획을 세우고 자녀의 변화를 준비하기 시작하면서 대안을 선택할 만한 충분한 시간이 필요하다. 19회 모임 동안 리더는 각 가족이 20주를 선택하여 집단을 마무리하도록 돕는다.

종결을 결정하는 데 영향을 미치는 요인들

집단의 선택, 개별 가족의 선택, 리더의 임상적 판단 중 어떤 것으로 정할지는 개별 가족 및 집단의 욕구에 영향을 받는다. 프로그램이 공식적으로 끝난 뒤에 유용한 다른 모임이나 후원기관의 재정지원 또한 의사결정에 영향을 미친다. 우리는 리더가 전체로서의 집단과 가족에게 유용한 선택사항을 고려할 때 슈퍼비전을 받을 것을 권고한다. 개별 가족과 집단의 잠재된 욕구와 함께 리더 자신의 책무를 고려할 때, 특히 우선적으로 하나만 선택해야 할 때 외부의 시각을 참고하는 것은 중요하다. 더욱 복잡한 사례의 경우, 리더가 종결과 관련된 임상적 판단을 검증하기 위해 슈퍼바이저와 상의하는 것은 필수적이다.

아동의 특별한 놀이회기의 종결 또는 연장

모든 집단에서 리더가 부모와 함께 자녀가 특별한 놀이시간을 종결한 준비가 되었는지 아니면 공식적인 집단 부모놀이치료가 끝난 뒤에 연장할지를 탐색하는 것은 중요하다. 이러한 집단 논의는 몇 가지 목적이 있다. 첫 번째, 자녀가 다음 단계를 결정할 수 있도록 부모가 정보를 주도록 돕기 위해서이다. 두 번째, 모든 참여자에게 아동이 종결할 준비가 되었다는 것을 어떻게 판단하는지에 대한 정보를 주기 위해서이다. 세 번째, 놀이회기와 일상생활에서 아동과 함께 종결을 어떻게 계획하는지에 대해서 알려 주기 위해서이다.

리더는 이미 아동과 가족이 함께하는 아동중심 놀이치료의 종결을 경험했었다. 특별한 놀이회기의 종결은 아동중심 놀이치료의 종결과 유사하다. 그러나 집단 부모놀이치료에서는 아동중심 놀이치료보다 이러한 결정을 하는 데 있어 개별 부모와 집단의 의견 모두가 더욱 결정적인 역할을 한다. 리더는 집단 전체가 그들의 자녀가 프로그램을 하는 동안 해낸 것들과 과정을 검토하도록 도움으로써 부모의 의사결정을 촉진할 필요가 있다.

유지와 예방을 위해 가정 놀이회기를 지속하는 아동들

보통 집단 부모놀이치료에서의 경험은 공식적인 마지막 모임 이후에도 유지와 예방을 목적으로 부모와 자녀들이 가정 놀이회기를 지속한다. 놀이회기는 가족에게 정서적 건강을 유지하고 이후의 문제를 예방해 주는 안정된 수단을 제공한다. 프로그램 동안 실시된 놀이회기는 자녀와 부모 그리고 가족 전체를 위한 치료적 목적을 달성해 준다. 이러한 부모와 자녀는 놀이회기에서 자녀가 더 이상 정서적 문제를 드러내지 않더라도 놀이회기의 중요성을 발견한다.

아동의 놀이회기를 유지하고 예방하는 다른 지표들은 다음과 같다(Wilson & Ryan, 2005에서 발췌됨).

- 아동이 초기 회기와 비교할 때 대부분 긍정적이고 나이에 적절한 주제를 나타낸다(제13장 참고).
- 회기에서 아동의 행동과 주제는 현실 지향적이고 현재의 사건을 나타낸다.
- 아동의 가족관계 그리고 확대된 가족관계도 대체로 문제가 해결되거나 부모가 다룰 수 있다.
- 아동의 또래관계와 학교에서의 문제가 해결되거나 아동이 다룰 수 있다.
- 아동이 전반적으로 관계의 문제와 스트레스 사건들을 더 잘 다루는 것으로 보인다.
- 아동이 학교와 집에서 행동 변화가 유지되고 긍정적으로 보인다.

놀이회기를 자연스럽게 종결할 때

어떤 부모와 아동은 프로그램의 마지막 부분이 진행되는 동안 자연스럽게 부모놀이치료가 종결된다. 단지 나열된 지표뿐만 아니라 아동이 이미 특별한 놀이회기를 종결할 준비가 되었다는 신호는 다음과 같다.

- 특별한 놀이회기가 부모와 함께하는 다른 활동들보다 덜 중요해 보인다. 현실 생활로 변화되는 것에 관한 신호는 부모와의 친밀한 관계는 유지되는 반면, 회기를 초에 끝내거나 놀이회기를 연기하는 것일 수 있다.
- 부모와 함께하는 가정 놀이회기를 쉽게 다른 활동으로 대체하는 것으로 부모는 판단한다.

20주의 집단 부모놀이치료 후에 특별한 놀이회기의 종결을 결정하는 것은 대부분 간단한 일이다. 리더는 부모가 자녀들과 함께 해낸 과정들을 검토하는 것을 도울 뿐만 아니라 또한 부모들에게 만약 이후에 문제가 생긴다면 이미 일반적인 양육기술들을 익혔다는 것을 상기시켜야 한다. 이러한 기술들은 이후에 생기는 다른 문제에도 적용이 될 수 있고 매우 변화무쌍하다. 만약 이러한 잠재적 문제가 가벼운 일이라면 또는 부모가 예방적 접근으로부터 자녀가 얻을 이익이 많다고 판단한다면 부모는 새로운 가정 놀이회기를 시작할 수 있다. 그러나 리더는 부모들에게 스스로가 지지받을 수 있는 적절한 슈퍼비전을 받는 것이 중요하다는 것을 상기시킬 필요가 있다.

더욱 심각한 문제가 있거나 또는 부모가 집단 부모놀이치료를 하는 동안 받았던 아이 말고 다른 아이에게 가정 놀이회기를 제공하기를 원할 때(예: 형제자매, 새로운 위탁

가정에 간 아동이나 입양된 아동), 리더는 새로운 아동에게 최선의 개입이 어떤 것인지 결정하는 데 도움이 되는 부모-자녀관계 놀이치료자로부터 슈퍼비전을 받을 필요가 있다는 것을 부모들에게 상기시켜야 한다.

가정 놀이회기를 특별한 시간으로 대체하기

보통 부모와 아동은 가정 놀이회기 동안 함께 친밀했던 시간을 기대하며 지속한다. 심지어 회기가 치료적 목적에 더욱 초점이 맞추어져 있어 그러한 시간이 적었을 때도 말이다. 만약 부모나 아동이 놀이회기를 원하지 않거나 필요 없다고 하면 리더는 가정 놀이회기 대신, '특별한 시간'으로 대체할 것을 제안한다. 집단 부모놀이치료 끝에 이루어지는 아동을 위한 특별한 시간은 제13장에서 논의했던 십대나 고학년 아동을 둔 부모에게 제공했던 구조와 유사하다. 아동이 가정 놀이회기를 지속할지 특별한 시간으로 바꿀지는 가족의 선호도 문제이고 아동의 치료적 작업이 끝난 후 제공된다.

놀이회기를 특별한 시간으로 대체하기에 적합한 것을 논의한 후에 부모들이 자녀와 함께 가정에서 지속적으로 할 수 있을 만한 두세 가지 활동에 관해 생각해 보도록 요구할 수 있다. 리더와 다른 집단 구성원들은 보드게임이나 운동장에서 하는 축구같이 나이에 적절한 활동들을 안내해 줄 필요가 있으며, 자녀가 이러한 활동들을 하도록 결정하는 방법을 포함하여 부모의 개입을 도와준다. 리더는 일반적으로 뒤로 물러나 있고 단지 프로그램의 시각에서 이러한 논의를 촉진한다. 부모들은 보통 다른 사람들을 잘 지지하고 통찰력 있는 조언을 제공한다. 종종 부모들은 능숙하게 제안하는데, 예를 들어 부모가 계획한 특별한 활동이 과도하게 야심 차다고 생각되면 자신이 가졌던 십대 자녀와의 특별한 시간의 경험을 들려준다.

특별한 시간에 적합한 아동들 중 일부는 자주 달라지는 것에 적응하지 못하기에, 부모가 매주 같은 시간에 가정 놀이회기 시간을 마련하고 초대한 것처럼 특별한 시간도 자리를 마련하는 것이 중요하다. 또 다른 아동은 일정한 것이 변화되는 것을 좋아한다. 두 사례 모두 리더는 부모들과 함께 자녀들이 이러한 변화를 구조화하기 위한 메시지를 검토할 필요가 있다. 리더는 학령기 아동에게 집에서 일정하게 이루어지는 변화를 표시하기 위해 아동에게 친숙한 달력과 같은 구체적인 보조 수단을 제안한다. 우리의 경험상, 자주 집단 구성원들은 이러한 문제에 관해 서로 다른 생각과 계획들을 소중하게 나눈다.

리더에 의해 각 가족이 19회 모임에서 부모와 함께 놀이회기 기술을 어떤 방법으로 특별한 시간에 계속할지 검토할 뿐만 아니라 특별한 시간을 언제 몇 시로 할지 확정한다. 리더는 자녀가 긍정적인 감정만을 느낄 것이라고 가정하기보다는 이러한 변화에 관한 자녀의 감정을 반영하는 것이 중요함을 참여자들이 논의하도록 촉진해야 한다. 또한 리더는 부모가 놀이회기의 종결에 관한 논의를 자녀가 일상에서 다른 일을 끝낼 때 적용해 봄으로써 일반화하도록 도울 수 있는 기회이다.

공식적인 프로그램(20주)이 종결되고 사후 모임이 준비되지 않았다면 리더는 부모들이 프로그램의 마지막 모임 전주에 자녀에게 특별한 시간을 소개하도록 해야 한다. 어려움이 있는 가족이더라도 리더의 슈퍼비전하에 이루어지는 전환이 가장 쉽다.

치료적 목적으로 회기를 지속하는 아동들

어떤 부모와 아동에게는 놀이회기가 심지어 공식적인 프로그램이 끝났을지라도 여전히 매우 치료적인 역할을 하고 있을 수 있다. 초기에 설명한 아동과 달리 이러한 아동은 최근의 사건에 뿌리를 둔 것이 아닌 더욱 어렵고 해결되지 못한 놀이주제를 나타낸다. 그들은 애착과 사회적 관계에 문제가 많고 스트레스를 받는다. 또한 그들의 행동이 충분히 나아지지 않았다. 이런 경우 리더와 부모는 아동과 가족에게 놀이회기를 더 길게 갖는 것이 효과적인지 결정할 필요가 있다.

때로 다른 집단 구성원에 비해 더욱 심각한 문제가 많은 가족이 있을 수 있다. 그들의 문제는 이전 장들에서 논의했던 것처럼 프로그램 초기부터 명백했을 것이다. 그러나 리더는 다른 이유로 그들을 포함할 것을 결정했다. 또는 프로그램의 후반부를 하면서 가족에게 더욱 심각한 문제가 생길 수도 있다. 이러한 문제들은 부모-자녀관계가 핵심이거나 아동 자신의 고유한 문제일 수 있다. 예를 들어, 이전에 학대 경험이 있는 아동이나, 빠른 변화를 익히려면 더 많은 시간이 필요한 미확진 학습장애 아동이다. 또는 부모들 자신의 문제—예를 들어, 미확진 정신건강 문제나 학습이나 집중의 문제들—가 있을 때는 보통보다 더 많은 노력이 요구된다. 또 생활에서 문제가 되는 사건이 있는 경우 스트레스가 되는 생활사건에 대해 가족이 대처하는 능력과 가족 역동의 변화에 개입할 수 있다. 아동이 아직도 더 큰 정서적 문제를 다루기 위해 가정 놀이회기를 사용하고 있을 때 리더가 가정 놀이회기를 계속할 수 있도록 부모를 촉진하고 격려하는 것은 중요하다. 이러한 상황에서 리더는 집단 프로그램이 끝난 뒤에 지속되는 부모놀이치료 회기에 대해 슈퍼비전을 받도록 개별적으로 일정을 잡게 해야 한다. 유지를 위해 놀이회기를 지속하고자 선택한 가족과 대조적으로 치료를 목적으로 가정 놀이회기를 지속하는 가족들은 리더에 의한 심도 있는 슈퍼비전이 필요하다.

종결에 관한 합의가 요구될 때

가정 놀이회기의 종결 또는 연장을 논의하는 동안 리더는 부모가 회기를 지속할지 종결할지를 결정하는 데 있어 무엇보다 중요한 것은 아동의 치료적 욕구라는 것을 강조해야 한다. 더욱 어려운 사례의 경우, 장기적으로는 이상적인 것보다 가능한 것이 무엇인지 우선순위를 정하기 위해 부모와 리더가 함께 합의할 필요가 있다. 리더는 아동이 아직도 임상적 욕구가 있을 때, 그리고 부모놀이치료 슈퍼비전을 개별적으로 받지 않을 때 자녀와 함께하는 특별한 시간에 부모가 과도하게 몰두할 수 있다는 것을 유념해야 한다.

그러한 경우 리더는 그들에게 유용한 선택사항들의 장점과 단점에 대해 충분히 논의할 필요가 있다. 이러한 논의 부분은 집단 모임 외에 사적으로 하는 것이 더욱 적절하며, 만약 리더가 다른 형태의 가족치료나 부모 자신이 개별 치료에 참가하기를 제안한다면 특히 그렇다. 그러나 보통 집단은 놀이회기에서 겪는 구성원의 어려움을 인식하고 있다. 따라서 리더가 프로그램의 종결 시기에 집단 구성원에게 얘기하는 것에 대해 부모와 사적으로 논의하고 존중한다면 비밀보장의 문제를 해결하는 것이 어렵지 않다. 사실, 리더는 때로 부모들이 개인적인 가족 문제를 집단 부모놀이치료 안에서 공유하는 데 적절한 경계를 형성하도록 도울 필요가 있다.

중단과 종결에 대한 부모와 아동의 반응

부모가 가정 놀이회기 또는 자녀와 함께하는 특별한 시간을 지속하는 것에 대한 다른 중요한 집단 논의 주제는 중단을 다루는 방법이다. 이러한 논의는 회기를 종결하고 특별한 시간으로 옮겨 가면서 자녀가 보이는 반응들을 보고 놀이회기를 마칠 수 있도록 부모를 준비시킨다. 책의 초반에 언급했듯이 종결이 아동에게 중요한 어른과의 관계를 중단하거나 끝내는 것은 아니기 때문에 정서적으로 부담이 되는 것은 아니다. 또한 특별한 시간이 종결에 대한 아동의 부정적 반응을 완화해 주며, 특히 아동 스스로 종결할 준비가 되었을 때는 정서적 부담이 크지 않다. 그러나 비록 아동의 반응이 종종 침묵일지라도 아동은 부모와 함께하는 놀이회기의 종결에 정서적으로 반응할 수 있다. 부모가 가정 놀이회기의 종결에 관한 자녀의 반응—그리고 부모 자신의 반응—에 대해 준비하도록 하는 것은 집단 부모놀이치료에서 리더의 역할 부분에 있어

핵심적인 것이다.

놀이회기를 종결할 때 아동이 재밌어하는지 혹은 예측이 불가능한지 부모가 아는 것은 이점이 있다. 소수의 아동들은 종결을 받아들이고 수용하여 인정하기 전까지 초기 놀이주제나 문제행동을 다시 보이기도 한다. 다른 아동들은 잘되어 가고 있다는 기쁨을 보이지만 또한 시간이 곧 끝날 것이라는 짜증, 아마도 거부감 같은 혼란스러운 감정을 느낀다. 놀이회기가 치료적 목적을 충분히 만족시켰을 때보다 그 전일 때 중단과 종결에 대한 아동의 반응이 훨씬 더 격렬하다는 것을 리더가 언급하는 것이 도움이 된다.

따라서 리더는 일상생활에서 부모들이 기술을 일반화하는 능력을 포함하여 프로그램을 통해 배운 양육기술들을 실천할 수 있도록 돕고 집단 부모놀이치료의 종결 단계에 함께 관여한다. 다음은 집단 부모놀이치료 프로그램의 종결에 대한 선택사항을 논의한 것이다.

선택사항 1: 20주에 프로그램을 종결하기

이 선택사항은 가족 및 자녀의 문제를 해결했거나 모임에 참여하겠다고 한 의무를 다했거나, 참여자나 리더에 의해 이후 어떤 다른 모임에 참여하지 않기로 한 집단이 선택한다. 비록 집단 자체는 종결되지만, 집단이 끝난 뒤 자녀와 놀이회기를 지속하는 개별 가족에게 리더가 더 많은 조언을 제공하는 것은 중요하다. 가정 놀이회기를 지속하는 임상적 문제를 가진 몇몇 아동들은 리더에게 일대일 개별적인 슈퍼비전을 받는 것이 필수적이다. 유지와 예방을 위한 놀이회기를 갖는 아동에 대해서는 부가적 놀이회기에 대해 부모에게 전화나 이메일을 통한 비지시적인 슈퍼비전을 제공하는 것이 중요하다. 이러한 슈퍼비전은 놀이회기가 자연스럽게 종결될 때 특별한 시간으로 전환할 수 있도록 부모를 돕는 것을 포함한다.

부모는 연장된 놀이회기에서 문제가 생긴다면 리더와 접촉하여 도움을 받을 수 있다. 보통 이러한 접촉은 집단 모임이 끝난 후 바로 이루어지며 비지시적 슈퍼비전은 부모의 욕구를 충족시키기에 적절하다. 그러나 드문 경우에—예를 들어, 가족 환경이 갑자기 부정적인 변화를 겪게 되었을 때, 비지시적인 슈퍼비전의 영역을 벗어나는 중요하고 새로운 임상적 문제가 생겼을 때—리더는 부모에게 일대일 슈퍼비전을 제공할 필요가 있다. 놀이회기 대신 부모와 특별한 시간을 가질 아동들에 대해 만약 프로그램이 종결된 뒤 특별한 시간 내에서 발생하는 변화나 의미 있는 문제들이 있다면 리더는 문제해결을 위해 이메일이나 전화로 이러한 부모를 격려해야 한다.

선택사항 2: 공식적인 20주 프로그램이 종결된 뒤 사후 모임을 갖는 경우

루이스 거니의 경험상, 사후 모임은 20주보다 짧은(제16장 참고) 집단 부모놀이치료 프로그램을 할 때 특히 중요해 보인다. 심지어 20주 프로그램을 해도 리더는 공식적으로 프로그램이 끝난 후에 한 번이나 두 번 정도의 사후 모임을 제공해야 한다. 루이스 거니의 경험상, 사후 모임은 한 달쯤 뒤에 일정을 잡는 것이 이상적이며, 보통은 잘 참석한다. 리더는 부모에게 사후 모임에서 모두에게 해당하는 가정 놀이회기 이후 특별한 시간을 실시하는 방법을 함께 검토할 것이다.

리더는 이러한 부가적인 모임이 20주 프로그램을 진행하는 동안 매우 형식적이었던 것에 비해 과도하게 구조화되지 않게 하는 것이 중요하다. 리더는 공식적인 모임의 종결 이후 증가된 부모의 독립심이 유지되도록 도울 필요가 있고 특히 집단에게 가장 유용하고, 부모가 제시하는 문제에 초점을 맞추는 모임이 되게 해야 한다. 루이스 거니의 경험상, 이러한 사후 모임에서 부모들은 전형적으로 가정에서의 특별한 시간과 놀이회기에 대한 보고뿐만 아니라 집단 부모놀이치료 기술을 일상생활에서 일반화하기 위해 기본적인 것에 초점을 맞춘다.[3]

요약하면, 사후 모임은 다음과 같은 경향이 있다.

- **가정 놀이회기나 특별한 시간을 지속하도록 부모들에게 동기를 유발한다.** 리더와 참여자들 모두 집단 부모놀이치료가 공식적으로 끝난 그달에 특별한 시간과 놀이회기를 실시할 때, 많은 부모가 가정에서 특별한 시간이나 놀이회기를 지속하는 것에 대해 더욱 높은 동기를 부여한다. 리더는 가족에게 이러한 사건의 의미가 무엇인지 실제 영향을 이해하는 다른 사람들과 중요한 사건들을 공유하고자 하는 자연스러운 욕구는 집단 부모놀이치료의 매우 긍정적인 결과임을 언급한다.
- **더 나아가, 참여자들의 관계는 서로 간에 공고해진다.** 20회 모임 동안 리더는 구성원들이 서로 연락을 하도록 격려한다. 사후 모임은 이러한 결과를 육성하기 위한 다른 방식이다.

---

3) 루이스 거니(2013)의 양육 기술 훈련 매뉴얼은 특히 여기서 리더에게 유용하다.

- 집단 구성원에 의해 알게 된 갈등 영역을 확인하고 다룬다. 부모들 스스로 자신의 문제를 확인할 수 있다. 예를 들어, 부모가 놀이회기 동안 불안하거나 피곤해했고 자녀가 이것을 알아차린 것이다. 부모는 리더나 다른 부모들이 자녀의 놀이와 행동을 부모의 태도와 연관 짓는 것을 볼 필요가 있고, 그러고 나서 함께 잠재적인 해결책을 구상한다.
- 중요 기술과 개념들을 검토한다. 부모들이 이미 추후 모임에 참여하기로 동의했을 때 리더는 어떤 기술이나 개념을 검토하도록 요구한다. 부모들은 보통 놀이회기보다 일상생활에서의 사건을 자녀에게 공감해 주기가 더욱 어렵다는 것을 알았다. 리더는 일상생활에서 실천할 수 있는 기술을 검토하고 자녀와 보내는 하루 동안 15분의 시간, 심지어 부모 자신의 의견이나 감정과 다를 때라도 자녀의 사고, 감정, 시각을 이해하는 데 집중할 수 있는 시간을 마련하도록 제안한다.
- 일상생활에서 일반화하는 것에 부가적인 지지를 제공한다. 일상생활에 양육기술을 조금 더 느린 속도로 적용하고 있는 몇몇 가족들에게 사후 모임은 그들의 진전을 강화하고 지지하는 하나의 방법이다.

매우 드물게, 리더는 만약 따로 시간을 내기가 어렵거나 사후 모임이 이루어질 때까지도 중대한 문제에 대해 파악이 안 된다면 사후 모임에서 놀이회기에 대한 직접적인 슈퍼비전을 줄 수 있다. 예를 들어, 만약 부모가 집단 모임이 종결된 후에 가정 놀이회기가 '무산되었다'고 사후 모임에서 보고한다면, 부모와 자녀를 정상궤도에 올려놓도록 돕기 위하여 리더는 즉석에서 놀이회기에 대한 슈퍼비전을 줄 것인지 판단해야 한다. 경우에 따라서는 초기에 논의되었던 것처럼 가정 놀이회기에 대한 부모놀이치료 슈퍼비전을 개별적으로 받는 것이 확실하다. 덜 심각한 문제의 경우 한 번의 현장 놀이회기로 충분할 수 있다.

선택사항 3: 집단 부모놀이치료를 20주 이상 연장하기

숙련된 리더가 집단 대다수의 속도에 맞춰 조절하고 초기에 평가를 했음에도 불구하고 때로는 20주 프로그램 이후 리더와 부모가 적극적으로 다루어야 할 심각한 문제들이 여전히 남아 있을 수 있다. 리더와 집단은 한 가족이 매주 실시하는 가정 놀이회기에서 그들의 중요한 임상적 문제를 다루는 데 속도를 맞추는지 못 맞추는지를 안다.

프로그램 후반에 가정 놀이회기의 횟수와 사후 모임에서 제공하는 횟수는 참여한 가족들의 문제의 심각성을 주로 보여 주는 기능을 한다. 그것은 또한 오랜 기간 놀이회기를 지속하고자 하는 부모의 동기에 달려 있다.

선택사항 1과 2는 리더가 집단과 병행하면서 가족에게 지속적으로 슈퍼비전을 제공한다. 선택사항 3은 리더가 만약 실행이 가능하다면 프로그램의 일반화 단계에서 시작하기보다는, 집단 부모놀이치료 모임을 연장하고 20주 프로그램의 거의 마지막 모임 단계에서 더욱 심도 있는 가정회기 슈퍼비전을 지속할 것을 결정할 수 있다. 집단의 모든 가족은 그들의 기술을 이후 일상생활에서 일반화하기 위해 한 번이나 두 번의 회기를 더 갖기 때문에, 집단의 모임을 20주 이상으로 연장한다.

집단의 의사결정에 따라 연장한 사례

공식적인 프로그램의 종결에 관한 집단의 논의를 보여 주는 사례는 다음과 같다.

리더 1: 우리가 마지막 모임 때 어머님은 어떻게 할 계획인지 함께 생각해 봅시다. 어머님은 몇 번 이미 다른 부모들이 어떻게 하는지도 보고 자신의 동기를 높이기 위해 두 번 이상의 사후 모임을 갖자는 의견을 이미 언급했었죠. 우리는 자녀가 그것으로부터 많은 도움을 받기 때문에 어머님이 가정 놀이회기를 지속하기를 원해요. 어머님의 생각은 어떤가요?

마저리: 저는 예전부터 20주가 끝났을 때 어떻게 할지를 생각했었어요. 세 명의 아이와 놀이회기를 추가로 꽤 많이 했지만 저는 아이가 종결할 준비가 되었는지 아닌지 모르겠어요.

리더 2: 어머님은 어떻게 할지 확신이 안 서는군요.

헨리: 어머님은 이미 많이 한 것 같아요. 특별한 시간을 갖는 것이 더 쉬울 거예요.

마저리: 특별한 시간은 좋은 생각인 것 같은데, 저는 아이와 함께한 놀이회기가 그리워요. 그리고 아이 또한 많이 그리워할 것 같고요. 샘(그녀의 배우자)은 이미 아이들과 함께 재밌는 많은 것을 했고 끊임없이 아이들을 보살펴야 하는 것만 아니라면 저 또한 노는 것을 중요하게 생각해요. 세 아이가 각자의 방식으로 놀이회기를 사용했다고 생각해요. 그것도 매우 창의적으로요. 마크는 지난주 집에 돌아왔을 때 상당히 불쾌한 기분이었어요. 운동장에서 누군가 아이를 밀었다고 말했어요. 아이가 싸웠다면 문제가 됐겠죠. 저는 어쩔 수 없다고 말했

고 아이는 실제 좌절했어요. 오후에 놀이회기에서 마크는 펀치백을 치고, 콩주머니를 던지기 시작하더니 저에게 함께하자고 했어요. 함께 한참을 하고 난 뒤에 우리는 웃으면서 놀이를 끝냈고 아이의 기분이 좀 달라진 것 같았어요. 아이가 비록 열두 살이지만 이러한 시간을 아주 잘 쓰는 것 같아요.

젬마: 어머님은 놀이회기가 실제 유용하다고 느꼈겠어요. 마크는 종결해도 되겠네요. 트레이시(그녀의 딸)는 확실히 종결할 준비가 되지 않았어요. 사람들이 다치는 장면을 저와 아버지와 함께 놀이할 때 굉장히 집중해요. 우리 아이는 도움이 더 필요한 것 같아요. 어머님의 아이와 우리 아이는 다른 위치에 있는 것 같아요.

마저리: 네, 우리 아이들은 놀이에 그렇게 집중하지는 않아요. 심지어 마크도요. 하지만 저는 여름방학 때까지 다음 몇 달간 아이들과 잘 유지할 수 있을지에 관해 생각해 볼 기회인 것 같아요. 저는 일주일에 한 번 일대일로 아이들과 각각 시간을 갖는 것에 대해 샘과 얘기했어요. 남편은 아이들 각자가 함께할 활동을 선택하는 것이 좋겠다고 했어요.

리더 1: 마저리, 이제 해결책을 찾았군요. 그리고 젬마는 추후 모임 중간에 우리 리더들 중 한 명과 정기적으로 트레이시의 놀이회기에 관해 얘기해야 하고요. 헨리와 루시는 어때요?

헨리: 저도 마저리나 젬마처럼 하고 싶지만 실제로 바빠서 초과근무를 많이 해요. 루시와 저는 놀이시간을 공유하지만 루시는 자신이 혼자 모든 것을 한다고 생각할 거예요.

루시: 저 혼자 하고 있어요, 헨리. 하지만 롭과 팻은 당신과 함께하는 시간을 그리워해요.

헨리: 우리는 놀이회기는 아내가 하고, 저는 일주일에 이틀 정도 씻기고 재우는 것을 하는 걸로 생각하죠. 전 그렇게 약속했죠. 저는 처음에 욕조에서 롭과 놀고 나서 팻과 놀고, 그러고 나서 아이들이 잠들기 전에 남자 이야기를 읽어 주죠.

리더 1: 아버님은 롭과 팻 둘 다에게 잘하기 원하네요. 아버님이 하려는 것이 현실적으로 가능한지가 중요하니까 아버님이 할 수 없는 계획을 세우지 마세요. 롭과 팻이 아버님과 함께 특별한 시간을 보내고 있다는 것은 분명하니까요.

스튜어트: 저는 어떤 다른 사람이 놀이시간을 함께하지 못한다고 느끼는 것이 기쁘네요. 루비와 짐에게 더 많은 놀이시간을 갖게 하는 건 불가능해요. 선생님도 알다시피 우리는 곧 이사할 거고……. 모든 짐을 싸야 해서 해야 할 일이 많죠.

저는 아이들과 함께 특별한 시간을 가질 계획이에요. 한 주 동안 저는 루비와 함께 무언가를 하고 케이트는 짐과 함께 무언가를 할 거예요. 그리고 그다음 주는 서로 바꾸는 거죠. 만약 이사 후에 아이들이 다시 놀이회기를 갖기를 원한다면 다시 시작할 거예요. 의문점은 우리가 함께 어떤 활동을 하느냐는 거죠. 저는 케이트와 제가 좋아하는 어떤 것을 할 거고 이사하는 동안 매주 할 거예요. 우리는 조금 틀에 박힌 느낌이었죠. 우리를 위한 다른 생각이 있나요? (몇몇 부모들은 스튜어트와 케이트가 만족할 만한 실천 가능한 제안들을 해 주었다.)

리더 1: 재니스와 톰은 말이 별로 없네요. 어떻게 지내나요?

톰: 우리는 다른 사람들처럼 확신이 서지 않네요. 제이크는 어떤 때는 놀이회기를 더 길게 하기를 원하는 것 같아 보이지만 또 어떤 때는 빨리 끝내기를 원하는 것 같아요. 때로 아이는 종이에 패턴을 그리고 함께 칠하거나 오랜 시간 차를 부딪히면서 보내는데, 함께하기를 원하지 않고 그냥 보기만을 원하는 것 같아요. 또 다른 때는 아이가 영웅이 되고 나와 재니스는 악당이 되는 놀이를 원해요. 학교에서 제이크의 행동이 더 나아졌지만, 자기를 짜증나게 하는 선생님에게는 건방지게 굴어요.

헨리: 저는 지난주에 아버님이 중요한 얘기를 했던 것을 기억해요. 제이크가 악당에서 좋은 사람이 되기 위해 노력하도록 도와줬다는 것을요. 아버님과 재니스는 아이의 놀이회기를 굉장히 잘하고 있는 거예요. 그건 쉬운 일이 아니거든요.

재니스: 고마워요, 헨리. 톰과 저는 아이가 감정기복이 있어서 놀이회기가 지속되기를 바라요. 저는 아이가 종결할 준비가 되지 않았다고 생각하고 우리는 당신이 우리에게 주었던 격려가 필요할 뿐이죠.

리더 2: 어머님은 실망한 것 같네요. 헨리에게 들은 것처럼 어머님은 실제로 아주 잘하고 있어요. (다른 부모들 또한 제이크의 부모를 격려하고 자신의 자녀들의 진전에 대한 견해를 준다.) 어머님이 놀이회기를 지속하는 것은 모험처럼 여기는 것 같은데 저 또한 그렇게 생각해요. 아이는 몇 번의 놀이회기 후에 특별한 시간으로의 변화를 선택할 준비가 될 겁니다. 그러나 만약 아이가 놀이회기를 지속하기로 선택한다면 그것 또한 좋은 선택입니다. 가족이 특별한 시간으로 이동하는 건 학교에서 다음 학년으로 가는 것과 다르죠. 어떤 표준화된 놀이회기 후에 많은 아동들의 놀이 형태를 결정하는 하나의 선택사항이에요.

이 사례는 가족이 어떻게 하면 좋을지 결정하려고 하는 부모에게 방법을 보여 주는 예이다. 또한 집단 부모놀이치료에서 서로가 다른 부모를 지지하고 도와주는 방법을 보여 준다.

19회 모임의 구성

19회 모임의 구성은 모임이 끝나기 전에 다른 가족의 가정회기에 대해 짧게 논의했던 것과 마찬가지로 가족들이 초기 가정회기 모임에서의 초점과 같다. 종결의 주제로서 기술의 일반화 또한 이 모임 동안 지속된다. 만약 집단이 공식적으로 20주에 종결하게 된다면, 리더에게 부과되는 두 가지 과업은 개별 가족들이 준비를 마무리 짓기와 마지막 집단 부모놀이치료 모임에 대해 부모를 준비시키는 일이다.

개별 가족의 준비를 마무리하기

리더는 공식적인 모임이 종결될 때 집단과 가족들이 준비를 마무리하도록 한다. 이것은 실현 가능한 사후 모임의 횟수를 생각하는 것과 만약 사후 모임이 준비되지 않는다면 부모들이 마지막 모임 전에 주중에 특별한 시간을 시작하도록 돕는 것을 포함한다. 리더는 종결 시에 부모가 자녀와 함께하는 것을 지지하며 같은 치료적 기술을 부모들에게 다시 사용한다. 특히 19회와 20회 모임에서는 부모의 반응이 자녀와 유사하다. 자녀에 대한 진전과 부모 자신에 대한 자부심이 혼란스러워지고 후회와 무가치하다는 느낌을 갖는다. 미래에 대한 희망과 함께 불안이 생기는 것이 종결이라 더욱 집중적인 치료적 역할을 해야 한다.

리더는 또한 부모들이 서로 공식적으로 중요한 관계가 되었다는 것을 인식하도록 하는 것이 중요하다. 종종 프로그램을 시작하면서 소외되고 의기소침하게 느꼈지만 이후 집단 모임이 진행되면서 부모들이 서로 다정하고 지지적인 방식으로 공통 관심사를 공유한다. 이러한 지지적이고 수용적인 분위기는 종종 부모들이 앞서 나가는 데 어려움이 되기도 한다.

마지막 모임에 대해 부모를 준비시키기

선택사항 1, 2의 경우에 리더는 집단과 함께 다음 주 프로그램의 종결을 어떻게 하고 싶은지 논의한다. 집단 부모놀이치료 프로그램의 공식적인 종결 형식에 대해 집단에 안내하고 부모들과 종결을 계획하면서 잠재된 제한사항들을 고려하고 협상하면서 부모들의 주도에 따른다. 필요하다면 리더가 마지막 모임에 케이크나 '상'과 같은 의식을 하자고 종결에 관한 아이디어를 줄 수도 있다. 덧붙여, 리더는 부모들에게 다음 모임 동안 과업을 완수했는지 평가하도록 준비한다. 이러한 주제는 다음 장에서도 논의된다.

집단 부모놀이치료의 종결: 20회 모임

제15장

리더는 보통 부모들도 알다시피 집단 부모놀이치료가 끝났으며, 부모들의 성취를 축하하기 위한 마지막 모임이라는 것을 언급하면서 20회 모임을 시작한다. 또한 이 시간은 집단이 검토해 보고자 하는 어떠한 주제에 관해 생각해 볼 수 있는 시간이다. 리더는 집단으로부터 주제를 생각해 보도록 하는데 그들 자신에 관한 것보다는 집단과 관련된 주제를 생각해 보도록 한다. 일반적으로 리더는 마지막 모임 동안 모두가 함께 즐겁고 기억할 만한 경험을 하도록 촉진하는 데 목적이 있다.

종결을 준비하기

어떤 집단은 19회 모임 동안 프로그램의 종결에 관해 표시하자고 이미 제안이 나온다. 이러한 것들에는 리더가 수료증을 만들거나 기관의 관리자가 부모들에게 상장을 주거나 또는 서로가 특별한 대접을 공유하는 것들이 있을 수 있다. 리더가 집단 부모놀이치료의 종결을 축하하는 방법을 집단이 정하도록 촉진하는 것이 중요하다. 예를 들어, 단지 음료수를 마시는 시간보다는 중간 휴식시간을 늘려 경험을 공유할 수 있도록 하는 것이 중요하다.

부모 자조 모임과 다른 지지방안 준비하기

부모들이 서로 연락하면서 지내도록 하는 것이 마지막 모임에서 리더의 또 다른 목적이다. 부모들이 프로그램을 하는 동안 서로 받았던 소중한 지지에 대해 논의하도록 촉진하고, 집단 부모놀이치료가 종결한 후에도 서로 지지할 수 있도록 한다. 프로그램 종결 후에 서로 부모들이 지지함으로써 생기는 이점을 직접 경험해 본 사례를 익명으로 리더가 얘기해 줄 수 있다.

예를 들어, 리더가 사후 모임에서 해리엇은 딸 페니가 제시간에 잠자리에 들도록 지도하는 데 너무 오래 걸려 좌절감을 느꼈다고 얘기한 집단의 경험을 가명을 사용하여 언급할 수 있다. 그러한 좌절감에 더해 해리엇의 언니가 잠자리에 들기 전 계속 소리를 지르는 페니를 보고 단순하게 "놀이회기가 잘 되지 않은 것 같아."라고 얘기할 때, 해리엇은 언니로부터도 지지받지 못한다고 느낀다. 해리엇은 보통 다른 사람에게 불평을 하지 않지만, 아들이 이러한 문제를 가지고 있었던 집단 부모놀이치료에서 만난 잰에게 전화한다. 해리엇은 잰과 이야기를 할 때 기분이 나아진다는 것을 느낀다. 잰은 그녀가 올바른 제한을 하고 있으며 매일 밤 그렇게 하는 것이 얼마나 힘든지 알고 있다. 그들은 심지어 강하게 덤벼드는 자녀에 관해 웃으며 지도하였다.

리더가 부모들이 함께 유사한 경험을 공유하는 것은 종종 동료 참여자들에게 잠재적인 지지를 효과적으로 보여 준다. 부모들은 기술과 경험을 공유하고 서로 자신의 자녀에게 어떻게 하는지를 알기 때문에 종종 그들이 처한 상황이 바로 이해되기 때문이다.

때로는 부모들이 자발적으로 서로에게 공적인 지지를 더욱 많이 준비하기도 한다. 어떤 집단의 부모들은 리더 없이 비공식적으로 만날 준비를 이미 세부적으로 논의하기도 한다. 구조화되었거나 응집력이 약한 집단의 경우 리더가 마지막 집단 모임 동안 다른 부모들과 이후 만남에 대해 세부적인 일정을 논의할 수 있도록 적을 수 있는 종이를 제공하기도 한다. 리더는 또한 정기적으로 서로에게 전화나 이메일을 쓰는 비공식적인 '친구(buddy)' 제도를 제안할 수 있다. 때로는 두 가족 또는 그 이상의 가족이 일상생활에서 양육기술을 적용하고 그 도전과 성공에 관해 얘기할 수 있는 특별한 시간을 서로 약속하는 보다 공적인 친구제도를 준비한다. 바쁜 가족의 경우 직접적인 만남보다는 웹 카메라나 휴대폰, 이메일과 같은 것으로 대체할 수 있다.

집단이 관심을 갖는 주제를 논의하기

많은 집단이 이미 마지막 모임에서 검토했으면 하는 주제를 제안하거나 논의할 만한 중요한 문제를 소개한다. 보통 모임 이후에 자녀와 가정에서 도전받는 상황과 관련된 일반화에 대한 주제이다. 리더는 초기 모임에서 유능감을 보였던 부모일지라도 모임이 끝나는 것과 관련하여 자신의 능력에 관해 불안을 표현하는 몇몇 부모를 유념해야 한다. 우리는 리더가 부모들의 긍정적인 경험을 토론하도록 촉진할 뿐만 아니라 해결책과 그들의 관심사에 관해 토론하는 부모들을 돕기 위한 원칙을 다시 적용하도록 제안한다.

슈퍼비전을 주는 특별한 시간으로의 전환

리더는 가족들에게 생기는 어떠한 문제를 토론하고, 특별한 시간에 도전하는 가족들의 진전에 대한 슈퍼비전을 줄 필요가 있으며, 이는 집단교육에 도움이 된다. 예를 들어, 8세 딸을 둔 한 아버지는 딸과 함께하는 시간의 반을 축구놀이를 하자는 데 동의했지만 10분이 지나면 지루하고 피곤했다. 집단 구성원들은 아버지의 좌절감을 공감했을 뿐만 아니라 자신의 감정이 그러한데도 불구하고 딸을 공감해 준 것에 대해 칭찬했다. 또한 집단은 딸과 함께하는 시간을 방해하는 문제에 대해 활동을 바꾸거나 다른 것들로 구조화하는 방법에 대해 제안했다.

가정 놀이회기에도 이어지는 슈퍼비전

모임을 하는 동안 리더는 회기에서 나타난 문제뿐만 아니라 가정 놀이회기를 지속하는 것과 관련한 부모들 자신의 고민에 대해 슈퍼비전을 받을 시간을 배정해 줘야 한다. 만약 중요한 임상적 문제가 있다면 여기서 검토해 보는 것이 유용하다.

프로그램에 대한 평가

아동을 포함하여 부모와 함께하는 리더에게 가치 있는 프로그램에 대한 공식적 그리고 비공식적 평가는 언제나 가능하다.

20회 모임에 부모와 함께하는 비공식적 평가

리더는 마지막 모임 후반부에 집단 부모놀이치료 프로그램에 관해 부모들이 자신의 견해를 언어적으로 표현할 기회를 제공해야만 한다. 리더는 성공적이지 않았던 것들은 조정하고 성공적이었던 것들은 유지하기 위해 부모들의 솔직하고 사려 깊은 피드백이 중요하다는 언급을 함으로써 이러한 주제를 소개할 수 있다. 우리의 경험상, 부모들은 종종 그러한 논의에서 자신의 견해를 분명하게 표현한다. 부모의 견해에 대한 리더의 개방성은 프로그램을 통해 분명하게 보였겠지만, 리더는 집단 부모놀이치료 프로그램 전반에 대한 부모의 직접적인 의견을 요청할 필요가 있다. 부모들의 지지적이고 긍정적인 진술들은 종종 보물 같은 기억이 된다. 이러한 기억들 중의 일부는 리더가 다음 집단과 공유하기에 매우 적절하다. 긍정적이든 부정적이든 리더는 방어적이지 않게 진심으로 그리고 공감적으로 반응해야 한다.

마지막 모임에서 피드백 부분은 종종 부모들이 단지 리더뿐만 아니라 서로에 대해 고마움을 표현하는 하나의 방식이다. 만약 이러한 의견들이 자발적으로 나오지 않는다면 리더는 이러한 논의를 구조화할 수 있다. "집단을 하면서 당신에게 가장 기억에 남는 것이 무엇인가요?"라는 질문을 두 부모가 서로 하여 중요한 기억을 공유하게 하고 나서 대집단으로 돌아가 집단에서 그들의 기억에 관해 이야기하게 한다. 리더가 프로그램을 하는 동안 자녀에 대한 반응이 달라진 사례를 얘기하는 것 또한 촉진하는 것이다. 예를 들어, 리더가 초기 놀이회기에서 아들의 감정을 반영하기 힘들어하던 아버지가 이제는 가정 놀이회기에서 놀잇감 차로 추격전을 하거나 복잡한 역할놀이를 하는 동안 감정을 표현하는 데 능숙해진 것에 대한 존경을 표현하는 것이다.

집단 부모놀이치료 프로그램에 대한 아동의 관점에서의 평가

만약 가능하다면 우리는 부모의 도움을 받아 집단 부모놀이치료 프로그램에 대한 아동의 견해를 얻도록 권고한다. 비공식적으로 19회 모임 동안 부모를 통해 아동에게 익숙한 평가도구를 보내고 20회 모임 때 돌려받는 것이다(예: "놀이회기를 하면서 기억나는 어떤 것을 그려 볼래." "첫 번째 놀이회기/마지막 놀이회기 때 너의 엄마/아빠를 그려 볼래."). 또는 부모가 단순하게 자녀에게 그림을 그리도록 요구할 수도 있고, 가정 놀이회기에서 그들에게 중요했던 놀잇감과 놀이 경험에 대해 얘기할 수도 있고, 이러한 견해를 20회 모임 후반부에 발표할 수도 있다. 대안적으로 리더는 임상적으로 적절하다면 놀이회기에 관해 자녀와 얘기하는 것을 비디오로 녹화하도록 부모에게 요구하여 집단의 모든 부모와 함께 20회 모임에 같이 본다. 재거와 라이언(Jaeger & Ryan, 2007)에 따르면 자녀에 대한 부모의 간략한 질문은 다음과 같다.

> 놀이시간에 좋았던 것은 무엇이니? 좋지 않았던 것이 있었니? 좋지 않았던 이유는 무엇이니? 만약 이러한 놀이시간을 너의 친구가 하게 된다면, 친구는 좋아할 것 같니? 좋아하지 않을 것 같니? 만약 그렇다면 좋아하지 않는 이유는 무엇이니?

아동의 견해에 대한 공식적인 평가 또한 해야 한다. 예를 들어, 로스와 이건(Ross & Egan, 2004)의 도구와 유사하게 고안된 아동을 위한 그림 완성과제가 있다. 그리고 만약 가능하다면 리더는 20회 모임 동안 부모와 리더가 참여하는 집단과는 별도로 아동을 축하하는 집단을 만들 수도 있다. 이러한 아동 집단의 한 부분으로 집단 조직자에 의해 아동을 초대하여 특별한 놀이시간의 경험에 대하여 간단히 조명해 볼 수 있다[평가도구의 예는 Day, Carey, & Surgenor(2006) 참고].

공식적인 부모용 평가도구

평가를 목적으로 마지막 모임에서 리더는 부모들에게 공식적인 평가도구를 작성하게 한다. 이러한 것들에는 보통 부모 양육 스트레스 척도(Parental Stress Index), 포터 부모 수용 척도(Porter Parental Acceptance Scale), 그리고 제1장에서 언급한 부모-자녀 문제 체크리스트(Filial Problem List)가 있다. 기관과 리더는 보통 3~6개월 후 사후 평가를 하게 되는데, 리더는 부모들에게 프로그램을 시작할 때 평가 사실을 알려 줘야 한다. 리더는 20회 모임에 사후 평가 계획에 대해 다시 상기시켜 줄 필요가 있다.

일반적으로 리더가 평가를 하기 위해 어떠한 검사도구를 사용할지를 결정할 때, 마지막 모임에서 부모들이 정서적으로 만족감을 느꼈다고 확신하는 것과 함께 객관적인 정보와의 조화가 중요하다. 이러한 조화를 맞추기 위해서는 객관적인 검사를 모임의 끝에 하기보다는 중간에 휴식시간을 갖기 전에 부모들이 작성하도록 하는 것이 더욱 도움이 된다. 일반적으로 임상에서 사용하는 서면 평가 양식은 부록 21에 제시되어 있다.

영국의 집단 부모놀이치료 프로그램에 대한 아동의 관점에 관한 연구

아동과 부모들에게 12주 응용 프로그램(제16장 참고)을 마친 후에 집단 부모놀이치료에 대한 그들 자신의 관점에 대해 영국에서 시범 조사연구(Jaeger & Ryan, 준비 중)가 이루어졌다. 아동은 놀이에 기초한 평가기법인 '전문가 쇼(Expert Show)'(Jaeger & Ryan, 2007, 준비 중)를 사용하여 인터뷰를 하였는데, 치료에서 아동은 '전문가'의 역할을 맡고 인터뷰하는 사람은 다양한 아동의 역할을 하면서 TV 프로그램처럼 전문가에게 질문을 하는 것이다.

국민건강보험에서 행동 문제로 아동 · 청소년 정신건강 서비스(Child & Adolescent Mental Health Service)에 의뢰된 중기 아동기 소년인 '크리스'는 집단 부모놀이치료에 대한 자신의 견해를 말했다. '아동이라 불리는(child caller)' 사람(인터뷰하는 사람)이 그에게 처음 놀이실에서 다른 사람들이(일방경 뒤에서) 보는 것에 관해 어떻게 생각하는지 물어봤다. 크리스는 "처음에 당신이 그렇게 한다는 것이 두렵게 느껴졌지만, 익숙해지고 나면 당신도 더 이상 신경 쓰이지 않을 겁니다. 전 그것에 대해 걱정하지 않아요."라고 말했다.

아동이라 불리는 사람이 크리스에게 혼자 놀이를 할지 부모와 함께 놀이회기를 할 것인지 물어볼 때 크리스는 인터뷰하는 사람에게 그것은 아동의 선택이라고 말했다. 크리스는 좀 더 상세하게 "나는 때로는 혼자서 놀이를 하지만, 실제로는 엄마나 아빠와 노는 것을 좋아해요."라고 말했다. 놀이시간에 어머니와 아이 모두가 행복하게 느꼈다고 말하는 다른 아동과 대조적으로 크리스는 부모의 생각과 느낌을 확신하지 못했다. 크리스의 반응은 부모와의 관계가 불안전하고 불확실한 수준에 머물러 있다는 것을 보여 준다.

이러한 해석은 이후 아동의 경험을 직접적으로 얘기하는 전문가 쇼 인터뷰 동안 크리스의 진술을 통해 지지된다. 크리스는 인터뷰하는 사람에게 자발적으로 초기에 가정 놀이회기를 그만두었다고 말했다. "우리는 이제 신경 쓰지 않아도 돼요. 우리는 저의 행동이 나아졌다고 생각하거든요." 그러나 인터뷰하는 사람이 크리스가 놀이회기를 그만두고 나서 어떻게 느꼈는지를 물었을 때 크리스는 부모와 자신의 견해가 다른 것처럼 보였다.

크리스: 저는 놀이회기를 지속하길 원했지만, 부모님은 저의 행동이 나아졌다고 하더군요.

인터뷰하는 사람: 그렇군요. 부모님이 그만하는 것을 기뻐했군요.

크리스: 네, 저도 기뻤지만 또 기쁘지 않았어요.

인터뷰하는 사람: 그래요, 당신이 기쁘지 않은 것은 무엇 때문이죠?

크리스: 저의 행동이 나아진 것은 기쁘지만 그만하게 된 것은 기쁘지 않았죠.

크리스가 참여했던 12주 프로그램 같이 단기 집단 부모놀이치료 프로그램이 많은 가족에게 도움이 되며 크리스 가족에게 보였던 이러한 이점들 중 일부는 그의 진술을 통해 지지되었다. 집단 부모놀이치료의 주된 두 가지 목표인 더욱 근본적인 수준의 양육태도와 관계 문제를 변화시키기 위한 장기적인 놀이회기를 선택하기보다는 때로 부모들은 자녀의 행동 변화와 단기 목표에 초점을 맞춘다.

영국의 집단 부모놀이치료 프로그램에 대한 부모의 관점에 관한 연구

영국의 시범조사에서 부모놀이치료자들이 반구조화된 인터뷰 양식을 사용하여 부모들을 인터뷰했다. 부모들은 비공식적으로 다른 부모와 함께 양육 경험을 공유하는 것이 중요하다고 언급했다. 자녀에 대한 부모 자신의 변화를 비롯해서 자녀의 행동도 긍정적으로 변화된다는 것을 포함하여 집단 부모놀이치료 프로그램의 많은 다른 측면들 또한 보고되었다.

12주 프로그램의 종결에 이르면 부모들은 자녀의 감정을 더욱 잘 이해하게 되고, 자녀의 비언어적 의사소통 방식을 '읽어 내는(read)' 능력과 자녀와의 의사소통 능력이 발전하게 된다. 발달지연 자녀를 둔 메리는 다음과 같이 말했다.

> 저는 이제 달라졌어요. 서두르지 않아요. 개리가 말은 하지 않지만 얼굴을 보면 수행하기 어렵다는 것을 알 수 있어요. 아이가 좋다고 느끼는 것을 어떻게 표현하는지 알게 되었고 그것은 제가 아이를 더 잘 이해하게 도와줘요.

"저는 아이의 감정을 전혀 알아차리지 못했어요."라고 말했었던 개리의 아버지 브라이언은 집단 부모놀이치료를 하면서 아들에 대한 이해가 늘어 갔다. 아버지는 공감이 늘어남으로써 아들과의 관계에 긍정적인 변화를 가져올 것이라고 생각했다. 아버지는 세 번째 가정 놀이회기를 이렇게 이야기했다.

브라이언: 우리는 정말 크게 웃었어요. 아이는 물속에 모래를 많이 담고 다리를 만들

었어요. 저는 아이가 다리를 만드는 걸 실패해도 된다고 말했어요.

질문자: 전에도 이와 같은 반응을 한 적이 있었나요?

브라이언: 아니요. 우리는 개리가 자신의 무능감을 그렇게 해소하는 것이라는 것을 알고 달라진 거예요. 이젠 달라졌어요. 이전에는 이유도 모르겠고 제 자신에 대해서도 많이 좌절했었죠. 저는 아이가 극복하는 방식이라는 것을 이해했고, 이제 아이의 감정을 느낄 수 있죠. 저는 그래서 그런 일이 일어나도록 놔두죠.

다른 부모들은 일상생활에서 양육기술을 일반화하는 방법에 대해 이야기했다. 제인은 아들이 죽을 뻔했던 어린 시절의 사고로 인해 아들과 과도하게 밀착되었다고 이야기했다. 어머니는 집단에서 이러한 감정에 대해 탐색할 수 있었고, 다른 부모들의 지지를 통해 '내려놓기(letting go)'를 시작했다. 어머니는 루크와 수영장에서 함께한 경험을 이야기했다.

아이는 어머니가 자신을 봐 주길 원하면서 얘기했다. "엄마, 내가 이 슬라이드를 타고 내려가는 걸 볼 거죠?" 어머니는 "아니, 너에게 조금 높은데."라고 말하며 생각했다. '마음을 비우자, 마음을 비우자.' 그리고 어머니는 "조심하렴."이라고 얘기했다. 아이가 타고 왔을 때 어머니는 "넌 용기 있는 아이야."라고 얘기했고 아이는 매우 기뻐했다.

인터뷰를 한 모든 부모는 프로그램이 종결된 뒤에 더욱 자녀에게 관심을 갖게 되었다고 보고하였다. 그들은 또한 집단 부모놀이치료 동안에 이러한 관심이 어떻게 진전되는지에 관해 얘기하였다. 베키는 "아이는 항상 놀이를 나와 함께했죠. 그것은 놀라운 일이에요."라고 말했다. 베키는 아들과 더욱 많은 시간을 보내면서 아들과 더욱 친밀감을 느꼈다고 말했고, 배우자인 케빈도 인터뷰에서 이에 동의했다. 다른 부모 헬렌은 아들 때문에 가정 놀이회기 후에 '따뜻해지는 느낌'을 경험했다고 말했다.

우리와 함께하기를 원했지만 아이는 늘 이방인이었죠. 아이가 일상적 대화를 우리와 함께한다는 것이 너무 행복하고, 그것은 따뜻해지는 느낌이 들었어요.

마지막 장은 아동과 가족에게 20주 프로그램을 적용하려고 하는 독자를 위한 것이다. 루이스 거니의 10주 프로그램에서 시작되어 이 책에 소개된 집단 부모놀이치료의 주된 특성은 다양한 모델에 적용될 수 있다.

제16장

20주 집단 부모놀이치료 프로그램의 적용

집단 부모놀이치료를 기반으로 만들어진 다양한 적용 형태는 특별한 요구들을 충족시키기 위해 고안되었다. 이러한 다양한 형태는 아이들과 가족들을 돕는 데 집단 부모놀이치료 방법의 견고한 틀을 입증하고 있다. 집단 프로그램 적용 형태는 다양한 인구학적 배경을 아우르며, 전 세계적으로 활용되어 왔다. 구체적으로, 아시아 여러 나라에서 미국으로 이주한 이민자를 위한 프로그램, 도심 빈민지역 가족들, 종교 소수자들, 범죄자들, 가정학대 피해자들, 지체장애나 지적장애를 포함하는 특수아동을 위한 프로그램 등이 여기에 속한다. 또한 미국과 영국에서는 집단 부모놀이치료 프로그램을 교육적으로 활용[예: 교사 놀이치료(Kinder Therapy), 아동-교사 관계치료(Child-Teacher Relationship Therapy)]하거나 지역 거주자들에게 맞는 형태로 적용해 왔다. 독자들은 이러한 프로그램에 대해 이미 앞에서 소개한 제1장과 20주 집단 부모놀이치료 프로그램을 참고할 수 있다.

일부 프로그램들은 시간 제한이나 다양한 상황적 제한점을 고려하여 수정된 형태로 사용되기도 했다. 이 장에서는 이렇게 변형되거나 응용된 형태들을 소개하고자 한다. 하지만 현재 활용되는 집단 부모놀이치료의 다양한 형태에서 지나치게 확장된 것들은 아니다. 우리는 독자들에게 집단 부모놀이치료의 다양한 적용 형태의 가능성을 소개하고자 특별한 프로그램들을 선택하였고, 이것은 독자들이 집단 부모놀이치료를 실시할 때, 참여 대상자들과 환경에 적합한 적용 형태를 고려하는 데 도움을 줄 것이다. 만약 집단 부모놀이치료를 진행하게 될 참여자들의 조건이나 환경이 여기서 소개한 프로그램과 비슷하다면, 리더들이 이것을 정확히 따라 해 볼 수 있다는 이점이 있다. 또한 이러한 적용 형태들은 긍정적인 결과가 검증되고 있으며, 완전한 프로그램의 형태를 갖추고 있다. 따라서 우리는 프로그램을 개발한 집단 부모놀이치료 리더들의 정보를 제공받아, 각 프로그램의 적용 형태의 간략한 개관을 소개하려고 한다.

집단 부모놀이치료의 적용 기준

독자들은 획기적인 형태로 적용된 예시를 보기 전에, 집단 부모놀이치료를 충족시키는 기준이 무엇인지 알아야 한다. 부모 또는 아동을 돌보는 주 양육자들에게 놀이치료의 중요한 내용이 전달되도록 다음의 사항들이 보장되어야 한다. 먼저, 부모는 사전 설명, 피드백, 리더로부터의 슈퍼비전을 제공받아야 한다. 또한 리더들은 모임에 참여하는 부모의 감정을 다루며, 그들이 자녀와 함께 하는 과정을 이끌어야 한다. 그리고 부모들에게 2주 정도의 간격으로 프로그램 활동 과정에 대한 전체적인 일정 안내문을 미리 제공하여, 따로 동의를 구하지 않도록 해야 한다.

단기 집단 부모놀이치료 프로그램

이 책에서 충실히 살펴보았던 20주 모델에 있어서도, 집단 구성 시 가족 구성원의 수는 크게 상관이 없으며, 저자들은 집단 부모놀이치료의 적합한 형태의 예시를 통해서 최적의 성과를 도모하고자 했을 뿐이다. 집단 부모놀이치료가 무엇인지를 설명하기 위해 부모놀이치료를 기본 근간('금본위제'로서 언급한)으로 하고 있다. 또한 20주 집단 부모놀이치료 프로그램을 통해 부모와 아이들이 경험하게 될 이득이 무엇인지에 대해 분명한 질적인 차이를 설명하려고 했다. 그것은 프로그램을 경험한 뒤에 가족들이 삶 속에서 충분히 녹여내었고, 지속성이 있었다는 점이다.

집단 부모놀이치료를 실시하는 임상가들은 프로그램의 길이를 수정하게 되는 특정 상황이 있다는 점을 알아야 한다. 즉, '시간 제한'이 필요한 경우는 다음과 같은 이유이다.

- 집단에 참여한 부모들이 20주의 기간을 모두 참여하기 어려운 경우
- 전문적인 또는 개인적인 상황으로 인해 리더가 20주를 할 수 없는 경우
- 프로그램 진행기관에서 20주 프로그램을 진행할 자원이 없는 경우
- 보험이 10주 정도로 제한된 경우
- 아동/가족이 드러낸 현재 문제(예: 학교에서 최근 나타난 행동 문제)를 변화시켜야 하기 때문에, 상대적으로 부모놀이치료 프로그램을 짧게 해야 하는 경우
- 프로그램에 참여하는 아동과 부모들의 인원이 적은 경우

특별히 집단 부모놀이치료 프로그램의 회기를 짧게 할 경우, 리더들은 프로그램의 기본 구조가 수행될 수 있도록 주의 깊게 계획을 세워야 한다. 예를 들어, 만약 10주 프로그램으로 정했다면, 한 사람의 리더십만으로 프로그램을 진행하려는 것은 현명하지 않다. 단기 회기인 경우에는 두 명의 리더가 시연, 가상회기 그리고 집단 실습 놀이회기를 나눠서 역할을 가질 필요가 있다. 우리는 루이스 거니에 의해 10주로 단축한 프로그램을 먼저 소개할 것이다. 그리고 다른 적용 형태들은 알파벳 순서로 소개할 것이다.

거니의 10주 집단 부모놀이치료 프로그램

(개발자: L. Guerney)

집단 부모놀이치료 실시에 대한 논의 과정에서, 종종 한 회기 이상 기간을 줄여야 하는 상황일 때가 있다. 이때 프로그램의 길이를 줄이더라도 집단 부모놀이치료 프로그램의 필수적인 요인만 제거되지 않는다면 얼마든지 성공적일 수 있다.

10주 프로그램의 구성

거니의 10주 프로그램을 진행하기 위해서는, 참여 아이들이 최소 6명은 되어야 한다는 기준이 있다. 10주 프로그램으로 편의상 언급한 단기 프로그램은 사실 평균적으로 10회의 기간을 정했지만 변화 가능하다. 다양한 변형이 가능한 이유는 대상 아이들의 수가 6명보다 더 적을 때도 가능하도록 하기 위해서이다. 집단 부모놀이치료 프로그램은 9주에서 12주까지 다양한 회기로 구성될 수 있다(만약 시간이 허락된다면, 〈표

표 16-1 10~20주 프로그램의 일반적인 회기별 구분 형식*

집단 부모놀이치료 프로그램의 형태: 평균 10~20주		
1. 소개와 훈련: 각 전체 참여 아동과 이루어지는 시연회기와 모든 부모와 함께 진행되는 가상회기	2~3주	5주
2. 실습 놀이회기(부모마다 2회), 가정 놀이회기 준비	2~3주	6주
3. 가정 놀이회기	3주	4주
4. 일반화(가정 놀이회기 지속) 그리고 종결	2~3주	5주

* 10주와 20주 프로그램의 두 형태 모두 처음 2단계는 참여자 수에 따라 크게 수행이 달라진다. 10주 프로그램에서 한 명의 자녀와 두 명의 부모가 참여할 때는 최소한의 회기가 요구되는 반면, 두 명의 자녀와 세 명의 부모들인 경우에는 자동적으로 더 길어지게 된다.

16-1〉에 나온 회기 내용을 추가하여 포함시키라). 〈표 16-1〉에서 20주, 10주 형태에 따른 일정에 대해 비교해 놓았다.

요약하면, 어떠한 프로그램 형태도 거부적일 필요는 없다. 집단 부모놀이치료를 수행하는 리더가 목표와 보조 인력만 충분하다면 모든 형태가 같은 효과를 볼 수 있다. 그러나 각 단계가 축소되었다는 것을 감안해야 한다. 예를 들어, 시연회기와 실습 놀이회기에 참여하는 아동이 적기 때문에 1단계와 2단계가 더 짧아졌다. 그리고 가상회기는 항상 각 부모와 함께하도록 진행되며, 이때 다른 형제, 자매들에게는 가정 놀이회기가 제공된다. 리더와 함께 가정 놀이회기에 대해 논의하는 모임도 갖는다. 그러나 그들과 따로 시연 및 실습 놀이회기를 위한 모임을 갖지는 않는다. 리더들은 가족들에게 부모놀이치료 원리를 전달하고, 모든 가족원에게 다소 제한된 시간을 최대한 보완할 수 있도록 개입하려고 노력한다. 예를 들어, 만약 프로그램에 참여하지 않은 형제, 자매 아동이 좀 더 관심을 필요로 한다면, 리더는 그 자녀를 모임 동안 실습 놀이회기에 참여시킬지 결정할 수 있다. 만약 시간이 허락된다면 그렇게 하겠지만, 그렇지 않다면 다른 방식(리더와의 개별 놀이회기)을 만들면 된다. 그러면 집단 모임시간에 따로 개입하지 않아도 될 것이다.

프로그램 평가

거니의 10주 프로그램과 다른 장기 프로그램을 체계적으로 비교한 연구는 아직까지 찾아볼 수 없지만, 단기 및 장기 프로그램의 효과성 연구들에서 이들 모두 기간에 관계없이 높은 효과가 있음을 보고하고 있다. 20주와 10주 형태의 결과를 비교한 연구에서는 어떠한 사례를 가진 문제인지에 따라 결과가 달랐으며, 임상가는 가족 문제가 복잡할수록 20주 프로그램을 적용하려는 경향이 있었다. 또한 20주 프로그램에서 가정 놀이회기와 일반화회기를 길게 가질수록 좀 더 높은 성과를 보이는 경향이 있었다.

시간이 짧게 진행될 때, 임상가들은 종종 행동적인 접근을 사용하게 되는 경향이 높거나 집단 부모놀이치료 이외에 한 아이와 집중회기를 갖기도 하고, 우리가 적절하다고 본 것보다 더 일찍 일반화회기로 안내하기도 하였다. 저자들은 여기에 10주 형태가 행해질 수 있다는 점을 설명하면서도, 가능하다면 기본적으로는 20주 집단 부모놀이치료 프로그램의 온전한 형태로 수행되기를 바란다고 강조했다. 검증된 집단 부모놀이치료의 형태를 진행하는데 있어서, 단축되거나 20주 회기의 기본으로 진행되든, 가족들에겐 많은 다른 개입보다는 더 효과적이라는 점을 알게 될 것이다.

연락처
Louise Guerney Ph.D., RPT-S
National Institute of Relationship Enhancement
Bethesda, Maryland, USA
(001) 301 680 8977
niremd@nire.org

영국의 브래드포드에서 진행된 집단 부모놀이치료 위탁(가정) 프로그램

(개발자: P. Wilkinson)

중요 고려사항

집단에 두 명의 리더가 있는 것은 두 위탁가정을 각각 맡아서 진행할 수 있는 형태이다. 집단 모임에 아이들은 참여하지 않는다. 시연과 실습 놀이회기는 집단 모임이 없을 때 아이들과 실시한다. 그리고 각 아이들과 진행한 프로그램을 시연 모임에서 비디오로 보게 된다. 위탁 양육자들은 주별로 실습 놀이회기를 진행하고 가정 놀이회기를 실시한다. 실습 놀이회기와 가정 놀이회기는 한 집단에서 모두 진행하기보다는 개별 위탁 양육자들이 준비되었을 때 실시한다. 어떤 위탁 양육자들은 그들의 집에서 전이 회기를 실시하지 않는다. 그리고 몇몇 위탁 양육자들은 첫 가정 놀이회기가 확실히 자리 잡기 위해 리더의 참석을 요청하기도 한다.

모집대상

이 프로그램을 위해 영국 국민건강보험(NHS)에서 아동 · 청소년 정신건강 서비스(CAMHS) 대상 아동을 돌보는 위탁 양육자들이 모집되었다. 이에 지역 위탁가정 서비스를 지원하는 기관에서 사례를 제공하여 진행되었다.

참여자

각 집단에는 세 명에서 네 명의 위탁 양육자와 아이들이 참여하였다. 참여 아동들은 중장기 위탁시설에서 생활하는 아동들이며, 위탁가정에서 태어났거나 다른 기관으로부터 위탁된 아이들이다. 아동 · 청소년 정신건강 서비스 기관으로부터 부모놀이치료를 위한 초기평가가 수행된 사례들이다. 위탁 양육자들은 아동 · 청소년 정신건강 서비스 기관으로부터 수준 높은 지원을 받고 있는데, 그 이유는 의뢰된 아이들이 정신건강에 상당한 어려움이 있기 때문이다.

프로그램 내용

초기에 아동 · 청소년 정신건강 서비스 기관에서 접수를 한 뒤에, 집단 부모놀이치료 리더들이 비공식적으로 가정에서 위탁 양육자와 아이들에게 놀이회기를 소개하고, 놀이 관찰을 위해 방문한다. 리더가 가정으로 방문하는 경우, 아이들은 정서적으로 불안감을 감소할 수 있다는 이점이 있다.

세부 일정

한 주에 2시간씩 12주 동안 모임을 가졌는데, 학기 중에 1.5~2회씩 분리해서 만났다. 주별 가정 놀이회기에 전이될 때까지는 주별로 각 아이들과 현장 놀이회기를 진행했다. 만약 아동 · 청소년 정신보건 서비스 기관에서 양육자와 아동의 주별 놀이회기에 대한 슈퍼비전이 긴 회기로 가능하다면, 가정 놀이회기를 대신하여 진행할 수 있다. '특별한 시간'은 나중에 시작해도 된다. 또한 집단 회기 후반부에는 격주로 리더가 위탁 양육자에게 가정 놀이회기를 위한 모임을 안내한다.

실시방법

리더들 중에 한 명은 위탁 양육자와 (모든 아동을 포함한) 가족이 함께 참여한 시연 회기(3~5주)와 주별 실습 놀이회기를 비디오로 찍는다. 다른 리더는 각 놀이회기 후에 5분간의 짧은 피드백을 제공했다. 비디오는 주별 모임에서 슈퍼비전과 토론을 위해 사용했다. 이 토론 모임에서 그들의 어려움을 논의한다. 일반화는 놀이회기 기술을 습득한 후에 양육자가 내면화시키는 과정에서 일어난다.

프로그램 평가

얼마나 성공적이었는가와 상관없이, 대부분의 참여자는 집단의 후반부에서 가정 놀이회기를 택했다. 왜냐하면 참여자들이 추후 모임에 격주로 참여할 수 있었기 때문이다. 그러나 추후 모임을 오랜 기간 참여하도록 하는 것은 좋지 않다. 왜냐하면 추후 모임 초기에 참석하지 못하는 부모의 경우, 시작하는 것 자체에 대한 부담감으로 종종 부모놀이치료가 중단되었기 때문이다. 한편, 위탁 양육자들은 이 프로그램 참여를 통해 그들이 아이들을 더 많이 이해하게 되었고 애착도 늘었다고 한다. 그리고 아이들의 선행되었던 문제들을 알 수 있었거나, 그들이 아이들과 내적 갈등을 겪게 된 원인을 찾게 되었다. 어떤 보고서에는 부모놀이치료를 통해 일상에서 좀 더 향상된 양육기술을 사용하게 되었고, 아이들에게 필요한 것들을 좀 더 지지해 줄 수 있도록 놀이회기를 다시 시작하기도 했다고 한다. 프로그램에 참여한 아이들은 놀이회기에 참여하는 것을 즐거워했으며, 아동 · 청소년 정신건강 서비스에 긍정적으로 협력하게 되었다.

아동 · 청소년 정신건강 서비스에 대한 또 다른 긍정적 결과로는 첫째, 프로그램에 참여한 위탁 아동 대부분은 더 이상 정신건강 서비스를 필요로 하지 않게 되었다는 것이다. 둘째, 브래드포드는 위탁가정에서 집단 부모놀이치료 프로그램에 기초한 양육기술을 실시함으로써, 심리치료적으로 접근할 수 있는 기반을 마련했다는 것이다. 앞으로 입양자녀를 둔 가족을 위해 유사한 집단 부모놀이치료 프로그램으로 확장시킬 수 있도록 그 가능성을 보고하였다.

연락처

Pam Wilkinson, Coordinator, Looked After Children's Team

Child and Adolescent Mental Health Service(CAMHS)
Bradford District Care NHS Trust
Bradford, UK
++44 (0)1274 228 300
Pam.Wilkinson@bdct.nhs.uk

캐플린과 퍼넷의 12회기 집단 부모놀이치료 프로그램

(개발자: K. Pernet and W. Caplin)

중요 고려사항

이 프로그램은 12회기로 이루어졌다. 하지만 필요한 경우 더 늘려서 할 수 있다.

모집대상

이 프로그램은 약물중독, 위기가정과 같은 문제를 겪는 도심 빈민지역 가족들과 다양한 사회・정서적 문제를 가진 가족, 위탁 및 입양 아동을 돌보는 가족들을 대상으로 하였다.

참여자

부모 중 한쪽 또는 양쪽이 참여하기도 하였고, 위탁 및 입양 부모들이 참가하기도 하였다. 부모들의 연령은 십대에서 할머니들까지 다양한 범위에 속해 있다. 한 집단에 5~8명의 부모들로 구성하여 진행되었다.

프로그램 내용

세부 일정

2시간씩 12회기를 진행한다.

실시방법

매력적이고 읽기 쉬운 자료들이 주어지게 된다. 부모들은 집에서 사용할 놀잇감과 재료들이 담긴 주머니를 받게 된다. 두 명의 리더는 프로그램 실시를 위해 아이들 모두와 시연을 실시하게 되는데, 부모들이 두 명의 자녀가 있다면 가족과 함께 각각의 아이들과 10분씩 놀이회기를 실시하게 된다. 부모들은 기본적인 아동중심 놀이치료(CCPT) 기술 네 가지를 배우게 된다. 공감, 상상놀이, 제한 설정, 구조화를 1~5회 모임 동안에 실시한다. 이러한 가상 놀이회기는 리더에 의해 반응을 적극적으로 안내받으면서 부모가 아이들과 진행하게 된다. 6~8회 모임에서는 부모들이 집단을 관찰하고 피드백을 주는 10분간의 실습 놀이회기를 진행한다. 부모들은 계획된 모임 후에 집으로 돌아가 놀이회기를 실제 진행하는 것이 9회 모임이다. 모임 회기가 남았다면 실습 놀이회기를 계속 진행할 수 있다.

프로그램 평가

사전 및 사후 집단 부모놀이치료 질문지를 프로그램에 참여한 부모들에게 몇 년에 걸쳐서 실시하고 수거하였다. 그리고 부모와 아이들의 관계가 얼마나 향상되었는지를 보고하였다.

연락처

1. Karen Pernet, LCSW, RPT–S, BCD
   Growth Through Play Therapy
   Oakland, California, USA
   (001) 510 923 0520
   karen@growththroughplaytherapy.com
2. Wendy A. Caplin, Ph.D. RPT–S
   Growth Through Play Therapy
   Philadelphia, Pennsylvania, USA
   (001) 215 248 9446
   wendy@growththroughplaytherapy.com
   www.growththroughplaytherapy.com

칠러리와 라이언의 12주 집단 부모놀이치료 프로그램

(개발자: R. Chillery and V. Ryan)

중요 고려사항

이 프로그램은 두 명의 숙련된 부모놀이치료자에 의해 품행 문제가 있거나 동반된 문제를 가진 최대 10명의 아이들과 진행되었다. 단기 회기로 구성되었기 때문에, 집단을 두 개의 작은 집단으로 나누고, 집단 부모놀이치료의 초기 두 단계를 진행하는 동안 몇 번의 모임으로 나누어서 진행되었다.

모집대상

임상적 목적에 덧붙여, 집단은 예비 연구 목적도 가지고 있었다(Jaeger & Ryan, 준비 중). 아동청소년 정신건강 서비스 기관에서 접수면접을 통해 중등도의 품행 문제로 의뢰된 아이들 중에서 인구학적 배경(영국의 Leeds 지역)이 비슷한 대상으로 모집하였다. 웹스터 스트라튼(Webster Stratton)의 부모양육 프로그램 집단과 집단 부모놀이치료 참여집단 모두를 대상으로 12주 프로그램을 진행하였다.

참여자

아동 · 청소년 정신건강 서비스에 의해 심각한 품행 문제 또는 이와 관련된 문제들을 가진 자녀의 가정이 의뢰되었다.

프로그램 내용

세부 일정

12명을 대상으로 13주의 기간 동안 2시간씩 진행했다(한 주의 일정은 영국의 단기 방학 프로그램이 진행되어 쉬게 되었다).

실시방법

모임은 부모들의 직장 근무로 인해 초저녁에 열렸고 식사도 제공되었다. 한쪽 부모만 참여한 경우보다 양쪽 부모가 참여한 경우가 더 많았다. 매번 모임마다 참여한 가족의 모든 아이를 위한 보육자가 제공되었다.

집단은 초기 모임 동안 몇 가지 점에서 두 개의 소집단으로 나뉘었고, 각각 한 명의 리더가 속해 있다. 1회 모임에서는 대집단으로 만났다. 2~3회 모임에서 부모들은 시연을 위해 소집단으로 나뉘고, 그다음 대집단 형태로 시연과 기술 훈련에 대한 토론이 뒤따른다. 4회 모임에서는 대집단에서 좀 더 향상시킬 기술을 익힌 뒤, 부모들은 소집단으로 나누어 가상 놀이회기를 진행하였다. 5~7회 모임에서는 실습 놀이회기를 소집단에서 진행한 다음, 대집단으로 토론하였다. 8~12회 모임에서는 계획하기, 가정 놀이회기, 그리고 일반화를 위해 대집단 모임을 가졌다.

프로그램 평가

연구 목적을 충족시키기 위한 것으로 질적, 양적 평가가 진행되었다. 사후 개입으로 부모들과 반구조화된 면접을 진행하였고, 참여한 아이들에게 놀이 기반 평가가 진행되었다[Jaeger & Ryan(준비 중)에 의한 일부 면접의 결과는 제15장 참고]. 아이들의 피드백에 의하면 아동돌봄은 긍정적인 경험이었으며, 이로 인한 아이들의 호응은 매주 모임에 참여하는 부모들에게 큰 힘이 된 듯했다.

연락처
Richard Chillery, General Manager, CAMHS
Safeguarding & Healthy Child Pathway
Children and Family Services
Leeds Community Healthcare NHS Trust
Leeds, UK
+44 (0)113 305 7200
r.chillery@nhs.net

칼리지파크 집단 부모놀이치료 프로그램

(개발자: P. Higgins and S. Gold)

중요 고려사항

이 프로그램에서는 처음에, 공인된 치료자들과 인턴들이 개별 아동과 아동중심 놀이치료 놀이회기를 가졌다. 그리고 아이들이 중요한 변화를 보이고 부모가 부모놀이치료를 위한 준비가 될 때까지, 정기적인 기초과정으로서의 모임이 이루어졌다. 부모놀이치료를 배울 때, 부모들은 임상가가 놀이치료 회기에서 아이들을 어떻게 대하는지 관찰하였다. 가정 놀이회기는 사례별 특성에 기초하여 부모가 아이들과 실시할 준비가 되었을 때 시작되었으며, 이는 부모-자녀관계와 애착을 촉진시키는 것이 목적이다. 집단 부모놀이치료는 아동중심 놀이치료를 진행하는 동안 이미 다루었던 아동의 문제는 거의 강조하지 않는다.

모집대상

이 프로그램은 많은 사회적, 심리적 문제를 가진 고위험 사례를 위한 것이다. 학교나 사회복지사로부터 의뢰되거나 이전 내담자들 중에서 모집되었다.

참여자

집단에는 진행 중인 아동/가족 사례들 중에서 6~8명의 부모와 6명의 자녀가 선정되었다. 한쪽 또는 양쪽 부모가 참여하였다. 집단 프로그램이 시작될 때까지 기다려야 하는 기간 동안, 가족들은 개별적인 부모놀이치료 훈련을 받게 하였다.

프로그램 내용

세부 일정

집단은 한 명 또는 두 명의 리더와 10주 기간 동안 진행되었다.

실시방법

리더들은 한 명 이상의 아이들이 가족과 놀이회기를 진행하는 장면을 일방경을 통해 부모에게 조언해 주었다. 부모들은 일반적으로 집단에 참여하여 어떻게 놀이회기를 실시하는지 알고 있었으며, 놀이의 가치에도 동의했다. 이런 방식은 집단 리더들이 놀이회기에서 부모들의 수행과 일반화 과정에서, 이와 같은 방식을 경험하지 못한 부모들보다 좀 더 효과적으로 집중하도록 도와주었다.

프로그램 평가

사전 및 사후 집단 부모놀이치료 질문지를 통한 평가에 따르면, 아동과 부모의 행동에서 긍정적인 변화가 나타났다. 부모-자녀관계와 관련된 중요한 아동기 문제들은 집단에 참여하기 이전보다 잘 통제되었다. 부모들은 집단 부모놀이치료 프로그램에 긍정적인 평점을 주었고, 부모-자녀 관계에서 애착이 상당히 강화되었다고 나타났다.

연락처
Stacie Gold, LCSW-C, Clinical Supervisor
Youth & Family Services
College Park, Maryland, USA
(001) 240 487 3550
sgold@collegeparkmd.gov
www.collegeparkmd.gov/youth_fam_serv.htm

랜드레스와 브래튼의 10회기 집단 부모놀이치료 모델: 부모-자녀 관계치료

(개발자: G. Landreth and S. Bratton)

중요 고려사항

부모-자녀 관계치료(CPRT) 10회기 모델은 일반적으로 한 주에 2시간씩으로 구성된다. 하지만 5주 동안은 한 주에 두 번씩 만나는 형태, 10~12일 동안은 매일 만나는 형태, 그리고 네 번의 주말 동안 만나는 형태는 부모들의 요구에 따라 실시하는 것이 효과적이었다. 또한 집단에게 좀 더 많은 시간이 필요하다면, 회기를 늘려서 할 수 있다(Landreth & Bratton, 2006). 한 번의 접수면접 모임을 진행하는 동안(가족놀이관찰 없이), 가족은 한 아이를 선택하여 놀이회기에 참여시킨다. 만약 양쪽 부모가 참여하게 되면 두 아이를 선택할 수 있게 된다.

모임 동안에는, 시연이나 실습 놀이회기를 참여 아이들과 실시하지 않으며, 리더-부모의 가상 놀이회기도 수행되지 않는다. 대신에, 시연 회기와 리더의 놀이회기 DVD를 보는 과정과 부모-자녀 역할놀이를 진행하며, 리더는 부모에게 모든 과정을 슈퍼비전한다. 이것은 부모가 아이들과 가정 놀이회기를 시작하기 전에 처음 몇 번의 훈련회기로 진행되도록 구체적인 지침을 제공해 준다. 가정 놀이회기를 위한 모든 슈퍼비전의 과정은 비디오를 통해 이루어진다(이것이 불가능하다면, 부모들은 훈련받는 곳에서 놀이회기를 실시한다). 매주 과제가 제공되는 것은 부모들에게 프로그램 전체를 이해하도록 돕기위한 것이다. 기본 10주 프로그램은 한 달 뒤에 추후 모임을 진행한다. 집단에 참여한 부모들이 자립적으로 운영할 수 있도록 지지하기 위해 모임을 좀 더 추가할 수 있다. 경험이 풍부한 리더라면, 한 명의 리더에 의해서 진행될 수 있다.

모집대상

아동이 속한 가족들은 공통된 행동 문제와 관계 문제를 겪어 왔다. 이를 개선하기 위해 부모-자녀 관계치료는 부모와 자녀의 문제 유형, 사회경제적 수준, 그리고 인종적인 특징들을 널리 아우르며 실시되어 왔다(제1장과 Landreth & Bratton, 2006 참고).

참여자

최대 6~8명의 부모가 권장되며, 집단 모임이 2회기가 지난 후에는 새로운 참여자를 받지 않는 것이 좋다. 또한 만약 1회기라도 참여가 어려운 부모는 프로그램에 참여시키지 않았다(그러나 만약 긴급한 상황이 생긴다면, 개별적인 훈련회기를 통해 놓친 내용을 보완할 수 있다).

프로그램 내용

세부 일정

일반적으로 10회의 연이은 모임 형태로, 각 모임에 2시간씩 진행한다.

실시방법

1회 모임은 참여자, 프로그램, 아동중심 놀이치료 기술들에 대한 소개로 구성된다. 여기서부터 과제가 제공되는데, 전체 과정마다 매번 이루어진다. 2회 모임에서는 자녀가 동반되지 않은 상태에서 비디오를 보며 시연회기가 이루어진다. 그리고 여기서 기술들을 훈련하기 시작한다. 리더의 놀이회기에 관한 DVD는 처음 세 번의 모임 동안 보여 줄 것을 권장한다. 3회 모임 이후에는 아이들과 가정 놀이회기를 실시한다. 가정 놀이회기를 진행하고 난 뒤, 순서를 정해서 모임 때마다 비디오를 보면서 집중적으로 논의하고 슈퍼비전이 이루어진다. 순서가 아닌 가족은 실시한 가정 놀이회기에 대해 간단히 보고한다. 모든 가족에게 부여한 과제와 놀이회기에 대한 조언이 이루어져야 한다. 그리고 마지막 모임인 10회기에는 부모들이 자신의 경험을 평가하고, 자녀와의 관계에서 어떤 변화를 겪었는지 보고한다. 또한 부모들이 가정에서 자녀와 놀이회기를 지속할 수 있도록 준비시킨다.

프로그램 평가

랜드레스와 브래튼은 집단 부모놀이치료의 적용 형태인 부모-자녀 관계치료(CPRT)에 대한 회기별 안내 책자와 설명서를 저술했다(Bratton et al., 2006; Landreth & Bratton, 2006). 그들은 많은 놀이치료자가 이 프로그램을 수행하도록 훈련시켜 왔다. 랜드레스와 브래튼은 많은 연구를 인용하여, 단기 집단 부모놀이치료가 다양한 대상뿐 아니라, 여러 가지 문제에 대해 효과적임을 입증해 왔다(이 연구의 요약을 위해 Landreth & Bratton, 2006의 21장 참고). 또한 이 책 제1장에서도 인용하고 있다.

연락처
Sue Bratton, Ph.D., LPC, RPT-S
Center for Play Therapy, University of North Texas
Denton, Texas, USA

(001) 940 565 3864
http://cpt.unt.edu

오트윈의 '놀이의 특별한 활용법' 프로그램

(개발자: M. Ortwein)

중요 고려사항

부모와의 첫 훈련은 하루에 7시간을 진행하게 된다. 이때 자녀는 참여시키지 않는다. 프로그램 과정에서는 2시간 또는 2시간 30분 정도의 추후 저녁 회기로 진행되며, 훈련 장소에서 진행된 놀이회기에 대한 슈퍼비전이 4~6회 정도 이루어진다. 이후에, 4~6회의 가정 놀이회기 실시 후 전화, 이메일 또는 팩스를 통해 슈퍼비전 과정이 이루어지게 된다.

모집대상

정서 · 행동 문제 또는 부모-자녀 관계의 어려움을 가진 아이들에게 실시한다. 이 프로그램은 직장에 다니는 부모들에게 실시하기 위해 고안된 프로그램이다.

참여자

아동보호기관으로부터 의뢰받은 차상위 저소득층부터 중산층 가족까지를 대상으로 한다.

프로그램 내용

세부 일정

16~20시간 진행한다.

실시방법

부모들은 자녀들 없이, 토요일에 워크숍 형태로 집단 부모놀이치료의 기술을 배우게 된다. 그러고 나서 그들은 개별적으로 4~6회의 실습 놀이회기를 훈련 장소에서 연습해 본다. 그리고 4~6회 가정 놀이회기를 자녀들과 진행한다. 아동중심 놀이치료와 부모놀이치료 회기에 관한 비디오를 훈련 기간 동안 보게 되는데, 실제적인 시연은 진행하지 않는다. 부모들은『놀이의 특별한 활용법에 관한 매뉴얼(Mastering the Magic of Play Manual)』(Ortwein, 1997)에서 제공한 네 가지 부모놀이치료 기술을 배우게 된다. 부모들은 일상생활에 부모놀이치료 기술을 일반화하도록 격려받게 된다. 또한 이 프로그램에서 2시간 또는 2시간 30분 정도의 저녁 회기를 갖게 되는데, 이때 집단은 일반화시키기 위한 도움을 받게 된다. 이 과정에서는 루이스 거니(2013)의 부모 역할 훈련 프로그램 매뉴얼을 사용하였다.

프로그램 평가

부모 평가는 매우 긍정적이다. 치료자와의 면담에서도 아동과 부모의 행동에 있어서 긍정적인 변화가 보고되었다. 특히 최근 이혼하거나 재혼한 가정에서 변화가 좀 더 두드러졌다.

연락처
Mary Ortwein, MS, LMFT
IDEALS of Kentucky, Institute for Development of Emotional and Life Skills
Frankfort, Kentucky, USA
(001) 502 227 0055
Mary@skillswork.org
www.skillswork.org

밴플릿과 스니스캣의 집단 부모놀이치료 프로그램[1]
–심리적 외상과 애착 문제를 가진 아동

(개발자: R. VanFleet & C. Sniscak)

중요 고려사항

집단 부모놀이치료 프로그램은 두 명의 숙련된 집단 부모놀이치료 리더에 의해 18회기로 단축되었다. 왜냐하면 가족들이 다양한 서비스에 참여하고 있는 경우가 빈번하기 때문이다. 이 프로그램은 아이들이 애착문제와 심리적 외상을 겪은 뒤 나타내는 감정과 행동에 대해 부모가 어떻게 반응해야 할지 도움받을 수 있는 교육과 논의가 추가되었다. 마지막 두 번의 모임은 2~3주 정도 간격으로 진행한다. 개인과 가족을 '촉진시키는(booster)'모임과 추후 모임도 가능하다.

모집대상

심각한 심리적 외상과 애착 문제를 겪은 위탁 및 입양가정을 위해 개발되었다. 또한 의료적 지원을 받아야 하는 질환을 앓는 아이들과 가족들의 적응을 돕는 데 활용될 수 있다.

참여자

프로그램 참여자는 6~8가족, 10~12명의 부모들이 참여가 적당하다. 그러나 별다른 문제가 없는 한부모 가정을 포함하여, 4~7가족으로 구성되었다. 부모들은 자녀가 가정 놀이회기에 참여하기에 적절한 나이라면, 가능한 모든 자녀가 함께하기를 기대했다.

---

1) 이 프로그램은 최근 VanFleet, Sniscak과 Faa-Thompson에 의해 수정되었다. 구체적인 것은 VanFleet에게 문의하기 바란다.

프로그램 내용

세부 일정

18주 동안 진행되며, 한 회기당 2시간 30분(짧은 휴식시간 포함)으로 구성된다.

실시방법

어떤 참여자에게 가정용 부모놀이치료 장난감 세트를 활용한 놀이회기를 진행해야 하는 경우, 가족들에게 아동 돌봄이 제공된다. 집단은 모임기간 동안 몇 번에 걸쳐 두 개의 소집단으로 나뉘게 된다. 이때 각 소집단은 숙련된 리더가 따로 맡게 된다. 대집단의 형태로, 두 리더가 공동으로 전체적으로 가르치고 논의하는 과정을 진행한다. 시연과 놀이기술 훈련을 위한 과정은 소집단으로 운영되며, 두 번의 가상 놀이회기에서 각 부모와 함께 진행한 내용과 실습 놀이회기를 6~12회 모임에서 다루게 된다. 따라서 대집단으로 만나서 실습 놀이회기에 대해 논의하고, 소집단으로 나뉘어 짧은 비디오를 시청한 뒤 리더들의 피드백을 받는다. 각 소집단은 세 번의 연속적인 모임을 가지며, 각각 다른 주제로 진행된 20분의 부모-자녀 관계 놀이회기에 대해 논의한다. 만약 모임 과정에서 필요하다면, 부모들은 실습 놀이회기에 대해 네 번 또는 그 이상의 조언을 받게 된다. 마지막 실습 놀이회기에서는 가족 안에 참여가 가능한 연령 범위의 모든 자녀와 진행되며, 가정 놀이회기를 준비하는 과정으로서 13회 모임이 진행된다. 14~16회 모임에서는 가족들이 그들의 가정 놀이회기에 대해 보고하고, 가능하다면 놀이기술을 일반화시킬 수 있도록 비디오를 시청하게 된다. 17~18회 모임에서는 한 주에 2~3번을 기본으로 만나며, 가정 놀이회기에 대한 피드백과 논의 그리고 놀이기술의 일반화를 위한 마지막 단계를 지속한다.

프로그램 평가

사전 및 사후 집단 부모놀이치료 질문지를 활용하였고, 마지막 모임에서 부모에게 실시할 수 있는 평가를 추가하였다.

연락처

Risë VanFleet, Ph.D., RPT-S

Family Enhancement and Play Therapy Center

Boiling Springs, Pennsylvania, USA
(001) 717 249 4707
rise@risevanfleet.com
www.risevanfleet.com

워커와 라이트의 헤드스타트 프로그램

(개발자: J. Walker와 C. Wright)

중요 고려사항

이 집단 부모놀이치료 프로그램을 마지막으로 소개한다. 저소득층 학령 전 자녀가 속한 가족을 대상으로 하며, 숙련된 리더가 진행하는 12주 프로그램이다. 부모는 자녀와 함께 검증된 아동중심 놀이치료 기법을 배우는 집단에 참여하여, 멘토 부모와 함께 집단 부모놀이치료의 효과에 대한 토론이 이루어진다. 초기 두 번의 모임은 부모놀이치료용 장난감을 만들도록 하며, 부모가 가정 놀이회기를 지속하고 집단 부모놀이치료 기술을 일반화하도록 돕기 위해 6개월 뒤에 추후모임을 가진다. 부모-자녀관계 놀이의 첫 회기와 마지막 회기를 녹화하여 평가가 이루어지며, 실시한 부모들에게 평가 결과를 제공해 준다.

모집대상

미국 미네소타 지역에 사는 3~5세 자녀를 키우는 헤드스타트(저소득층 지원) 가족과 지역사회 부모들이 참여하였다. 많은 부모가 인지 및 신체적 제한을 갖는 정신건강 문제를 가지고 있었다. 집단 구성원에는 특수교육과 정신건강 문제에 도움이 필요한 학령 전 시기 자녀를 키우며, 스페인어를 구사하는 몽족의 가족들이 포함되었다(1998년과 2006년 사이에 약 16개 집단을 대상으로 진행했다).

참여자

학령 전 자녀를 키우는 저소득층 10개의 가족이 헤드스타트 프로그램으로 모집되었다. 다른 가족들도 지역 사회로부터 참여하게 되었다.

프로그램 내용

세부 일정

12주 동안 진행되었고, 6개월 뒤에 추후 모임 회기가 이루어졌다.

실시방법

각 가족 참여자들에게 보상으로 부모를 위한 놀잇감 가방과 저녁 식사가 제공됐다. 그리고 헤드스타트 프로그램 진행요원이 아동 돌봄 서비스를 제공했으며, 몽족과 스페인어를 구사하는 가족들을 위해 통역자도 지원됐다.

1~2회 모임에서는 참여자들에게 부모놀이치료 기술과 본 프로그램에 대한 소개가 이루어졌다. 집단 모임에서 부모들의 긍정적인 초기 놀이경험을 유도하기 위한 장난감을 3~4개 정도 만들도록 했다. 5회 모임에서는 아동중심 놀이치료 기술을 소개하고, 멘토 부모와 학령 전 시기 자녀와 시연이 진행되었다. 이후에 진행될 가정 놀이회기를 위해서 가정 놀이회기에 대해 걱정스러운 점과 제한 설정에 대한 특별한 대화를 나누도록 했다.

6회 모임에서는 다섯 명의 부모와 한 명의 리더로 구성된 두 개의 소집단으로 진행했다. 부모들은 다른 부모들이 지켜보는 가운데, 아동중심 놀이치료 기술을 부모, 자녀 역할을 맡아 10분정도 역할놀이 연습을 했다. 리더들은 한 팀이 된 '부모'에게 적극적으로 조언해 주었다. 관찰자에게는 지금과 이후 실습 놀이회기 둘 다에서 부모 역할을 맡은 참여자의 특별한 기법을 찾아보도록 임무를 부여하였다. 관찰자는 10분 역할놀이를 본 후에 '부모' 측면에서 충분히 향상된 기술이 무엇인지 긍정적인 피드백을 주도록 구조화하였다.

7~10회 모임에서는 모든 부모가 두 개의 소집단으로 나뉘어, 그들의 자녀와 15분간 실습 놀이회기를 진행하였다. 또한 이후에는 가정에서 자녀들과 30분간 가정 놀이회기를 진행하도록 했다. 연이은 모임에서 시작단계에 가정 놀이회기 경험에 대한 논의가 이루어졌다. 10~11회 모임에서는 부모와 자녀가 아동중심 놀이치료 기술을 적용한 5분간의 비디오 녹화자료를 찍도록 하였다. 11회 모임에는 습득한 기술을 일상생활에 일반화시키는 데 초점을 맞추며, 부모들에게 일반화를 돕는 과제를 제공했다.

마지막 12회 모임에서는, 부모들이 집단으로 모여 가장 마지막 비디오 녹화자료를 보면서 질문지를 작성하였다. 그들은 저녁식사를 하며 축하해 주는 시간도 가졌다. 약 6개월 후에, 집단 참여자들은 리더와 다시 만나 평가 결과를 나누며, 부모가 자녀와 가정 놀이회기를 유지하고 일반화시키는 부분에 대해 논의하였다(이 회기는 항상 참석이 잘 이루어지는 편이며, 최소 75%의 참석률을 보임).

프로그램 평가

사전 및 사후 집단 부모놀이치료 평가는 부모 양육 스트레스 척도(축약형)와 아동 행동 평가 척도로 이루어졌으며, 그 결과는 주목할 만하다. 프로그램에 참여한 부모들이 극도의 스트레스가 지속되는 경우도 있었지만, 부모들은 집단 프로그램 참여를 통해 자녀의 행동을 좀 더 이해하게 되었다고 한다(참여자들의 스트레스는 대부분 사회·경제적 상황과 관련되는 것으로 나타났다). 아이들의 행동 문제는 통계적으로 유의미한 감소를 보이지는 않았다. 그러나 부모와 자녀가 놀이회기 내 조율과정에서 의미 있는 변화가 나타났다. 비디오 자료를 통해 살펴본 부모와 자녀의 행동은 집단 부모놀이치료 실시 이전과 이후에 상당한 변화를 입증할 만한 결과를 보였다. 비디오에서 보인 결과를 직설적으로 표현하자면, 모든 부모의 양육 기술이 향상되었으며, 자녀들의 문제 행동이 감소하였다.

또한 새로운 이주민인 몽족 가족들 중에는 프로그램 참여를 중단하기도 하였는데, 남아서 프로그램에 참여했던 몽족 가족들은 좀 더 성공적으로 이주 환경에 적응하는 것으로 평가됐다. 놀이회기를 통해 지역사회에서 문화적으로 이국적인 면을 드러낼 수 있었으며, 종종 그들의 문화가 가치 있게 인식되는 기회가 되었다. 그러므로 이 프로그램을 '몽족 가족 부모'를 대상으로 특별히 발전시킨다면, 몽족 심리학자와 몽족 담당 사회복지사들에게 좀 더 몽족 부모들의 요구를 수용할 수 있도록 도울 것이다.

연락처

Jason L. Walker, Ph.D., LP
Psychological Services
Children's Hospitals and Clinics of Minnesota-St. Paul
(001) 651 220 6726
Jason.Walker@childrensmn.org

결론

이 장에서는 집단 부모놀이를 다양한 참여자들에게 적용할 때, 본질적인 형태와 구조를 지키면서 실시할 수 있는 방법에 대한 개관을 제시하고자 했다. 만약 리더들이 20주 프로그램을 실시할 수 없는 상황일 때 유용하게 참고할 만한 지침이 될 것이며, 이 책의 부록에서 좀 더 구체적인 내용을 안내할 예정이다. 이를 통해 다양한 어려움을 겪는 가족들을 돕는 데 있어서, 집단 부모놀이치료의 적절한 적용 형태를 제안할 수 있도록 도움을 줄 것이다.

이 책을 마무리하면서, 우리는 부모놀이치료의 가장 완성된 형태를 보여 주기 위한 20주 프로그램을 제안했으며, 리더들이 이런 형태로 진행할 때 매우 만족스러운 결과를 경험할 것이다. 또한 가족들에게 긍정적인 잠재 가능성과 미래에 대한 희망적인 삶을 함께 꿈꿀 수 있도록 도움이 될 것이다. 우리는 이미 유사한 부모놀이치료 방법을 사용하고 있는 치료자들과 이제 막 그것을 배워 적용하고자 하는 치료자들 모두가 이 책을 통해 집단 부모놀이치료의 치료적 목적을 충분히 극대화할 수 있기를 희망한다.

부록 1

리더들을 위해 추천할 만한 정보

일반적인 접근

노스텍사스대학교의 Center for Play Therapy(CPT), http://cpt.unt.edu

Family Enhancement and Play Therapy Center(FEPTC), www.play-therapy.com

IDEALS of Kentucky, www.skillswork.org

National Institute of Relationship Enhancement(NIRE), www.nire.org

부모놀이치료 프로그램 추천 정보

1회 모임: 비디오 자료

구입 가능한 비디오 자료를 원하거나, 리더와 함께 실습회기나 비디오를 통한 시연회기를 갖기 어려운 상황이라면, 우리는 다음의 방법을 추천한다.

에릭 해치(Eric Hatch, 1989) 박사의 부모놀이치료: '아동중심 놀이치료'의 놀이회기에 관한 훌륭한 시연 장면이 담겨 있다. 구체적으로 부모를 위한 놀이시연 회기도 소개하고 있다. 이것은 '국립 인간관계 향상 연구소(National Institute of Relationship Enhancement: NIRE, www.NIRE/bookstore)'에서 이용 가능하다.

밴플릿(Risë VanFleet) 박사의 부모놀이치료: 추가적으로, 부모를 위한 부모놀이치료 놀이시연 회기를 보여 준다. 미국상담학회(American Psychological Association: APA, www.apa.org/pubs/index.aspx)에서 이용 가능하다.

일반화 단계의 추천 정보

아동중심 놀이치료 기술을 일상생활로 전이시키는 일반화 단계에 도움이 되는 정보: 거니(Guerney L., 2013)가 제안한, '임상가와 집단 리더들을 위한 부모 역할 매뉴얼: 기술 훈련 프로그램(Clinician's and group leader's manual for parenting: A skills training program)'을 추천한다(이는 NIRE/IDEALS, 12500 Blake Road, Silver Spring, MD 20904−2056에서 이용 가능하다).

집단 부모놀이치료 프로그램의 사전 및 사후 평가도구

- 부모-자녀 문제 체크리스트(Filial Problem List: FPL; Horner, 1974)
- 성인-아동 관계 공감 척도(Measurement of Empathy in Adult-Child Interactions: MEACI; Stover et al., 1971) (연구자용)
- 포터 부모 수용 척도(Porter Parental Acceptance Scale: PPAS; Porter, 1954)
- 부모 양육 스트레스 척도(Parenting Stress Index: PSI; Abidin, 1997)

부모놀이치료에 대한 연수와 자격증 과정

국립 인간관계 향상 연구소 National Institute of Relationship Enhancement(NIRE).
가족관계 증진 및 놀이치료 센터 Family Enhancement and Play Therapy Center(FEPTC).

부록 2

기관에서 '집단 부모놀이치료 프로그램' 처음 실시하기[1]

기관에서 집단 부모놀이치료 프로그램을 처음 실시하게 될 때, 부모놀이치료자가 성공적으로 진행하기 위한 방법을 안내하고자 한다.

집단 부모놀이치료 리더들이 기관의 직원이 아닌 경우

집단 부모놀이치료 리더들이 기관에 소속된 직원이 아니라면, 기관으로 프로그램을 가져와서 실시하는 경우이기 때문에 다음을 고려해야 한다. 처음으로 집단 부모놀이치료 프로그램을 실시할 때, 기관에서는 프로그램 내용뿐 아니라 프로그램 실시를 위해 무엇을 제공해야 할지 익숙하지 않다는 점을 기억해야 한다. 기관 직원이 집단 부모놀이치료 리더에게 프로그램을 소개해 달라고 요청하는 이 단계는 최대한 신속하게 처리할 필요가 있다.

대부분의 기관은 프로그램을 실시하는 데 있어서, 시기를 가장 중요시한다. 여기에 소개된 체계화시킨 단계들은 많은 기관에서의 경험을 바탕으로 기관에서 프로그램을 실시하도록 추천할 때 도움이 된다. 하지만 상황에 따라 달라질 수 있다. 리더들은 전체적인 프로그램을 몇 번 운영해 본 이후에야 무언가를 응집시킬 수 있으려면 충분한 시간이 필요하다는 점을 알게 될 것이다. 이 장에서는 기관에서 이미 진행되고 있는 프로그램들이 충분해서 새로운 치료 프로그램을 제안하기 어렵거나 원치 않는 경우에, 새롭게 기관에서 집단 부모놀이치료 프로그램을 실시할 수 있도록 안내하기 위한 목적으로 만들어졌다.

---

1) 루이스 거니(2013)의 『임상가와 집단 리더를 위한 부모 양육 매뉴얼: 훈련프로그램 5판(Clinician's and group leader's manual for parenting: A skills training program, 5th ed)』에서 출판사의 허락을 받고 발췌하였다.

1단계: 모임 전, 약 4~6개월

기관에서 가장 처음으로 진행할 내용

리더들이 기관에서 집단 부모놀이치료 프로그램을 진행하기 위해서는 먼저 기관장의 승인이 필요하다. 기관에 따라 이러한 승인은 다음에서 제시된 몇 가지 단계를 통해 해결될 수 있다. 일단 소속 단체의 승인이 주어졌다면, 그다음은 리더가 프로그램 담당자에게 연락해야 한다. 담당자에게 프로그램의 목표, 방법, 혜택에 대해서 설명한다. 만약 이와 같은 과정을 진행하기 위해 연락을 취하는 시기를 놓쳤다면, 리더는 부모놀이치료가 기관의 업무에 있어서 얼마나 도움이 될 수 있을지에 대한 사례들을 알고 있는 것이 중요하다. 예를 들면, 리더는 이 프로그램이 비용적인 측면에서 효율적이라는 점을 강조할 필요가 있다. 왜냐하면 단순히 자녀의 문제 증상을 제거하거나 부모의 양육 방식을 조정해 주는 것을 넘어서서, 가족 전체를 대상으로 삶의 질을 높이기 위한 개입이기 때문이다. 이를 통해 가족들은 추후 잠재된 문제들까지도 예방할 수 있다는 것이다. 기관에서는 집단 부모놀이치료에서 이루어지는 치료적 개입으로 인해, 직원들의 일반적인 사례관리 업무를 감소시키는 경향이 있다는 점도 피력할 필요가 있다.

또한 리더들은 담당자와 함께 다른 직원들이 열정적으로 이 프로그램에 협조할 수 있도록 안내하는 방법을 고려해야 한다. 프로그램이 성공적으로 진행되기 위해서는 기관이 서로 통합된 연결망이 있거나 기관 차원의 노력이 있어야 한다는 점이 필수적이다.

프로그램 참여자들이 기관 직원에 의해서 관찰되지 않아야 하는 이유

직원이 리더와 연락하여 프로그램에 대한 구체적인 정보를 적극적으로 교류하는 것은 분명 중요하다. 그러나 프로그램은 치료적 의도를 가지고 진행되기 때문에, 직원들이 '함께 앉아' 프로그램을 지켜보게 하는 것은 참여자들에게 스트레스가 될 수도 있다. 여기에는 몇 가지 신뢰에 대한 문제가 생긴다. 만약 다른 직원들이 몇 번의 회기에 함께 참여한다면, 신뢰관계가 약화될지도 모른다. 이러한 상황에 놓이게 된다면, 부모들은 그들에게 '확인받고 있다'고 느낄지도 모른다. 따라서 리더들은 이러한 방법 대신에 기관 직원들에게 이메일이나 비디오 장면이 포함된 프레젠테이션을 통해 프로그램에 대한 이해를 돕는 것이 바람직하다. 집단 부모놀이치료 프로그램에는 포함되어 있지 않지만, 참여자들의 접수면접과 평가 내용을 어떻게 보고해야 하는지에 대해서는 부록 3에서 좀 더 자세히 다룰 것이다. 어떤 참여 가족들은 주요 보직에 있거나, 담당자가 제공하는 서비스 전반에 대한 책임 있는 임무가 부여되기도 한다. 이런 가족들은 직원에게 '도움이 되는 사람들'로서 역할을 가지고 있다.

집단 리더들이 그들에게 받게 될 중요한 정보는 관리자를 포함하는 직원들과 가족들에 대한 좀 더 명확한 요구사항을 이해하는 데 도움이 된다.

마지막으로, 리더들은 기관 직원들이 문서나 책자를 만들어 외부로부터의 지원을 받을 수 있도록 충분한 시간을 보장해 주어야 한다. 또한 이러한 도움이 필요할 때는 그만큼의 시간이 소요됨을 예상해야 한다.

2단계: 시작 전 약 3~4개월

직원 협력과 프로그램 참여

우리는 직원들이 리더들에게 충분한 지원을 하도록 돕고, 직원들의 일 또한 최소화할 수 있는 방법을 제안하고자 한다. 예를 들면, 리더는 직원에게 프로그램의 초안을 써서 전달한다. 그러고 나서 모임에서 직원들에게 프로그램 정보를 소개한다. 이러한 노력은 협력적 관계를 증진시킬 뿐 아니라, 리더들에게는 프로그램의 긍정적인 측면을 알릴 수 있는 기회이다. 또한 진행 과정에서 생기는 거부적인 시각과 오해를 예방할 수 있는 기회이기도 하다. 게다가 집단 부모놀이치료 프로그램을 위해 실시되는 전문가와의 접수면접과 평가, 그리고 집단 부모놀이치료에서 선택 가능한 사항들은 직원들이 가족들을 이해하는 효과적인 수단이 된다. 그러나 집단 부모놀이치료 리더들은 프로그램이 완수되도록 완벽할 만큼의 전문가적인 기초 자료를 만들어서, 기관에서 최종 결정을 내릴 수 있도록 최대한 유의해야 한다.

제2장에서는 이러한 문제들에 대해 구체적인 사항들을 설명할 수 있도록 접수면접과 집단 구성에 대해 다루고 있다. 여기에서는 사전에 이런 내용을 숙지한 뒤에 나눌 점들에 대해 소개하였다. 기관에서 접수면접을 실시한 이후에, 리더들은 집단 부모놀이치료 프로그램에 대한 전문적인 기초 자료를 만들어 기관에서 정해진 시간 내에 가장 합리적인 형태의 진행을 구성하게 된다. 그러고 나서 세부적으로 고려할 업무에 대해 여기서 소개하고자 한다.

기관에서 하나의 작은 집단에 참여할 수 있는 인원보다 많은 수의 부모들이 있을 때, 집단 부모놀이치료 리더의 책임자 또는 전문가는 누가 첫 모임에 포함되는 것이 좋을지 우선적으로 고려할 필요가 있다. 물론 각 기관들은 첫 집단에서 자신들의 우선순위와 상황을 고려해 주기를 원할 것이다. 그러나 지난 경험에 비추었을 때 초기에 실시하는 집단 부모놀이치료 프로그램은 너무 심각한 의뢰 문제를 가진 구성원이 참가하는 것을 피하는 것이 현명하다. 이러한 전략은 새로운 프로그램을 실행하는 것을 수월하게 하기 위한 것이다. 3세에서 11세의 자녀를 둔 부모들이 정기적인 모임 형태의 프로그램에 참가하는 것은 부모역할 수행과정을 지지받기 위해서일지도 모른다. 새로운 집단을 운영하게 될 리더들은 임상적으로 문제가 심각한 가족 사례를 하기 전에 비교적 수월한 문제를 가진 가족을 대상으로 먼저 프로그램을 실시하게 된다면, 프로그램이 갖는 실용적인 측면을 전달하기에 용이한 기회가 될 것이다.

당신이 실시할 '프로그램의 이름짓기'

실시할 프로그램에 친근한 이름을 부여하는 것은 부모들의 관심을 촉진시키는 데 도움이 될 것이다. 전문가들에게 '부모놀이치료'와 '집단 부모놀이치료'로 알려져 있을지라도 (부모용 안내 리플릿에 이러한 용어를 포함하고 있다.) 우리 경험에서 비추어 볼 때, 이러한 프로그램의 이름으로 부모들에게 소개하기에는 너무 딱딱하다. 부모들이 자신의 자녀에게 '치료'를 한다고 떠올리면, 때때로 과도한 걱정을 유발시킬 수도 있다. 예를 들어, 이 책의 저자는 집단 부모놀이치료 프로그램을 '씩씩해지는 놀이 활동 프로그램'으로 안내지에 소개했다. 이것은 프로그램에 대해 긍정적이고 조금 덜 딱딱한 느낌을 준 듯했다(이 리플릿의 예시는 부록 4 참고). 이 안내지는 집단 부모놀이치료 초기 접수면접 단계에서 부모들에게 제공하기에 적당할 것이다.

시간, 날짜, 그리고 장소

리더들은 자신과 참여자 그리고 기관이 모두 가능한 시간을 고려하여 결정할 필요가 있다. 또한 리더들은 기관 및 지역사회의 공식적인 행사(예: 수요일 저녁 예배) 등을 고려하여 프로그램의 날짜와 시간을 선택하고, 만날 장소를 정한다.

집단 부모놀이치료 모임을 위한 장소

이상적으로 장소는 프로그램 담당자들의 협조가 가능하거나 부모들이 이용하기에 편리한 장소여야 한다. 하나의 큰 방과 이동식 의자들이 있다면, 많은 수의 참여자들을 작은 소집단으로 나누어 운영할 수 있다. 놀이치료 시연이나 부모-자녀 놀이회기를 진행했던 또 다른 작은 방은 비디오가 연결되어 있거나 스크린을 갖추고 있어야 한다. 바로 옆에 있는 방이나 주방에 다과를 준비해 놓을 공간이 있으면 매우 좋다. 또한 회기가 진행되는 동안 부모와 함께 동반한 아이들에게 편의시설이 필요하다. 이 시설은 부모의 슈퍼비전을 위한 공간과 분리되어 있어야 한다. 이러한 공간적인 배치가 이상적인 형태이다. 만약 이렇게 할 수 없다면, 리더들은 보통 30분 간격으로 집단 모임방에 차나 커피를 가져와서 그곳에서 휴식을 취하도록 할 수 있다. 많은 리더는 집단 부모놀이치료 참여자의 모든 요구를 해결하기 위해 필수적인 공간을 만들어 낼 다양한 창의적인 방법을 개발해 왔다.

3단계: 시작 전 약 2개월

참여 희망자와 접수면접하기

기관에서 실시한 접수면접 과정을 통해 참여 희망자가 결정된 뒤, 집단 리더들은 가족들을 만나 좀 더 전문적인 접수면접을 시작한다.

4단계: 첫 만남 전 약 1개월

프로그램 실시를 위해 '참가 여부' 확정하기

각 참여자 가족들에게 참가 여부를 확정하도록 요청한다. 이러한 요청은 이메일이나 문자, 전화로 회신받도록 한다. 부록 7에는 리더들이 안내문으로 활용할 수 있는 '참가 여부'에 관한 샘플 문서가 소개되어 있다. 가족들 중에 '참가 신청서' 서류를 기관 담당자(예: 사례관리자)에게 전달했다면, 이것을 복사해 둘 필요가 있다.

5단계: 프로그램 시작 전 1주일

최종 연락을 취하라!

전화와 이메일을 통해 초대장을 보내어 확실히 할 필요가 있다. 우리의 경험상, 기관이나 단체에 소속된 직원이 최종 연락을 취했을 때 가장 효과적이었다. 이를 위해 리더들은 참여자들의 이름, 핸드폰 번호, 그리고 이메일 주소가 적힌 목록을 담당자들에게 제공할 필요가 있다.

6단계: 프로그램 실시, 첫 번째와 두 번째 주 사이

집단 부모놀이치료 첫 모임의 불참석자

종종 참여하기로 했던 부모들 중 몇몇은 첫 모임에 오지 않는 경우가 있다. 두 번째 모임 전에, 리더들은 불참석자들에게 전화나 메일을 보낼 필요가 있다. 이때 그들에게 시작하기에 늦은 게 아니라는 점을 전달하여 안심시켜야 한다. 만약 그들 중 몇몇의 부모들이 참여하기로 다시 마음을 바꾼다면 리더들은 불참석하려 했던 이유를 알아내야 한다. 이유를 알아낸다면 리더들은 집단 모임에 참여하지 않았던 다른 부모들이나 늦게 참여하는 부모들을 더 합류시킬 수 있을 것이다. 뿐만 아니라 원래 참여해 오던 구성원들이 계속해서 참여한다는 보장이 없다면 더욱 도움이 될 것이다.

부록 3

집단 부모놀이치료 리더가 아닌, 직원과 사례관리자가 접수면접을 실시하는 방법

다음 정보는 집단 부모놀이치료 과정에서 부모놀이치료자에 의한 전문적인 접수면접이 어려운 경우, 기관을 통해 가족들의 접수면접이 이루어지도록 채택할 수 있는 방법이다.

도입

집단 부모놀이치료라는 용어로 알려진 X 프로그램(가장 대중적인 프로그램 이름으로 작성)은 비지시적인 아동중심 놀이치료와 가족치료 이론을 기초로, 가족을 한 체계로 보고 변화를 이끌어 내는 통합적인 모델이다. 이런 기본적인 전제는 부모나 보호자들이 자녀들과 함께 아동중심 놀이치료 기술을 배울 수 있고, 부모들에게 효과적인 치료적 중재 경험을 제공해 줄 수 있다. 가족을 기본 단위로 하는 개입은, 만약 가족원들의 동의와 의지만 있다면 모든 가족원에게 변화를 야기할 만큼 효과적이다.

X 프로그램은 검증된 프로그램인가, 아니면 입증되지 않은 새로운 아이디어인가

집단 부모놀이치료는 확실히 검증되었다. 부모놀이치료라 불리는 이 방법에 대해 미국에서는 지난 40년이 넘는 기간 동안 적용과 연구를 진행해 왔다. 이 접근법이 어떻게 발전해 왔는지 다양한 형태를 소개하면 다음과 같다. 미국에서 10~12주 기간 동안 시행된 단기 집단 프로그램과 20주 이상 진행되었던 장기 집단 프로그램 모델들을 대상으로 조사했다. 가족들을 도운 또 다른 방법으로는 개별 부모놀이치료를 진행한 것이다. 이러한 프로그램들은 10~20주 훈련기간과 슈퍼비전이 진행되었고, 임상적인 문제를 해결하는 데 적당한 기간이었다. 이처럼 부모놀이치료는 세계적으로 점차 널리 사용되고 있다.

부모와 교사들에 의한 보고에 따르면, 부모놀이치료가 다양한 범위의 부모-자녀관계의 어려움이나 가족 문제를 해결하는 데 효과적이라고 한다. 예를 들어, 주의집중에 어려움이 있거나 행동 문제를 겪는 아이들, 심리적 외상을 경험한 아이들, 그리고 우울증이나 불안이 있는 아이들에게 부모놀이치료가 도움이 되고 있다. 또한 다양한 원인(부모에게 학대를 받고 성장한 후 입양을 경험하거나 이혼이나 이별경험과 같은 것) 때문에 부모-자녀관계에 어려움을 겪고 있는 경우에도 도움이 되고 있다.

X 프로그램에 포함되는 대상은

아동, 부모 등___(프로그램에 포함되는 기준을 이곳에 작성하라.)

3세에서 11세 사이의 모든 아이들, 그리고 그들의 부모 또는 양육자들이 여기에 포함된다. 집단 부모놀이치료는 가족 단위로 이루어지는 프로그램이기 때문에, 이곳에 제시된 기준 나이보다 어린 자녀(3세 미만)와 나이가 많은 자녀(11세 이후)를 둔 부모들은 자녀와 특별한 놀이나 활동시간을 보내는 방법에 대해 추후 부모교육에서 도움받을 수 있다. 또한 여기에서는 부모에게 의뢰된 자녀뿐만 아니라 3세부터 11세 연령의 자녀들과 특별한 놀이시간을 갖도록 도움을 받을 수 있다. 만약 부모가 모두 참여하는 것이 어렵다면, 프로그램에 계속 참여할 한쪽 부모에게 적극적인 지지자가 될 수 있도록 훈련 프로그램을 소개하고 안내한다. 또한 이러한 모임에 적극적으로 참여할 수 없는 부모들도 격려한다.

이 프로그램의 기간은

전체 프로그램은 20주 정도 진행된다(이곳에 휴식시간을 포함하여 프로그램 모임 날짜를 작성하라). 부모들에게 매주 참여하도록 동기를 부여해야 한다. 그리고 부모 모임 동안 자녀들은 놀이회기에 참여할 수 있도록 데려오도록 한다. 만약 집단 참여자들이 더 진행하길 희망하여 집단 전체가 그렇게 하기로 결정한다면, 여기에 몇 가지 선택지가 있다(이곳에 추가 모임 계획 안내문을 작성하라).

프로그램은 언제, 어디에서 실시되는가

모임은 2시간 30분 동안 진행되며, 한 주 단위로 다음의 사항을 기록하라.

매주 (요일), (장소), (시간) 이렇게 진행된다.

X 프로그램은 어떤 내용으로 진행되는가

이 프로그램은 가족의 역동성을 고려하여 적절한 개입이 이루어지도록 구성되어 있다. 특히 부모들은 자녀와 특별한 놀이시간을 잘 보낼 수 있도록 훈련할 수 있다. 이 프로그램은 아이들과의 놀이를 통해서 자녀의 감정을 가장 효과적이고 빠르게 전달할 수 있다고 전제한다. 그리고 놀이가 자녀와 부모 모두에게 자율권을 가지고 즐길 수 있는 방법이라고 생각한다. X 프로그램은 부모들에게 아동중심 놀이치료 접근의 기본적인 기술을 가르치고, 부모-자녀 관계의 놀이회기를 전문가로부터 슈퍼비전 받아 수행할 수 있도록 도움받게 된다. 또한 간접적인 슈퍼비전 방법을 통해 부모가 집에서도 독립적으로 진행할 수 있도록 도움받게 된다. 그렇다고 이 과정이 부모들을 전문 치료자가 되도록 지원하는 과정을 의미하는 것은 아니다! 부모는 자녀에게만 이 놀이회기를 실행할 수 있다.

전체 집단은 네 가지 기술 영역에 집중하며 특별한 놀이회기를 실시하는 법을 함께 배운다. 집단의 리더들은 프로그램에서 아이와 함께 네 가지 놀이기술을 시연한다. 예를 들면, 그들은 집단 논의를 진행하고 부모들이 연습할 수 있는 기회를 가진다. 첫 번째 훈련이 마무리되면, 부모들은 집단 리더들의 슈퍼비전 아래에 자녀와 함께 놀이회기를 연습해 본다. 그리고 나머지 집단 구성원들은 이를 관찰한다. 부모의 놀이기술이 향상됐다면, 그 후 그들은 자신의 집에서 놀이회기를 시도한다. 이후 집단이 다시 만나, 부모들은 놀이기술을 강화시키도록 좀 더 도움을 받는다. 그리고 자녀들의 놀이 내용과 자녀가 보였던 반응들에 대한 근본적인 의미를 이해하도록 도움받는다. 프로그램의 마지막 단계는 부모들이 일상생활에 아동중심 접근 기술이 익숙해지도록 돕는 것이다.

이러한 훈련기간이 기술을 익히는 기본적인 접근법이라는 것을 알아야 한다. 이것은 단계적으로 진행된다. 부모들이 집이나 일상에서 이 특별한 놀이기술을 사용하기 전에 슈퍼비전을 통한 도움을 받게 된다.

성인들이 새로운 기술을 배울 때 갖는 몇 가지 문제는 무엇인가 X 프로그램에서 이러한 문제들이 어떻게 다뤄지나

성인들이 새로운 상황에서 느끼는 불안은 대개 프로그램 리더들이 매우 지지적일 때 빠르게 사라진다. 리더들은 성인들에게 강점을 언급하면 최선을 다해 배운다는 점을 가정하기 때문에, 이를 위해서 그들이 이미 가지고 있는 기술이 기반이 될 수 있도록 강점을 찾아 끌어 내야 한다. 집단 리더들은 성인들이 즐겁게 배울 수 있는 방법을 활용해야 한다. 그리고 집단 참여자들이 서로를 지지하고 격려할 수 있도록 도와야 한다. 집단 리더들은 부모가 자녀에게 중요한 사람이며, 이미 자녀들에 대해 많은 이해를 가지고 있는 사람이라는 점을 지지한다. 더불어 리더들은 참여 부모들이 자신의 자녀에게 도움을 주는 최고의 방법을 스스로 찾을 수 있고, 그 방법으로도 아이들에게 충분히 협력적인 도움을 주고 있다는 점을 알게 한다.

참여자들은 프로그램을 어떻게 선택하는가

접수면접 과정에서 전문가나 사례 의뢰자에 의해 부모놀이치료가 가족에게 도움이 되는 방법 중 하나라고 판단했을 때, 그들은 부모에게 프로그램에 관한 일반적인 정보가 담긴 리플릿을 제공한다(부록 4 참고). 만약 부모들이 X 프로그램에 관심을 표현하면, 사례 의뢰자는 가족들이 프로그램 참여를 준비하도록 부모놀이치료자와 접수면접 약속을 잡는다. 부모놀이치료자는 접수면접에서 더 많은 것을 가족들에게 설명하기 위해 연락을 취할 것이다. 접수면접을 진행하는 전문가는 가족들이 부모놀이치료자와 가족이 함께 놀이하러 오는 시간을 정하게 된다. 그러고 나서 성인들은 치료자와 X 프로그램이 무엇인지, 거기서 어떤 일이 진행되는지에 대해 이야기를 나눈다.

부록 4

○○ 프로그램에 관심 있는 부모를 위한 일반적인 리플릿

________ 프로그램은
당신과 자녀에게 도움이 되는
선택인가?

당신은 3~11세의 자녀가 있나요?

당신은 자녀에게 자주 소리 지르거나 화내는 모습인가요?

당신은 자녀가 생각하고 느끼는 것에 정서적 지지를 해 주기 어렵다고 느끼시나요?

당신은 부모로서 자녀에 대한 책임감이 큰 편인가요?
아니면 그 반대인가요?

당신은 부모로서 양육방법과 자녀와의 관계 증진을 위해 기꺼이 배우고 싶은가요?

우리는 알아야
합니다!

부모 역할은 도전할
과제라는 것을!

우리는 또한 알아야
합니다!

당신은 자녀의 인생에서
가장 중요한 사람입니다.

우리는 당신을 돕길 원합니다.

(업체 이름을 기입하시오.)

전화번호:

가족에게 힘을 북돋우는 놀이
(○○ 프로그램 명)

12세 이하 자녀를 둔
부모들을 위한 정보

________ 프로그램은 부모와 자녀를 대상으로 합니다.

이 프로그램의 목적은 효과가 검증된 대화 기술과 양육 방법을 통해, 부모 역할이 효과적으로 이루어지도록 돕는 것입니다. 부모는 이곳에서 특별한 놀이기술을 배우고, 새로운 대화법 및 양육기술을 익힌 후에, 집에서 적용할 수 있는 실제적인 방법을 배울 수 있습니다.

놀이는 부모와 자녀에게 '충분히 맛보는 즐거움'을 제공합니다. 놀이는 부모-자녀관계를 좀 더 긍정적이고 친밀하게 만드는 매우 유용한 방법입니다.

이것은 가족 프로그램입니다. 가족 중 3~11세 모든 자녀가 참여할 수 있습니다. 그리고 가능하다면, 함께 생활하는 부모 두 분이 모두 참여하기를 권합니다.

________ 프로그램은 무엇인가?

________ 프로그램(부모놀이치료)은 매주 1회씩 진행되는 집단 프로그램입니다(○○회 프로그램인지, 진행 횟수 기입).

________ 프로그램은 놀이치료자가 아동에게 전문적으로 사용하는 기술을 부모들도 배울 수 있도록 돕습니다.

________ 프로그램의 집단 리더들은 부모님이 자녀를 효과적으로 돕도록 안내합니다.

당신이 자녀에게 놀이치료 기술을 사용하기 전에, 집단 모임에서 구체적인 방법에 대한 도움을 받게 됩니다.

당신이 배우게 될 기술은 다음과 같습니다.

- 제한 설정 방법
- 자녀가 부모를 경청하기
- 부모가 자녀를 경청하기
- 부모로서 책임감과 조절력 증진시키기

________ 프로그램을 마치고 나서, 다음과 같은 실질적인 변화를 경험할 것입니다.

- 자녀와의 관계
- 자녀의 행동
- 부모로서 역할 자신감과 능숙함

프로그램은 언제 하는가?

(요일, 총 횟수 그리고 프로그램 진행시간에 대해 기입)

참석한 가족의 모든 자녀가 현장에서 돌봄 지원이 가능합니다.

모임은 어디에서 열리나?

(모임 장소 정보를 여기에 기입하라.)

집단은 무엇을 하는가?

당신은 효과적인 부모 역할을 위한 새로운 기술을 다른 부모들과 만나 함께 배웁니다. 처음엔, 리더들이 프로그램 기술을 함께 연습할 수 있도록 도와줍니다. 그런 다음에, 부모들이 자녀들과 함께 특별한 놀이시간을 가지도록 도와줍니다. 이후에 부모들은 집에서 자녀들에게 적용할 수 있을 것입니다.

집단의 리더들은 누구인가?

(리더들의 이름을 기입하라.)

집단 리더는 부모놀이치료 분야에 전문적인 놀이치료자의 자격을 갖추고 있습니다. 그들은 참여 가족 모두가 편안하고 즐겁게 집단 모임을 진행할 수 있도록 계획하고 있습니다.

어떻게 신청하는가?

지역사회(복지)서비스센터에 있는 지원팀을 통해 참가 신청을 할 수 있습니다.

부록 5

집단 부모놀이치료 평가를 준비하는 편지–관심 있는 가족들을 위한 단계

(편지의 앞쪽에 기관명을 기입하시오.)

(날짜를 기입하시오.)

~에게 (부모의 이름을 기입하시오.)

X 프로그램에 관심을 주셔서 대단히 감사합니다. 이미 프로그램에 대한 리플릿을 받으셨을 것입니다. 그리고 최근 전화로 다음 약속도 정했는데요. 이렇게 편지를 쓰는 이유는 귀하의 가족이 프로그램에 참여함으로써 적절한 도움을 받을 수 있는지 그 적합성을 평가하기 위해서입니다(날짜, 시간, 모임 장소를 이곳에 기입하시오).

첫 번째 모임에는 가족 구성원들 모두가 함께 참여하는 것이 중요합니다. 이때 가족들을 도와줄 보조 선생님의 참석이 필요하다면 가능한 날짜를 알려 드리겠습니다. 아니면 만나는 날에 자녀들을 돌봐 줄 수 있는 어른과 함께 방문하는 것도 좋습니다. 약속한 날 오시면, 처음 20~30분 정도는 제가 가족들의 놀이나 활동하는 모습을 볼 예정입니다. 그리고 이후에는 가족들의 놀이와 활동에서 일어났던 일들에 대한 논의를 위해, 부모님을 각각 한 분씩 만날 것입니다.

두 번째 모임은 X 프로그램에 대한 전반적 내용을 설명하기 위한 자리이므로, 부모님만 참여하시면 됩니다. 그날 부모님은 프로그램에 대한 더 많은 정보를 받으실 수 있으며, 프로그램 과정에서 생기는 궁금증에 대해서 충분히 함께 이야기를 나눌 수 있습니다. 또한 부모님에게 제공되는 서비스 중에서 추가로 결정할 것이 있는지 여부에 대해서도 전달받으실 것입니다.

부모님께서는 자녀와 함께 참여할 첫 번째 모임에서, 자녀들에게 어떻게 설명할지 고민되시죠? 다음과 같이 간단한 설명을 이해할 수 있는 자녀라면 참고하셔서 이야기해 주세요.

엄마, 아빠는 우리 가족들이 지금보다 더 잘 지냈으면 한단다. 그래서 우리는 ○○(기관이나 장소의 이름)으로부터 몇 가지 도움을 받으려고 해. ○○(지도자의 이름)은 우리 가족이 어떻게 함께 노는지 보고 싶어 하셔. 그래서 방 안에는 네가 하고 싶은 놀이를 할 수 있도록 많은 놀잇감이 준비되어 있고, 우린 그걸 가지고 놀면 돼. 하기 싫다면, 아무것도 하지 않아도 돼. 단지 그곳에서 너희가 그걸 즐겼으면 좋겠어. 엄마, 아빠는 우리가 그들과 함께한다면 무엇이든 다 잘될 것 같단다.

자녀가 더 많은 설명을 듣기를 원한다면 부모님이 다음의 설명을 추가해도 좋습니다.

그곳엔 우리 가족 말고 다른 사람은 아무도 없어. 그러나 ○○(지도자의 이름)은 우리가 하고 있는 모습을 모두 관찰 창(또는 비디오 녹화)을 통해서 보게 될 거야. 왜냐하면 ○○(지도자의 이름)은 우리가 가족으로서 어떻게 함께 노는지 보고 싶어 하거든. 선생님은 우리 가족이 정해진 시간에 함께 즐거운 활동을 하고 나오는 것을 보고 싶은 거란다. 그런 다음에 엄마, 아빠는 ○○(지도자의 이름)과 함께 이야기를 나눌 거야. 그리고 다음 번 모임에서 해야 할 것들에 대해 의논하는 시간을 가질 거야. 부모님과 선생님이 이런 이야기를 나누는 동안 너희는 ○○(돌봐 주는 사람의 이름)과 함께 우리를 잠깐 기다릴 거란다.

X 프로그램에 대한 관심에 다시 한 번 감사드립니다. 기관의 담당자와 참석 여부 및 시간에 대해 확인 부탁드립니다(담당자의 이름과 연락을 위한 세부사항을 기입하시오). 그리고 만약 이후에 있을 두 번의 모임에 대해 궁금한 사항이 있으시면 개인적으로 저에게 전화나 이메일로 연락 주세요.

진심을 담아,

____________________ (부모놀이치료자의 이름과 연락을 위한 세부사항)

부록 6

가족놀이관찰의 이론적 배경과 리더를 위한 제안

가족놀이관찰에 근거가 되는 이론적 배경에 대한 설명과 리더들이 참고할 몇 개의 제안문을 다음에 소개한다. 첫 번째 이론적 배경은 가족치료이며, 두 번째는 아동상담 접근을 근거로 한다.

가족치료 관점

- 부모 역할 유형과 부모연합의 강점
- 가족구조와 미해결된 가족의 역기능적 문제
- 가족 내 부모의 애착방식(Stollack, Barley, & Kalogiros, 2000)

추가적인 가족놀이 역동

조율경험으로의 놀이(Attuned play): 놀이 참여자들은 서로 관심사를 같이하며 참여하는가? 정서적인 상태는 비슷한가? 신체적인 리듬을 같이하며, 서로가 신체적으로 충분히 친밀한가?

표현의 가속성(Expressive momentum): 놀이 활동은 새로운 생각이나 창의적인 움직임을 동반하며 점차 정교해지고 있는가? 그리고 표현력이 증진되도록 공유하는가? 그들의 놀이는 즐겁고 유동적인 활동인가?

놀이 흐름과 중단(Flow/break): 어떻게, 누구에 의해, 그리고 언제 진행이 끝나는가? 한 명의 참여자가 놀이 방식이나 감정적인 상태 등을 빠르게 변화시키고 있는가?

형식과 에너지 분배(Form & energy balance): 경계와 집중이 확실하게 정해졌는가? 규칙, 계획, 재지시, 언어화가 이런 과정을 돕는가, 아니면 숨겨지게 하는가?

놀이의 은유와 상상(Play metaphors and imagery): 언어적 표현과 상상놀이에서 반복해서 나타내는 것은 무엇인가? 여기에 강한 감정적인 주제들이 들어 있는가? 이러한 주제들이 활발하게 이야기되거나 해결되는가?

부모–자녀 역할(Parent–child roles): 부모는 주된 조력자이면서, 자녀의 놀이 상대자인가(주된 역할)? 부모는 자녀를 이끄는 편인가? 부모가 내용을 소개할 때, 부모는 지지자로서의 역할로 쉽게 바뀔 수 있나(Harvey, 2000)?

부모–자녀관계 상호작용의 종류(Kinds of interactions): (조율이 적절하거나 그렇지 않거나)

해당 자녀와 형제들 사이의 상호작용(Interactions between target child and siblings): (만약 한 명 이상의 형제가 있다면 해당 자녀와 각각 한 명씩의 형제 간 관계를 보시오!)

모든 참여자와의 상호작용 수준(Level of interaction among all participants): 현재 모든 가족 간의 상호작용 정도는 어떠한지, 가족 간 부분 연합을 맺어 그 사이의 관계적 소통은 없는지, 다른 부모 또는 자녀가 들어 왔는데도 특정한 유형의 상호작용만이 지속되는 경향인지 등을 확인해 보시오.

통제 소재(Locus of control): 형제 집단에서 아이들 사이의 권력

부모가 자녀를 통제하기 위해 사용하는 방법들(Rye & Jaeger, 2007; Guerney L., 날짜가 적혀 있지 않은 유인물): 스미스(Smith, 2000)가 개발한 부모–자녀 관찰용 9점 척도 체크리스트는 일반적으로 리더들에게 관심 있게 활용된다. 그러나 가족놀이관찰 동안에 이 체크리스트를 사용할 때 주의깊은 관찰이 필요하다.

부모의 애정: 놀이 상황에서 '애정이 없다'에서 '충분히 애정적이며 즐겁다'까지의 부분

부모의 방해: '지속적인 간섭'에서부터 '지시적이지 않음'까지의 부분

부모의 칭찬: '칭찬하지 않고, 부정적인 평가'에서부터 '충분한 노력과 일의 성과에 대한 칭찬'까지의 부분

부모의 관심: '아이를 무시하는 것'에서부터 '부정적인 입장을 배제한 긍정적인 관심'까지의 부분

자녀발달에 대한 민감성: '대부분의 상호작용이 과도하거나 아이의 발달수준을 고려하지 않은 것'에서부터 '발달단계에 맞는 높은 민감성을 갖는 것'까지의 부분

자녀와의 상호작용에 대한 부모의 민감성: '부모가 응답하지 않거나 아이와 관계 맺지 않는 것'에서부터 '매우 민감하게 반응하는 것'까지의 부분

부모–자녀 간의 몰입도: '높은 수준의 언어적 표현'에서 '비언어적인 의사소통까지 어떠한 상호작용도 없는' 경우의 정도

자녀의 사회적 반응성: '놀잇감과 부모에게서 완전히 철회된'에서부터 '친근하며 사회적으로 이끄는' 자녀의 정도

자녀의 활동 지속성: '1분 이내로 짧게 활동하는 것'에서부터 '대부분의 활동에 지속적인 관심을 가지는 것'까지의 부분

자녀의 활동수준: '매우 활동적인 것'에서부터 '표현적인 움직임이 거의 없는 수준'까지의 범위의 부분

자녀의 공격성: '자주 논쟁적이고, 파괴적이고, 공격적인 것'에서부터 '절대 공격적이지 않는' 범위의 부분

부모의 개입에 대한 자녀의 민감성: '부모의 개입에 반응하지 않는 것'에서부터 '항상 거의 모든 개입에 반응하는 것'까지의 부분

질문에 대한 자녀의 민감성: '부모의 질문에 응답하지 않는 것'에서부터 '모든 질문에 응답하는 것'까지의 부분

아동상담 접근

가족놀이관찰 동안 해당 자녀와 형제들에 대한 다음의 영역들을 파악하도록 한다.

- 애착 유형
- 사회 및 정서 발달
- 인지 및 언어 발달
- 놀이발달
- 신체발달
- 언어 및 비언어적인 정서 표현
- 신경학적인 특성 또는 그 밖의 이상 징후(예: 말하는 것의 어려움, 주의력 문제 등)

(Rye & Jaeger, 2007)

부록 7

프로그램 참가 확인서-부모님에게 보내는 편지

(해당 기관의 이름을 편지 상단에 기입하시오.)

(날짜를 기입하시오.)

친애하는 (부모님의 이름을 기입하시오.)

지난 번 모임에서, 부모님께서는 앞으로 X 프로그램에 참가할 것이라고 이야기해 주셨습니다. 그래서 저희도 해당 프로그램에서 부모님을 만나 뵙기를 고대하고 있습니다. 이 편지를 쓰는 이유는 다시 한 번 프로그램 참가 의사를 확인하기 위해서입니다. 부모님도 알다시피 첫 번째 모임은 (날짜, 시간, 그리고 정확한 장소를 이곳에 기입하시오.)에서 진행되었습니다. 그리고 추후 약속된 모임에 참여하시는 것도 중요합니다. 추후 모임에 오시게 되면, 다른 리더와 함께 다른 부모님들도 만나실 겁니다. 그리고 우리는 프로그램의 진행을 시작할 것입니다.

만약 어떤 이유로 부모님께서 첫 번째 모임에 참석하지 못하신다면, 지금 바로 저희에게 연락해 주시기 바랍니다. 저희는 부모님이 빠진 모임 집단에게 필요한 조치를 하도록 최선의 방안을 찾아볼 예정입니다. 그리고 두 번째 모임에서 부모님이 이전 내용을 보충할 수 있도록 최선을 다할 것입니다(만약 추가적인 보상이나 참가 수료증에 관한 궁금증이 있다면 기입하시오).

부모님께 생길 수 있는 어려움이 있으시다면 언제든지 저희에게 바로 연락 부탁드립니다(이곳에 기입된 리더들에 대한 연락 세부사항을 기입하시오).

진심을 담아,

____

집단 부모놀이치료 리더들 올림

부록 8

첫 모임(1회 모임)에서 편안한 분위기 만들기[1]

1. 일반적으로, 둥글거나 말굽 형(반원)으로 의자를 배치하는 것이 활동하기 좋다. 왜냐하면 모임에 '참가한' 모든 사람에게 동등한 느낌을 줄 수 있기 때문이다. 그러나 시간이 지날수록 리더들은 다른 형태의 집단 배치를 시도해 보는 것도 활동하기에 좋다는 것을 알게 될 것이다.

2. 초반부터 집단 참여자들의 이름을 불러 주는 것이 좋다. 그리고 부모들이 리더에게도 이름을 부르도록 격려한다. 만약 집단 내에 높은 사회적 지위(예: 의사, 변호사, 시의원 등)의 구성원이 있다면 특히 더 고려해야 할 부분이다. 참가하는 모든 사람의 이름을 서로 부르는 이유는 동등한 영향력을 갖기 위한 것이 목적이다. 동등한 영향력을 갖게 되면 부끄러워하는 사람이 활동에 좀 더 편하게 참가하게 되거나, 보다 높은 사회적 지위의 사람들이 실수를 했더라도 편안함을 느낄 수 있도록 하는 데 유리하다.

3. 리더들이 집단 부모놀이치료 프로그램의 교육적 목적을 위해 시청각 자료를 활용하게 된다면, 부모들이 자녀와 대화하는 기술을 향상시키는 방법을 배울 수 있다는 점에서 유리하다. 하지만 이런 과정에서 부모들은 마치 '학교'처럼 너무 많은 것을 보거나 경험하고 싶어 하지는 않는다는 점을 유념할 필요가 있다. 만약 부모들이 첫 번째 모임에서부터 기록하는 것에 너무 많은 시간을 투자한다면, 모임 시간에 대한 부담감을 느낄 것이다. 따라서 제5장에 제안했듯이, 1회 모임이 진행될 장소에 부모들이 참고할 자료를 준비해 두어야 한다.

---

1) 루이스 거니(2013)의 『임상가와 집단 리더를 위한 부모 양육 매뉴얼: 훈련프로그램 5판(Clinician's and group leader's manual for parenting: A skills training program, 5th ed)』에서 출판사의 허락을 받고 발췌하였다.

4. 프로그램의 내용을 전달할 때, 가능한 한 자연스러운 용어를 쓰고, 집단의 모든 참여자에게 적절한 단어를 사용한다면 좀 더 친근하게 느낄 것이다.

5. 모임 참여자들이 언제든 커피나 차, 음료수 등을 마실 수 있도록 준비해 두어야 한다.

6. 참여자들이 모임 장소에 대한 규칙과 배치 안내 정보(예: 화장실, 소화기, 흡연 등)를 기억할 수 있도록 도와야 한다.

7. 1회 모임에서, 리더들은 매번 모임 중간마다 갖는 휴식시간에 자원봉사자들이 간식을 준비하도록 리스트를 만들어 분담하도록 한다. 첫 모임에서는 리더들이 간단한 간식을 제공할 필요가 있다.

부록 9

집단 부모놀이치료 비디오 녹화 동의서 양식

나 __________ (이름을 기입하시오.)은/는 다음 사항에 대해 부모로서 동의하고 책임 있게 수행할 것이다.

나는 전문가들이 녹화테이프에서 본 정보에 대한 비밀유지를 신뢰한다.

나는 녹화테이프와 이 서약서가 사용되지 않을 때는 집단 리더에 의해 비밀문서로 유지된다는 점을 신뢰한다.

그렇다/아니다 (동그라미 하시오.) 나는 접수면접의 목적으로 ________(장소를 기입하시오.)에서 자녀와의 놀이 장면을 녹화하는 데 동의한다.

섹션(Section) 1: 임상적 슈퍼비전을 위한 비디오 촬영

나는 비디오 녹화에 동의하며, 이것이 임상적 슈퍼비전을 위해 사용된다는 것에 동의한다.

그렇다/아니다(동그라미 하시오.) ___(장소를 기입하시오.)에서 ___(리더의 이름을 기입하십시오.)인 집단 리더가 자녀의 놀이 장면을 녹화하도록 한다.

그렇다/아니다(동그라미 하시오.) ___(장소를 기입하시오.)에서 X 프로그램 모임 동안에 실제 놀이회기를 실시한다.

그렇다/아니다(동그라미 하시오.) 비디오 장비가 있다면, 가정 놀이회기를 녹화한다.

섹션2: 연습과 학습을 위한 비디오 녹화

나는 전문과들과 함께 학습과 훈련의 목적으로, 다음의 내용을 협력자들이 사용하는 것에 동의한다.

그렇다/아니다(동그라미 하시오.) ___(장소를 기입하시오.)에서 집단 촉진자인 ___(리더의 이름을 기입하십시오.)에 의해 아이와 놀이하는 모습을 녹화하도록 한다.

그렇다/아니다(동그라미 하시오.) ___(장소를 기입하시오.)에서 X 프로그램 모임 동안에

실제 놀이회기를 녹화한다.

그렇다/아니다(동그라미 하시오.) 비디오 장비가 있다면, 집에서의 놀이회기를 녹화한다.

서명 ______________________ 날짜 ______________________

부록 10

참여하는 아동을 위한 리플릿

아이들을 위한 안내 책자

안녕, 우리 이름은 ________이야!

(리더의 이름과 사진을 넣으시오.)

너는 이곳에서 가족들과 놀기도 하고, 우리 중 한 명을 만나게 된단다.

그리고 우리 중에 한 선생님이 너희 가족이 함께 노는 모습을 보게 된단다.

너희 가족 모두 함께 어떻게 하면 더 즐거운 시간을 보낼 수 있는지 그 방법을 배우기 위해 만나는 거야. 너희 부모님은 다른 부모님들과 함께 좀 더 많은 시간을 보낼 거야. 왜냐하면 부모님이 너희들과 어떻게 특별한 놀이시간을 보낼 수 있는지 배우려고 하시거든.

너도 몇 번 여기에 올 거야. 첫째 날에는 선생님들 중 한 명과 짧은 놀이시간을 가질 거야. 부모님은 너와 선생님이 함께 노는 모습을 보고 계실 거야. 그런 다음에 어떻게 자녀를 대하는 게 좋았는지에 대해 이야기 나눌 거야. 너는 놀이시간에 원하는 것들을 해 볼 수 있단다.

부모님이 특별한 놀이 방법에 대해 공부한 뒤에, 너는 다시 이곳에 와서 함께 시간을 보내게 될 거야. 그때는 부모님이 너와 짧은 놀이시간을 가질 것이고, 이곳 선생님들은 그 모습을 지켜볼 거야. 그런 다음에 부모님은 좀 더 배우실 거야. 시간이 지날수록 부모님과 너의 놀이시간은 점점 늘어날 거야.

만약 형, 오빠, 동생이 있다면, 네가 놀이시간을 가진 것처럼 형제들과도 특별한 놀이시간을 가질 거야.

?

이런 놀이시간에 대해서 궁금한 게 생긴다면 엄마나 아빠에게 물어보면, 모두 이야기해 주실 거야. 부모님께 물어봐도 궁금한 게 생긴다면, 다음 모임에서 선생님들에게 물어봐도 좋단다.

부록 11

부모놀이치료의 개요

부모놀이치료의 목적

부모놀이치료는 오랜 검증을 통해 효과적인 프로그램으로 인식되고 있다. 특히 이 프로그램은 여러 측면에서 아이들에게 유익하다. 자신과 타인의 감정에 대한 이해를 깊게 하며, 내면의 욕구나 감정을 언어로 표현하는 법을 배울 수 있게 된다. 아이들은 놀이시간 동안에 다른 사람과의 갈등이나 곤란한 경험을 표현하고, 그들 스스로 문제를 해결해 나간다. 따라서 아이들에게 보였던 문제들은 대체로 감소하는 경향을 보였다. 이를 통해 아이들의 자신감은 높아지고 부모님에겐 신뢰감을 갖게 된다.

이 프로그램은 부모들에게도 유익하다. 부모는 자녀의 기분이나 동기 수준을 좀 더 이해할 수 있고, 아동중심 놀이의 중요성에 대해 직접 체험으로 배울 수 있다. 또한 자녀와의 소통 방식을 배울 수 있으며, 자녀로 하여금 부모에 대한 신뢰감도 향상시킬 수 있다. 더불어 부모-자녀관계에서 부모의 권위를 효과적으로 향상시키는 방법을 배울 수 있다. 이러한 기술을 배우는 것은 부모 역할에 있어서 보다 좌절감이 줄어들게 할 것이며, 좀 더 능숙한 부모 역할을 기대할 수 있게 된다.

가족 전체에게도 도움이 된다. 이 프로그램은 가족 모두가 함께 참여하도록 한다. 따라서 이전보다 더 즐겁게 시간을 함께 보내는 방식을 알게 될 뿐만 아니라, 가족 간의 어려운 문제를 해결하거나 서로 소통하는 방식을 배워 나갈 수 있다.

부모놀이치료 진행 순서

- 아동과 가족에 대한 초기 평가
- 부모놀이치료의 목적, 내용, 과정에 대한 설명

- 부모가 자녀의 아동중심 놀이회기의 시연을 관찰한 후 의견 나누기
- 기술 훈련과 '가상'회기
- 리더들의 피드백을 받으며, 실습 놀이회기 및 의견 나누기
- 가정 놀이회기 진행 후 의견 나누기(실습 놀이회기는 모임 기간 동안 계속 진행될 수 있음)
- 일상으로 부모놀이치료 기술 일반화하기
- 프로그램 평가와 마무리

부모들과 함께하는 집단 부모놀이치료 과정에서의 중요 원칙

- 부모는 자녀와 더 온정적인 관계로 발전한다.
- 부모는 자녀를 있는 그대로 수용한다.
- 부모는 자녀가 자신의 기분을 온전히 표현할 수 있도록 놀이회기에서 관대한 태도를 가져야 한다.
- 부모는 자녀가 표현하는 감정에 대해 민감해야 한다. 그리고 감정을 더 나은 방식으로 표현하도록 반영해 주어야 한다.
- 부모는 자녀에게 스스로 문제를 해결할 기회가 주어진다면 그들의 능력을 믿고 기다려주어야 한다. 아이들은 스스로 선택하고 변화해 갈 것이다.
- 부모는 자녀가 주도하는 것을 따라가 주어야지, 자녀의 행동이나 대화의 방향을 정해주지 말아야 한다.
- 자녀가 놀이의 주도권을 갖도록 한다. 아동에게 변화가 점진적으로 일어나, 부모를 존중하게 될 것이다.
- 부모는 놀이회기를 진행할 때, 최소한의 규칙을 정해야 한다. 이러한 규칙은 자녀에게 안정감과 수용을 느끼게 한다. 부모가 규칙을 정하는 방식은 자녀의 능력이 발전해 가는 만큼 조절하면 된다.[1]

1) 버지니아 엑슬린(1947)의 『놀이치료: 아동기의 내적 역동성(Play therapy: The inner dynamics of childhood)』에서 수정하였다.

가정 놀이회기

프로그램 모임 과정을 통해 훈련과 실습을 한 후, 부모는 매주 집에서 놀이회기를 스스로 진행해야 한다. 만약 부모가 추가적인 슈퍼비전이나 연습이 필요하다고 생각되면 함께 더 모임을 진행할 수 있다.

가정 놀이회기를 위한 놀잇감 선택하기

부모놀이치료는 부모들이 가정에서 놀이를 진행할 때 사용할 특별한 놀잇감이나 놀이도구를 선택하는 것을 돕기도 한다. 특별 놀이회기에서 사용하는 장남감은 아이들이 자신의 감정을 표현하고 상호작용이 원활하도록 도우며, 창의적인 놀이가 가능하도록 촉진한다.

부록 12

집단 부모놀이치료 프로그램 구성에 관한 부모용 안내문

1회 모임

프로그램과 그 외 관련 내용에 대한 설명

집단 부모놀이치료 프로그램의 목표와 목적에 대한 요약 설명

미참여 자녀와 함께하는 아동중심 놀이치료에 대한 짧은 설명(실제 시연 또는 비디오 시청)

아동중심 놀이치료의 기초 기술에 대한 전반적인 설명

2~5회 모임

리더와 자녀가 함께하는 놀이회기 시연

부모들이 사용한 놀이기술에 대한 토론과 피드백

부모들의 기술 훈련

'가상 놀이회기' 훈련

6~10회 모임

부모와 자녀가 함께하는 실습 놀이회기

집단 리더들의 피드백과 논의

추가적인 기술 훈련

11~12회 모임

가정 놀이회기에 대한 놀이계획

부모들의 첫 가정 놀이회기 진행

13~15회 모임

매주 혹은 경우에 따라, 부모들의 실습 놀이회기

선택된 가족의 가정 놀이회기에 대한 상세한 슈퍼비전

가정 놀이회기 경험에 대한 집단 논의

놀이주제에 대한 토론

16~19회 모임

매주 혹은 경우에 따라 부모들의 실습 놀이회기

선택된 가족의 가정 놀이회기에 대한 상세한 슈퍼비전

가정 놀이회기 경험에 대한 집단 논의와 놀이주제 토론

일상생활 속 놀이기술 일반화

20회 모임

참여자들의 프로그램 평가 및 마무리

추가적인 모임

부모들이 가정 놀이회기나 특별한 상황에서 겪은 일들에 대한 논의

부록 13

20주 프로그램 모임에서 각 회기별 리더들의 실행계획안

1회 모임: 프로그램 도입

1회 모임의 목적

- 집단을 지지한다.
- 집단 참여자인 부모들이 양육기술을 수행하는 데 불안한 점들을 효과적으로 다룬다.
- 부모놀이치료의 일반적인 방법을 소개한다.
- 전반적인 프로그램 참여에 필요한 부모들의 준비사항을 안내한다.
- 다음 회기 참여 시 부모들의 준비사항을 안내한다.

리더들을 위한 사전 모임 시 확인사항

1. 장소, 쉬는 공간 조성, 참여자 목록을 최종적으로 확인하여야 한다.
2. 비디오 녹화를 하는 집단 모임을 위해서 방과 장비가 준비되어야 한다.
3. (선택적으로) 모의 시연을 준비한다. DVD를 틀거나, 집단 외부에서 자녀와 갖는 실제 회기를 수행하기 위한 방과 장치를 준비하여야 한다.
4. 모임의 마무리쯤에 집단 부모놀이치료 프로그램에 참여하는 아이들을 사전에 준비시킬 수 있도록 복사된 부모용 매뉴얼이나 유인물을 나누어 주도록 준비한다.
5. 모임 일정에 따라 진행되는 프로그램 내용이 담긴 유인물을 모임 마무리쯤에 나누어 주도록 준비한다.

1회 모임의 실행계획안

1. 리더들은 자신감 있고 간결한 자기소개를 한 뒤, 비밀보장과 녹화기록에 대해 설명한다.
2. 집단 참여자들이 서로 자신을 소개하고, 부모들마다의 개인적인 참여 목적과 기대감을 나눈다.
3. 집단 부모놀이치료의 효과, 프로그램의 목적, 내용, 프로그램에서의 부모 역할에 대해 간략히 소개한다. 놀이회기를 실시하는 이유와 구체적인 훈련방법을 설명하고, 이러한 과정을 통해 부모들이 소망하는 개인적 목적이 어떻게 달성될 수 있는지 설명한다.
4. 프로그램에 참여하는 각각의 아이들과 모의 놀이회기를 실시하는 이유를 소개하고, 이때 관찰과 토의가 이루어지기 위한 실행계획안들을 안내한다.
5. 리더는 비디오를 보거나 가상회기를 실시하여, 부모들이 실습회기로 진행하도록 준비시킨다.
6. 리더는 놀이회기를 실제 관찰하거나 자료를 시청한 뒤, 토론 시간을 갖는다.
7. 음료를 마시며, 쉬는 시간을 가진다.
8. '아동중심 놀이치료의 네 가지 기본 기술' 자료를 부모들에게 소개하고, 각 기술에 대해 토론한다. 이때 간략히 놀잇감이나 사용되는 재료들에 대해 소개한다.
9. 다음 회기의 실행계획을 위해, 참여 부모들이 배운 기술을 자녀들에게 적용하여 놀이회기를 실행하도록 준비시킨다.
10. 자녀가 프로그램 참여를 준비할 수 있도록 관련 주제가 소개된 유인물을 준비한다.
11. 시연 일정을 잡는다.
12. 다음 주 준비를 위해 '부모용 훈련 매뉴얼'을 제공한다. 이는 매주 제공한다.
13. 리더들은 프로그램에 대한 전반적인 내용과 모임 날짜가 적힌 유인물을 제공한다. 그런 다음 긍정적인 느낌을 주며 만남을 마무리 짓는다.

주의: 만약 집단 부모놀이치료 프로그램 시작 전에 작성해야 할 것이 있다면 시연이 마무리되는 집단 모임 끝 무렵에 작성할 수 있도록 하거나, 부모들이 집에 가져가서 작성해 오도록 한다.

모임 이후 해야 할 일

1. 공동 리더의 보고를 듣는다.
2. 슈퍼비전을 받는다.
3. 앞으로 진행되는 몇 회기 동안에 시연회기와 시연 후의 토론에 대해 두 리더가 어떻게 역할 분배를 할 것인지, 어떤 내용을 누가 가르칠지에 대해 결정한다.

2회 모임: 시연의 시작과 기술 학습

2회 모임의 목적

- 집단에 대한 긍정적 지지를 유지시킨다.
- 놀이회기에서 배우게 될 기술을 시연하는 모습을 부모들에게 보여 준다.
- 시연이 진행되는 동안 부모들이 자녀를 객관적인 시각에서 바라볼 수 있도록 돕는다.
- 부모들에게 프로그램 참여를 지속하고, 아동중심 놀이치료의 주요 기술들을 적용해 보는 데 대한 동기를 높인다.
- 놀이회기 진행에 대한 부모들의 관심을 촉진시킨다.

리더들을 위한 사전 모임 확인사항

1. 행정관리 직원은 부모에게 자녀가 시연에 참여한다는 것과 다음 모임 시간과 날짜를 상기시켜 주어야 한다.
2. 부모들이 실시간으로 시연을 관찰할 수 있도록, 시연 장소와 장비를 확인하고 시연을 녹화할 수 있게 준비한다.
3. 시연을 위해 함께 데리고 온 자녀들을 잘 돌볼 수 있도록 준비해 둔다.
4. 회기 동안 추가적으로 사용할 부모용 훈련 매뉴얼을 만든다.

2회 모임 동안 리더들을 위한 실행계획안

1. 리더는 아이들과 시연 프로그램을 진행하고, 공동 리더는 시연을 관찰하는 부모들에

게 낮은 톤의 목소리로 간략하게 이야기 나눈다.

2. 시연 과정에서 자녀에 대한 부모들의 반응에 대해 이야기 나눈다.
3. 휴식시간을 갖는다.
4. 시연 동안에 리더들이 사용한 아동중심 놀이치료 기술에 대한 이야기를 나누고, 부모들의 질문에 답해 준다.
5. 긍정적인 기회가 생긴다면, 우선적으로 기본 구조에 대한 기술을 가르치거나 공감적으로 반응하는 법을 알려 준다.
6. 다음 회기에 진행될 시연과 기술 훈련에 대해 짧게 이야기해 주며, 다음 시연 날짜에 자녀와 함께 와야 한다는 점을 상기시킨다.
7. 모임을 마무리한다.

모임 이후 해야 할 일

1. 공동 리더와 함께 시연 순서를 확인하고, 학습계획안을 공유한다. 또한 아동 돌봄 제공이 성공적으로 이루어지기 위한 준비사항에 대해 의견을 나눈다.
2. 필요하다면 슈퍼비전을 받는다.

3회 모임: 지속적인 시연과 기술 학습

3회 모임의 목적

- 집단을 지지하고 결속력을 다진다.
- 놀이회기에서 배운 기술을 시연하는 동안 부모들이 볼 수 있도록 한다.
- 시연이 진행되는 동안 부모들이 자녀를 객관적인 시각에서 바라볼 수 있도록 돕는다.
- 부모들이 프로그램에 지속적으로 참여할 수 있도록 동기를 부여한다.
- '이해됨을 보여 주기(showing understanding)' 기술에 대한 부모들의 훈련을 시작한다.
- 놀이회기를 수행하는 것에 대한 부모들의 관심을 촉진시킨다.

리더들을 위한 사전 모임 시 준비사항

1. 부모들에게 다음 주에 있을 시연에 자녀들이 참가할 것이라는 점을 상기시킨다.
2. 리더들은 '이해됨을 보여 주기' 기술을 연습할 수 있도록 장난감 주머니와 놀이 시나리오 카드를 준비한다.
3. 리더는 다음에 있을 두 번의 놀이회기 동안 기술 훈련에서 사용할 장난감 주머니와 시나리오 카드 등 준비해 놓았던 것을 챙겨 놓는다.

3회 모임 동안 리더들을 위한 실행계획안

1. 한 명의 리더는 아이들과 시연을 진행하고, 공동 리더는 낮은 어조의 목소리로 놀이 장면에 대한 해설을 간략하게 제공한다.
2. 시연 과정에서 자녀에 대한 부모의 반응에 대해 이야기 나눈다.
3. 휴식시간을 갖는다.
4. 시연 과정에서 리더들이 사용한 아동중심 놀이치료 기술에 대한 이야기를 나누고, 부모들의 질문에 답해 준다.
5. 공감 반응 기술을 정식으로 가르친다(대집단 연습, 첫 번째 역할놀이 연습).
6. 역할놀이 연습에 대한 경험을 나눈다.
7. 부모들에게 다음 모임에서 진행할 시연과 기술 훈련을 간략히 설명하고, 다음 시연에서 자녀와 함께 활동을 한다는 점을 상기시킨다.
8. 모임을 마무리한다.

모임 이후 해야 할 일

1. 공동 리더와 시연 내용, 학습 내용 그리고 기술 훈련에 대한 부모들의 반응에 대해 간략하게 이야기 나눈다.
2. 필요하다면 슈퍼비전을 받는다.

4회 모임: 마지막 시연과 더 많은 기술 학습

4회 모임의 목적

- 집단을 지지하고 결속력을 다진다.
- 특별 놀이회기에서 배우게 될 기술을 마지막 시연에서 부모들에게 보여 준다.
- 시연이 진행되는 동안 부모들이 자녀를 객관적인 시각에서 바라볼 수 있도록 돕는다.
- 부모들에게 프로그램에 지속적으로 참여하도록 동기를 부여한다.
- 부모들은 자녀가 이끄는 대로 따르기, 구조화, 제한 설정 등의 기술을 훈련한다.
- 놀이회기 진행에 대한 부모들의 관심을 촉진시킨다.
- 부모들이 다음 모임에서 있을 가상회기를 준비할 수 있도록 한다.

리더들을 위한 사전 모임 확인사항

1. 행정관리 직원에게 자녀가 시연에 참여한다는 점을 상기시킨다.
2. 리더는 부모들이 기술을 연습하는 모임 동안 쓸 수 있는 장난감 주머니와 놀이 시나리오 카드를 챙긴다.

4회 모임 동안 리더들을 위한 실행계획안

1. 한 명의 리더는 프로그램 동안 아이들과 시연을 진행하고, 공동 리더는 낮은 톤의 목소리로 간략하게 해설을 제공한다.
2. 시연을 하면서 아이들에 대한 부모들의 반응에 대해 이야기 나눈다.
3. 휴식시간을 갖는다.
4. 시연 동안에 리더들이 사용한 아동중심 놀이치료 기술에 대해 간략히 설명하고, 부모들의 질문에 답해 준다.
5. 아동이 이끄는 대로 따르는 기술을 정식으로 배운다(리더의 설명, 사례 예시, 기술을 적용한 리더들의 역할놀이).
6. 자녀가 이끄는 대로 부모가 따라가는 상황에 대한 역할놀이를 진행한다.
7. 역할놀이에 대해 집단이 함께 이야기 나눈다.

8. '구조화' 기술을 가르친다(리더의 설명, 모델링, 부모들의 연습).
9. 제한 설정 단계에 대해 가르친다.
10. 부모들이 제한 설정 단계를 말로 연습해 보도록 한다.
11. 리더들은 부모가 놀이회기에서 제한 설정에 대해 생각하도록 돕는다.
12. 리더들은 부모들의 역할놀이기술을 사용하며 제한 설정 과정을 함께 연습한다.
13. 역할놀이에서의 경험에 대해 이야기 나눈다.
14. 다음 모임에서 가상회기를 실시하기 위한 준비사항을 부모들에게 간략히 안내한다.
15. 모임을 마무리한다.

모임 이후 해야 할 일

1. 공동 리더와 시연 내용, 기술 훈련의 성과 그리고 기술 훈련에 대한 부모들의 반응에 대해 간략히 이야기 나눈다.
2. 공동 리더와 부모들의 가상회기를 간단히 준비한다.
3. 필요하다면 슈퍼비전을 받는다.

5회 모임: 가상 놀이회기와 첫 실습 놀이회기를 위한 준비

5회 모임의 목적

- 집단에 대한 지지와 결속력을 강화시킨다.
- 과제수행에 대해 불안해하는 부모들을 돕는다.
- 부모들이 성공적으로 기술 습득을 할 수 있을 것이라는 기대감을 갖도록 동기부여한다.
- 부모들이 배운 기술을 실습 놀이회기에서 사용할 수 있도록 훈련시킨다.
- 놀이회기 진행에 대한 부모들의 관심을 촉진시킨다.
- 다음 모임을 위해 첫 실습 놀이회기에 대해 부모들을 준비시키도록 한다.

리더들을 위한 사전 모임 확인사항

1. 리더들은 가상 놀이회기 동안에 부모 개개인이 연습해 볼 기술에 대해 결정한다.

2. 리더들은 '자녀'의 유형에 따라 놀이와 시나리오를 결정한다.
3. 리더들은 가상 놀이회기를 어떻게 나누어 담당할지 결정한다.
4. 리더들은 다음 주에 시작하게 될 가족들의 첫 실습 놀이회기를 위해 가족들의 일정을 조율한다.

5회 모임 동안 리더들을 위한 실행계획안

1. 부모들에게 가상회기 연습 과정에 대해 소개한다.
2. 리더들은 집단 내에 있는 모든 부모가 가상 놀이회기를 진행할 수 있도록 한다.
3. 부모들이 편안한 분위기에서 이야기를 나누며 휴식시간을 갖는다.
4. 부모들이 좀 더 연습하고 싶은 기술에 대해 이야기를 나누며 가상회기 연습을 위한 집단 토론 시간을 갖는다.
5. 리더들은 가상 놀이회기와 실습 놀이회기에 대해 각 부모들에게 좀 더 상세한 집단 부모놀이치료 지침에 따른 피드백을 진행한다.
6. 집단의 요청이 있다면, 추가적인 기술 훈련을 진행한다.
7. 다음 모임에 있을 첫 번째 실습 놀이회기를 진행할 수 있도록 부모들의 준비를 돕는다. 더불어 처음으로 진행할 가족을 선정하는 것을 끝으로 앞으로 몇 주간 진행할 일정을 조정한다.
8. 집단의 요청이 있다면, 다음 모임에서 놀이회기 일정에 따라 가족들에게 추가적인 훈련과 리허설을 제공한다.
9. 부모들이 실습 놀이회기 진행을 위해, 자녀들을 준비시킬 수 있도록 돕는다.
10. 모임을 마무리한다.

모임 이후 해야 할 일

1. 공동 리더와 시연 내용, 기술 훈련의 성과와 추가적으로 필요한 기술 훈련에 대해 간단히 이야기 나눈다.
2. 공동 리더와 부모들의 첫 실습 놀이회기 준비에 대해 간단히 이야기 나눈다.
3. 필요하다면 슈퍼비전을 받는다.

6회 모임: 실습 놀이회기 시작하기

6회 모임의 목적

- 집단을 지지하고 결속력을 강화시킨다.
- 과제수행을 불안해하는 부모들을 돕는다.
- 부모들이 배운 기술을 실습 놀이회기 동안에 능숙하게 사용하도록 돕는다.
- 집단 참여자들의 기술 숙련도를 높인다.
- 다음 회기에서 첫 실습 놀이회기를 진행하는 부모들을 준비시킨다.

리더들을 위한 사전 모임 확인사항

1. 다음에 진행될 몇 번의 회기 동안, 두 명의 리더는 부모들을 어떻게 나누어 개별적인 슈퍼비전을 진행할지 결정한다.
2. 좀 더 필요한 기술 훈련에는 어떤 것이 있을지 논의한다.

6회 모임 동안 리더들을 위한 실행계획안

1. 순서가 된 부모들이 자녀와 함께 실습 놀이회기를 진행한다. 그리고 공동 리더는 관찰하는 부모들에게 낮은 어조의 목소리로 간단히 해설을 한다.
2. 편안한 분위기에서 부모들끼리 첫 실습회기에 대한 이야기를 나누며 휴식시간을 갖는다.
3. 리더들은 전체 집단 앞에서 각 부모들의 첫 놀이회기에 대해 슈퍼비전을 한다.
4. 다른 부모들은 진행된 첫 놀이회기에 대한 과정을 관찰한다.
5. 기술을 좀 더 훈련한다.
6. 다음 주에 첫 실습 놀이회기를 진행하는 부모들을 준비시킨다.

모임 이후 해야 할 일

1. 부모들이 어떤 기술을 좀 더 연습해야 하는지 공동 리더와 결정한다.

2. 회기를 관찰한 결과, 집단의 반응에 대해 공동 리더와 공유한다.
3. 실습회기를 처음 진행해 본 부모들의 놀이 과정과 제공된 슈퍼비전을 공동 리더와 공유한다.
4. 필요하다면 슈퍼비전을 받는다.

7회 모임: 첫 실습 놀이회기 이어 가기

7회 모임의 목적

- 집단을 지지하고 결속력을 강화시킨다.
- 과제수행을 불안해하는 부모들을 돕는다.
- 집단 참여자들의 기술 숙련도를 높인다.
- 다음 회기에서 첫 실습 놀이회기를 진행하는 부모들을 준비시킨다.

리더들을 위한 사전 모임 확인사항

1. 아직 결정되지 않았다면, 다음 진행될 몇 번의 회기 동안 두 명의 리더가 어떻게 나눠어 부모들에게 개별적인 슈퍼비전을 실시할지 결정한다.
2. 좀 더 필요한 기술 훈련에는 어떤 것이 있는지 이야기를 나눈다.

7회 모임 동안 리더들을 위한 실행계획안

1. 순서가 된 부모들이 자녀와 함께 실습 놀이회기를 진행한다. 그리고 공동 리더는 관찰하는 부모들에게 낮은 톤의 목소리로 간단히 해설한다.
2. 편안한 분위기에서 부모들끼리 첫 회기에 대한 이야기를 나누며 휴식시간을 갖는다.
3. 리더들은 전체 집단 앞에서 각 부모들의 첫 놀이회기에 대한 피드백을 한다.
4. 다른 부모들이 진행하는 첫 놀이회기 과정을 관찰한다.
5. 기술을 좀 더 훈련한다.
6. 다음 주에 첫 실습 놀이회기를 진행하는 부모들을 준비시킨다.

모임 이후 해야 할 일

1. 조금 더 제공된 기술 훈련과 관찰된 회기에 대한 집단의 반응을 공동 리더와 공유한다.
2. 실습회기를 처음 진행해 본 부모들의 과정과 제공된 슈퍼비전을 공동 리더와 공유한다.
3. 필요하다면 슈퍼비전을 받는다.

8회 모임: 두 번째 실습 놀이회기 시작하기

8회 모임의 목적

- 집단을 지지하고 결속력을 강화시킨다.
- 부모들이 놀이회기에서 자녀들의 놀이를 반영할 수 있도록 돕는다.
- 부모들이 배운 기본적인 단계의 기술을 실습 놀이회기 동안에 좀 더 능숙하게 사용하도록 돕는다.
- 집단 참여자들의 기술 숙련도를 높인다.
- 집단 참여자들이 기술에 대한 전반적인 성과를 유지시키도록 한다.
- 부모들이 가정에서 놀이회기를 진행할 수 있도록 한다.
- 다음 실습회기를 수행할 부모를 준비시킨다.

리더들을 위한 사전 모임 확인사항

1. 집단 내 모든 부모가 두 번째 회기로 넘어갈 수 있도록, 첫 번째와 두 번째 실습 놀이회기 일정을 검토한다.
2. 집단 전체나 개개인에게 필요한 훈련 내용을 확인해 본다.
3. 부모들을 위한 놀잇감과 필요한 유인물을 복사하여 준비한다.

8회 모임 동안 리더들을 위한 실행계획안

1. 순서가 된 부모들이 자녀와 함께 실습 놀이회기를 진행한다. 그리고 공동 리더는 관찰하는 부모들에게 낮은 톤의 목소리로 간단히 해설한다.

2. 편안한 분위기에서 부모들끼리 회기에 대한 이야기를 나누며 휴식시간을 갖는다.
3. 리더들은 전체 집단 앞에서 각 부모들의 두 번째 놀이회기에 대해 피드백을 한다.
4. 관찰한 놀이회기에 대해 다른 부모들의 반응과 의견을 나눈다.
5. 놀이회기 진행 과정에서 자녀와의 놀이가 주는 의미에 대한 부모들의 생각을 간단히 이야기 나눈다.
6. 부모들의 요구에 따라 기술 훈련을 좀 더 진행한다.
7. 가정 놀이회기 동안의 비디오 녹화와 놀잇감이나 놀이도구들에 대해서 사전 준비사항을 안내한다(부모들에게 관련 자료를 제공한다).
8. 다음 주에 실습 놀이회기를 진행하는 부모들의 준비를 돕는다.

모임 이후 해야 할 일

1. 추가된 기술 훈련 내용과 회기에서 관찰된 집단의 반응을 공동 리더와 간단히 공유한다.
2. 부모들의 실습 놀이회기 과정과 부모에게 제공된 슈퍼비전을 공동 리더와 간단히 공유한다.
3. 필요하다면 슈퍼비전을 받는다.

9회 모임: 두 번째 실습 놀이회기 이어 가기

9회 모임의 목적

- 집단을 지지하고 부모들이 좀 더 자립할 수 있도록 한다.
- 부모들이 자녀들과의 놀이회기 동안, 놀이를 반영할 수 있도록 돕는다.
- 부모들이 배운 기본적인 단계의 기술을 실습 놀이회기 동안에 좀 더 능숙하게 사용하도록 한다.
- 집단 참여자들의 기술 숙련도를 높인다.
- 집단 참여자들이 기술에 대한 전반적인 성과를 유지하도록 한다.
- 부모들이 가정 놀이회기를 진행할 수 있도록 한다.
- 다음 실습 놀이회기를 수행할 부모를 준비시킨다.

리더들을 위한 사전 모임 확인사항

리더는 집단 전체나 개별적인 집단 참여자들에게 좀 더 필요한 기술 훈련이 무엇일지 공동 리더와 확인해 본다.

9회 모임 동안 리더들을 위한 실행계획안

1. 순서가 된 부모들이 자녀와 함께 실습 놀이회기를 진행한다. 그리고 한 명의 리더는 관찰한 부모에 대해 낮은 톤의 목소리로 간단히 의견을 전달한다.
2. 부모들 간에 편안한 분위기에서 놀이회기에 대한 이야기를 나누고 휴식시간을 갖는다.
3. 리더는 전체 집단 앞에서 각 부모들의 두 번째 놀이회기에 대해 피드백을 한다.
4. 관찰한 놀이회기에 대해 다른 부모들의 반응과 의견을 나눈다.
5. 부모들의 요구에 따라 기술 훈련을 좀 더 진행한다.
6. 놀이회기 중 자녀들의 놀이에 담긴 의미에 대해서 부모들의 생각을 간단히 이야기 나눈다.
7. 다음 실습 놀이회기를 진행할 부모를 준비시킨다.

모임 이후 해야 할 일

1. 좀 더 제공되어야 할 기술 훈련, 회기에서 관찰된 집단의 반응 그리고 아이들의 놀이에 대해 이해한 바를 공동 리더와 간단히 공유한다.
2. 부모들의 실습 놀이회기 과정, 부모에게 제공된 슈퍼비전을 공동 리더와 간단히 공유한다.
3. 가정에서 놀이회기를 할 부모들의 준비도와 그 외에도 집단이 겪게 되는 복잡한 문제들에 대해 슈퍼비전을 받는다.

10회 모임: 두 번째 실습 놀이회기 마무리하기

10회 모임의 목적

- 집단을 지지하고 부모들이 좀 더 자립할 수 있도록 한다.
- 두 번째 실습 놀이회기를 마무리한다.
- 부모들이 놀이회기에서 자녀들의 놀이를 반영할 수 있도록 한다.
- 부모들이 배운 기본적인 단계의 기술을 실습 놀이회기 동안에 좀 더 능숙하게 사용하도록 한다.
- 집단 참여자들이 기술에 대한 전반적인 성과를 유지시키도록 한다.
- 부모들이 가정에서 진행하는 회기를 준비하도록 한다.
- 부모들은 가정 놀이회기를 계속적으로 준비하도록 놀잇감과 물품에 대한 의견을 나눈다.
- 부모들에게 다른 실행계획안을 제공하고, 다음 모임을 준비하도록 한다.

리더들을 위한 사전 모임 확인사항

1. 리더들은 개별 부모와 집단에 좀 더 필요한 기술 훈련이 있을지 이야기 나눈다.
2. 리더들은 모든 부모가 두 번째 실습 놀이회기를 이번 회기로 마무리 짓고, 다른 준비를 해 나갈 수 있도록 일정을 확정한다.

10회 모임 동안 리더들을 위한 제안

1. 순서가 된 부모가 자녀와 함께 실습 놀이회기를 진행한다. 그리고 한 명의 리더는 관찰한 부모에 대해 낮은 톤의 목소리로 간단히 의견을 전달한다.
2. 부모들 간에 편안한 분위기에서 놀이회기에 대한 이야기를 나누며 휴식시간을 갖는다.
3. 리더들은 전체 집단 앞에서 각 부모들의 두 번째 놀이회기에 대한 피드백을 한다.
4. 관찰한 놀이회기에 대해 다른 부모들의 반응과 의견을 나눈다.
5. 놀이회기 중 자녀들의 놀이에 담긴 의미에 대해서 부모들의 생각을 간단히 이야기 나눈다.

6. 부모들의 요구에 따라 기술 훈련을 좀 더 진행한다.
7. 가정 놀이회기를 위하여 놀잇감과 놀잇감, 비디오 녹화에 관련된 이야기를 조금 더 나눈다.
8. 다음 모임을 위해 가정 놀이회기를 진행하는 부모들을 준비시킨다.

모임 이후 해야 할 일

1. 조금 더 필요한 기술 훈련, 회기에서 관찰된 집단의 반응, 기술의 유지를 위해 집단에게 제공할 것과 가정 놀이회기 준비에 대해 공동 리더와 간단히 이야기를 나눈다.
2. 실습회기를 진행했던 부모들이 과정에 대해 어떻게 공동 리더와 나누어 슈퍼비전을 진행할지 간단히 이야기를 나눈다.
3. 필요하다면 부모들을 위한 보충회기를 계획한다.
4. 필요하다면 슈퍼비전을 받는다.

11회 모임: 가정 놀이회기로 전환하기

11회 모임의 목적

- 집단의 기술 숙련도를 높인다.
- 부모들이 가정 놀이회기를 수행할 수 있도록 동기를 부여한다.
- 집단을 지지한다.
- 부모들이 가정 놀이회기를 진행하는데, 심적으로도 준비할 수 있도록 한다.
- 실제 가정 놀이회기 상황에서의 문제들에 대해 준비할 수 있도록 한다.
- 가정 놀이회기에서 비디오 녹화를 한다면, 모임 장소의 장비와 부모들의 비디오 장비가 상호 호환이 가능한지 확인한다.

리더들을 위한 사전 모임 확인사항

1. 가정 놀이회기를 위해 부모들마다 필요한 개별 준비사항에 대해 이야기를 나눈다.
2. '가정 놀이회기 기록'을 위한 유인물이 필요하다면 복사해 둔다.

11회 모임 동안 리더들을 위한 실행계획안

1. 기술 통합하기: 가정 놀이회기를 위해 심리적, 실제적 준비를 한다.
2. 부모들이 원한다면 비디오 녹화를 하거나 가정 놀이회기에 대해 수기를 작성하여, 가정 놀이회기에 대한 슈퍼비전이 진행될 수 있도록 다음 회기를 준비한다. 모임 장소와 부모들이 가정에서 사용한 비디오 장치가 상호 호환이 가능한지 최종적으로 확인한다.
3. 부모들은 가정 놀이회기에서 발생할 수 있을 어려운 문제들에 대해 리허설을 해 본다.
4. 가족들은 가정 놀이회기 실행 순서를 다시 확인해 본다.

모임 이후 해야 할 일

1. 가족들이 겪을지도 모르는 첫 가정 놀이회기의 어려움들에 대해 이야기해 본다.
2. 필요하다면 부모들을 위한 보충회기를 계획한다.
3. 필요하다면 슈퍼비전을 받는다.

12회 모임: 첫 가정 놀이회기

12회 모임의 목적

- 부모들이 가정 놀이회기를 효과적으로 진행할 수 있도록 돕는다.
- 부모들이 가정 놀이회기에서 발생하는 문제와 어려움들을 중재하며 계속 이어 나갈 수 있도록 동기를 부여한다.
- 집단을 지지하고 결속력을 강화시킨다.
- 발전적으로 기술을 통합시킨다.
- 다음 회기를 위해 부모들을 준비시킨다.

리더들을 위한 사전 모임 확인사항

1. 부모들이 비디오를 사용한다면 모임 장소의 기기와 부모들의 녹화 비디오를 확실하게

연결시켜 놓는다.
2. 리더들은 비디오 장비를 관리하거나 부모들에게 언어적으로 피드백하는 것 중에서 자신의 역할을 정한다.
3. 앞으로 진행될 13회 모임을 고려하면서 가족들의 슈퍼비전(실제 혹은 비디오 녹화) 일정을 가능한 융통성 있게 조율한다.

12회 모임 동안 리더들을 위한 실행계획안

1. 부모들이 첫 가정 놀이회기에서 겪은 문제와 어려움을 중재했던 이야기, 수기로 쓰인 보고서와 녹화된 비디오를 통해 슈퍼비전을 시작한다.
2. 부모들의 경험을 고려하여 앞으로 진행될 모임에 참여 가능한 가족들의 일정을 리더들과 재확인하며 휴식시간을 갖는다.
3. 첫 가정 놀이회기에서의 문제와 어려움을 중재했던 일 등에 대해 보고서와 녹화된 비디오를 통해 부모들의 기억을 상기시키며 슈퍼비전을 진행한다.
4. 다음 가정 놀이회기에 대한 상세한 슈퍼비전과 모임 중 현장 놀이회기(비디오 녹화를 하지 않은 경우) 진행을 위해 가족들 간의 순서를 정한다.
5. 이어서 진행될 몇 회기를 위하여 유동적으로 가족들의 시간표를 정한다.
6. 다음 주에 첫 가정 놀이회기를 진행하는 부모들이 필요하다면 리허설을 진행한다.
7. 다음 회기와 앞으로 진행될 회기 동안의 안건들에 대해 부모들을 준비시킨다.
8. 부모들이 가정 놀이회기를 상기시킬 수 있도록 사용되는 비디오 녹화장비가 모임 장소의 것과 호환이 가능한지 정확히 확인한다.

모임 이후 해야 할 일

1. 첫 가정 놀이회기를 진행했던 부모들의 반응과 회기 과정에 대해 공동 리더와 간단히 이야기 나눈다.
2. 앞으로 진행될 회기 동안 가정 놀이회기와 현장 슈퍼비전을 위한 일정을 조율한다.
3. 필요하다면 부모들을 위한 보충회기를 계획한다.
4. 필요하다면 슈퍼비전을 받는다.

13회 모임: 초기 가정 놀이회기

13회 모임의 목적

- 부모들이 가정 놀이회기를 효과적으로 진행할 수 있도록 돕는다.
- 부모들이 가정 놀이회기에서 발생하는 문제와 어려움들을 중재하며 계속 이어 나갈 수 있도록 동기를 부여한다.
- 집단을 지지하고 결속력을 강화시킨다.
- 발전적으로 기술을 통합시킨다.
- 가정 놀이회기에 대한 부모들의 보고서를 검토한다.

리더들을 위한 사전 모임 확인사항

1. 비디오 장비를 관리하거나 부모들에게 언어적으로 피드백하는 것 중 리더들은 자신의 역할을 정한다.
2. 필요하다면 녹화된 비디오 확인이나 현장 슈퍼비전에 대한 일정을 가족들과 융통성 있게 수정 및 조율한다.

13회 모임 동안 리더들을 위한 실행계획안

1. 가정 놀이회기에 대해 부모들이 쓴 보고서나 녹화된 비디오를 가지고 세부적인 피드백을 제공하는 심도 있는 슈퍼비전을 한다. 만약 녹화된 비디오가 없다면, 모임에서 현장 슈퍼비전을 진행하고, 이후 세부적인 피드백을 제공한다.
2. 휴식시간을 갖는다.
3. 가족들이 쓴 보고서와 비디오를 통해 가족들의 가정 놀이회기를 상기시킨 후, 슈퍼비전을 진행한다.
4. 현장 놀이회기나 가정 놀이회기에서 발생했던 기술적인 문제들에 대해 이야기를 나눈다.
5. 부모들의 기술 수행 능력을 좀 더 발전시킨다.
6. 부모들의 가정 놀이회기를 상기시켜 슈퍼비전을 진행한다.

7. 다음 모임에서 가정 놀이회기와 모임 중 현장 놀이회기(비디오 녹화를 하지 않은 경우)에 대한 상세한 슈퍼비전을 진행하기 위해 가족들을 준비시킨다.
8. 앞으로 진행될 모임을 위해 가족들과 시간표를 계속해서 조율한다.
9. 다음 주에 첫 가정 놀이회기를 진행하는 부모들이 필요로 한다면 리허설을 진행한다.
10. 다음 모임을 위해 부모들을 간단히 준비시킨다.

모임 이후 해야 할 일

1. 가정 놀이회기를 진행했던 부모들의 반응과 회기 진행 과정에 대해 공동 리더와 간단히 이야기 나눈다.
2. 앞으로 모임 동안 가정 놀이회기와 현장 슈퍼비전을 진행하기 위해 일정 잡는 것을 조율한다.
3. 필요하다면 부모들을 위한 보충회기를 계획한다.
4. 필요하다면 슈퍼비전을 받는다.

14회 모임: 초기 가정 놀이회기

14회 모임의 목적

- 부모들이 가정 놀이회기를 효과적으로 진행할 수 있도록 돕는다.
- 부모들이 가정 놀이회기를 계속할 수 있도록 동기를 부여한다.
- 집단을 지지하고 결속력을 유지시킨다.
- 기술이 좀 더 향상될 수 있도록 한다.
- 놀이회기를 짧게 진행하거나 특별한 시간을 가질 준비가 되어 있는 영아기 부모나 청소년기의 부모들을 준비시킨다.

리더들을 위한 사전 모임 확인사항

1. 비디오 녹화를 사용하였다면 부모들의 비디오 녹화 자료가 모임 장소 장비와 호환 가능한지 확실히 확인한다.

2. 부모들에게 말로서 피드백을 할 리더와 비디오를 담당할 리더의 역할을 정한다.

14회 모임 동안 리더들을 위한 실행계획안

1. 비디오를 본 후에 가족들이 쓴 보고서를 참고하여 가정 놀이회기에 대한 자세한 피드백을 위해 가족들에게 심도 깊은 슈퍼비전을 진행한다. 비디오 녹화를 하지 않은 경우, 슈퍼비전을 위한 모임을 진행하기 위한 모든 현장회기가 끝난 후 상세한 피드백을 제공한다.
2. 휴식시간을 갖는다.
3. 가족들이 쓴 보고서와 녹화된 비디오 자료를 참고하여 가정 놀이회기에 대한 슈퍼비전을 계속 진행한다.
4. 현장회기나 가정 놀이회기에서 발생한 어려움과 관련된 대처방법에 대해 이야기한다.
5. 부모들이 기술을 좀 더 능숙하게 사용할 수 있도록 한다.
6. 영아나 청소년 자녀를 둔 부모들이 짧은 놀이회기나 특별한 시간을 그들과 함께 가질 수 있도록 준비시킨다.
7. 부모들이 진행한 가정 놀이회기에 대해 계속 슈퍼비전을 진행한다.
8. 다음 회기를 위해 가정 놀이회기나 모임 중 현장회기(비디오 녹화를 하지 않은 경우)에 대한 상세한 슈퍼비전을 참고하여 가족들을 준비시킨다.
9. 다음 회기를 위해 부모들이 준비할 수 있도록 간단히 돕는다.

모임 이후 해야 할 일

1. 가정 놀이회기에 대한 부모들의 반응과 진행 상황에 대해 공동 리더와 서로 이야기를 나눈다.
2. 다음 모임에서 진행될 가정 놀이회기와 현장 슈퍼비전에 대한 일정을 정리한다.
3. 필요하다면 부모들과 회기 진행 일정을 조정한다.
4. 필요하다면 슈퍼비전을 받는다.

15회 모임: 가정 놀이회기 이어 가기

15회 모임의 목적

- 부모들이 가정 놀이회기를 효과적으로 진행할 수 있도록 돕는다.
- 부모들이 가정 놀이회기를 계속할 수 있도록 동기를 부여한다.
- 집단을 지지하고 결속력을 유지시킨다.
- 기술이 좀 더 향상될 수 있도록 한다.
- 좀 더 심도 깊은 놀이 주제에 관심을 가져보도록 한다.

리더들을 위한 사전 모임 확인사항

1. 집단의 기술 숙련도와 놀이 주제에서 의도된 바에 대한 이야기를 나눈다.
2. 부모들에게 말로서 피드백을 할 리더와 비디오를 담당할 리더의 역할을 정한다.

15회 모임 동안 리더들을 위한 실행계획안

1. 비디오를 본 후에 가족들이 쓴 보고서를 참고하여, 가정 놀이회기에 대한 자세한 피드백을 위해 가족들에게 심도 깊은 슈퍼비전을 진행한다. 비디오 녹화를 하지 않은 경우, 슈퍼비전을 위한 모임에서 현장 놀이회기를 진행하고, 모든 현장 놀이회기가 끝난 후 가정 놀이회기에 대한 슈퍼비전을 포함한 상세한 피드백을 제공한다.
2. 자녀의 놀이를 심도 깊게 이해하기 위하여, 부모들에게 놀이 주제에 대한 피드백을 제공한다.
3. 휴식시간을 갖는다.
4. 현장 놀이회기 또는 가정 놀이회기에서 발생한 문제들과 관련된 기술을 이야기해 보고, 부모들이 좀 더 나은 기술에 능숙해지도록 한다.
5. 영아기 자녀와 청소년기 자녀를 둔 부모들에게 제공된 짧은 가정 놀이회기와 특별한 시간에 대한 슈퍼비전과 함께 부모의 가정 놀이회기에 대한 슈퍼비전을 계속 진행한다.
6. 다음 가정 놀이회기나 모임 중 현장회기(비디오 녹화를 하지 않은 경우)에 대한 상세한 슈퍼비전을 참고하여 가족들을 준비시킨다.

7. 부모들이 다음 회기를 준비할 수 있도록 돕는다.

모임 이후 해야 할 일

1. 가정 놀이회기에 대한 부모들의 반응과 진행 상황에 대해 공동 리더와 서로 이야기를 나눈다.
2. 다음 모임에서 진행될 가정 놀이회기와 현장 슈퍼비전에 대한 일정을 정리한다.
3. 필요하다면 슈퍼비전을 받는다.

16회 모임: 가정 놀이회기 이후

16회 모임의 목적

- 부모들이 가정 놀이회기를 효과적으로 진행할 수 있도록 돕는다.
- 부모들이 가정 놀이회기를 계속할 수 있도록 동기를 부여한다.
- 집단을 지지하고 결속력을 유지시킨다.
- 기술이 좀 더 향상될 수 있도록 한다.
- 놀이 주제에 계속해서 집중하도록 한다.
- 일상생활에서도 기술을 사용하도록 하는 것을 시작한다.

리더들을 위한 사전 모임 확인사항

1. 집단의 기술 숙련도, 놀이 주제에 대한 이해도와 적용 정도에 대해 이야기를 해 본다.
2. 일상에 놀이기술들을 적용시킬 준비가 되었는지 이야기해 본다.
3. 부모들에게 말로서 피드백을 할 리더와 비디오를 담당할 리더의 역할을 정한다.

16회 모임 동안 리더들을 위한 실행계획안

1. 비디오를 본 후에 가족들이 쓴 보고서를 참고하여 가정 놀이회기에 대한 자세한 피드백을 위해 가족들에게 심도 깊은 슈퍼비전을 진행한다. 비디오 녹화를 하지 않은 경

우, 슈퍼비전을 위한 모임에서 현장 놀이회기를 진행한 뒤, 가정 놀이회기에 대한 슈퍼비전을 포함한 상세한 피드백을 제공한다.
2. 아이들의 놀이를 심도 깊게 이해하기 위하여, 부모들에게 놀이 주제에 대한 논의와 피드백을 계속 진행한다.
3. 휴식시간을 갖는다.
4. 현장회기 또는 가정 놀이회기에서 발생한 문제들과 관련된 기술을 이야기해 보고 부모들이 더 나은 기술에 능숙해지도록 한다.
5. 일상생활에서 기술들을 적용하기 위한 도입: 집단 참여자들과 허용적인 분위기를 만들고 구조화와 동시에 공감하기와 일상생활에서 '나'에 대한 이야기를 한다.
6. 영아기 자녀와 청소년기 자녀를 둔 부모들에게 제공된 짧은 가정 놀이회기와 특별한 시간에 대한 슈퍼비전과 함께 가정 놀이회기에 대한 슈퍼비전을 계속 진행한다.
7. 다음 가정 놀이회기나 모임 중 현장 놀이회기(비디오 녹화를 하지 않은 경우) 진행 순서를 참고하여 가족들을 준비시킨다.
8. 부모들이 다음 회기를 준비할 수 있도록 간단히 돕는다.

모임 이후 해야 할 일

1. 가정 놀이회기에 대한 부모들의 반응과 진행 상황에 대한 것과 일상에 일반화시키는 것에 대해 공동 리더와 서로 이야기를 나눈다.
2. 다음 모임에서 진행될 가정 놀이회기와 현장 슈퍼비전에 대한 일정을 정리한다.
3. 필요하다면 슈퍼비전을 받는다.

17회 모임: 가정 놀이회기 이후

17회 모임의 목적

- 부모들이 가정 놀이회기를 효과적으로 진행할 수 있도록 돕는다.
- 부모들이 가정 놀이회기를 계속할 수 있도록 동기를 부여한다.
- 집단을 지지하고 결속력을 유지시킨다.
- 기술이 좀 더 향상될 수 있도록 하며, 놀이 주제에도 계속해서 집중하도록 한다.

- 일상생활에서도 기술을 계속해서 사용하도록 한다.
- 20주 프로그램을 마무리하기 위해 부모들이 준비할 수 있도록 한다.

리더들을 위한 사전 모임 확인사항

1. 집단의 기술 숙련도, 놀이 주제에 대한 이해도와 적용 정도 그리고 일상에 기술을 적용할 수 있는 정도에 대해 이야기를 해 본다.
2. 후원기관과 리더들 그리고 부모들의 관점에서 마무리 짓기 위해 필요한 선택사항들에 대해 이야기 나눈다.
3. 부모들에게 말로서 피드백을 할 리더와 비디오를 담당할 리더의 역할을 정한다.

17회 모임 동안 리더들을 위한 실행계획안

1. 비디오를 본 후에 가족들이 쓴 보고서를 참고하여 가정 놀이회기에 대한 자세한 피드백을 위해 가족들에게 심도 깊은 슈퍼비전을 진행한다. 비디오 녹화를 하지 않은 경우, 모임 동안에 슈퍼비전을 위한 현장회기를 진행하고, 모든 현장 놀이회기가 끝난 후 가정 놀이회기에 대한 슈퍼비전을 포함한 상세한 피드백을 제공한다.
2. 아이들의 놀이를 심도 깊게 이해하기 위하여 부모들에게 놀이 주제에 대한 피드백을 통해 계속 진행하도록 한다.
3. 휴식시간을 갖는다.
4. 현장 놀이회기 또는 가정 놀이회기에서 발생한 문제들과 관련된 기술을 이야기해 보고 부모들이 필요로 한다면 더 나은 기술에 능숙해지도록 한다.
5. 일상생활에서 기술들을 적용하는 것을 계속한다. 집단 참여자들에게 허용적인 분위기를 만들고 구조화, 제한 설정과 결과들을 소개한다. 그리고 집단을 위해 가족들이 필요로 하는 것에 적절하게 우선순위를 매기는 것을 진행한다. 더불어 공감하기와 일상생활에서 '나'의 모습에 대해 다시 이야기해 본다.
6. 가정 놀이회기에 대해 부모님들과 계속 슈퍼비전을 진행한다.
7. 다음 회기를 위해 가정 놀이회기나 모임 중 현장 놀이회기(비디오 녹화를 하지 않은 경우)에 대한 상세한 슈퍼비전을 참고하여 가족들을 준비시킨다.
8. 다음 회기와 20주 프로그램 마무리를 위해 부모들이 준비할 수 있도록 간단히 돕는다.

모임 이후 해야 할 일

1. 가정 놀이회기에 대한 부모들의 반응과 진행 상황에 대한 것과 놀이 주제, 일상에 일반화시키는 것에 대해 공동 리더와 서로 이야기를 나눈다.
2. 다음 모임에서 진행될 가정 놀이회기와 현장 슈퍼비전에 대한 일정을 정리한다.
3. 사전 집단 모임 회기에 대한 부모들의 선호도를 알아본다.
4. 필요하다면 슈퍼비전을 받는다.

18회 모임: 가정 놀이회기 이후

18회 모임의 목적

- 부모들이 가정 놀이회기를 효과적으로 진행할 수 있도록 돕는다.
- 부모들이 가정 놀이회기를 계속할 수 있도록 동기를 부여한다.
- 집단을 지지하고 결속력을 유지시킨다.
- 기술이 좀 더 향상될 수 있도록 하며, 놀이 주제와 일상에 기술을 일반화시키는 것에도 계속해서 집중하도록 한다.
- 20주 프로그램을 마무리하기 위해 부모들이 준비할 수 있도록 한다.

리더들을 위한 사전 모임 확인사항

1. 부모들에게 말로서 피드백을 할 리더와 비디오를 담당할 리더의 역할을 정한다.
2. 가정 놀이회기, 기술 일반화시키기, 프로그램 마무리에 관해서 가장 필요한 주제에 대해 이야기를 나눈다.

18회 모임 동안 리더들을 위한 실행계획안

1. 가족들이 쓴 보고서와 비디오를 포함하여 가정 놀이회기에 대해 심도 깊은 슈퍼비전을 제공한다. 만약 비디오를 사용하지 않았다면 현장 놀이회기와 가정 놀이회기의 슈퍼비전을 함께 계속 진행한다.

2. 아이들의 놀이를 심도 깊게 이해하기 위하여 부모들에게 놀이 주제에 대한 피드백을 통해 계속 진행하도록 한다.
3. 휴식시간을 갖는다.
4. 현장 놀이회기 또는 가정 놀이회기에서 발생한 문제들과 관련된 기술을 이야기해 보고 부모들이 더 나은 기술에 능숙해지는 것을 목표로 하여 진행한다.
5. 일상에서 기술들을 계속 적용해 보도록 한다. 집단 참여자들에게 허용적인 분위기를 만들고, 구조화, 제한 설정과 결과들에 대해 소개한다. 그리고 집단 참여자들이 가족들에게 필요로 하는 것에 적절한 우선순위를 매기도록 한다. 더불어 공감하기와 일상에서 '나'의 모습에 대해 다시 이야기해 본다.
6. 가정 놀이회기에 대해 부모님들과 계속 슈퍼비전을 진행한다.
7. 다음 회기를 위해 가정 놀이회기나 모임 중 현장 놀이회기(비디오 녹화를 하지 않은 경우)에 대한 상세한 슈퍼비전을 참고하여 가족들을 준비시킨다.
8. 다음 회기와 20주 프로그램 마무리를 위해 부모들이 준비할 수 있도록 간단히 돕는다.

모임 이후 해야 할 일

1. 가정 놀이회기에 대한 부모들의 반응과 진행 상황에 대한 것과 놀이 주제, 일상에 일반화시키는 것에 대해 공동 리더와 서로 이야기를 나눈다.
2. 다음 모임에서 진행될 가정 놀이회기와 현장 슈퍼비전에 대한 일정을 정리한다.
3. 이야기했던 마무리 선택사항에 대해 다시 이야기를 나눈다.
4. 필요하다면 슈퍼비전을 받는다.

19회 모임: 가정 놀이회기 이후

19회 모임의 목적

- 부모들이 가정 놀이회기를 효과적으로 진행할 수 있도록 돕는다.
- 부모들이 가정 놀이회기를 지속할 수 있도록 동기를 부여한다.
- 집단을 지지하고 결속력을 유지시킨다.
- 기술이 좀 더 향상될 수 있도록 하며, 놀이 주제와 일상에 기술을 일반화시키는 것에도

계속해서 집중하도록 한다.

• 20주 프로그램을 마무리하기 위해 부모들이 준비할 수 있도록 한다.

리더들을 위한 사전 모임 확인사항

1. 부모들에게 말로서 피드백을 할 리더와 비디오를 담당할 리더의 역할을 정한다.
2. 가정 놀이회기, 기술 일반화시키기, 프로그램 마무리에 관해서 가장 필요한 주제에 대해 이야기를 나눈다.

19회 모임 동안 리더들을 위한 실행계획안

1. 가족들이 쓴 보고서와 비디오를 포함하여 가정 놀이회기에 대해 심도 깊은 슈퍼비전을 제공한다. 만약 비디오를 사용하지 않았다면 가정 놀이회기의 슈퍼비전을 포함하여 모든 현장회기 이후에 상세한 피드백을 진행한다.
2. 아이들의 놀이를 심도 깊게 하게 이해하기 위하여 부모들에게 놀이 주제에 대한 피드백을 통해 계속 진행하도록 한다.
3. 휴식시간을 갖는다.
4. 현장 놀이회기 또는 가정 놀이회기에서 발생한 문제들과 관련된 기술을 이야기해 본다.
5. 일상에서 기술들을 적용하는 것을 지속한다. 집단 참여자들에게 허용적인 분위기를 만들고 구조화, 제한 설정과 결과들에 대해 소개한다. 그리고 집단 참여자들이 가족들이 필요로 하는 것에 적절하게 우선순위를 매기는 것을 진행한다. 더불어 공감하기와 일상에서 '나'에 대해 다시 이야기해 본다.
6. 가정 놀이회기에 대해 부모들과 계속 슈퍼비전을 진행한다.
7. 공식적으로 프로그램을 마무리한 후에 각각의 가족들과 특별활동이나 진행 중인 가정 놀이회기에 대한 약속들을 마무리 짓는다.
8. 20주 프로그램 중 마지막 회기 주제에 대해 부모들이 준비할 수 있도록 돕는다.

모임 이후 해야 할 일

1. 가정 놀이회기에 대한 부모들의 반응과 진행 상황에 대한 것과 놀이 주제, 일상에 일반화시키는 것에 대해 공동 리더와 서로 이야기를 나눈다.

2. 각각의 가족들과 이야기했던 마무리 선택사항에 대해 다시 이야기를 나눈다.
3. 필요하다면 슈퍼비전을 받는다.

20회 모임: 프로그램 마무리하기

20회 모임의 목적

- 부모들이 가정 놀이회기를 효과적으로 진행할 수 있도록 돕는다.
- 부모들이 가정 놀이회기와 특별한 시간을 계속 진행할 수 있도록 동기를 부여한다.
- 집단을 지지하고 결속력을 유지시킨다.
- 부모들에게 20주 프로그램이 마무리되었음을 알린다.
- 부모들이 집단 부모놀이치료 프로그램을 평가할 수 있도록 돕는다.

리더들을 위한 사전 모임 확인사항

1. 가정 놀이회기, 기술 일반화시키기, 프로그램 마무리에 관해서 가장 필요한 주제에 대해 이야기를 나눈다.
2. 참여자들에게 나누어 줄 형식적인 평가 항목을 준비한다.
3. 리더들이 프로그램을 마무리하는 데 필요한 실질적인 준비를 한다.

20회 모임 동안 리더들을 위한 실행계획안

1. 리더들은 프로그램 마무리에 대한 전반적인 의견을 전달한다.
2. 프로그램이 끝난 뒤에도 지원될 수 있는 연계 프로그램이 가능함을 알린다.
3. 마무리에 대해 집단에서 표출되는 주제들에 대해 이야기하도록 격려한다.
4. 마지막 주 동안, 특별 활동 시간을 부여받은 가족들에게 슈퍼비전을 제공한다.
5. 마지막 주 동안, 가정 놀이회기를 계속 진행하는 가족들에게 슈퍼비전을 제공한다.
6. 프로그램에 대한 평가: 이곳에 평가 항목들이 제공되어 있다.
7. 추가적인 휴식시간을 갖는다.
8. 프로그램에 대한 평가: 비공식적인 평가

9. 이후 연계된 프로그램들에 대해 한 번 더 소개하고 마무리 짓는다.

모임 이후 해야 할 일

1. 집단 프로그램 과정과 마지막 회기에 대해 공동 리더와 간단히 이야기를 나눈다.
2. 프로그램을 도와준 분들 및 슈퍼바이저와 함께 20주 프로그램에 대해 편안하게 평가를 나눈다.
3. 프로그램을 함께 마무리한 것에 대해 축하한다!

부록 14

○○ 프로그램에 참여하는 자녀를 준비시키기 위한 부모용 안내문[1]

여러분의 자녀와 놀이회기를 시작하기 전에, [자녀용 안내문]을 읽고 시작하세요. 여기에는 리더와 프로그램에 대한 소개가 나와 있어요. 자녀들이 더 궁금해한다면 추가적인 자료가 준비되어 있어요.

리더와 가상 놀이회기를 진행하게 될 때 자녀들에게 뭐라고 해야 할까

다음 예시처럼 얘기해 주세요.

> 모임에서 ○○(이름)와 ○○(이름)가 우리의 리더 선생님이야. 여기에 사진이 있단다. 리더 중에 한 선생님은 너에게 놀잇감이 있는 놀이방을 보여 주고, 거기서 얘기도 나눠 주실 거야. 왜냐하면 그때 모든 부모는 모여서 어떻게 하면 특별한 놀이시간을 잘할 수 있는지 배우기 위해서야. 아이들은 거기서 원하는 것을 대부분 할 수 있어. 그리고 다른 아이들도 각각 순서를 바꿔서 진행하게 될 거야. 우리는 거울 너머에 있는 다른 방에서 리더 선생님과 함께 너와의 놀이를 보게 될 거야. 우리는 무슨 일이 일어나는지 보고 들을 수 있게 아주 조용히 있게 될 거야.

만약 방에 카메라가 있다면, 다음 예시처럼 얘기해 주세요.

> 너와 함께 놀이하는 방에는 카메라가 설치되어 있단다. 그래서 우리는 녹화된 내용을 보면서 리더와 거기서 일어난 일에 대해 함께 볼 거란다.

---

1) 첫 모임에서 아동용 책자로 배부된다.

추가로, 다음을 더 얘기해 줄 수도 있어요.

> 카메라에 찍힌 내용은 부모들이 공부하기 위해서 필요한 거란다. 그래서 자녀와 특별한 놀이회기를 시작하기 전에 보게 될 거란다.

만약 자녀가 실습 놀이회기가 어떤 것인지 묻는다면 뭐라고 해야 할까

가상 놀이회기를 진행하는 동안 리더와 했던 놀이시간을 부모와도 함께해 보는 것이라고 소개하는 것이 유용합니다. 그리고 부모가 모임을 진행하면서, 모든 아이가 리더와 경험했던 놀이시간을 부모와 계속 연장해서 해 보게 되는 것입니다. 그러므로 우리는 부모들이 프로그램 후에 다음 단계로 넘어갈 때, 매우 간략하게 문제와 해결방법에 대해 다루어야 합니다.

> 아이들은 리더와 특별한 놀이시간을 가지게 됩니다. 그러고 나서 부모님도 아이들과 놀이시간을 시작하게 됩니다. 계속 같은 방식으로 진행될 겁니다. 리더와 다른 부모님들은 거울 뒤에서 (카메라가 있다면 추후에) 이 과정을 보게 됩니다. 그리고 리더와 부모는 특별한 놀이회기에 대해 추후 이야기도 나눕니다. 일단 모든 사람이 이런 특별한 놀이시간이 어떻게 진행되는지 배우게 될 겁니다. 그러고 나서 우리는 집에서 배운 것들을 직접 실습해 보게 됩니다(모임이 끝나자마자, 바로 이런 방식으로 진행될 예정입니다).

자녀가 정보에 대해 주의 깊게 듣지 않는다면, 어떻게 해야 할까

부모님이 말하는 특별한 놀이시간에 대해 아이들이 충분히 주의 깊게 듣지 못하는 데는 다양한 이유가 있습니다. 때때로 너무 많은 정보를 한꺼번에 말하는 것은 아이들에게 어려움이 됩니다. 만약 너무 어리거나, 집중력이나 인지적 한계가 있는 자녀라면, 우리는 부모님이 정보를 작게 쪼개서 전달하도록 제안드립니다. 그리고 필요할 때마다 반복해서 간결하게 이야기하는 게 좋습니다. 자녀가 정보를 충분히 이해하지 못한다면, 그것은 자녀가 프로그램에 참여하면서 이끌려 가는 상황에 대해 불안하거나, 또는 이상적인 부모들이 자녀가 이해할 수 있는 내용보다 지나치게 많은 정보를 제공했을 경우입니다.

추가적으로 고려할 것은 무엇인가

이 자료는 부모가 프로그램에 참여하는 자녀에게 새로운 상황을 이해할 수 있도록 돕기 위한 안내문입니다. 그래서 너무 많은 정보를 꺼내서 자녀에게 전달하는 것은 유리하지 않습니다. 여러분이 부모로서 판단하기에 필요한 정보를 자녀에게 제공해 주는 목적은 프로그램의 각 단계를 진행할 때 좀 더 자녀의 이해를 돕기 위한 것입니다. 또는 자녀들이 새로운 활동을 하게 될 때 알고 싶어 하는 시간과 일정과 같은 전반적인 정보를 제공하기 위한 것입니다. 여러분은 집단 리더와 함께 토론하고, 다른 집단 참여자들과 프로그램에서 일어나는 일들에 대해 나누게 됩니다.

부모들은 리더가 부모에게 안내하고 가르치는 방식을 자녀에게 시도해 보는 것을 가장 우선시해야 함을 잊지 마세요. 왜냐하면 몇몇 자녀는 낮은 자존감과 수줍음 또는 다른 사람들이 자신을 지나치게 나쁘게 본다는 인식 등을 갖기 때문에, 어른들이 자신을 관찰한다는 점에 대해 매우 불안해하곤 합니다. 그래서 이러한 아이들은 때때로 놀이회기에 참여하는 것을 꺼리거나 습관적으로 좋은 행동을 보여 주려고 의식하게 됩니다.

많은 상황을 고려하면서, 우리는 부모님들이 지도 받은 방법으로 나아갈 수 있도록 자녀들을 안내하고, '자녀가 스스로 행동하는 것'을 부모가 얼마나 바라는지를 전달하게 됩니다. 놀이회기 동안 자녀가 점점 자발적인 모습이 되어 갈수록, 리더는 부모에게 놀이 상황에서 어떻게 조율하고 자녀에게 반응할지에 대해 다양한 제안을 하며 도울 수 있게 됩니다. 사실상, 이런 경험을 통해 부모들은 이 프로그램에 참여한 것이 바람직했다는 것을 알게 될 겁니다! 우리는 부모와 자녀들의 놀이시간이 즐겁기를 바랍니다. 간혹 부모들 중에서 자녀를 다소 예민한 시선으로 보는 경우도 있지만요. 리더들은 이 프로그램을 통해 가족들이 함께 성장해 간다는 점을 확신합니다. 우리 리더들은 가족들 모두와 함께 이 흥미롭고 효과적인 프로그램에서 만나기를 간절히 바랍니다.

부록 15

놀이회기 진행을 위한 부모용 훈련 매뉴얼

부모들을 위한 훈련 매뉴얼은 가정 놀이회기를 실시하고, 기술을 배우는 데 있어 유용한 지침서가 될 것입니다. 물론 이 지침서만이 유일한 것은 아닙니다. 많은 사람이 이 매뉴얼을 기본으로 하여, 다양한 관점에 대해 질문을 던지고 서로 의견을 나눠 볼 수 있는 충분한 기회를 제공할 것입니다.

왜 놀이회기를 진행하는가

다른 사람과 관계 맺는 데 어려움을 느끼거나, 자신의 감정에 문제가 있다고 느끼는 3~11세 아이들에게 놀이회기를 추천합니다. 아이들은 종종 부모들의 의도를 잘못 이해하거나, 매우 불분명한 이유로 불행함을 느끼고, 보호받지 못하거나 인정받고 있지 못한다고 느낍니다. 아이들은 자신의 욕구와 감정을 제대로 알지 못해서, 부모로부터 평소처럼 도움을 받을 수 없을 때도 있습니다. 그래서 부모와 자녀 간의 의사소통은 자녀의 더 깊은 요구까지 파악하지 못하여, 불충분하거나 완전하지 못합니다.

놀이회기를 진행하는 목적들 중 하나는 자녀가 자신도 몰랐던 감정을 스스로 깨닫도록 돕기 위함입니다. 놀이를 통해 아이들은 부모가 있는 곳에서 자신의 감정을 표현할 수 있는 기회를 가집니다. 특별 놀이회기 동안에 부모로서 자녀의 감정을 수용해 주는 것은 꼭 필요한 일입니다. 놀이회기 동안에 아이들은 자신의 감정을 어떻게 다루는지 이해하고, 경험한 것을 재경험하며, 어려웠던 일들에 대해 도움받을 수 있게 됩니다.

놀이회기를 진행하는 또 다른 목적은 자녀로 하여금 부모에 대한 믿음과 확신을 느끼도록 하기 위함입니다. 만약 놀이회기 동안 부모가 처방받은 방법대로 자녀를 대한다면, 부모는 자녀와의 상호작용 시, 자신의 경험과 감정에 대해 좀 더 온전하며 솔직한 상호작용을 할 수 있다는 믿음이 증가하게 될 것입니다. 또한 좀 더 일반적이고 성숙한 표현 방식을 사용하게 되며, 극단적이고 미숙한 정서 표현은 줄어들 것입니다. 아이들은 부모에게 마음을 열게 됨으로써, 부모의 기대와 애정이 철회될 것이라는 두려움으로부터 벗어나게 될 것입니다.

세 번째 목적은 자녀의 자신감이 스스로 확립될 수 있다는 점입니다. 우리는 부모가 자녀를 믿는 만큼, 자녀도 스스로에 대한 신뢰감을 갖게 된다고 봅니다. 그래서 아이들이 적절한 때에 자신들이 스스로 선택해 볼 기회가 있어야 하며, 이때 좀 더 안전함을 느끼도록 하는 것이 목적입니다. 아이들은 때때로 실수하는 것에 대해 두려움을 덜 느끼는 법을 배울 필요가 있습니다. 아이들은 자신이 선택해 보고 자신에게 닥친 일들에 스스로 책임지는 법을 배우는 것이 중요합니다. 문제를 가진 아이들이 스스로 극복할 수 있다고 믿는 것 또한 매우 중요합니다. 이러한 과정은 선택하는 것(실수하는 것을 포함하여)을 자유롭게 하며, 또한 나쁜 결과든 좋은 결과든 감당할 수 있음을 의미합니다. 여러분의 자녀들은 놀이회기를 통해 선택이 자유로워지고, 그 결과를 경험함으로써 자신감을 형성할 수 있습니다. 또한 놀이회기에서 부모는 자녀의 완전함과 예외적인 측면에 대한 관심을 더하여, 자녀들이 좀 더 자신감을 기를 수 있게 됩니다. 그래서 이를 통해 아이들이 스스로 좀 더 상황을 가치 있게 볼 줄 알게 되고, 사람들이 좋아하게 되는 사람으로 나아갈 수 있게 됩니다. 그리고 이것은 자존감뿐 아니라 잘 적응하도록 돕는 핵심 요소가 될 것입니다.

놀이회기에서 부모는 무엇을 하는가

이 프로그램을 통해 당신은 자녀 한 명, 한 명과 일대일 놀이회기를 진행하며 기술을 배웠을 것입니다. 당신이 배우게 될 기술들에 대해서 다음과 같이 논의해 보고자 합니다.

1. 아동이 이끄는 대로 따르기

놀이회기에서 부모의 역할은 자녀에게 자유롭고 허용적인 놀이 분위기를 만들어 주는 것입니다. 이것은 당신에게 평소와는 매우 다른 태도를 요구합니다. 즉, 평소에 당신이 다른 사람이나 자녀에게 대하는 태도와는 매우 다릅니다. 놀이회기는 일정 기간 동안 몇 가지 기본적 규칙에 따라 정해진 단계를 밟게 됩니다. 그러나 아이들이 놀잇감을 가지고 어떤 놀이를 하는지, 회기 진행 중에 어떤 이야기를 하는지에 따라 달라질 수도 있습니다(일부 부모들은 프로그램 이후에도 한 번에서 두 번 정도는 추가적으로 만남을 진행하길 원할지도 모릅니다). 아이들은 놀잇감을 통해 이전에는 표현하지 못했던 자신의 느낌들을 탐색하거나,

평소 적절하지 않다고 인식했던 것들을 표현하게 될지도 모릅니다.

강렬한 행동을 하려는 아이들은 공격성을 표현할 시간을 원하거나, 기꺼이 놀이에 참여하고 싶지 않은 아이들은 잠시 앉아서 벽을 응시하고 있기도 합니다. 또는 얼마 되지 않아 그 공간을 벗어나고 싶어 할지도 모릅니다. 하지만 대부분의 아이는 부모와 일대일로 놀이하는 시간에 기꺼이 참여하고 싶어 할 겁니다.

부모들은 자녀가 이끄는 대로 기꺼이 따라갈 열린 마음이 필요합니다. 그러므로 부모는 자녀와의 놀이와 반응에 영향력을 미칠 수 있는 다음의 내용들은 피하는 게 좋습니다.

- 비난하기
- 질문하기, 주도하기, 초대하기
- 제안하기, 충고하기, 설득하기
- 끼어들기, 개입하기
- 정보 주기–아이의 직접적인 요구가 없었음에도 제공된 정보
- 가르치기, 설교하기, 훈계하기
- 활동을 먼저 시작하기
- 칭찬하기, 인정하기, 격려하기, 안심시키기

이러한 몇 가지 반응이 자녀와의 실생활에서는 긍정적일지도 모르지만, 놀이회기에서는 아이들의 행동에 영향을 줄 수도 있습니다. 왜냐하면 때때로 아이들은 어른들에게 인정받기를 원하기 때문입니다. 다시 말해, 부모들은 아이들이 실행계획안을 혼자 만들 수 있는 환경을 조성해 주는 것이 중요합니다.

2. 부모의 단계 설정하기(구조화)

자녀는 부모에 의해서 놀이회기에서 무엇을 하는지, 얼마만큼의 시간 동안 진행되는지에 대한 정보를 알게 됩니다. 부모들은 지금부터 놀이회기를 소개하고 시작하기를 알리는 전달방법을 배울 것입니다.

'소개하기'를 알리는 전달방법

○○아(자녀의 이름), 이곳은 아주 특별한 방(시간, 장소, 사용하는 시간)이란다. 이곳은 네가 원하는 게 무엇이든 거의 다 해 볼 수 있단다.* 만약 네가 아무것도 하고 싶지 않다면,

너와 이야기를 나누게 될 거란다.

* 이 언급은 추가적인 내용을 포함해야 할지도 모릅니다. "여기서 하고 싶은 게 있다면 무엇이든지 이야기할 수 있어." 제한 설정을 하는 것에 대해서는 회기를 진행하며 좀 더 이야기를 나눌 예정입니다. 부모들이 요청하는 몇 가지 추가적인 개인적 제한은 조율될 수 있습니다.

'시작하기' 를 알리는 전달방법

회기 마무리쯤에 두 번의 알림을 준다. 첫 번째 알림은 놀이시간이 끝나기 5분 전에 제공되며, 두 번째 알림은 끝나기 1분 전에 제공된다. 예를 들면, "조니, 오늘 놀이 시간이 5분(1분) 정도 남았어."라고 말한다. 놀이시간이 끝났을 때는 단호하지만 상냥한 목소리로 "오늘 우리 놀이시간은 끝났어. 이제 나가야 해."라고 말한다.

아이들이 놀이 종료를 거부할 때

만약 아이들이 놀이실을 나가는 것을 주저한다면, 부모는 아이들의 감정을 읽어 주고, 회기가 끝났음을 다시 한 번 이야기해 주어야 합니다. 놀이실을 떠나는 것을 강요하지 않도록, 부모는 자녀의 기분을 반영해 주면서도 행동과 목소리에 확고함을 담아 전달하는 방법을 배우게 될 것입니다. 부모들은 다음의 방법을 배우게 됩니다.

- 자녀와 같이 있던 자리에서 일어선다.
- 자녀의 어깨에 손을 올리고, 문 쪽으로 아이를 이끈다.
- 문 쪽으로 곧장 가서 문을 연다.
- 분명한 의도와 확고함을 가진 어조로 바꾼다.

3. 부모로부터 자녀가 온전하게 집중받기

부모는 자녀가 말하고, 행동하고, 느끼는 모든 것에 온전한 관심을 기울여 주며, 아이와 온전히 함께한다는 느낌을 전달해야 합니다. 당신은 자녀의 기분에 대해서 관심을 기울여야 합니다. 그리고 자녀가 기꺼이 자신의 모든 감정을 드러낼 수 있도록 매우 세심하게 바라보아야 합니다. 이러한 과정은 자녀로 하여금 내면의 감정을 좀 더 마주할 수 있게 합니다. 만약 자녀가 부모에게 놀이에 참여하도록 요청한다면, 부모는 그렇게 해야 합니다. 그러나 자녀의 놀이에 얼마나 집중할지는 아이가 얼마만큼 원하는지에 초점을 맞춰야 합니다. 그리고 이러한 과정에서 부모는 '자녀가 이끄는 대로' 놀이를 따르며, 부모는 자녀의 감정을 이해하고 있다는 것을 보여 주어야 합니다. 회기 중에 자녀의 놀이는 평범한 것들일 필요는 없습니다. 예를 들면, 아이가 카드를 보며 이야기하는 것을 좋아하거나, 새로운 규칙을 만드는 것을 좋아할지도 모릅니다. 이러한 놀이 환경에서는 자녀의 강한 승부욕이나 자신의 방식대로 이끌고 싶은 욕구, 혹은 그러기 위해 사용하는 수단에 대해서 감정을 반영해 주어야 합니다. 비난받지 않고, 따뜻하고 지지하는 어조로 이러한 자녀의 감정을 읽어 주면 됩니다. 이러한 훈련 과정을 통해 부모들은 놀이회기에서 어떻게 감정을 읽어 주는지 그리고 감정을 이해하고 있음을 어떻게 자녀에게 보여 줄 수 있는지 그 방법에 대해 배우게 될 것입니다.

4. 자녀의 감정과 행동을 초점화하기

부모는 자녀가 표현한 감정이나 행동을 반영함으로써, 그들에게 자신의 감정을 이해하고 수용받는다는 것을 가장 잘 보여 줄 수 있습니다. 자녀가 감정을 말하도록 돕는 방법이 몇 가지 있습니다. 예를 들면, "목표물에 맞추지 못해서, 네가 실망했구나." "이게 너를 화나게 만들었구나." "내가 너의 질문에 바로 대답해 주지 못해서, 네가 굉장히 화가 났구나." "네가 원하는 방식으로 하니까, 기분이 좋구나."

부모의 태도와 언어 표현으로 자녀는 행동에 대해 수용할 수 있습니다. 예를 들면, "그 사람을 네가 진짜로 때리고 있구나." "그 사람 주변에 있는 것들을 발로 차고 있구나." "네가 내 무릎에 앉았네." "매우 천천히 해 보려 하는구나. 그러면 확실하게 목표물을 맞출 수 있을 거야."

놀이회기에서 부모의 이러한 언어 표현은 매우 적절합니다. 완전히 침묵으로 일관하거나 또는 지나치게 친절하게 대화를 건네는 것은 좋지 않습니다. 아이들은 부모들이 매우 조용할 때 실망한 건 아닐까 두려움을 느낄지도 모릅니다. 그래서 아이들에게 부모의 이러한 태도는 행동을 지속시키기 어렵게 하기 때문에, 부모가 언어 표현을 하는 것은 매우 중요합니다. 한편, 지나치게 친절한 대화는 자녀에게 솔직한 자신의 이야기보다는 부모의 질문에 대답을 해야 한다고 느끼거나, 부모가 이야기를 하고 싶어 한다고 느끼는 것이 일반적입니다.

그러나 어떠한 기술보다 더 중요한 것은 부모는 자녀와 함께하는 시간에 진심을 다해야 한다는 것입니다. 기계처럼 행동하거나, 지나치게 경직되어 있거나, 가식적으로 하지 않도록 노력하는 것이 중요합니다. 자녀의 놀이 공간에 먼저 들어가려고 하거나, 부모의 시각이 아닌 자녀의 시각으로만 그 세계를 이해하려고 하거나, 보여 주길 원하는 것에만 모든 노력을 기울이는 일은 가장 피해야 합니다. 부모는 자녀가 '하고 있는 것'과 '말하고 있는 것'을 통해서 자녀의 감정을 이해하려고 노력해야 합니다. 또한 부모의 일상적인 걱정이나 부모가 해줄 수 있는 일에 대한 반응도 조심해야 합니다. 이렇게 하는 것이 종종 어려울 수도 있습니다. 그러나 아이들이 표현하고자 하는 것이 무엇인지 이해하려고 노력하며, 부모가 이해한 것(아이들이 느끼고 있는 것, 부모와 함께한 모든 것)을 중심으로 대화를 시도하면 됩니다.

부모는 아이들이 하고 있는 것들이 마음에 들지 않거나 걱정될 수도 있습니다. 이러한 행동들에 대해 놀이회기가 아닌 그 외적인 시간에서까지 허용할 필요는 없습니다. 그러나 놀이시간에는 어떠한 행동이든 모든 것이 주어지고 허용되어야 합니다(이후에 언급할 제한 설정은 제외). 아이들은 놀이회기에 허용되는 것과 그렇지 않는 것들에 대해서 빠르게 이해할 것입니다. 놀이회기 밖의 일상생활에서는 부모가 놀이회기에서 허용했던 활동들에 대해 매우 엄격하게 금지해도 됩니다. 놀이회기에서만 가능한 것이고, 일상생활에서는 이러한 것들이 허락되지 않는다는 것을 자녀에게 이야기하여야 합니다(예: 나쁜 단어 사용, 부모를 질타하는 것 등).

5. 아이들의 행동에 제한 설정하기

놀이회기에서 아이들의 활동에는 몇 가지 제한이 있습니다. 이러한 행동에서의 한계에 대한 용어는 '제한 설정'입니다. 제한 설정은 아이들의 행동에 대한 규칙입니다. 아이들의 행동에 명백한 제약을 두기 위해서 부모들의 도움이 필요합니다. 이러한 한계는 아이들에게 안정감을 주어 주변 환경을 적극적으로 탐색하게 하고, 좀 더 성숙된 행동을 하게 할 것입니다. 놀이회기에서 규칙과 제한은 처음 위반된 행동을 했을 때, 분명하게 언급되어야 합니다. 위반된 행동이 나타나기 전까지는 절대 미리 규칙을 이야기하지 않습니다. 아이들이 제한 설정을 깨고 다시 위반했을 때, 결과에 대한 것을 이야기합니다. 아이들은 자신에게 벌어지는 상황이 자신의 행동에 대한 직접적인 결과라는 것을 배우게 됩니다. 부모가 놀이시간에서 '제한 설정과 결과 보기' 방법에 대해 배울 때 아이들은 자신의 행동에 책임지는 것을 시작하게 됩니다.

제한 설정을 하기 전에 몇 가지 고려해야 할 지침이 있습니다.

- 이 제한 설정이 아이의 안전을 위해 필요한 것인가?

- 이 제한 설정이 다른 사람의 안전을 위해 필요한 것인가?
- 이 제한 설정이 가치 있는 물건들은 보호하기 위해 필요한 것인가?
- 이 제한 설정은 시행할 수 있는 것인가?

놀이회기에서 가능한 제한 설정을 최소한으로 두어야 하는 이유

아이들이 많은 양의 규칙들을 기억할 수 있다고 생각하면 안 됩니다. 최소한의 제약을 둔다면, 아이들은 상황을 적극적으로 탐색할 수 있으며, 이러한 제약 안에서 놀이를 주도해 갈 수 있습니다.

부모 스스로 말한 것을 지키는 일관성을 갖는 것은 중요하기 때문에, 제한 설정을 적게 할수록 아이들의 제한 행동을 제지시키는 것은 더 수월할 것이다.

특별한 제한 설정

만약 추가적인 제한 설정이 필요하다면, 정해도 좋습니다. 놀이회기에서 사용하는 일반적인 제한 설정은 자녀와 부모의 안전을 위한 결정입니다. 아이들에게 자기나 부모를 위험에 빠트리는 행동, 때리거나 발로 차는 것, 다칠 위험이 있는 행동들을 제한받고, 물건들을 안전하게 보호하기 위한 제한이 필요합니다(예: 회기를 진행하는 동안 아무런 제한 설정이 없다면, 거울이나 카메라, 창문 또는 다른 곳에 무언가를 던짐에 의해 집이 보호받지 못할 것입니다). 또한 부모들이 필요하다고 느끼는 하나 또는 두 개의 개별적인 제한 설정을 추가해도 좋습니다. 추가적으로, 화장실을 다녀오거나 무언가를 마시길 원하여 한 번씩 허용하는 것을 제외하고, 아이들은 놀이회기 시간 동안 그 방을 떠나지 않아야 합니다.

제한 설정을 위한 의사소통과 강화하기

특별한 상황이 아니더라도 아이들이 제한 설정을 깨고 싶은 욕구가 있다는 것을 이해하는 것이 중요합니다. 이런 상황에서 다음 몇 가지 단계를 따라야 합니다.

1단계: 제한 설정 언급하기 강하지만 상냥한 말투로 제한 설정에 대해 언급합니다. 허용적인 어조에서 권위적인 어조로 목소리를 바꾸세요. 간단하고 분명하게 하세요.

이와 같은 순서로 실시하세요: 아이를 집중시키고, 금지된 행동을 하고 싶어 하는 아이의 마음을 말해 주고 제한 설정에 대해 이야기합니다. 주의: 처음에는 이유를 말하지 않습니다. 예를 들면, 다음과 같습니다.

조니, 네가 거울에 다트 던지기를 하고 싶구나. 기억하렴, 거울엔 다트 던지기를 할 수 없다고 말하지 않았니? 네가 하지 말아야 할 것들 중 하나가 거울에 다트를 던지는 거란다.

만약 아이들이 계속해서 왜 그래야 하는지에 대해 묻는다면 이유를 알고 싶어 하는 마음을 읽어 주세요. 그리고 이러한 규칙에 대한 아이들의 짜증과 당혹스러움을 반영해 주세요. 예를 들면, 다음과 같습니다.

"우리가 왜 이 규칙을 지켜야 하는지 이해할 수 없구나." "너는 그렇게 하기가 싫구나." "왜 그래야 하는지 모르기 때문에 싫은 거구나."

경우에 따라 대답도 듣지 않은 채 '왜'라는 질문을 계속하는 아이가 있습니다. 이러한 상황에서 간단한 이유만을 말합니다. 예를 들면, "점토는 자국을 남긴단다." 그리고 "그렇게 되면 네가 지워야 할지도 몰라."라고 말하고, 아이들의 추가적인 도전에 대비해야 합니다. 이러한 상황에서는 '부모의 입장에서' 더 많은 이유를 말할 필요는 없습니다. 대신에 아이의 기분을 이야기해 주세요. "너는 이게 이유가 되지 않는다고 생각하는구나." 아이들이 이러한 단계에서도 계속해서 좀처럼 말을 듣지 않는다고 느낀다면 다음 단계를 이어 따라해 봅니다.

2단계: 경고하기　만약 아이들이 부모가 정한 제한 설정을 어긴다면(즉, 한 번의 회기에서 두 번을 어기는 상황입니다), 규칙에 대해서 아이에게 다시 한 번 이야기해 주고, 제한 설정을 한 번 더 어긴다면, 어떤 일이 일어날 것인지에 대해 언급합니다. 경고는 제한 설정을 어겼을 때, 어떤 일이 일어나게 될지에 대해 아이들에게 사전에 알게 하기 위해서입니다. 그런 다음 위험한 상황의 결과를 감당하게 할지에 대해 결정할 수 있습니다. 예를 들면, 다음과 같습니다.

조니, 네가 이걸 다시 하려고 하는구나. 내가 너에게 거울에 다트를 던지지 말아야 한다고 얘기했던 것 기억하지? 만약 오늘 네가 거울에 다시 한 번 더 다트를 던진다면 우리는 오늘 놀이시간을 끝낼 거야.

3단계: 결과에 대한 강화　규칙을 어겼을 때 주어질 결과에 대해서 언급한 뒤에도, 만약 아이가 규칙을 다시 또 어긴다면 규칙을 다시 이야기해 주고, 아이에게 경고했었던 결과를 따르게 하여야 합니다. 확고하지만 상냥한 어조를 사용하여야 합니다. 제한 설정을 어겼기 때문에 부모의 주장을 명확하게 인지시키기 위하여, 즉시 일어나서 아이가 놀이실을 떠나도록 문 쪽으로 보내야 합니다. 예를 들면, 다음과 같습니다.

> 조니, 너는 여전히 다트를 던지길 원하는구나. 만약 네가 거울에 다트를 다시 던진다면, 오늘 놀이시간을 끝내고 놀이실을 나간다고 했던 말을 기억하지? 거울에 다트를 또 던졌기 때문에 우리는 지금 바로 놀이실을 나갈 거야. 다음 번에 왔을 때 다시 놀이하자.

규칙들이 정해지고 이러한 방식들이 실행되었을 때, 아이들은 자신이 제한 설정을 어겼을 때 벌어지는 상황들에 대해 책임지는 방법을 배우기 시작할 것입니다. 단, 사전에 이러한 결과들이 벌어질 것이란 걸 경고하여야 하며, 아이들이 알고 있어야 합니다. 이후 각 회기에서부터는 이전 놀이회기에서 규칙들을 이미 정했다면, 부모들은 1단계를 제외하고 2단계 경고하기 단계부터 시작하면 됩니다. 만약 규칙을 다시 어기게 된다면 결과에 대해 강화하는 3단계부터 진행을 하면 됩니다. 예외사항은 다음과 같습니다.

- 만약 아이가 너무 어리거나 장애가 있다면, 한 주 또는 그 이상의 시간 동안 규칙(1단계)만을 계속해서 언급해 주어야 합니다. 만약 아이가 같은 회기에서 규칙을 다시 어기게 된다면, 그다음 두 단계를 따라야 합니다.
- 아이의 나이에 상관없이 만약 처음 규칙을 언급한 이후로, 오랜 시간(한 달 이상)이 지난 이후에 규칙을 어긴 거라면 다시 규칙을 언급해 주어야 합니다.

가정 놀이회기 준비

부모가 기초적인 훈련과 연습이 충분하다면, 부모와 리더는 아이와 함께하는 놀이회기 장소를 집으로 바꾸는 것에 자신감을 가질 것입니다. 그리고 리더들은 부모의 성공을 극대화하기 위해 놀이회기를 계획하도록 돕습니다. 부모와 리더는 다음 사항을 함께 이야기 나눌 것입니다.

1. 아이와 함께하는 가정 놀이회기 진행 시간(대략 매주 한 시간 삼십 분 정도)을 정합니

다. 가능하다면, 다른 가족들에게 방해받지 않는 완전히 독립된 공간과 시간을 이용하는 것이 좋습니다. 매주 회기를 진행한다는 신념과 꾸준한 부모의 집중이 유익한 놀이회기를 위한 가장 중요한 조건입니다. 만약 필요에 의해 일정이 바뀌게 된다면, 아이에게 사전에 이야기를 해야 하며, 다른 대안적인 약속을 아이에게 제공하여야 합니다. 일단 놀이회기를 시작하였다면, 부모는 깰 수 없는 계약서처럼 여겨야 합니다.

2. 무언가를 못쓰게 되거나 고장 나는 걸 걱정할 필요가 없는 곳을 놀이 장소로 선택해야 합니다. 물을 엎지르거나 밀가루 반죽으로 얼룩지게 된다거나, 놀잇감이 떨어져 부러지게 될지도 모릅니다. 최소한 다른 놀잇감들로 어지럽혀져 있는 자녀의 놀이방이 가장 적합합니다.
3. 놀잇감을 선택하는 것은 놀이회기의 성공을 위해 중요한 요소 중 하나입니다. 주로 놀잇감은 비싸지 않고 잘 망가지지 않는 것으로 하며, 아이들이 스스로 표현하고 상호작용하며 상상놀이를 이끌어 낼 수 있는 것이어야 합니다. 특히 놀잇감은 안전해야 하며, 돌봄이나 공격성에 대한 감정 표현을 돕는 것, 가족관계 또는 또래관계 경험을 재연하기에 적절한 것들이 준비되어야 합니다. 그 외 다른 놀잇감들도 자녀의 선호에 맞춰 추가될 것입니다. 9세 이후의 아이들에게는 연령에 맞는 다른 놀이도구(예: 상호작용이 가능한 게임)가 필요할 수도 있습니다. 이러한 놀이도구는 부모와 함께하는 놀이회기에서만 사용하도록 하여야 합니다. 아이들은 놀이회기 이외 시간에 놀잇감을 사용하거나 가져가지 않아야 합니다(그림 그리는 것은 예외). 가정 놀이회기에 적절한 놀잇감 목록은 가정 놀이회기를 시작하기 전에 나눠 줄 것입니다.
4. 아이들에게 말해야 하는 것들이 있습니다. 그렇지만 아이들에게 가정 놀이회기에 대해 긴 설명을 할 필요는 없습니다. 부모들은 자녀 한 명씩과 더 많은 시간을 보내길 원한다고 간단히 말하면 됩니다. 좀 더 나이가 많은 자녀들은 더 자세한 설명을 요구할지도 모릅니다. 이러한 경우에는 특별한 놀이 환경에서 아이와 따로 시간을 갖길 원한다고 강조하여 말하면 됩니다. 부모가 아이를 도우려 하는 것이 아니라, 부모는 함께하길 원하고 즐겁게 놀기를 원하며, 관계를 좋게 향상시키기를 원합니다. 아이들이 함께한다면 이것은 크게 어렵지 않습니다.

가정 놀이회기에 대한 아이들의 반응은 부모와 아이 모두에게 매우 보람 있는 경험이 될 수 있습니다. 일부 아이들은 이전에 보였던 행동들과는 반대로 변화하는 모습을 빠르게 볼 수 있습니다. 처음 몇 번은 아이들이 해 오던 모습보다 과장되고 더 공격적인 모습으로 행동할지도 모릅니다. 이 상황들을 통제하면서 몇몇 아이들은 매우 공격적이 되기도 하고, 매우 조용해지기도 하고 아기 때 모습으로 퇴행하기도 합니다(이와 같이 행동하거나 부모에게 이와 같은 행동을 시키기도 합니다). 또 다른 아이들은 초반부에는 자신의 감정 표현을 하지 못합니다. 일부 아이들은 처음에는 부정적인 감정만을 보여 주기도 합니다. 그리고 또 다른 일부 아이들은 부모가 결정해 주기를 원하기도 하고, 자신들과 함께 시간을 계속해서 보내 주기를 부모에게 간절히 바라기만 할지도 모릅니다.

부모들은 놀이회기에서 아이들에게 설명하거나 선택을 대신해 주기보다는 아이들이 표현하는 감정을 읽어 주려 노력해야 합니다. 부모들은 자녀가 가족들과 자신에 대해 어떻게 느끼고 있는지에 대해 잘 다루는 방법을 배워야 합니다. 아이들을 대하는 부모 자신의 감정에 대해서도 좀 더 알아 갈 수 있을 것입니다. 집단 모임과 함께 가정 놀이회기는 가족 간의 관계를 보다 긍정적으로 변화시킬 것입니다. 그리고 일단 가정 놀이회기가 진행되면, 리더들은 부모들이 일상의 삶에서 이러한 기술들을 좀 더 완전하게 적용할 수 있도록 도울 것입니다.

부록 16

실습 놀이회기를 위한 리더의 슈퍼비전 양식

이 양식은 리더가 모임에서 진행 상황을 세부적으로 지도한 현장 놀이회기 또는 비디오 녹화된 내용을 기록하고 피드백하기 위한 것이다.

활동 순서	긍정적인 피드백	개선할 점
활동 순서와 자녀의 반응을 기록하시오. (2~3개 단어로 간략히)	부모는 언제, 무엇을 했는지 간단한 예시를 적으시오. 언제 기술을 적용했는지 적으시오(처음 또는 마지막?).	어디서 기술이 부족했거나 미적용 됐는지, 가장 분명한 것을 적으시오.

부록 17

가정 놀이회기를 위한 물품 목록

가족과 관련된 물품

가족인형(엄마, 아빠, 형제, 자매, 아기 그리고 다른 인형들)

옷을 입힐 수 있는 가족인형

인형의 집과 가구들

아기인형과 소품들(예: 작은 인형 담요)

아기 젖병

컵, 받침, 후라이팬, 모형음식

부드럽고 껴안을 수 있는 동물인형(예: 테디 베어)

변장용 소품

변장을 위한 옷들(모자, 천 조각, 지갑, 빗, 진료가방, 반지들 등)

쏠 수 있는 총알이 든 총(예: 위험하지 않은 재질로 만든 총알)

두 대의 전화기

가짜 돈

고무 재질의 칼

작은 놀잇감 소품

작은 플라스틱 자동차, 트럭, 구조 차량

플라스틱 재질의 군인들, (중세)기사들, 공룡들
적은 양의 레고 또는 유사 제품, 블록들

상호작용 증진 게임

카드 게임
고리 던지기 게임

기타 물품

편치백 또는 큰 베개
부드러운 질감의 만들기 재료(찰흙), 굴리는 도구, 쿠키 모양 틀
크레용, 물감, 붓, 도화지
물놀이 용품(큰 그릇이나 컵, 주전자, 스푼 등)
작은 모래 상자와 모형들
더러워지는 놀이용 깔개
가정용 녹화장비와 비디오 카메라

부록 18

부모의 가정 놀이회기 기록을 위한 양식

가정 놀이회기 기록

부모 이름:

자녀 이름:

회기 날짜: / 시간:

회기: / 회기 지속시간:

이번 회기에서의 주요 활동: (활동 순서대로 작성하세요.)

놀이회기 내에서 잘했던 부분들을 기록하세요.

놀이회기 내에서 도전이었거나 어려웠던 부분을 기록하세요.

자녀의 놀이에서 주요한 주제나 상황을 기록하세요. (가정 놀이회기 이후)

자녀가 표현한 주요한 감정들은 무엇인지 기록하세요.

이 놀이회기 내용 중, 다음 모임에서 논의하고 싶은 점에 대해 기록하세요.

부록 19

가정 놀이회기 준비를 위한 리더의 체크리스트

가족의 이름:

가족의 구성:

가정 놀이회기/특별한 활동을 위한 (부모 이름) 계획안:

___

___

___

놀이회기를 시작하는 자녀의 이름___

후반부 놀이회기 또는 특별한 활동 시, 부모와 함께할 아동, 청소년 이름

___

___

놀이 재료(적절한 형태)

완전한 것 완전하지 않은 것

의견

___

___

___

집에 보관된 부모놀이치료 재료:

의견

____

____

비디오 촬영을 위한 집의 구조와 공간:

의견

____

____

시간과 요일:

의견

____

____

자녀의 준비도:

의견

____

____

저장된 형태

비디오와 문서 기록 문서 기록만

비디오 유형

____

의견

____

____

____

부록 20

'특별한 시간'에 대한 부모용 보고서 양식

가정에서 진행된 '특별한 시간' 기록

부모의 이름: ____________________

자녀의 이름과 연령: ____________________

특별한 활동을 한 장소와 날짜, 시간?

____

이런 상호작용이 얼마나 오래 지속되었나요?

____

어디서 이것을 실시했나요? ____________________

함께한 활동은 무엇인가요? 이번 회기에 무슨 일이 있었나요?

____

____

____

____

언어 표현의 변화를 기록하세요. 자녀가 말한 것 중에 기록할 만한 것이 떠오르나요? 가능하면, 자녀의 언어 표현을 그대로 기록해 보세요. 놀이회기에서 당신이 사용한 기술은 무엇인가요(예: 공감)?

____

____

____

당신과 당신 자녀에 대한 경험이 전반적으로 얼마나 긍정적이었나요? 왜 그런지 설명해 보세요.

만약 당신이 어려움을 겪었다면, 그것은 무엇이었나요?

당신의 자녀와의 일상적인 상호작용과 비교했을 때, 이번 상호작용은 어땠나요?

부록 21

집단 부모놀이치료 프로그램 종결 평가 양식

프로그램 종결 과정에 대한 부모의 의견

이름(선택사항): ______________________________

날짜: ______________________________

질문: 유형 A

다음 질문을 읽고, 간단한 의견을 넣어 문장을 완성하세요.

1. 나는 이 프로그램에서 ______________________________
______________________________ 을(를) 도움받았다.

2. 나는 집단 리더가 사용한 활동에 대해 ______________________________
______________________________ 라고 생각한다.

3. 만약 리더가 좀 더 잘하려면 ______________________________
______________________________ 가 필요하다.

4. 나는 ______________________________ 점들이
좀 더 개선되면 좋겠다고 생각한다.

5. 내가 프로그램에서 가장 마음에 들었던 부분은 ______________________________
______________________________ 이다.

6. 내가 프로그램에서 변화된 중요한 점은 ______________________________

____이다.

7. 이 프로그램에서 내 자녀와의 관계에서 ______________________________

____을 경험했다.

8. 훈련용 재료들은 ____

____이 사용되었다.

9. 내가 리더에게 가장 좋았던 점은 __________________________________

____이다.

질문: 유형 B – 개인적인 선호 부분

각 질문에 세 가지 예시가 있다. 각 진술에 해당하는 답을 1, 2, 3번에서 골라 체크하세요. 1번은 긍정적으로 느끼는 정도이고, 2번은 중간 정도, 3번은 가장 적게 좋다는 의미이다.

예: 하루 중 수업에 참여할 때는:

☐ 아침

☐ 점심

☐ 저녁

추가적인 의견:*

____

____

* 만약 적절한 예시가 없다면, 적절한 예시를 적어 주세요. 각 질문 아래 의견란에 기재하시면 됩니다.

10. 리더가 가장 유용하게 썼던 방법은:

☐ 집단 토의

☐ 수업

☐ 비디오

추가적인 의견:

___

___

11. 내가 느끼기에 리더는:
☐ 이해와 수용을 매우 잘했다.
☐ 이해와 수용을 약간 했다.
☐ 이해와 수용을 받지 못했다.
추가적인 의견:

___

___

12. 프로그램에서 내가 가장 중요하게 배운 것은:
☐ 자녀와 좀 더 의사소통을 하게 된 것
☐ 자녀의 특별한 문제를 좀 더 알게 된 것
☐ 자녀를 좀 더 발전적으로 이해하게 된 것
추가적인 의견:

___

___

13. 가정에서의 놀이회기는:
☐ 하기 쉬웠다.
☐ 약간 어려웠다.
☐ 매우 어려웠다.
추가적인 의견:

___

___

14. 가정에서의 놀이회기를 통해 변화된 것은:
☐ 놀이회기가 질적으로 향상되었다.
☐ 가정에서 사용한 기술이 도움이 되었다.

□ 달라진 점이 없다.

추가적인 의견:

15. 리더가 해 준 이야기를 실제로 알아들은 것은:

□ 시간의 대부분

□ 시간 중 일부

□ 거의 알지 못함

추가적인 의견:

16. 나는 집단에서 언제부터 편안함을 느꼈나:

□ 시작부터

□ 몇 번 만난 후에

□ 못 느꼈다

추가적인 의견:

17. 자녀는 놀이회기에서 얼마나 많이 놀았나:

□ 시간 내내

□ 시간 중 일부

□ 거의 하지 않음

추가적인 의견:

18. 다른 의견을 아래에 자유롭게 적어 보세요.

참고문헌

Abidin, R. R. (1997). Parenting Stress Index: A measure of the parent-child system. In C. P. Zalaquett & R. J. Wood (Eds.), *Evaluating stress: A book of resources* (viii, pp. 277-291). Lanham, MD: Scarecrow Education.

Ackerman, N. W. (1966). *Treating the troubled family*. New York, NY: Basic Books.

Andronico, M. P., Fidler, J., Guerney, B. G., & Guerney, L. F. (1967). The combination of didactic and dynamic elements in Filial Therapy. *International Journal of Group Psychotherapy, 17*, 10-17.

Axline, V. (1947). *Play therapy: The inner dynamics of childhood*. Boston, MA: Houghton Mifflin.

Baruch, D. W. (1949). *New ways in discipline*. New York, NY: McGraw Hill.

Baumrind, D. (1971). Current patterns of parental authority. *Developmental Psychology Monograph, 2*, 1-103.

Baumrind, D., & Black, A. (1967). Socialization practices associated with dimensions on competence in pre-school boys and girls. *Child Development, 38*, 291-328.

Beck, A. T., & Emery, G. (1985). *Anxiety disorders and phobias: A cognitive perspective*. New York, NY: Basic Books.

Bifulco, A. (2003). *Lifespan Attachment Style Interview (ASI)*. London, UK: Royal Holloway, University of London.

Bratton, S. (1998). Training parents to facilitate their children's adjustment to divorce using the filial/family play therapy approach. In C. E. Schaefer & J. M. Briesmeister (Eds.), *Handbook of parent training: Parents as co-therapists for children's behavior problems* (2nd ed.) (pp. 549-572). New York, NY: Wiley.

Bratton, S., & Landreth, G. (1995). Filial therapy with single parents: Effects on parental acceptance, empathy, and stress. *International Journal of Play Therapy, 4*, 61-80.

Bratton, S., Landreth, G., Kellam, T., & Blackard, S. (2006). *Child parent relationship therapy (CPRT) treatment manual*. New York, NY: Routledge.

Bratton, S., Ray, D., & Motif, K. (1998). Filial/family play therapy: An intervention for custodial grandparents and their grandchildren. *Educational Gerontology, 24*, 391-406.

Bratton, S., Ray, D., Rhine, T., & Jones, L. (2005). The efficacy of play therapy with children: A meta-analytic review of the outcome research. *Professional Psychology: Research and Practice, 36*, 375-390.

Carkhuff, R. R. (1969). *Helping and human relations. A primer for lay and professional helpers. Volume II: Practice and research*. New York, NY: Holt, Rinehart & Winston.

Ceballos, P. (2008). School-based child parent relationship therapy (CPRT) with low income first generation immigrant Hispanic parents: Effects on child behavior and parent-child relationship stress. *Dissertation Abstracts International, 69*(8-A), 3042.

Celaya, E. (2002). *A preventative program. Filial therapy for teen mothers in foster care. Dissertation Abstracts International, 63*(01-B), 564.

Chau, I., & Landreth, G. (1997). Filial therapy with Chinese parents: Effects on parental empathic interactions, parental acceptance of child and parental stress. *International Journal of Play Therapy, 6*, 75-92.

Clark, K. (1996). The effect of Filial Therapy on child conduct behavior problems and the quality of the parent-child relationship. *Dissertation Abstracts International, 57*, 2868.

Cochran, N. H., Nordling, W. J., & Cochran, J. L. (2010). *A practical guide to developing therapeutic relationships with children*. Chichester, UK: Wiley.

Coopersmith, S. (1967). *The antecedents of self-esteem*. San Francisco, CA: Freeman.

Costas, M., & Landreth, G. (1999). Filial therapy with non-offending parents of children who have been sexually abused. *International Journal of Play Therapy, 8*(1), 43-66.

Day, C., Carey, M., & Surgenor, T., (2006). Children's key concerns: piloting a qualitative approach to understanding their experience of mental health care. *Clinical Child Psychology and Psychiatry, 11*(1), 139-155.

Dorfman, E. (1976). Play therapy. In C. Rogers (Ed.), *Client centered therapy* (pp. 235-278). London, UK: Constable.

Drewes, A. and Mullen, J. A. (Eds.). (2008). *Supervision can be playful*. Lanham, MD: Jason Aronson.

Eardley, D. (1978). An initial investigation of didactic version of Filial Therapy dealing with self-concept increase and problematic behavior decrease. (Unpublished doctoral dissertation.) Pennsylvania State University, PA.

Erikson, E. (1977). *Childhood and Society*. London, UK: Triad/Granada.

Eyburg, S., & Pincus, D. (1999). *Eyburg Child Behavior Inventory and Sutter-Eyburg Student Behavior Inventory—Revised*. Odessa, FL: Psychological Assessment Resources.

Fuchs, N. R. (1957). Play therapy at home. *Merrill-Palmer Quarterly, 3*, 89-95.

Gil, E. (1991). *The healing power of play: Working with abused children*. New York, NY: Guilford Press.

Ginsberg, B. (1989). Training parents as therapeutic agents with foster/adoptive children using the filial approach. In C. E. Schaefer & J. M. Briesmeister (Eds.), *Handbook of parent training: Parents as co-therapists for children's behavior problems* (2nd ed.) (pp. 442-478). New York, NY: Wiley.

Glazer-Waldman, H., Zimmerman, J., Landreth, G., & Norton, D. (1992). Filial therapy: An intervention for parents of children with chronic illness. *International Journal of Play Therapy, 1*, 31-42.

Glover, G., & Landreth, G. (2000). Filial therapy with Native Americans on the Flathead reservation. *International Journal of Play Therapy, 9*(2), 57-80.

Gordon, T. (1970). *Parent effectiveness training*. New York, NY: Peter Wyden.

Grskovic, J., & Goetze, H. (2008). Short-term Filial Therapy with German mothers: Findings from a controlled study. *International Journal of Play Therapy, 17*, 39-51.

Guerney, B. G. (1964). Filial therapy: description and rationale. *Journal of Consulting Psychology, 28*(4), 303-310.

Guerney, B. G., & Flumen, A. B. (1970). Teachers as psychotherapeutic agents for withdrawn children. *Journal of School Psychology*, 8(2), 107-113 (NIMH Report 1826401).

Guerney, B. G., & Stover, L. (1971). Filial therapy: Final report on NIMH grant 1826401. (Available from NIRE/IDEALS, 12500 Blake Road, Silver Spring, MD 20904-2056.)

Guerney, B. G., Stover, L., & DeMeritt, S. (1968). A measurement of empathy for parent-child interaction. *Journal of Genetic psychology, 112*, 49-55.

Guerney, L. F. (1975). Brief follow-up study on Filial Therapy. Paper presented at the April meeting of the Eastern Psychological Associates, New York. Silver Spring: IDEALS. (Available from NIRE/IDEALS 12500 Blake Road, Silver Spring, MD 20904-2056.)

Guerney, L. F. (2000). Taking Filial Therapy into the 21st century. *International Journal of Play Therapy. 9*(2), 1-17.

Guerney, L. F. (2003). Filial play therapy. In C. E. Schaefer (Ed.), *Foundations of play therapy* (pp. 99-142). Hoboken, NJ: John Wiley and Sons.

Guerney, L. F. (2013). *Clinician's and group leader's manual for parenting: A skills training program* (5th ed.). Silver Spring, MD: IDEALS. (Available from NIRE/IDEALS, 12500 Blake Road, Silver Spring, MD 20904-2056.)

Guerney, L. F. and Guerney, B. G. (1987). Integrating child and family therapy. *Psychotherapy, 24*(35), 609-614.

Guerney, L. F., & Guerney, B. G. (1989). Child relationship enhancement: Family therapy and parent education. Special issue: *Person-centered approaches with families. Person-Centered Review, 4*, 344-357.

Guerney, L. F., & Guerney, B. G. (1994). Child relationship enhancement family therapy and parent education. In C. Schaefer & L. Carey (Eds.), *Family play therapy* (pp. 127-138). Northvale, NJ: Jason Aronson.

Guerney, L. F., Stover, L., & Guerney, B. G. Training manual for play sessions. (Unpublished document.) Pennsylvania State University, PA. Reprinted in C. E. Schaefer (Ed.). (2002). *The therapeutic use of child's play: Basic readings* (2nd ed.) (pp. 216-227). New York, NY: Jason Aronson.

Harris, Z., & Landreth, G. (1997). Filial therapy with incarcerated mothers: A five week model. *International Journal of Play Therapy, 5*(2), 59-79.

Harvey, S. (2000). Dynamic play approaches in the observation of family relationships. In K. Gitlin-Weiner, A. Sandgrund & C. E. Schaefer (Eds.), *Play diagnosis and assessment* (2nd ed.) (pp. 457-573). Chichester, UK: Wiley.

Heard, D., & Lake, B. (1997). *The challenge of attachment for caregiving*. London, UK: Routledge.

Hobbs, N. (1962). Sources of gain in psychotherapy. *American Psychologist, 17*, 741-747.

Hobbs, N. (1963). Strategies for the development of clinical psychology. *American Psychology Association, Division of Clinical Psychology Newsletter, 16*(2), 3-5.

Horner, P. (1974). Dimensions of child behavior as described by parents: A monotonicity analysis. (Unpublished master's thesis). Pennsylvania State University. PA.

Jung, M. (2000). Effectiveness of Filial Therapy for Korean Parents. *International Journal of Play Therapy, 9*(2), 39-56.

Jaeger, J., & Ryan, V. (2007). Evaluating clinical practice: Using play-based techniques to elicit children's views. *Clinical Child Psychology and Psychiatry, 12*(3), 437-450.

Jaeger, J., & Ryan, V. (2011). Integrating attachment theory and non-directive play therapy to treat children with more serious attachment problems. In A. Drewes, S. Bratton & C. E. Schaefer (Eds.), *Integrative play therapy* (pp. 265-296). Hoboken, NJ: John Wiley and Sons.

Jaeger, J., & Ryan, V. (in preparation) Parents and children's views of Group Filial Therapy: A pilot study.

Joseph, J. (1979). *Joseph pre-school and primary self-concept screening instructional manual*. Chicago, IL: Stoelting.

Johnson, M. T. (2006). Filial therapy with Asian American families. Paper presented at the Association for Play Therapy International Conference, October. Toronto. Canada.

Kale, A. L., & Landreth, G. (1999). Filial therapy with children experiencing learning difficulties. *International Journal of Play Therapy, 8*, 35-56.

Kidron, M. and Landreth, G. (2010). Intensive child parent relationship therapy with Israeli parents in Israel. *International Journal of Play Therapy, 19*(2), 64-78.

Kot, S. (1995). Intensive play therapy with child witnesses of domestic violence. (Unpublished doctoral dissertation.) University of North Texas, TX.

Kraft, A. (1973). *Are you listening to your child? How to bridge the communication gap through creative play sessions*. New York, NY: Walker.

Landesberg, S., & Snyder, W. (1946). Nondirective play therapy. *Journal of Clinical Psychology, 2*, 203-213.

Landreth, G. (2012). *Play therapy: The art of the relationship* (3rd ed.). New York, NY: Routledge.

Landreth, G., & Bratton, S. (2006). *Child parent relationship therapy (CPRT): A 10 session Filial Therapy model*. New York, NY: Routledge.

Landreth, G., & Lobaugh, A. (1998). Filial therapy with incarcerated fathers: Effects on parental acceptance of child and parental stress and child adjustment. *Journal of Counseling and Development, 76*, 157-165.

Lazarus, A. A. (1971). *Behavior therapy and beyond*. New York, NY: McGraw Hill.

Leventhal, T., & Stollack, G. (1965). *Problem list*. Eatontown, NJ: Children's Psychiatric Center.

Levine, E. (1977). Training elderly volunteers in skills to improve the emotional adjustment of children in a daycare center. (Unpublished doctoral dissertation.) Pennsylvania State University, PA: 7803393.

Moore, R. (1964). *DesMoines child guidance center maladjustment index: Parent rating scale*. DesMoines, IA: Child Guidance Center.

Morrison Bennett, M. O., & Bratton, S. (2011). The effects of child teacher relationship training on the children of focus: A pilot study. *International Journal of Play Therapy, 20*(4), 193-207.

Moustakas, C. E. (1951). Situational play therapy with normal children. *Journal of Consulting Psychology, 15*, 225-230.

Ortwein, M. C. (1997). *Mastering the magic of play: Training manual for parents in Filial Therapy*. Silver Spring, MD: IDEALS. (Available from NIRE/IDEALS, 12500 Blake Road, Silver Spring, MD 20904-2056.)

O'Sullivan, L., & Ryan, V. (2009). Therapeutic limits from an attachment perspective. *Clinical Child Psychology and Psychiatry, 14*(2), 215-235.

Oxman, L. (1971). The effects of Filial Therapy: A controlled study. *Dissertation Abstracts International, 32*(B1), 1.

Parpal, M., & Maccoby, E. E. (1985). Maternal responsiveness and subsequent child compliance. *Child Development, 56*, 1326-1334.

Porter, B. M. (1954). Measurement of parental acceptance of children. *Journal of Home Economics, 46*, 176-182.

Rogers, C. R. (1951). *Client-centered therapy*. Boston, MA: Houghton Mifflin.

Ross, N., & Egan, B. (2004). "What do I have to come here for; I'm not mad?" Children's perceptions of a child guidance clinic. *Clinical Child Psychology and Psychiatry, 9*(1), 107-115.

Ryan, V. (2004). Adapting non-directive play therapy interventions for children with attachment disorders. *Clinical Child Psychology and Psychiatry, 9*(1), 75-87.

Ryan, V. (2007a). Non-directive play therapy with abused children and adolescents. In K. Wilson & A. James (Eds.), *The child protection handbook* (3rd ed.) (pp. 414-432). London, UK: Bailliere Tindall.

Ryan, V. (2007b). Filial therapy: Helping children and new carers to form secure attachment relationships. *British Journal of Social Work, 37*, 643-657.

Ryan, V. (2009). Play therapy: psycho-social approaches to trauma and emotional problems in young children. In K. Stagnitti & R. Cooper (Eds.), *Play as therapy: Assessment and therapeutic interventions* (pp. 187-204). London, UK: Jessica Kingsley.

Ryan, V., & Bratton, S. (2008). Child-centered/non-directive play therapy for very young children. In S. Kelly-Zion, C. E. Schaefer, J. McCormick & A. Ohnogi (Eds.), *Play therapy for very young children* (pp. 25-66). Lanham, MD: Rowman and Littlefield.

Ryan, V., & Courtney, A. (2009). Therapists'use of congruence in child-centered/non-directive play therapy and Filial Therapy. *International Journal of Play Therapy, 18*(2), 114-128.

Ryan, V., & Edge, A. (2012). The role of play themes in non-directive play therapy. *Clinical*

Child Psychology and Psychiatry, 17(3), 354-369.

Ryan, V., & Needham, C. (2001). Non-directive play therapy with children experiencing psychic trauma. *Clinical Child Psychology and Psychiatry, 6*(3), 437-453.

Ryan, V. and Wilson, K. (1995). Non-directive play therapy as a means of recreating optimal infant socialization patterns. *Early Development and Parenting, 4*, 29-38.

Ryan, V., & Wilson, K. (2000/1996). *Case studies in non-directive play therapy*. London, UK: Jessica Kingsley.

Ryan, V., & Wilson, K. (2005). Using non-directive play therapy with emotionally troubled adolescents. In C. E. Schaefer & L. Gallo-Lopez (Eds.), *Adolescent play therapy* (pp. 96-120). New York, NY: Jason Aronson.

Rye, N., & Jaeger, J. (2007). Filial therapy: Assessing families for Filial Therapy. *British Journal of Play Therapy, 3*, 32-37.

Schore, A. N. (2000). Attachment and the regulation of the right brain. *Attachment and Human Development, 2*, 23-47.

Sensue, M. (1981). Filial therapy follow-up study: Effects on parental acceptance and child development. *Dissertation Abstracts International, 42*(1), 0148B.

Sheely-Moore, A., & Bratton, S. (2010). A strengths-based parenting intervention. *Professional Schools Counseling, 13*(3), 175-183.

Smith, D. T. (2000). Parent-child interaction play assessment. In K. Gitlin-Weiner, A. Sandgrund & C. E. Schaefer (Eds.), *Play diagnosis and assessment* (2nd ed.) (pp. 340-370). Chichester, UK: Wiley.

Solomon, M., Pistrang, N., & Barker, C. (2001). The benefits of mutual support groups for parents of children with disabilities. *American Journal of Community Psychology 29*(1), 113-32.

Stagnitti, K. (1998). *Learn to play: A practical program to develop a child's imaginative play skills*. Victoria, Aus.: Coordinations Publication.

Stollack, G. E. (1968). The experimental effects of training undergraduates as play therapists. *Psychotherapy, Theory, Research and Practice, 5*, 77-80.

Stollack, G. E., Barley, A., & Kalogiros, J. D. (2000). Assessment of the child and family in play contexts. In K. Gitlin-Weiner, A. Sandgrund & C. E. Schaefer (Eds.), *Play diagnosis and assessment* (2nd ed.) (pp. 474-513). Chichester, UK: Wiley.

Stover, L., & Guerney, B. G. (1967). The efficacy of training procedures for mothers in Filial Therapy. *Psychotherapy: Theory, Research and Practice 4*(3), 110-115.

Stover, L., & Guerney, B. G., & O'Connell, M. (1971). Measurements of acceptance, allowing self-direction, involvement, and empathy in adult-child interaction. *Journal of Psychology, 77*, 261-269.

Sywulak, A. E. (1979). The effect of Filial Therapy on parental acceptance and child adjustment. *Dissertation Abstracts International, 38*(12), 6180B.

Tew, K. L., Landreth, G., Joiner, K. D., & Solt, M. D. (2002). Filial therapy with chronically ill children. *International Journal of Play Therapy 11*(1), 79-100.

Tyndall-Lind, A. (1999). A comparative analysis of intensive individual play therapy and intensive sibling group play therapy with child witnesses of domestic violence. *Dissertation Abstracts International, 60*(5-A), 1465.

VanFleet, R. (1992). Using Filial Therapy to strengthen families with chronically ill children. In L. VandeCreek, S. Knapp, & T. Jackson (Eds.), *Innovations in clinical practice: A source book*, (Vol. 11, pp. 87-970). Sarasota, FL: Professional Resource Exchange.

VanFleet, R. (2013). *Filial therapy: Strengthening parent-child relationships through play* (3rd ed.). Sarasota, FL: Professional Resource Press.

VanFleet, R., Ryan, S., & Smith, S. (2005). Filial therapy: A critical review. In L. Reddy, T. Files Hall & C. E. Schaefer (Eds.), *Empirically-based play interventions for children* (pp. 241-264). Washington DC: American Psychological Association Press.

VanFleet, R., Sywulak, A. E., & Sniscak, C. C. (2010). *Child-centered play therapy*. New York, NY: Guilford Press.

Walker, K. F. (2008). Filial therapy with parents court-referred for child maltreatment. *Dissertation Abstracts International, 68*(8A), 3300.

Wall, L. (1979). Parents as play therapists: A comparison of three interventions into children's play. *Dissertation Abstracts International, 39(11)*, 5597.

Wenar, C., & Kerig, P. (2006). *Developmental psychopathology: From infancy through adolescence* (5th ed.). London, UK: McGraw Hill.

Wilson, K., & Ryan, V. (2005). *Play therapy: A non-directive approach for children and adolescents* (2nd ed.). London, UK: Elsevier Science.

Wolpe, J. (1969). *The practice of behavior therapy*. New York, NY: Pergamon Press.

Yuen, T., Landreth, G., & Baggerly, J. (2002). Filial therapy with immigrant Chinese families. *International Journal of Play Therapy, 1*, 63-90.

찾아보기

인명

내용

저자 소개

◑ Louise Guerney

루이스 거니 박사는 남편인 버나드 거니 박사(Dr. Bernard Guerney, Jr.)와 함께 부모놀이치료의 개발자로 알려졌다. 펜실베이니아 주립대학교의 인간발달과 상담심리 전공 명예교수로 재직 중이며, 메릴랜드 주 베데스다 지역에 있는 국립 가족관계향상연구소(National Institute of Relationship Enhancement)의 놀이 및 가족관계 훈련 프로그램 총괄자이다. 그녀는 아동중심 놀이치료 분야에 있어서 가장 저명하고 혁신적인 임상가 중 한 명으로 알려져 있으며, 현재 미국 메릴랜드에 살고 있다.

◑ Virginia Ryan

버지니아 라이언 박사는 임상 경험이 풍부한 놀이치료자로, 영국 놀이치료협회에 소속된 놀이치료 지도감독자이자 영국 심리학회(British Psychological Society) 공인 아동 · 청소년 심리학자이다. 다양한 상담 환경에서의 상당한 임상 경험과 더불어, 영국과 아일랜드의 부모놀이치료 분야 및 비지시적 놀이치료 분야에 개척적인 학문적 성과를 만들어 냈으며 요크 대학교의 비지시적 놀이치료 석사과정 프로그램의 총괄자로 근무한 바 있다. 현재 영국 잉글랜드 북동부 훌 지역에 살고 있다.

역자 소개

◑ **권윤정**(Kwon, Yunjeong)

서울대학교 대학원 아동학 석사

서울대학교 대학원 아동학 박사

전 서경대학교 교양과정부 초빙교수, 진로심리상담센터 상담교수
서경대학교 아동학과 겸임교수

현 이음세움심리상담센터 전문 놀이치료사
중앙육아종합지원센터 상담위원
통일부 북한이탈주민정착지원사무소 자녀양육 강사
한국놀이치료학회 대외협력이사
한국아동학회 아동상담사, 청소년상담사, 국제행동분석사(BCBA)

〈주요 역서〉

아동중심 놀이치료(학지사, 2013)

공격적인 아동을 위한 놀이치료 핸드북(공역, 학지사, 2012)

◑ **유민화**(You, Minhwa)

가톨릭대학교 대학원 사회복지학 석사

한양대학교 대학원 아동심리치료학 박사수료

전 가톨릭대학교, 순천향대학교, 숭실대학교, 한양대학교 강사

현 마음공간 아동 · 청소년 상담센터 놀이치료사
한국놀이치료학회 놀이심리상담사 및 놀이치료사

〈주요 역서〉

임상을 위한 아동발달(공역, 하나의학사, 2010)

◑ **이윤수**(Lee, Yunsu)

숙명여자대학교 대학원 아동복지학 석사

숙명여자대학교 대학원 아동복지학 박사

전 숭의여자대학교, 한성디지털대학교, 가톨릭대학교 강사

현 소아청소년 네트워크 반디 놀이치료사
한국놀이치료학회 놀이심리상담사 및 놀이치료사

◑ **임진영**(Lim, Jinyoung)

숙명여자대학교 대학원 아동복지학 석사

숙명여자대학교 대학원 아동복지학 박사

전　인천지방법원 상담위원

현　두그루 아동청소년상담센터 소장

한국인간발달학회 이사

인구보건복지협회 상담위원

인하대학교 아동심리학과 겸임교수

명지대학교 사회복지학과 객원조교수

국민대학교, 가톨릭대학교 강사

한국놀이치료학회 놀이심리상담사 및 놀이치료사

〈주요 역서〉

공격적인 아동을 위한 놀이치료 핸드북(공역, 학지사, 2012)

◑ **차효정**(Cha, Hyojung)

가톨릭대학교 사회복지학 석사

숙명여자대학교 아동복지학 박사

전　가톨릭대학교 사회복지대학원, 강남대학교 교육대학원 강사

현　마음공간 아동 · 청소년 상담센터 소장

한국놀이치료학회 학술위원장

상명대학교 복지상담대학원 아동청소년상담학과 겸임교수

숙명여자대학교 사회교육대학원 놀이치료전공 강사

한국놀이치료학회 놀이심리상담사 및 놀이치료사, 놀이치료 슈퍼바이저

중앙육아종합지원센터 상담위원

〈주요 역서〉

아동청소년 심리치료 슈퍼비전의 실제(공역, 교육과학사, 2014)

집단 부모놀이치료

-부모에게 자녀와 놀이하는 방법을 가르치는 충실한 안내서-

Group Filial Therapy: The Complete Guide to Teaching Parents to Play Therapeutically with their Children

2017년 9월 20일 1판 1쇄 인쇄
2017년 9월 25일 1판 1쇄 발행

지은이 • Louise Guerney · Virginia Ryan
옮긴이 • 권윤정 · 유민화 · 이윤수 · 임진영 · 차효정
펴낸이 • 김진환
펴낸곳 • (주)학지사
04031 서울특별시 마포구 양화로 15길 20 마인드월드빌딩
대표전화 • 02-330-5114 팩스 • 02-324-2345
등록번호 • 제313-2006-000265호

홈페이지 • http://www.hakjisa.co.kr
페이스북 • https://www.facebook.com/hakjisa

ISBN 978-89-997-1390-3 93180

정가 23,000원

이 도서의 국립중앙도서관 출판시도서목록(CIP)은 서지정보유통지원시스템 홈페이지(http://seoji.nl.go.kr)와 국가자료공동목록시스템(http://www.nl.go.kr/kolisnet)에서 이용하실 수 있습니다.
(CIP 제어번호: CIP2017023529)